U0604157

金石文獻叢刊

金石續編

一

【清】陸耀遹 撰

上海古籍出版社

圖書在版編目（CIP）數據

金石續編 /（清）陸耀遹撰 . — 上海：上海古籍出版社，2020.5
（金石文獻叢刊）
ISBN 978－7－5325－9532－7

Ⅰ . ①金… Ⅱ . ①陸… Ⅲ . ①金石學—中國—清代 Ⅳ . ① K877.24

中國版本圖書館 CIP 數據核字（2020）第 054310 號

金石文獻叢刊

金石續編

（全三册）

［清］陸耀遹　撰

上海古籍出版社出版發行

（上海瑞金二路 272 號　郵政編碼 200020）

（1）網址：www.guji.com.cn

（2）E-mail：guji1@guji.com.cn

（3）易文網網址：www.ewen.co

浙江新華數碼印務有限公司印刷

開本 890×1240　1/32　印張 61.5　插頁 15

2020 年 5 月第 1 版　2020 年 5 月第 1 次印刷

ISBN 978－7－5325－9532－7

K・2804　定價：298.00 元

如發生質量問題，讀者可向工廠調换

出版説明

金文石刻作爲一種特殊的文獻形式，負載着中國古代文明的大量信息，是珍貴的文化遺産，其相關研究具有重要文化價值與傳承意義。金石專門研究興起於宋，而在清代達到鼎盛，名家迭出，先後撰寫了一批高水平的研究專著，其成果對於今天我們的歷史學、文學、文字學、考古學、古文獻學、古器物鑒定學、書法篆刻學等研究具有重要的參考價值。有鑒於此，本社特推出《金石文獻叢刊》，彙聚兩宋以降金石學重要著作，以期助益於相關研究。

本書爲《金石文獻叢刊》之一，收録清陸耀遹撰《金石續編》二十一卷，以同治十三年毗陵雙白燕堂刻本爲底本影印。

上海古籍出版社　二〇二〇年四月

石刻文獻歷代研究述要（代序）

陳尚君

「人生忽如寄，壽無金石固。」古人感到生命短暫，常將重要的事件、著作和死者的生平銘諸金石，形成豐富的金石文獻。一般來説，金銀器上的銘文均較簡短，銅器銘文盛於商周時期，漢以後可資研究的僅有銅鏡銘文等。石刻文獻則興於漢，盛於唐，歷宋、元、明、清而不衰，存世文獻爲數極巨，爲研究古代歷史文化提供了大量記載，也爲研究古典文學者所寶重。

一、古代石刻的分類

古代石刻品類衆多，舉其大端，可分以下幾類：

一、墓志銘。多爲正方形石刻，置於死者墓穴中，記載死者生平事蹟。始於漢，盛於北朝和隋唐時期，宋以後仍相沿成習。南朝禁止埋銘，故甚罕見。近代以來，出土尤多。因深埋地下，所存文字多清晰而完整。

二、墓碑。也稱神道碑，是置於墓道前記載死者生平事蹟的長方形巨大石碑。舊時王公大臣方得立碑記德，故所載多爲歷史上有影響的人物。因其突立於地表，歷經日曬雨淋，人爲破壞，石刻多斷裂殘壞，磨蝕漫漶，不易卒讀。

三、刻經。可分儒、釋兩大類。儒家經典的刊刻多由官方主持，爲士人提供準確可信的經典文本。歷史上有七次大規模的刻經，即東漢熹平間、曹魏正始間、唐開成間、後蜀廣政間、北宋嘉祐間、南宋紹興間、清乾隆間。今僅開成、乾隆石經保存完整，其餘僅存殘石。佛教刻經又可分爲兩類：一類是僧人恐遭逢法難，經籍失傳，因而刻石收存，以備不虞。最著名的是房山石經，始於隋，歷唐、遼、金、元而不衰，現存有一萬五千多石。二是刻經以求福祐，如唐代經幢刻《尊勝陀羅尼經》，爲一時風氣。

四、造像記。佛教最多，道教稍少。受佛教净土宗佛陀信仰的影響，信佛的士庶僧人多喜造佛像以積功德，大者連山開龕，小者可握於掌間。造像記記載造像緣由，一般均較簡短，僅記時間、像主姓名及所求之福祐庇蔭，文辭多較程式，可藉以瞭解風俗世情，有文學價值的很少。

五、題名。即是古人「到此一游」的記録。多存於山川名勝，多出於名臣、文士之手，雖較簡短，於考事究文，彌足珍貴。如長安慈恩寺題名：「韓愈退之、李翺翔之、孟郊東野、柳宗元子厚、石洪濬川同。」鍾山題名：「乾道乙酉七月四日，笠澤陸務觀，冒大雨，獨游定林。」均至簡，前者可考知韓、柳交游之始，知李翺另一表字，後者可見詩人陸游之風神。

六、詩詞。唐以前僅一二見，以雲峰山鄭道昭詩刻最著名。唐代始盛，宋以後尤多。詩詞刻石以摩崖和詩碑兩種形式爲多見。許多重要作家都有石刻詩詞留存。

七、雜刻。指上述六類以外的各種石刻。凡建橋立廟、興學建祠、勸善頌德、序事記游等，皆可立石以記，所涉範圍至廣。

此外，還有石刻叢帖，爲彙聚名家法書上石，供人觀賞臨習，其文獻價值與上述各種石刻有所不同，兹不贅述。

二、從石刻到拓本、帖本

石刻爲古人當時所刻，所記爲當時事，史料價值很高；所録文章亦得存原貌，不似刊本之迭經傳刻，多魚魯亥豕之誤，故前代學者考史論文，尤重石刻。然而石刻或依山摩崖，遠處荒山僻野，或形制巨大，散在各地，即便最優秀的金石學家，也不可能全部親見原石。學者援據，主要是石刻拓本。

拓本是由拓工將宣紙受濕後，蒙於碑刻之上，加以捶椎，使宣紙呈凹凸狀，再蘸墨拓成。同一石刻之拓本，因傳拓時間之早晚及拓技之精粗，常有很大不同。一般來説，早期拓本因石刻保存完好，文字存留較多，晚近所拓，則因石刻剥蝕，存字較少。如昭陵諸碑，今存碑石存字已無多，遠不及《金石萃編》之録文，而羅振玉《昭陵碑録》據早期精拓録文，録文得增多於《金石萃編》。即使同一時期所拓，也常因拓工之拓技與態度而有所不同。如永州浯溪所存唐李諒《湘中紀行》詩，王昶據書賈售拓録入《金石萃編》，有十餘處缺文訛誤；稍後瞿中溶親至浯溪，督工精拓，乃精好無損（詳《古泉山館金石文編》卷三）。至於帖賈爲牟利而或草率摩拓，或僅拓一部分，甚或竄改文字，以唐宋冒魏晋，則更等而下之了。

拓本均存碑石原狀，大者可長丈餘，寬數尺，鋪展盈屋，不便研習。舊時藏家爲便臨習，將拓本逐行剪開，重加裱帖，裝成册頁，成爲帖本。帖本經剪接重拼，便於閱讀臨摹，已不存原碑形貌。在拼帖時，遇原拓空缺或殘損處，常剪去不取，以致帖本文字常不可卒讀。原石、原拓失傳，僅靠拓本保存至今的石刻文獻，不是太多，較著名的有唐代崔鉉撰文而由柳公權書寫的《神策軍碑》。唐初著名的《信行禪師碑》，因剪棄較多，通篇難以卒讀。

現存最早的石刻拓本，大約是見於敦煌遺書中的唐太宗《温泉銘》和歐陽詢《化度寺碑》。宋以後各種善拓、精拓本，因流布不廣，傳本又少，藏家視同拱璧，書賈索價高昂。近現代影印技術普及，使碑帖得以大批刊布，許多稀見的拓本，得以大批縮印彙編出版，給學者極大方便。影響較大者有《漢魏南北朝墓志集釋》（趙萬里編，科學出版社一九五三年版）、《千唐志齋藏志》（張鈁藏，文物出版社一九八五年版）、《曲石精廬藏唐墓志》（李希泌藏，齊魯書社一九八七年版）、《北京圖書館藏歷代石刻拓本彙編》（中州古籍出版社一九八八年版）、《隋唐五代墓志彙編》（天津古籍書店一九九一年版）。重要的石刻拓本，在上述諸書中均能找到。

三、宋代的石刻研究及重要著作

南北朝至唐代，已有學者注意記載碑刻，據以訂史證文，但有系統地加以搜集研究，使之成爲專學，則始於宋代。首倡者爲北宋文學宗匠歐陽修。

歐陽修自宋仁宗慶曆五年（一〇四五）開始裒聚金石拓本，歷十八年，「集録三代以來遺文一千卷」（《六一居士傳》），編爲《集古録》，其中秦漢至唐五代的石刻約占全書的十之九五。參政之暇，歐陽修爲其中三百八十多篇碑銘寫了跋尾，對石刻文獻的史料價值作了全面的闡釋。其大端爲：一、可見政事之修廢；二、可訂史書之闕失；三、可觀書體之妍醜；四、可見文風之轉變；五、可訂詩文傳本之訛誤；六、可據以輯録遺文。這些見解，可説爲後代金石學的研究奠定了基礎。録一則如下：

右《德州長壽寺舍利碑》，不著書撰人名氏。碑，武德中建，而所述乃隋事也。其事蹟文辭皆無取，獨録其書爾。余屢歎文章至陳、隋不勝其弊，而怪唐家能臻致治之盛，而不能遽革文弊，以謂積習成俗，難於驟變。及讀斯碑有云：「浮雲共嶺松張蓋，明月與巖桂分叢。」乃知王勃云：「落霞與孤鶩齊飛，秋水共長天一色。」當時士無賢愚，以爲警絶，豈非其餘習乎！

《集古録》原書已不傳。歐陽修的題跋編爲《集古録跋尾》十卷，收入其文集，單行本或題《六一題跋》。其子歐陽棐有《集古録目》，爲逐卷撰寫提要，原書久佚，今存清人黄本驥和繆荃蓀的兩種輯本。

北宋末趙明誠輯《金石録》三十卷，沿歐陽修之舊規而有出藍之色。明誠出身顯宦，又得賢妻之助，窮二十年之力，所得達二千卷之富，倍於歐陽修所藏。其書前十卷爲目録，逐篇著録二千卷金石拓本之篇題、撰書者姓名及年月，其中唐以前五百餘品，其餘均爲唐代石刻。後二十卷爲明誠所撰題跋，凡五百零二篇。趙跋不同於歐陽修之好發議論，更注重於考訂史實，糾正前賢和典籍中的誤説，録存重要史料，考訂也更爲細密周詳。

南宋治石刻學者甚衆，如《京兆金石録》《復齋碑録》《天下碑録》《諸道石刻録》

等，頗具規模，惜均不存。存世者以下列諸書最爲重要。

洪适《隸釋》二十七卷、《隸續》二十一卷，前者録漢魏碑碣一百八十九種，後者已殘，尚存録一百二十餘品。二書均全録碑碣文字，加以考釋，保存了大量漢代文獻，許多碑文僅賴此二書以存。

陳思《寶刻叢編》二十卷，傳本缺三卷。此書彙録兩宋十餘家石刻專書，分地域著録石刻，附存題跋，保存史料十分豐富。

佚名《寶刻類編》八卷，清人輯自《永樂大典》。此書以時代爲序，以書篆者立目，記録石刻篇名、作者、年代及所在地，間存他書不見之石刻。

另鄭樵《通志》中有《金石略》一卷，王象之《輿地紀勝》於每一州府下均有《碑記》一門，也有大量珍貴的記録。後者明人曾輯出單行，題作《輿地碑記目》。

宋人去唐未遠，搜羅又勤，所得漢唐石刻見於上述各書記載的約有四五千品。歐、趙諸人已有聚之難而散之易之感歎，趙明誠當南奔之際仍盡攜而行，但除漢碑文字因洪适輯録而得保存較多外，唐人石刻存留到後世的僅約十之二三，十之七八已失傳。幸賴上述諸書的記載，使今人能略知其一二，其中有裨文學研究的記載至爲豐富。如唐末詞人温庭筠的卒年，史書不載。《寶刻類編》載有：「《唐國子助教温庭筠墓》，弟庭皓撰，咸通七年。」因可據以論定。再如盛唐文學家李邕，當時極負文名，《全唐文》録其文僅五十餘篇。據上述宋人記載，可考知其所撰文三十餘篇之篇名及梗概，對研究其一生的文學活動十分重要。

四、清代的石刻研究及重要著作

元、明兩代是石刻研究的中衰時期，可稱者僅有三五種：陶宗儀輯《古刻叢鈔》僅録所見，篇幅不大；都穆《金薤琳琅》，録存漢唐石刻五十多種；趙崡《石墨鐫華》存二百五十多種石刻題跋，「多歐、趙所未收者」（《四庫提要》）。

清代經史之學發達，石刻研究也盛極一時。清初重要的著作有顧炎武《金石文字記》、葉奕苞《金石録補》、朱彝尊《金石文字跋尾》。三書雖仍沿歐、趙舊規，但所録多前人未經見者，考訂亦時有創獲。至乾隆間，因樸學之興，學者日益重視石刻文獻，史學大家如錢大昕、阮元、畢沅等均有石刻研究專著。全録石刻文字的專著也日見刊布，自乾隆後期至嘉慶初的十多年間，即有翁方綱《兩漢金石記》《粵東金石略》、吴玉搢《金石存》、趙紹祖《金石文鈔》《續鈔》等十餘種專著行世。在這種風氣下，王昶於嘉慶十年（一八〇五）編成堪稱清代金石學集大成的著作《金石萃編》一百六十卷。

王昶自稱有感於洪适、都穆、吴玉搢三書存文太少，「愛博者頗以爲憾」，自弱冠之年起，「前後垂五十年」，始得成編。其書兼載金、石，但録自器銘者僅當全書百之二三，其餘均爲石刻。所録始於周宣王時的《石鼓文》，迄於金代，凡一千五百多種。其中漢代十八卷，魏晋南北朝十五卷，隋代三卷，唐五代八十二卷，宋代三十卷，遼金七卷。各種石刻無論完殘，均照録原文，務求忠實準確。遇有篆、隸字體，或照録原字形。原石殘缺之處，或以方框標識，或備記所缺字數，遇殘字也予保存。又備載「碑制之長短寬博」和「行字之數」，「使讀者一展卷而宛見古物焉」（引文均見《金石萃編序》）。同時，王昶又廣搜宋代以來學者的著録題跋，附載於各石刻録文之次，其本人也逐篇撰寫考按，附於篇末。《金石萃編》搜羅廣博，録文忠實，附存文獻豐富，代表了乾嘉時期石刻研究的最高水平。

王昶以個人力量廣搜石刻，難免有所遺漏，其録文多據得見之拓本，未必盡善。其書刊布後，大受學界歡迎，爲其續補訂正之著，也陸續行世，較重要的有陸耀遹《金石續編》二十一卷、王言《金石萃編補遺》二卷等。至光緒初年，陸增祥撰成《八瓊室金石補正》一百三十卷，規模與學術質量均堪與王書齊駕。陸書體例多沿王書，凡王書已録之石刻，不復重録。王書録文不全或有誤者，陸氏援據善拓，加以補訂，一般僅録補文。這部分份量較大，因陸氏多見善拓，録文精審，對王書的糾訂多可信從。此外，陸書補録王書未收的石刻也多達二千餘通。

清代學者肆力於地方石刻的搜録整理，也有可觀的成績。録一省石刻而爲世所稱者，有阮元《山左金石志》二十四卷（山東）、《兩浙金石志》十八卷（浙江）、謝啓崑《粤西金石略》十五卷（廣西）、胡聘之《山右石刻叢編》四十卷（山西）、劉喜海《金石苑》六卷（四川）等。録一州一縣石刻而重要者有武億《安陽縣金石録》十二卷、沈濤《常山貞石志》二十四卷、陸心源《吴興金石記》十六卷等。

五、近現代的石刻文獻要籍

近代以來，因學術風氣的轉變，漢唐石刻研究不及清代之盛。由於各地大規模的基建工程和現代科學田野考古的實施，地下出土石刻的總數已大大超越清代以前八百年間發現的石刻數量。大批石刻得以彙集出版，給學者以方便。

端方《匋齋藏石記》四十四卷，是清季最有份量的專著。端方其人雖多有争議，但該書收羅宏富，題跋又多出李詳、繆荃蓀等名家之手，頗多精見。另一位大節可議的學者羅振玉，於古代文獻的搜集刊布尤多建樹。其石刻方面的專著多達二十餘種，《昭陵碑録》和《冢墓遺文》（包括《芒洛》《廣陵》《東都》《山左》《襄陽》等十多種）以録文精確、收羅宏富而爲世所稱。

二十世紀三十年代，由於隴海路的施工，洛陽北邙一帶出土魏、唐墓志尤衆。其大宗石刻分别爲于右任鴛鴦七志齋、張鈁千唐志齋和李根源曲石精廬收存。于氏所收以北魏志石爲主，今存西安碑林，張、李以唐代爲主。其中張氏所得達一千二百多方，原石存其故里河南新安鐵門鎮，民國間曾以拓本售於各高校及研究機構，近年已影印行世。其中對唐代文學研究有關係者頗衆。曲石所得僅九十多方，但多精品，王之涣墓志最爲著名，今存南京博物院。

民國間由於各省組織學者編纂省志，也連帶完成了一批石刻專著。其中曾單獨刊行而流通較廣者，有《江蘇金石志》二十四卷、《陜西金石志》三十二卷、《安徽通志金石古物考稿》十六卷，頗多可觀。

二十世纪五十年代，趙萬里輯《漢魏南北朝墓志集釋》，收漢至隋代墓志六百五十九方，均據善拓影印，又附歷代學者對這些墓志的考釋文字，編纂方法上較前人所著有很大進步，是研究唐前歷史、文學的重要參考書。

二十世紀最後二十年間，學術研究空前繁榮，前述自宋以降的許多著作都曾影印或整理出版。今人纂輯的著作，以下列幾種最爲重要。

《北京圖書館藏歷代石刻拓本彙編》，收録了北圖五十年代以前入藏的所有石刻拓本，全部影印，甚便讀者。不足處是一些大碑拓本縮印後，文字多不易辨識。

陳垣《道家金石略》，收録漢至元代與道教有關的石刻文字，於宋元道教研究尤爲有用。

周紹良主編《唐代墓志彙編》及《續集》，收録一九九九年以前出土或發表的唐代墓志逾五千方，其中四分之三爲《全唐文》等書所失收，可視作唐文的補編。

趙超編《漢魏南北朝墓志彙編》，據前述趙萬里書録文，但不收隋志，補收了一九八六年以前的大量新出石刻。

《隋唐五代墓志彙編》，據出土地區影印墓志拓本約五千方，以洛陽爲最多，約占全書之半，陝西、河南、山西、北京等地次之。其中包括了大批近四十年間新出土的墓志，不見於上述各書者逾一千五百方。

進入新世紀，石刻文獻研究成爲中古文史研究之顯學，更多學者關注石刻之當時書寫與私人書寫之特殊價值，成爲敦煌文獻研究以後有一學術熱點。同時，新見文獻尤以墓志爲大宗，每年的刊布數也以幾百至上千方的數量增長。其中最重要的，一是《新中國出土墓志》，已出版十多輯，爲會聚各地文物部門所藏者爲主；二是《大唐西市博物館藏唐墓志》，所收皆館藏，整理則延請史學界學者；三是《长安高陽原新出土隋唐墓志》，將考古報告與新見墓志結合，最見嚴謹。其他搜輯石刻或拓本的尚有十多家，所得豐富則可提到趙君平的《秦晋豫新發現墓志搜逸》三編，毛陽光的《洛陽新見流散墓志彙編》，以及齊運通洛陽九朝石刻博物館編的幾種專書。還應説到的是，日本學者氣賀澤保規編《唐代墓志所在總合目録》，不到二十年已經出版四版，爲唐代墓志利用提供極大的方便。陝西社科院古籍所編《全唐文補遺》十册，所據主要是石刻，校點尚屬認真。

上海古籍出版社編刊《金石文獻叢刊》，主要收録宋、清兩代有關金石學的基本著作，本文前所介紹諸書，大多得以收録。如王昶《金石萃編》，將清後期的幾種補訂專書彙集在一起，陸增祥《八瓊石金石補正》之正續編合爲一帙，也便於讀者全面瞭解這位傑出金石學家的整體成就。書將付刊，胡文波君囑序於我，是不能辭。然時疫方熾，出行不便，未能通讀全編，率爾操觚，總難塞責。乃思此編爲彙聚宋、清兩代金石學之菁華，爲滿足當代以中古文史學者爲主之石刻文獻研究之急需，或可將二十四年前爲當時還是江蘇古籍出版社的《古典文學知識》所撰小文《石刻文獻述要》稍作潤飾增補，用爲代序，敬請方家諒宥。

目録

金石續編卷六

金石續編卷七

唐四

金石續編卷八

唐五

金石續編卷十二……一〇〇七

唐九

後梁

後唐

後漢

後周

金石續編卷十五

宋三

金石續編卷十六

宋四

金石續編卷十七

宋五

金石續編卷十八……一五八三

宋六

金石續編卷二十……一七六九

遼

西夏

金

金石續編卷二十一

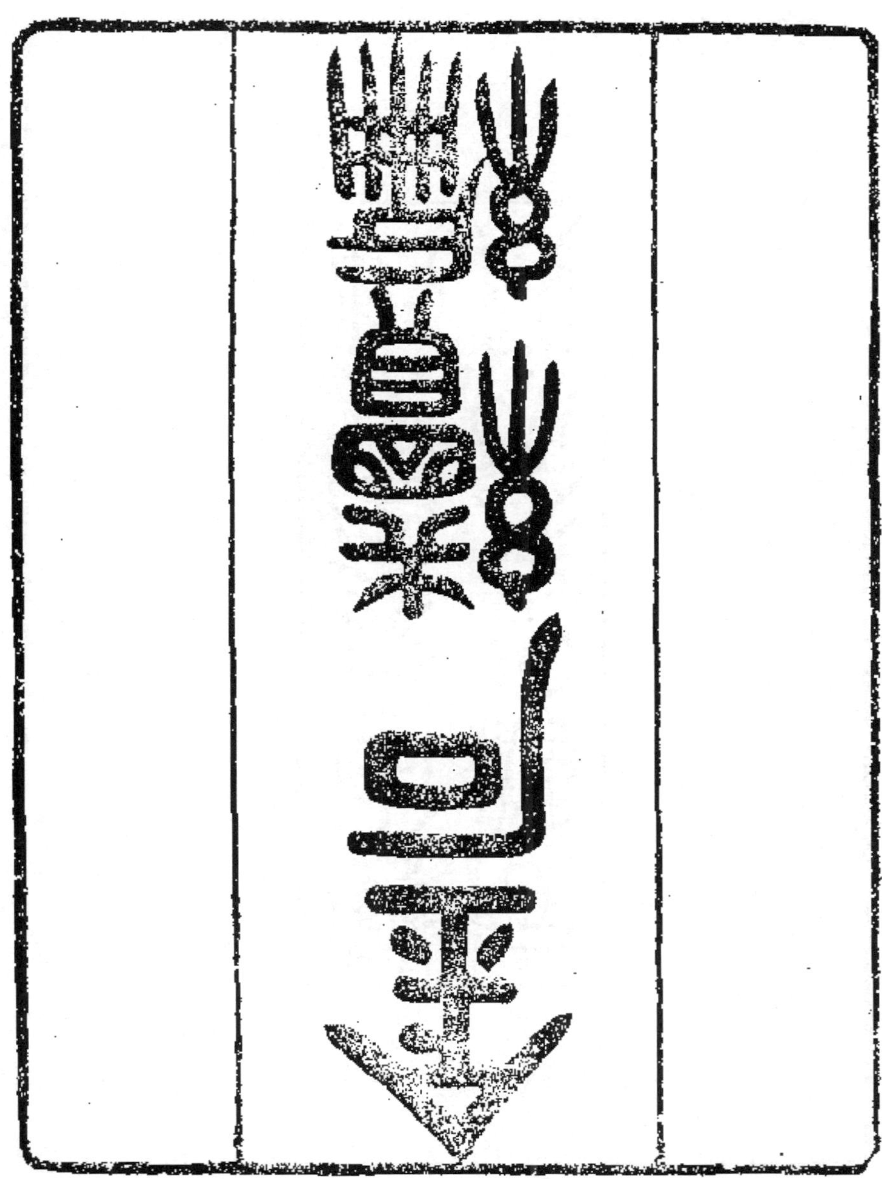

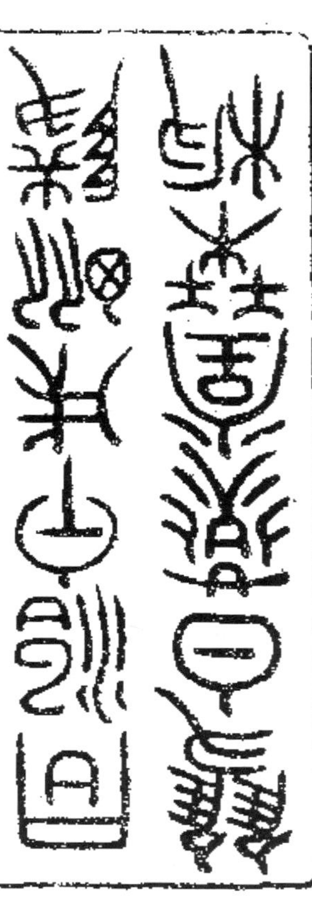

金石續編一書余既三四讀之而一再跋之矣今八月
哲嗣子受兄舉以相屬曰先人手澤幸獲守存慮傳之
不遠且久也行將付剞劂矣子有宿好子其校之子所
藏庋可坿益之噫余於金石之學未窺涯涘烏克任此
顧以耆痂之癖得厠名卷尾不可謂非幸也不揣譾陋
宗王氏之例輯為目錄一卷碑錄廿卷外國一卷闕者
補之譌者正之差者次之偽者削之旁采諸家之題跋
間一參以鄙見冀有依於先生之書也生平之所蓄所
見不敢羼入恐淆先生之真而貽先生之書之玷也輯
既竣迺慨然曰古人事蹟史不悉載賴金石以傳之金
有時燬石有時泐賴墨本以傳之墨本聚散何常存亾

何定賴著錄以傳之著錄之家　本朝極盛薈萃成書
奚啻百數有限以時代者翁氏兩漢金石志嚴氏漢金石例申氏涵貞閣漢碑文字
跋萬氏分隸偶存王氏漢隸拾遺某氏隸釋存續三四續孫氏三圖六朝金石記有限以一省
者孫氏京畿金石攷樊氏畿輔古石刻畢氏中州金石記關中金石記翁氏江右金石記粵東金石略阮氏
山左金石志兩浙金石志黃氏中州金石攷嚴氏九陵金石志朱氏雍州金石記杜氏越中金石記謝氏粵西
金石略朱氏安徽金石志某氏汴中金石錄宋氏湖北金石存佚攷某氏兩湘金石志劉氏三巴孴古志有
限以一省并限以時代者黃氏關中隨唐石刻補遺有限以一郡者
嚴氏江甯金石志李氏括蒼金石志丁氏武林金石錄某氏濟南金石志沈氏常山貞石志有限以
一邑者葉氏嵩陽石刻記朱氏濟甯金石志段氏益都金石志武功金石志武氏偃師金石遺文記安
陽金石志錢氏嘉定金石志袁氏河內金石志趙氏涇縣金石文鈔王氏滄州金石志有限以域
外者李氏羅麗跡鄉攷趙氏海東金石存韓氏海東金石存攷潘氏東瀛貞石志有限以名

山者嚴氏五嶽貞珉攷某氏七星巖志翁氏九曜石志某氏龍門山金石志王氏浯溪攷某氏浯溪新志有限以一人者嚴氏平原石蹟表有限以一碑者顏氏石經攷萬氏石經攷杭氏石經攷異胡氏禊帖綜聞有別以體者嚴氏金石類籤黃氏古誌石華有敘以表者曹氏金石表有繪以圖者褚氏牛氏金石經眼錄金石圖馮氏金石索其上追秦漢下逮遼金近自里閭遠訖海外綜播而攷證之者亦不下數十家或宗歐趙之例著目錄加跋尾錢氏潛研堂金石錄目金石文跋尾武氏授堂金石跋讀史金石集目邢氏方輿金石碑目孫氏寰宇訪碑錄嚴氏知白齋金石文跋尾趙氏竹崦盦金石目錄王氏竹雲題跋某氏金石評林某氏金石小箋或宗洪氏之例具載全文顧氏金石文字記林氏來齋金石攷李氏觀妙齋金石文攷畧陳氏金石遺文錄葉氏金石文隨錄王氏金石萃編孫氏平津館金石萃編[illegible]氏石蹟記吳氏金石存來氏金石備攷梁氏金石記汪氏古石瑯玕周氏雲煙過眼錄黃氏小蓬萊閣金石文字江氏金石今有錄洪氏平津讀碑記宗氏留雲盦

金石萃或勘前人之譌錢氏校金石錄記或補前人之不足葉氏續金石錄劉氏金石續錄錢氏金石後錄葉氏金石錄補潘氏金石文字記補遺吳氏筠清館金石記瞿氏古泉山館金石文編顧氏補寰宇訪碑錄或未獲讀其書或且并未知有其書而嗜古博物之家探奇搜秘未必盡加甄錄甄錄矣未必成書書成矣未必盡刊則雖希有之品終焉湮沒不傳而已顧書亦未必盡傳於世傳於世亦未必盡足徵信窮於摭拾故物久亾素記者懵焉域於聞見遠訪無資愛博者快焉疏於援據稽古者病焉失於審擇別僞者嗤焉是故王氏萃編一書實為宇宙之鉅觀古今之傑構故其自序云欲論金石取足於此不煩他索焉而後之踵而起者蕡以彌縫其闕則有如吳氏之攈潛館

金石記瞿氏之古泉山館金石文編以及先生之是書也吳氏蒐羅寂富萃編外多至二千六百餘通後人不能守其書道州何氏得之矣瞿氏考核寂精跋語多者至千數百餘言原書已付刧灰傳鈔之本叢一見於潘氏近聞不知所在矣而先生是書得以後人之克守前芬刊行於世先生之幸也亦王氏之幸也即古人之幸也抑更有奢望者　本朝金石之學遠軼前代倘得聚百餘家已刊未刊之書統數千百年之遺文妙蹟芟其繁複剔其訛謬覈其異同判其真贋集其大成而彙爲一編永傳千古則書之傳者益傳不傳者亦傳其書傳其人傳即偶得一二希有之品者亦且附之以傳而史

册所不傳之古人亦罔弗賴是以傳將王氏所謂欲論金石取足於此不煩他索者其在此而不在彼也不誠天下後世之大幸也哉顧非大有學而大有力者其能與於此哉同治戊辰十月後學增祥謹跋

題跋

曩時交游中嗜金石之藏者惟紹聞而方立彥聞繼之各以所得相誇也計其所藏彥聞㝡夥考釋亦㝡詳方立從紹聞於秦故所得略相亞未幾方立歿於京師又數年彥聞歿於閩幸所蓄者其家各能守之耳紹聞歸然獨在尚能紬繹稽攷其金石之幸乎暇嘗會三家之藏與其所題識合而編焉庶苦心之不負也時紹聞自粤歸始相見於暨陽書院出此見示因識之日月不處尚冀斯編之速成也道光十四年三月既望李兆洛

續編簡潔賅實較原書成於衆門生之手尤襍炫博者勝之什倍不煩贊嘆唯有欽服而已謹以奉還異日擬

以所藏所見彙泐一書當於鐙堂暇日細商之成行之前終欲一踐宿約藉話離悰也蔣因培

咸豐乙卯丙辰閒在京師搜集金石文字凡萃編所未載者輒以一得自喜嗣聞海內有續編一書而卒未審爲誰氏所輯憾不得一見以證所藏也今得見之而讀之幸矣又竊憾其書之未竟也又竊憾夫所蓄之搨本尚存京師不獲取以參互攷訂也顧猶能約略言之先生所録而余未及得者固多余所得而先生未及録者亦自不乏泰則有銅權銘也漢則有海鹽磚文石獄邨石刻三公山神碑并陰三公山碑并側白石神君碑陰樊敏高頤碑及重刊之馮緄碑也馮煥李業楊宗闕及

沈君左右高頤東西各兩闕也三國則有楊公闕曹真殘碑并陰也晉則有賈夜宇闕韓壽碣也魏則有鄭道昭題字四種刁遵誌陰劉懿吳高黎二誌也北齊則有李琮誌也隋則有信行塔銘張通妻陶誌蜀王美人董氏誌宋永貴誌也唐則有高祖時之蘇玉華誌（疑偽作）也太宗時之靈琛塔銘郭雲銘（萃編次大業三年有目無文碑刻貞觀五年疑偽作）臺徹舍利塔記也高宗時之蕭勝誌（疑偽作）樊興碑清河太夫人碑房仁裕碑程氏塔銘杜公墓誌陰棲霞寺碑劉奉芝之王留兩誌也豫王時之八都壇神君實錄也偽周時之慶林觀鐘款高涼靈泉記長孫氏誌盧八娘碣也中宗時之王才賓浮圖頌楊氏合葬殘碑也元宗時

之姚懿碑龍興寺額張輭誌神寶寺記本願寺銅鍾銘幷陰子產祠殘碑張令忠浮圖記段常省塔銘黃撝妻劉氏暨韋瓊劉智誌也肅宗時之開元寺石柱題刻巴州佛龕記光福寺楠木歌鮮于氏離堆記殘刻也代宗時之李楷洛碑趙州刺史何公碑也德宗時之萼山亭記賈氏誌張維岳碑也憲宗時之高涼泉記也文宗時之崔藩張源二誌也武宗時之能禪師石窟銘趙夫人張氏誌也宣宗時之岳林寺塔銘也懿宗時之王夫人張氏誌脩中嶽廟記宇文氏誌來佐本及常郭二氏誌也唐刻不悉記唐以降自五代以迄遼金約有數十造象題記及經幢之類則自蕭梁王世成以迄宋之

余祺約有六百餘刻釋氏經刻以雲居山爲冣多所得者十不及一約二十餘本計二百四十餘石山川形勝之區題詠鐫名所在多有所得者約有百數十段無年月可系者不在其列也朝鮮石刻則有真興王巡鸞殘碑已丑年題字兩刻并古篆文一碑也畧時當就所有者蒐輯成帙以坿斯編之末並將編中僅列於目各種就所有者補録全文以彌斯編之闕申耆先生云日月不處尚冀斯編之速成於此益深慨焉兵燹十餘年蹂躪十餘省藏庋之家大都散佚抱殘守闕視昔倍難同志寥寥吾生恨晚見聞有限四顧茫然瞻企前修能無奮勉同治甲子八月秋增祥讀并識

昔於京師廠肆得隋太僕卿元公及夫人姬氏兩誌銘不知石所在也今讀紹聞先生金石續編始知石在成甯於嘉慶初年出土先生先得拓本後并得其石載歸武進故編中於此銘攷訂特為翔實耆古之癖可想比從哲嗣子受觀察借到遺書時一展繹甚擴聞見又與所藏筠清館金石錄足相印證今觀察將東歸奉還珍冊敬題小句元公石如無恙尚冀精拓寄惠也鬱林載石無文字誰似隋元太僕銘想見東南兵火後貞珉長映九龍青清名廿載在湘中家法無慚儒吏風珍護楹書歸丙舍尚應虹月爛江東筠清館例訟蒲褐許林珊葉東卿劉燕亭吳亦自賢安得百家金石聚鴻編恒赫中興年

同治戊辰初秋道州何紹基題

一瞶四載矣點檢墨本所獲無多羅致惟艱次叢良苦屬司校録一並坿書再讀兹編益深景仰計晉刻二潯陽太守磚文楊窓磚字宋刻一曇平殘碑魏刻二長樂王邱穆陵亮夫人造象記始興造象記齊一乾明殘刻隋四張文□等造塔象殘刻龍山公墓誌宋某造象題名玉泉寺鐵鑊欵識唐四十二湯某妻傷氏誌燃燈舍利塔題字楊政本妻韋氏誌□義成造象題名張元弼暨邱氏合葬墓誌張文珪造象銘碑張景之慶之敬之三誌韋損誌麓山寺碑陰靈巖寺頌南嶽投龍告文蘄恒德政幢裔林觀東巖壁記彭景宣造象題記韋抗功

卷首

德碑張點張孚張漪三誌張軫暨邵氏合葬誌張胐暨
李氏墓誌徐德行壙誌焦瓘誌浯溪銘唐廎銘浯溪李
諒韋瓘題記究尊銘張銳誌明覺寺尼心印記李氏殤
女塋石始得西山宴游記袁家渴記石渠記此三種疑宋人所刻
符某妻李氏誌張曛誌王某妻李氏誌翟氏某夫人誌
甬建圓覺塔銘畢公柏堂寺瑞像頌宏農楊氏誌蒼蜀
一越國夫人四十二娘造象記南漢二感報寺鐘款識
崇福寺鐘款識吳越二保叔塔磚字風山靈德王廟碑
宋三十九元寂禪師碑永州新學門銘宣撫記姑蘇臺
同年會記放商鹽頌崇德廟財帛庫記沈文罕修塔石
刻峴山石幢帖詩題名各刻寶方經偈刻楊夫人權厝

誌朱子牧愛堂三字蔣暉臨無上宮主仙筆壽德山銘熙詩刻岑公洞黃山谷題記黃山谷書欵乃曲石刻浯溪李若虛陳從古蔡説徐自明曾煥趙楷盧何深王志爲姜虎題字熙甯七年殘刻米公祠米書十三種蔡書黃書各一種凡九十六通戊辰八月增祥再記

例言

一是編專錄王氏所未備編中有偶未及檢者悉數芟除俾免複沓

一編中有錄無文者凡一百七十餘種有可補者補之無可補者闕之仍登諸錄以竢搜求

一編中所錄碑文不無舛錯或據石墨正之或據他書改之字句所疑姑從蓋闕文義可會亦勿妄更

一編中次第先後間或參錯概為移易碑為後人所重刊即以重刊之號年為準

一物有偽作並皆刪汰唯李衎誌原跋云錄而摘之以懲贋託姑仍留之

卷首　例言

一華編於外國石刻別分一卷而朗空塔銘仍坿於平百濟碑後自乖其例也茲另編列尾仍以中夏之號年為次

一唐以前篆隸諸碑例模點畫編中未及盡摹爰檢墨本對臨之自唐而降悉仍其舊

一諸家題跋足相印證兼為採入惟平生所見金石諸書大都借讀過目輒忘家藏本不能悉錄望一漏萬知所不免

一攷覈具詳原跋跋後間坿數語核其異同者居多涉學本淺時日又促有不能為亦不暇及焉

一萃編不收元碑編中七星巖題名附列楊庭璧破猺

記一刻九曜石題名附列敦詩章德安兩刻爰宗王
氏之例删之而仍録於此揚庭壁破燎記云古端兩
邑三酉年家爲僚冠突境
日以殺戮掠貴爲事鄉民苦不忍言已丑冬抄東半
路恩州揚庭璧宇君璋以路勇大將軍擴南两道尚
尉使奉省檄督而來與寅上元日即敗賊矣端民約
拜更生鐫此以紀實云豈庚寅盂冬晦前一日跋三
案廣東通志金石畧云猿遂即猺迄將內庚寅元至
正十年七罣巖志載此刻實境作窺境宇君境宇作
李邵破賊癸癸作篤皆視之衣寄閣廣南西道通志
脫南字　仙掌石敦詩題記云至正中中秋宋春天
子命來鎮東廣適官名介于仙湖之東□□□□□
□觀仙章石刻乃宋嘉熙蕭大山□□□□□□□
□苑然如新案部志仙湖舊名石洲□□□□□□
□石號九曜而仙掌蒸居其一焉□□□□□□□
□興斯石屹然敵存合龍九仙之跡□□□□□□
□傲然與欵逆識諸歲日俾後之來者亦□□□□
□而刻銘無窮其蹀于古之膝撫以□□□□□□
□句云景厤文圖劍池頭丹地日□□□□□□非
遊推太華又觀仙掌五羊捌至正□□□□□□中
奉大夫廣東道宣尉使都元謝扣□□□□□□汝

卷首　例言

詩誌令史韋德安書丹跋云按至正四年甲申申元顯帝嗣位之十二年以廣州學宣聖遺像記致之甲申乙酉廣東宣慰使都元帥乃僧家奴此石結銜下刺餘雜譯通志職官亦失載教詩前亦宣慰使屬官措名上已缺致延祐三年銅漏壺題字宣慰使九師府有令史都事經歷題領諸屬末議致詩何也韋德安題名云至正丙戌正月望日韋德安叔遊遊此跋云丙戌至正六年也以上二刻通志皆未見

金石續編卷首目録

武進陸耀遹纂　太倉陸增祥校訂

卷第一　漢　吳　晉　前秦　宋　齊　後魏

仙人唐公房碑陰

九真太守谷朗碑 鳳皇元年四月

升平磚文二種

鄭能進修鄧艾祠碑 建元三年

甯州刺史爨龍顏碑 太明二年九月

妙相寺石佛題字 永明六年

營州刺史高貞碑 正光四年六月

魏氏造象碑側 正光五年六月

卷第二 東魏 西魏 北齊 北周

凝禪寺三級浮圖碑 元象二年二月

道俗九十人等造象銘 武定元年十月

卷第三　隋

卷第四 唐一

晉祠銘碑陰題名 貞觀廿年正月

趙婆造塗金阿彌陀象記 貞觀廿一年正月

文安縣主墓誌銘 貞觀廿二年三月

晉州刺史裴府君碑 貞觀廿三年

幽州都督牛秀碑 貞觀末

芮定公豆盧寬碑 永徽元年六月

卷第五 唐二

中書令昭公崔敦禮碑 顯慶元年十月

光明寺慧了塔銘 顯慶二年二月

信法寺彌陀象碑 顯慶三年四月

千佛山劉因意造象記 顯慶三年九月

青蓮寺造象幾刻

張三娘造象并鐫心經題記 永隆二年五月

傅叢仁等造象記 永隆二年九月

花塔寺馮鳳翼等造象題名

上護軍龐德威墓誌銘 垂拱三年十一月

朝請大夫陳護墓誌銘 垂拱四年正月

卷第六 唐三

宣州刺史陶大舉德政碑 永昌元年二月

中岳沙門法如行狀 永昌元年七月

馬元貞投龍記 天授二年正月

處士程玄景墓誌銘 長壽三年正月

韋利器等造象銘　開元三年八月

贈歙州刺史葉慧明碑　開元五年七月

萊州刺史唐貞休碑　開元十年七月

老子孔子顔子讚并奏勅　開元十一年八月

折夫人曹氏墓誌銘　開元十一年十一月

卷第七　唐四

唐氏女端墓誌銘　開元十二年六月

青城山常道觀勅并陰　開元十三年正月

豐義令鄭温球墓誌銘　開元十五年七月

盧施令于士恭墓誌銘　開元十五年十月

敬節法師塔銘　開元十七年七月

玉真公主祥應記 天寶二載

天寶陀羅尼咒石刻 天寶三載二月

任令則碑 天寶四載十二月

張慶万造象銅碑 天寶五載五月

振威副尉口君墓誌銘 天寶六載十月

房演琴峰亭記 天寶八載三月

王屋山劉若水碑銘 天寶十一載二月

張元忠妻令狐氏墓誌銘 天寶十二載十二月

怡亭銘 永泰元年五月

鐵元始象讚

承天軍城記 大厤元年

卷第九唐六

韋夫人王氏墓誌銘 貞元六年二月

長豐令李丕墓誌銘 貞元六年十一月

清河張夫人墓誌銘 貞元八年五月

懷素東陵聖母帖 貞元九年四月

王仲堪墓誌銘 貞元十三年四月

大樂山修楞伽寺碑 元和六年六月

沁河枋口等記 元和六年十一月

石壁寺甘露義壇碑 元和八年三月

李術墓誌銘 元和九年正月

宣功參軍魏邈墓誌銘 元和十年四月

十哲讚碑 元和十年十二月

王化清石室記 寶曆元年九月

李渤南溪詩刻 寶曆二年三月

李涉元巖銘

坐忘論 大和三年七月

兵曹鄭准墓誌 大和四年八月

習空和上塔銘 大和七年八月

同兵參軍杜行方墓誌銘 大和七年十一月

楚兵參軍劉崟墓誌銘 大和八年十一月

鄭覃進石經狀 開成二年十月

趙夫人夏侯氏墓誌銘 開成五年十一月

卷第十一 唐八

法隆寺經幢大中十一年十一月

藥師象讚咸通二年九月

長史程修已墓誌銘咸通四年四月

徐功參軍劉仕倩墓誌銘咸通八年正月

盧夫人崔氏墓誌銘咸通八年二月

高壁鎮通濟橋記咸通十三年四月

録事趙虔章墓誌銘乾符三年九月

卷弟十二 唐九 後梁 後唐 後漢 後周 吳 南唐 吳越 北漢

開元寺隴西公經幢讚廣明二年四月

董昌生祠記景福元年十二月

山居洞杜鵑詩刻乾甯元年

修彌勒象閣記 至道三年九月

說文偏旁字源并序及郭忠恕答書 咸平二年六月

法性寺鐘款 咸平四年九月

臥龍寺鐘款 咸平六年二月

重真寺田莊記 咸平六年

卷第十四 宋二

亭山廟勅并祭告文 大中祥符元年十一月

承天觀碑 大中祥符二年二月

忠國師多心經序 大中祥符二年四月

賜汾陰后土廟號泰寧宫牒 大中祥符四年三月

元聖文宣王贊并加號詔 大中祥符五年八月

法門寺修九子母記 慶歷五年閏五月

重刻扶風夫子廟碑 慶歷八年

傅求等釋奠題名 皇祐二年正月

韶州永通監碑 皇祐三年十月

南海廟韓碑陰題名四段 起皇祐二年訖端平三年

南海廟開寶碑陰題名三段 起皇祐三年訖熙甯七年

平蠻三將題名 皇祐五年四月

嵩臺石室記 皇祐五年五月

卷第十五 宋三

惠州野吏亭詩刻 至和元年十月

晉祠銘碑陰碑側題名十二段 起至和二年訖政和五年

靈慶祠鄭惟幾等題記 治平三年八月

鄧中立修南海廟碑 治平四年十月

康衛陳懌石室詩刻 熙甯二年三月

三天洞包廓等題記 熙甯三年九月

李忠信墓表 熙甯五年八月

祭武襄公狄青文并序 熙甯六年十一月

卷第十六 宋四

程師孟祠南海神記 熙甯七年正月

張百藥等題名 熙甯八年四月

鄭仲賢緱山詩刻 熙甯九年七月

杜子美白水詩刻 熙甯九年九月

滙王祠詩并記 元祐四年九月

蘇子嚌懷子由詩 元祐五年

過九成宫詩 元祐五年十二月

阿育王寺宸奎閣碑 元祐六年正月

壽陽縣修學記 元祐七年二月

趙懿簡公神道碑 元祐七年五月

蘇子瞻罽岡詩刻 元祐七年

阿房宫賦後序 元祐八年六月

重修周公廟賦 元祐八年十二月

蘇子瞻詩賦并帖 元祐九年二月

耀州修州學記 元祐九年三月

龍隱巖石刻十一段 起建中靖國元年訖咸淳十年
桂林湘南樓記 崇甯元年四月
唐李長者通元行蹟記 崇甯元年七月
方山昭化寺帖 崇甯二年九月
石夷吾等棲觀題名 崇甯二年十二月
建安王公詩 崇甯五年三月
孔聖手植檜贊
富丞相登大像閣詩 大觀元年正月
孫敏行等題記 大觀元年三月
顯慶祠董宗師等題記 大觀元年四月
章吉老墓表 大觀元年五月

卷第十八　宋六

卷弟十九　宋七

休寧修縣學碑 嘉定十六年七月

曾噩南海廟記碑 寶慶元年七月

虞剛簡詩刻 寶慶二年二月

修天慶觀碑 寶慶二年三月

忠清粹德碑 紹定三年三月

建安社稷壇記

中隱山題刻二段 起端平三年訖淳祐元年

藍嶠增修學廪記 嘉熙元年

還珠洞曾宏正等詩刻

府判廳石刻 寶祐三年九月

諭朱廣用勅并表記 景慶元年二月

重立泰寧宮碑 正隆四年十月

壽禪師修明月山清風庵記 大定二年五月

王甯謁無盡居士祠堂詩 大定三年八月

開法寺永重壽塔銘 大定四年七月

遵峰真逸題名 大定四年七月

修昭化院記 大定五年六月

僧德誠塔銘 大定五年八月

開元寺觀音院記 大定六年九月

廣濟寺牒 大定七年八月

修白馬寺舍利塔記 大定十五年五月

洪濟禪院牒 大定十五年六月

大明禪院碑大定十六年九月

崑崙山白骨圖詩并記大定二十三年

張仲偉墓表大定廿六年三月

龍泉寺政言塔銘大定廿八年六月

京兆府提學所帖明昌五年四月

謁唐太宗廟記明昌五年十月

謁唐昭陵詩明昌五年十月

太白山鐘欵明昌五年

修魏徵廟碑承安三年十二月

重陽子無夢令詞承安五年九月

老君巷宋雄飛詩刻泰和元年二月

京兆府學教授題名記泰和六年三月

圭峰草堂詩大安元年二月

耀州寶鑑記大安元年八月

法門寺真身寶塔詩大安二年七月

趙秉文法語刻大安二年十月

老君菴孔朝散詩貞祐二年七月

甯曲社修水記并陰興定五年十月

重刻枋口白樂天詩元光元年九月

印公開堂疏元光二年二月

辯正大師與公僧錄銘元光二年十二月

唐太宗贊三藏羅什詩正大二年十一月

金石續編卷五再終

金石續編卷第一

武進陸耀遹纂　　太倉陸增祥校訂

漢

成山宮銅渠斗款

神爵四年篆書在陽湖董氏

神爵四年漢宣帝即位之十六年其明年改元五鳳矣東萊郡有成山太始三年武帝幸琅邪禮日成山神爵閒立成山日祠於不夜地理志不夜有成山日祠文選子虛賦張揖注曰成山在東萊掖縣於其上築宮闕此云成山宮殆即是此蓋立祠時所造也此器本先生所藏而編

中僅列諸目未錄其文殆忽於易耳繼爲董方立索去嗣歸呂氏追經兵燹呂氏所畜蕩然無存即非灰燼亦僅瓦礫矣噫以數千年之故物幸顯於世不久仍晦何其厄也然猶幸爲先生所得尚存其名於斯編俾後來者古之士尙可效而知之其不幸而爲傖夫所有舉世莫得而知之雖顯猶晦者正復不知凡幾故凡編中有目無文者悉仍其名以俟補輯跋增雅志

萊子侯石刻

高一尺五寸廣二尺二寸七行行五字隸書在山東鄒縣孟廟

始建國天鳳三年二月十三日萊子

焦易文人易封使偖子負等用百余
人後子孫毋壞耶
嶧山西南廿里曰臥虎山山陽皆土一石直南北臥
山足地勢高平儼然堂基也其西南隅附土者也形
方長上微弓中斷為二色純青而堅西側近南處鑿
如碧玉之璞面正平不加追琢刻字其上以周尺度
之斷以南餘三尺許方二尺八寸隸七行行五字字
徑二寸五分界以豎格四線圍之外刻粗斜紋二寸
作邊則石盡矣其詞曰始建國天鳳三年二月十三
日萊疑萊子國在今萊州府去此太遠檢漢書亦不得諸萊子之世官封地召更易均然謂時或不錄知史不因事不盡兒也鄉或是他字子侯為支人為封使偖李岫仙云其字作偖

釋尚字疑子食非用百宗二字疑軸仙云碑作余非宗字古字用半旁故從肖作余八
後子孫毋壞敗許三十五字疑者四與曲阜五鳳二
年刻永平鄗君摩崖是一家眷屬蓋未分隸初體也
獨念地非幽僻從古地志金石諸家均未著録且久
歷雨淋日炙敲火礪角之刼而巋然煥然待時而顯
何與殆天以人理滅絶至莽已極倘有此好義敦睦
之士足以扶道教而植人紀故愛護闕惜不使雜沒
與余既刻誌歲月緣起於石側復詳爲之跋得石後
三月顏逢甲書
此石在鄒縣南臥虎山下幾二千季無人知者嘉慶
廿二年䕫日士人孫生容王輔仲見之與滕縣孝廉

顔君逢甲送入孟廟考始建國天鳳二年係新王莽僭位之八年其稱天鳳而冠以始建國猶糅續載王莽候鉦云始建國地皇上戊也其稱爲封者蓋封樹之封猶禮稱三斬板而已封及史載建武祀泰山使奉車子侯爲封封高一丈二尺之類顔君以爲封田贍族者非也百余八者用百餘八工築此封顔君釋爲宗人亦非惟萊子侯不可考或以萊州爲古萊子國或以爲葉子侯葉字之泐俱無所據王莽時封濫有貧而爲傭者史固不勝載而碑字又怳惚難憑闕之可耳其偕字亦不甚了了總之此石雖非後人僞刻亦係當時野制無深長意趣因近時新出姑縮刻

於西漢之末馮雲鵬雲鵷金石索

右石刻以建初尺度之高尺許廣尺一寸八分書七行行五字行閒有粗豎文作界字徑二寸許嘉慶庚辰秋四明沈栗仲明府道寛來官湘南以搨本贈予云近始出土栗仲時館山左因得椎拓數本攷周禮冢人以爵等爲邱封之度鄭注別尊卑也王公曰邱諸臣曰封禮記檀弓於是封之崇四尺鄭注聚土曰封又我見封之若堂者矣鄭注築土爲壟形四方而高又樂記封比干之墓鄭注積土爲封又校儀禮既夕禮乃窆鄭注云窆下棺也今文窆爲封禮記檀弓縣棺而封鄭注封當爲窆窆下棺也說文堋下云禮

記謂之封周官謂之窆易繫辭葬之中野不封不樹
虞翻注穿土稱封封古窆字也廣雅封冢也又案萊
乃萊之隸變禹貢萊夷作牧孔傳萊夷地名齊所遷
公二年左氏傳齊侯使諸姜宗婦來送葬召萊子不
會故晏弱城東陽以偪之杜氏注東陽齊竟上邑正
義云世族譜不知萊國之姓齊侯召萊子者不爲其
姓姜也以其比鄰蔑之故召又宣公七年穀梁傳公
會齊侯伐萊范注萊國名國語齊語萊莒章注萊今
東萊又案孟子若伊尹萊朱趙岐章句萊朱湯賢臣
卽仲虺也春秋文公二年左氏傳晉與秦戰於殽萊
駒爲右又哀公廿四年傳有萊章杜注萊章齊大夫

是萊爲古姓本國名而正在齊地乃以國爲氏也此
刻所云萊子侯當是萊姓名子侯其下一字當是爲
而支人之支據許氏說文支字當从十从又作攴支
字當从巾从又作㚔然隸書變支爲攴變㚔爲支此
刻支字不當讀爲攴人下一字乃象之變體漢郭君
碑豫字作豫其右旁正與此刻形相似玉篇作爲以
爲古文象字葢支乃其人之姓人象則其名也莊子
有支離益廣韻支下云漢複姓又晉時有高僧支遁
後漢錄有司空支雄何氏姓苑云支氏琅邪人儲子
食當亦是人姓名儲疑儲之省文廣韻云儲姓後漢
有儲太伯子攷後漢書鮑永傳光武即位遣諫議大

夫儲大伯持節徵承章懷注引風俗通曰儲姓齊大
夫儲子之後也而漢書王莽傳有上谷儲夏正在其
時益褒子房使偕于食等用百余人爲支人象封其
冢而刻石以戒其子孫者也餘古省作余周禮地官
委人凡其余聚以待頒賜漢吳仲山碑父有余財皆
以余爲餘攷漢書王莽傳莽於居攝三年十一月改
初始元年篡位改定有天下號曰新以十二月癸酉
爲建國元年正月之朔至五年又改明年爲天鳳元
年以改元更號而論旣稱天鳳不當復稱始建國然
莽傳前言莽先建元初始後改元建國不云始建國
而於後言建國元年正月上仍係以始字則於始建

國六年所謂改元天鳳者當是增天鳳二字於始建國之下故此刻稱始建國天鳳三年耳據此可以證史家紀載之失實葉石林避暑錄話云韓丞相玉汝家藏銅科銘稱始建國天鳳上戊六年據漢書莽改始建國六年爲天鳳元年而不言其因今天鳳上猶冒始建國蓋通爲一稱未嘗去舊號上戊莽所作圜名也又洪氏隸釋跋蜀郡太守何君閣道碑有建武中元二年之文云紹興中郭浩知金州田夫耕得一鉦其銘云新始建國地皇上戊二年今此刻但無上戊二字正可與葉洪二君所言互相證明此刻結體秀勁古茂在上谷府卿祝其卿二墳壇石刻之上尚

是西漢文字可寶也闕中洛泉山館金石文跋

顔東田孝廉逢甲滕人篤誨好古丁丑秋攜友道臥虎山下踞石小憩其端鑿似經匠手浩瀚從橫彷彿文字遂汲泉洗濯搨以故紙點畫畢見時先君子司鐸其縣顔以初搨本見詒且手跋其尾辨論甚精余見近人金石索一書縮刻於西漢之末木來面目十無一二矣而其跋識鄙爲野制無深長意趣不知原刻正以朴拙倍見古情今人無事不勝古人惟朴拙萬不可及而以爲譏何與又案所云爲封與史載建武祀泰山使奉車子侯同義不知何由目爲野制所環首尾咊其文義封田贍族說無可疑石以封爲

封禪之封季氏旅於泰山孔子歎之矦人臣何敢妄議封禪且章勒石邪封土對石非大工動衆不用百餘人百餘人運下成文郎上所云支入也言凡我本支百餘人其後嗣子孫庶幾永保此所封之田毋壞敗也郎古鐘鼎彝器子孫永寶用之類也文意明白若此猶復疑義百出異哉道光丙戌初秋諸城王金策題

兩漢隸法傳於世者以五鳳磚刻爲最古五鳳磚在曲阜孔林此刻今置鄒縣孟廟斷珪零璧數千百年後得託聖賢林廟以永其傳亦盛事也薛尚功鐘鼎款識載有漢注水匜阮芸臺尚書積古齋鐘鼎彝器

款識載有新莽銅權二皆作於始建國元年莽以始建國爲初始改元之明年阮謂即初始元年之十二月此刻稱天鳳三年則在莽即位之八年矣不應復以舊號冠首竊疑莽自立時尚未建年號姑以始建國紀年故改元後時人猶以此加於年號之上非重紀也顏跋所釋萊字攷漢書各表雖無萊子侯之封而其文則爲萊字無疑也惟封侯下一字顏釋備字岫仙疑之其字當是貸之省文漢至北朝人書貳作貳亦省貝爲日漢吴仲山碑書貸作貸亦增代爲伐可證其云貸子食等用者謂以所得封田貸於族衆也百余人之余岫仙以爲餘字省文其說是矣黄本蕘跋

萊子侯刻石文云始建國天鳳三年二月十三日萊子侯爲支人爲封使偖子食等用百余人後子孫毋壞敗凡三十五字漢書王子侯表孝武以諸侯王畺土過制或替差失軌而子弟爲匹夫輕重不相準詔諸侯王欲推私恩分子弟邑者令各條上定其號名自是支庶畢侯師古曰侯所食邑皆書其郡縣於下其有不書者史失之此萊子侯乃王子侯之食邑于萊者足補班史所闕但未審其次繫爲何王之後耳又後漢陽城恭王傳莽篡立劉氏爲侯者皆降稱子子侯之稱或即莽制與莽以初始元年十二月爲始建國元年五年改元

天鳳天鳳六年改元地皇此稱始建國天鳳三年者洪氏隸釋云莽漢之際習俗相尚以即位初元冠于新國之上所載銅科銘云新始建國天鳳上戊六年侯鉦銘云新始建國地皇上戊二年與此相類如光武建元建武改元中元而蜀郡太守何君閣道碑及范書祭祀志東夷傳皆有建武中元之文亦此例也支人言族人也累土曰封周禮大司徒制其地域而溝封之注封起土界也土在溝上謂之封偖子疑即諸子食其名余與餘同吳仲山碑父有余財亦作余江藩釋美作美偖作者後作役洪頤煊釋偖作儲皆未審

案馮氏石索釋食作㫐亦各自爲說耳陸增祥志

會稽冢地刻石

隸書高三尺廣五尺五行行四字額高二尺廣一尺題大吉二字並隸書在浙江會稽縣東南烏石村

大吉

昆弟六人共買山地建初元年造此

冢地直三萬錢

案石刻凡廿二字文曰昆弟六人共買山地建初元年造此冢地直三萬錢又於上方題大吉二字建初元年後漢章帝嗣位之始年也迄今道光三年凡千七百四十八年縣人杜孝廉煦偕弟春生訪得之予與南海吳布政榮光仁和趙明經魏題

名山下其地土名跳山卽烏石山也迠此之迠趙頤煊杜釋作住錢唐何元錫釋作作臨海洪州判釋作迠云迠卽造字省口予合數搨本辨之迠字甚顯洪說無疑冢地之冢趙釋作眾亦誤冢作家與隸續所載延憙五年眞道冢地碑正同杜春生字禾子集會稽山陰金石作越中金石記云是刻土人傳爲錢武肅王微時販鹽官軍捕之逃避此山而免因於石壁書大吉字明人据入邑志不知大吉下尚有二十字也予親剔落蘚寸許其文始見金石家從未著錄卽嘉泰以來纂郡邑志者亦所未覩乃知大吉二字爲冢地言後人偶有見錢

字者因傳會爲武肅矣淇頤煊平津讀碑記云漢人造作必記其所直之數如武氏石闕銘造此石闕直錢十五萬作師子直四萬葢其風俗然也

李昭碑

褎本高廣行字無攷字徑三寸額題漢故李君之碑六字字徑四寸竝篆書藏陽湖趙氏

君諱昭字伯明其先闕富波君闕忠孝仚仁行揩實體彌隆闕帝曰掾史召見嘉其忠孝闕琴蹤中躍雒陽長史換樋爲闕鬱鑠其德于我李君其德闕元初五季三月三日李闕勒

案李昭碑褎本十四番題額三行行二字碑文廿四行行三字可辨者六十三字如其數錄之文旣

殘闕裝硫亦有失次此與中平二年王知殘碑合爲一册陽湖趙氏味辛齋所藏錢詹事大昕識其後云樋爲之樋从木與何君閣道碑文同說文無樋字大徐新附有之不足据也彌本从長而漢隸多作弓旁此篆書亦从弓益漢時別體許祭酒不能盡收耳雒陽長史漢志未載此官豈偶置而旋罷與洪編修亮吉記曰碑言其先嘗波嘗波永元中復歫此止二十年案和帝嗣位改元永元歲在己丑元初五年爲安帝在位之十二年戊午歲也

原本以正書錄之未見搨本姑仍其舊後王知殘碑同陸增祥志

潁川太守太室題名

延光四年三月篆書

右刻在太室闕額下磨泐已甚十不存一可辨者惟延光四年三月及孔子大聖潁川太守楊十數字耳不録錢氏潛研堂目作潁州誤陸增祥志

右扶風丞李君通閣道記

高二尺三寸廣一尺六寸隸書七行行十字至十三字不等在陝西襃城縣石門西壁

右扶風丞楗爲武陽李君諱禹

字季士以永壽元年中始解

大臺政由其興　安平之

處萬民懽喜行人蒙福君故掾

益州從事再舉孝廉尚符璽郎
巴郡朐忍令換漢中成固令遷宜
禾都尉

右殘刻存六行署三字餘不可曉每行字數不等剝落殊甚故同在襃谷而歐趙洪婁諸家俱未採錄味其語意解大臺由卑下賈民懽喜行入蒙福蓋亦去險就夷以便于民故爲之刻石紀功如開通襃斜橋格及石門頌之類不可沒也乃倆佛臨摹存其大概李君字季上諱雷雷不可識必有闕悮處有以爲禹字者殊不相似未敢定也苡字抐字亦不可辨姑存之宜禾都尉之名它處亦未見石索

案後漢右扶風丞武陽李君摩崖記刻石門西壁石門二大字之南自來金石家皆未著錄嘉慶中安康縣知縣諸城王君森文拔剔得之搨以寄示海內流傳始此嘗以王氏搨本與仁和趙氏魏元和顧氏千里南海吳氏榮光藏本參之可辨者七十二字雖未行都尉下漫漶不能卒讀而李君姓名爵里固已粲然其稱永壽元年者追紀李君歷官之年非即刻石之年也漢書百官公卿表右扶風治內史右地與左馮翊京兆尹爲三輔皆有兩丞右扶風二千石丞六百石後漢百官志中興都雒陽河南郡爲尹以三輔陵廟所在不改其號但

減其秩又少府屬有尚符璽郎中四人書作璽石刻作璽與張納功德敘璽書封都亭侯同郡國志武陽屬犍為郡書作犍石刻作楗與楊君石門頌馮緄碑並同朐忍屬巴郡成固屬漢中郡宜禾都尉屬敦煌郡廣至縣治昆侖障西域傳明帝永平十六年征匈奴取伊吾盧地置宜禾都尉以屯田遂通西域此記刻於桓帝永壽之後置宜禾都尉已八十餘年李君歷官巴益漢中葢嘗修治孔道故云行人蒙福紀其治蹟足以媲美鄐陽王君愛古表章漢刻亦晏南鄭之流也

馮氏石索縮摹此刻禹作雩與安作𤰞下平下

䵋之字萬作買授益州三字皆䵋符作書下䵋
璽郎二字換作柄中下作固下䵋二字吕余所
得搨本校之禹字不誤平下之字尚可辨萬字
不誤授益州及符璽字均不可見而郎字則尚
存也令遷二字均可約辨而固上似僅一字也
㬎患難定悉仍其舊陸增祥志

堂谿典崇高廟請雨銘

刻閼母廟石闕弟三層隸書每行五字前後並剝蝕舊搨本可辨者十六行今存銘文後八行在河南登封縣

□時□五官中郎將隱陵堂谿典伯
并熹平四年來請雨崇高廟典大君

諱協字季度自爲郡主薄作闕銘文
後舉孝廉西鄂長卓絡叙曰於惟我
君明允廣淵學兼游夏德配臧文歿
而不死實有立言其言惟何後闕

案銘刻前後剝落惟銘文以下至其言惟凡八行
共四十字明晰可辨前八行則就吳玉搢金石存
錄入併并二字本趙氏金石錄足之非全文也後
漢靈帝紀熹平五年四月復崇高山名爲嵩高山
注前書武帝祠中岳改嵩高爲崇高東觀記曰使
中郎將堂谿典請雨因上言改之名爲嵩高山改
名在五年請雨在四年故尙稱崇高廟也典大君

諱協字季度爲郡主簿作闕銘文後舉孝廉西鄂長早終憙平四年典來請兩重勒此銘後漢延篤傳少從潁川唐谿典受左氏傳注引先賢行述曰典字季度爲西鄂長風俗通曰吳夫槩王奔楚封唐谿因以爲氏典爲五官中郎將唐與堂同以典與季度合爲一人乃先賢行述之誤季度名協爲西鄂長典字伯并爲五官中郎將是刻可證也西鄂後漢屬荊州南陽郡風俗通本春秋左氏傳傳作堂谿應氏引作唐谿姓纂作棠谿十一唐引左傳吳王闔閭弟夫槩王奔楚爲棠谿氏漢書棠谿惠治公羊又五官中郎將棠谿典字皆作棠今本

左傳作堂漢書作唐不知姓纂所据何本漢書地
理志僞陵後漢郡國志作隱陵並潁川郡
自爲二字及末行何字据石索補入崇高石索
作嵩高誤請雨時末復故名也牛氏金石圖題
爲季度銘者未見前五行也與作與鄂作鄂早
作畢誤也大君父也金石記引鄭固碑云七歲
而夭大君夫人所共哀也是也隱陵左氏傳作
鄢許氏說文亦作鄢左氏莊廿八年傳釋文引
字林鄢作隱鄢正字僞借字隱通用字从邑从
阜之字互用者甚多也堂與唐同史記魏世家
倉唐漢書古今人表作堂淮南子唐牙莫之鼓

也注云唐猶棠皆其證也堂與棠亦通廣韻棠字注吳王闔閭弟夫溉奔楚爲棠谿氏又堂字注引風俗通堂楚邑大夫五尙爲之其後氏焉案郎昭二十年棠君尙也楚辭棠谿注利劒也廣雅作堂谿史記齊世家索隱引管子棠巫今本作堂詩有紀有堂白帖引作有杞有棠皆其證也又案列子而遊于棠行注云棠當作塘塘古只作唐大徐新附始有之是唐亦可作棠也

陸增祥志

王知敬殘碑

碑高廣行字無攷字徑三寸餘額題漢故王君之碑六字字徑四寸餘雜篆書藏陽湖趙氏

府君諱知闕周文口之緒也闕而清咏嵩闕瓿太守王陽令知闕政之風洵世德矣中平二年作文銘口勒碑已俾垂口不闕

案王知殘碑存四十有一字與元初五年李昭碑合册爲趙先生懷玉所藏相傳乾隆初出於寶雞縣田間褚千峯搨數紙再訪則石存而文已劖去中平二年爲漢靈帝在位之十八年王君無攷郡太守王陽後漢書無傳亦不詳何人也

仙人唐公房碑陰

前碑高廣已見萃編碑陰十五行行九字至十二字不等隸書在陜西城固縣

故江陽守長成固楊晏字平仲 圭五

東郡督郵成固左尒字元術
故江陽守長南鄭楊鋇字伯慎
處士南鄭祝龜字元靈
司徒掾南鄭祝楊字孔達
處士南鄭祝忯字子華
故益州從事南鄭祝忱字子文
處士南鄭祝恒字仲華
處士南鄭祝朗字德靈
處士南鄭祝崇字季華
太守史南鄭祝榮字文華
太守史南鄭趙英字秀才

冢亭南鄭劉通字海□

故褒中守尉南鄭趙忠字元楚

□□南鄭楊鳳字孔鸞

案仙人唐公房碑陰題名十五人成固二南鄭十三其員職有江陽守長東部督郵司徒掾益州從事太守史褒中守尉之屬無員職者稱處士處郎前碑所云羣義是也唐公房碑萃編已錄碑藏公房以王莽居攝時得道舉家俱濟歷世莫紀後云漢中太守南陽郭君諱芝字公載躬損俸錢倡率羣義繕廣斯廟又云刻石昭音揚君靈譽是其繕廟刻石皆當後漢繕廟者爲郭芝之倡義而刻石不

著撰書之人因即碑陰題名之羣義爲郭君揚譽矣洪氏以碑爲郭芝之所立殊未審也集古錄云郭芝爲公防脩廟記漢書地理志漢中郡縣有南鄭襃中成固犍爲郡縣有江陽並益州所部後漢郡國志同百官志諸州皆有從事史益州十二每郡皆置諸曹掾史其監屬縣有五部督郵每縣邑道大者置令一人千石次者置長四百石小者置長三百石縣萬戶以上爲令不滿爲長丞各一人尉大縣二人小縣一人各署諸曹掾史與此碑所書員職並合督郵即督郵隷省作郵或作郵北海相景君碑陰中部督郵韓勑碑陰故督郵魯丌煇故

督郵魯趙煇奧壽碑陰故督郵陳瑋公故督郵奧刋生衡方碑化速郵置字並作郵可以互證此碑連額高八尺餘額去三分之一有穿碑陰之額別有隸書五行刻於穿右剝落尤甚諦觀搨本惟提點等字可辨蓋後人題記故洪氏未錄

吳

九真太守谷朗碑

碑高三尺五寸廣二尺四寸五分十八行行廿四字額高一尺七寸一行題吳故九真太守谷府君之碑十一字並隸書字徑寸許在湖南耒陽縣

府君諱朗字義先桂陽耒陽人豫章府君之曾孫公府君之孫郎中君之

子也其先出自顓頊謚爲舜虞賜姓
嬴氏至于扉子封於秦谷国而氏焉
君承洪原之清流稟弈世之高素履
道思順德行純備三歲喪母十一亡
父獨與弟居承奉繼親和顔悦色孝
友温恭曾閔之操君其蹈焉弱冠仕
郡歷右職守陽安長淋問宣深遂外
王府除郎中尚書令史郡中正遷長
沙劉陽令播渥惠以育物垂仁恩以
希化莅政未期徵拜立忠都尉尚書
郎靖寮樞機名冠家僚遷部廣州督

軍校尉正身率下不畏彊禦泳濟蕩
蜀萬里肅 齊 功成辟退拜五官郎中
遷大中正平衡濟格彝倫攸敘于昔
交州竊色叛國戎車裏駕干戈未戢
帝思俾乂訓咨羣司僉以君任部南
州咸恩熹者遷九真太守君秉明德
所歷無勳宜延遐紀光讚皇家如何
不永春秋五十有四鳳皇元年四月
乙未寢疾列卒嗚呼哀哉凡百君子
莫不嗟痛乃立碑作頌以顯行績其
詞曰

於鑠府君稟性玄通積行閨閾九族
睦雍羽儀上京德與雲騰入蹈丹墀
夙夜靖恭出撫黎民風移俗興名朶
豹產勳齊往縱當永黃耇翼佐帝庸
昊天不弔哲人其終濟濟縉紳靡瞻
靡宗勒茲玄石永光無窮

右谷朗者事吳爲九真太守碑無書撰人名氏其序云府君諱朗字義先桂陽耒陽人豫章府君之曾孫公府君之孫郎中君之子也其先出自顓頊益爲舜虞賜姓嬴氏至于扉子封於秦谷因而氏焉谷氏在吳不顯史傳無所見所謂豫章府君而下三世皆莫

知其名字案秦本紀非子邑於秦而此與朗子丞璽
矦相碑皆爲扉子莫詳其義也集古錄跋
隸書不著書撰人名氏朗字義先桂陽耒陽人仕至
九真太守歸命矦鳳皇元年四月卒年三十四碑在
耒陽縣集古錄目
第二百八十四吳九真太守谷府君碑孫晧鳳皇元
年金石錄目
在耒陽縣不注入氏但云鳳皇元年立輿地碑目
右九真太守谷朗碑吳鳳皇元年立在衡州府耒陽
縣此碑首見歐公集古錄跋趙氏金石錄有目而無
跋耒陽漢屬桂陽郡碑叙谷君歷官初仕郡歷右職

守陽安長升王府除郎中尚書令史郡中正遷劉陽
令徵拜立忠都尉尚書郎遷部廣州督軍校尉拜五
官郎中遷大中正又遷九真太守鳳皇元年四月卒
孜鳳皇元年乃歸命侯孫晧在位之九年也九真太
守置自漢武帝元鼎六年後漢隸交州刺史部吳仍
之碑云于肯交州竊邑叛國戎車婁駕于戈未戢帝
思俾乂詶咨羣司僉以君任部南州威恩素著遷九
真太守孜吳志孫亮永安六年五月交阯郡吏呂興
等反殺太守孫諝遣使如魏請太守及兵七年分交
州置廣州孫晧元興元年魏置交阯太守之郡寶鼎
元年遣交阯刺史劉俊前部督修則等入擊交阯爲

晉將毛炅等所破皆死兵散還合浦建衡元年十一月遣監軍虞氾等就合浦擊交阯禽殺晉所置守將九真日南皆還屬朗爲九真太守當在是時郎鳳是元年之前一年也稷敘其先出自顓頊益爲舜虞賜姓嬴氏與史記秦本紀略同惟云扉子封於秦谷因而氏焉本紀並無其文攷漢書地理志云非子周孝王養馬汧渭之閒孝王曰昔伯益知禽獸子孫不絕迺封爲附庸邑之於秦今隴西秦亭秦谷是也又鄭康成毛詩秦風譜與地理志略同皆不云以谷爲氏惟秦本紀云大費生子二人一曰太廉實鳥谷氏一曰若木實費氏益或即鳥谷氏之後案秦本紀太廉

尚在非子之前與碑亦不合而漢書谷永傳言長安人碑又未及其人益爲舜虞見虞書漢書古今人表地理志及列子皆作伯益秦本紀毛詩譜皆作柏翳小司馬索隱作伯翳云尚書謂之伯益伯柏古字通翳益聲之轉耳扉子班馬二史並作非子惟路史後紀注與碑同扉從非得聲古書可通用也劉陽今作瀏陽攷吳分臨湘縣地置劉陽三國志潘濬傳及晉書地理志俱與碑同可知水旁爲後人所增嚋咨之嚋作詶攷說文引虞書作𠷎而言部有詶字訓譸也漢魏元丕碑劉寬碑鄭烈碑俱用此字碑銘詞有云名臬豹產者豹謂西門豹產謂鄭子產也漢人習用

此語劉寬碑云口踰產豹魯峻碑云比縱豹產與此同意喿字說文訓羣鳥鳴也从品在木上後人又加口旁作噪非是碑以往縱爲往蹤與漢夏承郭仲奇趙圉令魯峻高彪諸碑同攷說文無蹤字古人皆用縱也又流作深見公羊傳黎作梨屢見漢碑皆隸變通用字此碑文詞古雅隸體端勁有法其時去東京未遠尚多漢人遺意當與漢碑同爲墨林寶藏自歐公以後諸家罕有攷跋予曩於外舅潛研堂見舊搨本手錄其文內有數字殘蝕比來湘南偏託友朋訪搨未獲昨徐星伯學使按試衡郡回以副本見詒重爲校錄一過并題其後以識之　又案碑舊在縣東

五里又五里爲谷府君祠即祀朗者今在縣北杜工部祠內不知何人所移碑文凡十八行行二十四字八分書張應星縣志載其文脫誤甚多賴碑尚在可据以補正之又攷通志畧秦氏注云蜚廉生二子一曰惡來其後爲秦二曰季勝其後爲趙惡來之後五世曰非子初封於秦谷爲秦氏秦谷故隴西秦亭是也後徙封平陽復遷岐豐之間又遷於犬邱又遷於雍及櫟陽咸陽皆本於秦谷故號秦焉鄭漁仲所述大略本之漢書地理志但以秦谷爲秦氏得姓之始而不知谷氏亦出於此廣韻一書於姓氏郡望載之最詳獨於谷下及鳥下均未言之皆可据以補氏族

書之遺者也　又案谷朗碑僻在楚南下邑拓本頗難得予在長沙先承學使徐星伯太史見惠嗣修通志撰金石志廿卷据以錄入逮志書刻成復有友人拓一本相餉始見其有額一行直書吳故九真太守谷府君之碑十一字亦隸書與碑文字體大小相同其式近似漢碑第不作篆書大字耳乃知趙德甫稱爲吳九真太守谷府君碑者据其題額書之也碑銘文末下有小正書約五行文皆漫滅僅存數字恐是近代人筆或記其遷碑始末耳古泉山館金石文編

碑文經後人所剜精采殊損惟額字尚仍其舊比校之顯然也錢氏臧本殘缺數字今拓本僅

一齊字不可辨集古錄目云年三十四今本頗似五字出自顓頊之出非證以集古錄跋幾誤讀爲世皆刻鑿之明證也湖南通志載此文三十作五十闔閭作閶閭往縱作往蹤均誤續修者當據石正之陸增祥志

晉

升平磚文二種

長一尺二寸廣半之上厚三寸末半之磚側隸書一行十字陽文江西南昌縣出土

晉升平元丰樂安光氏五

案晉穆帝永和十三年歲在丁巳改元升平後漢郡國志青州樂安國樂安縣晉宋並同隋罷郡太

平寰宇記樂安九姓不及光氏集韻光氏田光後秦末子孫避地以光爲氏晉有光逸字孟祖樂安人元帝中興爲給事中晉書有傳又苻秦時僕射清河光祚通鑑註姓譜燕人田光之後道光四年冬南昌建義倉掘地取土得磚數枚知縣事文海驗其文知爲晉人壙隧即爲封揜予時在伊爾根覺羅撫部成格幕府與宋姨弟翔鳳各得一磚

又長一尺一寸廣半之厚一寸五分磚側左方正書一行存十字下方一字並陽文出浙江湖州今藏余家

升平元年十月廿三辛巳口 沈

右磚琢研研額刻升平元年磚研六字正書研陰刻升平之始實繼永和用磚琢研既琢復磨戊寅

六月廿有七日收庵銘季由書凡三十一字艸書
收庵者晉州司馬趙先生懷玉退老之室其從子
學轍字季由時守湖州得碑製研因以贈予東晉
穆帝升平元年丁巳至今嘉慶二十三年戊寅凡
一千四百六十一年

前秦

鄧能進修鄧艾祠碑

裵本高廣行字不計正書在陝西蒲城縣

大秦苻氏建元三年歲在丁卯馮翊護軍建威將軍奉
車都尉城安縣侯華山鄭能進字[宏]道聖世鎮南參軍
水衡都尉石安令治書侍御史南軍督都水使者被除

爲護軍甘露四年十二月廿五日到官以地接元朔給
兵三百人軍府吏屬一百五十人統和寧戎鄜城洛川
定陽五部領屠各上郡夫施黑羌白羌高凉西羌盧水
白虜支胡粟特苦水雜戸七千夷類十二種兼統夏陽
治在職六載進無異才履性忠孝事上恪懃夙夜匪懈
以太尉鄧公祠張馮翊所造歲久頹朽因舊修飭故記
之以其年六月左降爲尚書庫部郎護軍司馬奉車都
尉關内侯始平解虔安字文聖世水衡令蒲子北掘令
安達將軍司馬都水參軍被除爲司馬
軍參事北地靈武孟□□廣軍參事和戎鉗耳□□龍
軍門下督和戎鉗耳□世虎軍功曹和戎鉗耳□當世

興軍主簿河西臨晉陽萬世和軍主簿和戎雷夫龍道
藏□軍主簿河西(垂泉范高延恩)軍主簿和戎雷(逵子)
(文)軍主簿和戎雷川□光
軍主簿和戎雷□景文軍主簿和戎西羌騎世龍軍錄
事和戎雷顏道□軍錄事和戎甞陸道□軍錄事和戎
儁甞琿子(言)功曹書佐和戎雷陵道進功曹書佐和戎
儁甞□彦詳
軍參事北地富平楊洸少論軍門下督馮翊朱進超石
軍功曹空戎蓋周彦容軍主簿空戎郝子靈永文軍主
簿空戎屈□童道詵軍主簿空戎甞(世)永莨軍主簿空
戎雷樹進嬰軍錄事馮翊呂騫幟黿軍錄事空戎甞提

𨻰詳軍功曹書佐𡆸戎利非□永遠治下部大鉗耳丁
比
右修鄧太尉祠首題大秦苻氏建元三年歲在丁卯
攷建元之號漢武帝晉康帝劉聰皆嘗稱之此加苻
氏於建元之上意欲別於前代而失紀事之體盍武
臣不學者所為也碑爲馮翊護軍鄭能進修祠而作
先云以甘露四年到官又云在職六載末云以其年
六月左降爲尚書庫部郎自甘露四年壬戌至建元
三年丁卯恰是六載吾友吳山夫撰金石存列此碑
於曹魏之世而未見全文但以甘露紀年意之不知
其爲苻秦之甘露非魏甘露也碑書鴈施爲夫施北

屈爲北掘皆以音同假借而題名軍主簿數人字皆从艸則以去漢未遠閒存古法也鄧太尉卽魏之鄧艾水經注濮陽城南有魏使持節征西將軍太尉方城侯鄧艾廟尚有艾碑秦建元十二年廣武將軍兗州刺史關内侯安定彭超立此别是一碑亦見艾之威德及人久而不忘也艾從乂聲今人讀乂艾爲兩音實則一聲之轉古人無甚區别如鼂錯之錯不妨去入兩讀矣魏志艾始封方城亭侯進封方城鄉侯又進封鄧侯而水經注但稱方城侯豈以封號與姓相涉舉舊封以示别與抑史有誤文與潛研堂金石文跋尾續

苻秦石刻傳於今者惟陝西宜君縣之建元四年廣

武將軍□產碑及此耳□產碑王侍郎金石萃編已載之其首行有建元四年歲在丙辰字武虛谷大令授堂金石跋據此以駁紀元彙攷作戊辰之非今此刻在其前一年而稱歲在丁卯則□產碑丙字乃戊字之誤明矣□產碑有碑陰其題諸官名姓有所謂酋大王酋大及某部大王某部大者此碑末亦有治下部大之稱葢皆其所置官屬之名也又其複姓有儁蒙者二攷廣韻去聲儁下云西羌複姓有儁蒙氏又其複姓有鉗耳者三見周保定四年聖母寺像碑宋刻汝帖亦收有隋鉗耳君碑又有一入稱利非□永遠者亦似複姓攷聖母寺碑有複姓荔非者三人

又新唐書李光弼傳有稗將荔非元礼蓋荔非即利非皆羌酋之複姓也趙氏金石録有方城侯鄧艾碑不著年代亦不言在何地其跋下注晉時立亦不言何人此文中則云太尉鄧公祠張馮翊所造碑今在陝西蒲城縣山陽吳氏金石存既不知碑之所在又因文中有甘露四年而未審出前之建元三年誤作三國時魏碑所録全文又多脫誤外舅潛研堂金石文跋尾弟四集有此碑之跋攷之甚詳大略本趙德甫之言古泉山館金石文編

宋

寧州刺史爨龍顏碑

高一丈五寸廣四尺一寸廿四行行四十五字額高
二尺八寸上刻兩螭龍下中穿徑五寸六分左右日
月各徑五寸日中刻踆烏月中刻蟾蜍穿上高八寸
廣一尺五寸六行行四字題宋故龍驤將軍護鎮蠻
校尉寧州刺史卬都縣侯爨使君之碑廿四字
丞正書在雲南陸涼州東南二十里貞元堡

君諱龍顏字仕德建寧同樂縣人其先世則少昊顓頊
之玄冑才子祝融之眇胤也清源流而不滯深根固而
不傾夏后之盛敷陳五教勳隆九土純化洽于千古仁
功播於万祀故乃耀輝西岳霸王郢楚子文詔德於春
秋斑朗紹縱於季漢陽九運否蟬蛻河東逍遥中原斑
彪刪定漢記斑固述脩道訓爰曁漢末菜邑於爨因氏
族焉姻婭媾於公族振纓蕃乎王室迺祖肅魏尚書僕
射河南尹位均九例舒翮中朝通運庸蜀流薄南入樹

安九世千柯繁茂万葉雲興鄉望標於四姓邈冠顯於
上京瑛豪継體於茲而美祖晉國建國二郡太守龍驤
將軍國州判史孝龍驤輔國將軍八郡監軍晉國建國
二郡太守追謚國州判史邛都縣侯金紫累跡朱黻充
庭君承尚書之玄孫監軍之令子也容貌瑋於時倫貞
捺超於門友溫良沖挹在家必聞本州礼命主薄不就
三辟別駕從事史正式當朝靖拱端右仁蕙顯於朝野
清名扇於遐邇衆義熙十年秀才除郎中相征西鎮遷
南蠻府行參軍除試守建國太守剖符於邦衣錦晝遊
民謌其德士詠其風於是貫伍鄉朝本州司馬長史而
君素懷慷慨志存遠御方畢歸闕除散騎侍郎進無依

容退無愠色忠誠簡於帝心芳風宣於天邑除龍驤將軍試守晉寧太守軺車越斧金章紫綬棨戟幢蓋與封邛都縣侯歲在壬申百六遭豐州土擾亂東西二境凶竪很暴緬成羣場君收合精銳五千之衆身伉矢石摧碎千計肅清邊隅君南中盤石人情歸望遷本号龍驤將軍護鎮蠻校尉寧州刺史邛都縣侯君姿瑛雄之高略敦純懿之弘度獨步南境卓尔不羣雖子產之在鄭蔑以加爲是以闔聲既暢福隆後嗣者矣自非愷悌君子孰能若斯也哉旻天不弔寢疾弥篤享年六十一歲在丙戌十二月上旬薨黎庶痛悼宋夷傷懷天朝遠感追贈中牢之饋也故吏建寧趙吹之巴郡杜長子等佰

哀仁德永慕玄澤刊石樹碑褒尚烋烈其頌曰
巍巍靈山峻高迢遞或躍在淵龍飛紫闥遐邈君戾天
姿瑛搢紳踵門揚名四外東帛戔戔禮聘交會優遊
南境恩沾華夷撫伺方岳勝殘去殺悠哉明后德重道
驤綢繆七經騫翥匪躬鳳翔京邑曾閔比蹤如何不吊
遇此繁霜良木摧枯光暉潛藏在三感慕孝友哀傷銘
迹玄石千載垂功
祖已靈背孝志存銘記良碩不遂奄然身終嗣孫碩子
等友于哀感仰尋彝訓永慕高蹤控勒在三仲秋七月
登山採石樹立玄碑表殊勳於當世流芳風於千代故
記之　寧州長子驍弘早終次弟驍紹次弟驍暄次弟

驃崇等建樹此碑

大明二年歲次戊戌九月上旬壬子朔嗣孫碩□□□

□□碩萬碩思碩□碩羅碩闔俗等立

近碑府主簿益州杜萇子　文建寧爨道慶作

碑陰　左右各三列

府長史建寧爨道文　鎮蠻長史建寧爨世明

司馬建寧爨德民　司馬建寧爨順靖

錄事參軍武昌郡劉覬　錄事參軍建寧毛瑋子

功曹參軍建寧孟達倫　功曹參軍朱提李融之

倉曹參軍建寧爨□登　倉曹參軍牂柯謝國子

戶曹參軍建寧周賢　戶曹參軍南廣楊道育

毛兵叅軍鴈門郡王令□
府功曹建寧爨□
主薄建寧趙道才
右右方弟一列
錄事孟林
西曹劉道善
戶曹尹仲常
記室張妹熬
朝直張世保
麾下都督王道盈

毛兵叅軍建寧爨孫記
蠻府功曹建寧李延祖
主薄建寧孟令孫
主薄建寧孟順德
右右方弟二列
別駕建寧爨敬祖
治中晉寧趙世茂
主薄建寧爨德融
主薄建寧孟妹明
西曹益寧楊琼
西曹晉寧駱雄

□□尹頭
□□□文
□□康
右右方弟二列
門下建寧蔡蓮
録事弋陽郡舒征
西曹建寧周令活
戶曹建寧陳世欽
省事安上興稚圭
書佐建寧孟羅
幹張孫明

右左方弟一列
門下張尋
録事萬敬
西曹尹開
戶曹來林子
省事李道學
書佐單仲
幹蘇慶子

右左方弟二列

右左方弟三列

案爨龍顏建寧同樂縣人祖父以來世爲晉寧建寧二郡太守寧州刺史宋書地理志寧州刺史今領建寧晉寧牂牁平蠻夜郎朱提南廣建都西平西河東河陽雲南興寧興古梁水十五郡建寧太守漢益州郡滇王國劉氏更名（晉書蜀置）領縣十三同樂令晉武帝立晉寧太守晉惠帝永安（太安之誤）二年分建寧西七縣爲益州郡懷帝更名（晉書永嘉二年改益州郡曰晉寧）合攻三國志晉書華陽國志南中志大同志通鑑諸書蜀漢建興三年諸葛亮南征收益州爲建寧以李恢爲太守移南中勁卒爲五部分配大

姓焦雍婁爨孟量毛李為部曲號五子故南人言四姓五子（即碑所云鄉望標於四姓）收其俊傑建寧爨習為官屬習官至領軍魏咸熙初建寧爨谷為交阯太守爨谷卒爨能等將兵晉武帝泰始七年分益州之建寧興古雲南交州之永昌合四郡為寧州太康中罷寧州置南夷校尉統五十八部夷族惠帝太安初南夷校尉李毅行部永昌從事孫辨上南中形勢七郡斗絕晉弱夷強應復寧州以相鎮慰詔復置寧州增統牂牁益州朱提合七郡為刺史加龍驤將軍成都縣侯後南夷屢叛李雄稱帝建寧大姓爨量爨深附之（通鑑晉永興二年建寧爨量歸李雄）南中盡為

李氏所有乃分寧州置交州以爨深爲交州刺史此劉宋以前寧州建置之大略爨氏之所由強也爨本邑名因爲氏族戰國時巴寧爨襄見魏策此爨氏之冣先者碑云迺祖肅魏尚書僕射河南尹元和姓纂河南尹爨肅見謝承後漢書龍顔爲肅玄孫其祖父皆書爵不名晉書穆帝紀永和元年李勢將爨頠來奔姓纂有寧州刺史爨頠或即龍顔之祖又引蜀志交阯刺史爨琛當是交州刺史爨深之誤晉書王遜傳遜使爨琛距李驤戰於堂狼深爲蜀漢時人琛爲東晉時人相去六十餘年諸書往往誤合爨氏之盛始於漢晉間乘中國擾

亂雄長羣蠻分統其地隋唐以來西爨白蠻東爨烏蠻屢徙復振朝貢通款史不絕書此爨之著姓分土碑所謂南中磐石八情歸望者也宋書文帝紀元嘉九年九月妖賊趙廣寇益州陷没郡縣州府討平之碑云歲在壬申州境擾亂君收合精鋭肅清邊隅即指平趙廣之亂也遷寧州刺史在討平趙廣之後致元嘉十八年十二月晉寧太守爨松子叛寧州刺史徐循討平之十九年十月以晉寧太守周萬歲爲寧州刺史皆與龍顏同時終宋之世寧州刺史之見於正史者前有應襲周籍之後有桓閎尹懷順杜叔文符仲子費景緒費伯宏

諸人而不及龍顏豈當時聲教旣遠朝廷任官不能久於其地龍顏獨步南境爲衆所推襲封遂秩或不待命與史稱梁時南寧州土民爨瓚竊據一方國家遥授刺史後其子爨震恃遠不服爨翫降而復叛以碑證史則寧州爲爨氏所據不始於梁因竊據而遥授之龍顏固開瓚震之先與歲在丙戌爲宋文帝元嘉二十三年龍顏年六十有一則其生在東晉孝武太元十一年丙戌安帝義熙十年舉秀才時年二十有九碑立於宋武帝大明二年歫龍顏没時十二年矣寧州刺史加邛都縣侯南中志作成都誤碑額左右刻日月古所未見志

稱諸葛亮爲夷作圖先繪天地日月殆蠻俗遵之以并石刻與此碑足冠六詔諸碑箸錄家所未見者予於嘉慶中得此碑搨本亟爲錄跋後數年讀札樸所載又十餘年爲道光丁亥阮農部自雲南拓寄并示跋尾附錄於後　桂末谷馥札樸云爨氏見於載記者華陽國志昌寧大姓有爨習蜀志建寧大姓有交州刺史爨深梁武帝以爨瓚爲寧州刺史有二子曰震曰翫隋開皇十七年翫反史萬歲討降其子弘達唐武德中爲昆州刺史又垂拱中昆州刺史爨乾福（見兩唐書張柬之傳）南詔碑有南寧州都督爨歸王昆州刺史爨日進梨州刺史爨祺

螺山大鬼主爨彥昌南寧州大鬼主爨崇道至後晉有爨判借與段思平兵以敗楊干貞是爨氏自魏歷十數代未衰故謂之大姓碑中多假借及別體字如絡蹤作絡縱鉞斧作越斧彎纓作振纓九列作九例采石作菜石幢蓋作幢幨班作斑匪作逕淵作渕匠作近驎作驎爨作㸑作爨兩顯字並作顯集古錄云漢綏民校尉熊君碑書顯字皆爲顯莫曉其義頟案濕水禹貢孟子漢書地理志並作漯字葢隸變㬎爲累也謚从益不从盆與曾峻碑同戴侗曰唐本說文有謚無諡是从益爲正體可證說文之誤碑陰幹即斡字漢碑陰亦有之洪

氏隸續言之詳矣其頌以闡哲殺與遺外會褒爲
韻案殺廣韻音所界切禮器不豐不殺即此音曹
植黄帝贊以哲韻制王粲誄以闡韻乂是也又以
霜藏傷與融躬蹤功爲韻案東方朔七諫以當韻
功陳琳賦以遑韻躬陸雲陸府君誄以章韻蹤可
爲比照也　阮賜卿福跋尾云案三國漢建興二
年改益州郡置建寧郡晉置寧州建寧郡及同樂
縣劉宋因之當即今曲靖府地同樂縣其即陸涼
州晉寧郡當即今晉寧州雲南府地也爨姓始見
戰國策魏有爨襄鄭樵通志爨出晉昌後漢河南
尹爨肅見謝承後漢書碑云迺祖肅魏尚書僕射

河南尹君尚書之□孫與通志所引謝書正合又華陽國志載諸葛武侯南征收建□爨習官至領軍習仕蜀漢與肅仕曹魏同時龍顏爲肅□孫則非習裔矣唐書兩爨蠻傳自曲州靖州西南昆川曲軛晉□喻獻安□距龍和城通謂之西爨白蠻自彌鹿升麻二州南至步頭謂之東爨烏蠻今曲靖已在雲南省治之東唐時謂之西爨然則東爨當在今貴州興義府普安廳等地即碑所云東西二境今曲靖之白黑猓玀皆二爨之苗裔也碑末書匠碑益州杜萇子即前所云故吏巴郡杜長子迺監造碑刻之人非碑匠也大明宋書作大明蓋

孝武之大明讀如太也須用易蹇蹇匪躬作寋寋

自是彼時文字俗異非周易有此異文

碑容貌作貇貇乃額之譌英雄英哲作瑛說文

瑛訓玉光誼可通用漢綏民校尉熊君碑攬瑛

雄之迹兮平都相蔣君碑□濟清瑛郭仲奇碑

瑰瓌瑛彥皆作瑛也亭年作亭古只用亭杜長

子前作長後作萇論語公冶長史記索隱引家

語作萇萇本萇楚字借爲長也前跋未及附識

之_{陸增}_{祥志}

齊

妙相寺石佛題字

石佛高廣未攷正書三行字徑寸許在浙江會稽縣妙相寺

齊永明六年太歲
戊辰於吳郡敬造
維衛尊佛

桒齊世祖即位歲在壬戌明年癸亥改元永明六年戊辰乃北魏高祖太和十二年也元和郡縣志後漢順帝時陽羨令周嘉上書以吳越二國周旋一萬一千里浙江山川險絶求得分置遂分浙江以西爲吳郡以東爲會稽郡自晉至陳又于此置東陽州隋平陳改東陽州爲吳州大業元年改爲越州此南齊石刻而稱吳郡或當時嘗有改并而

史乘失載與

後魏

營州刺史高貞碑

裴本高廣行字未詳
在山東德州學宮

魏故驃騎將軍營州刺史高使君懿侯碑銘

君諱貞字羽真勃海蓨人也其先蓋帝炎氏之苗裔昔在黃虞是爲四嶽爰逮伯夷受命于虞舜曰典朕□□□□□暨呂尚佐周克殷有大功於天下位爲太師俾侯齊國世世勿絶表乎東海其公族有高子者即其氏爲自茲已降冠冕繼及世濟其德不霣其名祖右光祿大夫勃海敬公純嘏昕鍾式誕 文昭皇太后是

爲世宗武皇帝之外祖考安東將軍青州刺史莊公有
行有礼克荷克搆即　文昭皇太后之弟二兄也
君稟岐嶷之姿挺珪璋之質清暈發於載岩秀悟□乎
齠齓藴中通理之名卓尔不羣之目固已殊異公族兒
稺於匠□至於孝以事親則白華不能比其潔友于兄
弟則常棣無以方其盛敬讓著自閨闈信義行於邦黨
若夫秉心塞淵砥礪名教伏膺文武不肅而成則綴帆
於前術同穎於先達者矣雖綺繻紈袴英華於王許龍
馬流車陸離於陰鄧而不以富貴驕人必以謙虛業已
是故夷門識慕蹇步知歸我德如風物應如響弱冠以
外戚令望除秘書郎儀驎閣而來儀瞻石渠而式踐於

是縱容揆文之鵔鸃飛鴻鷺之間容止此而可觀清風
茲爲巳穗既而重離再朗東朝始建杞梓徧陳瑤金必
剖僉求其可帝曰尔諧遷太子洗馬夙夜惟夤媚茲儲
后仰敷四德之美式揚三善之功同禁聰坊亡有出其
右也于時六宮□□百姓未繁□□大𣆶罔踰華似以
君姊有神表淑問拜爲皇后君儀愈重□□沖寵日益
擢日損由是有少君退讓之風無□淵嫣者之惠故拜
拜之望具瞻允集損幹之期匪朝伊暮而不幸𢬵命春
秋廿有六以延昌三年歲次甲午□月巳卯朔廿六日
乙巳遘疾卒於京師二宮悲慟九族悼傷同位駿奔遐
爾必至　天子迺詔有司曰故太子洗馬高貞□業

始茂方加榮級而秀穎未實奄彫夏彩今宅兆有期宜
蒙追陟可特贈驃騎將軍營州刺史以旌俄傳其墓□
所須悉仰本州營辦臨塟又特給東園龍轜加謚曰懿
凡我僚舊爰及羌人咸以君生而玉質至美也幼若老
成至慧也孝友曰心至行也□□□□至謙也君以此
終亡以此始爲可嬟而不錄使來者無聞焉迺相與採
石名山樹碑墓道其詞曰　厥緒皇□□□□羌咎
四嶽□□□惟高惟□世□龍光自玆□氏不賈其
芳於鑠光禄饗玆戩榮恭矣安東純嘏斯屬或女或妹
匪娀伊傑陟彼昭陽光我羌族山川降祉餘慶不已敬
公之孫莊公之子如姱如瑩爲山伊始八知其進莫見

其上古人有言鸞梁難㠯於乎我君終和且令牧已謙

謙與物無競孝友因心能久能敬爰始來儀濯纓淄

翮羽儲扃其容晈晈方搏九霄載飛載鴥天道如何是

□是夭生榮死哀禮有加數舄用寵終英英祈韜其人

雖往其風可慕圖石一刊清徽永鑄

大代㠯光四年歲次癸卯□管黃鍾六□□□□□□

□□

嘉慶丙寅歲王孝廉保訓告我德州衛河弟三屯出

魏高貞碑與知州原遜志庫大使沈志水移置學宫

山東督糧道孫星衍記

右碑文正書廿四行行四十六字篆額攷益州太守

高顯碑敘其先出顓頊裔孫逢伯陵佐殷湯有功食采齊口樂邑世爲正卿氏采建姓至高爲桓公將南陽之師而成魯美於春秋予攷樂邑上所闕當是高字至爲桓公將師成魯者乃高傒其語本春秋閔公二年公羊傳而通志氏族畧及通鑑魏紀注路史國名紀皆引風俗通高堂氏齊卿高敬仲食采於高因氏焉廣韻謂高姓齊太公六世孫文公赤生公子高孫傒爲齊上卿與管仲合諸侯有功桓公命傒以王父字爲氏食采於盧謚曰敬仲與高顯碑廣韻等書不合惟云出太公之後與廣韻合此碑所云高子即高傒其言爲呂尚公族與廣韻史表言齊太公之後

同而又謂太公爲炎帝之裔四嶽伯夷之後則又與高頤碑異尚書舜典有能典朕三禮僉曰伯夷孔傳云伯夷臣名姜姓正義引鄭語云姜伯夷之後也然則此碑以呂尚出伯夷之後與孔傳合矣惟攷史記齊太公世家云其先祖嘗爲四嶽佐禹平水土甚有功虞夏之際封於呂本姓姜氏從其封姓又說文云昔太嶽爲禹心呂之臣故封呂姓皆不言伯夷又碑云渤海脩人廣韻言高有五望一曰渤海也其云祖左光祿大夫渤海敬公者高颺也祖安東將軍青州刺史者高偃也並見魏書外戚高肇傳然史言偃之謚爲莊侯而非公自當以碑爲正碑又云以君姊有

神表淑問拜爲皇后者即世宗之宣武皇后也世宗初納爲貴人後拜爲后肅宗即位又尊爲皇太后尋爲尼於瑤光寺神龜元年暴崩於寺殯葬皆以尼禮此碑立於正光四年巳在神龜元年之後四年而碑但言其爲皇后不及其尊號爲皇太后者或以貞之卒尚在延昌三年故也然碑於前已稱世宗武皇帝則撰碑之時自當據正光時爲稱而碑乃不及者豈以其終於爲尼欲爲肅宗諱之耶古泉山館金石文編

萃編僅存其目編中未錄今據搨本補之案貞卒於宣武延昌三年甲午建碑於孝明正光四年癸卯碑題稱魏後稱大代者魏書崔浩傳以始封代

土後稱爲魏故代魏兼用猶彼殷商集古錄金石錄並有太延五年大代修華嶽廟碑又太和二年始平公造像記云暨于大代延昌三年司馬景和妻墓志銘首稱魏代蕤皆不忘本始之意可與史傳相證也又魏書外戚傳高肇父颺高祖納其女是爲文昭皇后生世宗景明初贈颺左光祿大夫賜爵渤海公謚曰敬肇長兄琨琨弟偃正始中贈偃安東將軍都督青州刺史謚曰莊是貞爲高颺之孫高偃之子偃爲文昭皇后弟二兄皇后傳以爲弟者誤也高偃傳景明四年世宗納其女爲貴嬪永平二年立爲皇后通鑑梁天監二年魏主納高肇兄偃女爲貴嬪正當

景明四年天監七年七月魏立高貴嬪爲皇后則是永平元年非二年癸即碑所稱以
君姊有神表淑問拜爲皇后也壬辰歲十月魏改
元延昌立皇子詡爲太子貞遷洗馬當即其時唐
書宰相世系表後漢勃海太守高洪居勃海蓨縣
肇即其後故貞爲勃海蓨人元和郡縣志河北道
德州蓨縣本漢條縣即條侯國屬信都後漢屬勃
海郡晉改條爲脩隋廢勃海郡改脩爲蓨屬觀州
唐貞觀中觀州廢改屬德州此碑與高植高湛二
誌皆出於德州衛河弟三屯即高氏墓所案漢書
地理志勃海郡有脩市縣侯國應劭讀脩爲條又
信都國有脩縣顔氏亦音條周亞夫封條侯功臣

表作脩侯續漢書郡國志勃海郡有脩縣屬信都而無脩市疑併入脩縣矣宋書州郡志始以脩爲蓨魏書州郡志仍作脩與此碑正合而高湖高聰高肇等傳皆書渤海蓨人葢脩蓨通用已久非改于隋此碑勃海脩人高植志勃海條人高湛志勃海滌人脩蓨滌條古皆通用北朝碑刻偏旁亻多作彳碑中勃作勃脩作循龍作龍裔作裔冕作冤暉作暈高湛碑同與飛歸叶韻感作慼麟作驎備作俻寅作賔美作羙聯作聮寵作寵短作裋旌作旍厥作厥穀作槃旂作旂並異文從容作縱容驕奢作嬌奢通借字也卞別體作卡與弁通載卡即載弁孝文

太和十八年弔比干文執垂益而談卞亦即卞字通辨或釋卞爲弄非頪即規本从頁从矢因譌作頪魏書世祖紀始光二年造新字千餘頒下遠近永爲楷式豈即當時新字歟

碑云巳卯朔廿六日乙巳桼乙巳是廿七日云廿六日者猶言越廿六日也它碑亦閒有之黃唐即皇唐伏膺即服膺遐爾即遐邇皆古通如[女秀]如瑩以[女秀]爲琇膏粱難正以粱爲粱皆別體其規之作頪者矢旁作夭此涉筆偶誤又或石有微泐耳非从夭也碑中矯字偏旁正作夭也

陸增祥志

魏氏造象碑側

正碑已載萃編此刻碑側上截二行行五字中截五行行六字下截七行行三十五字在陝西富平縣

邑貴魏豐□　邑主魏始□ 以上兩行刻上截

正光五年歲次甲辰六月□□朔□□日□□合邑 闕下

以上刻中截

□□□□□□□□□□□□□□□□□□□□

□造其極□已如□損身□□□□求□□之□□

七□□□元□之□□願既成已要无上之道行□悲

已藏蒙惑之類□□□□□□□□□□□□□□

□□□□□三會永□二聖沈淪苦海覓若所趣唯憑

□□□□□□□□□□□□□□□□□□□□

□遂取名石延及陚匠造像一區運□□□□□□

□□□□□□□□□□□□□□□清大願□□

菩捨身受□值佛□□□□□□□□□□□□□

□□□哷□歷劫陚徒現存眷屬以下皆不可辨 以上刻下截

案此因魏氏造象而記于碑側時爲北魏孝明帝正光五年萃編以造象碑附西魏大統之後未見碑側所題歲月也六月下所缺以通鑑目錄攷之當是庚辰二字

金石續編卷第一終

金石續編卷第二 東魏 西魏 北齊 北周

武進陸耀遹纂　太倉陸增祥校訂

東魏

凝禪寺三級浮圖碑

高八尺廣四尺額高尺許篆書五行題凝禪寺三級浮啚之碑湏十字陽文上截高四尺餘三十四行行三十五字下截三尺十三列列三十八行題名並正書在直隸元氏縣

□纖景凝麗則海鏡啚明皇秀潛暎則□□曾□□□□聖□發居而顯淵蹤現元吉而輝沖原作淨自故高蹈七步耀天人出儀駕遊四門悲生老為苦啓眉沈作肩光㘬於長夜流虵彩負於重昏因鑿洞於真沈作貞機靈照渙於窳像无言出論拂石記年沙童出說彈指為證護

影亘於羣宗應響懷於類族靡身不即即也而流仁無
音不曉曉也而知覺斯實不思議之至妙也然化應世
二境教盡四域之鄉靈軒迻軔遲隱雙樹龕顔雖逢經
啚流乾是用育王之塔東土隆基優闐之像西域弥攆
法輪滿世妙露斯光但群品異途行乖殊致令沈作今迷
井之猗自亡於木羂百首之鱗懸緦於約膚貪愛溺於
死河春褸圓絲入綱自非沈缺抽穎神峯超然孤沈作遜秀
者焉能於滄瀛之津而搽彼圻栻今正信佛弟子趙居
士名融字祖和元氏人也其先與秦同姓至周穆王造
父有縣驛之勳賜姓趙氏又匡弼晉□暨於武靈王布
錦千城散綺万國沈作國疑國之誤郁郁顯於篆冊穆穆聰沈作

至於斯矣遠祖□漢司徒公祀東軍都督内外諸軍
事翼州刺史趙郡公纂注芳於遐葉遂曰封此焉㨿士
融蘊沖懷之妙性如荔□之瑶聲絡作懷珠照彩若霄
漢之朗月雅志貞素行潔儒流清風峻遠倜心文史恒
以甘禪育命飡經養年化無微迹人不昬言靈齡長兇
雪月含清不闚玉帛之門不踐縉紳之户靖夜閑吟任
運衰榮卓絕天倫可謂沖掾自然矣居士融每常嘆曰
蜉蝣無夕命椿柯亦彫零神飄生滅境如雀飛空羅鄉
□覆詠斯文則淚沾變石居士融已以妙味自怡何敍
珠瓔之榮兮□俗尚其仁素伴賓其清方譴欽木蘭之
泆露子夕飡秋菊之落英擷筒桂以緫蕙子索胡繩之

纚纚安貧樂道井丹之流兮忠清𡆠信子良之徒兮輕
金樹福須達之綸兮豁然孤舉之翰逍遥出塵之志是
故鄉彦呼之曰居士融乃怵然而嘆曰觀世之歸死也
何異飛蛾之夕火焉倏隼羽之度牖悼蜩蝶之夌靈怨
蟬啼之漏促悲霜葉而淚盈即共長兄浮陽太守文奴
元氏令文口邯鄲令武奴元氏令靈和邴子令靈宣長
兼參軍市口兄弟等孝友恭良顧居茂於紫荆皆叙
衣冠口錦百里率鄉賢道俗二千餘人等並信敬𡆠深
體空虚證詳造三級浮圖凝禪寺口搆蕭爽寶堂密靖
層甍耀於霞漢玉績韡於瓊珉鏤以丹碧雕以仙形松
柳翠犁井級凄涼鴻飛則雲波風嘯百籟吟居士融復

衢設義飡弥膳盈案嗟迎愧送穆於文質至沈作黃矣其處

口曕墟埠霞霍之所聚膏北城峻峙百王之固綿基東

有村口斧蔚連煙西嵢口岸虞光翳而迴溥其寺妙像

精異遊賑忘歸所造之福仰資皇猷萧沈欽隆丞相休

永王公百司師僧父母識性之類梵水洗心常生淨樂

居士之議上昇人天下離沈欽鬼壤鄉義僉言曰詹纖容

之功尚詠於倉篇片瓦之施猶頌於遺陵況居士融建

斯景福豈得篋閣哉恐靈迹勝因空傳無記故鄉人中

兵參軍鄭鹽邑義二千等慕海春之餘韻羨雙鳥之追

仁乃相與託鍾山以詮妙軌刊玄石以驅鴻芳當使深

竹之彩長摇於紫風青松之碧永輝於素月其詞曰

㸚㸚沖覺寐寐虛清塵中獨鏡霧里孤明龍□現跡素
木歸靈[玄]幕垂影雪山流紅原作經□沬流作頃同謂今言
共聲朗珠泣醉羊鹿悲嬰林藹流缺水深虬翔雲枝嶠鶱
風遠給孤化移盒粟愛集文殊來儀彰梯重秀枯蓮更
猗遺芳岀軌妙猷仍[玄]濁浪澄曦晌騰凝淵□士祖和
兄弟貞賢體兹四空五有非珎舜率鄉儒嘗斯福田律
流遐切果鐘人天秖菀還日提河再年恵風躙拂昬境
除煙
大魏元象二年歲在申二月乙未朔□□五日己酉造
刊□沆作乞沆有偶言引字
下截題名

撫軍將軍殷州長史河東侯薛安民　趙郡太守趙伯
才　博陵太守趙里營(沈作臺)　安東將軍銀青光祿大
夫秦州別駕僉城太守趙元龍(沈作顯)　高柳太守趙武
欣　鉅鹿太守趙問石　廣平太守趙稚　勃海太守
趙王　華陽太守趙太周　趙郡太守趙元顯(原作顯)
廣陽太守趙曇度　樂安太守趙世顯　常山太守趙
監庸　平原太守趙神德　齊郡太守趙神扶　蘭陵
太守趙珠　常山太守趙領樹　襄城太守賈蘭根
代郡太守賈洛齊　鄉郡太守賈高(沈作墊)　廣川太守
賈王　樂陵太守賈道貴　城陽太守程文生　伏波
將軍大行臺下帳內別將程顯邑　伏波將軍程鸞爲

鎮遠將軍程景遵　靖境別將程零遵　屯陽太守
劉班肅　下邳太守侯貳安　屯陽太守侯富不□
山太守寇金柱　趙郡太守寇曇桀　沛郡太守寇超
世　廣平太守寇甫　恒農府長史馬市買　北平太
守寇僧悽　元氏令趙芳林　廣平太守寇道□劉作上
列　□趙太守趙法貴　鉅鹿太守呂市保　伏波將
軍路沈作路縣令趙□化沈作花　安戲令趙道安　九門
令賈曇受　元氏令張奴　高邑令張榆　元氏令趙
崇□　趙郡功曹郝市邑　高邑令劉次保　平鄉令
賈剣　州西曹賈仲業　南宮令程詳　棗強令程沙
迷　南宮令程武安　□子令程□□　平鄉令程嶷

毋極令程万興　元氏令程曇金　毋極令范聽

伏波将軍程穎和　欒城令杜思和　中水令趙詩林

元氏督護褚景馥　殿中将軍吳慶和　信都令侯

拒　趙郡五官褚悦　趙郡主簿褚豐祀　趙郡五官

褚文仲　易陽令寇倉　廮州主簿董景和以次　鎮城

長史侯早　曲陽令江□　九門令王□　郡主簿趙

和以上二列第一　趙□□　趙延興　賈雙　趙延□　賈

常□　□□□　□方　趙□　趙穎明　趙蘭蕭

王和　王灰　賈明　趙買奴　趙零祚　郭季□

賈□興　王零秀　王長初　賈白金　賈安民　劉

萇生　劉□　趙就　趙溥虎　趙景蘭　吳槃乱

郭敬族　䢜休□　匡沈馬　紹　賈廣寧　楮春沈作泰
和　趙仁沈缺　奴　趙金甫　趙穎祖　趙道琮　趙安
沈缺□　曾沈作賈　□古　賈零　鳳　程□□　以上第三列　趙
□　□□達磨　趙穎興　李劭　劉穎補　賈僧琮
賈□都　程沈缺　□侍　趙季　趙蘭□　張生
賈鍾葵　趙義和　趙守沈作子　良　郭興　賈□□
王仲□　王蘭晢　楊神□　賈蘭進　劉神周　劉
□和　趙鑒　趙醜　□　趙大黑　吳天安　郭穎和
李武綾　賈令　賈歆　楮神奴　趙起扶　趙業
趙籍　董慶安　趙仲　賈□延　賈□生　程□
嵩以上第四列　趙和　程景略　趙蕭胎　賈乿　賈道

洪　賈興羅　□嵩明　程羅辰　趙顥賓　□景□

郝□□　賈思□　趙秀和　趙子方　楮畫愛　賈

銀柱　王武寇　王級　賈雙榮　賈誨　劉懷德

劉真興　李哲　趙仲導　趙小黑　吳頡德　郭景

□　裴□□　賈市賓　賈珎　楮顥和　趙安其

趙景虎　趙門　董思都　趙永珎　賈稚　賈武

龍程　雲零沈作陽五以上列第　楮守寸沈作都　時元遵

吕之龍　江貴　趙思和　趙賈沈作興和　賈榮　程

興樂　趙元景　趙景□　郝市遵　賈□和　趙文

欣　張黑　楮洛世　賈都尔　王胡　王景略　賈

集　賈宛　劉劉　劉元恭泰沈作　趙方州周沈作　郭

新州　趙文保　吳覲和　郭僧通　榆眞沈作小其二字頡
賈法琢　賈和　楮仲纂　趙拒宗　趙延康　趙
馬生　薑思業　趙洪賓　賈作　賈元周沈作几用　程
顆業以上第六列　楮市遷　呂眞貴　趙進興　賈賓生
沈作主　趙市遵　賈道顯　賈文思　程景興　趙市
祖　趙景循　郝金　賈伏光　趙副膝　張参秀
楮袟　賈零保　楮沈作呂湧漢　賈世顆　賈明法
賈連欣　劉伯鸞　劉慶和　趙慶遠　趙顆賓　趙
文雅　吳永沈作永顯　郭法秀　賈顆　賈寄生　梅
道顆　楮都尔　趙惠保　趙雙和　趙景遵　董思
義　呂僧　賈輝武沈作義　賈石賓　程明口以上第七列

楮朋賓　趙令興　趙道樂　賈道鳳　趙景林

賈永安　賈□□　程景集　趙普安　趙僧田（沈作□囦）

郝玉　郝伏　賈延和　趙叔（紋沈作）城　張零鳳

楮抃遠　賈金剛　王國（沈缺）　賈阿醜　賈□□　賈

任　賈（沈作劉）益壽　郝思邑　趙闌馥　趙零（景）　楮

萬歲　吳同欣　李貴神　賈光穎　賈興□　賈乞

倍　楮穎仲　趙珎　趙市穎　李獻（沈作獻）　祖　董輝

禮　趙榮（沈缺）茂　賈醜（沈缺）漢　賈壽　程道（沈缺）邑（以上第八）

列　范道欣　杜元伯　董□　賈穎賓　趙思義

賈念祖　賈詳貴　程伏生　甄嵩　趙景謨　郝穎

順　賈榮祖　趙愫愛　趙曇哥（沈作）　楮紹業　賈

敬林　王神興　賈滕生　賈伯興　董承　劉桀甫
劉鼎拒　趙善邑　趙景鮮　楮穎賓　吴遠志
程沈作郭僧順　賈新興　賈桀龍　賈□賓　楮石生
趙敬賓　趙雙好　趙延景　趙拒生　趙龍甫沈缺
賈林義　賈穎　程零智以上第九列　范佖　趙景滕
張延穎　賈景和　趙穎賓　賈祿　賈拒　程石
趙賣禮　趙伯沈作竹暉　郝穎舒　賈妙洛　趙
生　張慶祖　楮遵　賈方生　王悅　賈阿
羆沈作羆熊
作　賈石珎　劉元沈缺祚　劉文學　□□□　□□
□　趙□□　楮貳兒　吴伯洛　吴超走　賈□景
張暈穎　賈洛州　楮拒沈缺生　趙顯和　趙文祖

趙黃奴　趙幼遵　趙七兵　程滂才　賈洛龍沈跋

程牛生以上第十列　趙景安　楮樂族　趙零遵　趙齊沈作裒興

賈季林　姬黑子　賈穎和　程難宗

趙季蘭　趙脩行沈作孔　郝穎純　賈思和　李尤族

張清穎　郭桃沈作相仁　賈世運　王景穆　賈龍

賈大白　劉僧遠　劉安民　趙遵業　趙客　趙

市保　楮景興　吳穎祖　吳業　姬莫問　賈曇讚

賈世僧　楮□奴　趙□穎　趙元珎　趙恒哀

趙難生　張進慶　賈雙槐　程□業沈作義　趙循□

以上第十一列　郭和趙　楮零邑　趙馥　賈仲　呂永

程敬栿　□伏安　趙塢生　賈伏興　賈明留　程

顯實　趙季興　趙仓〔沈作貪〕暉　趙詳生　賈天祑

李稚興　張永安　郭慶和　賈顯林　王實　賈金

賈滑專　李洪〔林〕　劉仵　趙業業　趙良實　趙

林邑　楮連　吳鳳　賈王申　劉紹興　賈洪醌

賈壽陽　楮實興　趙貳和　趙敬林　趙業和　趙

林和　趙昆　趙伏和　程室〔沈作李〕遜　程景琢〔[illegible]〕

二列　口口口　趙抠　劉紹口　程口祑　賈榮祖　趙

張洪口　賈口口　賈顯神　程敬林　趙倉口　趙

子盛　蘇孟蘩　宋慶邑　趙元偉　褚衛　〔卜〕豐達

賈洛生　王曾義　賈口　賈詳　柴文口　劉顯

口　趙顯世　趙景和　趙神飈　郴清　王浪特

賈口　賈周賓　賈待賓　賈阿叉　褚延其　趙貳
趙溤都　趙進　賈萇命　趙敬和　趙道旋　程
顯慶　程元徹 沈鈌以上第十三列

右碑無書撰人姓名繆篆額蓋凝禪寺三級浮圖之碑頌十字也頌後書大魏元象二年歲在申二月乙未朔口口五日己酉造刊俱訖云云案魏書孝靜紀元象改為興和在二年十一月此碑立於是年二月故猶稱元象是年歲次己未來歲乃庚申碑云歲在申誤又案通鑑目錄是年正月乙卯朔三月甲寅朔後魏書北史孝靜紀亦云興和元年三月甲寅朔則二月朔當是乙酉碑云乙未亦誤碑為元氏縣趙融

兄弟率鄉賢道俗二千餘人創造三級浮圖成其鄉
入中兵參軍鄭鑒同邑義二千人記事所立魏書官
氏志二大二公將軍開府始二三蕃王皆有中兵參
軍事鑒列銜稱中兵參軍而不冠以某府不知是何
府屬碑稱融遠祖某漢司徒公征東將軍都督內外
諸軍事冀州刺史趙郡公案漢書哀帝紀元壽二年
正三公官分職改丞相為大司徒續漢書百官志云
司徒公一人建武二十七年去大為司徒公終東漢
之世趙氏為司徒者質帝時趙戒獻帝時趙謙二人
而四征將軍置於漢魏之間漢獻帝初平三年以馬
騰為征東將軍是也都督內外諸軍事漢亦未有其

名始於魏黃初中魏志曹真傳黃初三年以真為上
軍大將軍都督中外諸軍事假黃鉞嗣後曹爽司馬
昭相繼為之則融之遠祖疑為劉元海父子之司徒
蓋前趙自劉曜以前國號曰漢逮劉曜僭立以水承
晉金始改漢為趙晉書載記云永興元年元海僭即
漢王位永嘉三年即帝位改元永鳳以劉歡樂為大
司徒通鑑永嘉二年冬十月丙午漢都督中外諸軍
事領丞相右賢王宣卒宣即劉宣也又劉聰載記光
興元年封其子粲為河內王署使持節撫軍大將軍
都督中外諸軍事據此知元海時固有司徒及都督
中外諸軍事之官矣然晉書載記及十六國春秋前

趙之世無趙姓爲司徒者或係歿後所贈之官碑文載融長兄浮陽太守文奴等六人史皆無名列銜有長兼參軍者蓋即長兼行參軍見官氏志碑下截題名五百有九人其中趙姓最多程賈褚吳四姓居十之三四他如褺姓榆小姓均不載姓氏書玉篇褺俗蠶字碑中諸人自薛安民外皆不見史傳安民事蹟附見其曾祖野腤傳後魏書本傳云野腤曾孫忱字安民正光中襲爵稍遷鎮南將軍鉅鹿太守定州儀同開府諮議參軍齊獻武王大行臺左丞中外府司馬出爲殷州驃騎府長史武定五年除鎮北將軍北廣平太守卒於郡贈征西將軍西兖州刺史傳敘忱

所歷之官正與碑合惟不言其為撫軍將軍通典云自魏晉以後刺史多帶將軍開府則州與府各置僚屬州官理民別駕治中以下是府官理戎長史司馬等官是碑列銜殷州長史者即傳所云為殷州驃騎府長史也又有鎮城長史其名不見於史案東魏武定七年張保洛等造象記保洛列銜稱□西大將軍儀同三司行晉州事東雍州鎮城安武縣開國侯又劉襲列銜亦云東雍州鎮城永壐子所云鎮城當即鎮將長史是其所署官屬又題名有元氏督護攻縣令屬官無督護刺史府屬有之當是刺史府屬或分駐元氏者耳又有□趙太守首一字泐當是南字南

趙郡見魏書地形志又有安戲令深翟令魏志定州中山郡有安喜縣前漢曰安險後漢改安喜又定州博陵郡有深澤縣晉曰南深澤後去南字喜戲澤翟聲皆相近故得相通假又題名有楮貳兒王淚特李貳綾馬市買諸名皆粗鄙可怪又有趙羆熊疑熊羆之誤鄉郡太守買亭龍龕手鑑亭都盖反又有劉顯補趙零柞趙遺旋李光族趙蕭胎趙竇與侯拒趙拒宗等名凡碑字從示者多作木從方者多作示補當即補字柞當即祚字旋當即旋字族當即族字胎字字書無疑即祐字拒說文給也一曰約也拭也讀如振老即老字又啓扆光幽於長夜流齣彩冥於重昏

肩㽕㽕三字字書無啓肩當是啓明㽕或炫字㽕艇
電字權彤哀於羣宗字書無穛字碑中從木者多作
木此當是權字獝即禽字字書無䋮與罥同司馬相
如上林賦䋮要褭師古曰䋮謂羅係之也張衡西京
賦但觀罝羅之所䋮結注䋮綴也又云春䘵因絲入
纚自口說文纚粗緒也從糸麗聲玉篇作䌕此當是
蕭字之別又潚即瀟字見集韻揔即拼之別體䌢字
不見字書又碑中引楚辭字多不同朝飲作䶒欽陛
露作洪露矯菌桂作撟箘桂糾蕙作紁蕙案漢書龍
錯亦作朝錯䶒朝二字古通用碑作龍乃鼂之譌體
耳欽即欽此蓋飲字之別體泆說文水所蕩泆也從

水失聲與溢同木蘭溢露似較墜字爲勝當是所據古本說文撟舉也本與矯通楚辭正作撟解綛即紉之別體又谿即嵱字讐字書無龕手鑑壟字有田佃二音𪒠即彫咲疑𦖞即䏣𧰼字見龍龕手鑑有皎眇二音又彰梯重秀當即彫稊碑中字凡從彳從亻者多互用北朝碑皆然從魚者作魚其餘別體甚多不勝枚舉沈濤常山貞石志

按東魏元氏人趙融造凝禪寺三級浮圖碑後書大魏元象二年歲在申二月乙未朔□□五日己酉造刊歲在申者庚申之歲爲梁武帝大同六年西魏文帝大統六年即東魏孝靜帝之興和元年

也通鑑梁大同四年戊午東魏碭郡獲巨象送鄴改元元象大同五年己未冬東魏城鄴以新宮成改元興和盡孝靜以天平五年獲象改元元象乃頒詔於戊午年而改元於己未元象元年十一月鄴都成改元興和通鑑作十月錢氏事類其誤乃頒詔於己未而改元於庚申此碑猶以庚申為元象二年者殆刊訖於奉詔之前耳乙未朔下當是越十二字是月五日己亥梁武耕籍田十五日己酉則此碑告訖之日也又齊州刺史高湛墓志則書元象二年十月因思諸史編年或非悉確齊名南南北朝年表以戊午為元象元年己未為興和元年是泥通鑑

而誤趙融史無可考隋開皇中淮安定公趙芬碑祖融云云乃芬十一世祖後漢右扶風大鴻臚見元和姓纂此居士趙融者姓名偶同時代族望迥別不得以之傅會也

碑文缺字據常山貞石志補注於旁其互異處並注各字之下龕側題字不錄陸增祥志

道俗九十人等造像銘

高三尺五寸廣四尺三寸中分五層上三層刻畫像第四層刻造像記兩旁及下層刻像各列姓名凡二十一行行八字年月一行約二十字並正書象題字可辨者附載於後在河南河內縣孔子村

夫妙色湛然傲朱紫以顯其眞法性无為託形言而樹至德自非洞鮮㞐宇為能口斯啚猷者哉有淸信士合

道佁九十人等發心造猛志樂菩提造石像一區舉高
七尺咸竭瓌琨鐫餝周訖綺麗金顏輝暎楞伽契蘊此
儆因廣被群品頟慧海漣漪四流息浪鐵圍無垢娑婆
玉淨帝道熙明普光訓世存亡眷屬并及厥沙龍花初
唱俱昇巨覺　詺曰法身无像至道難名自非覺者孰
悟圖經鐫金圖狀鐫玉摸靈刊石樹德永振休聲
大魏武定元年歲次癸亥十月甲申廿七日乙卯建

按此碑記銘無缺銘從言作詺借假作儆標作檦
虛作虗獻作猷哉作𢦏瓊作瓗瓗與瓊同此合二字爲一蓋作
異微作微眷作眷靈作靈休作休皆當時別體或
梵書仍用軟與孰通摸與摹通圖像滮湯題字可

旃耆有云摩耶夫人生太子九龍吐水洗又五百
夫人皆送太子□檀毒山辞去時又太子得道諸
天送刀與太子别又宅之光佛入國又如來菩薩賣
錢與任女買□又此婆羅門又要婆羅門之好奴
□又□太子之馬時又黄羊生黄羔白馬生白駒
等字蓋圖像為釋迦降生得道之事後漢書西域
傳論曰佛道神化與自身毒靈聖之所降集賢懿
之所挺生注引本行經釋迦菩薩於南閻浮提生
天竺刹利種迦毘羅城白淨王摩耶夫人為父母
則知摩耶夫人生太子即釋迦菩薩也摩耶史記
大宛傳正義作莫邪浮屠經云臨兒國王生隱屠

太子父曰屠頭邪母曰莫邪莫邪夢白象而孕太子生時二龍吐水一龍水煖一龍水冷遂成二池今猶一冷一煖當即此碑所本而以二龍為九龍要皆詭恠不經無足辨也造像九十人有書定光佛主者有書開光明主者有稱都維那者比丘比丘僧者有稱邑主邑師邑母邑子者大都九十人中邑子居其半路氏亦居其半如定光佛主前部郡從事路達即路氏像主之有官職者餘人題名下各有侍佛時三字銘後一行大魏武歲次癸數字約略可辨乃東魏孝靜帝善見武定元年歲次癸亥當梁武帝大同九年西魏大統九年河內三

石刻皆方彥聞大令履篯拓贈云年月無考字體

當是北魏蓋拓本漶漫未曾諦審銘後一行也彥

聞度藏金石與董生祐誠夙有同嗜今皆下世錄

此憮然

筠清館所載年月一行云大魏武定元年歲次

癸亥十月甲申廿七日乙卯建據以補闕其象

旁題字及道俗人姓名吳氏詳載之并錄於左

陸增祥志

太子得道諸天送刀與太子時　定光佛入國□□菩

薩花時　如童菩薩賣銀錢與王女買花　黃羊生黃

羔白馬生白駒　摩耶夫人生太子太子九龍吐水洗

想師瞻□太子得想時　此婆羅門婦即生恨心要婆
羅門乞婬奴婢□□時　三年□□婆羅門婦□時
五百夫人皆送太子向檀毒山辭去時　隨太子乞馬
時　婆羅門乞得馬時　太子值大水得度時（已上十二行）
（中三列每行佛皆有畫像皆畫佛始生成道之事）邑子□□郡主簿路惠顯
侍佛邑子劉壽侍佛時　邑子張□侍佛時　邑母張
□侍佛時　邑母王女貴侍佛　邑子路□侍佛時
邑子衛清侍佛時　邑子張達侍佛時　邑母史男容
侍佛時　邑母王阿駒侍佛時　邑母路棠姬侍佛時
邑子李廣侍佛　邑子程桃椽侍佛　邑子雷買德
侍佛時　邑母潘英仁侍佛時　邑母苟妙姜侍佛時

邑母張要好侍佛時　開光明主宋橋文侍佛時　邑師
定光佛主前部郡從事路達維那法䔖侍佛時　都維那法
法振侍佛時　邑主都維那法猛侍佛時
儁侍佛時　比丘法□侍佛時　比丘曇智侍佛時
比丘道進侍佛時　比丘僧珍侍佛時　邑子□永□
侍佛時　邑子路慶洛侍佛時　邑子路□□侍佛時
邑子閻惠□侍佛時　邑子王永伯侍佛時　邑子
路儀遵侍佛時　邑子路恒伯侍佛時　邑子樊具意
侍佛時　邑子路儀和侍佛時　邑子路□□侍佛時
邑子路道買侍佛時　邑子路孟檀侍佛時　邑子
荀雙□侍佛時以上刻在左右及下方每行皆有佛像

王雙虎等造像記

正書在山東東阿縣

大魏武定之二年歲次甲子十二月辛亥朔四日甲寅東阿縣王雙虎法儀五十九人等知身無常財非己有是以謹竭家珍敬造觀世音石像一區上為皇帝陛下州郡令長師僧父母因緣眷屬一切衆生咸同福慶

王衆　石像主王雙虎　妻袁光暈　息王大常　妻張妍姜　王暈　王榮茂　王榮起　王長貴　右第一列

法儀王世通　法儀王方周　法儀杞法達　法儀王昳世　法儀杞惠表　法儀王叔顯　法儀王廣達

法儀王肅　法儀張灰　法儀王增貴　法儀王神保
法儀王石援　法儀王道暢　法儀王保興　法儀
張珎竒　法儀杞恵勝　法儀王霫暈　法儀張勛保
法儀王洛周　法儀王武勇右第二列
法儀王桃棒　法儀王光周　法儀王慶賓　法儀張
金　法儀王買　法儀王元哲　法儀王賓　法儀王
車　法儀杞棨秩　法儀王槃龍　法儀王景安右第三列
法儀王文援　法儀王美　法儀王延秀　法儀王万
榮　法儀杞承先　法儀張文遠　法儀王遵義　法
儀王奉先右第四列
法儀劉墨驢　法儀杞世安　法儀王醜　法儀王洪

演　法儀王祚　法儀甄靖該　法儀袁元昌　法儀

王惠紬　法儀張誕　比丘僧惠達　比丘僧惠文

比丘僧惠通　法儀高醜娸　法儀申姜石刻列

左相菩薩主清州人朱仕相為父母造

右相菩薩主蕭敬姜為夫妻

法儀袁景　法儀張惠通　法儀劉珎

都維比丘普明

法儀邊伯具　法儀□□□

法儀王思寧

造象人王氏居多法儀之稱始見於此彙郎今

之暉字其名曇驢者可為鄙俗陸增祥志

僧惠造象記

武定三年七月在河内縣

延陵顯仲造像記

像座高二尺廣尺二寸十六行行五字至二字不等正書

大魏武定之七年二月八日甲午滄州安德郡平昌縣延陵顯仲敬造白玉像一軀上為皇帝陛下七世父母現在眷屬大小下至一切含生有識之類普同斯福

按魏書地形志滄州孝明帝熙平二年分瀛冀二州置治饒安領郡三縣十二有安德平昌據此記則東魏尚仍後魏之舊延陵姓顯仲名世本延陵氏吳王子季札居延陵因氏焉趙襄子有謀臣延

陵正是其後見潛夫論廣韻姓纂韓非子趙襄子時有延陵生即延陵正也顯作顯本漢隸集古錄載綏民校尉熊君碑君功顯宿著顯封受爵顯顯令德字皆為顯凡从㬎之字或書作累如濕為漯隰為隰之類諸碑多有之

興化寺高嶺諸村邑象記

高三尺廣一尺七寸行二十六字正書在山西孟縣城北四十里興道村

維大魏武定七年歲在己巳四月丙戌朔八日癸巳肆州永安郡定襄縣高嶺以東諸村邑儀道俗等敬白十方諸佛一切賢聖過□□善生遭季運前不值釋加初興後未遭弥勒三會二聖中間日有□歎先有願共相

要約建立法儀造像一區平治道路刊石立碑以口之
功上為　皇帝陛下渤海大王延祚無窮三寶永隆累
級口德口世父母現存眷屬復類生生之處遭賢遇聖
値佛聞法常脩善業口至菩提誓不退轉能法界含生
同獲此能一時儀道

按東魏孝靜帝武定七年乃梁太清三年西魏大
統十五年也南北朝習俗佞佛託祈國福兼媚權
貴造象幾徧天下此稱渤海大王即高澄也武定
五年封渤海王七年八月為盜所殺八年五月齊
王高洋稱帝廢東魏主為中山王齊天保二年鴆
殺之謚曰魏孝靜帝造象延祚果何益也魏書地

形志肆州治九原天賜二年為鎮真君七年置州領郡三縣十一定襄屬永安郡襄上剏勵當即定字道光元年五月孟縣典史丹徒張君序訪得之

金剛經碑

高八尺六寸廣三尺五寸正書三十四行字數剝蝕難辨在河南河內縣

金剛般若波羅蜜經經文不錄

按書經刻經人及歲月皆不可辨以字體定之附於東魏之後

西魏

邑子廿七人造像記

記刻石佛背高二尺四寸廣一尺五寸上截刻記十二行行十七字至十九字不等下截刻題名二列並

正書在陝西咸陽縣

夫至道沖㣲形言永絕是以如來託形王宮波教五等
使悕宗者尋悟有由合邑子廿七人並慨曠以來六塵
竟惑五蓋長驅沉淪莫返咸共剖捨仰為　皇帝陛下
州牧守令已身眷屬造定光佛像一區緣此功德頒國
祚永延始邁儀許化逸周漢又願歷刼先師七世所生
鍾天堂親飡聖訓寧思三空從志六度若侯洛三途如
鳥飛空俄尒而過現在大小万眎和慈年齊壽魁士極
高遷傳公授尉珠淪華馥万葉不墜龍花三會願登初
首三界衆生普同斯願
邑師比丘僧[illegible]

邑正支囑　邑子張買

典錄袁僚　邑子康長

唯那張賓　邑子袁廻洛

邑主賀醜　邑子魏毛周

化主張從　邑子

邑謂劉伯歲　邑子康元

香火韓早歡　邑子康□

典坐袁豐洛

發主七洪遲此

太歲在甲子六月八日造訖

按此刻字體款式與曹續生吳神達造象記略似

歲在甲子當是西魏大統十年

六塵覺或或古或字覺當即競字一變為覺再變為覺也始邁儀許始蓋治之論誤洛三塗誤洛蓋誤落之論陸增祥志

劉氏造像記

高三寸八分廣一寸二分十二行行二字至七字不等正書在江蘇吳縣畢氏

大統十七年三月五日襄城行軍□小闕戍主始平縣佰劉□□□七世父母所主父母亡息法顯造玉石像一區願亡者速度八難

按西魏文帝寶炬大統十七年辛未梁大寶二年齊天保二年也三月魏主殂洪頤煊平津讀碑記

釋三月作十二月襄城行軍作襄威將軍小閣作小閤劉作副所主作所生並誤

北齊

邢多五十人等造象記

高二尺八寸廣二尺十六行行二十二字正書在山西盂縣城北四十里興道村興化寺

夫乾以振極遂通三裁_{（讀）}像告徵廓有開闢霑載潤流蠢兹犁庶是以天生之民樹之以君非君無以里其民非民無以顯其君聲動響應令故相承是以干戈震動出自非今堂堯至聖尚致阪泉之師周武之化亦興不期之旅是以黑太逋寇假息閩甌侯景枝危苟存江佐鼠竊之徒敢闚問鼎今我大齊格天心如承主廓四海

以為居坐太檕如壽禪閣与羿如同荇魏〻乎以白日
如並光堂〻如無能名焉若用梟翕二處必如指掌未
即誅勁寬待歸順是以廣□鄉豪立為督將弟相部領
切茲醜豎邢多五十人善昔日封而居子孫留偶令在
肆土為人領袖其人可謂天姿桀邁幹鮮明扌圖弓連
闓飛刀揺刀為帝所知名國□□武藝之士實自孤絕
一時優蹇酋勇糸難量者哉遂在合州蔣□大頓〻令
軍侶行還造□像一區經營尋就積旦斯福咸□蔣上
頓令　皇祚遐□業化清熙澤洽九區恩過八極復令
先亡現在合情能蠶同歸妙境
維大齊天保二年歲次辛未七月壬申朔十五日丙戌

文

按北齊文宣帝高洋天保二年辛未乃梁大寶二年西魏大統十七年是年春宇文泰遣楊忠攻拔齊汝南冬侯景稱漢帝故云鼠竊之徒敢闚問鼎宇文黍小字黑獺獺泰音近遂以為名史家或稱黑泰（梁書蕭欽傳西魏相宇文黑泰）此則省為黑太也此記肆州軍士邢多五十八等造像祈福當時字體紕繆北朝尤甚以如為而尚仍古義道光元年夏盂縣典史張君訪得之

三才作裁理其民作里唐堯作堂均台於六書通叚之恉至以阪湶為阪泉以閑壟為關隴以

江佐為江左以壽禪為受禪皆北朝之陋習非必當時有是體也陸增祥志

宋顯伯等造像龕記并陰側

碑缺下截存者高三尺廣二尺厚七寸正中像龕左右及下方刻造像記碑陰五層上層佛像次層横列邑社曹思等石像之碑九字篆書以下三層並像主題名後二行刻撰書人及建碑歲月兩側刻像并像主題名並正書在河南河内縣

夫靈智沖寂應化之理不測玄言微妙津悟之徑難究是以迷途失馭缺下刼心若轉蓬逐秋風而飄質隨緣取愛任著竄化如浮泡之遊水等烈缺下使力釣巨鼇能陷五山會与陽雪同消落花俱注生滅相貿解脫元期缺下毋圓光普照品衆生如赤子等万類於凶中吐法水以

滯昏心舉慮登而（下缺）是群盲啓目終或僉曉發則五駒
證道於鹿苑之始須䟦獲果於（下缺）渡之宜既周現滅之
跡斯顯於是競嶺潛（下缺）實相凝姿曾無去來但以應現
無方所（下缺）現於前周金色降於後漢是以像法日（下缺）邑
社宋顯伯等卌餘人皆體識耆空洞（下缺）毗救鴿之念下
愍羊噭屠割之痛（下缺）二八血祠之祈專崇法社减饍之
（下缺）菩提之路禽獸之命盡脩短之壽（下缺）用今在野王越
内廣福寺建塼（下缺）高峯瑰麗奇狀罕譬彫容見相（下缺）文
金儀重見尒其寺也房堂（下缺）雜樹蔚茂人居四面星羅
若（下缺）響風馳遐迩雲會信是元（下缺）渠啟善通養性之途
詮文表况申慈心之美瑩茲（下缺）六覺沖虛露䀹難測神

變無方周流百億一音演說隨（下缺）育王起塔傳執中國

歷葉繼蹤虔成不忒息緣去愛貪（下缺）顯顯霧寺勢置西

南靜行練僧像教日隆朝尋聖肓夕（下缺）郡迷聚會皆心

洞嶽止桑存生滅饌自討絜己傲俗（下缺以上碑陽）

碑陰

邑[illegible]曾[illegible]惠[illegible]像之碑（九字陽文皆篆）

書別體在石像下第一層

邑師父法略　廣福寺主僧賓　上坐比丘尼惠藏

上坐比丘尼僧津　比丘尼惠姜　比丘尼僧讃　比

丘尼僧敬　比丘尼僧勝　比丘尼僧好　比丘尼僧

要　比丘尼僧暉　比丘尼僧相　比丘尼僧援　比

比丘尼薩花　清信士女賈同姬　比丘尼阿勝洛妃

開佛光明主釗斯妃仁　□□女田容仁石像下第二層十八行

邑主野王縣功曹吉貴

邑主河內郡五官□和

邑子太原賓妹□憐

盪翊將軍右葙菩薩光明主馬周

邑子開左葙菩薩光明主衛業

使持節高陽戍主開佛光明主梁永

邑魁河內郡前功曹王癸

邑魁　肯授洛陽令蓋僧堅

襄威將軍南面都督石碑主曹思

邑子右葙　菩薩主王万儁

南面像主前䢵功曹西面都督宋顯伯此行當碑陰正中南面像主四字出第二層

盪寇將軍西面都督左葙菩薩主田思祖

邑子大齋主胡小買

寧遠將軍帳內都督齋場主孟琛

邑勉　盲授野王令張暎族

河內郡光初主簿祭酒從事宋顯

邑勉前白口從事曹忻

邑子州口代録事樂榮以上十八行在石像下第三層

邑缺下　邑子缺下　邑子民缺下　邑子大缺下　邑子南陽

下缺　邑子南陽下缺　邑子宋□□　邑子嚴□□　邑
子武威孟市□　邑子嚴洪□　邑子趙郡李灰　邑
子北平田祖悅　邑子馮翊吉邑　邑子梁國喬貴
邑子帳內都督也蛭阿醜　邑子襄陵賈樹仁　邑子
河陽鎮司馬樂勤字長恭　河陽田曹參軍樂衛礼像在
下第四層十八行
都維那伏波將軍防城司馬程洛文并書
大齊天保三季歲次壬申四月八日建二行在石像下三四層之後
像主征東將軍府主簿督軹沁二縣事楊榮刻石像兩旁
開佛光明主妻李和姬刻石像下以上兩行碑左側
像主征西將軍長流參軍營溫縣野王懷縣河陽四縣

事求略刻石像兩面

開佛光明主妻張阿容刻石像下以上兩行碑右側

按北齊天保三年四月野王縣城內廣福寺宋顯伯等造石像碑文程洛撰并書碑陰南面像主為宋顯伯左右葙菩薩主為田思祖王万雋石碑主為曹思碑側楊榮表略亦稱像主碑文云宋顯伯等卌餘人今碑末層殘闕就所存計之已得五十八人疑法略僧寶及諸比丘尼乃後來儳刻不在四十餘人之內也歲次壬申北齊文宣帝高洋天保三年當梁元帝承聖元年西魏帝欽元年北齊承東魏之後懷州河內郡治野王縣隋開皇中更

名野王為河內縣即今懷慶府之河內也北齊軹縣沁縣河陽縣並屬懷州河內郡懷州溫縣並屬懷州武德郡軹沁今濟源懷今武陟河陽今孟縣與溫縣皆屬懷慶府終北齊之代河陽省入溫軹二縣沁縣旋廢此碑為天保三年尚仍魏舊凶中即匈中古作匈此其省文也皃即鶩不或即不識或古識字桀即殺餘不具載陸增祥志

李清造報德像碑

摩崖高六尺五寸廣四尺六寸三十行行四十一字正書在山東平定州東三十餘里石門口長國寺前

岩上

大齊天保六年歲次乙亥七月己卯朔一日庚辰鄉郡

鄉縣李清言蓋聞益天之明者莫若於日月益人之善
者莫若於脩福是以一滄之惠扶輪之報為前兗雖七
兵尚書陽巽之五州刺史義同文静公趙郡李𥨊司空
文簡公李命宋二公父子以礼待清得奉朝請而清德
之故賢無刎頸之報去家五百里就邢邢關榆交弌万
里甍途百州路側造報德像碑磨鐫刊石万世不杉東
越海崖西過秦隴車馬駿上無日不有云介夫乾巛以
簡易可以聖賢以作述為大麗天懸象之用鎮地表
成務之功顯晦唯文人之迹語嘿蓋君子之道二經錕
其無為五緯彰其區別仰觀俯則遠物近身備諸禽跡
可略言矣至於六十四卦藏用顯仁言先王者主於聖

王言启者通諸羣后言大人者大有聖德之人言君子
者傅聞有德三百五篇無耶以藝皆欲納民軌物其於
紂已復礼方之釋典曾何髣髴岱宋小宇岧嵁瀾狹秋
水較之未舉馬毫察之殊少麟角𡚶河湛〻㮾指於舟
中朽宅炎〻爤領於車下方知誓願尅成降鑒世冢慈
忍既就視現王宫放光明於大千燎慈燈於深夜陽九
作沴濡足於堯季陰六為災援手於湯日覆載比兩儀
亭毒猶一子擾〻四生職〻三界何已拱之如北極仰
之如東君者兮若迺千里一曲之河派崐崘而屬牛斗
万舟避風之水導岷峨而直井絡連城之寶必挺於楚
山照車之珍宜產於隨國馬形淋問尅冒於千古龍德

[淳]風必祀於百世懐月動夢嗽天成祉類任姒之興周
苛陰馬之隆漢光遠弥燿條布增芳非積祐之餘榮其
孰能興於此今
皇　后趙國栢仁縣永[寧]鄉陰灌里人也分裂山河之
盛懐握瑾瑜之美史無闕文我略辞費祖儀同文静公
金葙玉質取貴當季考司空文蘭公桂茂蘭薰名揚身
後唯此公二先聖昕遵傻皇欽德葉各産子十八五男
五女再世如一男懐衛玠王承之操咸體潤珪璋女嚴
恭姜伯姬之節皆心貞琬[琰]至如馬祑丈夫五常取目
孃氏婦人三賢擅美何笇張鈎子孫繁盛黄羊白環[允]
嗣丕顯論家語德我實蕭之有姓名者承蘂遠葉分流

滑源附驥尾而絶塵託龍鱗而高翥乘車食肉不假長
鋏之謡升堂入室無勞囊錐之請彚莘之親迺枝逸十
世臣山之顧則潤過九里朝履清階鄉居右職增榮改
價二公之造焉加以宿殖善自洞悟空假拔軀巨覺傾
心大乘體瞬息之不留識泡炎之必盡營資粮於曠路
樹功業於福田初未脫於生死終不離於苦空波輪迴
星流電滅昔孔臣既殁子貢六年不返向苗已逝始春
三載不歸户改穿曹門通德呂輿甘棠勿剪韓起嘉樹
無忘痛以石槨瓶炭無益於速朽珠襦玉匣有加於穢
户鑿覆車於洼塗思改轍於今軌負土城墳之力用於
鷲山傳蘭膺菊之財施於鹿野斯則之先覺作範後昆

有義存烏可不尚歟民無德而稱爲烏菟輪𨍏寒暑迴
復滄海爲原水將湛於金剛火垂燎於蓺想式刊鼎彝
永作槁梨其詞曰
管視行健蠡測淚流真蹤遐闊肆此彼求唯彼　調御
鑒我閻浮揚舲沸海擧燭重幽注水不竭傳火逾明
懸離坎德邁迴游滔〻樓口歎〻峯石合浦徑寸藍田
盈尺汁光失厚蒼精承曆我有徽音巨位宮掖親試經
典躬勞紡績高瀧斯潤長瀾增激其裘不墜冠蓋成林
家藏桓玉世挺南金男賢慕閫女潔還陰十六比德二
義齊音俱倬万頃競竦千尋指掌拾芥跨古騰今爰有
宋人老成夙惠託生巨識報誠真諦食椹泮林庇陰蘂

桂薄言報德營斯壯麗功大造推心[弘]濟陳信貞石傳
芳來奠空閱海竭穀俟河清隙駒易往日烏難停春冰
始泮水淥山清秋風將肅葉下霜明民非城是洲實[臣]
平嗟嗟後世識此生榮　燕州釋仙書

按此碑北齊顯祖文宣帝天保六年李清作釋仙
書為李后祖父造像報德也北齊書文宣皇后李
氏諱祖娥趙郡李希宗女外戚傳李祖昇趙國平
棘人顯祖李皇后長兄父希宗上黨守后祖李憲
史所未及史云趙國平棘人碑云趙國栢仁縣永
[寧]鄉陰灌里人晉書地理志冀州趙國統縣有平
棘栢人太平寰宇記柏人後魏改為柏仁屬南趙

郡故此碑云趙國柏仁縣也東魏李仲琁脩孔子廟碑仲琁趙國柏仁
人也亦作柏仁今本魏書地形志南趙郡領縣仍作柏人
又地形志并州領郡五縣二十六鄉郡延和二年
置即石勒之武鄉郡也郡治鄉縣北齊仍後魏郡
縣故李清爲鄉郡鄉縣人碑在今平定州石門山
磨巖刊刻地當孔道故云百州路側邢邢乃井陘
字異寶口即石寶山皆與石門相近碑字鄉作郷
兖作兊希宗作佘宗關作闗長作镸巖作巗朽作
杉標作檦顯作顯敵作𢿱克作尅尾閭作浘潤猶
作猶導作道榮作滎孰作敦質作貭後作後旅作
族皷作鼓堂作堂親作親翦作剪羃作羃垂燎作

㙩梁作樑窺作視伎作妓徽作微停作停皆當時
別體博闓之闓誤作闢波輪迴門通德功大造等
句皆有脫字至其書法高渾實為北朝傑作金石
家皆未見惟孫氏訪碑錄載之不詳何地不著撰
人平定州志藝文亦失載惟寺觀內長國寺在石
門口山崖下石上有五代李清言碑記以清言為
名失其義矣言與譔同可為畢例宋慶厯四年朝
城縣孔子廟記書建康劉之圖言蓋仿於此道光
元年秋沈太原琮方領州事裒輯所洽金石文字
吏目新都曹君承杺於石門得此拓以見示亟著
錄之是冬十一月予應徵南還沈偕三原王孝廉

洽上元王建曾無為黃世安兩文學永濟崔生曾
益祖道石門題名碑下同人圖詠紀別亦嗜古快
事也

一日庚辰猶言越一日也宇宙作畱畱乃古之
岫字尤繆陸增祥志

宋王仁造象記

石度高二寸八分廣一尺三寸
十四行行四五字不等正書

大齊天保八年歲□丁丑三月□子朔八日丁未佛弟
□宋王仁為□息僧暢敬造石像一軀願史亡者□□
西方妙樂□□龍華上會先□□首見前眷屬咸同斯
福

按北齊文宣帝高洋天保八年爲梁敬帝太平二年後梁宣帝天定三年西魏恭帝廓四年願史亡者倢借史

邑義垣周等造象記

正書在河南登封縣

蓋元宗凝湛至道沖曠既幽且遠似滅如存雖復天祖地遊不究空家之境日住月來詎盡微妙之域至於出入四生迴還六道无不顛已愛身視陰昔日緍惠莫之留神力不能保而大慈應世法輪既轉群生於是迴向庶類所以歸依智禪師弟子靜明知生生之非有覺滅滅之為空思運已於法船欲深心於巨水以大齊天保

八年歲次丁丑十一月廿九日勸化邑義等脩孫崑上
故塔并石象一區嵩山帶其左神堆俠其右南望脩嶺
北覜長河擢玆勝地建此良囯於是名僧慕義上德依
仁庶以此福普及群生使國祚大康世業永固合邑諸
人俱昇寶舟同濟彼岸年往如流時事為屬唯刊与石
永為不朽其詞曰　神宗無燃空冢雖元唯見生滅交
互相撫仁師遠識建此良囯東西勸化邑義同津脩營
故塔宪麗初新寶舟共汎捨偽歸真　邑子垣周　邑
子垣世　邑子垣豫珎　維那垣纂業　邑子垣雙鸞
邑子垣景和　邑子垣世遵　邑子垣懿　邑子垣
景翼　邑子垣景淵　邑子垣伲伽　邑子垣抱大

邑子垣子嵩　邑子垣子安　邑子皇甫子翼　邑子
垣景崇　邑子垣炎之　邑子垣清崔　邑子垣貴和
邑子張嚴珎　邑子程羆奴　邑子垣春長　邑子垣
秋生　清信衞阿姜　清信程思兒　清信程顯姿
清信李清休　清信郭醜光　清信王明妃　清信張
明月　清信王綠葉　清信李蕢　唯那焦外　邑子
郭仲興　邑子郭業興　唯那郭景安　邑子郭子嵩
邑子郭世欑　邑子樂隆　邑子左智欑　唯那王
明太　邑子劉回周　邑子輔要顥　邑子田暈儁
邑子傅奴　邑子王元　邑子郭豊　邑子張遵和
邑子仇顯敬　邑子張天佚　邑子尹恵万　邑子劉

�佰　邑子樂凱生　邑子樂始洛　邑子楊顯宗
邑子王洪達　邑子趙幼賢　邑子王長嵩　邑子梁
市顥　邑子李子嶶　邑子姜敬賢　邑子郭買　邑
子田德　邑子上官猛略　邑子孫遵　大維那楊昕
邑子梁胡仁　維那梁買奴　邑子辛景遐　邑子
梁雀　邑子梁英略　邑子楊僧蘭　邑子梁移都
邑子尹思集　邑子梁和宗　邑子梁思慶　邑子龐
子栝　邑子楊㒓　邑子龐滌　邑子程買　邑子梁
仲達　邑子梁紇陁　邑子范元尚　邑子梁伯龍
邑子郭甫仁　邑子尹元滕　邑子梁遵豈　邑子楊
長猷　清信梁阿好　清信宋歲姬　清信宋景姬

清信叚義姬　清信垣阿貴　清信梁容　清信梁獨

憐　清信張令宕　清信張康女　邑子梁祖業　邑

子梁遺與　邑子梁遵𣏾　唯那梁思達　唯那梁廣

邑子梁仲孫　邑子鮑元海　邑子姜仲侯　邑子

楊廣珎　邑子張袁洛　邑子趙景達　邑子鮑元男

邑子李万洛　邑子鮑子洪　邑子趙苟仁　邑子

陳買歡　邑子席景傍　邑子楊仲礼　邑子鮑買

邑子王嵩辦　邑子鮑士達　邑子鮑先　邑子梁醜

邑子李石奴　邑子姜士忩　邑子鮑侯羅　清信姜

漢女　清信張令暈　清信韋業順　清信温元容

清信梁先妃　清信馮暎瑱　邑子楊紹　邑子尹榮

环　邑子𢦏伏　邑子尹神龍　邑子郭廣遵　邑子
陳𣏟㚟　邑子石永興　邑子楊紉儒　邑子江方䁱
　邑子𣪌長春　邑主韋廣　邑子梁甬　邑子梁恭
恩　邑子梁盛　邑子梁慶恩　邑子梁𧡢　邑子梁
伲　邑子梁進　邑子梁鐵甬　邑子王曇和　邑子
汞寶　邑子垣奴　邑子垣明𣏌　邑子垣榮貴　唯
郱趙方成　邑子趙慶達　邑子趙𥟖業　邑子趙俱
羅　邑子趙野虫　邑子田外達　邑子崔胡子　邑
子支昕茂　邑子楊紉䂮　唯郱梁元相　唯郱吉璳
頭　邑子楊迴興　邑子吉清仁　邑子吉元可　邑
子吉先華　邑子白　邑子𢓊永康　邑子楊𢃿　邑

子張振遙　邑子張世珎　邑子鮑龍　邑子姜林[illegible]
邑子姜石庸　邑子姜庸頭　邑子垣始儁　邑子
垣嵩寶　邑子垣羅漢　邑子垣沙弥　邑子垣太
邑子垣小倪　邑子垣師子　邑子垣杲獲　邑子羊
僧安　邑子羊貴宗　邑子垣略　邑子垣小奴　邑
子垣榮世　邑子垣永安　邑子垣長昕　邑子楊長
〔陵〕邑子郭仲景　邑子姜庸　邑子姜亢　邑子尹
豊洛　邑子王宣弟　邑子郭盆生　邑子張慶和
邑子楊加奴　邑子楊神寶　邑子陽清和　邑子楊
法良　邑子梁仲和　邑子梁仲達　邑子尹照茂
邑子趙朋遠　邑子梁醜奴　邑子秦寶達　邑子傅

轉興　邑子孫永貴　邑子程洪敬　邑子垣子信
邑子尹懷德　邑子田琳　邑子梁長儒　邑子尹景
季
比丘僧法應　比丘僧僧論　比丘僧道素　比丘僧
僧岳　比丘僧景略　比丘僧慧略　比丘僧法邏
比丘僧僧度　比丘僧僧暢　清信女梁定妃　都邑
主楊幼蘭　都維那梁楷　邑中正班雙鸞　都齋主
梁殷冊四仁壽　比丘尼娟朗　比丘尼僧和　比丘
尼靜淵　比丘尼僧照　比丘尼惠通　比丘尼光輝
比丘尼道香　比丘尼道斋　比丘尼惠要　比丘
尼惠壽　比丘尼惠寶　天宮主龍相府仕曹參軍洛

州陽城令青州樂安郡大守梁胡仁妻韋五光等

鄉老舉雋敬碑

高五尺廣二尺三寸凡三截上截七寸題額四行行三字中截二尺五寸記文十七行行二十一字下截一尺八寸題名十七行行十二字並正書在山東泗水縣

大齊鄉老舉孝義雋脩羅之碑以上上截

惟皇肇祚大齊受命引軒轅之高□紹唐虞之遐統應孝義以改物揚人風以布則於是緝熙前緒照顯上世雋敬字脩羅鑽土甚安食菜勃海前漢帝臣雋不疑公之遺孫九世祖朗遷官於魯遂住洙源幼傾乾蔭唯母偏居易色承顏董生未必過其行守信志忠投杼豈能着其心捨田立寺願在菩提醱味養僧纓絡匪悋救濟

飢寒傾壺等意少行忠孝長在仁倫可欽可羨莫後是
過蓋聞詮賢舉德古今通尚隱秀韓才雖襲自現余善
鄉兇壹伯餘人目矚其事豈容嘿焉□刊石立□以彰
孝義非但樹名今世亦勸後生義夫節婦　詒令所行
其銘曰
恭恭易色勉勉承顔孝同曾閔侍比丁蘭待如握髮接
若吐飡酸味救飢解褐濟寒拔幽釋古存歿如來割已
施遺傾力捨財終終之念其性可哀鎸石壹朝千代旌
扶流芳万古迹絶當今厤勸將來誰不肅心忠孝之外
任世浮沉絶筆刊功志畢松林朱陽再現相記南金訪
石鏤文永保余心懸宗殖轉放筆餡音

皇建元年歲次庚辰十二月戊寅朔廿日丁酉記功

以上中截

鄉魁孔□　孫暇鬼　陳道纖

趙国□　褚滌□　□□達

褚稍明　陳太模　隽進可　劉當世

陳道朗　陳大曾　隽斌哥

褚榮祖　沈昨郎　隽金保

周榮祖　隽文度　隽力仕　彭群□

沈伯周　隽竹龍　隽方㞬　苗景集

沈肚生　隽文居　隽延歸　彭景達

華□達　隽象□　陳□生　隽畢甫

趙安福　雋□安　褚□龍　陳景祚

趙尊生　雋遊之　褚題貴　雋安和

趙伯生　雋雙和　陳度世　雋副憐

陳景通　雋馬奴　曾永遒　陳滕之

褚□□　雋盖周　劉子洪　陳幼祖

陳天饒　雋无□　王暉宋　雋道康

陳暉祖　雋稍陽　公甫榮　雋遠達

陳義和　雋方與　雋滕□　雋美生寫以上下截

碑陰

維摩經見阿門佛品第十二經文不錄

按北齊孝昭帝演以乾明元年八月即位改元皇

建諮遣大使巡省四方觀察風俗援訪賢良故鄉老等㷀隽敬應詔且刊石樹名也顧以立寺養僧為可欽美亦習俗之迷惑矣碑為隽美生寫字體亦多紕繆序曰易色承顏辭曰恭恭易色勉勉承顏易色本論語承顏即論語色難注中承望顏色尚見先儒經訓之遺仁風作人亦合於古

鎮池寺李磨侯造象記

縱橫各二尺六行行十六字至十三字不等正書在山西盂縣城北二十里葨池村鎮池寺

唯大齊天統三年四月十日佛弟子李磨侯敬造鎮池寺一所石佛象釋迦一會以報前願皇帝万歲太保千秋文武百寮常居祿位　佛子李磨侯

佛弟子李造□佛弟子李顏卿□

按齊後主天統三年歲在丁亥乃陳光大元年周天和二年也天統二年以大司馬任城王湝爲大保北史北齊書同此石亦盂縣典史張君訪得鎮池寺可補方志之闕

朱岱林墓志銘

裴本高廣行字不計正書
在山東壽光縣田劉村

君諱岱林字君山樂陵濕沃人也自辛朝壟厤昌户衙書親以建社賢尒啓國扶封於邾奄加茅土方曹折壤嬀曾稱雄別有由謚立姓因字爲氏斯即去邑從朱蓋是殊方共致卯金則司空佐命當塗即領軍贊業勳在

晉嗣美表於廸番名所謂杞梓繼生公侯間起拓人丗
挺衣冠代襲曾祖覇儒該匠素術盡從橫魏使持節平
州諸軍事安遠將軍平州刺史俗隣壃埸布以威恩醉
酒空陳夜金不受於浚謗言及樂讒巧乱郡儵尒鷹揚
髝然鵲起擁鄉里三十餘户來逝河南值元嘉之末朝
多妄乱不徙其賞仍居青州之樂陵郡祖法强下帷躭
藝閉靜自得舉秀才釋褐南平王府行參軍遷尚書祠
部郎中禮閣有聲含香擅美後遷司徒府諮議參軍事
亡贈鴻臚卿父孝祖清規勝範地美才高俄而魏高祖
孝文皇帝熊羆覺騁蒼兕爭先化洽江湘令行天下錄
奇異於巖藪訪隱逸於閭閻起家除槃陽縣令轉北海

太守流涕孟侯歌謠稚子從今對古並駕兮駈君膺玆
秀氣稟是淳和五隸六里方珠比玉左智右賢擬龍齊
鳳淂嗟蔡子見重侯相季始十餘身離艱苦晨號夕踴
柴毀骨立遂使鳩來栖集馬慢芻草精通飛走掾貫幽
明魏廣陵王愛善如蒼好書比德俾侯南服妙選英佐
託以金蘭徽為國常侍辭不獲已俛僶從職而侯嬴荷
盱難交公子介推逃賞終遠爵文未踰十旬還以病解
後彭城王又以皇枝之貴作牧東秦召為主簿久而從
命王藉甚有素不苦抑遣終遂千木之心乃申安道之
志君雅量之地無際可尋元昆季弟推之京宦同於得
喪等槩榮枯含章韜綵藏明晦用兒元旭散騎常侍出

除南兗州判史弟𫞴業通直散騎常侍左光祿大夫䒷冠睽日長戟陵風響蒲京華聲馳甯縣縱趙李之讓禮食曾何足云魯恭之就夲名詎堪方此魏廷慰卿崔光韶侍中賈思伯並聰敏當世器居樹時結四子七賢之交飲醪挹水之露踨連寔憶付爲矜期黃門郎佽紇與君意淂言忘竊權居要恒思不次之舉還疑志不可奪醼言之暇聊申僘肓君荅云昔人有以術忏帝或遁贊辭王辟之鱗羽夲乖飛伏而夲生庸短未斉簪綬如斯之既乞不加已紇愛人以禮撫柑欽尙從其所好不敢縶維昔泰之季水德不競蒼雲蓋軌紫日生天烏合蟻徒聚三齊之地竪牙鳴角犄十二之嶮不異井中虛言

卷二　北齊　四十

聖出何殊轍口妄号神人枤夲蹇源擢蘭兲桂春秋五
十有四遐迩悲嗟聞見涕零惟君大度不羣峻懷孤上
託宿假道唯仁與義規矩成則物我無忘非夷非惠不
石不玉惻隱同於子魚友悌侔於伯雅何忽僊山石折
智士遷傾以大齊武平二季歲次辛卯二月乙卯朔六
日甲申塟於百尺里東五里第四子敬脩自惟羅此荼
毒哭然咳纫離奇以生龍鍾而立窮而走子温慙閔罄
岵山雅陟過違無訓携鍚而感言下集冠之翁攀松邯
昭圖縣成墳之烏窐追士李賸像載興傷慟日碑觀狀
岙增酸哽磬兹鄙拙式序徽猷思與泣俱文蕪涕落先
言多不備述往行盖是闕如良由才非作者情閉無次

卒不免爲羣盜所害士大夫遭亂世而不及於禍豈非天幸乎誌文云第四子敬脩自維羅此荼毒眇然咳幼離奇以生龍鍾而止（立誤作止）罄茲鄙拙式序徽猷思與泣俱文兼涕落從父兄敬乾沈懷（深誤作懷）好古尤工摛屬勒銘黃壤以播清風蓋誌爲子敬脩所撰而銘詞則出於猶子敬乾文皆雅贍在魏齊之間可稱高手漢書地理志濟南郡有般陽縣師古音盤魏書地形志作盤陽此碑作槃陽古字皆通用也碑書閭闔爲閶闔廷尉爲廷慰清瀾爲清灡以術干帝干作仟皆異文（潛研堂金石文跋尾）

碑云廷尉卿崔光韶侍中賈思伯黃門郎徐紇案冬

傳戩崔光韶爲廷尉卿在孝莊初年時賈思伯卒已三載矣思伯仕明帝朝終于侍講不言其爲侍中或史失書徐紇爲黄門郎亦在靈太后反政之初三人官位先後參差蓋碑是總叙前事約略言之非與史異也二月乙卯朔六日甲申乙卯乃己卯之譌羅此恭毒羅與罹古字通用山左金石志

齊書伏林兒元旭傳云元旭官終義州刺史誌云散騎常侍出爲南兖州刺史傳所未載誌云廣陵王徽爲國常侍彭城王召爲主簿廣陵王羽彭城王勰也碑例稱君自漢已然此誌以子稱父亦曰君則前此所未見通用之字如輟作惙喜作憙孩作咳磬作罄

從父兄散騎史君伯第三子脫略榮華不應徵聘沉深
好古尤工摛屬勒銘黃壤以播清風辭曰
本自高門世資隂德從来位重人兼才識運海鱗奇搏
摶翅力繁枝不已清藹焉息其一唯祖英毅唯父深沉飛
纓鳴玉作範番音仍生東箭遂挺南金素榮俱美出處
兮心其二有應純和義望餘耀嵇風阮德深遊大鈞愢于
君子藝才何劭闕里儒英潁鄉玄妙其三道王天崖志輕
人爵菊蘂危生豸裘採藥楚漢晃戢仁雅寡廓我如曾
閔何論許郭其四塵言輔善實驗兼親石雞既落僧山尒
淪少微之應遂属高人悲王難序痛霍何陳其五仁厚慶
鍾育斯才矣歷階式目過進鯉貽似鳳方鳴如龍比絢

遺孤在簉藐焉誰〻見〻其六伊何慈顔弗覩昆朝不食
陵人羅祖比學西河擬文東魯述獻者固情深陟岵其七
魚山夲志門豹遺風丹青已寫囹空方崇思人下淚瞻
蓋悲空山川不易覌猷詎終其八嗟〻猶子瞻儀在簃荷
息惟訓依斋如覩頌雅因詩囫文託易追思素道敬鐫
囹石

按岱林兄元旭魏書有傳其除南兗州刺史則傳所未載岱林官不大顯其弟𤣩業通直散騎左光祿大夫亦不得附書何也覇官安遠將軍平州刺史傳既失書而以曾祖為祖則誤之甚矣岱林不樂仕進與黄門郎徐紇善而不為紇所維縶可謂能避患矣而

別體字如𣏾作𣏾𦉍作𦉍標作檦對作對凡从彳之字作亻皆是古誌石華

右墓志正書字徑四五分四十行行三十四字今在青州壽光縣田劉村文云兄元旭散騎常侍出除南兗州刺史攷魏書本傳不載南兗州刺史可以補史之闕元旭傳以霸為祖且無官安遠將軍平州刺史文皆當據碑攷補碑沃作渼冠作𡨦巧作㓕亂作乱幡作旛閒闔作閶闔對作對潤作潤皆當時俗字㓵素即㓵索素古通用槃陽漢書地理志作般魏書地形志作盤按說文又作槃盤本槃之重文籀文从皿漢書用古省魏書用籀文碑用說文本字也䵷勉

作俔僶尉作慰干作忓皆假借字孩幼作咳說文本作咳古文作孩此從說文扶搖之扶作搏當是木旁搏字說文云榑桑神木日所出也今人書榑桑字亦作扶則扶搖字或本亦作榑後人誤改耳

碑云魏高陵王俾侯南服妙選英佐僚誤作佐徵為國常侍彭城王又以皇枝之貴作牧東秦名為主簿魏書廣陵王羽傳高祖時除使持節都督青齊光南青四州諸軍事征東大將軍開府青州刺史彭城王勰傳卲襲封世宗時除使持節假散騎常侍平東將軍青州刺史然則碑所云廣陵王即羽彭城王即卲也佁林以普泰之年為三齊羣盜所殺前廢帝紀普泰元

年七月鎮遠將軍清河崔祖螭聚青州七郡之眾十
餘萬入圍東陽東陽青州治臨淄林之卒當即在此時
以武平二年二月六日葬距其卒時已三十年矣[illegible]
讀碑記

窮而匡子而讀為如隈借作猥門豹即西門豹
玄芝借作縣陸增祥志

道興造象并古驗方

武平六年六月在洛陽萃編所載未全也
案此刻已載萃編曩所藏拓本中有兩小紙為
萃編所失載借出都時未經攜出無從據補陸增
祥志

北周

南宗㑺等造象碑

武成四年碑未詳所在

金石續編卷第二終

金石續編卷第三 隋

武進陸耀遹纂　　太倉陸增祥校訂

隋

千佛山造象記七段

摩崖高廣字數不等正書在山東歷城縣

劉景茂造象

大隋開皇七年歲次丁未正月十五日弟子劉景茂知身非恒疾踰露草是以敬造　弥勒像一區伏口　皇帝（石泐四字）臣僚百官（石泐四字）十世師僧父母見存眷屬一切衆生共同口福

（石泐）時實殘造象

開皇八年五月十五日時皆□□爲□□□□敬造釋
迦像一□□法堺衆生

李景崇造象

維大隋開皇十年歲次庚戌八月丙辰朔八日癸亥弟
子李景崇䏍知身非永固素躰難存機變無留生化有
易是以敬造阿弥陁像一區并二菩薩上爲　皇帝陛
下師僧父母見存眷屬一切衆生咸同斯福

宋去疾造象

開皇十一年五月廿三日宋去疾爲亾父母亾姑敬造
弥勒像一區上爲國王帝主師僧父母見存眷屬咸同
斯福

大像主吴造象

大隨開皇十三年歳次癸丑□三月十三日大像主吴□□合家眷屬遂割生資敬造阿弥陁像乙區碩共一切衆生同登岐□□□□□□保天壽

楊文盖造象

大隋開皇十三年歳次癸丑九月戊戌朔十二日己酉佛弟子楊文盖領都工人爲亡父母敬造弥勒像一軀并二菩薩上爲皇帝陛下師僧父母居家眷屬邊地衆生咸同斯福

女□徔等造象

女□徔息金政女金胅女毛亻開皇十五年正月十二

□造

唵嘛呢巴弥吽此六字別為一行縱橫各二寸許

按今濟南府歷城縣南歷山一名千佛山蓋因造象之多而名也茲就拓本錄之開皇七年至十五年凡七段訪碑錄有開皇十年吳□十三年宋僧海妻張公主十五年女花紅等造象記元年□□十五年□□題名未見拓本不錄其七年鄧景□乃劉景茂之誤十一年宋去疾十三年吳□□十五年女□從息金政等記則孫氏所未錄也

以所藏拓本校之八年造象時下是昔字吳氏筠清館亦作昔十五年造象政上是君字亻上

是毛字毛案[illegible]三之此作皆作金作毛今依原書錄入仍附志之又案十一年造象宋下二字吳作去疾原缺今據以補入濟南金石志作叔敬前跋所稱十三年造象記一刻吳氏載之余亦得爲吳氏所載尚有十二年安永照一刻並識之

陸增祥志

驃騎將軍鞏賓墓志

石縱横各一尺八寸二十一行行三十二字正書篆額題周驃騎將軍鞏君墓誌九字在陝西武功縣署

周驃騎將軍右光祿大夫雲陽縣開國男鞏君墓誌銘

公諱賓字客卿張掖永平人也自壽丘之山卿雲照三星之色襄城之野童子爲七聖之師繼喆傳賢鞏終古

而長懋垂陰擢本歷寒暑而流芳曾祖澄西河鼎望行
滿鄉閭後涼名拜中書侍郎建威將軍玉門太守屬涼
王無譁擁戶北遷士女波流生民塗炭乃与燉煌公李
保立義歸誠魏太武皇帝深加礼辟授使持節大鴻臚
散騎常侍高昌張掖二郡太守封永平侯贈涼州刺史
祖幼文西平鎮將考天慶汝南太守政術奇績世襲茅
土州閭畏憚豪右敬推家享孝子之名朝揖良臣之譽
門稱通德里号歸仁公惟岳惟神克岐克嶷幼而卓尒
爽慧生知長則風雲英聲自遠永安二年從隴西王尒
朱天光入關任中兵參軍內決機籌外捴軍要除平東
將軍太中大夫周太祖龕定之關河公則功參草創沙苑

苦戰勳冠三軍封雲陽縣男邑五百戶大統十七年除
岐州陳倉令周二年除敷州中部郡守歷居莘莅民慶
來蘇野有三異之祥朝承九里之潤保定二年授司士
上士四年遷下大夫濟濟鏘鏘允則瞻之望兢兢蹇蹇
見匪躬之節天和二年授驃騎將軍右光禄大夫四年
任豫州長史别駕騄驥之足千里之清塵蔚蔚鳳林
瀧三春之惚澤君子仰其風猷小人懲其威化謠人物
之指南寔明君之魚水俄以其年十二月遘疾薨於京
第春秋五十有五夫人許昌陳氏開府儀同金紫光禄
大夫岐州使君西都公豐德之長女也蓀翔飛鳳則四
世其昌天聚德星則三君顯号清音麗響与金石而鏘

鏘秀嶺奇峯隨風雲而榮爵夫人資光發采瓌數嚴閨
淋慎內和容言外晈高門儷德君子好逑保芝之元年先
徒朝露春秋卌五爲仁難恃天無獨善之徵樹德遂孤
神闕聰明之器俱隨俄頃相繼云已逝者如斯嗚呼何
巳公夫人之即世也時鍾金革齊秦交爭車軌未并主
祭幼沖且隨權麼今世子營州揔管司馬武陽男志究
子右勳衛大都督上洪男寧運屬昌朝宦成名立思起
蓼義心纏霜露攀風枝而永慟哀二親之不待陟岵屺
而長號痛百身之冈贖乃以今開皇十五年歲次乙卯
十月丙戌朔廿四日己酉奉厝於雍州始平縣孝義鄉
永豐里高岸爲谷愚公啓王屋之山深谷爲陵三州搴

長河之水懼此貿遷故以陳諸石鏡銘曰
白帝朱宣寔孕金天西河良将張掖開邊承暉接響世挺英賢賢共上喆時之人傑夏雨春風松心竹節肅等霜巖清同氷潔司戎幕府作守敷陽蟬聯河朔珩珮兒陳朱大夫濟濟士寔鏘鏘文龜玉印紫綬金章首僚驥足躍此龍光必齊之姜必宋之子儷德高門家榮桃李行滿婦儀聲揚女史春秋代序春非昔春閲人成世世不常人精華已矣空想芳塵疇日但逝時屬屯窮蒿里尚隔黃泉未通孝子惟孝追遠追終卜茲玄宅穴此幽宫山浮若霧樹動悲風流氷噎水上月凝空悠悠自古冥冥皆壓

嘉慶己卯四月偃師段嘉謨訪出此碑於武功之南鄉移至縣署大堂南海吳榮光觀并記

銘云孝于惟孝論語書云孝乎惟孝友于兄弟漢石經及皇侃本孝乎皆作孝于此銘亦用古本可見乎字改在隋後矣又云樹歎悲風歎當作動又云寘寘皆壓與上東韻不叶壓當是同字之譌石華

右周鞏賓墓誌銘首尾共三十一行行三十二字字徑五分志敘賓之曾祖澄後涼呂拜中書侍郎建威將軍玉門太守屬涼王無諱擁户北遷士女波流生民塗炭乃與燉煌公李保立義歸誠魏太武皇帝深加禮辟云云以魏書攷之沮渠蒙遜據張掖魏世祖

神䴥四年拜爲涼王蒙遜死子牧健（梁書作茂虔）爲魏所滅策拜其弟酒泉太守無諱爲征西大將軍涼州牧酒泉王後遣鎮南將軍奚眷討之無諱奔走遂渡流沙士卒渴死大半無諱後據鄯善又并高昌病死（梁書謂無諱據高昌稱王一歲而滅）李保者後梁李暠之孫後梁爲沮渠蒙遜所滅保奔伊吾臣於蠕蠕後無諱遁走保南歸燉煌復先業奉表歸魏世祖授保使持節侍中都督西垂諸軍事征西大將軍開府儀同三司領護西戎校尉沙州牧燉煌公李保史有傳保傳作寶志又敘寶永安二年隴西王尒朱天光入關者攷史傳尒朱天光乃尒朱榮從祖兄子万俟醜奴僭號魏除天光

雍州刺史以討醜奴破擒之關中平莊帝進爵爲廣
宗王尒朱榮死尒朱世隆等推太原太守行并州事
元曄爲主乃以天光爲隴西王皆與史合惟本紀載
天光討醜奴平關中事於永安三年此作二年爲異
碑又有周太祖龕定關河公則功參草創沙苑苦戰
勳冠三軍云云攷周書本紀魏大統三年周太祖録
尚書事引軍入關齊神武率衆渡河太祖造浮橋於
渭南冬十月壬辰至沙苑齊神武引軍來會遂進軍
合戰大破之斬六千餘級降二萬餘人齊神武夜遁
追至河上復大克虜其卒七萬留甲士二萬餘悉縱
歸收其輜重兵甲獻俘長安即碑云沙苑苦戰之事

也碑敘賓歷宮岐州陳倉令除敷州中部郡守司士
上士下大夫授驃騎將軍右光祿大夫任豫州長史
別駕攻司土上士之名不見於魏書官氏志而隋書
百官志載周太祖所改官制及周書盧辯傳亦止有
上士中士下士之目皆不詳司土上士賴此刻傳之
賓與澄兩世俱爲顯官而史皆無傳且據志謂賓沙
苑苦戰勳冠三軍而史亦無一語及之又賓之子志
興闓仕隋一爲營州總管司馬武陽男一爲右勳衛
大都督上洪男隋史亦皆無其人史之漏畧固不少
亦人之顯晦有幸有不幸耶此志文辭楚楚可觀字
亦不甚俗且首尾完善銘詞孝于惟孝句本論語書

云孝乎惟孝友于兄弟也孝乎之乎漢石經及皇侃
義疏陸德明釋文俱作于義疏曰于於也惟孝謂惟
令盡於孝也又集解包咸曰孝乎惟孝美大孝之詞
此銘乎作于又以惟孝斷句與潘岳閒居賦同足徵
隋人此文于尚未作乎亦以惟孝斷句矣惠徵君棟
謂後儒據晉世所出君陳篇改孝于爲乎以爲孝屬
下句恐未盡然據此文乎作于疑今論語注作乎亦
後人所改又攷漢書王莽傳皆曰安友于兄弟亦是
漢人以惟孝爲句讀之一證閻氏尚書古文疏證云
案虞山錢尚書家藏淳熙九經本點斷句讀號稱精
審亦以孝乎四字爲句先是張耒淮陽郡黃氏友于

泉銘曰孝乎惟孝友于兄弟張齊賢承真宗命撰弟子贊曰孝乎惟孝曾子稱爲太平御覽引論語曰孝乎惟孝友于兄弟唐王利貞幽州石浮圖頌曰孝乎惟孝忠爲令德梁元帝劉孝綽墓誌銘曰孝乎惟孝與武陵王書曰友于兄弟則知放從君陳篇讀者自朱子始書盍稷懋遷有無化居懋遷尚書大傳作貿遷此文有懋此貿遷之語攷三蒼及小爾雅後漢書章懷注並云貿易也易與變同義盍以貿遷爲變遷也說文寶古文𡨨而廣韻玉篇直作珤又保與寶通易繫詞聖人之大寶曰位孟喜本作保史記周本紀展九鼎保玉集解引徐廣曰保一作寶春秋左氏傳

盜竊寶玉大弓公羊傳作保保古文保字保俘形近故春秋莊公六年齊人來歸衛寶寶誤爲俘此志文稱李寶作保銘詞寶見陳倉作瑤亦皆與古合又龕定闕河之龕似借爲戡亂之戡魏齊造象記龕主有作堪主者堪與戡皆從甚得聲故戡堪皆可與龕通借惟樹勲悲風之勲當爲動而多四點作勲則礬義俱別未見有通用者其揖作揖聚作惪苑作苑瘞作瘗纓作纓攀作攀箴作箴皆當時別體字古泉山館金石文編

按志塋宜曾祖遵始仕北涼及沮渠無諱北遷乃與敦煌公李保歸誠於魏李保史皆作李寶魏書李寶傳世祖討沮渠無諱於敦煌寶遣弟懷達奉

表歸誠授使持節侍中都督西垂諸軍事鎮西大將軍開府儀同三司領護西戎校尉沙州牧燉煌公通鑑元嘉十九年四月沮渠無諱將萬餘家弃燉煌西就其弟安周據鄯善其士卒經流沙渴死大半李寶自伊吾入據燉煌繕脩城府安集故民九月無諱據高昌李寶奉表平城魏以寶都督西垂軍事云云誌稱涼王無諱擁戶北遷生民塗炭燉煌公李保立義歸誠與史悉合惟望澄之名不見於史耳北魏孝莊永安二年爲梁武中大通元年是年六月魏以尒朱天光爲并肆等九州行臺仍行并州事天光至晉陽分部約勒所部皆安誌

稱從天光入關正指此也周太祖龕定關河沙苑苦戰謂大統十六年宇文泰伐齊之役龕與戡同楊子方言劉龕南陽是也沙苑即今同州之沙苑周二年者明帝宇文毓二年爲陳武永定二年後梁天定四年北齊天保九年時周未建年號次年始號武成也周天和四年年五十有五則生於北魏延昌四年爲梁武天監十四年永安二年入關時年十五大統十七年年三十有七周二年年四十有四保定二年年四十有八天和二年年五十有三夫人陳氏以保定元年即世年四十五則生於北魏熙平元年少公二歲自周天和四年至隋

開皇十五年凡越二十七年始得栖厝雍州始平縣即今西安府興平縣孝于惟孝本漢石經論語此石嘉慶中出土偃師段甕亭嘉謨時宰乾州之武功購得之武功與興平接壤也

脩梵石室誌銘

石縱橫各一尺九寸十七行行十七字正書在山東益都縣李氏

故比丘尼釋脩梵石室誌銘并序

比丘尼諱脩梵俗姓張氏清河東武城人瀛州刺史烈皇第三女幼而爽晤規範閑明有同縣崔居士南青徐君皇第五子以德義故歸焉未獲偕老而君子先逝遂發菩提心出家入道不意法水常流刼火將滅以開皇

十三季八月廿三日終于俗宅春秋九十有一十五季
十月廿四日窆于石室兄弟相撫戢肝心烏出心
終天莫報先王制禮抑不敢過瀉翊吉子才高學博請
掞其詞式昭図壤
留城祚土道都建国代有喆人門多通德王祖王父齊
文齊則駐馬期蓋褒德述職載旌洪質天資柔惠梁婦
猝榮萊妻避世心遊正覺行依真諦超彼彤津彈茲苦
誓竃多急影泥是塵緣形歸掩石神往開蓮春鶯朝曦
秋螢夜燃俄令搗泣側闃空山
張烈魏書有傳字巖仙其先清河東武城人徙居齊
郡之臨淄封清河縣子後爲瀛州刺史又青州崔氏

有僧淵者（魏書附崔元伯傳北史避唐諱作僧深）曾爲南青州刺史有六子其第五子名祖螭普泰初與張僧晧謀叛誅脩梵終於開皇十三年年九十一是生於梁天監二年祖螭誅時年二十九歲其夫人即祖螭而誌諱言之所謂南青使君指僧淵也（山左金石志）

誌書瀛作瀛爽作爽馮作馮載作載又德彼徒三字皆作人旁褰作襘當是褰襘皆別體也（筠清館金石記）

右石室志十七行行十七字正書字徑七八分在山東益都縣志序尼諱脩梵俗姓張氏爲瀛州刺史烈之女歸崔居士爲南青使君之第五子因先逝乃出家入道後云終於俗宅窆於石室兄弟相撫貫截肝

心烏鳥之心終天莫報先王制禮抑不敢過後銘詞云徒令孺泣匍匐空山則脩梵之爲尼乃在家奉道並非削髮空門者其所謂兄弟蓋謂其所生之子也石室者即塔也不言塔而言石室者亦因其終於俗宅也又云馮翊吉子才高學博請撰其詞則此文爲吉子所作而不言其名脩梵爲瀛州刺史張烈第三女孩烈後魏書有傳云字徽仙清河東武城人高祖賜名爲字焉曾祖恂隨慕容德南渡因居齊郡之臨淄少孤貧涉獵經史有氣槩時青州有崔徽伯房徽叔與烈並有令譽時人號曰三徽歷官至安北將軍瀛州刺史爲政清靜吏民安之更滿還朝因辭老還

鄉里兄弟同居怡怡然爲親類所慕元象元年卒於
家時年七十七先爲家誡千餘言並自敘志行及所
歷之官臨終敕子姪不聽求贈但勒家誡立碣而已
有二子又攷唐書宰相世系表謂清河東武城張氏
出漢留侯之裔故此銘詞有留城祚土趙郡建國之
句其言同縣崔居士南青使君第五子者當是崔僧
淵也後魏書崔元伯傳亦云清河東武城人其族有
目連子僧祐弟僧淵仕至龍驤將軍南青州刺史有
傳故此稱南青使君傳言僧淵元妻房氏生二子伯
驎伯驥後房氏更納平原杜氏僧淵之徙也與杜俱
去生四子伯鳳祖龍祖螭祖虬得還之後棄絕房氏

遂與杜氏及四子家於青州又云祖螭粗武有氣力
方刺史元羅板爲兼統軍討海賊普泰初與張僧皓
俱反圍青州尒朱仲遠遣將討平之傳首京師又云
祖虬少而好學下帷誦書不驅競當世舉秀才不就
此稱南青使君第五子以傳之次敘言之當爲祖螭
然墓志旣云崔居士乃無官爵之稱又云妙德義故
歸焉似指第六子祖虬言之方近是蓋祖虬爲兄祖
螭爲弟而傳誤倒其次敘耶唐宰相世系表於清河
青州房列目連子但有僧淵而無僧祐并脫失僧淵
諸子之名亦無可攷其先後且據志有兄弟相撫等
語則崔使君且不止一子而于史表亦皆闕畧無可

考據表僧淵當爲前開府參軍事崔頠之曾祖此志云終於俗宅葬於石室必是仍穸崔氏墓地碑以国爲國已前見敬脩羅碑襃禮述職之禮當即禮之繆體字也後讀山左金石志引段赤亭語謂其夫似即相螭而志諱言之恐非是又談妙德義之妙爲以霆多急影之霆爲電古泉山館金石文編

按脩梵張氏歸於崔夫亡出家釋名脩梵隋文帝開皇十三年春秋九十一則生於梁武帝天監十二年也銮諸石室而銘之從釋氏法也兄弟相撫謂子之兄弟也故曰烏鳥之心終天莫報既從異端猶引先王之制亦無於禮者之禮矣清河東武

城今東昌府武城縣漢置東武城縣隋改曰清河
瀛州今河間府獻縣後魏立瀛州張烈魏書有傳
序曰馮翊吉子才高學博昔人撰詞每多退讓未
有自詡如此者意銘爲吉子所撰而序吉子之銘
者別爲一人惜不可攷姓纂馮翊吉氏漢同州刺
史吉瞻吉子殆其後歟　山左金石志南青使君
爲崔僧淵第五子名祖螭平津讀碑記以魏書崔
僧淵傳祖螭傳證之與此崔居士不合所謂南青
使君者或別有一人
胙土作祚用古字古誌石華載此文載旋淑質
作載挺淑質陸增祥志

岐州舍利塔下銘

石高一尺三寸五分廣一尺四寸五分十二行行十一字在岐西扶風縣

維大隋仁壽元年歲次辛酉十月辛亥朔十五日乙丑

皇帝普爲一切法界幽顯生靈謹於岐州岐山縣鳳泉

寺奉安

舍利敬造靈塔願

太祖武元皇帝元明皇太后

皇帝皇后皇太子諸王子孫等并內外群官爰及民庶

六道三塗人非人等生生世世值佛聞法永離苦回同

升妙果

舍利塔下銘

按隋書文帝紀仁壽元年六月詔省國子學惟留

學生七十八人太學四門及州縣學並廢其日頒舍利於諸州唐沙門道宣廣宏明集載仁壽元年六月十三日立舍利塔詔分道送舍利往諸州起塔限十月十五日午時同下石函隋賀德仁首山舍利塔碑亦云分布舍利於八十州同時造塔萃編所錄有三一爲青州逢山縣勝福寺一爲同州武鄉縣大興國寺並八分書其文及年月日並與此同末云永離苦空同升妙果苦囙作苦空小異此銘同口妙果缺一字即升字也又有鄧州大興國寺舍利塔下銘則仁壽二年建文亦與此不同隋地理志雍州扶風郡大業初置舊爲岐州統縣岐

山後周三龍縣開皇十六年改名唐初析岐山置湋川縣後改扶風故此石在扶風也嘉慶初何兵備承薰宰此置石寺壁拓本因以流傳故布政盛孟巖惇崇故友周鈞雲爲濂皆瀆治識跋今俱不可得矣

棲巖道場舍利塔碑

高七尺五寸廣三尺五寸三十五行行七十字正書在山西蒲州府

大隋河東郡首山棲巖道場舍利塔之碑

司濮書佐會賛賀德仁奉　教撰

蓋聞在天成象玉衡齊於七政在地成形金簡開於四瀆大造區夏弘濟黎元功俗二儀事絕三界豈若鷲山

凝寂神智所以經行龍華嚴淨靈覺所以宴坐青蓮耀
彩普明非想之外白豪發輝遍照無色之表然則重華
文命德冠百王迦毘逸多道超千佛眞俗冥感機理圖
應護持世界派引群生咸悟苦空皆臻常樂既而托尸
窅眇久滅度於閻浮翅末盤桓尚凝神於兜率去聖滋
遠恩聖滋深慧炬韜光慈燈掩色三途黑暗漂沒煩惱
之河六趣昏迷沉淪愛欲之海津梁靡託彼岸奚憑貝
多傳于半偈栴檀爲于滿月馬鳴繼其絕紐龍樹緝其
頹綱重蔭靈雲更垂甘露化方東漸道向南流星精辯
於劫灰日光通於神夢介乃像教鬱興支提競起大乘
妙典踰天山而遠度高行名僧望帝京而遥集栖巖道

場者魏永熙之季
大隋太祖武元皇帝之所建立于時得一未清初九勿
用褰帷甫拔乃捌祇園基趾首陽夷齊秉節之地登臨
嬀汭娥英降嬪之所加以接連關陜密邇枌榆候桂史
之國風仰舂陵之佳氣南望華嶽峩峩高掌北眺龍門
茫茫遠跡西抵秦渭鷄首標其分野東拒弭汾陽嶺通
其蹤導斯寔山川之爽塏華夏之壯麗者歟於是蹊曲
面勢占星揆日懸水置槷疏山抗殿蓮峯聳微暎花臺
而秀峙松磴森聳對香閣而交映瀘侶凝粹梵音清遠
還如鹿野之間更似魚山之側何則時有香泰道或汗
隆周氏季末恩章版蕩毁灋甚於坑焚銷像深於煨燼

三川並震預覩横流之徵九鼎俱沉先見群飛之兆殷
憂啓聖天祚明德烟雲變彩鐘石章音謳謌起於鳴條
謳歌歸于景亳
高祖文皇帝撥亂反正膺籙受圖作樂制禮移風易俗
懸玉鏡而臨寓內轉金輪而御天下監周室之頽覆拯
釋門之塗炭爰發綸言興復像灋澤雷震渙汗風行
圓光炳於奇特方等開於秘藏神儀慶奉龕盖浮空八
益歡娛幡繒溢陌遐邇禔福幽明響應天不愛道地必
程祥膏露飄零醴泉騰涌史豈絕書府無虛月斯乃太
平之嘉瑞方符出益之休徵至於佛入涅槃遊形舍利
八國應供六度所薰邁優曇之希有甚河清之罕值

聖朝德教弘道威形護遐超踰與豫冠絕波斯匿化冥
通精靈顯出爰自丹霄之頂灑于紫庭之上若飄冬霰
似雨天花三事大夫抗表舞蹈七神佐命安歌踊躍寧
以仁壽元季歲次辛酉爰興　睿想乃發璽誥令布舍
利於八十州剋十月十五日同時造塔　詔旨以斯福
地　太祖善基櫟陽宮寢永絕愛敬畢陌園陵空纏哀
感嚴飾淨土冥資　清廟乃命有司於此建塔使星炳
於天漢靈字構於嚴阿邦君與邑宰交馳緇衣與黃冠
競集百工咸事庶民子來以九月廿日規模畢立之所
忽聞鐘鼓之聲至十月十一日將入金函影若香爐浚
空而上繞浮圖寶瓶復起紫焰皆作蓮華還成佛像到

十四日夜光出塔上流照山頂時如貝闕乍似銀臺傾城縱觀連鑣接軫歌舞咸作笙鏞並奏照爛掩于星辰砥鏘振於陵谷爭投錄銑競捨琨瑤疑觀海藏之珎若詣河宗之寶俄而日宮弘敞月相澄明神女塗香天人獻石珠璣璀粲丹青彪炳剎鳳凌霄共陽烏而矯翼燭龍耀影與陰兔而爭輝似多寶之涌出等育王之靈化放光動于瀛界神功遍于剎土豈如泰王篆道虛架橫海之橋漢帝尋真徒設通天之觀初

高祖炳靈睿矅載誕馮翊消浮虹氣室照神光忽有天女飄然來降現尼形像自号智僊容儀姝妙音詞清雅擧跽沐浴摩頂讃嘆謂　元明太后曰此子天挺睿哲

相貌端嚴方當平一區寓光隆佛教宜簡擇保姆之才鞠養於清淨之室言畢不見莫知所之及雄圖盖世遂興王業神母記別信而有徵洎將昇鼎湖言違處旦乘拱紫極遺愛蒼生乃召匠人鑄等身像并圖傑尼置于帝側是用紹隆三寶須諸四方欲令率土之上皆瞻日角普天之下咸識龍顏以仁壽四季歲在甲子發自鎬京降臨河曲風伯前驅雨師清道紺馬逐日玉女焚香若昇忉利之宮如上須彌之座尋而兆類大漸厭世登遐故知聖智見機冥兆先覺昔者瀍王將逝化佛遍於花臺金棺既掩見影留於石室以茲方古異世同符皇上欽明纘歷重光紹祚道洽百神智周萬物定鼎卜

垂永固洪基測圭建都乃均職貢巡遊河洛式導玄扈
之儀發降云亭方具介丘之禮垂旒淵默負扆兢莊高
詠薰風光顯慧日弘宣　二祖之業揔持三乘之教配
天配帝盡孝敬於郊禋依佛依經乃莊嚴於塔廟巍巍
乎其有成功也蕩蕩乎民無能名焉若夫始路弘通寔
資演說伽藍崇建乃發至誠寫器傳燈抑允多聞之藏
聚沙布金方求無上之道　太祖爰初締構深屬綱維
高選名德爲其軌範時有僧融瀅師明達禪師智刃鋒
穎戒珠圓潔律儀動衆梵行普聞纂雪嶺之投身企香
城之灑血夙興夜寐輟寢忘餐親執縮版躬營塗墍梓
匠遵其規賸繪事稟其雕鎪勞役身心亟移灰琯雖秖

隱之樹門地迦葉之擁培泥㛮以精勤曾何等級是故
禪龕義窟數息薰心冬室夏堂避寒清暑五時敷演四
事豐盈振錫爭趨持瓶捴華飛流穴石澄八解之水叢
颺動樹吐七覺之花乃類歡喜之園墨殊安養之國況
復擁據奥區寔惟形勝冠蓋雲合車馬川流聽瀟之侶
如林獻供之徒成市登彼靈山似遊崑閬臨斯德水若
暎熙連谿尒後賺俄然悟道上震有頂梵帝歆於天宫
下救無間魔王開於地獄江海爲量何以測其淺深草
木爲儔不足知其邊際河東太守正議大夫陳公實慶
武元皇帝之外孫上柱國陳懿公之中子枝連若木
流派天潢作士承家介珪方岳西都外戚之重東京元

翼之費公侯之[圖]必復山河之誓無泯奇隆藩屏任屬股肱比屋被其春風遲城仰其冬日聽訟含棠歸依道樹宣條驅傳[闢]仰瀍輪□主薄徐敏恭司功韓仁迪司戶姬君靚司倉鄭希[玄]司瀍韋修已等弼諧求瘼庄贊共治連璧擅其清風懸榻馳其美譽經始淨業迴向瀍門昔大夫吉甫尚箸雅什長者寶積猶陳妙偈長守[弘]道式樹豐碑爰命末僚乃作頌曰

緬尋圖緯歷選皇王補天立極括地開壇纂德齊禮正位辯方[享]祛有漏孰悟無常如來應跡誕生迦衛乘月降神賓星與晝大拯五濁闡揚四諦斷絕蓋纏翼修福慧　太祖歷試建旟作牧玉淵潛龍朱軒馴應陟彼陵

鼻甑兹川谷乃立精舍方興版築靈岳鬱嶷王城聳跱
迺眺少室遥臨太史京都襟帶山河表裏鷄嶺可模鵠
林斯擬周德云季鼎祚方移崇信調達欽尚流離湮毀
金地枯涸寳池民號鬼哭川竭巖嶷赫矣　高祖勃焉
華命就日合明則天齊聖中興王道深入濬性調御孚
和波引樂淨佛身舍利　帝儀靈爽八彩光華五色炫
晃合寳爲塔鎔金成像十方迴向兆民瞻仰　上聖承
圖下武繼文鳳翔江漢龍飛滄浛□龍姬頊孕育唐勛
流布濛雨輝暎慈雲柰苑洞開菴園弘敞風和寳鐸露
光傳掌道界金繩庭懸珠網谷虛碧徹巖幽梵響猗歟
開士弘闡國宗美共邦守翼讚時雍言遵衛鼎□□□

□式列圖石永樹高峯　卷三

按賀德仁撰河東郡首山棲巖道場舍利塔碑不題年月孫兵備星衍訪碑錄作仁壽二年乃沿金石錄之誤碑載隋高祖鑄等身像圖仙尼於帝側以仁壽四年甲子歲降臨河曲下云皇上重光紹祚宣二祖業則建碑歲月當繫之大業初年也碑題河東首山又云褰帷蒲坂登臨嬀汭接連關陝窮邇枌榆南望華岳北眺龍門西抵秦渭東拒晉汾四境秩然爲今蒲州府而訪碑錄謂在河南閿鄉亦誤隋書地理志河東郡後周曰蒲州統縣河東舊曰蒲坂縣置河東郡開皇初郡廢十六年析

置河東縣大業初置河東郡并蒲坂入有首山媯
汭水並與碑合河東郡為大業初復置則仁壽二
年無此郡也漢書武帝紀元封六年春作首山宮
三月幸河東文穎曰首山在河東蒲坂界水經注
雷首山臨大河北去蒲坂三十里一名獨頭山夷
齊所隱河東首山即雷首山非孟津以南之首陽
山也淮南子墬形訓高誘注首山在蒲坂縣南河
曲之中夷齊所隱高祖宏農華陰人生於馮翊故
云密邇枌榆隋書帝紀高祖文皇帝西魏大統七
年生於馮翊般若寺有尼來自河東謂皇妣曰此
兒所從來甚異不可於俗間處之尼將高祖舍於

別館躬自撫養皇妣嘗抱高祖忽見頭上角出徧
體鱗起大駭墮高祖於地尼自外入見曰已驚我
兒致令晚得天下周大定元年高祖受禪開皇元
年追尊皇考隋國公為武元皇帝廟號太祖皇妣
呂氏為元明皇后又咸淳臨安志及靈應寺舊志
有云神尼舍利塔在錢唐飛來峯頂隋文帝生於
同州般若寺寺尼志仙謂太祖曰此兒佛所祐太
祖委尼視育帝長尼私謂曰佛法暫廢賴汝而興
屬周廢教尼隱帝家而卒仁壽二年遣僧齎神尼
所囑舍利於此造塔碑云尼號智僊臨安志作志
仙志智音近而訛隋紀尼來自河東宋志同州般

若寺尼後卒於帝家此碑則云現形讚嘆言畢不見較諸史志更為神異周建德三年廢佛道教大象二年隋文帝為大丞相復佛道教即碑所云毀瀽銷象及興復象瀽也陳懿公竇榮定也隋書本傳榮定扶風平陵人妻高祖姊安成長公主以佐命功拜上柱國寧州刺史進爵安豐郡公拜武衛大將軍贈冀州刺史陳國公謚曰懿子抗嗣漢王諒搆逆煬帝以抗為通謀除名弟慶襲封陳公官至河東太守衛尉卿弟璡扶風太守故云武元外孫懿公中子唐書文藝傳賀德仁越州山陰人與從兄德基以文辭稱人為語曰學行可師賀德基

文質彬彬賀德仁入隋授豫章王記室徙封齊復為府屬王廢德仁以忠謹獲貰補河東司法參軍高祖時與蕭德言陳子良皆為東宫學士此碑德仁及徐敏恭以下皆河東官屬故云末僚作頌歸美陳公兼及同列也碑字筆法縝密高渾書者不傳史稱竇慶兄弟並工草隷金石錄唐司空竇抗墓志歐陽詢撰并書隋衛尉卿竇慶墓志不著名氏小楷工妙不減歐虞是碑為慶所勒石尤必妙選撰書能手也

白毫作豪用古字蒲阪作扳炬烙作格舞蹈作儛皆假借 陸增祥志

王摩侯舍利塔記

縱橫六寸中孔方三寸記刻左右及下方左右各二行行九字十一字不等下方三行行二字三字不等
正書在陝西長安縣百塔寺

大隋大業五年歲次己巳正月己巳朔廿日京兆郡大興縣御肅鄉便子谷至相道場建立佛舍利塔　弟子王摩侯供養

按隋至相道場亦名至相寺即唐百塔寺也在今西安城南五十里隋為至相道場唐為信行禪師塔院萬歲通天二年梁師亮墓志葬雍州城南終南山至相寺楩梓谷信行禪師塔院之東唐時慕信行者皆葬其左右而置塔焉大歷中建百塔寺

隋大興為唐萬年即今咸寧縣梗梓谷在豹林谷東石鼈谷西玉海引呂大防城圖云唐城南直石鼈谷長安志石鼈谷以谷水為長安萬年二縣分界迄今不改自唐宋以來皆以梗梓谷隷長安據此記則隋入大興境内矣長安志御宿川在萬年縣西南四十里楊雄羽獵賦序武帝開上林東南至御宿川漢元后傳夏遊御宿師古曰御宿苑在長安城南今御宿川是也御宿鄉因川而名御宿作御肅梗梓作便子音同而誤

正議大夫甯贙碑

高四尺六寸廣二尺八寸三十行行三十九字碑額中穿穿左右題隋越郡欽江縣正議大夫之碑十二

字四行並正書
在廣東欽州

竊以太嶧之末分顓臾之邦唐叔之餘為管晉之國部
公思室賦棠棣之詩辛有歎本悲被髮之異故枝流葉
從自結貞筠之條宗子維城各理封壃之邑故齊相甯
渝傅昆玉之名甯喜甯戚紓遠芳之哲公匡衡在輔無
忘士氣之工從而能政追蹤子范之用所以繁衍陵稷
盤根闔越者其公諱贊字翔威冀州臨濡人也公惠好
自研齊詩禮之德蔵誠和誘同孟明之温偁藻進賢嘗
吟雅頌肅嚴愛善宮壚之美祖遠馳千載仁風擁六許
萬辯警加木鐸訓悅過遲梁武皇帝除忠州刺史揔督
九州諸軍事陳宣武皇帝又除換安州刺史父猛力德

貫神皇氣衡牛斗典祀啟事隋會撫閩羊乘輯睦先穀
懷讓文皇帝除使持節開府儀同三司安州諸軍事安
州刺史宋壽縣開國侯兄長眞包山岳之志排雲霞之
襟行應管鍾義通泉涌褰帷本土刺舉家邦節盡中朝
風純面海帝授上儀同三司欽州刺史立功於國勅加
官賞尋進上開府儀同三司欽江縣開國公食邑一千
戶軒車蕭伐豕馬專征又為行軍捻管言旋荷戟猶虜
會之獨清勲入司門類武安之奉詔仍轉上大將軍其
年改右光祿大夫齊越郡太守爵名將寒成似班超之
官職撫舊閭還若淮陰之封以昔方今盛哉而已公履
端嚚量增万頃之測含韜縱容踰四學之勸開皇十四

年帝以公衣冠子[亂]遠來八朝既秉誠心宜升戎秩授
大都督厚贈縉縉偏加享礼以公長榆之變李氏弱乎
匪分細柳之捣篠侯及存無築崗之穴阯之川北靖蒼
梧之野仁壽二年詔公兄弟違[亟]宣揚國化嗣位牧民
撫綏藩部宜加榮秩用優恒典增上儀同三司到大業
二年帝以公驟從戎蹤克著嘉庸拜上儀同三司餘官
如故公沉神惟帳覽羊祐之謀脩傜繕完規減宣之度
披扁三略之精麾師九圍之勇雲梯再起負驪與維兒
及弟陳兵林邑推鋒振椽以先啓行前茅慮無中攤後
勁浮背雀以泛白波櫂赤馬以排緑淚潺軾相臨雲擴
百陣靡旌摩壘有許伯之雄折馘掉鞅摸攦抹之勢故

得臥彼皷旗投衙援旆囷獸猶闘鋪舳新墉之江出殺
陋緣之海賊艫千乘公舟二十旭旦熾灾浸霄未已公
桀邏在標擢以樓舡五鷁偏師撤隊得潰彼犲狼争舟
指㧑芟夷撲滅盡殪凶佬獻攄鎸地馬伏波㦤色以頳
獲神納俘檀和之愧乎其道公巡歷三軍皆如挾纊聲
播百官咸佈斯茂大業二年十月馳謁承明聣親逴闕
乃昊開府儀同三司即其年改為亞儀大夫公刑儀班
越子張非其人容襃簪裾陸機失其侶柳蒲早烨風燭
易邅覯閔既多靈芝是乏徵以大業四年歲口戊辰亞
月十九日終于私宅春秋卅有五嗚呼哀哉樹絕大夫
之陰營息將軍之号市停三日悲盈口邦大息嗣㭗于

終于始唯明唯孝大業五年歸窆舊阡寄松連蓋踈傷迴
吟言念君子其銘云尒
火紀承宗相土師農生民厥始祉禝根踐鳳凰爭翼幽
都受封支傳帝葉祠纂高龍縈陰理頌周□□礼令美
鬬越德隆謩邳仁鏡長明智花恒啓遊藝自依多能俻
聽文著馬韁行崇基堪義水悑〻□□洮〻建國興邦
紀守邊壖威流五嶺勇振三湘臨淄粉溢昭穆丘長惟
開築運樓移勢章梯衝雲□□衛月光旗影飛地劒抱
星芒烽連柳塞陣合魚陽舟移鷁轉櫂動蘭芳葦蒲莽
盡奏靡麗張胡稱□□野号賢良卿士唯相叅輿居中
摇落裝變原隰孤平似蓋樹委如樓鼓橫悲悽氛谷哀

口口

憏松聲口口口從終傳令傳名　大業五年四月口口

按隋正議大夫甯贙碑銘凡一千一百三十四字爲驪興句與上原脫一字銘末句終傳令名令下衍一傳字碑下左方石損共闕十三字年月下闕二三字餘皆完整道光十二年廣東高廉道仁和許公乃濟得於所屬之欽州寄示拓本碑爲南刻書則北宗猶存漢碑之式粵東石墨此最晚出實爲最先翁氏阮氏金石略皆未載補而冠之可爲後來居上矣世本甯氏出自衛武公子季亹食釆於甯因以爲氏春秋成二年傳杜注甯相甯俞子

襄二十五年傳九世之卿族杜注甯氏出衛武公至喜九世元和姓纂季亹弟頃生跪跪孫速速生俞俞生殖殖生喜九世卿族齊有甯戚此碑以相俞為昆玉而先相世次棼矣甯戚甯喜時地不同且喜罪昭然何遺芳之有約舉諸甯而錯序之不可為典要也甯贙之名正史未見贙父猛力見令狐熙傳兄長真見劉方傳南蠻林邑傳北史隋書並同祖逵梁定州刺史陳安州刺史元和姓纂梁受州刺史甯逵居欽州逵與遠形似而譌梁定州隋鬱州鬱林郡安州隋欽州甯越郡受州隋九真郡地皆相近逵在梁時刺定州亦刺受州姓纂之

寧逵即此碑之寧逵也隋書令狐熙傳開皇中上以嶺南夷越數為反亂徵拜桂州總管十七州諸軍事刺史以下官得承制補授熙至部大宏恩信時有寧猛力與陳後主同日生自言貌有貴相在陳日已據南海平陳後高祖因而撫之即拜安州刺史驕倨恃其險阻未嘗參謁熙手書諭之申以交友之分其母有疾遺以藥物猛力感之詣府請謁不敢為非熙以州縣多有同名者奏改安州為欽州欽州改於開皇中猛力正刺其地姓甯以為梁寧逵居欽州者因其後昆而追繫之梁無欽州也劉方傳授驩州道行軍總管經略林邑方遣欽

州刺史甯長真驩州刺史李暈上開府秦雄以步
騎出越常方親率舟師趣北景北史作比景大業元年正
月軍至海口林邑王梵志遣兵守險方擊走之次
闍黎江既度賊乘巨象四面而至方射象象中瘡
却躁其陣王師力戰佯鹹萬計潰區粟度北史作區栗
進至大緣江賊據柵又破之逕馬援銅柱南行八
日至其國都梵志棄城奔海獲其廟主金人汙其
宮室刻石紀功而還南蠻林邑傳林邑之先因漢
末交趾徼側之亂區連殺縣令自號為王無子甥
范熊代立熊子逸無子日南人范文自立其後范
佛寇交州刺史檀和之將兵擊之深入其境[illegible]

南史蠻傳宗至梁陳亦通使往來高祖平陳乃獻方物
後朝貢遂絕羣臣言林邑多奇寶仁壽末遣大將
軍劉方為驩州道行軍總管率欽州刺史甯長真
擊之其王梵志率徒乘巨象而戰方多掘小坑草
覆其上挑戰偽北梵志逐之至坑而陷縱擊大破
之棄城而走方入其都獲其廟主十八枚隋書誤作校今
從北史作校皆鑄金為之蓋其有國十八葉矣碑稱猛
力長真勲伐並與史合林邑之役蠻在行閭足補
李魏二史所未備碑引馬伏波檀和之皆征蠻前
事經略林邑劉方傳詳水戰南蠻傳詳陸戰碑則
約而兼之其云獻捷鐫地獲神納俘即史所稱獲

其廟主刻石紀功也隋地理志寧越郡梁置安州開皇十八年改曰欽州統縣六欽江舊置宋壽郡平陳郡廢開皇十八年改曰欽江大業初置寧越郡又百官志正議大夫與開府儀同三司舊秩皆四品煬帝即位多所改革以開府儀同三司為從一品同漢魏之制贊受散職四品故改為正議大夫則知開府儀同為從一品乃改於大業二年史與碑可互證贊説文分別也從虤對爭貝讀若迴胡畎切虤虎怒也五閑切贊字許徐異音蓋古从貝聲令从虤聲耳爾雅釋獸贊有力贊為獸名文選魏都賦兼葭贊則兼怒生爭別之義翔威命名

取諸雅訓固有父風者矣碑文竊作竊邦作邦棣作棣哀作衺壚作壒淄作淄牆作墻父作父輯作輯淵作淵翰作翰備作偹旅作旅寇作寇胥作胥撲作撲仰作仰遷作遷靈作靈儵作儵陛作陛邊作邊並沿南北朝別體太皞作太皞皋字通臯麗作麗驪折鹹作折鹹柳蕭董蒲皆作蕭蓁麗作秦穈乃偏旁借羊祐作羊祐誤晉書祜本傳荊州人為祜諱名屋室皆以門為稱改戶曹為辭曹祜名从示古聲故書多有誤為祐者不得引碑為證也

從容作縱容芬作粉皆別體叔向作嚮緬海作

面理訟作頌尚合於六書通叚之義前跋未及

陸增祥志

太僕卿元公墓誌

石縱橫二尺五寸三十七行行三十七字正書在陝西咸陽縣出土今藏予家

大隋故朝請大夫夷陵郡太守大僕卿元公之墓誌銘

君諱　字　　河南洛陽人魏昭成皇帝之後也軒丘肇其得姓卜洛啓其興王道盛中原業光四表其後國華民譽瑤萼瑤枝源派流分奮乎百世具諸史冊可略言焉六世祖遵假節侍中撫軍大將軍尚書左僕射冀青兗豫徐州諸軍事冀州牧常山王高祖素假節征西大將軍內都大官常山康王曾祖忠使持節散騎常侍

鎮西大將軍相太二州刺史侍中尚書左僕射城陽宣
王祖尉使持節散騎常侍都督徐州諸軍事平東將軍
徐州刺史宗正卿父假使持節侍中驃騎大將軍開府
儀同三司尚書左僕射華敷南秦并幽營六州諸軍事
六州刺史司徒公樂平愼王維君幼挺奇資早飛令譽
識鎮表於觀虎風流見於乘羊落落高標排青松而獨
偉亭亭峻節映綠竹而俱貞吐納美風規雍容善辭令
通人仰其好仁僚友稱其孝友於是聲譽流洽孟晉遒
群周保定四季詔擢為左給事中士禁內清切王事便
繁許史之親乃膺斯授金張之寵方降此榮陳力効官
獨高前代天和四季遷為給事上士貴遊子弟實符東

搢之鋒名士俊才不愆脩絳之記望表准而高視顧蘇林而載馳建德元季入為主簿上士粤自居中遷于内寢自非不言如子夏至慎若嗣宗豈能淵慎於否臧無言於温木三年二月轉為掌式中士君清脩疾惡正色讜言簪筆白觽於權豪霜簡不吐於强衛故已聲齊乳虎号擬蒼鷹官得其人斯之謂矣五季四月以君婞正幹職遷為司御上士時三方鼎足務在并兼既物色賢人且資須良馬五監三令未易其人宣政元季以軍功封豫州之建寧縣男邑二百户其年八月又録晉陽之促加使持節儀同大將軍大象二年又仍舊封進爵為子擁兹絳節擬上將之儀苴以白茅開建國之社尋遷

少騎部下大夫皆金日磾以謹養致肥武帝擢之中監
百里傒以時使不暴穆公授以上卿望古儔今於兹為
美開皇元年出為益州武康郡太守公導之以德齊之
以禮田餘滯穗路有遺金又進爵為伯轉儀同三司從
格例也秉彼躬珪輝煥五等服兹衮冕照昳三台九年
授使持節扶州諸軍事扶州刺史十六年改授渝州諸
軍事渝州刺史公頻刺二州申威千里抑強而恵鰥寡
舉善而矜不能猾吏無所竄其情姧盜不能匿其跡
聖上纂承洪緒釐改刺州選任能官更授夷陵太守公
華臍嘉舉弥勵清勤已極疳居不　官燭王閣獨坐不
發私書由是徵入為太僕卿朝請大夫如故時逵遷令

式贊弓矢揔駒騐之監長統昆　之令丞駔駿加銳於
軍容犧牲偹腯於　祟望方當控兹八駿御彼六龍登
栢梁而賦詩出上林而奉蹕而晦明之疾既湊膏肓之
竪先侵大業九年扈從遼碣　月　日遘疾云亡薨于
懐遠之鎮春秋六十有四嗚呼哀哉廼以十一年太歲
乙亥八月辛酉朔廿四日　葬于大興縣　鄉
里禮也維公器局踈通神情秀上虛心以待物直已
以明義不吐不茹正色正言面刺有汲黯之風　爭見
王陵之節既而出宰牧守入作卿士訐吏慴其擿伏朝
彥挹其能官重以知止知足維清維慎家餘海陵之粟
既自足於餘粱室傳夏后之璜差無乏於琛玩至於殯

錢月給必均之於下吏祿俸歲受皆𢿛之於親知斯乃
公孫弘之高風晏平仲之清規夫仁乎不慭嗚呼惜𢦏
今龜筮協從房腸行掩弍鐫玄石用作銘云
巖巖其趾浩浩其源極天比峻浴日同奔鳳生鳳穴龍
陟龍門煥爛珪璋郁馥蘭蓀
爰啓常山廼建王爵振振趾定韡韡跗萼執法南宮建
旗東岳袞𢽾委他蟬⿰王單珥灼
太僕瑤枝人之表儀六德孔偹百行無虧丘陵難越墉
仭莫窺仁為已任清畏人知
執法主寢牧州典郡謇謇讜言洋洋淋問虎去雉馴風
和雨順政号廝平民稱惠訓

靈旗東指巡海稜威秉鉞作傑方効乘機忽悲撤瑟俄
驚復綏龜謀空龍魚躍虛歸
飄飖反壑冥陽魄永愴君蒿長悲窀穸蓋偃佢松鑪
擴洪栢茂德洪名永宣金石
誌墓而闕其諱使後人無攷何也誌中聖主誤作聖
士餘梁誤作餘粱君蒿誤作君蒿不口官燭統昆口
之令長口爭見王陵之節每句空一字卒之月日及
葬日甲子與所葬之鄉里皆空格不填蓋上石祭書
者無其人也房腸行掩用漢書霍光傳賜便房黃腸
題湊各一具注便房壙中室也黃腸柏棺也謝惠連
祭古冢文黃腸既毀便房已積此云房腸二者合言

也古誌石華

右墓志三十七行行三十七字正書字徑三四分行間有棊格書法勁秀刻畫峻拔乃石刻中之妙品也

志言元公為魏昭成皇帝之後六世祖遵常山王高祖素常山康王曾祖忠城陽宣王並詳後魏書紀傳惟忠賜爵稱城陽公而非王與此志不同自當以此為正其言祖暠歷官至都督宗正卿父最終司徒公樂平愼王則皆不見於史忠傳言有十七子而止載其一子暉後周書元偉傳亦云忠之曾孫祖盛封城陽公父順封濮陽王皆與此不合蓋忠子衆多史家記載漏略者不少也此志空其諱一字又空其字上

一字而以其歷官周隋二史及唐書諸元氏傳攷之
亦皆無所表見據志所署其上世後魏官爵惟内都
大官不見於官氏志餘略同又按魏書地形志言相
州天興二年置天平元年遷都改為司州而太與數
二州皆不見惟據隋書地理志上郡下云後魏置東
秦州後改為北華州西魏改為敷州而太州亦未詳
及又敘其在周自保定四年擢左給事中士天和四
年遷給事上士建德元年入為主寢上士三年二月
轉掌式中士五年四月遷司御上士宣政元年以軍
功封豫州建〈一字空〉縣男八月録晉陽之役加使持節儀
同大將軍大象二年又仍舊封進爵為子遷少駕部

下大夫攷後周官制僅附見隋書但言周太祖初據關內官名未改魏號及方隅粗定改剏章程命尚書令盧辯遠師周之建職置三公三孤六卿有內命外命之別及上大夫中大夫下大夫上士中士下士又言高祖又採後周之制所置有上大將軍大將軍儀同三司等以酧勤勞如此志所云左給事中士主寢掌式司御少駕部名目皆志所未詳也又攷本紀保定三年九月詔柱國楊忠率騎一萬與突厥伐齊四年春正月楊忠破齊長城至晉陽而還當即此志所云晉陽之役蓋元公與有功焉其敘入隋所歷之官則云開皇元年出為益州武康郡太守進爵為伯轉

儀同三司九年授使持節扶州諸軍事扶州刺史十六年改授渝州更授夷陵太守入為太僕卿朝請大夫大業九年坐從遼碣遘疾薨於懷遠之鎮攷隋書地理志但有雍涼豫兖冀青徐揚荆九州云煬帝并省諸州旋改為郡此志所稱益州武康郡及扶州渝州皆不列入攷魏書地形志有益州云正始中置者並非其地此所謂益州武康郡者即蜀郡陽安也故隋志於蜀郡下云舊置益州開皇初廢陽安下云西魏置武康郡開皇初廢元公為益州武康郡太守在開皇元年其時尚未廢也又同昌郡下云魏逐吐谷渾置鄧州開皇七年改曰扶州又巴郡下梁置開皇

初改曰渝州按之墓志亦皆合其所謂扈從遼碣者攷本紀大業九年三月幸遼東四月車駕度遼即其事也隋志武陵靈郡懷遠下云後周置仍立懷遠而開皇三年即廢則此稱懷遠正是其所卒之地縣名也石刻於字名既有闕空又於其後不下官上及昆下柴望上月日二字上皆空一字又廿四日下及鄉上里上皆空二字又聖上之上誤刻作士彥式二字俱有脫刻之筆元公卒於扈從中途月日或未得其詳其鄉名里名亦或撰文時尚未定故空而未填至名與字不當不知而亦皆空闕寔所難解且犧牲備於柴望似柴上並無闕字不當空又日既為辛酉朔

則廿四日壬戌自當是甲中亦易知之者且夫人姬氏同葬另有墓志有之意者元公夫人姬氏既亾志又不言其子或竟乏嗣此志之撰刻皆他人爲之經理故有此錯脱誤病歟然書寫刊刻之精實可愛可寶耳此刻及夫人姬氏二志石現藏毘陵陸氏閒其游蘇閣中見土人掘土得之遂購以歸古泉山館金石文編

按魏書官氏志托跋氏改爲元氏自云黄帝子昌意之後居北土爲鮮卑君長昌意三十九代至昭成帝什翼犍始號代王都雲中道武改號魏即尊號孝文都洛改爲元氏北史魏宗室傳昭成皇帝九子次五曰壽鳩常山王遵壽鳩之子道武初有

佐命勳賜爵略陽公及平中山拜尚書左僕射加
侍中領勃海之合口及博陵勃海盜起遵討平之
遷州牧封常山王天賜四年坐醉亂失禮賜死遵
子素太武初襲爵及平統萬拜假節征西大將軍
以鎮之復拜内都大官雅性方正居官五十載終
始如一時論賢之薨謚曰康陪葬金陵配饗廟庭
素子忠字仙德以忠謹閑孝文時累遷右僕射賜
爵城陽公加侍中鎮西將軍有襄贊之勳百寮咸
敬之太和四年卒謚曰宣忠子盛字始興襲爵盛
弟壽興宣武初為徐州刺史王顯為御史中尉奏
壽興怨謗朝廷賜死壽興自作墓銘曰洛陽男子

姓元名昺有道無時其年不永及宣武崩顯尋被殺靈太后臨朝詔雪壽興贈豫州刺史謚曰莊壽興子昺字幹從孝武入關封樂平王位侍中兼尚書左僕射加特進太僕先世遺素忠昺墓誌與北史合魏書略同壽興即昺李延壽撰北史避唐世祖諱改昺為景故曰姓元名景魏收書多亡闕後人以北史補之故仍唐諱魏書稱忠十七子盛字始興昺字壽興既諱昺為景遂稱字為壽興也元和姓纂壽興少子昺司徒樂平王生亶亶生文豪太僕少卿文豪生思齊鄭州刺史思哲舒州刺史思元右領軍思元生直南州刺史此志諱下空一

格字下僅著一字曰智樂平王生宣寶智義合太
僕諱宜即宣矣此與子孫名位皆可以姓纂補之
姓纂誤最為易魏書並不及最皆可以誌及北史
補正之誌無易贈諡可以史補之城陽進王樂平
諡慎史皆未及又可以誌補之也太僕祖父歷官
封爵之地如冀青兗豫徐相華敷南秦并幽晉諸
州常山城陽樂平諸郡並見魏書地形志而不著
太州唐書地理志北都太原府太原郡本并州武
德三年以太谷祁置太州六年州廢二縣來屬元
和郡縣志隋改陽邑為太谷縣因縣西太谷為名
武德三年分并州之太谷祁二縣置太州六年省

太州復以二縣屬并州祁本漢舊縣武德三年改屬太州太州之名仿此是刻稱忠為榆太二州刺史則元魏時已有太州唐初建置或沿元魏而史志失載歟隋大業九年癸酉春秋六十有四則生於西魏文帝大統十六年庚午是歲梁簡文大寶元年齊文宣天保元年至周高祖武帝保定四年甲申年十五擢左給事中士天和四年己丑年二十遷給事上士是歲周武封魏廣平公子元謙為韓國公以紹魏後建德元年壬辰年二十三入為主寢上士三年甲午年二十六轉掌式上士五年丙申年二十八遷司御上士三方鼎足務在并兼

謂陳齊也是年十月周伐齊取平陽十二月復伐齊拔晉陽六年丁酉正月入鄴遂滅齊宣政（北史作正）元年戊戌年二十九以軍功封建寧縣男邑二百戶加使持節儀同大將軍所為錄晉陽之役也是年六月武帝崩宣帝即位明年己亥二月傳位太子闡是為靜帝改元大象大象二年庚子年三十一進爵建寧縣子遷少鶻部下大夫大定元年二月遜位於隋隋高祖文帝開皇元年辛丑年三十二出為益州武康郡太守（隋地理志梁州蜀郡舊為益州統縣陽安西魏改名并置武康郡開皇初郡廢據志則廢於開皇九年百官志下郡太守從第四品）進爵為伯（散縣伯從第三品）封儀同三司（正五品）九年己酉年四十

授使持節扶州諸軍事扶州刺史梁州同昌郡西魏置鄧州開皇七年改曰扶州下州刺史正四品十六年丙辰年四十七改授渝州諸軍事渝州刺史梁州巴郡開皇時曰渝州煬帝大業三年丁卯年五十有八四月改州為郡誌云聖上上石刻作士謀雖承洪緒釐改刺州更授夷陵太守荊州夷陵郡上郡太守從第三品當在是年其人為太僕卿正四品年不可定朝請大夫正五品如故者大業三年更定官制上柱國以下為大夫廢伯子男爵時已改儀同三司為朝請大夫故云如故封爵既廢故不題豫州建寧縣伯也太僕寺統驊騮左右龍左右牧駝牛司羊乘黃車府等署駔駿犧牲皆其所掌尚乘局有驊

驍閑騎驍騎監長即謂此也大業九年三月煬帝討高麗四月度遼六月班師扈從遼碣薨於懷遠鎮當即其時營州有懷遠守捉城即其地也隋雍州京兆郡統縣二十二第一曰大興開皇三年置今為西安府咸寧縣此與夫人姬氏誌石並於嘉慶初出土石完整無一字剥蝕所空十二字乃本未上石者文辭雅馴書法嚴傑北宗也而結體審正一洗南北朝纖俗之習世重歐虞書此為先導矣予得拓本珍玩數十年并二石購得之以嘉慶二十三年夏載之江左藏於家

便繁即詩便蕃字蕃繁古通書庶艸蕃廡史記

宋微子世家作緐後漢書張衡傳亦用緐廡大戴記爭鬬之獄繁矣漢書禮樂志作蕃左氏傳封父之繁弱文選上林賦用作蕃弱注云蕃與繁古字通淮俗準字管子淮壞險以為平呂覽有淮不以平五經文字引字林淮平也皆即準字表淮即表準字孝尼陽夏人官給事中侯即奚字孟子百里奚史記秦記作傒左氏傳祁奚史記晉世家作傒巴祇漢書作秖嘗為揚州刺史以清貧著名漢有兩王閎一為魏郡元城人哀帝時為中常侍王莽纂位忌之出為東郡太守一為吳人建武初仕山陰令遷御史補陳留

太守不交權貴公庭閴寂人號王獨坐誌所用者葢吳之王閎也此與姬氏兩誌兵燹後下方左角殘損不完矣君爲省文非誤字餘粱粱字下半米字惟右上一點稍涉曼患碑亦不誤黃氏均以為誤非聖士士字主之誤與上之誤無從肊斷陸增祥志

大僕卿元公夫人姬氏墓志

石縱橫二尺一寸二十七行行二十七字正書在陝西咸陽縣出土今藏于家

大隋故太僕卿夫人姬氏之誌

夫人姓姬　也圖開赤雀文德暢於三分瑞躍白魚武功宣於五伐大封四十維城於是克昌長享七百本

枝以之番衍蟬連史策可略而言曾祖懿魏使持節驃
騎大將軍東郡　公祖亮魏使持節大將軍開府儀同
三司燕州諸軍事燕州刺史東郡敬公父肇周使持節
侍中驃騎大將軍開府儀同三司光祿大夫東秦州諸
軍事東秦州刺史勳晉絳建四州諸軍事勳州揔管神
水郡開國公　夫人幼挺聰慧早摽婉淑瑶資外照蕙
姓內芳既閑習於詩書且留連於筆研馬家高行終降
志於表門曹氏洲姿且恱已於荀氏年十有八歸于元
氏爲太僕弱冠登朝盛播名德夫人亦雯恭內職憂在
進賢穆琴瑟之和展如賓之敬天和四年六月籥拜建
國夫人褕狄委佗光膺典策衘珮昭晰肅拜朝榮於

是輔佐以審官自防以典禮送迎未嘗逾閑保傅然後
下堂既而五福先虧六氣多爽青要素序奄揺落於禮
華玉露金風竟摧殘於蘭蕙建德六年六月九日遘疾
云亡時年廿有九嗚呼哀哉以今大業十一年太歲乙
亥八月辛酉朔廿四日甲申合葬于大興縣　鄉之
里禮也昔三春之俱秀獨掩翠而先訣今百年而
偕謝始同歸於共穴嶷金鏞而長埋掩銅窓而永閇嗚
呼痛矣乃作銘云
帝嚳肇祖君稷分枝上觀星象下相土宜葉隆在鎬仁
盛遷岐三讓至德九錫光旒
驃騎誠烈早飛聲問擁茲絳節大啓東郡開府堂堂忘

情憙慍神永恂恂劬勞恵訓
有淵其德言容不迴星光東殖春芳摽梅六珈照日百
兩鸞雷鳳飛金帳龍翔玉臺
典籍繞臨瑟琴方駐猶弄翠帳忽銷華屋櫃篋飴掛巾
匳餘穎志沮旦莊神傷晝哭
昔日體齊早別春闈今茲合塋還北塵泥雙舄輕隻兩
劒終齊千秋萬歲永誌貞妻

夫人先太僕三十九年而卒至是始得合葬誌不言
其有無子息何也蕭性誤作蕙姓晝哭誤作畫哭夫
人姬氏下二字所葬之鄉里亦闕而未填古誌石華

按姬氏東郡神水三世史皆無傳魏書北史並載

姬濬字世雅信義將軍樓煩侯以勇績著名桓帝穆帝並見委任為羣情所附附見衛操列傳或即東郡之先歟操傳北史仍魏書魏書多采晉光熙中大邗城碑刻姬氏此志足補二史之遺隋地理志絳郡稷山縣有後周勲州置總管後改絳州長平郡舊曰建州後改澤州又延安臨真縣有西魏神水郡後周郡廢周建德六年丁酉夫人年二十九則生於西魏大統十五年己巳長太僕一歲是歲梁武帝太清三年東魏孝靜帝武定七年也年十八歸於元氏為周天和元年四年大僕遷給事上士籌拜建□國夫人時年二十有一兩誌皆不

及子姓猶見唐以前文律謹嚴自唐以後并訣生
者矣此書整逸端妙與太僕誌銘可稱雙璧
性姓同音假借未可遽以為誤金石文字中多
有之爾古文冊犾狄之誤珮珮之誤迴回之或
體額頟之俗别瘞葬之别體前跋皆所未及也
此石亦湮沒而復出殘損甚於太僕志先生藏
石尚有唐鄭温球墓志兵燹後不可復得矣蟫隱

志祥

金石續編卷第三終

金石續編卷第四 唐

武進陸耀遹纂　太倉陸增祥校訂

唐一

城武孔子廟堂碑

高七尺廣三尺五寸三十三行行六十六字正書在山東城武縣學

碑文已見萃編所載西安府學本此本摹刻悉同不錄存缺字按行互校

按此碑第一行上書孔子廟堂之碑下書虞世南譔書相王書碑額結銜與西本同左千牛率西本缺牛字此本存書碑額三字西本存此本缺　第二行首句微臣屬書四字神功聖跡功字西本並

缺此本存衮裦番拱之風革夏翦商之業拱之二字夏翦二字西本存此本缺商之二字西本缺此本存　第三行行首業雖復三字象雷電以立威刑以立二字西本並缺此本存未有假息鄉□□遲洙泗有字西本存此本缺鄉字下西本此本並缺二字遲洙字西本缺此本存　第四行首泗不二字未也字西本並缺此本存番範於百王原脫於字東西本同　第五行夫子膺□□之精夫子膺三字纔勝逢掖勝逢二字感而遂通感而遂三字西本並缺此本存膺字下二本皆原缺二字可入可大爲而不宰合天道於無言三句大爲二字

合天道於四字西本存此本並鈌　第六行顯至
仁於藏用席卷八代并吞九國至仁二字代并二
字西本並鈌此本存苞含造化仰之而彌遠亡吳
覇越之辯談之而不及含字之而彌三字之辯談
三字西本存此本並鈌　第七行天庥浸微之庥
俯臨司寇之俯求仁下危字西本並鈌此本存栖
遑弗已何西本全此本鈌栖遑二字　第八行行
首遥字懐琁之琁在川之在西本並鈌此本存驗
集隼於金櫝鐍舟既曉專車能對之於金字舟字
專車字西本存此本並鈌　第九行卷舒二字於
是之於西本並鈌此本存　第十行能使二字既

字西本並缺此本存宇宙字素縣諸日月五字仁獸之獸西本並存此本缺　第十一行泗水却流波瀾不息流波瀾三字道濟天下道字西本並缺此本存自時厥後之時法被區中區中二字西本存此本並缺行末及字東西本並誤刻作反　第十二行元始二字西本缺此本存金行水德亦存斯義而晦明匪一屯亨遞有水德亦存四字屯亨二字西本存此本缺匪一二字二本並缺　第十三行翦蒿煨燼重宏至教允屬聖期西本全此本缺蒿煨燼重教允聖期八字允屬之屬西本缺此本存　第十四行烝哉之烝西本缺此本存　第

十五行興業二字納字西本缺此本存蒼生於仁
壽致君道堯舜凡十字西本存此本缺　第十六
行兆庶樂推四字西本缺此本存欽奉上元之籙
西本存此本缺　第十七行平天成三字憬彼獯
戎之彼西本缺此本存　第十八行黎縡厥角四
字叢街之街西本缺此本存靈臺假伯下西本玉
字存此本缺　第十九行猶且兢懷馭朽興聰納
隍馭朽興聰四字斵琱反樸斵琱二字西本缺此
本存歷選列辟旁求遂古西本字全此本行末缺
辟旁二字　第二十行括羽成器必在膠雍道德
潤身皆資學校在膠雍道德潤六字入神妙義神

妙二字西本並鈌此本存　第二十一行詔立隋
故紹聖侯孔嗣哲子德倫爲褒聖侯西本鈌詔立
隋故紹聖六字倫爲二字此本並存　第二十二
行悠悠虛白四字圖眞寫狀圖眞二字妙絶人功
象設已陳功象二字西本並鈌此本存　第二十
三行仍觀衞賜四字不疾而速而速二字西本並
鈌此本存　第二十四行東西本皆無鈌　第二
十五行遍該羣籍乃製金鏡述一篇西本鈌羣籍
乃製四字此本存　第二十六行沛易明於九師
多士伏膺西本鈌師多士伏四字此本存　第二
十七行達學之爲貴而宏道之由人也西本鈌貴

而宏道之由六字此本存　第二十八行黄道之
側事興壯觀西本缺上七字此本存　第二十九
行景緯晷象川岳成形挺生聖德西本缺景緯下
八字行末川字此本並存　第三十行行首削弱
六國從衡鶉七字行末有晉崩離四字西本並缺
此本存　第三十一行行首維傾柱折行末昌大
唐撫運率六字西本並缺此本存大唐上空一格
第三十二行行首録王二字行末載修輪奂義
堂宏敞經肆十字西本並缺此本存　末行帝德
儒風永寘金石西本缺下五字此本存　通計西
本缺此本存者凡一百七十字西本存此本缺者

凡七十字王澍虛舟題跋以東西本互校而行次不符因識以更正孫氏訪碑錄城武孔子廟堂碑元至元間摹刻翁覃溪閣學士則云亦宋時翻本趙氏金石錄虞世南譔武德時建而題云相王旦書額者舊碑無額武后時增之王氏孫氏並次於武德九年而錢氏潛研堂跋尾次之貞觀四年未知何據

據虛舟跋第三行遲洙泗上有栖字此未載陸增

祥志

溧陽令于孝顯碑

高六尺二寸廣三尺二寸正書二十九行行五十八字額題大唐故騎都尉溧州溧陽縣令于君之碑十

六字篆書陽文在
陜西三原縣淶村

大唐故騎都尉濮州濮陽縣令□君之碑

君諱孝顯字厚角河陰河南人也肇自赤雀棲戶白魚躍舟時經百代歲逾千祀崇基緬邈與嵩岱而齊高華胄芬芳共蘭蕙而竝馥廷尉以陰□□□名播漢朝將軍以陷陳揚麾聲流魏室自此琳琅接耀軒冕連陰雖張湯之七葉珥貂郗鑒之四世台鼎方之蔑如也曾祖提魏孝文以勅勤地居□□氣接幽都陸梁猥望之前掘強龍庭之外遂授公節鉞奉使宣威公喻以存亡示其禍福勅勤犁顙樹領獻馬稱藩主上嘉使乎之功授以征北將軍隴西太守自魏厤將終周圖已兆先臣舊

佐成加爵賞蒙授使持節大傅柱國大將軍封建平郡
開國公從班例也祖瑾周太師三老尚書右僕射柱國
燕國公謚曰文巨川舟楫鼐鼎塩梅燮理陰陽寒燠無
愆舒之口衢謌王道口口有清靜之歌父禮周使持節
大候正大將軍趙州刺史安平郡開國公周武帝親御
六軍問罪東夏躬麾九伐爰整西師乃以公為大使摠
知兵馬節度申口居鼎臣之口齊王處帝弟之親戚昔
褒其英謨諮其進止公平施十計間出六奇或飛書下
壘或搴旗陷陣猶衛飈之卷寒籜旭日之泮春氷會未
浹辰偽都丕蕩口武平齊之日摠集偽官謂高阿那肱
曰平鄴圖者由此人也昔呂子牙之佐周号鷹揚而誠

紂王士治之翼音歌龍驤而弥吳隔代相望口無慙德君奠川岳之靈膺星辰之氣角立傑出高翥獨翔括百行之樞機軼九德之軌躅一室不掃陳仲舉之生平万里封侯班仲升之意氣發嚴霜於神彩韞荆玉於匈懷鶱鶱如積風之運鵬昂昂如觸雲而泄驥開皇十三年起家任右親衞非其好也阮嗣宗之傲誕屈以步兵馬文子之文詞登之武騎俄而文皇晏駕煬帝嗣興劉刮萬章草刱新政瑎室瑤臺之制邁辛癸之宮車轍馬跡之行越姬劉之幸公乃告歸託疾養素丘園不事王侯鑿坏而已於是親賓斷問慶弔不通保周陂而訪三姜依蒋徑而尋二仲甘樂山藪木石為隣樵歌唱而白雲

凝邛琴奏而玄鶴舞讀張衡之賦且悅歸田諷宋玉之
詞圀爰失職遂隋風已替李玉分崩九服移心三靈改
卜大星驟落海水口飛方姓敫敫瞻烏靡所　太上皇
龍躍晉野鳳舉秦川揮寶劍而斬素靈擁神兵而膺赤
伏羣雄畢湊衆善咸歸遂仗劍轅門投口獻欵蒙補左
武候錄事參軍于時義圀元年出皇圖附落　帝典權
興王世充叛換洛川竇建德憑陵河朔蟻聚蜂扇狼顧
鵄張駈掠我黎元違拒我聲教眷言經略理資英傑乃
授元帥府鎧曹參軍於是破八關堡清城宮口太陽門
陷陣先登獲勳第一蒙授騎都尉武德四年授雍州錄
事參軍處神州之要居輦轂之下五方雜沓四民設阜

紀擿姦伏恩若有神不待赭汗之權詎勞鉤距之詐貞
觀元年又授朝議郎行濮州濮陽縣令君下車布政除
煩去癘而移風易俗口口三年俗屬刑清纔踰朞月還
牛恕米是表於深仁馴雉移蝗彌彰於善政豈止沉不
鄴縣喬神灌壇而已哉水積歸塘竟滔滔而東注日沉
昧谷遂黯黯而西徂辰巳之夢忽鍾膏肓之祟便及以
貞觀十年四月四日寢疾卒于濮陽官舍春秋六十四
陶潛琴酒對彭澤而誰懽言偲絃哥臨武城而莫奏嗚
呼哀哉君器宇淹凝風神秀逸襟懷肅穆與寒松而並
勁志氣蕭條共秋天而競爽履仁爲度蹈義成基不以
富貴嬌人常以謙虚待物可謂渊人君子邦家之彥者

與爰以貞觀十四年歲次庚子十一月壬寅朔十日弋
予遷窆于雍州三原縣洪壽鄉之原夫人李氏平昌縣
主
皇帝堂姑王姬下降作嬪君子四德□□中饋六行懋
于閨儀婉嬺馳聲幽閑表德既亏　亇君長逝守志孀居
同穴之義莫從異路之悲奄至撫育遺稚皆遵禮度雖
亭家存教斷織貽訓曾何足云嫡子正則等並學冀箕
裘德齊顏閔竭忠貞以事主極愛敬以安親列鼎悕季
路之懷從事軒曾悉之歎乃詢諸古老考之前代紀素
譽於玄石刻遺範於幽埏庶感風樹之悲以慰寒泉之
思文曰

逖矣洪源，遐哉峻趾。崇山億丈，長河千里。睦離英彥，森梢杞梓。緩冕遞承，琳琅間起。其一

迺祖英果，懍懍申霜。迺父誠績，諤諤勤王。雄圖獨運，逸氣孤翔。東征獻凱，北使歸疆。其二

篤生君子，風神特達。口侍丹墀，譽巡紫闥。腰鞬負羽，橫戈戴鶡。驥騄既馳，湛盧方割。其三

有隨道邑，滄海橫流。知機體命，卜築林丘。一人御物，六合承休。翩然筮仕，佐府黎州。其四

黎州伊何，繩違糾慝。佐府伊何，築弓砥鍔。姦魁息訟，邊隅靜析。衢路風生，戈矛霜落。其五

一同出宰，百里口風。霜威狡猾，露惠鰥寡。期永錫如何不終。武城絃絕，彭澤樽空。其六

人事浮促，生口口脆。孫楚長埋，韓口永逝。朝思餘藻，野悲遺惠。先秋刈蘭，當春剪桂。

其七□□□□□□□俄悲谷徙遽歎舟藏松風屬下缺

孝顯之曾祖提魏書與朱長生同列節義傳以使高車不辱命歸拜隴西太守賜爵五等男祖謹字思敬周書有傳保定三年詔以太傅燕國公謹爲三老帝親幸太學以禮食之天和二年授雍州牧三年薨於位贈雍州刺史謚曰文父禮謹之第四子上大將軍安平郡公周書附見謹子實傳唐書宰相世系表誤以禮爲謹之第八子世系表又謂謹從西魏孝武帝入關遂爲京兆長安人周書謹傳則云河南洛陽人此碑又云河陰河南人也唐書謹曾孫志甯傳亦云京兆高陵人蓋謹子實翼義皆家關中其後爲京兆

人孝顯父子則仍居祖籍爲河南人河陰郡東魏所
置今孟津縣地河南縣即今洛陽縣地孝顯之祖周
書本傳及唐書世系皆作謹獨此碑作瑾孝顯之窆
以壬寅朔十日當是辛亥碑作戊子誤筠清館金石記
按唐書宰相世系表于氏出姬姓周武王子邘叔
子孫以國爲氏其後去邑爲于氏自東海郯縣隨
拓拔隣徙代改爲万紐于氏後魏孝文時復爲于
氏栗磾生洛拔洛拔生天恩天恩生仁仁生子安
子安生子提北史于栗磾傳栗磾孫致致弟天恩天恩子仁生位太中大夫仁生子安
定平原郡太守高平郡都將安定子字提曜西郡守唐書以仁生作仁安定作子安誤子提之子衍
此碑與魏書節義傳周書于謹傳並作提提生謹從西魏孝武帝入關

爲京兆長安人此碑云河陰河南人者後魏都洛陽洛拔諸子皆徙河南從孝武入關則自謹始而周隋史傳仍以謹爲河南洛陽蓋于氏兩京皆有第宅如兩唐書于志甯傳並云高陵人京兆屬縣據志甯墓碑甍於東都安衆里第而傳亦以爲卒於家也白魚赤雀系湖姬周廷尉名播漢朝謂于公之啟定國將軍聲流魏室謂栗磾以冠軍將軍佐道武平趙魏也魏書節義傳于提與朱長生使高車阿伏至羅脅之降不從積三歲乃得還高祖以守節同蘇武甚嘉之拜提隴西太守賜爵五等男北史高車傳太和十四年阿伏至羅奉貢孝文使于

提往觀盧實阿伏至羅與窮奇遣使隨提朝貢詔員外散騎侍郎可足渾長生復與子提使高車唐書回紇傳其先匈奴元魏時亦稱高車部或曰勅勒碑云恭使勅勤勅勤即勅勒勅勒即高車與魏書北史正合唐書又稱回紇依託高車臣屬特厥近謂之特勒又突厥傳可汗者猶古之單于其子弟謂之特勒通鑑考異特勒諸書或作特勤今從新舊二唐書予藏涼國公契苾明碑乃武后時婁師德製文殷元祚正書序云明祖繼莫賀特勒銘云特勤酋裕顧氏炎武金石文字記載柳公權神策軍碑有大特勤嗢沒斯並作特勤是碑勅勤地

居□□勅勤犖賴一見再見字皆作勤蓋勅之作
特以音近而通勤之作勒以形似而誤顧氏據史
而疑石刻錢氏大昕養新錄則據碑以訂史文得
此證之錢說獨允史多傳寫失眞碑乃當時手蹟
必以爲書碑筆誤焉有一碑屢誤諸碑同誤不謀
而畫一耶是史誤而碑不誤也□西關字當郎隴
西北史謂周保定二年以子謹著勳追贈太保建
平郡公據碑則建平之封乃從班例惟太保爲追
贈故碑不之及也于謹史皆作謹碑作瑾以字思
敬推之從謹爲正碑書誤也宰相世系謹九子寔
翼義智紹嗣簡禮廣表詳實翼義子孫世次餘皆

末列北史謹子寶寶弟翼翼弟義義弟禮禮弟智
智弟紹紹弟弼弼弟蘭蘭弟曠蘭與簡曠與廣字
旣小異而序次亦殊寶子仲文獄中上書有云第
二叔翼第三叔義第五叔智則禮次於義較爲有
據禮上將軍趙州刺史安平郡公官爵正與碑合
碑文父下闕字爲禮無疑齊王處帝弟之尊謂周
武弟憲建德三年以齊公進爵爲王鼎臣句上下
闕三字與齊王句對或指韋孝寬諸人建德六年
滅齊碑文武平齊句上闕一字卽周字高阿那肱
齊丞相密召周師者晉書王濬字士治口無懈德
以上皆敍孝顯先世官勛隋書百官志左右衛掌

宮掖禁禦督攝仗衛各統親衛自隋文帝開皇中
葉至煬帝大業季年孝顯隱居觀變逮唐高祖起
兵太原克長安立隋代王侑爲皇帝改元義甯孝
顯乃與羣雄投欵義甯二年高祖受禪武德元年
以太宗爲西討元帥進位雍州牧拜左右武候大
將軍二年王世充稱帝於東都竇建德定都樂壽
國號曰夏碑所謂叛換洛川馮陵河朔也三年太
宗討世充敗之於北邙四年敗建德於虎牢擒之
世充降左武候錄事參軍元帥府鎧曹參軍皆仍
隋職而爲太宗麾官附陣獲勳即從太宗定亂也
隋地理志濮陽縣屬東郡武德三年杜才幹以濮

州降唐蓋新附之地方資綏輯特以孝顯爲濮陽令也貞觀十年孝顯年六十四則生於周武帝建德元年是歲陳宣帝太建四年齊後主武平三年此碑金石家皆未著録嘉慶二十年蘇石翟桐墅兵備鳳翙宰三原得以拓贈碑文幾一千六百字剝蝕者止數十字惟末行殘闕撰書者皆無攷耳

和糴粟窨甎文四種

縱横各一尺五分八行行十字至十四字不等正書

貞觀十四年十二月廿四日街東第二院從北向南第六行從西向東第九窨納和糴粟六千五百石第四頭紀王府典籤陳元瑜右監門直長鄭端高買太倉副使

韓達賢雲宮副監常明副使晉王府掾陸元士使人水

部郎中柳作臣

此甎嘉慶二十二年夏宜興湯希山吏目景壽得於長安市上乃唐太倉粟窖甎也按六典司農寺卿從三品其屬太倉署令三人從七品下丞六人從八品下監事十人從九品下府十人史二十人典事二十四人掌固八人令掌九穀廩藏之事丞爲之貳凡鑿窖置屋皆銘甎爲庾斛之數與其年月日受領粟官吏姓名與此甎所記正合宋呂大防唐宮城圖太倉在宮城西偏元李好文圖志雜說云宮城西偏有小城垣即掖庭宮其處止可容

置十官而圖乃以太倉雜處其中大非所宜故李圖宮城西偏無太倉不能確指其所在也書吏姓名自卑而尊水部郎中柳五臣見唐書宰相世系表此作作臣五作同音借用東魏敬史君碑施地作拾畝卽以作拾爲五十餘官吏無攷豎姓見元和姓纂左傳鄭有豎拊齊有豎刁晉有豎頭須並閹寺賤者子孫氏焉和糴之名始於後魏通鑑梁武中大通六年魏謀遷都擁諸州和糴粟悉運入鄴城注和糴以充軍食蓋始於此王應麟亦云後魏定和糴之制馬端臨曰糴之說仿於齊桓魏文之平糴後世因之和糴則以平糴藉口者也台

攷唐書食貨志通鑑唐紀文獻通考冊府元龜玉海諸書貞觀時緣邊數十州戍重兵營田地租不足供軍於是初有和糴碑文爲貞觀十四年蓋即其時和糴以儲邊餉其後開元中廣關輔之糴京師糧稟益羨天寶中歲以錢六千萬緡賦諸道和糴米賤則少府加估而糴貴則賤價而糶大曆八年京師大稔減漕輓米加價和糴以利關中興元時江淮豐稔詔加價和糴米三五十萬石貞元初召諸道兵戍邊月給粟十七萬斛皆糴於關中三年最爲豐稔詔所在和糴實強取之遣致京西行營動數百里車摧馬斃破產不能支八年關輔屢

豐江淮水潦宰相陸贄上言關中歲運東方租米至有斗錢運斗米之言今關中穀賤和糴可至百餘萬斛計諸縣船車至太倉穀價四十有餘米價七十則一年和糴之數當轉運之二年一斗轉運之資當和糴之五斗上命度支增估糴粟三十三萬斛然不能盡用其議元和中有司以歲熟請畿內和糴府縣配戶督限鞭撻甚於稅賦寶歷元年詔兩畿及鳳翔涇等道和糴咸通七年勅曰比爲傷農是開和糴如聞積弊繼有多端普價不及鄉閭美利皆歸司局戶部擇人深須峻法稍循前弊必罪所司觀此可知有唐一代和糴之大略也號

爲和糴其實害民歐陽子之言信有徵矣

糴作粜猶見古意 記辨

又 縱橫各一尺五分十一行行十四字至二十字不等正書

貞觀廿三年十二月廿九日大街西從北向南第一院從北向南第六行從西向東第十三窖納和粜米四千四百石第一頭一千五百石和粜官人右領軍騎曹賈仁素左衞兵曹杜㘦逸第二頭二千九百石和粜官人平准丞蔡弥雍州參軍口師利左監門校尉馮武達右監門校尉素和隨窖匠張阿劉太倉府步勳監事趙賢丞宋覽口田强和粜副使左監門長史王㘦榮大任殿中丞長孫文則司農鄉清河公楊弘禮

此唐太倉米窖瓻亦湯希山拓本攷詳粟窖瓻後
六典粟支九年米及雜種三年唐書楊宏禮傳高
祖即位詔襲清河郡公除太子通事舍人貞觀中
累遷中書舍人拜兵部侍郎掌行在機務還拜中
書侍郎遷司農卿爲昆丘道副大總管下遷涇州
刺史永徽初遷勝州都督改太府卿宰相世系表
宏禮中書侍郎太府少卿瓻書司農卿舉專職也
素和姓隴名元和姓纂素和鮮卑檀石槐之支裔
後魏有尚書素和跋右將軍素和突以本白部故
號素和孝文改爲和氏北齊書恩倖傳和士開其
先西域商胡本姓素和氏大曆時有太子左學士

素和顔望出河南姓纂有杜元逸司門郎中餘倓

玫

又 縱横各一尺一寸十行行十九至十七字不等正書

東南場東南院從北第三行從西第二窖貯大中三年

戸部和糴粟壹萬陸阡玖伯捌拾貳碩 從大中十

年口月廿二日起重亳量揚擲入窖至八月廿六日畢

口用五石函元納行概人南公素王義張榮口口人李

行儒函頭段楚口口口并入窖場口口雷昌培元納監

事焦密 元納專知官陳洙 丞替入窖專知官

賈全眞

元納卿薛從

承旨入窖卿盧籍

此甎及大中十一年窶窖甎並嘉慶二十四年出於西安咸甯爲湯希山所得南公復姓戩國時有南公著書三十卷言五行陰陽事蓋衞南公子之後

出見元和姓纂

又縱横各一尺一寸十一行行十六至十九字不等正書

□□□□□□院從南第一行從西第三窖□□□□□部和糴粟壹萬壹阡玖伯□□□□柒㪷起大中十一年十一月廿二日用□函董亳量揚擲入窖至廿四日畢□數內伍阡叄伯叄碩玖㪷東南場□入元納并入窖行概人宋元泉姚公□張元振元納函頭

王文□□文端承替入窨麗丼亮場官□王□雅監事
張魯萬承替入窨監事□公錯張鉡元納并入窨倉令
張仲玄元納專知官陳洙承替入窨實全真元納卿薛
從承替入窨卿盧籍

至德觀法主孟靜素碑

摹刻猥本高廣分行無考

唐京師至德觀法主孟法師碑銘

觀夫太陽始旦指崦嵫其若馳臣川分流赴渤澥而不
息是以至人無已先天地而御六氣列仙神化臨宇宙
而遺萬物與夫齊魯縉紳東名教於俄景漢魏豪猺殉
榮利於窮塗何異乎蜉蝣生於崇朝爭長於鼂鶴秋豪

出於未兆計大於崐閬者哉若迺岱山龍駕傳神丹之祕訣秦都鳳祠流洞簫之妙響用能延頹年於昧谷振朽骨於函盧白玉之簡析西王而可值青雲之衣師東陵而易襲豈非度世之寶術登遐之妙道焉法師俗姓孟氏諱靜素江夏安陸人也其先徙里成仁繼跡於孔墅冬節表德齊聲於曾閔是以貽則當世錫類後昆軒冕之盛既富於天爵賢明之質獨表於仙才因以軼仲弓之弈葉邁陽元之餘慶者矣法師稟兩儀之靈和體五常之休德榮蘭散馥掩蕭艾於芳春朗月揚輝蕩雲霧於清夜盈尺之寶出郢鄧而連城徑寸之珎入大梁而照乘豈惟楊号異才馳聲益部曹稱孝行播美上虞

而已哉爰而慕道超然拔俗志在芝桂壇豈翕於穢秕心縈煙霞方綺羅於桎梏既而初笄云畢迨吉有興懿戚託繼世之援慈親割相離之情千金甫陳百兩將戒法師淩霜之操必守節於玄冬匪石之誠誓捐生於白刃素概難奪嘉禮遄寢乃脫屣通德之門絕景集靈之館虔修經戒長甘蔬菲漱元氣於停午思輕舉於中夜若大金簡玉字之餘論玄牝道樞之妙旨三皇內文九鼎丹法莫不究其條貫猶登山而小魯踐其戶庭若披雲而見日允所謂天挺才明人宗模楷者已隨高祖文皇帝闡風而悅徽赴京師亦既來儀居于至德之觀公卿虛己士女翹心於是高視神州廣開眾妙懸明鏡於

講肆陳鴻鍾於靈壇著籙之侶升堂者比跡問道之賓及門者成羣雖列星之仰天津衆山之宗地軸未足以喻也

我高祖以大聖締基功踰覆載

皇上以欽明纂歷道冠犧農崇三清以緯民懷九仙而濟俗天地交泰中外和平法師維持科戒弘宣經典時歷夷險懷趙壁而無玷年殊盛衰鼓吴濤而不竭跡均有待心叶無爲循大小於天倪既齊椿菌忘壽夭於物化寧辯彭殤而靈氣有感仙骨夙著金液方投駕白龍而不反玉棺遽掩望青鳥之來翔以貞觀十二年七月十二日遺形而化春秋九十有七顔色如生舉體柔弱

斯蓋仙經所謂尸解者也
冕旒情道門之梁壞縉紳悼人師之云亡固以恩侔徹
樂悲踰輟相有勑賜以賻禮資給葬事並加隆焉弟子
陳光等義結在三名高入室對衣履而增絶瞻風雲而
永慕思欲寄銘讃以叙思勒琬琰以紀德俾夫成銀之
室神變人而若存遺履之地蕪蹟垂於不朽其詞曰
西秦簫響東陵聖跡霞舉玉京雲開金液飛䑺先路可
芒秦辟形表丹青聲流金石玄風誰纂介蔿賢明翟衣
絶志鶴御依情栖心大道投蹟長生三山可陟九轉方
成靈化人間高翔羽服白蜺擁蓋青虬夾轂丹竈留煙
仙壇餘竹貽則終古永播蘭菊

貞觀十六年五月戊午造

中書侍郎江陵縣開國子岑文本作文

諫議大夫褚遂良書　萬文韶刻字

按文道士至德觀主孟法師碑見金石錄今佚所見裒本皆近人摹刻而岑文褚書尚可攷證法師貞觀十二年年九十有七則生於梁武帝大同三年隋文帝爲智僊撫養崇奉神尼故特徵赴京師居於至德之觀唐高祖太宗復加隆禮沿隋習也貽則當世從三清以緯民世字民字皆不避唐文粹載此文追吉有典典作興元牡道樞牡作化遺屣之地屣作履

贈殷比干太師謚忠烈詔

高九尺八寸廣四尺五寸二十三行行五十字隸書在河南偃師縣西北十五里

門下昔望諸列國之相漢主尙求其後夷吾霸者之臣魏君猶禮其墓況乎正直之道邁靑松而孤絶忠勇之操掩白玉而振彩者哉殷故少師比干貞一表德隣幾成性以明允之量屬無妄之辰玉馬遽馳懸其邦之殄悴寶衣將燎惜其君之覆亡見義不回懷忠蹈節讜言纔發輕其百齡之命淫刑旣逞碎其七尺之軀雖復周王封墓莫救焚圖之禍孔聖稱仁空追剖心之痛固以寃深終古悼結彼蒼朕觀風趙魏問罪遼碣經途麥秀之墟緬懷梓林之地駐蹕口口荒隴顧以爲臣撫躬而

想幽泉思聞其諫豈□□□終之義久闕於往册易名之典無聞於後代宜錫寵命以展宿心可追贈太師謚曰忠烈公仍遣三品持節祭告四品爲副□□□司封崇其墓脩葺祠堂州縣春秋二時祠以少牢給隨近五戸以供祭享□灑掃主者施行

按此碑詔凡六行祭文十行餘刻年月及諸臣銜名李翰文云太宗文皇帝貞觀十九年東征髙麗師次商墟下詔追贈比干爲太師謚曰忠烈公遣大臣持節弔贈申命郡縣封墓葺祠置守冢五家以少牢時享著於令甲刻於金石並與此合碑爲元延祐五年重刻碑陰有韓冲記可證自第四行

以下每行末皆缺三字乃募刻未竟非剜蝕也祭
文及題名已見萃編不錄

晉祠銘碑陰題名

前截已載萃編題名在碑陰上截右方七行正書
額題貞觀廿年正月廿六日三行行三字飛白書

司徒太子太師上柱國趙國公臣無忌
太子太保上柱國宋國公臣瑀
特進太子詹事兼左衛率上柱國英國公臣勣
光祿大夫刑部尚書上柱國鄖國公臣張亮
禮部尚書上柱國江夏郡王臣道宗
太常卿駙馬都尉柱國安德郡公臣楊師道
正議大夫守中書令太子左庶子兼攝吏部尚書護軍

臣馬周

按唐太宗晉祠銘碑陰諸臣題名并太宗飛白題額貞觀廿年正月廿六日九字萃編皆失搨但見碑首有貞觀二十一年七月題字據以編年與孫氏訪碑錄皆沿竹垞之誤也元和郡縣志晉祠碑在乾陽門街貞觀二十年太宗幸并州所置御製并書冊府元龜太宗貞觀二十年正月幸晉祠樹碑製文親書於石唐書太宗本紀貞觀十九年十二月幸并州二十年正月上在并州三月己巳車駕至京師以碑額証之並合題名七人皆從行諸臣新書宰相表長孫無忌蕭瑀李勣張亮馬周結

銜皆同史稱十九年十一月吏部尚書楊師道左遷工部尚書此稱太常卿當是十一月後再貶是年十二月勅禮部尚書江夏王道宗發兵鎮朔州中書令馬周攝吏部尚書與碑銜並合二十年三月己丑刑部尚書張亮斬於西市四月甲子太子太保蕭瑀解太保皆在車駕還京之後據以證碑陰碑額尤不得系以二十一年七月矣

趙婆造塗金阿彌陁像記

連額高二寸五分廣寸二分六行行十二字額題阿彌陁碑四字俱行書在江蘇儀徵阮氏

阿彌陀碑

夫眞容凝寂應身淨□慧日振暉慈風化物託儀金□

寫質丹青勝範䝿規敢不頂□佛弟子趙婆長孫阿薄合義等敬造阿彌陀像一軀上爲帝主師僧父母法界衆生共成佛道貞觀廿一年正月八日

原書作十一年今據碑文改正陸增祥志

文安縣主墓誌

縱橫各二尺七寸五分二十九行行二十九字正書在陝西乾州

大唐故文安縣主墓誌銘并序

主諱　字　隴西成紀人也夫天靈啟聖跡被崑崙之墟皇雄命氏道光華夷之士至於補玄立極之功翦羽乘雲之業握瑤圖於昴宿懸寶祚於貞期其唯　大唐者歟　曾祖元皇帝被風化於墳枚始艱難於邠翰

祖武皇帝升陑擯牧之振汾水襄城之駕卷懷列辟財
成臺有父巢刺王劫珪疏奥壤戚茂維城霸楚澤之雕
雲聚淮南之仙氣遂使苕華孕美結綠開珎景溢星潢
輝聯珠彂晨栖阿閣聲調丹穴之禽夕指瑤池色麗青
田之羽及其笄□蘭掖漸潤椒庭水移銀箭尚敷袵於
師氏燈滅金羊已鏘環於内傳栖志圖史遊心幾律貽
萋葉而興勤聽嘈音而遺詖意匠言泉之旨飛雲垂露
之端柳密疰窻乍起流鸎之賦月含花簟回裁擣衣之
篇採祜纂組之規澄漠紘綖之務靡不思窮妍麗慮歸
閑謐貞觀十五年正月五日封文安縣主脂賦開榮公
宫從訓乃以其月十四日降姻於工部尚書駙馬都尉

紀公之世子段儼華舒禯圖秀發友蹊迋兩生𨌾副笄
增飾尸芳牖下既奉宣平之奠思媚諸姑還侍河陽之
箒嬪儀載穆閨饋惟馨循淑性於珩璜韻柔情於琴瑟
瞻霧亮而遐鶩歌悅擇而長懷朝露溘晞詎留光於瑤
草秋風忽起空滅彩於瓊林弄玉乘煙怨吹簫之徒巧
常娥飛月痛仙丸之不追以貞觀廿二年二月三日卒
於長安頒政里之第春秋廿六嗚呼哀哉惟主心資淑
慎體茂清明碧霜絳雪不能渝其操秋菊春松有以方
其質香名遠集尙申式於芳禰詒言斯屏每含辝於蘭
氣信以黼藻中闈揶揚內範淑人不永傷哉如何怨家
道之無庇痛猶是之何託戚里兼酸　宸襟疑歎卽以

其年三月廿二日陪葬于　昭陵窀穸所由　恩旨隨
給周京歸賵寵切於前哀澶水會盟事踰於昔禮湘川
之下還見舒姑之泉鮒隅之陰方傳貞女之硤探彤管
之遺詠彫芳塵於不朽其詞曰
帝降玄圃宸居紫微金柯疊秀琁蕚分暉桂輪澄彩星
津結霏誕茲才淑克嗣音徽延慈丹禁稟訓彤闈綴珠
爲服雕玉成衣拂景孤嘯凌霞獨飛婉娩其性透迤其
質春緒含雲秋情儷日降嬪君子來宜家室李侄初華
梅林未實鬟貧芳綺心調友瑟鳥變祺祥熊虧夢吉顧
菟俄掩奔駒遽逸下遠將及靈驂已巾音儀遂泯褕翟
空陳平原改色清渭迷津埋龍毀劒碎鮮侵塵佳城日

黯墜路泉新帷傷奉倩簟恨安仁一生何有萬古銷春
縣主爲駙馬都尉段綸之子婦綸尚高密公主夫婦
陪葬昭陵志云縣主亦陪葬其地唐書載昭陵陪葬
公主十八人而不及縣主從來金石家亦不載此誌
誌中靄作靄盼作眄妝作疰鸞作鸎從作徔帶作帶
窈窕作竅窕徒作徙卒作卆戒作式黼作黼抑作抑
藐作藐徑作侄駒作駒澶淵避高祖諱作澶水世字
直書不避太宗御名終唐之世世字皆缺畫作廿太
宗時尚無是令也古誌石華
唐與王元吉女文安縣主墓誌見於寶刻叢編卽此
誌也縣主以貞觀廿二年卒其年廿六則武德九年

元吉見殺纔數歲耳夫以元吉之猨戾自禍太宗猶庇育其女以長以嫁既卒且陪葬昭陵不可謂非錫類之厚也筠清館金石記

古墓志廿九行行廿九字正書字徑五六分縱橫有界格予以史攷之文云高祖元皇帝乃唐高祖之父世祖隋安州總管柱國大將軍昞也曾祖武皇帝即唐高祖也高祖初謚大武後至高宗上元初改謚神堯皇帝墓志作於太宗貞觀時故稱武皇帝惟云父巢刺王劼據新唐書高祖諸子列傳有元霸元吉元霸即太宗皇帝高祖初受禪立世子建成爲皇太子太宗皇帝世民爲秦王元吉爲齊王至武德九年元

吉與太子謀害秦王事泄秦王皆殺之及五子並伏誅貞觀初並改葬元吉追爵海陵郡王及諡改封巢以曹王明嗣故列傳稱巢刺王元吉刺其諡也然則文安縣主之父巢刺王劼即元吉明矣攷傳數高祖諸子多以元字爲排行則其名似本作元吉或亦貞觀追爵改封與諡時改爲劼而史家失攷耳曹王明乃太宗之子蓋太宗登極後既追爵改封併爲立嗣故其女亦得封縣主而降姻卒後并陪葬昭陵也文稱降姻於工部尚書駙馬都尉紀公世子段儼者攷唐書諸公主列傳高祖女高密公主下嫁長孫孝政又嫁段綸綸隋兵部尚書文振子爲工部尚書杞國

公則段儼即段綸之子傳作杞國公實紀國公之誤字也宋敏求長安志載長安縣六鄉管六里義陽鄉在縣西南二里管布政里而無頒政里畢尚書棻裴燿卿撰冀公希球神道碑有塋於長安布政里賜第之文又予見咸亨四年韓寶才墓志云殯於京城西布政之原然長安志言皇城西十三坊有頒政坊又有布政坊疑此言頒政里即頒政坊隋書百官志言仁壽三年京都諸坊改爲里皆省除里司官以主其事則里本即坊也坊與里可通稱長安志昭陵圖內失載文安縣主墓據此可補其遺漏文於諱字下皆空而不書蓋文安縣主本無諱字也其文無撰書人

姓名而典麗華美字體亦工整有法當出翰苑名公之手此刻金石家皆未著錄恐亦近年出土者予於紉之葉君處見拓本假錄也古泉山館金石文編

按唐文安縣屬河北道莫州文安郡李氏舊望隴西故高祖生於長安本紀仍繫以隴西成紀人也元皇帝昞隋封唐公安州總管柱國大將軍謚曰仁高祖卽位追謚曰元皇帝高祖謚曰大武故稱武皇帝巢剌王高祖子太宗母弟兩唐書及通鑑皆作元吉云以元吉字合之其文成唐此誌作劼豈巢剌王名劼字元吉以字行耶元吉死子皆伏誅貞觀初追爵海陵郡王及謚後改封巢以曹王

明嗣太宗子曹王明母楊氏本巢王妃帝寵之欲立爲后魏徵諫不可以辰嬴自累乃止駙馬都尉紀公謂段綸也高祖女高密公主降婚段綸爲工部尚書杞國公與此志合惟杞紀小異耳高密以永徽六年薨文安降姻及卒皆高密在堂也顯政里長安志皇城西第一街街西從北第三坊巢王諸子被誅文安獨蒙封冊且得陪葬昭陵禮同公主蓋亦楊氏所生長於宮中爲太宗鍾愛故予以毋寵歟高密公主段綸墓並見昭陵圖而本傳不書陪葬文安陪葬兩書及會要通考游師雄李好文圖說皆未載當以此誌補之石嘉慶初出於醴

泉爲乾州士人所得何知州承薰岳吏目廷鑑各
貽拓本書法在歐褚之間可寶也

晉州刺史裴府君碑

貞觀二十三年立上官儀撰褚遂良書在醴泉碑
文不可辨未錄

案關中金石記標題云晉州刺史順義公神道
碑據金石錄謂即裴蓺碑次儀鳳後陸增祥志

幽州都督牛秀碑

碑左方及下截殘缺存者高四尺廣二尺一寸十八行行三十四字前九行可辨篆額十六字惟大唐故左四字可辨在歐陽醴泉縣

大唐故左驍衛大將軍幽州都督上柱國琅邪郡開國

公牛公碑銘 并序

若夫仰觀成象三辰開上將之星俯察成形九地揔中
權之術故迺闔鼓鼙而佇想感缺下社告徵編星兆既受
天明命光宅域中制軒弧而駕羣材乘夏載而朝萬國
其有克缺下乎瑯邪公焉
公諱秀字進達其先隴西狄道人也因官而遷于濮
首驚雷之澤龜文負卦之濱缺下之儁龍光照於緗篆鴻
伐旌於表綴圖以籠冕前載軌映後昆者矣曾祖定後
魏韓缺下顯衙口之瑞口口齊潤仁敷導柏之流父漢隨
濮州主簿洺州清漳縣令蜀客談星缺下之禮童戲叶口
口之容開八陣之圖非究覽於魚復體三宮之奧焉取

鏡於龍韜天下缺連拒箕亡咸池□三□之華湯谷□一
枝之景縱峄壚之烈火決渤海之衝流三戶下缺□□□
□□□□□命□□之下缺□□橘柚之□咸遊和門策
名麼下白馬之歸徒下缺後九行亦剝蝕難辨
碑渤下截其上截自十行以後亦磨渤不可辨此亦
昭陵陪葬之一種也其卒葬年月及撰書人姓名均
無可考今編附高宗時　牛秀唐書無傳太宗紀貞
觀十二年九月辛亥闊水道行軍總管牛進達及吐
蕃戰於松州敗之廿一年三月戊子左武衛大將軍
牛進達爲靑丘道行軍大總管七月乙未牛進達克
石城以上三條皆以進達書名而碑云諱秀字進達

蓋以字行也筠清館金石記

宰相世系表漢有牛邯爲護羌校尉因居隴西後徙安定再徙鶉觚碑言其先隴西狄道人當亦邯之裔姜行本碑立於貞觀十四年其側題名有交河道行軍總管左武衛將軍某某縣開國子上柱國牛進達領兵十五萬時在戰松州之後考唐之武官左右武衛大將軍各一員正三品將軍各二員從三品進達蓋自左武衛將軍遷大將軍也徐松

按牛秀字進達唐書作牛進達蓋當時諸臣多以字顯金石錄溫彥博碑跋尾云唐世諸賢名字可疑者多封德彞名倫房元齡名喬高士廉名儉顏

師古名籀倫喬儉籀唐無所諱不知何避而行字
予考姚思廉名簡高季輔名馮徐文遠名曠陸德
明名元朗尉遲敬德名恭秦叔寶名瓊殷開山名
嶠姜行本名確許洛仁名濟張道源名河孫定方
名烈論惟貞名瑀唐休璟名璿徐彥伯名洪薛仁
貴名禮王方慶名綝侯莫陳虔會名肅郎世業名
穎張平高名崇王文泊名洎姚善意名懿崔敬禮
名安上盧懷愼名德愼盧照隣名子昇韓仲良名
良徐有功名宏敏嚴善思名譔元行沖名澹武平
一名甄泉獻城名寶郭元振名震嚴挺之名浚又
段志元獨孤延壽碑缺其名要亦皆以字行非必

有所避諱也進達之先隴西狄道人元和姓纂漢
牛邯護羌校尉居隴西蓋其後也唐書無進達專
傳而列於忠義傳中太宗紀貞觀十二年九月潤
水道行軍總管牛進達及吐蕃戰於松州敗之二
十一年三月左武衛大將軍牛進達爲靑邱道行
軍大總管以伐高麗七月牛進達克石城又貞觀
十四年姜行本高昌紀功碑碑側刻交河道行軍
總管左武衛將軍上柱國口口縣開國公牛進達
領兵十五萬進達官勛可以互證唐會要文獻通
考所載陪陵諸臣不及進達惟宋敏求長安志昭
陵陪葬功臣大將軍以下六十四其第十一爲武

衛大將軍牛進達碑云左驍衛大將軍而志作武衛者本唐書通鑑仍其前官碑從後銜也唐書忠義傳上載德宗錄武德以來宰相功臣勳名特高者凡三等條奏第二等有左武衛大將軍牛進達後左右驍衛武衛大將軍並正三品幽州大都督從二品嘉慶二十一年春陝西巡撫靖江朱公勳檄雒南縣知縣諸城王君森文赴醴泉查勘唐昭陵陪葬諸王妃主功臣墓道因獲此碑屬爲考證雖非完璧已足補正史及諸家志記之缺其文裔皇典則筆法在歐褚之間與昭仁寺碑相近惜大半殘泐撰書者皆不傳耳

據筠清館所載多境橋柚之四字補注於旁篆頟多大將軍琅及琶公之碑銘九字其一枝之

一字和門之和白馬之號之號字則吳氏所闕

也陸增祥志

芮定公豆盧寬碑

高八尺廣三尺一寸三十二行行六十九字正書額題唐故特進芮定公之碑九字三行篆書在陝西禮泉西谷村

禰貴掩遙代捻第四行

少保柱國第五行

年　河　郡梁泉縣令奉身第十行

方　公　闕境宻候　昌期適卓合之第十一行

司馬加授柱國二年正月授兼攝　東　行事第十二行

資淼乘之勞　知人　九年授殿中監典第十三行

匪懈爲心纖踵辛　忘私　年除禮部尚書北第十
四行
將軍職冠　優　濟　皇流第十五行
水式清聲華　遠　榮旣捴機　斯　清第十六行
田高忠有踰於　國　之遊方叶第十七行
祿賜同　官榮　特羊旌優行馬膺茲第十八行
里第春秋六十有五嗚呼哀哉惟　量第十九行
改　肅金鉦第二十行
侑　兼　紱韋適度故得累彰　特簡帝心第二十一行
惟舊　之令圖悼往飾終第二十二行
深　永書徽烈字缺八使持節都督第二十三行

官給（缺八字）行光祿使持節都（第二十四行）

從公　之女也胄　鍾　性稟幽閑七德兼優（第二十五行）

蒋水玉　零落弗逐朝（第二十六行）

桂國彖吾縣開國公承基等　承（第二十七行）

芳（缺四字）虛薄側奉清塵　課（第二十八行）

軒匠錫宇　野開疆樹功分帝率（第二十九行）

蘭（第三十行）

同　乘曳履明光（第三十一行）

兩櫬歸乖雙旐赴　加葬斯　榮哀兼（第三十二行）

按趙崡石墨鐫華云碑殘泐僅數十字無從考其

始末予命工精搨錄其可辨者得二百五十六字較萬曆中搨本轉多數倍唐書宰相世系表豆盧氏本姓慕容氏燕王廆弟西平王運生尚書令臨澤敬侯制制生右衛將軍北地愍王精降後魏北人謂歸義爲豆盧因賜以爲氏居昌黎棘城二子醜勝醜生萇萇生永恩永恩生通元和姓纂作精生醜醜生勝勝萇生永恩永恩生通通生寬禮部尚書芮定公三子承業懷讓方則承業領軍將軍生欽望相武后中宗豆盧欽望傳欽望雍州萬年人祖寬隋文帝外孫爲梁泉令高祖定關中與郡守蕭瑀率豪姓進款擢累殿中監子懷讓尚萬春公主後封長沙尚祖女有二長

抄公主姊馮少師一下詔寬用魏太和詔去豆姓著盧姓貞
觀中遷禮部尚書左衛大將軍芮國公卒贈特進
并州都督陪葬昭陵謚曰定復其舊姓以唐書證
碑殘泐處則授梁泉縣令當隋時是期云云即指
進欵二年九月皆武德時除禮部尚書則貞觀中
也柱國冢吾縣開國公承基即寬嗣子宰相世系
表作承業舊唐書欽望父仁業高宗時爲左衛將
軍趙崡所引本舊唐書疑寬固有四子承業當作
承基仁業也立碑年月及撰書人皆泐據金石錄
作永徽元年六月李義甫撰長安志昭陵陪葬功
臣大將軍以下六十四其第二十一光祿大夫內

國公豆盧寬

吳氏筠清館載此全文錄於後并附諸家跋語

陸增祥志

前缺李義府撰

上缺四十四字若□□□□保□華卿相□膏□之□冀英傑之□道契興王缺三十九字奴□□□裔之後今為河南洛陽人也黃軒之際得姓者為賢紫□之郊開□者稱貴竹□□□遙代缺三十五字廣□□命□□魏□周圖史紛綸可略言矣曾祖萇魏使持節□□□□□□□少保柱國缺二十九字祖永恩魏使持節車騎大將軍儀同三司侍中鄀州刺史周鄀利沙文四州刺史事利州刺史缺三

十三字振芳□□□□父通周使持節車騎大將軍驃騎
大將軍開府儀同三司龍沃野縣公素缺四十一字洪州摠
管□□姿器□前脩藝優往袥榮肅□於曾館□績譽
於周行公缺四十五字覽□□之元九纂六韜之術袁楊之
資既重韓白之材兼妙朝缺二十九字居□□□心□無
台輔之□□□□□年授□□公世子仁壽五年以獻
□挽郎授吏部驍騎郎大業九年授河□郡□泉□□
□身清風處物缺二十字屈□□□□時炎□崩離瀛
□版蕩妖氛亘地黑□之路未夷大侵稽天□沴之勢
方謐公撫全闔境密候　昌期遵阜令之缺四十字奉□□
新□投義蒙授銀青光祿大夫三月授元帥府虞候騎

授越國公府司馬武德元年遷秦王府司馬加授柱國二年正月授兼攝陝東道行臺缺十字三年□□□檢校行臺左□四□□□南陳縣開國公轉天策上將府從事中郎既而唐邨纘慶代谷承天□資參乘之勞□獨知人之樂九年授殿中監察御史□□□□□□□朝□□□□於皇撿貞觀二年轉衛尉□□□□□垣儀□漢服掌宮乇於南北揔都丞於左右追芳趙□匪懈爲心纖軌辛□忘私□節三年除□郡□□北□□南□荊□八□表其聲望萬□由其損益□脫龍泉之劍榮禮戟於韓稜弗避武賁之弓忠勁超於朱穆六年授左衛大將軍職□□□□□濟□皇流□□□叶缺十六字

勑□呈□□□□□太極殿前□守務極殷揔情兼□
論警□遂於舜貳請義□於堯儲□外式淸□□□遠
□□旣揔□盈斯□□□□□□□□□□□□□□
□□□□詔不許□二□□□□□□鎭軍大將軍芮
國公位重黃初德符淸遂揮金逸賞無慙於二賢讓田
高志有踰於兩國□予□□文叶（缺十二字）左陽遷南豨之
□□西吳之□京里欽其素譽侯服仰其□塵廿三年
表請致事授光祿大夫賜同□□榮□特□□優□馬
膺茲（缺二十九字）輝三□無徵百年俄盡永徽元年六月四
日甍於京城之㕍德里第春秋六十有九嗚呼□□惟
□□賢□□□情□□□□□□忠義有聞爰□弱齡

□□□□□□□□遠言□□□□□委質藩朝□誠
霸業綢繆歎遇契淵旌麾霜雪□春松銹無改瑤玉□
肅金鉦□沉沙之奇□□□□□□□□□□□□□
□□□徐□□□劉□□□□□□寡旗陷敵□進□
千□賞嚀庸常居第一登□闥陪軒禁歷華寺□名藩
莫不循猛兼□紘韋適度故得累彰□□特簡帝心（缺十
四字）邁□□□□懸□□嗟□□□□□悼□佩銜悲
固以事切柳莊情深隨會者矣詔曰念功惟舊前□之
令圖悼往飾終有國之通典故光祿大夫（缺九字）始累著
勳庸□□□□□展□節□□□□懃劾於軒墀□
揔華藩洽美化於謠頌奄然薨謝震悼良深□書徽烈

□□泉壤□□□□使持節都督并汾□□四州諸軍
事并州刺史餘勳封並如故□日□□□絹布□百□
□粟三百石陪葬昭陵賜東園祕器葬事所須並令官
給仍令金紫光祿大夫行光祿卿□□□□水□□□
□□□□□使近□墓所往還夫人楊氏周金紫光祿
大夫左衛大將軍儻城信公紹之孫隨京兆尹太子太
傅司空司徒公諱士雄之女也胄□鍾鼎性稟幽閑□
德兼優四□□□□淑早世清華□□光隆缺十六字
故特進并州都督芮國公妻楊氏操擬松筠志齊氷玉
□□零落兆遂朝□將啟□□殯欲缺十字旌幽缺十五字禮
□長子□□□□上柱國芮國公仁業次子右衛將軍

上柱國象吾縣開國公承基等並夙承家範早缺十四字陽
缺十五字鏤鼎刻鍾□彰□氏披□相質載闡徽風爰樹豐
碑□□來葉猴以虛薄側奉清塵缺課□材乃爲銘曰
軒邱錫宇鉅野開疆樹功分茆率□□□□□峻起慶
緒□長家□□□□□昌浯陵茂節望□□□□□
□誕□光□□南陳龍慶載揚風烈顯光□□克□□□
□□□滄遠□蔺□□□元□□□度義□□□□
□□□□□劍□□□□□□□交□□□□□□
纂□鱗□□□翼鱗翼可附公侯斯復藩寫聲馳□□
譽穆參贊機謀升降軒陛既列□□還同□□履□
□□□□□□□□□□□□□□□□□□□□

散□漁□□□□風□□□靈襟猶暢光陰遽盡響
縷流悰陽□□□□□□□像既□魚軒□飾雨櫬
歸兆雙旒赴域加等斯□榮哀兼□□□□□□□
□□□□□□□□□□□□□□□□□□□樹
□□□

唐贈并州都督豆盧寬碑門下侍郎李義甫撰正書
不著名氏寬字欽恕位至光祿大夫封芮國公贈并
州都督謚曰定碑以永徽中立在昭陵集古錄目
第六百十一唐光祿大夫豆盧寬碑李義甫撰正書
無姓名永徽元年六月金石錄
碑·在醴泉西谷村芮定公者豆盧寬也唐書欽望傳

祖寬高祖初權殿中監子懷讓尚蕭春公主貞觀中
遷禮部尚書左衛大將軍芮國公卒贈特進并州都
督謚曰定此碑額題曰唐故特進芮國公案碑作芮定公與
史所稱正合文甚泐趙氏金石目錄以爲李義府所
撰當無誤也關中金石記

此碑寬祖泐其名唐書宰相世系表名永恩未載其
官周書附兄寬傳寬傳云其先本姓慕容氏前燕之
支庶也祖勝歸魏賜姓豆盧氏或云避難改焉父長當作萇史諱
柔元鎮將有威重弟永恩魏大統十六年拜
使持節車騎大將軍儀同三司孝閔帝踐阼授鄯州
刺史入周遷都督利沙文三州諸軍事利州刺史此

碑州刺史上缺一字當是鄴字周下缺一字當是授字寬父通隋書附兄勸傳在周時授大都督儀同三司封沃野縣公入隋尙高祖妹昌樂公主遷洪州總管謚曰安正與碑合宰相世系表載寬子有承業懷讓方則三人而無仁業承基之名碑載長子仁業次子承基表既以二名合爲一人仁業爲武后中宗時相欽望之父見舊唐書欽望傳表乃以承業爲欽望之父皆誤也惟表載後周儀城信公楊紹及紹子隋雍州牧士雄之名與碑載寬妻之父祖合筠清館金石記

金石續編卷第四終

金石續編卷第五 唐

武進陸耀遹纂　太倉陸增祥校訂

唐二

中書令昭公崔敦禮碑

隸本字徑七分正書
篆額在陝西醴泉縣

大唐故太子少師中書令 開府儀同三司并州大都督

□□□李昭公神道碑　于志寧字仲謐作文

蓋聞□□□□□五臣□□□圖周王定霸四友贊其英

畧故能撥亂御極類帝 缺 籌綿補之始樹績雲雷之初

成配 缺 之功建□鼎之業經文緯武尊主庇人齊德夔

龍連芳風力形圖麟閣銘勒□□□武開 缺 執鈞亭四

卷五

□而匡王業亨伯達百之作□□□□□□藝之文
思窮物理珪組弈□方千紀之羽儀紳佩蟬□比九世
之卿缺爛□於緹□□被於簡牘會祖宣猷周梁州摠
管隨缺大□稽天預奠川之鴻業醜徒嘯侶叅□□之
元勳鐵石之忠僉□□□之寶可缺隨□將軍代州摠
管太常卿禮部尚書固安縣缺溫文爾雅而言成表率
行爲師範成德光於八士芳□冠於□臣父讓缺州諸
軍事定州刺史委質平臺藻思越於枚馬陪遊河曲鴻
□□於應劉□聲振於生前哀榮備於身後揚暉鳳策
播美龍圖公昭孝懷忠□文□質幼缺之光渥水□騰
騁千里以追電滇池將運搏九万□摩霄文極□□才

高吞鳥學□繁露思兆夢蛟論道宰化之方體國經野之術齊暉稷鄉□□業缺髮缺黃屋沒於望夷黔首墜於塗炭大唐循□□歷辨位居方□□以便通賢蒲輪以招奇士公識芒碭之啟靈知梁宋之興□投刺轅門缺禮殆將臧性□鑽燧而推□對風樹以興哀苫蒿柴泣血三年楊臻居喪七載挍斯至性詎可相方武德二年奉勅奪情授左勳衛□年授缺勅撿挍右驍衛府長史□年右校叛換亟擾天田左賢陡□將迴地軸蕩滌逋寇事籍謀猷奉勅副鄧國公宇文士及往嬀州經略事了缺公缺詔比缺奉勅往幽州追都督廬江王李瑗其瑗陰預戾園之謀將據河朔之地嘯命兇黨爲亂

階公非理被囚 缺 入金銀器□十一件細馬一匹其年
奉勅副御史大夫安吉郡公杜淹往武功□簡點還授
中書舍人 缺 之以茅□六年授員外散騎 缺 騎常侍行
中書舍人七年守太常少卿三雍七郊之禮則□之於
靈□□寂□□之樂□□之於 缺 於 缺 旋行□於夏首
化洽九江獨步於是環冠貪夫爲之解印聲高八俊譽
邁二星九年屬有國喪鸞鵠先發以公攝使十 缺 切□
昭禁暴之本□選列 缺 代咸寄親賢今授此官允於僉
望昔炎政□季區宇混淆六樂與沙塵俱崩三禮將原
火 缺 延陁侍燭龍之阻深騁射鵰之小伎失事大之節
懷凌長之心公運裏敬之長籌搗鄭衆之雄辯呼韓以

之倒衽□□於是 缺 年公奉使往延陁□和親事蒙賜
絹三百匹其年授右屯衛將軍經超二衛寄重三軍方
信布之爪牙比良平之心腹漢 缺 都□比李牧作宰聲
震龍庭聲魏尚剖符威懾狼望膠折息蕭關之騎月滿
絕甘泉之烽廿年授銀青光祿大夫守兵部尚書 缺 武
缺 事位光七命職統五戎政典司之以納言喉舌寄之
以元凱聲馳禮闈譽滿周行尋正除兵部尚書檢校 缺
之飛□西□□之尚也其年副太尉趙國公撿校山陵
函簿事畢蒙進爵爲公食邑一千戶賜物五百段 缺 奉
綸言負璽左曹 言 七車以對詔獻替旒扆損益機斷雖
渭浦地叶周□傅□夢感□□以 缺 淡白志尚清虛固

讓機權領歸閑逸而承華肇建望苑初開審喻籍以正
人調護賢於缺從於儲君故以德茂曩賢名高往哲者
也而東流難止西景易沉未登□月之期□□□□之
□以缺嗟替祗爲之揮涕輿駕於雲龍門舉哀詔祕書
監駙馬都尉長孫沖職方郎中温□□□□司農卿
長孫知人監護太府少卿韋思齊爲副又令中書侍郎
李義府持節□祭皇太子缺昭陵之南安樂鄉平美里
惟公降辰昴之秀氣稟嶽瀆之精靈缺材偉棟梁缺望
澂江缺爲衣冠之表綴實朝倫之規矩自隨風不競海
縣分崩三戶興滅秦之師八百起亡殷之衆人缺神筭
遠聞吐納赤墀對揚流譽侍衛丹扆巡警有聲建節榆

闕塵清柳室張旃鹿塞□□狼山缺孫懃其好施子敬
傀其輕財博識古今超晉朝之武庫決勝罇俎冠漢室
之智囊見□宏□□分馬□缺可謂廊廟之瓌寶朝序
之宗臣者焉而眉壽莫終奄𡨋之祝遂爽日□未□□
召之□無□缺心孝德究慎終之道恐桑田變海深谷
爲陵懿範不傳徽猷永沒所以勒□二□繼公□之缺
儀天會構控地長源大庭誕祉尙父開藩賦超雅頌論
擬文言家傳積善世樹高門其一辰象降□川缺狐鳴星
亡鬼哭懷玉擇主元天改卜其二聖人有作乘時定亂負
鼎經缺啓□劒臣贊屢缺乇警衛六官遊職龍池鼓鱗
鳳條矯翼缺子房審喻長缺其有儀缺若朝與□如缺

敬缺曰宰樹籠煙玉棺永閉寶劍空懸□□

唐太子少師崔敦禮碑尚書左僕射于志甯撰太常少卿于立政書敦禮博陵人位至太子少師侍中中書令固安縣公謚曰昭據唐書敦禮字安上而此碑曰君諱安上字敦禮又曰本名元禮武德二年敕改爲敦禮前後自相乖誤當以敦禮爲正碑以顯慶元年十月立集古錄目

第六百二十九唐中書令崔敦禮碑于志甯撰正書無姓名顯慶元年十月案新唐史列傳云敦禮字安上而宰相世系表則云名安上字敦禮今此碑所書與表合然舊史及碑皆言敦禮本名元禮高祖爲改

名爲其孫兢墓誌亦云名敦禮蓋疑其以字行耳又世系表其末載崔氏爲宰相者二十餘人而獨不著敦禮乃其闕漏也金石錄

崔公墓碑已剥落然所存者整潔俊逸顆顆明珠也筆致大似李衛公碑當亦是王知敬書秦人趙崡云此碑久仆少傳於世又倅收碑書法亦類此當俱是王書也庚子銷夏記

崔敦禮碑于志寧撰文于立政正書案集古錄顯慶元年十月立庚子銷夏記作王知敬書誤關中金石記

崔敦禮高宗時宰相本名安上以字行唐書有傳此碑泐其名字會祖宣猷本名猷亦以字行祖仲方字

不齊信都太守固安縣伯父嘉字大德鳳泉合石城縣男皆見於宰相世系表碑敘先世有固安縣三字謂其祖也敦禮傳載其通知四夷情僞屢使突厥前後建明允會事機故碑屢言使邊事卒年六十一陪葬昭陵碑雖殘泐其始末亦約畧可辨筠清館金石記

光明寺慧了塔銘

縱橫二尺二寸二十四行行二十四字正書下方左角缺二十餘字在陝西西安府終南山

大唐光明寺故大德僧慧了法師銘

法師□慧了俗姓宋氏若夫西京纂𠟨車騎建其英謀東漢握符司徒鼎其鴻業會攜與靈山比峻昌原共德永俱長人物備在典□□烈煥乎篆籀法師道心天縱

解行自然不假薰脩已達四禪之趣無勞雕琢便登八正之途七歲出家久著老成之德十三依衆早識性相之原有信行禪師者釋氏之冠冕衆門之棟梁達究竟於沖襟窮權實於靈府濟甚生於正覺闢衆品於重昏一見法師歎之良久曰紹隆三寶非仏子而誰法師遊刃三乘括囊十地闡龍宮之奧旨演鹿野之微言遠近歸依道俗鑽仰不乃心敦寂滅志絕攀緣晦跡林泉韜光巖谷

文帝既行輪王之聖教將窮正法之玄宗

勑令太子太保宋公瑀大德僧內銓簡三八所以辟召法師方擬對揚

宸極宋公共論法相鄙君便祛似遇天親如逢無著因
而居□□範緇徒其有鍱腹決疑杖錫請法咸剖錯節
俱釋盤根但□□居諸晦明迭代崦光易落閱水難留
旣傷壞木之哥還切□舟之歎顯慶元年八月五日寢
疾遷神於光明寺禪坊春□□十有四即以二年二月
十五日於終南山楩梓谷禪師□□□骨起塔昔郭泰
飛英漢室尙勒無愧之文賈逵擅譽□□□□不朽之
頌況津梁六道濟度四生理須播美縑緗□□□□□
爲銘曰
偉哉開士道濟群生跨躡龍樹牢籠馬鳴□□□□□
□□□旣登滕果永斷無明

太子太傅尚書左僕射監修國史上柱國　下缺

按此石嘉慶初出土金石家皆未著錄塔亦無存云於終南山楩梓谷起塔則知與信行禪師塔相近仏字之仏乃古文佛字京口甘露寺鐵鑊文梁天監造仏殿前佛亦作仏宋公瑀郎蕭瑀也會搆之會古文層字見於古書者甚多壞木之哥哥字亦古文見說文解字冠冕作冤乃碑之誤然亦可見古人作冕不似今人作冕全失从三之恉也　陸增祥志

信法寺彌陁象碑

碑連額高七尺二寸廣三尺四寸三十行行五十六字正書額題大唐信法寺弥陁象碑九字三行篆書

陽文額右旁有大像主雲騎口李令撫任州市丞十四字在直隸元氏縣

原夫有玆染性之初無明住地之始家犬羸而易遣野

鹿柔而尚馴暨乎結賊締交俄成六十有二愛魔乘便

終爲八万口千生死之業既般輪迴之勞詎息攸攸口

趣積骨踰乎嵩華擾擾四生洩淚儗乎溟渤既橫流於

欲水亦奔駭於嗔歎沈缺般憂期於啟聖拯溺在乎深仁

若乃五眼儌羅知見之功已大三身光被攝受之道斯

弘藹藹図猷禪慧爲其力用堂堂相好慈忍爲其風骨

畢竟清淨識法海之常寂口性貞明知佛日之恒照何

則法本不然非雙林之所能滅空卽是色豈千母之所

能生斯乃具相歸無唯識假有示變爲鳩沈作而非去乘

爲爾無來故能奄有十方遂荒三界或權或實且俗
且眞□得莫之闚窬辯所不測豈與夫繼經演繇校其
優劣者哉是以龍爲貝贈釋梵歸仰巍巍蕩蕩無得而
稱至如隸刃猶飛解凝舶之愛網割□風舉摧怖畏之
坏䩋遂使闍王蠲疾於身心難陁脫屣於妻子不其然
歟信法寺者比曰尼釋解□□所存也氐川灌其北叢
薹跱其南原野阡眂室宇膠葛士繦斷金之奇意友是
如玉之華姿有列仙之遺風居全趙之勝地處窮巷而
非隘迫鄽里缺而非諠不豐不陋不缺□不野合至道
之要妙據方便之岐劇詵詵法侶俗定水而去穢心齊
濟仙儀權虛舟而對慧岸清風將梵響爭流芳芷與齊

雲鏡颬夜鐸吟鸞鳳之曲曉幡曳虹蜺之影徘徊四照
含日露而揚輝寵麻九衢掩藹蕙沈作惠而矜色於是祁
祁士女習習紈素憧憧不絕口口相口咸淨七枝俱捐
三壽鮮媞釋累叩鴻鐘而不窮虛往實歸酌衢樽而靡
竭雖日連駭儀而改服斯郁閑戎而歸虔無以過也
大唐均口造物神功遐暢德澤共二儀替運冥化與
七曜齊光播五禮以移風扇六樂而成俗
太宗文皇帝重光御極體睿凝圖沈缺始自憂勤翊群飛
於海外賜之仁壽拯塗地於寰中氈裘板屋之酋入提
封而請吏雕題鏤罽之長疑郊甸以相趨蠢尔三韓不
供貢職肆梟鏡於君主施鴆毒於萌沈缺黎士口憂惶道

路以目既𨊥綱隍之慮爰奮赫斯之怒宗乃親[弘]
廟略問罪遼東義勇爭先水陸齊舉柱國李□徽都郡
飛騎尉杜(沈缺)遺碩合應募一百人等懷志應募書(沈作名)
銳□□被(沈作致誤)組練之衣叅熊羆之旅雖以王者之師
有征無戰而蠢蠢有苗(沈缺)或兵(沈缺)凶遂乃同德同心
預造弥陁像一鋪既而登□梟(沈作之果)以𥳑邁跨渤澥而
天臨一戰搴旗瓦解(沈缺)氷(沈作水誤)泮擒鑿齒於華野繳大
風於青[丘]刻琬[琰]於　九都飲驊騮於　河渚元氏縣一百
人等並推鋒於漂杵之地賈勇於先鳴之晨廁[丘]山之
隆冀預川坻之嘉會名節書於王府勳庸被於管絃竟
免毀於疑膚(沈缺)終不離於霧露豈□幽明叶贊神功不

測者乎於是思報慈恩咸申本願倘求斑不嗣彼優塡
慕爲眞容極慈神變負光共口輪同照口口與菡萏俱
靑丹膏紺髮之表紫口白珂之色丈六顯其尊儀一毫
攜其勝相瑤沉露既控法流寶樹參差還生淨巢凄鏘
鶴奏含夕此缺二字吹而方靄搖曳蜺裳亂煙雲而且至
皇皇侍衞旃檀爲身寶之林弈弈仙宮瑠璃爲正觀之
地莫不覩相增善結願往生低頭而入巨忠舉手而成
佛道趙州刺史李振提史潘於司馬葉慜並衣冠閭胄
嶽瀆英靈布四序之和風發六條之善政鈞距既設則
下吏不欺驥足風驅則上京馳譽元氏縣令李守節源
流嗇遠地望淸華標格千仞簡瀾万頃和如琴瑟爾類

亭鮮水鏡爲心氷霜成操瑱瑱莫致月且與瓊珮齊名
亭亭孤竦歲暮將寒松比色不可得而近不可得而疎
寺主比丘□層通達上坐慧叡都維那寶應貞意等並高
仰大乘征當小雅合慕人等咸冀〔沈缺〕除心垢耘耨身田
莫不異口貽成同〔沈缺〕心〔沈作明誤〕〔□舊〕惟懼栢薪交謝舟壑
皆移形無常主生亦有崖不口鐫勒揮光口〔捨〕乃爲銘
曰　貿〔沈作□〕相之相無〔沈作疑誤〕名之名惟怳惟忽非
色非聲不來不去誰滅誰生彼宅火宅斯城化城至矣
能仁猶歎善逝救焚拯溺通幽起滯旣達性源還依本
〔沈缺〕際佛曰長頭廣運潛〔□沈作龐名軍口〕都勝地列眞〔依〕託
招提載起飛甍綺錯更似菴園還同柰閣方傳法鼓恒

流聖鏐明明　□帝光宅神州森玆蒞朮不率王猷爰
摇□（豹）鳽干嵩[巨]（嵩擇）暫與渤澥安流無言不讎無德
不報剏乃先登人天普道幽贊之功叶于□到偸求八
絶攀玆一（說作刁）繞神□卭卭（抑法作抑）實相空堂目雖遊淨
（流）雪光泄含瑞翠樹挺琳瑯悽清鶚奏搖曳皃霓
（衎流作衎）作佐（流作）在彬彬長幸搽勁松篘（流二字缺此）□渺闕（流缺）
詑[玄]（流缺）功□泣勝因□仕（武）□□□（同）歸法海一念（流作）
（含）龍假四相遷移寂寞遐邇日月流（流遐）流渺頌美文不
在折武刊貞石永樹豐碑　前縣丞鄭萬英撰文　斷
慶三年四月八日
右碑無書碑人姓名撰文者爲前縣丞鄭萬英雨唐

書無名題額右旁有正書一行云大象東(?)騎口李
令撫任州市丞騎下一字泐當是尉字唐六典上州
有市令一人從九品上丞一人中下州市令丞各一
人唐會要垂拱三年二月上州置市令案此碑立於
顯慶三年已有州市丞之官知會要謂州市令置於
武后時其言不足據碑爲元氏縣一百人等應募從
征高麗事平還鄉申願造象而立太宗征高麗事見
舊唐書本紀及高麗傳又張亮傳云太宗將伐高麗
亮頻諫不納因自請行以亮爲滄海道行軍大總管
管帥舟師自東萊渡海襲沙卑城破之虜其男女八
千口所云水陸齊舉當卽指此又碑有刻石銘功之

語本紀云六月丁巳高麗別將高延壽等率兵十五萬來援安市李勣率兵奮擊上自高峯引軍臨之高麗大潰延壽等以其衆降因名所幸山爲駐蹕刻石紀功焉又高麗傳命中書侍郎許敬宗爲文勒石以紀其功又本紀冬十月戊午次漢武臺刻石以紀功德又碑有趙州刺史李振長史滔祐司馬韋懿新舊唐書皆無名新唐書宗室世系表渤海王房有名振者延州別駕爲渤海敬王奉慈孫與此名同當非一人又元氏縣令李守節新書宰相世系表丹陽房李氏有守節光化令爲衞景武公靖弟客師孫又東祖李順房衡水令東王第二子亦名守節稽其時代皆

任此後　（光緒常山石志）
按元氏縣信法寺彌陀像碑鄭葛英文爲柱國李
口徵飛騎尉杜遠並應募百人從征遼東申願造
象而作也通鑑唐太宗貞觀十八年將征高麗十
月幸洛陽以張亮爲平壤道行軍大總管帥江淮
嶺峽兵四萬長安洛陽募士三千戰艦五百艘自
萊州泛海趨平壤以李世勣爲遼東道行軍大總
管帥步騎六萬及蘭河二州胡趨遼東兩軍合勢
並進遠近應募不可勝數皆取願行者募十得百
募百得千詔諭天下以高麗蓋蘇文弑主虐民問
罪遼碣所過營頓無爲勞費十九年二月上將諸

軍發洛陽三月至定州謂侍臣曰遼東本中國之地隋氏四出師而不能得朕今東征爲中國報子弟之讎高麗雪君父之耻士卒感悅有不預征名願以私裝從軍者動以千計四月李世勣自通定濟遼水至元菟拔蓋牟城張亮帥舟師自東萊渡海襲卑沙城五月世勣攻遼東城上引精兵助之圍數百重克其城以爲遼州九月班師十一月至定州碑云肆梟鏡於君主施鴆毒於萌黎指高麗之弑主虐民也義勇爭先指應募之衆水陸齊舉指李張兩軍之合進也太宗東征往返皆次定州元氏屬趙州去定州二百里而近史稱遼近應募

元氏百人實與爲元和郡縣志贊皇縣泜水在縣西南三十五里韓信斬陳餘處泜水在贊皇西南而在元氏之北趙州刺史李振長史潘祐司馬阜懋元氏令李守節皆無考方志職官所宜采也阡眠即芊眠膠葛即膠轕眠因諱省芊阡轕葛同音通字俗定水而去猨心俗乃浴誤標格千刃刃與仞通任州市承前縣承承即丞也萃編載長安三年信法寺眞容像碑序云信法寺者隨開皇三年所立蓋即此寺王氏未見彌陁像碑故疑寺在河東

碑文闕字據常山貞石志補注於旁其所互異

悉注於下志有闕誤一並註明碑陰題名可勿錄也鼻鏡作鏡驊騮作騮鏡乃譌字驑借文推鋒於標枰之地推乃推之誤均前跋所未及碑陰

詳志

千佛山劉元意造象記

高廣不計三行行十二字正書在山東歷城縣千佛崖

大唐顯慶三年九月十五日齊州刺史上柱國駙馬都尉渝國公劉元意敬造□像造養

攷唐書公主傳太宗女南平公主下嫁王敬直以累斥嶺南更嫁劉元意又劉政會傳子元意襲爵尚南平公主與石刻合史稱元意高宗時爲汝州刺史不

知其嘗刺齊州也潛研堂金石文跋尾前錄

千佛崖唐造象題名余所藏拓本共廿一種所未得者顯慶二年南平長公主造象記與龍三年尼无畏造象記也濟南府志

桂州舍利函記

高一尺廣一尺二寸十一行行九字正書在廣西臨桂縣

維大唐顯慶二年歲次丁巳十一月乙酉朔十三日丁酉於桂州城南普興寺開發建立此妙塔七級舉高十丈至顯慶四年歲次己未四月丁未朔八日甲寅葬佛舍利貳拾粒東去大口三十餘步舍利鎮寺僧共法界一切含識永充供養故立銘記

右舍利函高七寸八分橫九寸八分中空以盛舍利者外四面一刻記其三刻佛像在臨桂縣萬壽寺籤

桂林風土記褚遂良以顯慶二年貶桂州今開元寺即今萬壽寺舍利塔前有褚公親筆寫金剛經云云或疑此記亦褚筆考顯慶二年遂良再貶愛州明年冬卒此非褚書明甚然筆勢瘦健其亦親炙於河南者歟廣西通志金石略

按唐初壽興寺後爲開元寺見莫休符桂林風土記宋爲壽寧寺見李時亮元豐四年雉巖題刻郎今臨桂縣雉山之萬壽寺也道光三年龍泉敎諭仁和徐君元楷出示拓本次年果亭撫部成格自

桂管還京多貽石墨以是刻爲琛璧之先且云石函爲人攫去予購獲之屬友人納諸亭壁庶免負之而邇後二年老友錢唐何夢華元錫遊桂林親訪石函摩挲手搨視爲至寶余曰此原刻之佳者耳因取撫部拓本證之則甲寅寅字作贠而後搨作甯四周鏤刻幾可亂眞不知何人所易也

豆盧遜墓誌

石縱橫各一尺八寸三十二行行三十二字正書在陝西咸甯縣

大唐故駙馬都尉衛尉少卿息豆盧君墓誌銘并序

君諱遜字貞順河南洛陽人也　太祖武皇帝之外孫

太宗文皇帝之甥也原夫星街北鎮氣雄高柳之都

日域東臨威震扶桒之□及祥分玉板運圮金行盛王
業於雀臺肇覇圖於龍塞彝燕入魏既得姓於□□
□□□紀成功於翼主故得門傳戈鼎業擅緗圖包宏
散以孤拖揔□□□□□史冊可得言焉曾祖通
洪州揔管沃野公謚曰安道濟風雲□□□□□
□□□□□鹿於朱軒落鳴烏於玉輦百僚既肅
共仰金□□□□□□□□祖寬禮部尚
書左衛大將軍光禄大夫行岐州刺史□□□□國
瞻特進□州□□□□□海岳擒靈辰象提氣
風格沉肅凝映士林□量宏深岡羅天□□□而□
□□□傳而並馳榮數極於生前縟禮繁於身後父懷

駙馬都尉尚輦奉御諱□□□太府衛尉少卿地望
高華音容韶令家延帝子室茂王姬同遊劍水之龍獨
□□□之鳳君即衛尉第三子也親長沙長公主□然
合於婺象分玉種於藍田□□□□勒光以動色彩
澄飛月疑夜景以含□□神日稱奇譽初丧疑數從戲
馬卽□□□之材聲自□羊方先河東之美豈止□辰
早歲獨茂重玄元鳳夙齡亟工柔□及見縕茹蘖痛切
匪莪標氣就淪愓陰□殞雖年代浸遺風枝之恨罔渝
□□外□□雲露之情尤切至若教成斷緯業就離經篋
海浮天鏡璇波於扑岳談叢麗日殿□□於□林加以
族茂燕毘氣淺河石弓聽 明月碎啻葉於楊㭎騎轉浮

雲散輕□於□□故得鷹紳屬望披薜馳心猶决羽之
仰丹禽若消滴之歸滄海豈詞寒風曉拂□□桂於初
華繁霜夜零剪庭芝於方秀嗚呼哀哉粵以大唐顯慶
四年四月十七日卒於雍州萬年縣之常樂里第春秋
一十有七即以其年太歲己未八月己丑朔廿八日丁
申遷窆于萬年縣少陵原禮也君以□梁景族懿戚象
家生於鍾鼎之□□□簪裾之會然天資澹雅性與謙
恭無累煙霞之心自得風塵之表惜其英資□□□□
於明時盛德芳華圮淪於厚夜長沙誰□□之□□沉
□□□之永碎□□牛眠記蒙游謝鵶鷰馬鬱閟封竟
資蠖蟻故□□□□□□□□□□□□□□□

觴見滕公之白日泉飛□□芬稚子之陰□□□□□
必搏□□□□□□□擁而嘶馬秋風驚□□□
渠田□方易懼舟[illegible]□□□□□□□□□□□之
冰扇其詞曰
地隔紫□星分柳塞山川眇響風雲晻曖□□□□
□匪昧上谷辞燕中山入代二公垂緒一數前載就日
標華浮霄引槪衛尉含章芳□閒起職移丹棘花飛穠
李門慶斯來篤生君子珏瑛方潤璧山齊美華海鯨分
詞林鳳峙日烏空落藝羊髭擬謙恭神授孝友天成煙
霞自重戈鼎攸輕方遊星閣奄閟泉扃將華落藥方秀
摧榮百身何贖千祀徒名悵引秋蟲檐飛暗翼晝柳朝

引素騏夕急荒隴沉䡴寒郊寘色□□遽返歸魂何極
空餘素範方標懿植

豆盧爲代北巨姓寬乃隋文帝之外孫入唐歷禮部尙書封芮國公謚曰定陪葬昭陵有碑存焉其子懷讓尙高祖女長沙公主遜卽公主之子也唐書宰相世系表載懷讓子名貞松官宗正卿封中山公無遜名遜爲懷讓第三子以早殁故不列於表古誌石華遜之遷定以八月己丑朔廿八日壬申當是丙辰之誤筠清館金石記

右墓志三十二行行三十二字正書字徑三四分志言遜爲太祖武皇帝之外孫太宗文皇帝之甥又言

東懷讓駙馬都尉衛尉少卿君郎衛尉少卿第三子親長沙公主攷唐書公主傳高祖女長沙公主始封萬春下嫁豆盧寬子懷讓則遜郎懷讓之子也可證石刻東字乃父字之誤志又言曾祖通洪州總管波野公謚曰安攷豆盧通隋書有傳云字平東勣之兄也在周以父功賜爵臨貞縣侯大都督遷儀同三司封波野縣公加開府歷武賁中大夫北徐刺史進位大將軍開皇初進爵南陳郡公尋徵入朝又出拜定州刺史轉湘州刺史遷夏州總管洪州總管卒謚曰安有子寬則通在周封波野公入隋又進爵南陳郡公歷官至洪州總管卒謚安志不稱其隋之進爵郡

公而稱周之初封縣公未知何故又豆盧勣傳言昌黎徒河人本姓慕容燕北地王精之後中山敗歸魏北人謂歸義爲豆盧因氏焉與周書勣父寧傳略同元和郡縣志云豆盧本姓慕容燕王廆弟西平王慕容運孫精之後又止標其望爲昌黎棘城與勣傳徒河少異據此誌云河南洛陽人則豆盧在唐時又有居洛陽者爲元和志所遺又攷元和志言精生猶醜猶醜會孫萇永恩寧寧生勣勣生毓永恩生通通生寬唐禮部尚書芮定公寬生承業懷讓懷讓生貞松宗正卿中山公此志有禮部尚書左衞大將軍光祿大夫行岐州刺史云云其上多摩滅之字蓋皆敘懷

讓之父遜之祖寬之歷官也元和志於懷讓下無一字不獨未知其官衛尉少卿且不知其尚主而爲駙馬都尉又止知懷讓生貞松而不及遜皆可補其闕

滿讀志文約畧知駙馬懷讓早卒遜係少孤遜之墓志並其母長沙公主令詞臣所撰雖不題姓名文頗美麗可觀書法亦不劣惟多摩泐且有如姓之作性古字通而父之誤東及偏而不正之字未知是原刻否豈出土後爲妄人補鑿之誤耶古泉山館金石文編

按豆盧遜墓志銘題曰故駙馬都尉衛尉卿息豆盧君遜無爵而以父爵統之可爲碑版起例遜爲芮定公豆盧寬之孫駙馬都尉懷讓之子母曰長

沙長公主豆盧氏見唐書宰相世系表元和姓纂已詳芮定公碑跋尾此志祖下闕一字即寬字也曾祖通隋書高祖妹樂昌公主附見隋書豆盧勣傳唐書公主傳高祖十九女次人爲長沙公主始封萬春下嫁豆盧寬子懷讓而不及懷讓官闕可據此補之誌中駙馬都尉下闕八字衛尉少卿上有太府二字唐百官志衛尉寺太府寺並卿一人從三品少卿二人從四品懷讓蓋兼太府衛尉二寺少卿又吏部司封載皇姑爲大長公主正一品姊爲長公主女爲公主皆視一品長沙爲太宗之妹高宗之姑石立於高宗顯慶而但稱長沙公主

何也遜爲衞尉第三子而姓纂世系表祇載懷讓子貞松宗正卿中山公餘皆不著遜字貞順以例貞松殆以字行而非名也豆盧氏之尚主者懷讓曾孫建尚元宗女衞國公主始封建平亦稱建平公主長安志萬年縣勝業坊有駙馬都尉豆盧建宅建尚建平公主又肅宗女宿國公主下嫁豆盧湛亦見公主傳與懷讓世系無攷常樂里在萬年縣朱雀街東第五街道政坊之南爲常樂坊長安志坊內有和政公主宅肅宗女降柳潭而不載長沙公主宅此可補宋氏之遺少陵原在萬年縣南三十里今爲咸寧大兆社

碑文闕字據筠清館所載補註於旁陸增祥志

處士張興墓誌

石高廣各二尺首一行字徑八分誌文二十六行行廿七字字徑六分正書有界格在河南臨漳縣

大唐故處士張君墓誌銘

君諱興字文起南陽西鄂人也漢太史衡之胤胄昔靈表西豐留侯建帷幄之筴星移東井常山興締搆之功或師範萬葉照彰圖籍光臨千里煥炳縑緗異動三台識司空之忠烈吟謠兩穗表太守之仁明弈葉簪裾蟬聯珪組規矩重疊代有人焉緬究遺編可略而言矣曾祖瓘魏冀州信都縣令絃歌不奏美化洽於一同鳴琴詎張仁風淸於百里祖虔周太僕寺主簿才能幹濟智

略強明尋旨辟除轉授瀛州河間縣令父才隋楊州江
都縣丞輔弼風規俗流淸化贊導名敎邑致歌謠君胤
係嵩華等琨瑶之貞劒箕裘纂紐若青巨之祥纘襲烈
因心未貧於典籍忠貞天縱不假於規模崇有道之林
宗慕無爲之李耳名利之所不拘榮辱之期混一弓旌
不應羔鴈無移道契虛玄性符高尙縱寂寞而賞趣持
澹泊而怡神志道研精非邀鼎食窮微盡要詎徇軒肥
得性琴書吟嘯烟霞之表時談物義進退木鴈之間妙
歎榮期高符黃綺時遊三徑乍撫一絃以道義而爲尊
輕蟬冕而非貴探賾幽隱迥邁莊惠之機致遠鈎深遥
鉗黃老之趣想秦晉之有逅見潘陽之代親遂婚於長

州辰溪縣令漢陽趙徽之女幽閑婉嫕中饋聿脩懿淑
温和母儀庭宇君舅業成勞遇楊雄之痾疾淫書作瘵
遺皇甫之沈痾氣擁膏肓疾纒腠理屬華他而不瘉見
扁鵲而無瘳以貞觀廿二年七月廿七日卒於私第春
秋六十有二夫人趙氏卒於永徽四年春秋六十粤以
龍朔元年歲次辛酉十月癸亥朔廿三日乙酉合葬於
故鄴城西八里禮也面平原背漳浦左帶蕪城右連林
麓刊玆玄石紀以清徽勒彼鴻名光斯泉戶庶使青山
爲礪表盛德而弥芳碧海成田闐嘉聲而不泯嗚呼哀
哉乃爲銘曰
規矩重疊珪璋代暎三台表異兩歧興詠人倫楷模擅

紳龕鏡百代逾芳千齡弥覺道合幽[玄]性符林壑迹齒
滄波名流臺閣貴不充詘賤不殞鑊思巧雕龍光逾刻
鵠有謂昇堂相期入室帷潰徜空繁華未實儵忽不幸
咄嗟已失一棺既閉万事長畢茗莣龍首巉崿山足露
銷草翠風飛樹緣[元]門一掩寒燈無旭私擬式題貞芳
載燭

誌内虔字作虔以祖諱闕筆隕獲作殞鑊岧嶤作茗
莣則誤字也又烝作烝匹作迊揚州揚雄之揚皆作
楊古誌石華

昆吾作琨珸俗不泯作不泜避諱字前跋未及

陸增祥志

張周醜等造象記

石高八寸廣二尺六寸四十一行行十字正書在陝西扶風縣

龍朔二年歲次壬戌八月丁亥朔十五日辛丑一十七人上爲皇
帝陛下七世父母所生父母及法界倉生見存眷屬歷
劫師僧敬造弥勒世尊一區
並願捨耶歸正發菩提□常見一切諸佛
都象主張周醜一心供養
開佛眼主毛道長一心供
都化主李士昂一心供養
齋主邵士通一心供養佛

佛弟子董浪苟一心供養
佛弟子王行感一心供養
佛弟子張文興一心供養
佛弟子韓小感一心供養
佛弟子阜菴仁一心供養
佛弟子李小才一心供養
佛弟子潘德素一心供養
佛弟子張仁感一心供養
佛弟子張善智一心供養
佛弟子毛德言一心供養
佛弟子胡廿才一心供養

佛弟子邵智達一心供養

佛弟子毛晝仁一心供養

佛弟子董善集一心供養

佛弟子張明度一心供養

佛弟子邵萬基一心供養

都道場主張善豐至

香火主董胡仁一心供養

登明主邵小通一心供養

開經巨韓小威一心供養

東面道場主胡廿才至

西面道場主張文興至

南面道場主李小才至
北面道場主董渥苟至
十七人大像主董渥苟一心供養佛
口者張靜度一心供養佛
按此石列名者二十四人名再見者四人三見者
一人云十七人者指董渥苟以下稱佛弟子者是
也皇帝皇字接寫脊作卷邪作耶替作蒔並誤石
在扶風縣關帝廟內與法門寺相近關中金石記
寰宇訪碑錄亦皆未載
脊作婘蓋婘之省婘古通脊見史記 陸增祥志

周村十八家造象塔記

石高一尺八寸廣二尺六寸正書記七行行十五字至十八字不等題名十八行每家一行字數不等在河南脩武縣

惟大唐麟德元年歲次甲子六月丁丑朔五日辛巳懷
州脩武縣慈仁鄉无爲里周村一十八家敬造尊像一
塔上爲
皇帝陛下永隆鼎祚萬方清謐和風惠暢
膏雨以時又爲七葉存亡云離葱苦上昇刀利下遊□
天庶使大地蒼生常聞法教含靈稟氣□遇　明朝俱
奔濁河同登正覺
周文倉妻常男孝通妻黄孫元式元騁孫敬福□福
周子尙妻劉男信達妻高妻賈妻邢孫男恒託處師處
□

汲郡從事周子徽妻荊息公舉妻韓孫騎都尉文賢仁
基仁忠仁靜元孫□□
周宦妻郭妻荊男大陸異澤二府校尉仁振妻向孫義
安元孫務儉
并州交城縣令周永建妻袁男明徹及妻孫思賢思友
周仕峻妻牛男善見妻黃孫文緯妻李孫男文略
周寓妻馬男大陸府隊正上騎都尉行密妻王男仁貫
曹州考城縣令周義成妻衛妻向男善徵妻黃孫男重
席
劉子儒妻張男文遇妻周孫男師相師愕元孫慎知
琛景嵩妻周男三良妻王孫文幹元孫義澄澄毋寶

段文基妻張男許弘妻趙孫知十女要兒
孫長甯妻王男君初妻劉男君彥妻王男沙門 張
周予政妻路男隱師妻習孫男撣言妹胡女光兒
周買体妻馬男普通女匡兒通妻賀孫師相妻
周劉妻張男上騎都尉留買妻常孫男逸賢 洪端
周毗羅妻路男義坊妻高男義均妻劉男義遊孫務□
周操妻王女夫張行忐妻周外生賢子賢芳賢敬賢□
上林府周君楚妻宋男元擬妻張孫男義端義模義□
義倫

按脩武周村造象凡十八家十四家皆周姓惟劉
珠段孫四家異姓記寃菩作慈菩忉利作刀利並

異文

荊氏不見於姓書疑即列之別體蒸嘗即烝之異文陸增祥志

蘇寳才造像記

拓本高六寸五分廣五寸六行行七字正書在河南洛陽縣白馬寺

弟子蘇寳才并妻劉奉為　皇帝皇后敬造石觀世音菩薩一軀令得成就謹共法界蒼生普同供養

麟德元年六月建

按皇帝皇后高宗及武氏也高宗顯慶二年以洛陽為東都五年令皇后決百司奏事麟德元年天下稱帝后為二聖蘇寳才造像正其時也

孫交才石碑像銘

拓本高一尺八寸廣二尺六寸二十六行行十七字行書在河南河內縣

夫寶機未踐自我之累已深寂境尚遙有待之功斯立是則大悲廣濟隨方應誘既而鶴林西變像教東流形相發於丹青容輝□於玉石至彝空湛體圓明以凝照妙理機□□權寶於生滅甘露遍灑潤品物於無邈慈雲廣覆濟羣生於□□慧炬已然頭昏冥朗化城既導迷幽□□□有之舟航六道之津涉者矣以麟德元年歲次甲子去九月辛丑朔廿日庚申合村等深窮法性體悟無生知妙果之易登識善因之寶樹故能追往賢之勝軌作來際之盛儀遂迺畢力同心敬造石碑像

一區金城之所宣也東瓻長川則有漢陵相望西瞻峻岳尼父之室巋然南顧湍流沁水間其側北臨吠瀑魚鳥或浮沈彩雲月以交凝對太行而寫目其像紺眼流涕湛碧海之清瀾月面淨暉滿金波之淨彩建毫倫於額上晒萬字於胷衿摠十力以降魔照三明而導物因此善根資益合村碩口口剄玉軆度刼火而常存無漏智燈越脩芥而壽命上爲　皇帝下及有情七代先靈存亡眷屬莫不俱會滕因感登覺路乃作銘云　悠哉正覺皇乎膺身筌蹄靡際游泳無津闡揚妙果弘宣勝因救兹生滅拯彼沈淪感終真俗汲引人天千尊迭記八會來緣城空芥實石滅灰然耿耿沙界悠悠大千方

憑妙力永濟無邊

按河內石碑像銘方彥聞(蔭錢)拓贈撰書及造像人皆不著方云孫文才造像記蓋據訪碑錄題之或上石別有孫文才題名而此本失搨書極精妙惜搨未工耳碑中前缺徑二寸許後缺寸許缺十數字歲次甲子乃麟德元年也

額題右相像主陪戎校尉孫文才合家供養此本失拓碑有陰刻懷州河內縣金城村創修功德院記(陸增祥志)

張對銘

石高一尺一寸廣九寸五分九行行十二字字徑九分正書有界格

大唐故張君之銘

君諱對字懷玉南陽白水人也祖貴胡散大夫父素身

有勳官潛居白屋惟君積善餘慶始驗無徵搆疾一宵

遂殞裕弟興以大唐亂封三年歲次戊辰正月乙酉朔

十七日辛丑春秋一十有七郎以其月二十五日殯於

龍門西平原禮也恐陵谷遷變口海成田勒石泉扃傳

芳永久

韓寶才墓誌

石縱橫一尺二寸十二行行

十三字正書在陝西長安縣

大唐故韓君之墓誌

君諱寶才長安人也君德行著於鄉閭物義芳於隣里

不謂天降痾疢漸加困劣名醫頻療曾不見瘳忽以咸亨四年歲次己酉十月朔十九日卒於京城懷德之第春秋七十有三遂以其年十一月九日殯於京城西布政之原小嚴村之左恐年代遷移墳將彫落勒茲玉琬以記其處乃為銘曰

然君孝行莫不恭順生前著芳沒後留潤

按韓寶才墓誌不知原名所在此其翻刻本也唐改作屆他碑未見咸亨四年歲次癸酉此誤作己銘首然字亦不可解拙工作僞往往取舊搨未得原刻校正之其云懷德之第布政之原並與宋敏求長安志合長安志朱雀街西第五街第六坊曰

懷德又長安縣境六鄉管六里義陽鄉在縣西南
二里管布政里蓋寶才居懷德坊第而殯於布政
里之小嚴村村名可補舊志之缺

周遠志造彌陁像文

石高三尺四寸廣五寸十四行行二十八字正書在河南洛陽縣龍門山

阿弥陁像文

竊以理冥真際證一法以標同道契應機隨十方而顯
号故以光開別相起化逾弘業現他心崇因更遠是知
方稱妙樂開妙覺之重闈玉樹金臺啟菩提之秘苑觀
日觀華之觀繫深習於薰脩仰十合以虔誠妙旨資其
竊感弟子宣義郎周遠志等並翹想馳於法浦迺結碩

於西方兪菲六八之言遂要盟於彼會然即幽塗皎鏡
承慧日於堯天覺路重開蕩六塵於舜海旣而沐茲鴻
造想荷恒深磬臣禮而寫真容申孝仁而圖淨域奉為
天皇天后太子諸王遠劫師僧七代父母敬造阿弥陁
石像一龕今得成就素毫融質曯三界而凝明聖衆乘
心覃太虛而應物祥光捧座延滕福於花臺寶樹流光
證慈光於道樹蓮開湍沼瑩朝日以增暉聚月分容闢
脣衞而永旦用斯功德保祚
皇基兼被幽明同歸福海監通有頂揔契无生旁亘無
邊俱昇淨境

大唐上元二年十二月八日功記詞

按唐書高宗紀上元元年上稱天皇后稱天后龍門山唐造象極多余所蓄拓本凡二百數十種無年月可證者僅廿餘耳其所未得者尚復不乏甚矣捜羅之難也陸增祥志

許洛仁妻宋氏墓誌

石縱横各一尺二寸十七行行二十字正書在陝西咸陽縣裴氏

大唐故冠軍大將軍代州都督上柱國許洛仁妻藂邑縣君宋氏夫人墓誌并序

夫人諱善主字令儀定州安喜人也原夫玄禽翽羽□有商之祚白翰騰驤發承殷之祀洎乎分邦錫社疑茂實於睢陽列國會盟秀芳華於官度祖逸周開府儀同

三司江州刺史永寧縣開國公父濤隨左千牛備身永州桂國長史襲爵如故並位光列字名參上將裂帷楚甸副軫衛米夫人名藹蘭閨聲緐閫壼標梅覿止摽木承恩捧案申恭敬深饁野年過蒲柳歲迫桑榆遘疾弥流遊魂岱籙春秋九十有九薨於金城坊里第即以其年五月廿四日窆於龍首原禮也嗚呼哀哉松風悽慘薤露蒼茫悲夜臺之永暮痛佳城之未光乃爲銘曰

天開寶祚地啟靈源琛華蔭蔚玉葉便繁偉哉先哲猗與後昆裂帷下邑露冕上藩其一四德標舉三從惠養淑慎居貞聲名厲響其二　景西傾逝川東往瘞玉質兮重泉遂埋魂兮幽壤其三

許洛仁以龍朔二年十一月陪葬昭陵有碑在醴泉縣儀門村文載金石萃編洛仁卒於龍朔二年四月年八十有五夫人年九十有九當卒在洛仁之後誌僅載窆之月日而未書卒葬之年今編附儀鳳元年以洛仁同歲度之也洛仁碑未及其妻子此誌亦未及其子宰相世系表宋氏二族亦未及夫人之祖若父其事實皆無可考矣誌首書誌作銡與濮陽卞氏誌同書弥留之留作流石華古誌

右墓志前人未見著錄恐係近時出土者首尾共十七行每行二十字正書字徑三分其首題大唐故冠軍大將軍代州都督上柱國許洛仁妻襄邑縣君攷

許洛仁係唐初功臣卒後陪葬昭陵今陜西醴泉縣昭陵其碑尚存碑額題大唐故冠軍大將軍代州都督又碑首題全銜末云代州刺史上柱國皆與此合則此即其妻之墓志無疑顧文中但敘其父祖之官爵而絶不及洛仁之姓名與官階勳爵又無子孫男女等名而銘中有猗與後昆褰帷下邑露冕上藩等語則似有子孫而且有官爵者且既無洛仁卒之年月而記其卒則但云春秋九十有九以其年五月廿四窆於龍首原又不詳其生卒之紀年月日可謂簡略之至矣志不題撰書人姓名而字頗韶秀有唐初書家風度洛仁新舊唐書附載其兄世緒傳文亦甚

略昭陵碑下半截又多磨滅惟其歿於龍朔二年四月春秋八十有五尚可辨至其妻與子之姓名皆不可考矣碑稱其爲博陵安喜人唐書地理志安喜屬定州博陵郡此云安州安喜人亦與洛仁碑合洛仁卒於龍朔二年年八十有五此誌文中敘其祖與父爲周齊之官則其妻之齒當亦不甚相遠而卒年九十有九則洛仁當又十數年計龍朔二年至高宗末永淳二年尚隔廿一二年則宋夫人當亦必卒於高宗之世矣此志尚是唐初之物可寶也功臣陪葬昭陵未必妻能合葬志亦但言薨於金城坊里第窆於龍首原而俱不及其郡縣之名攷長安志金城坊在

皇城西第二街又龍首鄉在萬年縣東十五里此搨本從碑肆中購來者審其紙墨似是陝西拓手或因洛仁賜葬昭陵其家卽居長安故其妻卒葬於此亦未可定其書墓志之志作誌不从言而从金爲他刻所未見睢陽之睢从目不从且隋字有辶菊字从艹不从竹皆足資攷据者惟弥留作弥流摽梅之摽从木不从扌蒲䒾之蒲从捕不从浦薤露之薤作薤靈源之靈作靈靈冡之冡上从冂則皆字之俗體古泉山館

金石文編

按許洛仁兩唐書並附見許世緒傳世緒并州人弟洛仁亦從起晉陽錄功至冠軍大將軍行左監

門將軍永徽初卒贈代州都督謚曰勇陪葬昭陵今昭陵有許洛仁碑額篆題大唐冠軍大將軍代州都督許公之碑公諱洛仁字濟博陵安喜人唐書地理志定州博陵郡屬河北道安喜其屬邑此志亦云定州安喜人正與碑合蓋夫人與公同邑史傳作并州人疑有誤矣洛仁薨年八十有五當龍朔二年碑字可辨史以為永徽初卒亦誤此誌但云春秋九十有九薨於金城坊里第而不著代年如與洛仁年歲相若則薨於上元儀鳳間矣長安志朱雀街西第四街即皇城西第一街街西從北第三金城坊洛仁碑私第上缺殆即薨於金城

坊五字可据此誌補之誌題備書夫之官閥姓名而誌不及夫之事績可爲婦人銘墓之法不題墓誌墓銘而題墓誌亦所創見也誌音銘義此石不知何年出土長安民家以作擣衣砧字將平矣咸甯帖賈裴脩甫得之拓本幾不可辨道光元年二月將去西安特過脩甫就石錄之

壽通寺造象殘刻

在河內清化鎮寺內附儀鳳後

張三娘造像并鐫心經題記

石高一尺六寸廣一尺二寸正面造像碑陰刻多心經并記十七行行二十字正書在陝西乾州開道鎮中臺寺

般若波羅密多心經

經文不録

永隆二年五月四日雍州好時縣佛弟子張三娘爲亡夫及父婆男女眷屬敬造弥勒世尊觀音地藏二菩薩及鐫般若多心經息男張万基

按元和郡縣志關内道京兆府雍州好時縣本漢舊縣在今縣理東南十三里故城是也時者神明所依止以雍州積高神明之隩故立時以郊上帝諸神也後漢省武德二年分醴泉縣置因漢舊名屬雍州三年改屬稷州貞觀元年廢稷州復屬雍州二十一年于廢上宜縣置好時縣今縣理是也

稱舅姑爲父婆亦所僅見是刻金石家皆未著録
嘉慶中仁和何兵備承燕任乾州訪得之拓以寄
贈

筠淸館作强三娘陸增祥記

傅寶仁等造像記

佛座高二寸五分廣一尺二寸十四行行四字正書

大唐永隆二年歲次辛巳九月丙申朔十二日丁未傅
寶仁傅道遠傅仁高三人合家等上爲七代父母法界
衆生敬造阿弥陁像一鋪合門供養

按高宗永隆元年歲在庚辰開耀元年歲在辛巳
通鑑是年十月丙寅朔乙丑改元開耀十月朔日

既爲丙寅則此月必無乙丑朔法此舊史之誤通鑑因之新書是年九月乙丑改元乙丑爲九月晦日故十二日丁未尚稱永隆二年也藁作菴省文是刻未詳所在平陽儀墨農克中得之江都江鄭堂澥或即鄭堂藏石也

花塔寺馮鳳翼等造象題名

佛座石高六寸五分廣二尺許缺左方下角計存十七行行七字正書在陝西咸寧縣花塔寺

朝請大夫内常侍上柱國馮鳳翼

朝散大夫行内謁者監上柱國莫順之

徵事郎守内寺伯借緋魚袋王忠謹

朝散大夫行内謁者監上柱國杜元璋

朝請大夫行太子內坊典內上柱國魏思泰

正議大夫行□□事上柱國下缺

中大夫□□□□上柱下缺

按石缺年月形式字體與梁義深題名相似梁造象置塔上此置殿壁並在今花塔寺中當是同時所刻萃編錄梁義深題名而此刻失載又因王璿造象記長安二年有七寶花臺之語引長安志唐皇城西懷遠坊大雲經寺中寶閣崇百尺時人謂之七寶臺爲證豈王璿造象自城西移置耶又唐京城朱雀街東第三街亦有七寶臺以地考之皆不得傅會花塔也六典內侍省內侍從四品上內常侍

正五品下內謁者監正六品下內侍伯正七品下太子內坊典內從五品下舊唐書職官志上柱國正第二品勳官正議大夫正四品上中大夫從四品下朝請大夫從五品上朝散大夫從五品下徵事郎正八品下並文散官

余所得拓本較多一行僅存行首一朝字諸家均未之見筠清館次高宗末從之陸增祥志

上護軍麗德威墓誌

石縱橫各二尺二十二行行三十二字正書在陝西咸寧縣

大唐故上護軍麗府君墓誌銘并序

君諱德威字二哥南安人也曾三方鼎峙王道屯其爪

牙六國攡衡蒴圖重其謀略泉原濬極遠派靈長擢務
肤疏脩條茂公卽其後也曾祖隆周任益州司倉參
軍事贊分符於三變佐剖竹於銅梁仁敎以之傍融政
化因而遠被祖慶隨任潞州上黨縣丞德宇奇廓器量
淹深百里仰其成規一同資其善政父師隨任廣州司
馬嘉謨自蘊妙善非因灑落風煙超攄雲漢輔分珪於
五嶺道洽泣珠之鄉楊別扇於三湘恩浹落星之境公
則器惟瑚璉性乃珪璋岐嶷表其齔年魁岸彰其冠歲
英姿挺秀天骨標奇立行可模出言成範明明令德蕩
測其淺深滔滔雅量詎知其遠近神機獨運吞鎭北於
胸間智略兼人掩征南於度內深衷衡濬壯志山高學

盡五車書工八體控雕弓而屈右落鳫啼猨張空拳而敵行批熊拉武往以三韓未附鯷壑驚波九種猶迷鼇津駭浪公荷霜戈而奮武揮星劒以臨戎勇若縛諸捷如慶忌遂授公勳官上護軍酬勞効也爵叔敖知履尾之懼不受艳國之封仲連怯觸鱗之威竟謝齊君之祿公深明止足之誡遠識無猒之談乃謝病辭朝自樂焉游之乘追驩宴友方欣陸賈之田怡怡弟兄恂恂鄉黨不謂輔人虛說天道無徵二豎纏痾兩楹興歎名香何在唯增啟足之悲神竈空傳詎免遊魂之怨以乹封元年十二月十七日寢疾弥留卒乎私第春秋六十有八琴臺月上永息陽春之音金埒風生誰控桃花之騎夫

人王氏其先太原人也侍中遊覽警魏闍以流芳將軍卧病開秦基而演慶祖尙隨任銀青光祿大夫相州長史父暉隨任潞州司倉並珪璋其質松栢其心處涅不緇凌寒轉翠夫人騰姿月皎稟質坤靈道冠三從行該四德品搖空之舞雪特妙因風辯絶響之哥絃懸明第次承巾奉食重德輕爲禮逾晉欵之帷義越楚莊之室雖良人奄質弥軫畫眉之情而剋已明心以表輕身之詠豈謂百年難續千月易窮倏奄夜臺俄辭白日以垂拱三年歲次丁亥十月六日卒乎私第春秋七十有六單鳧獨逝已悽潘子之懷兩劒雙沉遽切丁君之慮即以其年十一月辛酉朔廿二日壬午合葬于四池之側

禮也青烏獻兆寧惟千載之墳白鶴占原自應三台之氣孤子行基等仰蒼穹而無色撫黃壤以崩心痛結蓼莪哀纏陟岵恐山迴牝壑海變桑田爰紀芳猷式刊貞琰其詞曰

惟岳降靈惟天降昴誕茲明哲信邦之寶式贊皇基爰扶　帝造功成名遂身退天道其一昂昂挺秀鏘鏘雅士脫略公卿跌宕文史盛德推賢謙謙撝挹己妙閑韜略尤明宮徵廿曰琳琅時稱杞梓其二易美家人詩允女則登機成素乏田奉食海曲和鳴河洲比翼孝該誼水慎深攀棘月牖霜帷含貞抱直其三匣中雙劒先後俱沈泉中瘞玉地下埋金荒郊引霧寒壟凝陰佳城鬱鬱

逝日駸駸一歸窮壤誰明恨心其四

此誌未載葬地云合葬於四池之側据景龍四年顏瑤誌云歸葬於雍州萬年縣四池坊之北則四池坊名也萬年今咸甯縣筠清館金石錄

右墓志三十四行行三十一字正書字徑五六分行間有某格麗府君及其父祖皆未至顯官故姓名不見於正史然此文駢體楚楚可觀文中云往以三韓未附鯷壑驚波九種猶迷鼇津駭浪公荷雕戈而衛武揮星劍以臨戎勇若鱄諸捷如慶忌遂授公勳官上護軍酬勞効也攷唐自高宗初年用兵伐高麗突厥賀魯契丹鉄勒龜茲吐蕃百濟新羅諸蠻等以迄

於乾封征伐無虛日德威蓋身歷戎行僅得勳官而即退歸者也世俗於父母之喪父亡稱孤子母亡稱哀子父母俱亡則稱孤哀子然攷儀禮士喪禮士虞禮及禮記於親喪皆稱哀子王制少而無父者謂之孤孟子言幼而無父曰孤則曲禮孤子當室郊特牲孤子深衣孤子衣純以素皆謂其少而無父者言之矣此志稱孤子行基等其時係合葬父母而不稱孤哀子雖當稱哀子而稱孤子於禮亦未盡合然正居母喪而不稱哀可見唐初尚不以孤哀爲父母異稱也惟就愚所見如唐貞元六年韋公夫人王氏墓誌爲其子撰書自稱哀子元和十年魏叅軍邈墓誌亦

其子撰書自稱息孤子皆與今同可見此等俗例已起於唐季厥後相承行用而不知其非故司馬溫公收入書儀然孤哀子之稱於唐刻尚未之見也文云批熊拉武以武爲虎乃避諱改字古泉山館金石文編

按姓纂麗氏本望南安戰國時魏有麗涓趙有麗煥三國蜀有麗統志所稱三方鼎峙王道申其爪牙六國權衡覇圖重其謀略卽指此也誌云三韓未附九種猶迷奮武臨戎遂酬勞効蓋太宗高宗時既平北荒圖西域用兵高麗龍朔二年定天山九姓德威時在行間乾封元年年六十有八則生於隋文帝仁壽二年夫人垂拱三年年七十有六

則生於煬帝大業八年少德威十歲誌銘雅馴書法整秀愽撰書人不著蔆茂見左太冲吳都賦鬱號蔆茂方言曰凡草生而初達謂之夜

舍貞抱直舍誤作含陸增祥志

朝請大夫陳護墓誌

縱橫各一尺五寸二十一行行二十一字正書在陝西武功縣

唐故朝請大夫陳府君墓誌銘并序

君諱護潁川人也昔嬀降二女唐堯安洪水之災運口六奇漢祖免白登之敗其後太丘之長道貫聚星河朋之才文光倚馬地靈相繼時英不絶曾祖並絶幹千尋斷山萬仞一邈發氣金之彩五車覽群玉之書君姿靈

秀氣凝粹沖和澄推操以霜明照濟規而月擧踐義爲
勇履孝成忠漸礼義之膏腴嗣箕裘之聲訓藏器而逢
亂代進德以及明時爰屬義師暫披誠欵摧鋒後殿擐
甲先登雖弓挂滿月之輝雄劒耿長天之色蒙授朝請
大夫賞有功也旣而輕忽簪組踞傲泉石魚山騁望懷
子建終焉之心鵬海鶱濤荅孟軻浩然之氣借乎浮生
易夭七百之壽未階飄忽難留千月之期行盡以上元
元年終於私第春秋一百有一夫人蔡氏郎以垂拱四
年正月廿三日合葬於三時鄉礼也子文德仰高天而
靡再踏厚地以纏哀恐舟壑潛移莫辯蔡公之室海田
斯變不曉原氏之阡式誌陰溝遒爲銘曰

至矣夫君超然不羣事君以敬在家必聞信著朋執義
□仁恩早霑舜雨夙奉堯雲提弋杖劒掃祲除氛其□
□略功横大勳脩路頓阻昭代俄昏落徂光之□□□
長夜之歸魂起寒烟於櫝燧下白露於松門□□□□
百代後㝠知埋玉此𡨄墳
右墓志廿一行行廿一字正書字徑五六分有界格
志所言陳府君卒於上元元年春秋一百有一以時
代上推生於陳宣帝太建十年歴隋而至唐高祖武
德元年纔四十一歲耳又七年而唐始一統尚不及
五旬文云爰屬義師蹔披誠欵蓋於唐初投軍立功
而得官者然其後云蒙授朝請大夫賞有功也攷唐

制朝請大夫乃文職從五品之散階不爲小矣然既屬文職又係散階而非實除之官皆不可解志不載父祖之名以曾祖二字籠統括之可見其出身單寒並非名家子弟矣而美其先則云一賞發籯金之彩五車覽韋玉之書稱其才則云漸禮義之膏腴嗣箕裘之聲訓可謂浮泛不切但知諛墓者矣其書浩然爲皓然滕公爲藤公於假借之義可通而誤易天爲易夭提戈爲提弋皆别字又以遵作遵以躋作躋皆謬體也其志墓而曰陰溝亦宅刻所未見文但言塟三時鄉而不言縣名攷五時四時之名起于秦漢而無三時据漢書地理志五時等皆當在右扶風雍縣

唐時謂雍州以武功好時等隸雍又攷宋長安志云武功縣西南二十里有三時原西入扶風縣界武功亦漢縣而隸右扶風者三時原恐即此志之三時鄉也第不知所謂三時者何所指耳志言其潁川人當是舉陳之舊望此志想亦近出關中未審于何縣掘得五時之名予已於漢好時鼎攷內詳之矣又攷廣韻言陳姓周武王封舜後胡公滿於陳胡公滿子孫以國爲氏出潁川唐書宰相世系表亦云陳氏出自媯姓虞帝舜之後故此碑首用釐降二女事古泉山館金石文編

按陳護誌石道光十二年出於武功十三年米脂

知縣及門顧鶴寄到拓本僅闕十餘字三時鄉之三字泐存耒畫元和郡縣志關內道京兆府武功縣有三時原在縣西南二十里高五十丈西入扶風縣界卽此誌所稱三時鄉也高宗上元元年甲戌護年一百有一則生於陳宣帝太建六年甲午夫人蔡氏以武后垂拱四年戊子合葬距護歿時十有四載蓋亦同享大年者倨傲作倨踞浩然作晧滕公作藤並假借字遺篋別文籯作籝易作昜天作戈戈作弋皆誤筆非通借也

金石續編卷第五終

金石續編卷第六

武進陸耀遹纂　太倉陸增祥校訂

唐三

宣州刺史陶大舉德政碑

碑高六尺五寸廣二尺六寸三十四行行七十字字徑八分正書篆額横列宣州刺史陶府君德政之碑十一字字徑二寸在江南當塗縣橫山

前缺高躅者惟□明明下缺茂□□□□柳谷摛祥金缺居之缺通之□□□□州刺史武陵郡開國公食邑□百户祖諱昱梁衡山郡太守□□□州刺史大□□□縣缺八字上儀同三司□□三州刺史缺十七字明月□□□□□州度之□□□雲千里摶風九萬□□珠之

□器宏（缺十二字）崇班郭□仁□方□厚秩□□武異代同
榮父諱璝梁著作隨西□司功□□□□州清池縣
今介州司馬上柱國丹陽縣開國公月字千霄□□□
□□□□山□□□□□□□□□□軍□□兩儀之
□氣黃中玉潤應九德之温和林林服武庫之勤灼灼
□翰林之□□者伏□宏□方□著作之榮□□□高
言從展驥之職而芳風懿範□□□兄諱大有□□
通事舍人廓州刺史安西都護上柱國燕谷縣開國公
局度端凝幹能彈濟□邑江□□韞風雲孕彼人英龔
玆天爵委質從政踐丹地而光緝　帝猷露冕須條開
□帷而宏□□□□□房之故事□□□當時胡伯舉

之高蹤迺策超堅表馮野王之兄弟辟合味祿推袞仁
之□德花明錦繢豈與夫八龍騰譪照灼前書兩□飛
英鏘洋後蔡而已公積慶藍田耿長虹之□□分□□
□插□日之□□雅裁發□天姿韶亮儼乎□□骨□川
三篋洞曉神機洛陽萬卷暗符靈府言泉瀉態接瀚海
以疏瀾□□含葩擁詞絛而振綺玉帳金□之妙迴鸞
反龍之奇綠沈明月□□□□鴻之□□□懷抱
□括古今揔萬善於心臺門聲言於王吻晉司空之博
物纖數辯斂之言晉司寇之多聞猶迷□日之說含毫
□穎□句□□年既而漸陸遷鶯即撫翔鳩之化登□□
□□踐□□□之□至揔章元年轉授使持節鄜州諸軍

事守鄜州刺史散官如故總章二年授使持節渭州諸
軍事渭州刺史散官如故至咸亨元年授使持節都督
十五州諸軍事守洮州刺史□□□□□□風識儁
□□□克劭幹□兼優歷職□藩聿□仁明之譽攝官
方鎮載彰撫馭之材卽試爲眞允光朝命六年轉授使
持節都督七州諸軍事守鄯州刺史散官如故　詔云
體質強□□□□□□□克□威□□□□之
符□以其年轉授使持節許州諸軍事守許州刺史散
官如故至咸亨五年授中散大夫使持節都督四州諸
軍事守秦州都督　詔云器識沈敏理懷開濟缺二十二字
朝獎□秩興藩至上元二年授使持節始州諸軍事守

始州刺史散官如故既而綴結□□□□花之□印
廻龜紐光浄蓬萊之津□仁則□□春風□鼓則□
□□□□寄□□□□至儀鳳四年授中大夫使持
節都督四州諸軍事守梁州刺史散官如故至調露元
年授使持節恒州諸軍事守恒州刺史散官如故　詔
云氣質□□□用弛□□□□□□□□□□□□
□□誠□審官求材寔資僉議至弘道元年轉授使持
節宣州諸軍事守宣州刺史□□勛官如故公適掾□
馳傳應八命以遐臨建節飛驂綜七著而三缺二十三字書□
□□每杏花春縟□黛耜於龍鱗揩蜂秋吟慭鴻紋於
錦室纏庭闈訓□月□□□□圜土□□惟□息長

□之坂三辰既朗㗖祖遯之缺二十三字娛□□左雄之廟
六條脩舉化軼兩歧百城仰德□隆呂□□□□□□
□□四□□□□□千里泱神明之訓家殷俗阜
綮公缺二十字之圖□□千群□□擁□□天之陣□沙
萬計霜戈煥照日之鋒自謂□□九□□□□□□□
兩□雄服一方品彙噭然側足無地公以□□□□□
□　詔云□□□□□風行草偃□□□□振羽字
建飛□□迴□指日□屈遂乃躬率子弟架御昵黎示
以禍福之門□以短長之□溫語一灑人思挾纊之恩
羨喻纔霑士□投□□□斷□飛灰之缺九字之□□□
□□□公乃運不測之深智縱無窮之遠圖或左掎而

扌其喉或右搹以撚其腹提戈擐甲接□□□一鼓騰
威九寰俄戮斯蹇　天波廣運　廟略□□□得缺八字
之勳既覃欽至之歌方永若乃忠為令德孝實天經非
忠無以奉　帝圖非孝何以達幽顯豈與王□淚栢國弘
濱納肝摠而為言公實□矣□□□□沐缺十一字沈瀾
而結戀雙桐轞景曳屐之響由存五桺伍陰納駟之聲
尚在而懷章舊邸遥踐通德之門□□□鄉還屐貴遊
之路往者相如□蜀珂噴濯錦之津買臣歸□磬騋蕆
符之巘□□□山羽客振手長辭桂陽仙鶴佰歌永逝
至垂拱四年轉授使持節相州諸軍事相州刺史飭封
如故　詔云襟情敏裕器局恬如早分符瑞之職□授

方隅之任其□□□□懷州刺史加銀青光祿大夫
丹陽縣開國侯　詔曰志識沉敏□器端和早昇榮
祿頻叅重寄論功比德□□□歟迺有野選□□江皐
遺愛□□□了服□玉□□與抗聲各揚言曰缺十四字於
缺十一字素□使□斬　皿攀轅無可辶之悲去鵠騰騎挽
轜有傷心之痛道士□□僧道元僧曇紹僧惠□僧弘
□僧智矩僧圀濟僧惠幹周元凰陶紹眞陸缺十六字陶□
邢元缺七字及州縣吏人等六萬餘戶惜棠陰之易遠徒
䍐勿剪之詩曰御難羈空切銷魂之賦若不旣茲紺□
無以絢彼□猷庶使寰海揚塵而德聲無絕銘曰
□□□旹伊祁令族派演瓊波枝分若水迹膺星象[illegible]

攜嶽瀆左貂右蟬丹輪朱轂（其一）龍生渥水玉產藍田誕
玆人傑孕此英賢匡周翼漢裂壚開壚蛇蟠結組龜紐
乘蓮（其二）天縱挺生黃中□□□九棘功包四履珥筆
龍局含香　帝宸基仁踐孝泉渟嶽峙（其三）藝殫園圃
學富蓬茅花牋□□銀鉤月開碧雉雄辯雕虬逸才呑
應納謝含鄒孕枚（其四）建節班條褰襜問俗恩歸五袴貞
洽惸嫠信需童馬懷忠據德矜孤恤寡蝗移獸去錦開
存□□□□如□捐金似粟青梧鳳丹黃沙草綠（其五）愛
鵷下□麦分歧吟蟬被野（其六）馳驂故里懷章舊館喧廬
静夜鳴雞警旦榮慶兩歸簪纓□□□□□□□□別
岸（其七）来暮悽歌去思纏想勒名鼎鼎恩留□杖日新月

故風歸雲往俾令範與嘉聲永鐫勳於穹壤其八

唐永昌元年歲次己丑二月甲申朔十三日景申立

中岳沙門法如行狀

石高四尺廣二尺五寸二十三行行三十七字隸書在河南登封縣

唐中岳沙門釋法如禪師行狀

大師諱法如姓王氏上黨人也幼隨舅任澧陽事青布明為師年十九出家志求大法明內隱禪智當人見讓云蘄州忍禪師所行三昧汝宜往諮受曰敬聞命矣其後到彼會中稽請畢已祖師默辯先機即授其道開佛密意頓入一乘數緣非緣二種都盡到清涼池入空寂舍可謂不動眞際而知萬象者也天竺相承本無文字

入此門者唯意相傳故廬山遠法師禪經序云則是阿難曲承音詔遇非其人必藏之靈幽關莫闢罕窺其庭如来泥曰未久阿難傳末田地末田地傳舍那婆斯此三應真冥契于昔功在言外經所不辯必闇軌元匠孱然無差又有達節善變出處無際晦名寄迹無聞無示斯人不可以名部分別有宗明矣者即南天竺三藏法師菩提達摩紹隆此宗武步東鄰之國傳曰神化幽賾入魏傳可可傳粲粲傳信信傳忍忍傳如當傳之不可言者非曰其人孰能傳就至咸亨五年祖師滅度始終奉侍十六載既淮南化掩北遊中岳後居少林寺處衆三年人不知其量所以守本全朴弃世浮榮廉讓之德

賢士之靈也外藏名器內治國功庶幾之道高遁之風也對問辭簡窮精入微出有之計解空之園也權智勇略能建法城安人之友師者之明也垂拱二年四海標領僧衆集少林精舍請開禪法僉曰始自後魏爰降于唐帝代有五年將二百而命世之德時時間出咸以無上大寶貽諸後昆今若再振園綱使朝聞者光復正化師聞請已辭對之曰言寂則意不亡以智則慮未滅若順諸賢之命用隆先勝之道如何敢矣猶是謙退三讓久乃許焉觀乎至人之意廣矣大矣深矣遠矣今唯此一法能令聖凡同入決定勇猛當應諦受如人出火不容中斷衆皆屈申臂頃便得本心師以一印之法密印

於衆意世界不現則是法界此法如空中月影出現塵
度者心予勤行之道在其中矣而大化既敷其事廣博
群機隱變之度毫釐不差自後頻誨學人所疑咸速發
問俄然現疾乃先覺有徵尔䂓後一夜端坐樹下告以
遺訓重明宗極顯七日而為一切悟彈指而震大千法
無去来延促思盡即永昌元年歲次己丑七月二十七
日午時寂然卒世春秋五十有二塵于少室山之原也
諸受業沙門北就高頂起塔置石優塡王檡迦像并槩
師之行狀勤在佛碑巽奮奉廟廷觀文以自試曰我師
利見動寂無方陶均萬槩廣世爲梁登微有階庶勤乂
㳣遺功罔極日月齊光

按沙門法如行狀石刻在中岳少林寺金石家皆未録自魏至唐帝代有五蓋以後魏北齊北周隋唐爲五代年將二百則自魏孝文宣武間以至唐武氏擅國之垂拱二年也

馬元貞投龍記 正書在河南濟源縣

𠑺𥠢三𠡦歲次壬辰𠙺𠥱戊辰朔廿四𡆠辛卯大周聖神皇帝緣大周革命奉勑遣金臺觀主馬元貞往五岳四瀆投龍功德十六𡆠至奉仙觀沐浴□齋行道懺悔廿一𡆠於濟瀆廟中行道上神衣辰時在路𡆠抱戴廟中行道𡆠又重暉宣讀御詞雲垂五色□□□至廿四

国章瓛詑授龍四開五色又更重嘽官寮缺 同見弟子楊景□ 弟子□□□ 五品官楊君尚 歐陽智琮 同見官人朝散大夫行濟源縣丞薛同士 同見官人宣義郎行主簿王智純 同見官人承奉郎行尉薛元杲 同見官人登仕郎行濟瀆令孟意誕 同見人上騎都尉缺 同見人□□尉行缺

刻奉仙觀老君石像碑側陸增祥志

處士程国景墓誌銘

石縱横各一尺五寸二十二行行二十二字正書在陝西長安存裴氏

大周故處士程先生墓誌銘并序

先生諱国景字師明京兆長安人也若夫道契儒林秀

□騰芳於漢□才光俊藪延休播美於晉時故贈絹傷
離□子仰先生之德横威絶漠將軍獲武帝之□由是
冠蓋輝聯風徽不絶長波括峯嵩構凌而漢圖史以銘
功故可略而言矣祖恭隋朝議郎行涇州平梁縣令遷
蝗咸德蹈卓茂之高風扇馬流仁酌羅含之懿範父敬
逸唐大丞相府朝散大夫義旗肇建率土咸賔德錫
功稱斯散幟推先生風神瞥局器宇虛朗清□露於秋
而播風雲於冬□仁能接物孝以安親三思後行季文
子之高志去食存信孔宣父之清規松栢夜許其雅琴
阮嗣宗推其清嘯優遊自得放曠無為所與尚翁孤松
偃霜凝而挺節豈計風摧六櫃將泉戶以收冥氣抱如

蘭既摧乖於晞露光沉若木俄促節於驚飈以長壽三年歲次甲午五月景戌朔九日甲午遘疾終於群賢里春秋五十有一嗚呼哀哉先生夙祟三業妙洞一乘然智炬於心田則迷途自朗泛慈航於慾海則彼岸攸登粵以其年廿一日景午葬於龍首原禮也有子彥先等趨庭闕訓陟岵無依踐霜露以崩心庶題珉而紀德其詞曰　崇基稲落清派淙汪贈纏傷别捧日承光寒松比操秋桂同芳即色非色筌忘蹄忘川舟易往隙駟難停雲愁慘蓋電激流旌督黄泉於卜宅掩白日於佳城歎松門之一閉痛蒿里之長扃

右墓志二十二行行二十二字正書字徑四五分頗

應勁志所叙處士父祖之官俱不顯故於史無攷其所稱唐大丞相府者即唐高祖也本紀言隋義寧改元後高祖入京師隋帝授假黃鉞使持節大都督內外諸軍事大丞相錄尚書事進封唐王以武德殿爲丞相府則敬遂官朝散大夫時猶唐未受禪之先也文首云若夫道契儒林季孫騰芳於漢曰者謂程曾也見後漢書儒林傳然今本後漢書曾之字季升作秀升豈字形相似而刻本傳寫之誤耶長安志龍首鄉在萬年縣東一十五里又龍首山在長安北十里又龍首渠在長安縣東北五里萬年縣界流入而注于渭蓋鄉以是得名志云龍首原猶言龍首鄉之原

也長安志又云羣賢坊在皇城西第三街此云羣賢里蓋即羣賢坊也（古泉山館金石文編）

按孫岡景處士銘撰書人皆不著序云道契儒林務口騰芳於漢口秀下缺一字乃升字後漢儒林傳程曾字秀升南昌人受業長安習嚴氏春秋著書百篇皆五經通難又作孟子章句又云贈絹傷離口子仰先生之德子上缺一字乃孔字或夫字也孔子遇程子於譚郯閒取束帛以贈先生見韓詩外傳及子華子孔子贈篇行涇州平梁縣令隋書地理志安定郡舊置涇州無平梁縣疑即原州之平涼縣時屬涇州元和郡縣志建德元年割涇

州平涼郡於今理置平涼縣屬長城郡隋開皇三
年屬原州是平涼本涇州地故稱涇州平涼復作
平涼也職官志朝散大夫從五品下階文散官故
曰散職羣賢里在長安界內崇京城金光內有羣
賢坊龍首原在萬年縣南十五里武后長壽三年
歲次甲午其年五月改元延載元具卒葬並在正
月故猶稱長壽三年

龍龕道場銘

摩崖高三尺八寸廣四尺八寸四十一行行三十字至三十九字不等正書在廣東羅定州龍龕山

龍龕道場銘并序

冠軍大將軍行左豹吳作龍韜衛將軍上柱國潁川郡

開國公陳集原撰

蓋聞中而顯跡千劫誠希遇之炯（阮志作回吳作名）逝相騰暉三界標獨尊之稱悟其指則直心是道場邦其源則淨身（吳作體）為佛土可以神事（此下原脫一字阮志作象）絕於筌蹄難以名言理歸於冥寂故八十種好不可以色觀真容十二部經不可以詞詮至理然而煩惱鄣（志作鄣）重貪愛河深六趣輪迴劒（志誤劍）柰与刀山競起四生埋沒毒虵將惡獸交馳由是法雨橫流慈雲普覆弘化城（志誤域吳作功）於嶮路朗惠炬於迷津大乘小乘隨淺深而晤（吳作啓）道中華中葉遂性分（吳作命）以含慈（志誤滋）皆所以安樂群生提孩衆品施設（志作服）㝡以無畏息多難以夷途大矣哉不得

而名也此龍龕者受形於渾沌之壓擢秀於開闢之(乙)派（志作泒）峰峻峙單素（志誤元）迥而出雲霞危壁削成排(乙)晨而韉霓漢峭孳秀麗為衆巖之欽挹（志誤禮）花藥奇卉寶仙鑒之安憩是故龍出龍入每脫骨於巖中仙隱仙棲屢承空於香氣曰得龍骨故曰龍龕去武德四季有（志誤增门）摩訶大檀越永寧縣令陳普光曰此經行遂迴心口頭立道場即有僧惠積宿緣善業嚮應相從惠積情慕紀隨巧（志誤功）自而性即於龕之北壁畫當陽像左右兩廂飛仙寶塔羅漢驛僧雖年代久遠丹艧如壓粉色徹沈彩影由在洪鐘一扣響徹卅二（吳作三）而石磬再鳴還聞十八地獄虹旛外颺彩影亂於雲霓香煙內騰素

氣通於迴巘故得法流荒俗釋教被於無垠圓化遐覃振錫窮於有截豈如白馬馱經翟泉創於方丈緇衣闡教廬山頼志作賴其威儀者哉既而垂代侵遠不龕無毀壞之期歲序淹志誤遂返粉黛有沈堙之理昔之惠積帛隨刼而為灰寶亮亦投身於餓虎兩僧勇猛志貫白雲雖學不出境而精情自溢上元垂光志誤先男炑瓌不弃前蹤龕中造立當陽連璧尊象一軀近有交阯郡僧寶聰弱歲出家即詣江左尋師問道不感咼南閩有此龕振杖頂礼覲佛事志作寺之摧殘心目悲泫志作眩共成勝回及志誤又檀越主善勞縣令陳炑珪志缺三字陳炑瑋陳炑玹痛先君之肇建悲像教之陵遲敦勸門宗吏於道場

唐三　十二

之南造釋迦尊像一座遂得不乙而成功德圓滿為七
代之父母徧六道之緣屬
𩣡神皇帝御紺殿以撫十方動金輪以光八表宏護大
乘紹隆而教覆蘇之恩均黔黎於赤子雲雨之施等潤
澤於蒼園坐平而成河濂海晏雖復道被區中而凝懷
俗表將使比屋之化捋法俗以菩提垂拱之風叶至
真而成正覺就乙与慧乙俱明油雲共法雲同覆遠矣
大矣無得言焉是知觀夫稟氣含靈有生之類七識已
具六精斯起攀緣於塵妄之境馳騖於名色之間譬彼
騰猿猶蒸狂象栖託於愛河之內邀（吳作遨）遊於火宅之
中方石幾銷氷炭之萃不息須弥覆盖鼎鑊之報無窮

輪迴長夜終焉莫曉志誤晛同亡異術豈不哀哉大矣能
知吳作仁隨機誘喻或宣四諦或導一乘潤小枝而弗遺
淨滿迺而吳作以圓燭繫想於方寸之間而神超於折志誤
污塵之表喻起生死歸乎寂滅其唯淨室禪龕者也志
求鐫勒以希不朽爰命鮮釖之夫運茲不試之筆庶海
變桑田終無毀㔾敬題乖紀不文而志誤存質其詞曰
巖二石室靜二禪枝五門清靜八解連漪神高習海道
溢須弥欲求蟬蛻志誤𧊎良津在斯其一龕自天工室惟堅
絡志誤錯石磬長懸洪鍾不著無假樑棟自然花藥掩室
杜口志誤門何憂何樂其二爰飾金繩于茲勝境口象志作圖寫
畢倫雕鐫咸整雲起山𢡟花開遶井蕭尔閑曠悠然虛

靜其三萬矣清信志誤悟 共宏利益或捨衣資或傾銀帛詎
勞斤跡無煩匠石湛然真相疑尒無數其四卌吳作卌二吳作
三相八十種好佛㔾之㔾而涯志誤瑶吳作厓之寶猛虎夜宿
波口志作魚 降阜闕六度於迷津踐三乘志誤乘之悟道
鑒歷二乖歲次已亥二迺二十三㔾鐫
大檀越主孫登仕郎守竇州錄事參軍事上騎都尉丞
感 雲感 萬感
勸罇主從孫前檢校梧州孟陵縣令靈託 元孫童生
都撿主從孫前檐陵州焉律縣令羅積 道場主僧承
務

陳集原瀧州開陽人舊唐書孝友傳瀧州誤刻隴州

傳云代為嶺表酋長父龍樹欽州刺史集原則天時
官至左豹衛將軍銘云行左龍韜衛將軍與傳不合
蓋聖曆時官龍韜衛後官左豹衛將軍也陳氏為瀧
州望族如普光叔珪等集原之族人先男叔琪則集
原之子先男猶言巳男也永定縣唐之建水天寶元
年更名即今羅定州地普勞縣唐屬巢州即今鬱林
州地賓州或釋作竇州竇與賓字體不類竇疑賓字
之省文竇州武德四年置以獠叛僑治瀧州今高州
府信宜縣地孟陵本猛陵貞觀八年更擔陵州即儋
陵州唐之羈縻州屬安南都護烏律當是擔陵之屬
縣新舊書失載耳 廣東通志金石畧

按龍龕道場銘序刻於羅定州龍龕巖崖石舊藏拓本稍有斷爛道光庚寅秋平陽儀墨農克中手拓持贈頗為完備因取阮雲臺宮保廣東通志參證之著錄於左龍龕之立道場始於唐高祖武德四年辛巳陳普光及僧惠積畫當陽像於龕之北壁畫飛仙寶塔羅漢於左右兩越五十四年為高宗上元元年甲戌普光子叔瓌造立當陽連聖尊像於龕中後僧寶聰又與普光諸子叔珪叔瑋叔珍等更造釋迦像於道場之南至天后聖曆二年己亥陳集原序而銘之蓋從普光諸孫之請其列名下及元孫距上元初已二十六年武德辛巳則

九十年矣叔瓚爲普光之子序曰光男光字甚顯志誤作先男且以亡男釋之謂即集原之子誤之又誤矣善勞縣令乃陳叔珪志佚其名亦校刻之漏唐書孝友傳集原父疾輒不食及亡嘔血數升即塋爲廬盡以田貲讓兄弟里人高之文以人傳自堪不朽冠軍龍韜皆武職故自謙爲觧釰之夫不文之筆作不誠亦所僅見

鈞清館所載有不同處各注於每字之下陸增祥志

岱岳觀題名

聖曆二年在泰安

夫人袁氏權殯誌

石縱橫各一尺二寸十行每行九字正書在陝西長安縣

夫人袁氏洛州永昌縣人曾祖君正梁秘書監太子詹
事祖□隨秘書監贈上柱國陽夏縣開國公父大業唐
海州郇山縣□以顯慶二年十月四日遘疾終於乾封
縣太平里第以顯慶三年正月十五日權殯於長安縣
龍首鄉龍首原

是志不書袁氏之夫為何人亦不詳其年壽子息僅
載母家三代及卒殯月日蓋權殯急就之作非誌體
也夫人之曾祖君正附其父昂傳官終吳興太守唐
書宰相世系表袁君正字世忠仕梁為吳郡太守皆
未言其官秘書監太子詹事志所書當是贈官誌渤

祖名表載君正三子長曰憲字憲章隋開府儀同三
司謚曰簡志載祖為隋官嶲郎憲也表載憲二子曰
承府承家無名大業而令邠山者承府兄弟皆仕於
隋或有入唐而改名者表僅其原名故互異耳然大
業係隋年號入唐改名而用隋號亦謬甚矣古誌石華
石墓碣十行行九字正書字徑寸許袁氏上闕二字
下不復言其名與字而又不稱其官爵幾無從知其
何人惟攷梁書有袁昂其子名君正與其曾祖名合
傳言其兼吏部郎為邵陵王友北中郎長史東陽太
守尋徵還都除豫章內史轉吳興太守又唐書憲宗
時宰相袁滋世系表其弟一世昂梁司空三世憲隋

開府儀同三司其弟二世君正云字世忠吳郡太守與梁書略同而隋書有袁充傳云德衍本陳郡陽夏人也其後寓居丹陽祖昂父君正俱為梁侍中充年十七仕陳及陳滅歸國歷蒙鄜二州司馬遷內史舍人拜朝請大夫秘書少監超拜秘書令後為宇文化及所誅合之此言其祖隋秘書監及陽夏縣開國公正相合蓋史言秘書令實秘書監之誤也然則祖下所闕其名之一字當充也梁書傳言君正官至吳興太守隋表作吳郡太守止一字不同而隋書充傳又云祖昂父君正俱為梁侍中與梁唐二史俱遠不相符此云君正梁秘書監太子詹事乃出自當時所記

必得其實可見後來史家採摭之言不可信如此唐表竟無允名其脫漏之多更不必言矣陽夏乃袁之祖居舊望故封國用之至洛州永昌盜又其後代遷居之地長安則又其卒葬之縣也攷而唐書地理志不列乾封於長安下云總章元年析乾封縣長安二年省舊唐書云乾封元年置此在聖曆時故尚有此縣太平里不見於長安志古泉山館金石文編

按袁氏權殯誌石題蓋無存不知為誰氏之夫人也唐書宰相世系表袁氏居陳郡陽夏昂梁司空子君正字世忠吳郡太守子憲隋開府儀同三司頵後周驃騎大將軍樞陳僕射夫人曾祖君正梁

秘書監太子詹事雖與表官職不同而姓名時代
並合此志祖下缺字豈即憲耶陽夏漢舊縣隋書
地理志開皇七年更名太康此云陽夏縣開國公
當是隋初追贈海州郇山縣即朐山秦始皇立石
東海朐界中史本紀漢地理志並作朐說文朐脯
挺也从肉句聲郇地名从邑句聲此作郇山正合
許義唐書地理志河南府河南郡本洛州領縣二
十武后垂拱四年析河南洛陽置永昌縣天授二
年析洛陽永昌置來庭縣長安二年省永昌又京
兆府京兆郡本雍州領縣二十高宗總章元年析
長安置乾封縣武后長安二年省並在聖麻之後

聖厤三年五月改元久視此當正月故尚稱聖厤三年按武后本紀永昌二年正月改元載初以十一月為正月十二月為臘月來歲正月為一月則聖厤三年正月即二年十一月也太平里見長安志朱雀街西第二街北當皇城南面之含光門街西從北第一太平坊龍首鄉龍首原在西安城北十里今已湮平山海經華山西二百里曰龍首之山雍大記俗名土蚍嶺即龍首之餘土也

鴻慶寺碑

高四尺廣二尺六寸三十一行行四十一字正書在河南澠池縣

首行上缺千綴　登仕郎宫若鷟書

□□□□□□□□沙不知而解徧知功超刼

石二字萃編無於是珠○胥隕四緣發教於西湖金色夜闘

百億□□□□□□□□□□放青蓮瑶織迴苦

海之滿寶舟泛愛河之浪十号之大一言雜述但宇宙

芒□□□□□□□者佛也可賚可重者王平因

果之福功德而矣弟子衛陽□王府行參軍武騎尉中

□□□□□□□掌中早奉過庭之訓承恩勝下

邊聞詩禮之風所為□海萃編缺横而邪峯槃◎聚六塵

於前運□□果於後萃編缺右旁緣遂使病發膏□□謝平

臺之會痾纏勝理□遂萃編缺歸田之□□以憑台○於

彼岸山欲頽而重存託□田於此身川將逝而□□色

空下濟示無言談之門妙氣上浮頗萃編右旁缺有詞談之
契加以厘萊舊壤堂搘故基仰荷孫謀之澤恭申晉省
之志高祖諱　龍成周盩厔縣尉通洛縣丞隨崇政縣
令仙皂入鶴敷至德於一同祥翟出馴播仁風於百里
牛刀屢動不嬖乖之巳袞負鼎頻移不知老之將至開
皇□□□□謝榮時厲堅帝出遊屈龍鶴於亭館備供
頓斯垂鴻恩於睿旨遂封亭前水曰龍□月□□□□
□□□□莫不顯忠良□□□飛令譽於古今曾祖諱
昌仁周三嶠鎮將祖諱　則隨萃編缺□□□□□□
□□□□曰峻皇聳清□□□心千夫之長振□□□
五校洎乎仁壽之歲豪傑齊於戴萃編缺□□□□□□

□□□□□□日萃編缺衛恨狂言□□友于之重俱從

流萃編缺右旁□□諱　□□乎江南而裂晉北埊□□□

□□□□□□□□□□□□□□孌弱冠顧桑梓以言歸武

德之中下扮褕而有□□□□□紫極助□□□揚□

□□□□□□□□□□□□□□璧善南陽韓氏時迫髫乖

恩隆撫念伯兄處□□□□□□副尉萬基叔□□

柱萃編缺　圀□吉□□□□□紹祧嗣殯　嚴尊於東

□□埊撫追奄積□□□□冈極昆季斑首青土

飛鳴虔想劬勞□心□□惟保護庶酬妣力孾於□

□式建豐碑粤若稽古

天冊金輪聖神皇帝陛下降兇率以乘時臨宸極而膺

□□無為而朝萬國（萃編缺）□無事而靜八荒換姬㊁以
增（萃編缺）□補媧而永固上奉　得一下及七世父母
法界衆生（萃編缺）□□□□□雙□□□運（萃編缺）獨心於獨
園之內世二之□相宛若篌池八十種之異儀儼同鹿
野虔使功凝厚基（萃編缺八字）高而放慈雲於寶（萃編缺）□其寺也
疏基臨水揖宇乘巖晚霞落而乾鳳紅朝職佐而楝□
□□□□□□於壁涯岫瓊福鑾壁□（萃編作竦秀的）氣
（萃編作氛）於霧際都師貞素等五浄凝心□□滌想挺仁山
於忍草□□□於（萃編缺）示□□□□性（萃編缺）之生知學
無談與徒事揄揚之意終乖要妙之詞高而非□□所
闕（萃編缺）大道豈小□能議輒申狂簡敬□□□維桑野

時遷蓬溟或變流一名於三寶與塈久而朩長其詞曰
釋宗既作法教悉崇俩○夜隕漢□□□□道敬
想尊容或鐫琬琰或鑄金鏞其一閟閟尊偽嚴嚴寶閣俯
帶長流仰連峻嶺夕露成珠朝□□□□飛雕甍
負躍其二粤若先祖且文且武一世英雄二朝弼輔播美
縹緗揚名今舉編作令誤古存忠懇於情□□□□字
其三迺逢屯否時遇亂紛而南思北烏散荊分神器改易
鼎迻北墳聽雙桐而識井望五柳□□□其四□□悲
恭申仰報尋石旁求良工側召雙偽異儀円青殊妙導
愛水之沉淪清火宅之炎燎其五□□□□□深閣
山味道浴池滌心峯如鷲嶺樹等鶴林幽谷延其鍾響

清風引其梵音其六晦明遷□□□新無□□説何示何存是理斯表非言不津敬崇顯乎前烈庶垂裕於後昆其七

大周璺歷□□□□□□□□□朔三日戊辰建

按澠池鴻慶寺碑缺上方右角碑題即當缺處撰碑姓名止存千字千下爲綴玫隋唐以來撰碑署款有書撰者有書述者有書詞者有書文者有書製者有書作者有書製文作文者此碑書綴即是綴文亦所創見建碑弟子僅存結銜姓名亦缺知爲鴻慶寺碑者從錢氏潛研堂金石目錄孫氏寰宇訪碑録録入書碑者爲宫若鷩筆法嚴謹北宗

之傑姓名宛在若有護持萃編已録題作唐□□寺造雙像記乃因詞中雙像異儀之語以意度之碑缺處祗十二字加以綴文人銜名不得更餘八字也萃編所載有缺譌處并補正而註之

薛剛墓誌銘

石縱横一尺二寸五分十八行行十八字蓋題大周故薛府君墓誌銘九字正書两安出土今在陽湖董氏

大周故薛府君墓誌銘并序　　冊元一詞

公諱剛字　河東人也爰精爽馭土瑞標基山海沸騰人靈蠭獲君遊弱喪遂爲京兆人焉公之先祖光華史冊公氣襲沖和姿標孤秀陸沉人隱捐利忘名而積書

無徵儀驚怛化 𠡦 𠥱 𡆠終于龍首里第春秋
旋以其𠡦 𠥱 𡆠 葬于長安龍首原禮也夫王
戴氏早喪而夫位居孀婦孤育稚子卌餘𠡦內不愧心
外無慙影衛姜陳婦謝德攀賢尋以 𠡦 𠥱 𡆠終
于懷遠里第春秋 即以其𠡦 𠥱 𡆠權殯此京
也子而讓等行高曾閔孝荅劬勞式遵異室之儀聿奉
同衾之禮粤以久視元𠡦歲次庚子五𠥱己酉朔廿四
𡆠壬午乃遷墳合葬即其原也蒼山滶渭碧海楊塵勒
茲貞石永揣芳重其銘曰
於穆幽靈生爲隱逸聘于戴氏宜其家室齊體合歡交
臂相失今櫬雖兩其墳是一永遂元夜長辭皎𡆠勒夫

珉礎傳子寘實

按此因薛君夫人戴氏合葬而再元一銘其墓題祇稱薛府君而不及夫人可謂金石之例不書撰而書詞則創見也懷遠里在唐城朱雀街西第四街長安縣治之後城中無龍首里蓋即城南龍首原地此石於嘉慶二十年出土子購得之爲朱生卓犖金質索去後歸董生方立 訪碑錄 今方立卓犖相繼下世錄之憮然道光十一年九日

朔是己酉則二十四日當值壬申午蓋申之誤案史是月己酉朔日有蝕之朔日不誤也 陸增祥志

尚直墫墳銘

石高一尺廣八寸十二行行十三字正書在陝西西安府

大周故居士廬州巢縣令息尚君之銘
惟君諱直字仁爽清河郡望呂望之後也春秋七十有
七奄從風化呂調露元𠡦八𠥱十九𡆠逝於鄠縣循德
之里即以其𠥱廿五𡆠遷柩於終南山雲居寺屍陁林
捨身血肉又收骸骨令於　禪師林所起塼墳焉表生
從善友之心頌不離勝緣之境建崇銘記希傳不朽
長安三年歲次癸卯庚申朔戊辰𡆠外孫圀福寺僧
之持建

按尚直塼墳銘題曰大周故居士廬州巢縣令息
尚君之銘蓋尚君父爲廬州巢縣令尚君其息題

書父官敘不更及題慶中駙馬都尉衛尉卿息豆
盧君誌銘即其例也廬州乃廬州字誤唐書地理
志淮南道廬州隋廬江郡武德三年改廬州七年
廢巢州為巢縣來屬尚君父官巢令在武德七年
之後惜名無可攷尚君以仕族溺於浮屠故以浮
屠禮葬之定抑為圀福寺僧而曰外孫是浮屠而
不廢人倫者調露元年為高宗在位之三十年尚
君年七十有七則生於隋煬帝大業元年尚君捨
身收骨於調露元年越二十二年為武后長安三
年始起墳銘記實則有記無銘而題曰銘也

范洪恩造浮圖記

神龍二年九月在滋陽

龍興觀道德經并陰側

高五尺三寸五分廣二尺六寸一分額高四寸十二行行二十字字徑寸一分正面三十二行行七十一字字徑七分陰三十三行行字不等字徑八分側廣四寸八分五行字徑七八分左四列右六列俱正書在

大唐景龍二年正月易州龍興觀為國敬造道德經五千文

直隸易州

老子道經一卷　道可道非常道至天下將自正　前重光觀都監齋兼知威儀事至神龍元年名入龍興觀

撿校觀主張脊行

老子道德經　上德不德是以有德至聖人之道為而

不多　老子德經卷下

三洞弟子南岳先生上　□宣缺　都監齋劉古　威

儀粢遺鳴右第一列　置觀度道士劉希貞　置觀度道士

周尚元　置觀度道士解昇仙　置觀度道士趙僊佺

置觀度道士田大通右第二列　置觀度道士劉仙裔

則天度道士田棲巖　則天度道士成仙道　道士張

去塵　道士裴虛心　道士龐道隱右第三列　紫煙觀主

威儀成正因　女官成脩果　女官劉仙鶴　成仙

觀　女觀成仙德　女官劉乘空右第四列以上左側

前南州刺史滎師將息上柱國伏安　雲騎尉張行本

萬整軍飛騎張學行息知果右第一列　州司功佐王仁

會　州司倉佐韓之札　仁勇校尉成守珪弟前代州
郭縣主簿守兒右第二列　前遂城府校尉劉祖羨弟楊息
遂城府録事欽敬女六娘　成元欽右第三列　重光觀前
觀主劉思表　三洞弟子東岳先生觀主格超然右第四列
三洞弟子□岳先生李仙芝　道士梁元嶶右第五列
前羽林飛騎上柱國陳宏質妻□□女四娘女夫劉裕
女□子右第六列以上右側

老子道德經二卷上卷曰道經下卷曰德經分兩面刻之案河上公注本道可道以下為道經卷上上德不德以下為德經卷下晁説之跋王弼注本謂其不析道德而上下之猶近於古不知陸德明所撰釋文

正用輔嗣本題云道經卷上德經卷下與河上本不異晁氏所見者特宋時轉寫之本而翻以爲近古亦未之攷矣予家所藏道德經凡五本惟明皇御注本及此本皆分道經德經爲二蓋漢魏以來篇目如此而此本爲初唐所刻字句與他本多異如無作旡愈作俞芸作云譽作豫荒作忙佐作作喻作翕之類皆從古字又如故能蔽不新成石本作能弊復成師之所處荆棘生下石本無大軍之後必有凶年二句上將軍居右下石本無言以喪禮處之句夫唯病病是以不病聖人不病以其病病是以不病石本但云是以聖人不病以其病病是以不病此類皆遠勝他本

聊舉一二以見古刻之可貴也潛研堂金石文跋尾

梁嘉運墓志銘

石高一尺七寸廣一尺一寸十四行行二十字正書額題梁君墓誌四字二行篆書在湖北襄陽縣

大唐故朝散大夫金州西城縣令息梁君墓誌

公諱嘉運字子安定人也溫潤怡儀恭懃令譽隨尊巡覲從父享鮮騁思父塲遊神學閫不意生災鬬蟻禍及巢鸞積善無徵乃纓沉痾至揔章三年歲次庚午三月乙亥朔廿一日乙酉遘疾終于襄陽縣之私第春秋卅四夫人潁川陳氏隆州長史之女也芳儀春茝質茂寒松六行莫僭四德無爽既而奔駒易往浮箭不留春秋七十有五以長安四年八月十五日卒於安養縣之私

葬以景龍三年歲次己酉十月甲申朔二日乙酉合爲於襄州安養縣昇平鄉懷德里之原禮也有恐桑海遷變蓮峰化墳乃崇墓嵩遂銘其石詞曰

隱隱遙源坦坦平趾矯矯廬陵含章係起道有虞盤入非金石秋去墳孤春來草積白日徒照元扉詎闢

按梁嘉運墓誌嘉運爲西城縣令之子題書父官誌不複敘與長安三年尚直墳銘同例舊唐書地理志山南西道金州舊領縣六西城漢縣州所理山南東道襄州舊領縣七襄陽漢縣州所理鄧城古樊城也宋故安養縣天寶元年改爲臨漢貞元二十一年乃改鄧城元和郡縣志臨漢縣本漢鄧

縣地古樊城仲山甫之國西魏于此立安養縣屬鄧城郡周天和五年改屬襄州天寶元年改臨漢縣此誌景龍三年尚爲安養縣也誌云字子安定人也定乃定字别體元和姓纂梁氏安定望安定連讀則字子二字殊不成文或作字子安安定人有兩安字而書者脱其一耶道光元年秋襄水壞北岸襄陽知縣吳君式芬得此石及開成五年夏侯夫人誌石移置鹿門書院

三月乙亥朔則廿一日值乙未非乙酉乙酉乃十一日也廿一日乙酉則朔當乙丑非乙亥二者必有一誤攷高宗以揔章三年三月甲戌改

元歲耳據此則乙亥決非朔日亥當是丑字之誤似矣然是年六月壬寅朔日有食之則是歲不得有乙丑朔三月朔日不出癸酉甲戌乙亥三日朔日乙亥當不誤蓋廿一乃十一之誤也惟史云三月甲戌改元甲戌似是朔日碑云乙亥朔差一日耳此志與趙夫人夏侯氏志同時出土月日幹校均有舛錯何耶定作定从古文正字與昰同頗合六書之指駒作駒葺作葺傑作傑均俗尚沿六朝陋習僣作僣俗省易作易

殊謬 陸增祥志

王思蕃造石浮圖銘

碑高一尺九寸七分凡四面廣一尺五寸銘在右方
九寸二分二十五行行十五字字徑四分下作佛像
一
文後上下皆佛像列名隨佛像之隙
字徑三四分不等在河南郟縣正書

維大唐景雲元年歲次庚戌九月己酉朔十二日庚申
夫眇睇權光□□□昧稽天廓禝宅仁孝而朝八荒□
□□氣踐慈悲而維八極敷十綸於□□諧九變於鍾
絲咣配乾郊著嚴□於禋祀昭昇地紐騰孝響於仁倫
雖復薦稍終晨未靜輪迴之難供□厚夜攸論肅然之
㠯縱使模栢窮緜歎風樹而歸多寶叩壙長慟嗟隙駟
而俯香臺歸依為恐辱之基迴向乃昇仙之路爰有清
信士王思恭兄思慶心貞崐玉行蘊蘭蓀別派遥源高
文秘於中國分枝遠冑盛烈剪於南荊蹈礼趍於孔門

探元歸於釋氏昔為三靈有譴五福無徵夢感兩楹灾
延二豎卧痾漳浦積歎切於劉楨疊結懸蛇事虛成於
鷩影乃有良醫周元貞跡超秦緩伎躡華陀罄竭丹誠
盡心祈禱葉頹瘵瘉□□□報□□於是廣命班倕傍
求郢匠上為七代父母及見存家□敬造石浮圖一區
九級狶瓊瓌於楚峴迹入仙工鐫琬琰於燕峰影柬天
近若乃方基應矩營十地之雄風輪栢含規承九天之
墜露白鴿飛翥遊寶鐸而安禪青鴿騰空踐金瓶而宴
息遂使鯨津水客獻珠淚於鮫盤天漢神妃□綃繒於
玉樹豈非慧力方□廣濟無□者哉上為皇帝陛下握
紀臨乾　龍飛踐阼　時邕俗泰邑訟迭謠復六戎以無施

韜五刑而罕用尒其地也左右川陸表裏山河□□□
昌寔三尊之邃宇下官薄遊鄉邑□步於斯啓闔閭而
虔誠俯香臺而稽首謀陳心腹略爲銘記俾夫衣鋪劫
石知慧日之在茲爲皇矣大雄遐哉勝地□神千變其一 茲
穀萬類契界三千□□□□□□來往□以至
缺

佛弟子孫文秀輕車都尉□□□弟子孫文倩妻孕男
缺□校尉妻荀男兀外妻東野子男瓌兒男三兒男懷
遠女四娘男每礼妻缺□男里子合家一心供養　佛
弟子馬□感男元珪一心供養　佛弟子高文政妻張
男虔舜男虔福男楚憙一心供養　佛弟子□任鄭城

□□□海□亡男重玉　佛弟子甄承福娘鄭思道妻
佛缺高榮信天合家一心供養亾□益缺　佛弟子
姚懷義爲父母苐缺安□苐姚後興母葉　佛弟子李
□崇妻劉男懷玉男缺　佛弟子李福會妻楊男育終
之男思猻弟追遠　佛弟缺恭缺妻張娌孫恭妻張缺
姪女万□姪女錦泰恭缺大娘二娘缺万妻孫缺家缺

奉仙觀祭告文

正書在河南濟源縣

景雲二年六月二十三日皇帝敬憑□□道士楊太希於
名山所燒香供養惟靈蘊秘凝真□綜□□高亭之亭
毒同厚載之陶鈞晉洩烟雲藏□日月五芝之標秀八桂

流芳翠嶺萬尋青山千仞□□戾止恒為碧落之庭鸞
鸞来遊即是玉京之域百祥□柃遂迩五福被於黎元
往帝所以勞心前王由其載想朕恭膺寶□□守昌圖
恐百姓之不安慮八方之未泰式陳香薦用表深衷寶
巢明靈降茲休祉所願從今以後浹寓常安朕與男女
六姻永保如山之壽□官寮萬姓長荷□□之□□□
□□□□□夷狄歸心於邊徼□□□□□用記誠獻

右刻在奉仙觀老君石像碑陰

韋利器等造像銘

高三尺廣尺五寸十二行行二十五字正書在河南洛陽縣龍門山

大弥陁等身像一鋪　銀青光祿大夫昭文館學士㘸

悅賛
前秘書少監韋利器　前遂州刺史利賓　前監門尉
利渉奉爲
亡妣故扶陽郡太夫人天水趙氏所造　夫人故司列
少常伯仁本之女令左威衛將軍東都副留守諫之姊
夫人幼柔婉長賢明詩禮天然闇史暗合家君之爲
相也特見奇異常謂女師輔佐君子能循法度是稱婦
德從宅垂訓名著才名斯為母儀年七十七薨合祔京
兆終天永奪泣血無追唯託能仁用資冥果以嚴辟現
眞容因爲製龕即空疏塵東臨伊水百億津梁北走鼎
門大千方便所願上昇忉利功德證明宴坐耆闍神通

旡导斯石不朽茲山永固窮佛刼以長存拂天衣而無盡銘曰

㳽陁得道四刼前莊嚴幽路百福先法身不朽山石堅昊天罔極佛日懸　大唐開元三年歲次乙卯八月十日小子利涉書

按此韋利器等為亡母造象以資冥福其友𨑳悅為之銘贊也舊唐書文苑傳𨑳悅河南陸渾人有學業景龍中為相王掾與文學韋利器俱為王府直學士睿宗在藩甚重之官至岐王傅譔三國典要三十卷唐書裴耀卿傳耀卿擢秘書省正字相王府典籤與掾𨑳悅文學韋利器更直備顧問府

中號學直是國悅皆相邸舊僚交相得也元和姓纂京兆杜陵韋氏逍遥公從父弟義遠周雍州刺史號大雍州房義遠生祖壽壽生傑傑生思敬思敬孫利器諫議大夫利賓户部郎中利涉主爵郎中而不著利器之父或疑孫乃生字之誤思敬即夫人配也唐書宰相世系表夐字敬遠後周逍遥公而雍州房不著姓纂又稱趙氏陝郡河北縣後漢大鴻臚趙融後七代孫瑶後魏河北太守因居焉瑶六代孫仁本同三品左丞生諫羽林將軍唐書高宗紀乾封二年六月司列少常伯趙仁本同東西臺三品咸亨元年九月趙仁本罷宰相表同

世系表趙氏仁本相高宗諫左羽林將軍夫人之父兄可以互證不稱陝郡而稱天水從本望也其稱家君爲相殆即相攸之義

贈歙州刺史葉慧明碑

碑高九尺七寸廣四尺二十七行行五十字隸書額題唐歙州故葉府君之碑九字篆書在浙江松陽縣

大唐贈歙州刺史葉公神道碑并序

江夏李邕□　國子監大學生韓擇木□

公諱慧明字德昭南陽郡人也其先系自軒后衍于周文聃季食沈于高封葉因爲氏矣逮問政□孔好龍得賢代有聞也爺者唯帝興運乃聖炳靈風雲相從人夢通感開氣駿發良弼大來有開必先懸物爲爲固自然

矣則我使君降儇府乘道流追蹤隱淪叶契幽閒結廬澗沚考槃巖椒同人利貞遁代勿用雅好酒德尤邃老經話言解頤精□絕倒誘進不倦虛納謙欽好事集門長者闐里每至卅月帷户味風林澥植杖嘯谷席皮琴山泰然樂生潛乎忘老方□維性壽迺神僊侚赤松之遊從黃□之術外身先物歸根致柔緣以大均持以大定色運不盈寵辱不驚繩繩焉熙熙焉孔德之容罔可測已故師長旌禮邦族興化習者謂習仁者謂仁雖褐塞乘樞紵衣韋帶必避途加敬褒風惕息焉用是克閭于家大育厥圖則我越公襲上德延慶靈生而知之學而習之有專門之資得丕承之業纔齔丱道既冠同圖

訊逮岳之福庭覿幽尋之方士陳呪雷駭吐□電光沈
東莫濡蹈岩匪蓺呵萬鬼溺百神啟陰官之符變莫司
之鑰追究往事坐知來茲實背無所遁其形露霧不能
滋其疾奇跡多緒嘉禁日闢□以　大君孔休辟命
薦至入自卧内問以咎徵造膝必誠過事借中時更四
紀代且五王順風以請天師敷衽以近　皇極禪叢
莫能出右公卿是惟虞左　國家有事天地將旅海
岳公嘗致禮加璧能事潔蓍傳駟載送郡邑迎謁者歲
四三焉自頃□□嵩禍小人吹蠱敢爲戎首興此厲階
　天步未亨人事方殆公乃極陳幽贊大啟聖猷枚
卜摸辰竝走群望佐爲邦翰先□主憂殄勦元兇贊扶

皇統是嘉厥冥式揚爾忠爵賞懋於身寵贈光於
考匪此父也曷訓其子匪此子也曷揚其親松楸已行
碑板未立永念終古追存孝思轍請　闕廷荣如江
介遠訪才子杜建鄗夫趙括論兵多缺舊學班固述史
嘗賴家書顧惟成章冀愧貞石其詞曰
真隱夷軌默傑解形偉哉獨立企古遐征殆庶𢀖德非
覯丹經服鄉不涅光味無㬅晉卜築岑崟左藥右琴徐嘯
風谷緩步月林白雲怡意清泉洗心曷勝不往曷奇不
臨迹因神遠情隨地深舉代方籍皇□未軾肇□懿子
載揚令德左慈致物越人辨色司察鬼謀役使神力寵
被
五君聲聞八極日嘗薄餁　國有多難元曆

厲揚忠烈憤惋亦既先覺克嗣幽贊　皇哉神武赫
然天斷薄言郎戎子以戡亂　帝念疇庸典開列上
豈曜厥身寵贈子父宋旛乃詔縈綬是與存致沒榮忠
伸孝舉列列桐柏緒風興悲表墓有闕紀德無詞哀哀
嚴陵欒欒孝思孰傳終古是建豐碑
開元五年太歲丁巳鶉尾七月庚則七日甲辰建
歙州刺史子道士璵書授鴻臚卿封越
國公　上缺　判校樹碑侍者洪州永建
觀上院　下缺

右碑在宣平縣洪頤煊讀碑記云在麗水縣冲真觀原石久佚所
存重刻本字多訛錯首行標題下有江夏李邕□國

子監太學生云云則撰書明是二人趙明誠金石錄以為韓擇木撰并八分書者誤也舊唐書葉法善傳云括州括蒼人此碑云南陽郡人蓋碑溯始封傳則據其譜籍耳其云寵被五君者謂高中睿元四宗與武后為五也兩浙金石志

萊州刺史唐貞休碑

碑下泐廣三尺七分二十六行字徑七分隸書額高七寸二分廣一尺二寸二分四行行三字題大唐萊州刺史唐府君德政碑十二字字徑二寸一分亦隸書在山東掖縣

大唐萊州刺史唐府君德政碑

□□□王之經始萬國平章缺居之缺及□六□之刺

永□文缺之□□姓□□闇□□□乎珮玉金金□代

而缺西遷濟州萊□□□背□不頒淮南之師缺同缺
開國公食邑五百户謚曰忠武曾祖陵幼負雄鬪□祖
缺公缺雍容□文雅□□道入朝□欲□以文□之任
文缺平壽公謚曰達□□□從□□□舍人華州華陰
縣令長岑任缺夜缺尚書虞部員外郎出爲簡州長史
器□中□神用缺主缺致醇醴邦族榮之公則簡州長
史之第三子也□骨不□□□異俗□□□度缺之
座晴許道家過蔡邕之門遇閑倒屣聲華藉甚朝野□
聽缺州司功參軍事州癈改授華州司倉參軍事屈彼
鵬圖申兹鴻漸缺而缺鑾輿傾動將幸離宫乃先授公
岐州扶風縣令公上徑天顔下矜缺異政聞恩勅加朝

散大夫雍州奉天縣令屬大聖皇后缺拜安國相王府
諮議參軍事俄遷尚書比部郎中朝辞蘭菀夕趣芸閣
三缺州洛陽令地滿戚勳里偏豪貴萬方都會之邑百
貨駢羅之所公氷鏡照人缺之未直坐堂無訟近巷有
歌久之下制曰洛陽縣令唐貞休理□精容幹能缺持
節萊州諸軍事萊州刺史公拜受王命長驅衰服亦既
下車即敷惠理訓缺學行務農桑及四壁之孤貧其食
業變一出之□暴勸以淳和設法而惡子革心缺數多
徵剥尤切公審知難辦表請延期遂得物免流離人銳
耕□風雨調順禾□盈□缺三字之惠也加缺詫於私門
息紛爭於公室不然言燭但飲吳水文翁之臨蜀郡爲

足可稱黃覇之牧潁川未缺國家妙擇人英樹之司牧貪官黜吏委以澄清特制加公通議大夫使持節都督缺三品所管州刺史有犯停務奏聞長史以下便令解任仍令馳驛赴職合缺田途不遂吳郡之牽留伯道擁舳何追乃相與言□□□易□□□可久頌曰唐之□姓物難稱者國自堯封家分周社世載英彥門傳缺貽厥缺雎園夕游瑣闥衆伐難理委之□末二其下直數化風動神行缺城俗缺歲遷閭□牧念彼何親奪我何速弃子懷戀卧途輿哭举琬缺

萊州刺史唐府君德政碑今在萊州府治文字殘缺撰書人姓名立碑年月皆不可攷貞休新舊史俱無

傳以碑所載歷官攷之益嘗為華州司倉參軍岐州扶風縣令雍州奉天縣令安國相王府諮議參軍比部郎中洛州洛陽縣令遷萊州刺史由刺史遷都督以去案唐書百官志景雲二年置都督二十四人察刺史以下善惡秩比侍御史貞休除都督蓋在其時碑文都督下似是潭字疑除潭州都督也宰相世系表稱貞休鄜州刺史不及萊州者據所終之官言之也趙氏金石錄有萊州刺史于府君碑沙門重閏八分書開元十年七月立此碑亦八分書以年代攷之正相近疑德甫所收即此後人轉寫誤以唐為于爾德甫嘗知萊州碑見在州治不應獨遺之潛研堂金石文跋尾

案碑言□州司功參軍事州廢改授華州司倉參軍事下云鑾輿傾動將幸離宮乃先授扶風縣令案扶風與麟遊比近以新唐書地理志徵之麟遊有九成宮永徽三年曰萬年宮乾封二年復曰九成又西二十里有永安宮蓋當時有事幸此因以貞休吏幹豫為之供張歟又云拜安國相王府諮議參軍事舊唐書中宗初即位相王加號安國及貞休由萊州刺史遷都督以去亦在景雲二年六月壬午依漢代故事分置二十四都督府後也貞休居官更歷高宗中宗睿宗三帝事蹟可推者如是山左金石志

案唐書宰相世系表貞休鄜州刺史父防工部員外

郎祖陵字子雲儀同三司襲平壽達公曾祖永後周儀同三司平壽忠武公碑言謚曰忠武即謂永也言平壽公謚曰達即謂陵也言尚書虞部員外郎出為簡州刺史即謂防也陵為貞休之祖不知碑何以書為曾祖表載貞休官終鄜州刺史碑言加公通議大夫使持節都督則都督下泐者鄜州諸軍事鄜州刺史等字也山左志謂貞休由萊州刺史遷都督事在景雲二年寰宇訪碑録謂碑立於開元七年七月益貞休既去萊人思之則碑當立於開元之初而訪碑録定為七年則不知何所據耳今以金石録于府君碑為據定為十年是碑額上有貞休像碑首標題一

行搨本未全今據山左志補入至山左志之譌字如畨知難辨作難辨樹之司牧作司改其漏載之字如忠武上平壽公下皆有諡曰二字洛陽縣令唐下有負休二字之牧上有黃覇二字下有顯字使持節下有都督二字又扆彼鵬圖申茲鴻漸二句扆彼誤作户役申誤作甲缺鵬圖二字皆據拓本正之　又案金石録第九百五十九唐右庶子于府君碑第九百六十唐萊州刺史于府君碑因萊州與庶子二碑相連又皆沙門重閏八分書又皆開元十年七月立故傳刻本誤以萊州之姓為于而陳思寶刻叢編載此碑亦沿其誤則金石録在宋時已無佳版矣筠清館金石記

原碑未錄碑文據所得拓本補之吳氏跋云額上有貞休像碑首標題一行拓本未全有□□郎行□□都督府功曹參軍云云此本失拓陸增祥志

老子孔子顏子讚並奏勅碑高廣未詳凡三截上截三讚十八行行十字中截奏章十七行行十五字下截銜名五行行八九字不等八分書在山東金鄉縣學

老子讚

睿宗大聖真皇帝製

爰有上德生而長年白髮道象紫氣浮天函關之右經留五千道非常道元之又元

孔子讚

睿宗大聖真皇帝製

猗歟夫子寔有聖德其道可尊其儀不忒刪詩定禮百王取則吾豈匏瓜東西南北

顏回讚

御製

杏壇槐市儒術三千回也亞聖非也稱賢四科之首百行之先秀而不實得無慟焉以上刻上截

孔子讚　老子讚

右修書副使太子右贊善大夫麗正殿學士張悱奏稱先奉恩勑令臣撿校　御書

睿宗大聖真皇帝集臣伏見集中具載前件讃文又見
孔子廟堂猶未刊勒臣竊以為尊儒重道褒賢紀功本
於王庭以及天下一則崇先師之德一則紀
先聖之文其兖州孔子舊宅益州文翁講堂經今千有
餘載皆未題頌臣特望搭 御書讃文及
陛下所製顔回讃并百官所撰七十二弟子及廿二賢
讃令東都及天下諸州孔子廟堂精加繕寫
御製望令刻石百官作望令題壁 陛下孝理天下
義冠古今使海内蒼生欣逢 聖造異敦勸風俗先
闡 帝猷
勅旨依奏 開元十年六月十日

開元十一年歲次癸亥八月甲午朔十六日己酉以上刻中

𢦤

朝散大夫行令武元禮

朝議郎行主簿樂思問

朝議郎行尉鄭僔印

朝議郎行尉盧懷秀

朝請郎行尉□□□以上刻下截

按曆宗製孔子老子讚回宗製顏子讚張𠈁因撿

按曆宗集載此讚文奏請并御製顏子讚並須令

天下諸州勒石於孔子廟堂勅旨依奏故今濟圖

州金鄉縣學尚存是刻唐時金鄉縣隸兖州魯郡

又金石錄目第九百七十二唐老子孔子顏子贊睿宗撰李邕行書開元十一年十二月後於是碑五月不知立石何地幸目存趙錄知為李北海行書是刻八分獨不著書人名姓金石錄載有孔子贊吳龍中武盡禮正書疑是碑即行金鄉縣令武元禮書刻武氏盡禮元禮昆弟工書亦可傳也訪碑錄以三讚為睿宗御製未晰顏子讚為𤣥宗手筆趙氏所錄殆同此誤

折夫人曾氏墓誌

縱橫各一尺五寸十七行行十七字正書在陝西咸陽縣裴氏

曾氏譙郡君夫人墓誌銘　并序

夫嚴霜悴草，獨歎蘭摧；鷙飆拂林，偏傷桂折。人誰不死，嗟在哲賢。伊賢者何？譙郡君夫人是也。夫人曹氏，諱明照，曾祖繼代金河貴族，父兄歸化，恭惟玉階，惟孝惟忠，允文允武。夫人柔馨在性，婉淑呈姿，妙紃組於閨闈，潔蘋蘩於沼沚。年十有八，適左驍衛將軍折府君，爲命婦。六禮猷備，四德凝姿，孟氏母儀，宗姻酌其訓，曹家婦禮，里閈指其風。豈謂石破山崩，奄從傾逝。以開元十一年十月八日終於居德里之私第，夫人春秋不或。即以其年十一月廿三日遷窆於金光坊龍首原之禮也。慮樹偃千年，人移百代，式刊方石，乃爲銘曰：

天街既形，髦頭有經，二緯相汁，夫人誕靈。如何孤應危

露先傾悼逝川之不返敢平生而著銘

按譙郡君曹氏為折府君夫人折氏之著於史籍者後漢有折國折像國為鬱林太守生像通京氏易見方術傳元和姓纂引作折顏氏家訓高柴折像未知內教皆能不殺亦作折本後漢書後梁折嗣祚碑則云魏孝文之後為唐國隴西氏又有武德中詔府谷鎮遏使之語參考折克行碑及五代宋金諸史知折氏起於唐初世捍邊郡惜此左驍衛將軍未著其名也夫人終於居德里第於金光坊宋長安志朱雀街西第五街即皇城西之第三街從北第四居德坊南街西出通金光門坊金光即唐城之正西門當居德坊西南里第

與墓正相近也婦人碑誌前題書法不一有書某官夫人某氏者如泰始八年晉任城太守夫人孫氏之碑大業十一年隋故太僕卿夫人姬氏之誌是也有書某官某某妻者如延昌三年魏代揚州長史南梁郡太守宜陽子司馬景和妻墓誌銘是也有書某官某某妻某縣君某氏夫人者如大唐故冠軍大將軍代州都督上柱國許洛仁妻襄邑縣君宋氏夫人墓誌是也未書卒葬年月當在上元儀鳳間有書某官某某妻某夫人者如僞周長安三年故司稼卿上柱國□□□杜夫生墓誌是也有書某官某公故妻某氏者如開元四年大唐太常協律郎裴

公故妻賀蘭氏墓誌銘是也有書某官某府君夫
人者如開元二十六年有唐故杭州錢唐縣丞殷
府君夫人碑是也有書某官某府君夫人某郡某
氏者如永貞元年唐故雲麾將軍河南押衙張府
君夫人上黨樊氏墓誌銘大中四年唐故右內率
府兵曹參軍朱府君夫人南陽樊氏誌銘是也有
書某官某公夫人某氏者如元和九年唐故河南
府司錄盧公夫人崔氏誌銘是也有書某郡某君
夫人某氏者如元和十三年唐故東莞臧君夫人
周氏墓誌銘是也有書處士某公夫人者如會昌
三年唐處士邑公夫人墓誌銘是也有書某府君

夫人某氏或某氏夫人者如大和七年唐胡府君夫人朱氏墓誌銘會昌四年唐故丹府君朱氏夫人墓誌銘是也有書某君故夫人某郡某氏者如大中四年唐陸君故夫人富春孫氏墓誌銘是也是皆統於夫者其從父稱者則開元三年將作監主簿孟友直女墓誌其從子稱者則永徽三年房仁裕母李夫人神道碑是也有冠以夫姓者如會昌五年陸君夫人何氏墓誌銘題唐故陸氏廬江郡何夫人大中九年陸君夫人劉氏墓誌銘題唐故陸氏劉夫人大中十年內寺伯彭城開國劉公夫人霍氏墓誌銘題唐故劉氏太原縣君霍夫人

又貞元二十一年唐故許氏夫人祈氏墓誌是也有止稱婦姓者如范如蓮花歸王[illegible]而誌題大唐故范氏夫人天寶三載豫章郡髙夫人歸閻氏而誌題故萬夫人大中六年是也有稱婦姓而及其郡望者如天寶六載唐故義興周夫人墓誌銘貞元八年夫唐故清河張夫人墓誌銘開成三年故天水姜夫人誌銘大中九年唐故下邳郡林氏夫人墓誌銘是也有但稱夫人某氏者如聖曆三年夫人袁氏權殯志是也此誌前題曹氏譙郡君夫人書婦姓并書封郡與他誌異嘉慶二十五年十月出於長安西鄉成[illegible]裴脩甫購得之乞為考證存秋不或

或與惑通用論語以四十為不惑以三十為立年

唐人習用者

隋開皇十七年大將軍昌樂公府司士行參軍張通委陶墓誌書姓而不加夫人與氏字書法與司馬景和妻及杜夫人誌均小異陸增祥志

金石續編卷第六終

金石續編卷第七 唐

武進陸耀遹纂　　太倉陸增祥校訂

唐四

唐氏女端墓誌銘

石縱橫各一尺四寸十五行行十四字行書蓋題
大唐故唐氏女墓誌銘九字篆書在陝西咸寧縣

女子字端蓋殿中少監唐昭之第三女也母曰王氏夫其體脩幽閑門傳禮則克柔其性有婉其容春秋十有六焉不幸夭歿以大唐開元十二年六月廿三日終於京兆靜安里之第以其月廿六日權殯于萬年縣義善鄉之原悲歟天乎不臧會靡降福神道何昧忽貽其殃諒何有邅遂獲此戾悼以長往終天無期嗚呼哀哉乃

爲銘曰
猗歟慶靈兮錫嘉祉婉而從訓兮善可紀宜其享福兮
極遐祀柰何脩齡兮中道止白楊蕭蕭兮壠路悲丹旐
揺揺兮相送歸相送歸兮永別離天情地義兮長相違
右墓志十五行行十四字正書字徑七八分攷唐書
宰相世系表有兩名昭者一爲後周儀同三司丞之
五世孫一爲莒國公儉之曾孫殿中監從心之子爲
河南尹莒公卒於顯慶初年七十八傳言孫從心神
龍中以其子娶太平公主女累擢殿中監晙太常少
卿坐太平黨誅而太平公主傳又以晙官爲鴻臚卿
据表晙爲仲心次子河南尹昭爲第五子晙之弟也

史言河南尹此言殿中少監似不甚合然女端之卒年纔十六作此志時恐其父昭尚在或後官終河南尹亦未可知況表之言往往不實案之時代疑此爲萬公之後人也又攷長安志靖安坊在朱雀街東第二街唐書武元衡傳靖作静正與此合静安里益即静安坊也義善鄉不見於長安志据此可以補之 右泉

山餘金石文編

右殿中少監唐昭女端墓志銘志前不題疑即昭所撰與孟友直女馮氏婦十一娘盧鄯幼女姚婆兩墓石皆父銘女子之詞十一娘爲已嫁之女姚婆爲下殤端爲中殤殤不立傳而有銘誌者由於

倚不能已韓退之爲女挐銘壙亦此志也唐書昭事無可考宰相世系表唐儉曾孫昭河南尹豈始爲殿中少監繼爲河南尹與百官志殿中少監從四品六典殿中省少監二人從四品上隋置一人皇朝增至二人龍朔咸亨隨省改復宋敏求長安志唐京城萬年縣所領朱雀街東第二街有靖安坊靖或作靜卽此靜安里也唐書武元衡傳白氏長慶集奇徵之百韻詩皆作靜正與此合義善鄉不詳所在宋志有義善寺貞觀十九年建縣南十五里寺以鄉名殆卽其地此石山於嘉慶二十一年五月凡一百九十二字皆完好

青城山常道觀勅并陰

碑高四尺二寸廣二尺勅六行行二十六字至二十八字不等行書勅前題字一行勅後題字三行並隸書碑陰參差十四行行二十四字下截道士題名九行並正書在四川灌縣

大唐開元神武皇帝書　常道觀主甘遺榮勒字及

題　晉原吳光□刻

勅益州長史張敬忠項者西南阻化僞役殷繁山川既接於夷戎縣道有勞於轉輸自卿鎮撫百姓咸安䒼弊還訖頁多慰沃歲陰寒極比平安好今賜卿衣一副至領之蜀州清城先有常道觀其觀所置元在青城山中聞有飛赴寺僧奪以爲寺州既在卿節度檢校勿令相侵觀還道家寺依山外舊所使道佛兩家各有區分今

使内品官毛懷景道士王仙卿往蜀川等州故此遣書
指不多及行書以上
勑縱横各五寸飛白書
十一日正書
開元十二年歲次甲子閏拾貳月十壹日下十三年正
月一日至益州二日至蜀州　專撿校移寺官節度使
判官彭州司倉參軍楊肆　蜀州刺史平嗣先　清城
縣令沈從簡隸書以上並
碑陰
劒南道節度使　　常道觀主甘棨書
蜀州青城山常道觀

右內品官毛懷景道士王仙卿等使至伏奉閏十二
月十一日墨勅蜀州清城先有常道觀其觀所置元
在青城山中閒有飛赴寺僧奪以爲寺州既在卿節
度檢校勿令相侵觀還道家寺依山外舊所使道佛
兩所各有區分者臣差判官宣義郎彭州司倉叅軍
楊璹往青城山准
勅處置其飛赴寺佛事及
僧徒等以今月九日並移於山外舊所安置訖又得
常道觀三綱甘道榮等狀稱奉
勅移飛赴寺
依山外舊所觀還道家今蒙使司對州縣官及僧等
准
勅勒還觀訖更無相侵者其山先緣寺界
所有竹木等寺既出居山外觀今置在山中務使區

分不令侵競臣已牒所管州縣亦許觀家收領訖謹
附采藥使内品官毛懷景奉狀以聞謹奏
開元十三年正月十七日左散騎常侍益州大都督
府長史劍南道節度大使攝御史中丞本道採訪經
略大使上柱國張敬忠上表

碑陰下截

上座蔡守仙
監齋勾靈相
道士楊悟玄
道士樊務道
道士向詹已

山人寇道安

亟士范仙舟

右唐明皇與益州長史劒南節度使張敬忠墨勑道光壬午九月予官長沙得之四川碑匠云在成都府灌縣城西七十里地名太平塲天師洞内碑刻於開元十三年時節度使有八其六曰劒南節益州也益州置大都督府其屬官有長史張敬忠蓋以益州長史兼爲劒南節度使故勑有在鄉節度檢校之語蜀州彭州皆垂拱中割益州所隷縣置節度使在益州青城山則在蜀州之清城縣故云一日至益州二日至蜀州也後列蜀州刺史及清城縣令銜名又有專

檢校釋寺官節度使判官彭州司倉叅軍楊璹一人
列於前司倉叅軍乃刺史屬官判官則節度使之屬
官時楊璹蓋以彭州司倉叅軍兼爲節度使判官也
攷蜀記靑城縣因靑城山得名其山載福地記及玉
匱經爲第五洞天杜光庭謂是岷山之第一峰前號
靑城峰後臨大西山有七十二小洞八大洞明統志
云靑城發縣在灌縣南四十里飛赴寺在灌縣西南
三十五里則今之灌縣卽開元中之淸城縣也常道
觀不見於地志據明統志載有大人觀在灌縣西南
五十里攷太平御覽引五岳圖曰靑城山洞周二千
里劉郡界黃帝拜爲五岳丈人又唐六典謂蜀州青

城丈人山每歲春秋二祀享以蔬供委縣令行云云是丈人卽青城丈人觀疑卽當時之常道觀也今土人呼爲天師洞者或因漢張道陵得道於蜀州之鳴鵠山其地相近遂沿譌有此稱耳張敬忠附見新唐書張仁愿傳但云自監察御史累遷吏部郎中開元七年拜平盧節度使而未及後官益州事史之漏也傳又謂仁愿在朔方奏用御史張敬忠等皆稱著後至大官世名仁愿知人則敬忠殆亦當時之表表者開元神武皇帝乃當時羣臣所上明皇尊號明皇所書碑刻今傳於世者多八分及正書行書則僅有金仙長公主一碑此碑筆力遒茂出入二王不媿太宗

高宗家學而以僻在遐方訪拓不到自歐趙以來金石家俱未收錄惟寶刻類編載賜張敬忠勑而云開元十八年永康予故亟爲表出之古泉山館金石文編

按青城山常道觀碑碑刻元宗賜張敬忠勑碑陰刻敬忠奏表唐書張敬宗傳開元七年拜平盧節度此稱益州長史錄其銜官足補正史又唐書地理志蜀州青城縣青故作清開元十八年更有青城山舊書青城漢江源縣地後周改爲青城山在西北三十二里舊青字加水開元十八年去水爲青此勑開元十二年下十三年表奏故山作青城縣作清城在未更以前也宋祝穆方輿勝覽常道

觀隋時建有唐明皇御書碑卽指此勑前題常道觀主甘遺榮勒字奏表作常道觀三綱甘道榮前題常道觀主甘榮書甘道士姓名一碑三見彼此互異豈名榮字遺榮因爲道士故又稱道榮耶宋王象之蜀碑記灌縣丈人觀紀符瑞碣甘遺榮八分書趙明誠金石錄青城山丈人祠廟碑甘遺榮八分書並作遺榮惜未著此碑耳名勝志青城山有異僧出入井中赴供長安頃刻復返廣明中賜名飛赴寺元宗行書傳世者惟此勑及金仙長公主碑碑書散朗勑書縝密筆法殊不相類此豈出蘇靈芝手耶何絕似鐵像頌眞吝勑也甘書奏

表則與王知敬褚遂良相近唐時僧釋善書有懷仁懷素大雅普昌洪滿行滿從謙翻微靈迅欽造齊操無可建初其羽士善書無過此者嘉慶二十三年徐保□雙佳遠道拓寄亟著錄之以誌珍藏

豐義令鄭溫球墓誌

石縱橫各一尺四寸五分二十三行行二十三字正書陝西鄠縣出土今藏余家

大唐故□州豐義縣令鄭府君墓誌銘并序

滎陽鄭君諱溫球字耀遠洪源浚流鼎門碩胄固以炳煥圖傳洋溢曾祖邈隨鴻臚卿河南公祖福祥 皇唐州刺史父方裔始州臨津縣令昭穆暉暎芝蘭芬馥咸迪雋業不其休哉君溫恭好學出言有章貞白成性立

行無玷解褐豨州玉城縣丞毗贊有倫入吏旨悅時鑽
方作梗王師出誅監軍御史元公欽君器能相邀入幕
克清夷落韜弓飲至君之策焉優　制嘉之轉蒲州汾
陰尉儀形閑輔損益絃歌秩滿調補□州豐義縣令以
膺精擇無事自理示信不欺子游不下堂賈父歌來晚
儔君之政無以加焉方將樹勤王家勒休天府彼蒼不
慭殲瘵所纏藥石何欺靈祐斯爽以開元十四年七月
廿九日終享年五十有八才優命舛沈屈下僚隙駟不
留嚴電易謝人生到此天道□論君有昆曰溫琦廊廟
巨榦朝廷重寶由禮部侍郎轉邠州刺史君詣兄所憩
息未行哀哉禍臻於彼廨宇天倫之慼振古莫儔郎以

其時柩遷于鄭以開元十五年七月廿七日權窆於京
兆府鄠縣口福鄉原禮也有子七人皆精敏之士績絳
州翼城主薄兼汴州開封主薄揆充收孚回莠並茹感
肌膚沈痛創巨纂夫懿德寄我松檟予夙預姻親曲承
誘願士感知己懷此無忘聊繫情於斯文庶有光於泉
壤銘曰
陟鎮嵒嵒漆流湯湯展我之子爲龍爲光有昆如珪有
子如璋家瘞其寶國殲其良千秋万歲杳杳茫茫
前左內率府胄曹盧萇撰
按滎陽鄭温球以䣙州典義縣令卒於邠遷窆之於
鄠其姻親盧萇爲之銘墓也䣙州邠州並屬關

內道同節度使邠州至𡌮百四十里至鄜三百里
而近蠻方作梗云云乃開元十年安南賊帥梅叔
鸞等攻圍州縣遣內侍楊思勗討之元公蓋監思
勗軍而溫球入其幕因承優制得轉蒲州汾陰尉
也唐元宗置中都改蒲州爲河中府元和郡縣志
謂在開元元年五月舊唐書地理志謂在開元八
年通鑑則繫於九年正月改置之年月不同然李
志云麗正殿學士韓覃疏陳不可六月詔停復爲
州劉書云其年罷中都依舊爲蒲州司馬通鑑云
六月己卯罷中都復爲蒲州時乃隨改隨復故開
元十年以後尚稱蒲州迨天寶元年改州爲郡乾

元元年復爲蒲州三年又改爲河中府也汾陰之改寶鼎乃開元十一年又在温球作尉之後矣此石嘉慶間出於鄠縣帖賈攜入長安其字耀遠與吾亡弟名同且慼其歿於兄所購石以歸天倫之戚古今一致耳

此志經兵燹已失所在矣陸增祥志

膚施令于士恭墓誌

石縱橫各一尺九寸二十一行行二十一字正書蓋題大唐故于府君之誌銘九字篆書在咸寧裴氏

唐故延州膚施縣令上柱國于公墓誌銘并序

公諱士恭字履揖其先東海人也漢太守定國之胤洎五代祖謹仕魏遂居河南今即河南人也績書前史屢

貽後裔曾祖宣道隨左衛率　皇涼甘肅瓜沙五州諸
軍使涼州刺史成安子祖承寧　皇商州刺史增建平
公父元祚　皇益州九隴縣令襲建平爵尚德靜縣主
公即主之次子也公言行周密風儀閑雅弱冠以諸親
出身解褐授好畤縣尉初大周御宇分邦制邑劃爾畿
甸錄為稷州選部甄才擢授斯職然當時之榮選也自
茲已降累遷郡邑尋貲臨頓復典膺施關右馳聲許邦
恩惠非此能備也開元十四年春　天子若曰縣令在
任清白者選日擢用公即隨調方俟遷陟命何不融疾
成不治以其年秋九月戊戌卒于私第春秋六十有六
時來不偶其如之何夫人譙郡戴氏妍妙凝華貞順勉

行自承鑚盥克諧琴瑟降年不永雖恨偏沉同穴相期
果然終合開元十五年十月乙酉權祔於京兆神和原
禮也拱樹蕭蕭坐看成古佳城杳杳空見微月嗣子弼
嬰等泣血崩心絶漿茹蓼昊天莫報長夜不曉慮陵為
谷刊石為表銘曰
死生有數晝夜不捨嗟彼于公長歸地下高墳寂寂宅
此崇阿千秋万古孰知其他

按肩施縣令上柱國于士恭墓誌銘舊唐書職官
志諸縣令正第六品上階上柱國正第二品縣令
為職官上柱國為勳官于氏先世攷詳于孝顯碑
士恭乃孝顯從孫也涼甘肅瓜沙五州為關內道

唐初置涼州揔管府改都督府或管四州或督八州七州宜道為五州諸軍使當在武德七年之後商州亦關內道隨為上洛郡唐初改商州天寶元年復改上洛郡九隴縣屬劍南道成都府本隋蜀郡武德元年改益州領成都九隴等十三縣三年分九隴等三縣立濛州貞觀三年廢仍屬益州四縣置彭州九隴屬焉元祚為益州九隴縣令蓋當貞觀二年之後延州膚施稷州好時皆關內道好時武德二年分醴泉縣置屬雍州三年改隸稷州貞觀元年復屬雍州天授二年改隸稷州武后以天授元年改國號曰周誌稱分邦制邑正指其時

元和郡縣志但云貞觀元年廢複州而不及武后之復改茲據舊書臨潁河南道許州屬縣故云許邦思惠也神和原即神禾原詳見敬節法師塔銘在西安城南香積寺第五橋皆其地也

敬節法師塔銘

高二尺二寸廣二尺六寸二十六行行二十一字正書在陝西長安縣杜永村

大唐□義寺故大德敬節法師塔銘并序

夫王而作則者大雄見而遁者大寶聲被周漢義逸齊梁學比犍毛富如崐玉道飾其行俗賞其音或內秘靈和或外見常迹趍伏不拘於代出沒所謂於須臾執有以無之公得其門也

惟大德俗姓盧諱敬節范陽人也祖　尚書遠□栖志
邱園父樂司徒季英閑居遁世懸于稱子遏以群流放
令出家不從文秩上可以益　后下可以利人不
累庄嚴足陪淨戚令投虔和上受業年甫什歲日誦千
言維摩妙高飛峰□海法華素月吐照情田奏梵音以
雲揚感神明而電激厭俗之垢　王澤退沾落髮
之貞天臧為惜至二十九入道具臘寺舉都維那二十
載清掇僧務造長廊四十間不日克就光嚴
帝宇粹表祇園結棟凌霞飛簷振景士拜左顧靡怯風
摇人謁右旋非憂雨散亦皆柔外以安定力振振順中
以如如心弈弈吁法橋而虹斷切義舫之神移莫不悼

哉何嗟及矣以開元十七年七月十五日殁于私房春秋七十有五窆於神和原律也門人處王瓚延祚等念松迴茂仰蕙遥芬愼顙景之不留恨驚風之早落師覍遠何至資影痛何孤恐岸成川起塔崇礼式爲銘曰

迹滿三界神放六通教合遍暍德位常融轉延像世運及都公木選寒柏山寶舒虹行高猂下言貴居忠俗承遂聲色道洽化無窮水播魚從□人斷院悲空日影何旋北山陰遷已東荒郊悲慘慘烟氣乱慈慈式修營兮妙塔用表列於仁雄抠窆歸於泉壤性遥拔於樊籠挫一代之濁命流千古之清風

按敬節法師塔銘撰書人皆不書開元十七年法

師年七十有五則生於高宗永徽六年十歲出家
為麟德元年二十九入道為宏道元年神禾原見
景龍三年法琬碑景雲二年蕭思亮墓志銘開元
十四年思恒律師墓志是刻作神和原與開元十
五年于士恭墓志同宋張禮遊城南記陟神禾原
西望香積寺塔原下有樊川御宿之水今西安府
南杜曲社之西有神禾原

秦望山法華寺碑

開元十三年二月立李邕撰書

案此重刻本謬譌甚多在山陰秦望山天衣寺
何子貞前輩嘗以宋拓本摹刻於濟南係開元

廿三年十二月八日建据以補入并摘跋語録

後陸增祥志

秦望山法華寺碑并序

括州刺史李邕撰并書

昔者法王道開崛山相現首是大事職非小緣順喻孔多證入弥遠故以三界為宅五濁為火四生為子六度為門一乘為大車十力為長者轉置熱惱之衆延集清涼之都念兹在兹廣矣大矣法華寺者晉義熙十三年釋曇翼法師之所建也師初依廬山遠公後詣關中羅什衆入禪慧允邃佛乘雖禮數摳衣而名稱分坐與沙門曇學俱遊會稽覩秦望西北山其峯五蓮其溪雙帶

氣象靈勝林谿虛閑比興耆闍昏卜蘭若羲洹槃食納
如來衣專精法華永言寶意感普賢菩薩為下俚優婆
提犹子於竹筐寄櫱種於蓬室師以縮屋未可枕屐乃
明移出樹閒延入舍下及杲日初上相光忽臨乘六牙
衛八部勝幡虹引妙樂天迎翩僊騰雲遥奇上漢師想
塈太息沉吟永懷葉公好龍已遇真物羅漢測佛未了
聖心於是苦行自身焫識通夢宛如昔見弥恨前非象
勸持經營難其語爲來聽法不易其人娟乃攝以蜂王
吼以師子祉謂者掎其裳袂讚歎者合其風雷時太守
孟頫以狀奏聞曰以為寺則知妙法者真如之已體蓮
華者淨道之假名是故崇厥經署于牓入無量義成不

卷七 唐四 十四

任曰至若高僧慧其邑人陳戴皆踵武投跡傳燈襲明或五柱範堂或七寶規殿立普賢座退連弗藍龍王讓池鷹子䟽塔迦羅衛國連至雲山淨明德宮頂開日月同足以發慧印啓[玄]門入位畢臻出家偕應則有持證寺觀示藏司流或慧舉十歲或貽明再造或鬪文瑞像或武帝香鑪寶鈴吟風珠幡交露僧瑶畫意盡長豪之妙光宮女綖功纖大身之變相次有陳州邑吏隨國施檀百寶盈於九隅羣經備於三藏所以神鍾警夜保賢聖之天居祥烏肅賓廷軒蓋之雲集忍辱靈草栖護龔於小埜傴僂萎花拳灼灼於高幹故得人天迴首江海回聲芭蕉遇雷倏焉滋茂葵藿隨日至矣勤誠登山而

野曠心空浴水而垢除意淨施及先律師道岸令弟子
釋儼並身林久伐禪剌都遣性通七事或捴八關金杖
五分優劣既芼繒綵四色功德豈殊甘露有加香油不
墜頃者豪州刺史前此邦別乘太原王公名弼法海廣
大慧炬融明德立於袁義開於物鄧惲致主之節有耿
投竿葛亮報國之誠不忘草奏夫人武氏佩服真空于
擣已覺及男緬緒芼惟肖二尊克慎三業若行若坐依
佛依僧去煩惱之外慊得慈悲之內實起普賢臺一級
寫法華經千部廣化人吏大啓津途卽普賢臺立法華
社每年二月重會一時且地効其靈山呈其秀有上座
已覺寺主道解都維那神慧僧表道實律師行深慧燈

寺多扶為林衆器成樂一體和合手用住持相與言於
王公曰夫名者事之華碑者物之表其或表不立則瞻
仰失容名不興則讃述無地願言刻石是用齊山胡散
大夫前侍御史令都府戶曹袁公名楚客其皎如日其
心如丹負濟之雄才託濱成之雅意傾慙作者徒使懵
然其詞曰

會計南山泰望北寺高僧注還聖跡標寄耆闍比峯法
華取義羣公護持歷國檀施陸寶大來海珎揔萃幡影
連珠像光發瑞松巘蕭踈竹澗蒸翠綱紀有條禪律不
墜掾曹正直別乘仁智臺壓龍首殿開鳥翅象駕菩薩
鳥迎真騎異香飄馞神鍾髣髴作為碑板讃述名字

唐開元廿三年十二月八日建刻石人東海伏靈芝李書石刻惟大照禪師碑余未及見所見者若披擅銘葉國重碑娑羅樹碑東林寺碑皆翻刻失真李思訓碑任令則碑端州石室記麓山寺碑李秀碑盧正道碑靈巖寺碑龍興寺額各造妙境而純任天機渾脫充沛則法華寺碑為最勝去春在吳門韓履卿丈詒此宋拓本攜至濟南付老僕陳芝重刻神理難追規撫粗具矣高僧傳載曇翼構法華精舍事與碑悉合惟翼逝後立碑山寺會稽孔逭製文不知北海曾及見否此碑翻本疊出無論筆勢全非即文字亦多舛改如秦望山上增大唐字與後題唐開元複出括

州或作括州十微誤十徵基缺筆作其或誤不缺陳州邑吏隨國檀施誤作陳隨國施州邑吏檀傴僂萎花作優曇異花有耿投竿作有取拔竿像光發端下誤接臺駭龍首刻石人東海伏靈芝作東海伏靈芝刻石皆訛舛顛倒可笑末題開元二十三年十二月八日建按新書本傳開元二十三年起為括州刺史立碑正在其時金石錄輿地碑目俱不誤翻本作十一年十三年者皆謬也何紹基跋

周村卅餘家鐫像記

石高一尺五寸廣三尺正書記十行行二十一字至二十四不等題名三十行剝蝕未錄在河南偃師縣

口開元口四年歲次景子巳月辛巳朔十八日戊戌崇

仁鄉周村卌餘家再鐫
昔創名山方求潤礎鏤容刊像承祖祢之前規拔苦烝
迷為子孫之厚福具三十二相向一百餘年覩容色而
將□異衰殘而取麗村人若老若少終翹代鴿之心惟
婦惟夫實切護鳩之誠貧無減已不辞懸磬之勞富有
積誠將傾潤屋之費□求異術或訪奇能方施藻鎣之
工載耿丹青之色巧行金貢通飾玉毫光焰浮於九天
慈悲盈於十地湛蓮華於淨目謂弥勒之初生曜蘋菓
於鮮脣覺如来之不滅自營功德併捨農忙薰辛無入
[ ]之期酒□絕充腸之□五體投地希得長者之誠一
心啓天冀洽菩提之願　書人劉仙經

按周村卅餘家乃麟德元年造像十八家之後裔因其祖禰所造像塔再鐫藻飾而刻斯記開元丙子爲二十四年四上缺一字乃廿字也麟德時脩武縣慈仁鄉開元時改爲崇仁鄉開元丙子上距麟德甲子七十二年周村戶口倍蓰亦見承平蕃衍

大智禪師義福塔銘

石高二尺六寸廣二尺六寸五分二十五行行二十四字字徑寸正書在陝西長安縣

大唐故大□禪師 下闕

弟子太僕少卿杜昱撰

禪師諱義福俗姓姜氏潞國銅鞮人曾祖仲遷隨武陟

丞鷹門令大父子颺烈孝解脫並臣園養德隱居不仕
禪師體不生之□神緄無染之絶韻爰在悼齔遊不狎
蘂遂更童長身無擇行峻節比夫嵩華雅量方於溟渤
初好老莊書易之説亟歷淇澳漪澄之隅以非度門一
皆謝絶齒邁三十適預緇流慧音共芝之若同芬哉相與
蓮花比潔大通之在荆南也慈導風行聲如鼓鍾應同
鳴鶴乃褁粮脩謁偏袒請命遂得法要式是勵精浹辰
之間驕然大悟三摩隨人順忍現前大通印可密臣付
囑自是多歷名山普雨甘露經行如市宴坐成林門下
求謁固唵三年之滯衆中樂聞常兼五十之喜則我禪
伯之嶽業寳亦駿揚于耿光及遊步上都載脂咸洛法

梁是荷人寶歸尊有如王公四衆下逮禪販百族明發
求哀涕淚勤請則亦俯授悲誨朗振圓音應器而勵銜
必盈返根則條枚盡洽如摩尼皆隨衆色入詹蔔不覩
餘香所可脩行分獲契證昇堂或潛落□出其餘則涓
滴皆是前年　輿駕東幸禪師後旋□洛閑關靜
慮猶□□言或趺坐通宵或宴寂終日門弟子有覩異
相竊或怪之知化緣將終接袵悲侍開元廿四年夏五
月廿五日右脇徂逝春秋七十九僧夏□□八粤六月
十有七日　恩勑追号大智禪師秋七月六日甲
申遷神於奉先寺之西原起塔守護禮也禪師以道分
入運慈濟物凡所利樂率先弘溥其茂德殊行則刋在

世碑冥睍神迹則詳夫外傳簡兹盡美略而不書猶迷
變海之期示勸開山之記銘曰
闕塞西麓相縈抱兮極目南臨伊汝道兮永錫大智神
所保兮達人口已豈多藏兮率由代教駿發祥兮予蔭
法嗣道有光兮
　大智禪師碑已見萃編此其塔銘也塔銘與碑
銘蓋同時所撰故碑文中有太僕卿濮陽杜昱
云云此文云其茂德殊行則刊在世碑也所述
事蹟較碑銘稍略其先世三代之名則碑府所
未詳彼云上黨銅鞮人此云潞國銅鞮人上黨
以郡言也陸增祥志

令長新誡

石高尺六寸廣尺九寸十四行行十一字正書在陝西大荔縣城

令長新誡

我求令長保乂下人人之不安必有所因侵漁浸廣賦役不均使夫離散莫保其身徵諸理寄尔長邑与之革故政在惟新調風變俗背偽歸真教先為富惠恤於貧無大無小以躬以親靑旌勸農其惟在勤墾緩行令孰不攸遵慝云被之我澤如春

開元廿五年二月七日奉

勑頒示天下縣令

朝請大夫守縣令韋堅書

初元宗擇令長一百六十人又自製新誡宰相裴耀卿等請令集賢院善書者書以賜之其後諸縣往往各以刻石集古錄目

唐開元之治盛矣元宗嘗自擇縣令一百六十三人賜以丁寧之誡其後天下為縣者皆以新誡刻石今猶有存者余之所得者六世人皆忽不以為貴也元宗自除內難遂致太平世徒以為英豪之主然不知其與治之勤用心如此可謂為政知本末矣然鮮克有終明智所不免惜哉集古錄

衆令長新誡見於歐錄者六一河內一虞誠一汜水一穰一舞陽一不知所在見於趙錄者四一房子一

未載縣名其二即汜水虞城本也此刻在唐時天下縣治皆有至歐趙著錄僅見數石矣而太荔之本則歐趙所未見也書石之韋堅字子全京兆萬年人官終刑部尚書唐書有傳載其歷奉先長安令有幹名唐奉先縣在今爲華州蒲城縣而今之大荔縣在唐爲同州馮翊縣堅未嘗令馮翊而碑乃不出於蒲城而出於大荔何耶筠清館金石記

右碑共十三行行十一字韋堅正書頗瘦勁字徑八九分在陝西大荔縣明皇所製令長新誡唐書本紀失載攷通鑑開元二十四年二月甲寅宴新除縣令於朝堂上作令長新誡一篇賜天下縣令當即此也

今据此刻則廿五年而非二十四年又玉海載其文
入之不安作人之所爲靑旌勸農作責躬勸農皆當
以碑爲正此刻末云奉勅頒示天下縣令則當時各
縣皆必勒石歐陽公集古録有跋言所得者六則河
内虞城汜水穰舞陽其一不知所在金石録目有開
元廿四年二月者三一云汜水縣一云房子縣其一
則不注地名又有元和三年七月王遹篆書者在虞
城縣而寶刻類編又載劉飛書開元中刻在鄧州及
鄭宗冉書太和九年建在許州明千氏天下金石志
載河南有六刻云一汜水一河内一虞城一穰其一
舞陽一不知何處蓋本之歐陽公故與趙德甫所言

不盡合而近代黃氏中州金石攷於汜水縣載此刻
亦與鄧州同作劉飛書恐誤也明趙子函石墨鐫華
言在關中所得者乃一王某行書碑雖泐甚然書法
是深於聖教者于今則僅見此一刻也韋堅唐書有
傳云字子金京兆萬年人姊為惠宣太子妃妹為皇
太子妃中表貴盛故仕最早由秘書丞歷奉先長安
令有幹名元宗咨其子擢為陝郡太守水陸運使攷
令大荔縣附同州府郭係近代新設唐之奉先為同
州屬縣此刻堅署銜朝請大夫守縣令者當即奉先
縣令也惟六典言凡任官階卑而擬高曰守階高而
擬卑曰行唐之文散階朝請大夫乃從五品上而縣

令有京畿及上中下之别京縣令乃正五品上畿縣令乃正六品上則韋堅所任之奉先縣蓋以京縣令而階卑於官故曰守也又攷宋開寶中改奉先爲蒲城今蒲城縣在同州北一百二十里相距尚遠不知何以此刻流入同州豈今之大荔縣實即唐之奉先耶古泉山館金石文編

按令長新誡須示天下則所在縣邑多有之唐書元宗本紀開元二十四年十月賜縣令上中考而不及須誡通鑑開元二十四年二月宴新除縣令於朝堂上作令長新誡一篇賜天下縣令宋王象之蜀碑記唐令長新誡在合州赤水縣開元二十

四年立明皇嘗擇縣令百六十二人賜以丁寧之誡其後為縣令者皆以誡刻石集古録取嵩景祐中令重刻之見於金石録者有四一在汜水一在房子並正書一八分書不詳所在皆次於開元二十四年無書者姓名一在虞城王適篆書次於元和三年而不及此石此石不知所在孫星衍訪碑録云在陝西大荔韋堅正書唐書韋堅傳堅字子全京兆萬年人姊為惠宣太子妃妹為皇太子妃歴奉先長安令奉先令蒲城大荔則唐之馮翊縣堅未嘗守馮翊令豈是刻由奉先長安而移於馮翊耶令訪之長安蒲城大荔皆無此石堅為李林

南中傷死於貶所宰相世系堅刑部尚書韋城縣男從顯秩也

殷夫人顏氏碑

此碑四面刻連額高七尺七寸廣二尺二寸厚九寸前後各九行兩側各四行每行二十九字正書額橫題唐錢唐丞殷君夫人顏君之□十二字前後各六字篆書在河南洛陽王虛齋

有唐故杭州錢唐縣丞殷府君夫人碑

第十三姪男金紫光祿大夫行湖州刺史上柱國魯郡公真卿撰并書

君諱□定琅邪臨沂人□□黃門侍郎缺七字皇朝秦王記室思魯府君之曾著作郎缺三字賢缺九字天皇曹王侍讀贈華州刺史昭甫府君缺十二字聰慧明達發乎天

均孝仁敬讓迴出人表精究缺十四字其在家也九族仰其
壼儀其移天也六姻缺十二字女史太夫人殷氏以彤管之
才膺大家之選缺十二字書監元孫府君太子少傅惟貞府
君藐焉始孩缺十四字擅大名以上碑正面萃編已錄今增十七字
皆君缺廿一字宜芳令裴安期缺十九字而左耳欹焉君有三子
長曰武康丞缺十三字系倫□□壻郎中柳芳今之良缺十二字
次曰處士齊望有成人之姿幼曰晉州長史成以上碑左側萃
編錄失缺十二字之不登□秩每與文士族祖濬武平一呂因李㲉
陳缺四字匡胡內弟曜卿允南姨弟劉璀族弟□同賦詩
多擅譽絕之句六女長適□□生安睦令銓孝養於君

次適王元□著漢春秋次適蔡九言生（缺六字）爲當代之
冠次適顏昭粹粹女適司勲郎（缺四字）才器爲海内（缺四字）
楊欽生濯季淮幼適我兄闕疑仁（缺五字）度爲君感（缺六字）
及女娉真卿童孺時特蒙君教言（辭辛編作辭誤）許（缺四字）延
壽王孫（缺四字）龍□□淹造化篇五都賦不幸開元廿五
年秋七月有五日以隨□終于成□尉氏尉之公館享
年八十四粤以闕年春正月合祔于東□□□□山之王
寶原禮也嗚呼君全德内充慈仁外被才闕可以升博
士法（以上碑陰萃編已錄今增十字更正一字）
（缺四字）母師（缺三字）不俱無石窮顏軒之髮□長筵拜壟多
鏘鳳乘龍之□□足云也真卿不敏夙承訓誘追棐仁

而莫逮謀不朽其庻茲銘曰
於□我姑□□□□愛深淪胥耳割冤蘊惠及踈賤仁
涵朽枯子孫宴喜龍鳳相趍教我音辭王孫五都期頤
未究缺五字石墳阿磐流八區以上碑右側萃編失錄

右碑文廿六行兩面兩側環刻面各九行側各四行行廿九字字徑二寸許皆正書其上橫題篆書兩面各六字在洛陽縣玉虛觀嘉慶乙丑虞山張子悔文學變游中州手拓其文歸以贈予時王侍郎金石粹編書尚未成予患拓本殘蝕難讀亦未就錄出後見侍郎書已刊行此碑雖載其中但有正背兩面而無兩側文實不全又据所錄兩面之文其漫漶殘闕與

予拓本亦無甚異而外舅錢宮詹先生跋尾所言如
之推府君之元及著作郎下集賢學士勤禮府君之
孫等文皆今拓本所闕蓋潛研堂所藏尚是數十年
前舊拓也意欲更訪彼本校錄故遲遲有待而近聞
潛研之物已多散失恐一時未必即得爰姑就予本
錄之且意有所疑者以每行字數計之黃門侍郎下
當闕七字而之推府君之元止六字著作郎下闕三
字其下乃賢字而賢上一字磨滅之跡猶隱隱可辨
廼崇而非集因攷家廟碑云勤禮解褐校書郎與兩
兄師古相埒同時為宏文崇賢學士則賢上所闕三
字當為宏文崇明矣且攷唐志武德四年置修文館

於門下省九年改曰宏文館又開元十三年改麗正修書院為集賢殿書院於是始有集賢殿之名而東宮官有崇文館學士云貞觀十三年置崇賢館上元二年避太子名改曰崇文館則高宗為皇子之時自當稱崇賢為是又賢下尚闕九字而學士勤禮府君之孫止八字意先生當時是摘其要文言之亦有筆畫不清者故皆不合耳家廟碑言昭甫為高宗侍讀曹王閣攷本紀高宗為皇子時封晉王而唐會要長安二年太子左庶子王方慶上言沛王為皇太子時改崇賢館為崇文館又太宗第九子明封曹王昭甫蓋為晉王曹王東宮之官也魯公家廟碑作於後代

宗時故不使仍稱晉王乃改神廟號耳而此碑又改稱天皇者則以高宗之謚為天皇大帝也與家廟碑之意略同今拓本天字尚清而易辨而王侍郎所錄遺去此字於皇字上空一字與前皇朝同例蓋失於細攷矣潛研堂跋尾据唐書殷踐猷傳知成己之母為顔氏成已乃踐猷族子又云讀此碑乃知即曾公之姑其二妹者一為宜芳令裴安期妻其一則殘缺不可辨矣中溶嘗攷唐碑每有姨弟之稱似即謂從母之子此碑叙成己同賦詩之親友有云内弟曜卿允南者曜卿乃曾公伯父元孫之子允南則曾公之仲兄皆為殷君夫人兄弟之子是謂成己稱舅之子

曰内弟也則其所稱姨弟劉璀疑即夫人一妹之子也今碑文已殘缺不可辨而武虚谷授堂金石跋乃云夫人爲昭甫季女必有誤矣此碑歐趙皆未見首著録於寶刻類編而以曾公爲夫人從姪亦誤也黄氏中州金石攷引金石補遺言在河南府道居寺天王殿前新自地中掘起畢尚書金石記誤以掘起爲掘出云此碑已見寶刻類編則非新出愚謂此係墓碑而非墓志本不當在土中王侍郎謂此碑當自宋以後入土至近時新出是矣然因未見側文不知志銘尚有勒石壙阿之句可證也且即拓本觀之其背文之中上下皆鑿去三行内十二字作兩大方孔形

必是後人曾以此石作階砌欄檻之用以致埋入土中耳王侍郎亦未及審出言之文於錢唐縣丞殷君履直之姓名事實已磨滅皆不可辨而可辨者惟其子女之事甚詳稱其三子則并及其交游有名譽之人如左司郎中柳芳及武平一史皆有傳所謂族祖濬者當即家廟碑云濬好屬文之人也又稱其六女不獨皆著其所適之壻并及其女所生之子女等事中云幼適我兄闕疑者闕疑乃魯公之伯兄也家廟碑稱其仁孝有吏能精詩傳善剖判杭州參軍而此碑於其下又有云度為尼者恐亦是指闕疑之女言之王侍郎釋尼為君誤矣文稱夫人才明可以口博

士博上一字右旁作十而左旁已漫漶蓋用後漢書鄧后紀言后志在典籍不問居家之事母嘗非之曰汝不習女工乃更務學寧當舉女博士耶故事也碑又云眞鄉童孺時特蒙君教下又有延壽王孫賦及造化篇五都賦等文而其後銘中亦有教我音詞王孫五都之句蓋曾公早孤家廟碑言自蒙佑父泉允南親自教誨舉進士故夫人在室亦嘗教以讀前人詞賦也碑題額稱夫人爲顔君而不曰氏者蓋内其姑而不言氏以尊之耳故文中亦皆稱君又碑文長而紀事甚詳者亦重親親之道與家廟碑同一體格也自韓柳之文行乃有潘昂霄輩据以言墓銘之例

於是後人務以簡畧為高古不知所貴乎文且託諸金石者原欲表其事實以垂於久遠若寥寥數語籠統不詳又何取而曷足重哉如魯公此碑及家廟碑豈反不可以為例者耶餘詳王侍郎書中古泉山館金石文編

鈞清館據拓本及文集校補全文并錄於後陸增祥志

唐錢唐丞殷君夫人顏君之碑篆額橫題碑之陰陽二面

有唐故杭州錢唐縣丞殷府君夫人之碑并序

第十三姪男金紫光祿大夫行湖州刺史上柱國魯郡公真卿撰并書

君号真定琅邪臨沂人北齊黃門侍郎之推府君之元

皇朝秦王記室思魯府君之曾著作郎宏文崇賢學士
勤禮府君之孫天皇曹王侍讀贈華州刺史昭甫府君
之季女錢唐丞殷履直之妻也聰慧明達發乎天均孝
仁敬謹迥出人表精究圖史博通禮經罔無不知德無
不備其在家也九族仰其壼儀其移天也六姻賴其任
恤天后當圖旁求女史太夫人殷氏以彤管之才膺大
家之選召置左右不違顧復二弟曰秘書監元孫府君
太子少保惟貞府君藐焉始孩頓膝怙恃君躬自誨育
教之詩書悉擅大名皆君力也叔父史部郎中敬仲府
君為酷吏所誣君率二妹宜芳令裴安期妻司業岑獻
妻剖耳訴冤四獲減死及誕男成已而左耳缺焉君有

三子長曰武康丞嘉紹尤工小篆爲寸字飛白勁利絕
倫紹子壻郎中柳芳今之良史芳子長樂令滉幼立盛
名次曰處士齊望有成人之姿幼曰晉州長史成己雅
書墳書兼綜才藝鳴謙勇退不登清秩每與文士族祖
濬武平一呂因李娵陳齊卿族舅匡朝內弟曜卿允南
姨弟劉璀族弟瑱同賦詩多擅警絕之句六女長適李
氏生安陸令銓孝養於君次適王元淑著漢春秋次適
蔡九言生燕學生□□□爲當代之冠次適顏昭粹粹
女適司勳郎□□□才器爲海內□□次適楊欽生
瀯季淮幼適我兄闕疑仁親友悌有□□□□度爲尼
感咏□□□慈明及女姨真卿童孺時特蒙君教言辭

音剖口口口延壽王孫賦崔氏飛龍篇江淹造化篇五
都賦不幸開元廿五季秋七月有五日以隨牒終于成
已尉氏之公館享季八十四粵以明季春正月合祔于
東京萬安山之玉寶原禮也嗚呼君金德內充慈仁外
被才明可以升博士法度可以律母師雖偕老不俱無
石窦魚軒之貧而長筵拜慶多錯鳳乘龍之獻於足云
也真鄉不斂夙承誨誘追深仁而莫逮謀不朽其庾兹
銘曰於惟我姑德盛才無雙深倫育耳剖冤蘇惠及
疎賤仁涵朽枯子孫宴喜龍鳳相趍教我音辭王孫五
都期頤未究人世俄秋刻石墳阿聲流八區
曾公書碑名四面環刻如宋廣平碑家廟碑及此碑

皆是也萃編但見陰陽兩面未見兩側故所錄未全
碑既殘泐而拓本又復麻沙即兩面中亦多遺字今
以全拓本與曾公文集參校其可識者以大字為别
泐處則據集本旁註碑與集俱缺者則用方闕至集
本萃編間有誤字則據碑正之公高祖思曾祖昭甫
父惟貞兄闕疑四世皆娶於殷殷履直及其子成己
亦兩世娶於顏碑所稱太夫人殷氏昭甫之妻公之
祖母也萃編以為公自叙其母非是夫人葬於開元
廿六年其時魯公方三十二歲此碑題銜曰行湖州
剌史則在大歷七年以後十三年以前公任湖州時
追立也筠清館金石記

尼榮惠隱塔銘

高舊造尺一尺二寸五分寬二尺廿八行行十八字行書在河南洛陽縣

大唐大安國寺故大德惠隱禪師塔銘并序

禪師俗姓榮京兆人其家第四女也族望北平曾祖權隨金紫光祿大夫散騎常侍兵部尚書東阿郡開國公祖建緒銀青光祿大夫使持節息始洪諸軍事三州刺史東阿郡開國公𣏌祖思九黃門侍郎父懷節夷州綏陽縣令外祖韋氏字孝基皇中書舍人逍遙公之孫也禪師聡識内敏幼挻奇操粤自齠齔敬慕道門專志誦經七百餘紙業行精著僴練出家自剃髮染衣安心佛道尋求法要歷奉諸師如說脩行曾無懈倦捐軀委命

不以為難或行無跡氷霜比潔或斷穀服氣宴坐禪師
或鍊辟試心以堅其志動靜語默恒在定中凡所施為
不輟持誦雖拘有漏契無為雅韻孤標高風獨遠嗚
呼驚波不息隟影難留生滅無恒遽隨遷謝開元二十
二年七月十一日壽終於安國道場春秋七十有六右
脇而卧奄然滅度臨涅盤時遺曰吾緣　師僧父母
並在龍門可安吾於彼處與　尊者同一山也弟子屈
圓德博通三藏才行清高生事竭仁孝之心禮葬盡精
誠之志追痛永遠建塔茲山縱陵谷有遷庶芳不朽乃
為銘曰
至道希夷代罕能窺探祕究妙夫惟我師其一

爰自齠年訖于晚歲精念護攝虔誠不替肅肅式行明明乞惠淨業滋薰与佛同契其二

逝川不駐隟駟難留奄隨運往万古千秋嗟永感而無極式彫紀於芳猷其三

開元廿六年歲次戊寅二月六日建

龍光寺舍利塔記

開元廿八年七月在扶風正書

郭楚貞母建多寶塔銘

石高一尺四寸廣一尺六寸二十行每行十七字正書在陝西扶風縣

多寶塔銘并序

夫朗質淨乾高明無以秘其象貞儀括牝厚載安可遷

天上之飛來疑地中之湧出勒以琬琰鏤以琳琅口瑤
採崐閬之名珍琢鍾巖之美玉霧竦雲立月映星離類
灑煩惱之津寶地鏤業因之果于時鶯㩲宇託勝栽規
炬溷輝通四兮而外朗慧根夙絜演十頌而齊貞醒醐智
上為過去下緣見在鳴呼性均泣扇哀埒跪書故能
四緣之淨域又捨緣身裾帔等數十事造多寶塔一所
日夜持頌一遍循詞進業蹤實諷匿弃五濁之煩籠居
元七年受持法華經第八金剛觀經尊勝藥師等經每
三乘而宏懿爰有郭楚貞昆弟眷等太夫人李氏自開
淨蠢之口故得慈航並汎香軺兮駈濟七水之沉淪演
其形惟聖界臣千大海寫浮珠之得商城六度提河竪

心之凜凜表禪識之倉倉其詞曰

彼美昆弟勇行尊崇攀緣性相經搆津梁情損東岱叢

□西方傾企精進長緣頂王

開元廿九年歲次辛巳閏四月辛巳朔十八日戊戌建

立

按此石出土未久從西安帖賈購得拓本未知在

西安否也于時營搆字句以四字例之營下當有

脫字

金石續編卷第四終

金石續編卷第八 唐五

武進陸耀遹纂　　太倉陸增祥校訂

唐五

陳令望心經碑

高三尺，廣一尺六寸，十五行，行二十字，額題「銅川陳公爲多心經碑」九字，三行，並正書。

般若波羅蜜多□□□卷經文不録

天寶元年四月八日河北道宣慰使朝散大夫守內侍陳令望造

按河北道宣慰使朝散大夫守內侍陳令望造蜜多心經碑。唐書地理志河北道有採訪使而無宣尉使通鑑開元十六年以宇文融為户部侍郎兼魏州刺史充河北道宣撫使註宣撫使始此宣慰宣撫職蓋相同諒皆因事立名非常職也朝散大夫從五品下内侍從四品上

張尊師探玄碑

碑高四尺五寸廣二尺六寸二十九行行五十字行書在河南濟源縣

唐東京　道門威儀使聖真玄元兩觀主清虛洞府靈都仙臺貞玄先生張尊師遺烈碑銘

大弘道觀法師蔡瑋撰　承議郎行河陽縣尉韓贊書

先生諱探玄字體微家世南陽正一真人道陵師君之

青也真人光上清之版蓋中古之仙所脉而駈馳鬼神
指麾而震動河岳仙支流乎百代真氣降于　三天
元將斧續妙門光傳法印興復乃烈是生貞元曾祖
儼周襄國茶州刺史大父幹隨李州司馬襲封朝陽縣
開國子父睿遭季世亂離終身向晦莅州也政符于德
儼司武也才叶于文若避世也　道膺于仲御盛矣哉
其先自沛遷鄧朝陽因官徙廣平今為臨洺人也先生
童而遜悌冠而貞懸勁者循篁之節和如浮磬之聲正
衣冠而氷雪在容離堅白而窾郄遊刃陋君之樞遠矣
文明初　天皇下席國家延慶于　道度為仙官
隸本郡明山觀道士開元初補而京景龍觀大德恩詔

供奉將授諫官先生執心堅明守　道純固固辭見許
十四年朝廷增崇　大聖祖玄元廟祠歷有仙客延賓
垣擇賢才以時禋潔　天子精選黃褐　親臨紫書先
先生與峨眉玉仙鄉青城道仙甫漢中梁虛舟齊國田
仙賓等允膺　宸鑒有司備禮冠蓋紛迎登邙山俯河
洛飄飄明霞之外窅窅雲玄之際望者以為神仙之會
也廿一年　詔為東都　道門威儀使與洞玄先生司
馬秀同拜於玉清玄壇冠重疊之五雲佩陸離之九色
霜臨絳府冰鑒玄都遐登仙階允執　大憲自是采真
遊者知證嚮之所存焉俄兼聖真玄元兩觀主清颸不
弭令望如初先生興時靡然歎曰始吾耀德繕性矜仁

窃名將以趾混人間心存應　帝殊不知外護內鍵已
淯真焚和大丈夫當神動　天隨拔然移是回歷選海
岳至巳乎玆山焉入清虛洞宮滑皇人秘記曰凡初濟
道位必先詣陽臺即此山是也先生乃考卜幽勝薦
辭明靈至誠感通若遇神授雖子真谷口遠遊邙中灬
一時也古老相傳曰仙人臺也昔周王昇仙太子朝
天壇於此臺上有鸞笙鶴之臨今　我唐玉真公
主於臺下搆館為集靈仙之都圖風嘉聲信萬古之同
德其地即是古奉仙觀前有拔鍾䢽為蜆口之潘每至
陰凝黛碧則霜韻常聞豐千載之湮淪灬九州之殊異
者也　公主以　天人之貴　帝子之尊玉鏡清懸瓊

華洞照自夫晉真官於金格烈仙位於瑶壇曰大洞三
景法師四紀于茲矣頃年摇羽節吟鳳簫真相光煌於
九天風馭周遊於羣岳以為此地青溪万仞碧洞千
門煙蘿嘶風金澗生月可寘八秘滋五牙朝會丹田遂
遊沖漠　皇上奉尊　祖之孝穆友于之仁　恩降紫
宸光融碧落題上方公主幽居曰平陽洞府小有仙臺
又於山門別署金牓為靈都觀貴主又罄散湯沐首事
增脩先生亦德契言從道同心一叢以　天恩所賜口
表器服及私居莊磑園墅資營繕焉惜乎厥功未而晏
然體逝享年七十有六默遷於山口雲泉之業時天寶
元年七月丙寅也先生將示疾也預脩金籙法事躬奠

河圖醮禮倏有二仙光降百神昭ㄖ其景象靈命及遺
試玄詞誌傳詳焉文多不載及乎解蛇也非煙霞瑞異
香盈室參老龍之户既子鶴之瑩隣人見先　紫衣白
駢俄亡所在烈風迅雷晏而後息八月壬寅封樹之際
赤氣被於玄宮信夫昇仙之驗也奉仙觀主殷抱質聖
眞觀監齋冦含光夙奉　主恩經始靈都之侵道士居
守元濔若水任詢吳運劉意並承　天澤服朱玄紱之
門猶子庭芝門人靈應或感愴泉洞或悽傷竹林相與
歎雲霓之不歸望松檟之增慕瑋也爾尚其德悅聞其
風敬諡曰貞玄先生頌崖略于幽石
溥博泉源清漳孕靈淪漪波怒如雷如霆於昭乎貞玄

才全而德形端若表炯若星嶷岳峙瀦泉渟個平而來
委　天和而出寥脩然而往混元化以歸冥乘日之車
子馭雲之軿飛霞丹霄子流金火鈴小有空洞子清虛
明庭雲脩峩峩子上鎮郊垌浩劫洋洋子厥德弥馨
天寶二年歲次癸未六月己酉朔三日辛亥建　刻
字人李興
按碑述張尊師探元遺烈蔡瓊撰蕭貢書探元為
正一真人張道陵之冑始為廣平郡明山觀道士
開元初補西京景龍觀大德廿一年為東都道門
威儀使兼聖真冠元兩觀主玉真公主於清虛洞
仙人臺構館為棲靈之都上題幽居曰平陽洞府

小有仙壇於山門署牓曰靈都觀探元贇字字絲木墨功而逝碑云厥功未而婆絲此道未下原脫一字時為天寶元年七月八月封樹二年癸未六月建碑孫氏訪碑錄誤作三年三年為甲申且己改年為載玫蔡瑋又撰玉真公主受道靈壇祥應碑亦天寶二年又見齊莊撰王屋山劉尊師碑云天寶六載玉真公主已捨館陶之封卜居平陽之洞與此碑並合是仙壇構館經始於天寶元年玉真寶居洞府史但稱玉真入道置觀於京城輿輔坊闕惕魏知古皆諫而未及東都之靈都觀也

玉真公主祥應記

要本高廣行數不計行書在河南濟源縣

玉真公主朝謁譙郡真源宮受道王屋山仙人臺靈壇
祥應記
御題額　宏道觀道士臣蔡瑋撰　朝請大夫宏農郡
別駕上柱國臣蕭誠書　西京大昭□觀□□□元丹
□□□□□建
皇上膺宥天下之世載也物歸混茫人復大樸故我元
元　祖帝服龍駕雲表玉容臨天門□真□□以寶
籙命國□嘉祥所謂純□□□□□契矣明年春
三月既望乃詔上清玄都大洞三景法師玉真長公主
有事于譙郡御真宮洎名山列岳靡不展□將以伸誠
敬□□□□也公主承□□□受□□□□□

□沆瀣亦所以履虛極而貽炯戒也於是浮函關之紫氣乘帝鄉之白雲登□□陳□□及□駈馳百靈□□千里夏四月届于□宮□□宣□□誠□□□□□聖□之□德薦皇心之在人精意克彰休應如響先天后廟有木文隱成太字垂八角之□□元元壽宮有飛龍躍于重泉□九井之瑞既而□□□□□圖則天之合契貞明□□或潛虬吐液以澄暎仙鶴縈空而鳴舞紫霞凝壇彩雲拂樹名所謂降福穰穰惟休之□□若是其至矣者共迴□言旋息駕太室捫日關步玄門挹上清羽人熊□于中峯絕頂訪以空同吹萬之始丹田存一之妙不踰月又將朝于王屋之天壇及仙人臺而北

岳洞靈宮胡先生賁然來會先生支離其德胥不其容
方□□□嶽□□假思□□賓聲□□大庭廿五人獨
守真於恒代世六洞遂陟降於清虚公主曰齋心順風
膝行避席請受八籙三洞祕文聖書先生□虚已忘心
真契冥合遂以是月下宿甲午子夜象□□□星陳□
□以金寶盟天霜羅薦地時也煙空夕霽四若朝徹森
然如有靈官□儀法位周列簫管清籟□□□□□□
希微髣髴□□□風灑萬木颼然餘音而壇無搖旌燈
不振熖公主於是官三極府百神左右不戒而嚴肅如
也洎乙未丁酉異夕同符皆有甘露夜零珠明玉潤華
滿庭樹香襲人衣□□□下有泉名□鑪□齋論□□

殆不可測每有□人精思遐感則霜韻潛鳴遁五月辛
丑之夕公主露真文敷玉□鐘磬乃殷發深底遂和雲
韶自暝達曙蕤容不絶壬寅佩五老真印杖八威神策
端五度靈飛六甲傳謡□七元攻日月交輝或雲霞動
色晃朗天宇揚光仙山至若始陰玉符祖切雲□欝儀
結隣之録□晨宴景之道則有上公□保三元□司皆
降飛雲緑軿肅輦金蓋然□□授口訣冥感□□故署
□格曰玉真□華真人皆真命自天理絶同□甲辰言
功受祑清晨解散復有祥飆蓬蓬然中壇而起若神官
羽鶴歸飛於太空時聞步虛□□□□徐轉公主□鳴
□皷貫斗□延立久之返乎居室矣是歲東周炎亢自

春徂夏入□□力野無良苗公主登仙臺臨洞府□纊
□□飛步□剛俾夫金龍驛□辟莫□禮俄而□□□
甘□流盈尺故當時遠近咸謂之　公主雨暘則知夫
德苞於經濟者其業也廣行通於神明者其感也深自
非降　形庭孕靈金格特受異氣蔚為至人則曷能靜
該道□動□　天祐祈誠必應休有明徵者執公主法
号無上真字元元　睿宗大聖真皇帝之愛女一令上
之季妹青骨凝照瓊胎洞虛□葆□元門而禎符不一
年甫二八當景雲之初始受道於括蒼羅浮真人越國
業公其時老君為親降法壇□□三刻言以口授義以
神融故其図章隱訣代莫得而聞也但見事載青史銘

編玉誄西京宜壽縣之樓觀者昔文始先生尹眞人□氣之所山水屋嶅蒼蒼古堀峥嵘丹宫後聖有作公主以天寶之前歲孟夏月佩黎靈之印混疑始之心臨目存眞斯焉攸處㕥然者七日而所居精室卿雲覆之有二青衣玉童自雲來拜回而動承指使常在左右也則仙格之稱不其宜尤自是潄五晨之輝採九芝之秀踵息聽氣遺形絶粒動無遺事矣不□則何能周括萬象徧索羣岳得于玆山焉夫此山者隱□陽臺小有天洞環合曾峯淩□□□情騰赤霄而□凝霞明□丹梯而□□□昔王子晉舉手緱嶺息鶴於斯□□天壇□□巽□連太行懸□千仞□□皆秀孤松自煙況共谺谷

樹峯玉林□草可名言也公主卜築□□爲采眞□居
柴門栝亭□□茅室丹竈叶日藥園長春勺水可以□
□□□拳石可以□□□□公主上前年輝灑宸翰
光照寶額曰平陽洞府小有仙臺又於山門別著金榜
爲靈都觀公主優遊爰處將廿年□□已□昇仙階及
茲凡五受眞籙宜其□六合□□弃□□如脫□□而
□之輕舉元默□天□□永顧祝堯不能忘魏是知撫
往不適与道爲徒者非至德其孰能與於此焉有若監
度保舉中岳三洞鍊師馮齊□王玉京同法壇西岳道
士□延壽中使內謁者監程元遲王屋令李拯宮録道
俗莫不咸同嵗觀時東京法衆元元觀主王虛貞等鼓

金碧翊霞軒陪□平絳宮之前倘佯乎碧宇之下稽首
雲會□聲而言慶大君受祚於元元天妹同符於女偶
詠歌不足頌紀斯文璞琫得捧鋒瑤壇舐札瓊府輒敢
抑沖寂搜杳冥貽列元猷□□□琬誠慙□□□愧當
仁□□□紀□□實貞□□有唐天寶之二載也
大中大夫守河南少尹臣李□□□中使□□□臣
□□□西京大昭□觀道士臣□□□□□石

第一千二百十二唐玉真公主受道祥應記蔡瑋撰
蕭誠行書天寶二載金石錄

唐書公主傳睿宗第九女玉真公主字持盈始封崇
昌縣主俄進號上清元都大洞三景師天寶三載奏

請去公主號罷食邑元宗不許再請乃許之璽寶應時唐初公主之為道士者以武后女太平公主最為驕恣卒以謀逆敗若玉真公主者其受道祥應之果否姑不必論觀其辭封樂道亦可謂善終者矣書碑之蕭誠唐書宰相世系表官司勳員外郎趙氏金石錄天寶三載盧秋履濕碑亦誠之行書也中州金石記有玉真公主受道靈壇祥應記天寶二年立亦道士蔡瑋撰元丹丘正書在濟源靈都宮與蕭誠所書此記為一時所立也筠清館金石記

按此蓋中州金石記誤以建碑人為書人非又一碑也吳式芬志

天寶陁羅尼呪石刻

石高一尺六寸廣二尺二寸二十七行行二十字正書在陝西西安府

佛頂尊勝陁羅尼呪

佛說無垢淨光大陁羅尼神呪文皆不錄

天寶三載歲次甲申二月十五日建

任令則碑

高七尺廣三尺五寸三十行行五十四五字不等行書在陝西武功縣

□□□□□□□□□大都督府别駕上柱國任府

君神道碑并序

上缺史□□□李邕文并書

□□□□□□□□□□□□□□□若享以令

德□以懿□□启其深□□覆其前□故能名重
於位德富於時夫高也不以固□□□□□□□
□□□□□□□史□絕□□□親之□躬信
翼子之惟肖矣　公諱令則字大猷本樂安博昌
曰居官令為西□□□□□□□□□□□有□
國與薛同姓故滕侯曰寡人若朝於薛不敢與諸任齒
漢御史大夫敖後漢司空隗魏吏部尚書愷並朝□□
□□□□□□□□□□□府君祖　皇朝鄜州
司馬辯府君考　皇朝資州司馬直太史盛□□
□□退身周仁形志或雲□□□□□□□□□
□□□無悔□□□□□福永歸□如也公駿發炳靈

丕承□訓風神散遠軌度閑□□□□□鏘金有聲雜
以詩書□□□□□□□□□□□□名教之中□□
□□其□文其德武其□仁其行禮其□智其謀義其
斷司馬□□□□□□□□□□□□□□□□□□
□將□□□□□□□□□□□□□□器用已周與
輔將□□□□□□斯□□□可鬒汝其□□□□□
公乃執顏拜首□□□□□□□□□□□□□□□
□□□□□□□□□以□下情是□□府□□□□
於□□□□傾落亦□□□□□結茅匝營植栢祥烏
□□□□□□君子□□
則天□□□□□□□□以

□宗□□□帝□□之□□□□□□□□□□

□□□□□□載或冂公□□觀書雖□積學貫□

習□□□□□□

□□□□□□地府□□□□上□何□左□□

□除□將府左聚毅仍長□議□歎曰□公執戟藩□

□□□□□放代也一從一橫一□一□□□□□

□□□□□□□□□泉府折衝時吏部尚書朔

方□使王公諱□忠□偶儼之□□□□□足威邊

略能戡難冂□□□□□□□□擊□□公□以五□

□以五□代交闘其□武□樹伏其三□□虜懾□

康待賓□□□□□　朝廷以弓勁馬□□□

□□□□□□之□□□□□□□王□□□情公直
巖備□正人□□歎公□昔者李□封侯孫□□□
□□用而命仲莫登雖□□□□□□□□□□□□
□賞所乘馬□公□□或□病者乃奏公副前相□李
公元紘以討之□旅飲至授璽王府左親事典軍隨班
例也□以□□□□□有□□公朝議大夫□州大
都督府別駕事知和州靈關兩道遊弈使公刺候每精
什伍□□罰明而賞信衆附而師和賈勇者投石而□
行□□者□□□□□是以石□諸□□相次歸□者
累八九焉乃將□四夷掃萬□爲　□□□作邊
長城而夭不遂良神或助逆□兇猶□□□刻□臣之

□子□□嗚呼以開元十六年十一月廿六日寢疾終
於官舍春秋六十有五悲夫夫人吳興郡君謝氏輔德
□行和鳴□□□□□□□□□以開元十八
年十月十八日合葬於武功縣仙原禮也□王府屬令
方公之弟也岷州刺史奉國公之□□□□□□□
□□□□□□□□之英彥□□國之棟梁也嗣
子神鼎府左果毅武貞仲子左司禦司戈奉先次子兵
部常選黃季子孝國□□□□□□□□□下□
從耳□□窮□丹竃□松楨風緊泣血將訴號天莫
追顧紀述於先塋□光揚於往行其詞曰
□□黃帝拙□□□□封命□與薛分流□□□□鼎

臣輔周人為國寶學是家臣其一族有賢英業尚韜晦藏
用□□鳴謙□背有典有則可久可大□□□□□□
□□其二□□□子芬芳盛時風□代□□□人師絕編
廣業□□□詩承惟名父特許青資其三代郕方開醴酒
□設既本文□□□□□□□懷□□□□□□□□
謀因加武烈其四揚雄執戟王粲□□□橫絕漠氣遏長
雲三邊金鼓萬里功勳興言鷁頒恥與□□其五一□□
□□□一□□以□牙生長羽翼胡覆久摧戎羌屢北
□□□□元功未塞其六悠悠旅□眇眇山行歸途劒閣
返葬墳塋□□□□□□□□□□□□其七禮樂詩書
伯仲叔季號天追攀泣血□□□心是日紀德茲地刻

□□於豐碑顯孝思於荒隧廿八

天寶四載十二月廿八日建

按李北海撰書任令則碑偃師段襄亭大令嘉謨任武功時訪得之拓以寄贈碑凡一千五百餘字可辨者尚及三分之一姓名官階卒葬年月以及先世後嗣猶得諦審錄之任氏之先始於薛侯下至漢魏則有御史大夫敖司空隗吏部尚書愷攷元和姓纂漢御史大夫廣阿侯任敖任敖之後爲晉尚書任愷望系樂安博昌後漢書任光子隗章和元年拜司空乃南陽宛人非任敖支派豈北海所據譜系或有傅會耶祖辨鄜州司馬考盛資州

司馬直太史唐書地理志鄜州關內道鄜坊節度管資州劒南道西川節度管職官志上州司馬太史令並從五品下□州大都督府別駕專知和州靈關兩道遊奕唐書地理志揚州大都督府督揚滁常潤和宣歙七州靈關當即和州之東關王公諱□忠諱下缺嗣字即王嗣忠也

拓本漫漶難辨茲據銙清館補八十七字正一十六字不復瑣記陸增祥志

張處万造像銅碑

高二寸廣一寸範銅仿碑式碑陽鑄阿弥陀像碑陰刻記六行行七八九字不等額題大唐二字並正書

天寶五載五月廿日上為皇帝下為一切蒼生又為七

代先亡今為見存父母敬造阿弥陁像一鋪佛弟子張虔方一心供養

翁方綱天寶造像銅碑歌　松石先生好奇古獲斯銅碑手為跋厥嗣小松珎秘之爵廬虞舟嗣君奪逌趺龍首背鼻鈕二寸之高八分濶其日辛未歳丙戌甲子壇初黄素達尔亦中間一蒼生同受空中靈響豁筂銅為君復為親七寶旃檀衰蘇揭諸苦陰符柢蠅楷度八經亦窮毫末况乃大字鶴銘法要訣無多即鐙撥鋒頭金粟神妙影珠縈繞蛟龍活中非填金乃古綠黝于鬆漆豪光抹晉公洪福弥勒碑妙蹟同時祝香盔韓況洪福寺彌勒像碑亦天寶五載海枯石爛尔獨完竃

紊雷輪語休聒馬塅梅雪湖外風碧穗秋庵響松栝何時聯句續段張金牒經如新手脫乾隆丁酉八月張虔万造阿彌陁像銅碑向為黄小松司馬易所藏翁學士作歌二百餘字細書寸紙薦碑刻竹僧并貯之今歸常熟蔣伯生大令因培道光丁亥遇伯生於嶺南出此拓本示因并翁詩錄之

振威副尉成君墓誌銘

石縱橫各一尺六寸二分十九行行二十二字正書在陝西長安

唐故振威副尉左金吾衛新平郡宜祿府折衝都尉□府君墓誌并序

赫赫宗周昔有天下分族命氏列乎千戚公□□□□

□連　曾祖威　皇太中大夫禮部侍郎　祖立□□
□□散大夫趙郡慶陶縣令　父崇偘　皇朝議郎宣
□□□户衆軍於是克清門風乃敷政理備歷中外□
遐□□□以良家子屬　中宗孝和皇帝有事郊□
□□為□□授左羽林軍長上轉京兆府望苑府別將
左清道率府□候當警夜紫禁環衛　丹墀以事
一人方逾十祀無何調河東郡霍山府左果毅都尉左
金吾衛知隊仗使洛交郡龍交府彭源郡天固府加振
威副尉新平郡宜禄府左折衝都尉知隊仗如故加左
藏庫使勒駿雄之勇烈虎豹之師守金帛之殿將出約
之悆公幼而習武長而主兵恭默其心堅白其操誠福

之善矣豈禍之淫矣遘疾弥旬終于咸陽別業然天寶
五載九月廿一日享壽五十有五以六載十月廿八日
葬於長安高陽原禮也銘曰
嗟嗟都尉三居其位　天階入侍　天府司使福善
無徵禍淫曷至且小植松柏乃高起體𨻶非獨今日之
如然皆苦萬古之所利

耐軒新獲此碑較比年所得稍大雖間有剝蝕而筆
致秀逸頗類褚河南惜未載書者名容當考之　庚
寅中秋青門李僕蓺安氏題 刻誌後 行書三行
誌泐下方左角標題處自宜祿下缺七字以文驗之
當是宜祿府左折衝都尉其知為成府君者文敘姓

源有列乎于戚何也古誌石華

右墓志十九行行廿二字正書字徑五六分書法不甚惡然多草率漫漶不可辨之字志首標題一行下角闕失七字不知其何姓而文之第一行下書名之處亦闕去惟其曾祖及祖父三世之名與官略具祖父之官皆不甚顯文有以良家子厯中宗孝和皇帝有事郊口之語攷唐書中宗紀景龍三年十一月有事於南郊其時正當武氏亂國之後朝政未靖宿衛紫嚴乃由被選入羽林軍供武職起家者也百官志言左右羽林軍有大將軍將軍其屬各有長上十人又東宮官有左右清道率府其屬有中候各二人則石

刺候上所闕一字當是中也志又言諸衛折衝都尉府有折衝都尉一人左右果毅都尉各一人別將各一人其下有隊正副隊正是別將下於果毅都尉果毅都尉下於折衝都尉而兵志云太宗貞觀十年更號統軍為折衝都尉別將為果毅都尉今據墓志先言鑒苑府別將後言左果毅都尉則果毅都尉在別將上之又一官且兵志明言置折衝都尉一人左右果毅都尉各一人長史兵曹別將各一人見云別將為果毅都尉之言誤也且官志於折衝府不言有長史兵曹則長史兵曹豈後來汰去者耶兵志又言凡天下十道置府六百三十四皆有名號而關內二百

六十有四皆以隸諸衛即藝志所稱京兆府望苑府及河東郡霍山府洛交郡龍交府彭原郡天固府新平郡宜祿府皆是也以地理志攷之新平郡即邠州有府十其一曰宜祿彭原郡即甯州有府十一其一曰天固洛交郡即鄜州有府十一其一曰龍交河東郡即河中府有府三十三其一曰霍山惟京兆府無望苑府而鳳翔府即扶風郡有府十三其一曰望苑蓋後來又移置也唐制十六衛以左右金吾衛為最重故六典言有大將軍將軍各一人而唐志於大將軍之上并有上將軍六典注云又置引駕三位六十人並於左右衛取明閑隊仗法用兼能糾彈事者充

分為五番上下仍於諸衛翊衛隊正内取五人為主帥蓋即墓志所云左金吾衛知隊仗是也又百官志有左右藏署言左藏有東西二庫朝堂庫及東都庫東都朝堂庫右藏有内外二庫東都庫開元十九年以監察御史二人蒞太倉左藏庫三院御史皆初領繁劇外府推尊其後以殿中侍御史上一人為監太倉使第二人為左藏庫使又墓志所稱振威副尉者乃武散階從六品下以統兵外府武臣預京師金吾衛政事又兼殿中侍御史文臣之劇任其人必多幹略而有為者惜乎墓志雖志而姓名已不傳於後世是又何説哉此刻未見前人著録有肅人題記於石

尾云道光庚寅新出當亦是關中古物故亟錄其文
以表之古泉山館
按誌石下方缺姓名不具而歷官備詳郊祀推恩
以良家子授左羽林軍長上轉京兆府終南府別
將□清道率府廣候調河東郡霍山府左果毅都
尉左金吾衛知隊仗□洛交郡龍交府彭原郡天
固府加振威副尉新平郡宜祿府□折衝都尉知
隊仗如故兼左藏庫使唐書中宗本紀神龍元年
九月壬子祀天地於明堂十一月壬午享於太廟
並賜文武官勳爵誌所稱中宗孝和皇帝有事郊
□郊下當為廟字本紀中宗謚孝和皇帝天寶十

三年加謚太和大聖大昭孝皇帝此誌勒石於天
寶六載在加謚之前故稱孝和皇帝通鑑唐紀二
十三至二十五皆題中宗大和大聖大昭孝皇帝
而元宗紀天寶十三載二月癸酉享太廟上中宗
謚曰孝和大聖大昭孝皇帝既殊新舊兩唐書且
與本書中宗紀標題不合謚重孝字亦復不文以
孝和為太和之誤而辨誤失載又代宗紀大歷十
四年七月禮儀使吏部尚書顏真卿上言累聖謚
號太廣請自中宗以上皆從初謚魯公文集請復
七聖謚號狀高祖以下悉取初謚中宗為孝和皇
帝兵部侍郎袁傪言陵廟玉冊木主皆已刊勒不

可輕改事遂寢不知陵中玉册所刻乃初謚也唐書百官志十六衛左右羽林軍長上各十人左右金吾郎隋左右候衛顯慶五年改左右金吾衛諸衛折衝都尉府每府折衝都尉一人上府正四品上中府從四品下下府正五品下左右果毅都尉各一人上府從五品下中府正六品上下府正六品下别將各一人上府正七品下中府從七品上下府從七品下諸衛折衝果毅别將擇有行者爲展仗押官即此誌所云知隊仗是也又有左右清道率府左右虞候神龍元年改左右清道衛曰左右虞候率府開元初左右虞候率府復曰左右清

道率府又左藏署令掌錢帛襍綵天下賦調卿及御史監閲開元中以殿中侍御史為監左藏庫使此以武衛得兼蓋出異數鞏苑霍山龍交天固宜祿諸府皆軍府也唐書地理志河東道河中府河東郡有府三十三曰霍山關内道鄜州洛交郡有府十一曰龍交甯州彭原郡有府十一曰天固邠州新平郡有府十曰宜祿與墓誌並同惟地理志關内道京兆府京兆郡有府百三十一不載鞏苑鳳翔府扶風郡十三府内有鞏苑以此誌證之鞏苑府兵本隷京兆不知何時改隷扶風也兵志府兵之制起自西魏後周而備於隋唐興因之天下

十道置府六百三十四皆有名號凡府三等兵千二百人為上千人為中八百人為下慶陶河北道趙州趙郡屬縣天寶元年更名昭[illegible]亦見地理志高陽原宋敏求長安志在縣西南二十里此石道光九年出土十三年春顧[illegible]脂鶴寄粵

房溪翠峰亭記

高二尺廣三尺七寸十八行行九字正書在陝西郃陽城東十五里大石岐壁上磨崖

我皇帝道高前聖德邁三皇天下晏然四方無事朝廷清謐常思蹈舞之儀　宫苑歡娛每賜春遊之賞　天恩廣備錫賚見霑旬日飛觴求諸勝地武興泉石觸目驚人況卜良遊自口奇絕順政遊勝郡南十里山障重

複石壁千雲淥水澄瀯清冷見底崗巒掩映翛翠難名雖王羲之蘭亭未足云比石季倫金谷豈可同年渙叨忝専城常讌賓賞同諸英佐口盡歡遊天寶八載三月二十日口口房渙自書

翠峯亭銘萃編已載

右記一百五十二字房𤨏撰書刓泐四字宮苑作宮菀與天恩皆間一字谷及専城亦間一字避石泐也銘六十二字刓泐十四字撰銘為太原王口當是繼房渙守郡者按唐書地理志興州順政縣

太平寰宇記唐立興州以武興山取名記云武興泉石銘云守武興郡四境山嶙峋即今大石峽是

…卷六

署陽縣志載翠峰亭而不及二刻王君森文署陽縣事訪得之萃編僅載銘詞標題云房史君題記蓋未見前記故有此誤銘者王口非房史君也陸增祥志

王屋山劉若水碑銘

碑高四尺五寸廣二尺六寸二十八行行四十三字行書在河南濟源縣

大唐王屋山仙人上泐魚行河口縣主簿口德撰

以上殘缺故靈昌郡太守息翟題書

道本無名名生於物用聖本無跡跡著於教存夫惟學無所學能明自然理盡乎妙有矣夫惟得無所得能知合變心處乎至虛矣以此進為而混俗功大名揚而衆

仰以此退居而閑遊江海山林之士伏其孰謂也
尊師有焉　尊師諱若水字齊物彭城人也曾祖曇
隨任洺州司户叅軍才器過人德行殊衆祖楚皇任房
州上庸縣丞詩書博覽文詞宏達父問養志丘園優遊
卒歳　尊師幼而敦敏性与中和真相霞舒仙骨嶽
立年十三神龍中有　勅度人誦經入　道配瑯
臺觀既慕神仙之術旋作率真之遊遂詣中岳　韓尊
師受洞神經法便居勞盛山五載保其　道也至開元
初又詣東岳　任尊師受洞元中盟八景之要便居泰
山日觀臺十載己外物矣時過茅山　任尊師遊山見
而異之曰此　道寶也遂授以靈飛六甲谿落七元八

籙秘文大洞真要仍傳養生隱訣自後却粒服餌吐故
納新人負而天乎又詣恒山居大光焰峯三載至如九
丹秘要三洞神法皆成誦在心如示諸掌至開原脫元字廿
四載　道門威儀使奉　玉真公主教請詣中岳
興唐觀校定經籙　道高物外臨寓寰中聲聞于
天名著非我至天寶三載有　詔　尊師德
行純和允精科戒請住西岳雲臺觀上方太淸宮至五
載靈昌郡道衆等竭誠勤請願傳法要乃言曰齋心潔
行以祈弘益　道不凝滯亦在流通遂於瑶臺觀壇場
廣闡　天地肅清授真一經法金人玉檢始以要
盟龍章鳳篆終焉授與道衆謝　恩建黃籙齋以

祈靈應其時白鶴繞壇綵雲浮座祥風肅起異香遠聞
見者咸言　尊師精誠所感也至六載　玉真公主
已捨館陶之封卜居平陽之洞以為常娥餌藥乘兎輪
以長生嬴女吹簫登鳳樓而久壽遂於仙人臺下建立
山居既饒靈跡復多仙草有　教安置旌至德也七載
又□□　教東京　睿宗大聖真觀奉
勑脩□理藉清高副　國誠命初□□　道至于□
功□儀設而□□法事行而儼若爐煙晝起瑞色氤氳
燈炬夜開祥光晻赫都城士女觀者霧集莫不讚歎稱
未曾有至八載太歲己丑　尊師時年五十有七閏
六月廿三日□疾忽云吾本入　道志求出世所望乘

雲御鶴白日升　天今上靈有命我欲辞去顧謂
諸弟子曰方生方死方死方生死生一理汝勿憂也是
日申時復有異香入院左右莫不聞者至夜半寢於静
室奄然而絶當其殁暑容色鮮輝手足柔和一無改變
門人號躃行路傷嗟以為　尊師眈廿而尸解矣以
七月十七遷於尚書谷之東阜禮也嗟乎時則變易物
難長久彼堅者石可以刻彫彼言者文可以傳示匪文
匪石後何觀焉有弟道士曰齊莊鴿原永懷式昭至德
銘曰
天長地久兮物則虧盈陰化陽施兮有衰有榮達士所
以肥遁居貞得　道可以齊乎死生　吾師仙化兮

神遊上清兮寥兮不知其名千秋万歲仙臺之下蕭蕭唯有松風之聲

天寶十一載歲次壬辰二月己酉朔廿八日景子建

撿挍覆鑿字姪劉元覬九字孫書

刻石人李崇絢

按王屋山劉尊師碑銘劉齊莊文翟翾書齊莊即尊師之弟亦為道士翟乃故靈昌太守之子唐滑州靈昌郡武德初置州天寶初改郡屬河南道鄭滑節度使即今滑縣地唐人碑刻有蒙父官結銜者如偽周長安三年尚直塼壙銘題曰盧州巢縣令息尚君之銘尚為後人所題翟則自叙皆一例

也唐濟源王屋二縣並屬懷州元省王屋入濟源明屬懷慶府國朝因之與泲州毗壤靈昌道衆素奉教法因屬故太守之恩就近書碑其書法工妙與顏平原徐季海並時而不為所掩惜剥落大半予得舊拓本録之尚為完備惟第一行僅上截大唐王屋四字第二行僅下截故靈昌郡太守翟[illegible]書十字可辨矣孫因訪碑録有靈都觀□尊師碑翟瀕行書天寶十載二月又有王屋山劉尊師碑齊莊文翟□行書天寶十一載二月蓋一碑而誤析為二其定為靈都觀者從天寶二年張尊師碑補入知為劉尊師者以碑末有姪劉元豐而增翟[illegible]作翟瀕十一

載作十載皆以碑文剥蝕而誤其實止一碑也餘詳張尊師探元遺烈碑跋尾

首行山仙人渤魚行河□縣主簿□德撰及文中缺字訛字均據鈞清館補正陸增祥志

張元忠妻令狐氏墓誌

石縱横各一尺九寸二十行行二十字行書在陝西長安縣

唐故銀青光禄大夫行内侍員外置同正員上柱國張公夫人鴈門郡夫人令狐氏墓誌銘并序

惟天寶十有二載十一月四日夫人卒於京兆府殖業里之私第嗚呼時載六十有三若夫人之姓裔自乎太原處嬪于室凡廿載矣夫人進對工繍以備於賓祭

先祖恭具於膏澤已之以吝貌不以悅已怡色事上撫
下允穆謙和愛子如生育人無怨夫張公諱元忠任太
中大夫賜邑為鴈門郡君後進銀青光祿大夫遂加号
為鴈門郡夫人也不意回由運改福謝緣陳夫去天寳
九載五月十三日卒於河南府里之第宅次載就塋子
京兆府三原縣之分界自阻已後念趣來緣每弘慈悲
常思不忘以夫先偶同事幽泉又歲月無良遂別塋壤
家子未宦莫能再榮嗚呼人道所悲傷矣以今載十二
月四日遷殯於京兆府長安縣龍首鄉之原也代移世
久墳壠權殘刻石為銘媿叙夫人之德銘曰
食邑之家　捨於珠瑁　簪纓之族

衣無重綵　六行所倚　四德兼載
謹慎閨門　善音無壞　太山南指
渭水東邁　歲月蒼蒼　記之永代

此誌無書者姓名驗其筆迹與張希古誌絕似亦鴈門田潁書也夫人夫元忠食邑鴈門希古食邑馬邑皆在今山西大同府潁籍其地故為書誌二張蓋族人也誌中貌作貇怨作𢙨自阻以後阻當作殂宦作𡧯善作善權作權代易世久世字不避太宗諱闕筆去天寶九載去當作以然唐誌以去作以字用者甚多僧思道誌云去至德二載春秋八十有一解進誌云去元和四年三月四日疾終尹澄妻朱氏誌云去

開成四年告終于私第皆是如此葢當時習俗相沿有此用法也古誌石華

按鴈門郡夫人令狐氏乃內侍張元忠妻元忠先有偶令狐其繼室也唐時內侍皆有室史稱高力士娶呂元晤女李輔國娶元擢女其見於碑志者有吳文妻李氏李輔光妻輔氏王守琦妻張氏謝氏與夫別塋而銘墓者創見於此銘曰太山南指太山即太華山也垂拱元年武后避祖諱改華州為太州華陰縣為仙掌見元和郡縣志後雖復舊俗尚相沿故稱華山為太山耳

怡亭銘

表本石高廣及行字不計在湖北武昌縣

怡亭　裴鶠卜而亭之李陽冰名而篆之䖍虯艾而銘之曰以上二十二字篆書

崢嶸怡亭磐礴江汀勢壓西塞氣涵東溟風雲自生日月所經衆木成幄羣山作屏顧余逃世於此忘形

永泰元乙巳歲夏五月十一日隴西李莒以上五十六字八分書

怡亭在武昌江水中小島上武昌人謂其地為吳王散花灘亭裴鶠造李陽冰名而篆之裴虯銘李莒八分書刻于島石常為江水所没故世亦罕傳鶠不知何人虯代宗時道州刺史韓愈為其子復墓志云虯

為諫議大夫有寵代宗朝屢諫諍數命以官多辭不拜然唐史不見其事李莒華弟也集古錄

第一千三百九十五唐怡亭銘裴虬撰李莒八分書李陽冰篆永泰元年五月金石錄目

怡亭在殊亭東唐裴鷗作宋蔣之奇云怡亭銘刻於江濱巨石之上乃唐李陽冰篆李莒八分書裴虬為之銘世謂三絶明一統志

銘在武昌縣江中洲嶼間夏秋水漲則没於水廣韻裴姓伯益之後封於𨛔邑因以為氏後徙封解邑乃去邑從衣此碑裴一從衣一從邑兩字通用也末題永泰元乙巳歲不云元年者歲年同物省文互見也案年

字當是偶脫未必如此說裴虬字深源大歷四年為著作郎兼侍御史道州刺史杜子美集有次湘江宴餞裴二端公詩即虬也潛研堂金石文跋尾

集古錄云亭在武昌江中小島上銘刻於島石常為江水所没故世亦罕傳宜乎知之者少也此銘集古錄外它家皆未見收錄唯楊用修墨池瑣錄云李陽冰庶子泉銘怡亭刻石二世之謬不是過也則此銘似為用修所賞而所輯金石古文亦不之載何也說文裴蠶俱薄回切裴衣長皃蠶河東聞喜縣姓氏字本當作蠶今經典相承皆借裴此更兼用之吳玉搢金石存

案唐書宰相世系表裴鷗裴虬皆御史中丞臏之子

鷗官容州長史虬官諫議大夫李莒爲隴西李氏工部郎中舒之子李華爲趙郡李氏典設郎恕己之子集古録謂莒華弟也誤矣筠清館金石記

右篆刻前篆書六行行四字字長三寸四五分後隸書五行行八字又三行皆低一字字徑寸二三分末行下有小隸書四字似是刻工姓名上二字已漫滅在湖北武昌縣据文知怡亭爲裴鷗所築李陽冰爲名曰怡亭并篆此二十二字其銘又爲裴虬所作而李莒別以八分書之一刻而分篆隸又爲四人之事皆所罕見亦文人好奇之病也外舅潛研堂跋尾云在江中洲嶼間夏秋江漲則没於水故拓本稍難得

王象之輿地碑目亦遺之裴虬字深源大歷四年為著作郎兼侍御史道州刺史杜子美集有次湘江宴餞裴二端公赴道州詩即虬也中溶案此刻歐公有跋云怡亭在武昌江中小島上武昌人謂其地為吳王花灘銘刻於島石常為江水所沒故世亦罕傳鷗不知何人虬代宗時道州刺史韓愈為其子復墓志云虬為諫議大夫有寵代宗朝屢諫諍數命以官多辭不拜然唐史不見其事李莒華弟也予攷昌黎裴復墓志言曾大父元簡大理正大父曠御史中丞父虬諫議大夫以唐書宰相世系表證之乃洗馬裴氏天壽之後也御史中丞曠有四子長曰鶠南監本誤鷗容

州長史次曰虬諫議大夫虬子復河南少尹皆與墓志合而以杜子美詩題稱虬爲裴二證之則鷗即虬之兄也歐公偶未細攷耳侍御史官從六品諫議大夫則正四品當是其後來遷轉之官也又攷李華見唐書文藝傳而傳不言其弟莒以史表證之華爲趙郡李氏太沖之曾孫而並無弟及莒名又攷隴西李氏德宗朝相西平郡王晟表内亦無莒名者而别有武后時相道廣一表言其乃漢李陵之裔歸魏賜姓爲丙其後有唐左監門大將軍粲高祖與之有舊以避世祖名賜姓李氏則道廣之第三世正名莒疑即此書銘之人也李氏以隴西爲著望故莒亦自稱其

郡為隴西耳獨表何以於趙郡後華下並不援著名而華傳亦不言有莒若謂傳與表又何以知莒為華弟皆可疑者也豈傳為宋景文所撰或有脫漏豈歐公表內本有莒後人因華傳無莒因去之據表所列華與莒本屬兩宗但歐公所謂華弟者蓋當時聯為同姓而華齒大於莒乃以弟呼之故華傳不載耳古泉山館金石文編

鐵元始像讚

高三尺五寸廣五尺二寸前刻鐵元始讚後刻承天軍城記並行書讚序八行行三十一字至三十四字不等在山西平定州東北九十里娘子關坡底老君廟內

鐵元始讚并序　潛丘道士胡伯成

道者一氣元二儀始寂兮無為之理其形也從今降迹
拯拔生靈則有玄部　聖容焉天尊仙衛焉有若
河東節度兵馬使開府儀同三司張公英果絕倫宏略
冠代志清　國難戍此累霜初則環山作城班輸巧之
意計終乃弘道佐　主有苗於焉來格遂銳精上
巧莅鐵柱金煙漂波裳鏡寫河目仙聖之臣斯覩無倦
射山瞻覩之禮獲申不殊台嶺則知　公之守則固戩
惜剋皆慈衛之力也雖勿受福人神其捨諸成奈玄門
與鄉致忘讚述銘曰
大羅虛　皇號元始陶冶亂坤度生死　張公範金列
于此保　國家千萬祀

按此讚及承天軍城記皆道士胡伯成為河東節度兵馬使張奉璋所作平定州志失載金石家亦未錄也

筠清館擂[邳]作清[邳]獲申作權申殆誤 陸增祥志

承天軍城記

高廣詳鐵元始像讚此刻讚後行書三十三行行三十字至三十三字不等石缺下方右角在山西平定州

承天軍城記 道士胡伯成

易稱設險詩曰干城蓋陳述公侯藩扞王室者也晉東東山井陘者昔進陰伐趙之路控天作險蹙地成隘一夫奮守可以當万 皇六棊賊臣悤燕師者師漁陽雜

虜踰盟津突函谷有切天下之志時元戎蓟公慮侵軼于我乃申命　開府張公奉璋嚴戎式遏　公謀包百勝雄入九城名悍赫犬戎容彷彿麟閣既至登鸛鵲洪中頂四顧而嘆曰敵在吾目中矣東其口扼其喉若茲乎遂度地勢籠山鐵谷築登〻削馮〻未浹辰而畢其繚崇墉千巖半百雉雲矗冠小城於峯巔万仞天削設以樓櫓實以軍府鐵騎千疋虎賁万計旗幟畫紅甲曜日白於是明之以斥堠嚴之以賞罰使大見可而出逐彼者易於轉鬬知難而守攻我者難於上天則雖雲梯百地道千班輸再生莫吾及矣其設石也星落乎九天之上伐鼓也雷鬬乎六虛之表飲馬也濤池可吸而竭

奮力也常山可踏而倒豈止畢食負判屋振瓦飛而已哉城成　帝嘉之錫号承天信承於天也　公又於黃沙口築德化城示懷也築容隘築滅胡城示威也復聯建三堡絕細還也由是南北千里東西兩鄉飛禽走獸不得橫絕矣自祿山首逆思明繼乱雖中原倒擾而晉陽無東顧之憂以此豈與夫楚池漢水剪起有一葦之航秦城華山劉項無擴草之關所以祆氣日淨我功益崇　國步日清臣官益大故先太尉李公司空王公御史大夫管公鄧公令　相國辛公皆伊呂之倫也咸表上聞累遷河東節度兵馬使開府儀同三司答洪勳矣君子曰宜哉方將運陶鈞秉旄鉞寧止贊三軍鎮一面

而已況此城隣子房之古戍借箸可追接妒女之靈泉
洗兵非遠曉窺溟渤將日觀而齊高俯視雲霞引赤城
而共色不惟禦惢之所兼亦棲真之地也　大使特進
太常卿上柱國南陽縣開國子食邑一千二百戶張奉
忠管樂□副使特進太常卿太原縣開國子王丕副使
節度經略副使□□雲麾將軍守左金吾衛大將軍試
鴻臚卿上柱國陳遵嶠杞梓□游弈副使同討擊副使
特進試鴻臚卿濮陽縣開國子上柱國吳庭琳營田副
使游擊將軍守左金吾衛大將軍上柱國張如珪防城
副使光祿大夫試光祿卿上柱國廉明都虞候宣威將
軍守左金吾衛大將軍兼試少府監上柱國孫希晏將

雲麾將軍守左金吾衛大將軍兼試衛尉卿上柱國步光庭將雲麾將軍守左金吾衛大將軍兼試光祿卿上柱國張瀟子將雲麾將軍守金吾衛大將軍兼試光祿卿上柱國武懷進將雲麾將軍守左金吾衛大將軍兼試衛尉卿上柱國劉浩將忠遠將軍守左金吾衛大將軍試光祿卿上柱國王引將雲麾將軍守左金吾衛大將軍兼試少府監上柱國聶庭賓將雲麾將軍守左金吾衛大將軍兼下缺十五六字守左金吾衛將軍試少府監上柱國寶龍興將缺字同上上柱國史元琬押衛寧遠將軍守左金吾衛將軍缺字同上美口茂功僉須刻石成狂簡者耳自公之事下缺十數字

大曆元年丙午之歲下缺

按此記張奉璋築承天軍城以脩安史之亂也唐自高祖至元宗不數武后故云六葉賊臣惣燕師者謂祿山也唐書叛臣傳至德二載史思明與蔡希德高秀巖合兵十萬攻太原李光弼使部將張奉璋以兵守故關光弼父楷洛薊郡公光弼襲封故云元戎薊公時為河東節度上元元年加太尉兼中書令故又云太尉李公也司空王公王思禮也御史大夫管公鄧公管崇嗣鄧景山也相國辛公辛雲京也宰相表上元元年閏四月河東節度副大使王思禮為司空鄧景山傳王思禮在太原

儲廥贏衍卒管崇嗣代之數月以景山為太原尹
辛雲京傳太原軍亂帝惡鄧景山繩下無漸以雲
京性沈毅授太原尹數年大治加檢校尚書右僕
射同中書門下平章事自光弼而後凡節度河東
者皆表薦奉璋故得累遷憲職張春忠以下未能
悉考也平定州志綿山在州東北九十里娘子關
唐建承天軍地當井陘西南為戰國以來攻守要
隘自奉璋築承天城於此至今山曰承天山都曰
承天都也以諸史證之唐穆宗長慶元年裴度將
兵出承天軍故關以討王庭湊昭宗光化二年朱
全忠遣葛從周自土門攻河東拔承天軍天復元

年朱全忠別將白奉國會成德軍自井陘入拔承
天軍梁開平五年趙王王鎔會晉王李存勖於承
天軍漢天福二年成承天軍契丹襲擊之成兵潰
焚其市邑葉仁魯將步騎大破契丹復取承天軍
皆即此地戰壘猶存誠用武之險塞矣通鑑二百
四十二胡氏注承天軍當在遼州界故關即壞子
關宋廢遼州以平城和順二縣為鎮以并州之樂
平平定二縣為平定軍二鎮屬焉以承天軍為寨
屬平定縣平定唐之廣陽縣宋白曰承天軍大原
東鄙土門路所衝也鸛鵲洪不詳所在或以鵲山
當之山在州治西北五里因上有扁鵲廟故名非

其垭也滹池即滹沱山海經大戲之山滹沱之水出焉在今代州繁峙縣東流經定州深澤縣東南即光武所度處周禮滹池禮記作惡池戰國策後漢書作呼沱山海經作滹沱詛楚文作亞駝此碑作滹池音義並同常山今正定府皆與承天接壤黃沙路即黃沙嶺在平定東南山谷表延六十餘里亦與承天相近慕容隘則未能確指何地也記為胡伯成撰而平定州志藝文載作李諲承天寨記妄為改竄割截皇六葉訛作開皇大業尤為可笑新都曹君承彬拓此見示因為考證以俟纂方志者採焉

少林寺同光塔銘

高一尺四寸九分寬三尺二寸二分三十八行前二行後四行字數不拘餘每行十七字字徑七分正書

在河南登封縣

唐少林寺　同光禪師塔銘并序

登封縣令郭湜撰　　嵩寺大德靈運書

嘗聞示現有緣緣隨生滅色空無性性盡真如契之者即為導師了之者如登正覺契了之義其在我禪師歟

禪師法諱同光晉人也道心天縱法性生知俯及幼童已悟死為之理纔過弱冠便歸不二之門早歲出家旋進具戒以脩行之大莫大於律儀究竟之心須終於禪府禪律之道其在斯乎及衿鉢東山歸心禪祖大

照屢家授記許為人師及大照遝神敬終恒禮乃遁跡林野敢為人先雖情發於衷而聲聞於外辭不獲已乃演大法義開大法門二十餘年振動中外從師授業不可勝言三十餘禪僧盡了心地隨身化度不離几杖或往來嵩少棲息荊蠻用大自在之深心開悟知見行不思議之密行拯援昏迷不可得而名言也則知法輪常轉經行豈指於一方佛法現前宴坐寧勞於十劫嗚呼禪師嗚呼禪師既隨緣而生亦隨緣而滅春秋七十有一僧臘四十有五以大曆五年六月二十七日於少林寺禪院結跏趺坐怡然即瞑瞑弟子等心傳衣鉢得了義於死生滾盡泥洹示現存之有相乃於寺東北六十

餘步列蒔松檟建茲塔居蒼蒼煙雲以永終古湜在俗
弟子也叨承顧眄之餘未盡平生之志多慚翰墨有媿
荒蕪乃爲銘曰
世尊滅度後得道轉法輪于今無量㓛不知凡幾人禪
師自河汾杖錫来問道禪師爲授記可以繼僧寶三身
与三業如電亦如露生滅既有緣輪迴自無數唯有成
道者口入諸禪定之外現泡幻身内示真如性一切漏已
盡無復諸口惱過去与未来皆共成佛道太室而兮少
室東風雨交兮天地中禪師一去不復返長夜寘寘空
是空
大國六年歲次辛亥六月景辰朔廿七日壬午建

造塔弟子寺主僧惟濟　上座曇則　傳法弟子道眞

堅照　眞觀　寶藏　法琳　智信　承恩　忠順

超岸　深信等

延州金明府别將屈集臣鐫　造塔博士宋

玉

新唐書地理志延州延安郡中都督府有府七

敦化延川䦨戎因城塞門延安金明百官志諸

衛折衝都尉府每府折衝都尉一人左右果毅

都尉各一人别將各一人上府正七品下中府

從七品上下府從七品下又云貞觀十年改統

軍府曰折衝都尉别將曰果毅都尉三輔及近

畿州都督府皆置府凡六百三十三永徽中廢
長史置司馬一人聖曆元年廢司馬置長史兵
曹參軍又有別將一人從六品下居果毅都尉
之次其後分左右各一人尋廢久之復置一人
降其品開元中諸衛折衝果毅別將擇有行者
爲展仗押官此云金明府別將屈集臣案碑立
於大曆六年在開元以後屈集臣有行者也其
品從七下延州乃中府也又案百官志除太常
寺國子監皆設博士外司天監有天文博士下
曆博士漏刻博士內寺省有宮教博士內教博
士大樂署有音聲博士弟一曹博士弟二曹博

丞太醫署有醫博士針博士按摩博士咒禁博士太卜署有卜正博士皆以博士名官崇冗署又有崇冗學博士一人此碑云造塔博士殆僧官之屬有是名目邪抑造塔之米工職居博士邪不可攷矣蘆迅書與化度寺碑相似亦方外之傑出者陸增祥志

妒神碑

高六尺五寸廣三尺五寸前刻序頌二十四行行五十三字後列職名七行行三十九字行書在山西平定州東北九十里娘子關介之推廟

妒神頌

判官游擊將軍守左清道率府率賜紫金魚袋上柱

國李諲撰

粵若稽古徵諸陳迹雖年移代謝而損益昭然是以宋
玉高唐之辞盛傳於南國曹王洛神之賦永播於東周
竟不事載圖書名摽史策晉東之美者有妒水之祠焉
其神周代之女介推之妹初文公出國介推從行旬割
股之恩無寸祿之惠搢將畢命肯顧微軀儀形飄殞於
口煙名跡庶幾於不朽後繼深悔前路難追因為滅焰
之辰更号清明之節妹以兄張要主身非令終遂於冬
至之後日積一薪烈火焚之口其易俗諺云百日斫柴
一日燒此之謂也闔境之内疇敢不恭順之則風雨應
期違之則雷雹傷物兄則運心以求合我則處室以全

真兄則禁火以示誠我則焚柴以見志惟兄及妹與世
殊倫傳曰介之推終不言祿祿亦不及渾天記曰耆舊
食者爲助陽氣用厭火星所說不同互有得失其來遠
矣安可闕如縱因事之宜亦自我作古祭法曰其有廢
之莫敢舉也其有舉之莫敢廢也東北至土門之口西
南距盤石之山方圓百里別成一境天寶中以賊臣背
化　國步猶艱塗炭生靈焚燒甲第伊我遺廟巋然獨
存鬱𡾊近叶於當時庭宇更新於往日性惟孤直慮見
授於姤名行孝堅貞實堪垂於口祀令幸邊塵不動海
水無波蕞尔小戎曷足爲患昔虞舜至聖尚有苗人之
誅殷湯至明豈無葛伯之伐蓋以　君爲元首臣作股

肱飄颻轅門藩屏王室乃命　河東節度副大使兼工
部尚書太原尹北京留守薛公諱兼訓警此　禁闈
公掌握衛鏡心韞韜鈐勢若轉規謀如泉湧運籌帷幄
孫吳詎可比其能料敵戎旃衛霍不足方其妙浙江遣
爰俱美還珠汾浦來蘇惟欣去獻申命　我承天軍使
節度副使前永平軍節度右廂兵馬使銀青光禄大夫
試鴻臚卿同山南東道節度經略副使上柱國党公諱
昇鎮茲巨防公　天子忠臣　元戎外背志惟清而惟
謹行不諂而不驕往任清臺職居總統近歸本道位處
專城授縣之義遠聞扶續之情久著爰自至巳星管再
周路不拾遺人皆樂業長慈繼日士忘其勞細柳乘陰

衆歌其美水礪成而永逸聚米難傳畢井達而少閑伏
波不竭　君依神以儌福神依君以庇躬事勢相因理
亦條貫固宜書其已往播於將來貞石既磨斯文可作
不其泉涌祠下蓄為碧潭飛入大河噴成瀑布瀰漫槃
瀠雜雷霆之聲盪雲泛日類風水之會經冱寒而氣蒸
藹象慶炎燠而清潤一川灌木扶踈引柔條而接影纖
茵霾靡夾高岸而隨風自古及今非軍則縣未嘗不揆
月撰日脩其享禮春祈秋賽庶乎年登巫覡進而神之
聽之官寮拜而或俯或仰既而坎坎伐鼓五音於是克
諧峩峩側弁三軍以之相悅　公之德也如此神之應
也如彼且河北數州山西一道或衣以錦繡或奠以珎

羞無晝夜而息焉豈翰墨之能諭咸以商者求之而獲利仕者禱之而累遷蠶者請之而廣收農者祈之而多稔不然則奚能遠迩奔湊奉其如在益聞有而不言謂之隱無而言之謂之諂又聞誇目者尚奢愜心者貴當承

命述事敢不勉旃謹因退食之餘竊比陳其梗槩也銘曰　凡有異行宗之曰神匪害於物寔利於人兄則禁火妹乃積薪共為佳節在乎芳春今古千齡方圓百里德音無斁蒸嘗不已粢具珎羞服先錦綺所求必應高山仰止　將軍塞下細柳營邊晴開朝鏡霧雜鑪煙神理昭昭靈草芊芊紀玆令範光我承天井陘西南太原東北妒祠之水湣為黛色跳波噴浪如有可則古

往今來源流不忒興雲致雨俾　造化方顒顒昂昂象
君之德或祈或禱永無休息神之歆之福善𡨋極
大唐大歷十一年歲次丙辰五月丁亥朔十六日壬寅
已時建
副使同經略副使特進試鴻臚卿上柱國廉明遊奕副
使雲麾將軍守左金吾衛大將軍試衛尉卿上柱國史
光庭都虞候冠軍大將軍守左金吾衛大將軍試太常
卿上柱國王曇將太常卿揚進朝光祿卿張鸞太常卿
聶庭賓散將衛尉卿劉浩太常卿馬崇後太常卿崔元
英太常卿蔡希滕太常卿梁昱鴻臚卿巨超俊殿中監
葛日新判官節度巡要官涼王府司馬許勉左武衛將

軍郭崇儁左武衛翊府中郎將辟閭珣孔目官太常卿
張崇琢節度隨身官右翊府中郎將燕潤國副將太常
卿孟大津太常卿曹龍興太原府豐州府折衝郭季膺
衙官代州別駕姚庭秀左清道率劉廣成捴管大常卿
□□僧左金吾衛大將軍竇光挺左武衛翊府中郎將
陳洽

元和郡縣志妒女祠在廣陽縣東北九十里澤發水
源澤發水亦名妒女泉源出縣東北董卓壘東其泉
初出大如車輪水色青碧泉旁有祠土人祀之婦人
袨服靚妝必興雨電故曰妒女即此神也碑云妒祠
之水澇為黛色所謂水色青碧者也後題大曆十一

年歲次丙辰朱錫鬯跋以為十三年者因碑石微損而誤讀爾碑云河東節度副大使兼工部尚書太原尹北京留守薛公兼訓兼訓以大歷五年鎮太原十一年冬以病去鮑防代之碑立於是年五月兼訓猶在鎮也（潛研堂金石跋尾）

魏書地形志石艾縣有妒女泉及祠即此唐書宰相世系表李諲鄆州司功參軍（平津讀碑記）

按任昉述異記并州妒女泉婦人不得靚粧綵服至其地必興雲雨唐書狄仁傑傳高宗幸汾陽宮仁傑為支頓使并州長史李沖元以道出妒女祠俗言盛服過者致風雷之變更發卒數萬改馳道

仁傑曰天子之行風伯清塵雨師灑道何妒女避耶止其役郡國志以妒女為介之推之妹今妒女祠介子廟並在平定州東北九十里娘子關澤發水上唐建承天軍城故其山亦名承天山俗以為綿山者因介推傳會娘子關即古葦澤城相傳以妒女得名固近穿鑿平定志謂唐平陽公主駐兵於此亦涉牽合唐書本傳平陽昭公主下嫁柴紹高祖兵興主居長安紹走并州主奔鄠招南山亡命數百人以應帝因畧地盩厔武功始平下之勒兵七萬威振關中帝渡河紹以數百騎來迎主引精兵萬人與秦王會渭北紹及主對置幕府分定

京師號娘子軍無駐兵晉東之事州志未見此碑
藝文所錄輾轉譌舛得此正之益見古刻之有功
於方志也

平蠻碑

碑三字篆書徑尺在廣西桂林府城北鎮南峯摩崖
碑高廣行字不計隸書字徑三寸六分額題平蠻

平蠻頌并序

□□郎守尚書禮部郎中上柱國韓雲卿撰
□議郎守梁州都督府長史武陽縣開國男翰林待
詔韓秀實書
□□□□□李陽冰篆額
維大曆十二年桂林象郡之外有西原賊率潘長安偽

稱安南王誘脅夷蠻連跨州邑鼠伏蟻聚賊害平人南
距雕題交趾西控昆明夜郎北泊黔巫衡湘彌亘萬里
流毒如彼其㞧
天子命我　隴西縣男昌巙領桂州都督兼御史中丞
持節招討斬首二百餘級擒獲元惡並其下將八十四
人生獻闕下其餘逼逐俘虜二十餘萬並給耕牛種糧
令還舊居統外一十八州守牧羈縻反覆歷代不賓皆
授首請罪願為臣妾嘉其自新俾守厥舊商農漁樵各
復其業悼蚩䗩寡各安其宅變氛沴為陽煦化險阻為
夷途五嶺之人若出元泉而觀白日如蹈烈火而蒙寒
氷書上聞　優詔嘉焉公卿百辟將校耆艾咸願歌

頌勳以銘於石辭曰
皇帝即位十有五載　邊風橫流聲教無外蠢茲蠻陬
肆其蜂蠆恃遠怙險為人蟊賊爰命隴西授鉞討綏訓
我師徒如熊如羆卷旂釋甲先喻德澤稔惡弗懲含蠆
弗悛矯矯隴西礪爾矛鋋鼓譟重泉兵揚九天出其不
意億萬踣顛來者面縛亡者染鍔搜洞索□覆其巢穴
若鼓洪爐燎彼毛毳若振飄風摧乎朽脆海宇濛濛再
開天光俾祲作和化戎為農三軍卧鼓四鄙罷柝原野
蕭條萬里澄廓　明主是嘉寵人是康銘之嶺門用
垂無疆
大唐大曆十二年□月二十五日□

西原蠻在唐為患久矣自肅宗至德以来百餘年間諸蠻更相雄長乍服乍叛攻桂管一十八州所至焚掠元道州所謂城池井邑但生荒草登高極望不見人煙蓋實録也此碑序昌夔勳烈如此之著其列傳偶闕而不書歐趙集金石文又不得此碑入録鄉非事著於碑而碑録於余其遂無聞矣寶刻叢編

右平蠻頌摩崖韓雲卿撰韓秀實書雲卿為文公叔父官尚書禮部郎中父叡素桂州刺史見唐書宰相世系表秀實為翰林善楷隸八分見書史會要叅代宗紀大曆八年九月以辰錦觀察使李昌夔為桂州刺史防禦觀察使至是蓋涖官之五年也鄭氏通志

金石略唐平蠻頌韓秀實八分書即此刻潘長安稱安南王事唐書通鑑皆不載惟南蠻傳大曆中以潘歸國部落置龍武州歸國蓋長安之族廣西通志金石略

懷素自叙石刻

草書在湖南零陵縣

懷素家長沙幼而事佛經禪之暇頗好筆翰然恨未能遠覩古人之奇迹所見甚淺遂擔笈杖錫西遊上國謁見當代名公錯綜其事遺編絕簡往往遇之豁然心胸略無凝滯魚箋素絹多所點塵士大夫不以為怪焉顏刑部書家者流精極筆法水鏡之辨許在末行又以尚書司勲郎盧象小宗伯張正言曾為歌詩叙之曰開士

懷素僧中之英氣概通疎性靈豁暢精心草聖積有歲時江嶺之間其名大著故吏部侍郎韋公陟覩其筆力勖以有成今禮部侍郎張公謂賞其不羈引以游處兼好事者同作歌以贊之動盈卷軸夫草藁之作起於漢代杜度崔瑗始以妙聞迨乎伯英尤擅其美羲獻茲降虞陸相承口訣手授以至於吳郡張旭長史雖姿性顛逸超絕古今而楷精法詳特為真正真卿早歲常接游居屢蒙激昂教以筆法資質劣弱又嬰物務不能懇習迄以無成追思一言何可復得忽見師作縱橫不羣迅疾駭人若還舊觀向使師得親承善誘函挹規模則入室之賓舍子奚適嗟嘆不足聊書此以冠諸篇首其後

繼作不絕盈乎箱篋其述形似則有張禮部云奔蛇走虺勢入座驟雨旋風聲滿堂盧員外云初疑輕烟澹古松又似山開萬仞峯王永州邕曰寒猿飲水撼枯藤壯士拔山伸勁鐵朱處士遙云筆下唯看激電流字成只畏盤龍走叙機格則有李御史舟云昔張旭之作也時人謂之張顛今懷素之為也余實謂之狂僧以狂繼顛誰曰不可張公又云稽山賀老粗知名吳郡張顛曾不易許御史瑶云志在新奇無定則古瘦灕驪半無墨醉來信手兩三行醒後卻書書不得戴御史叔倫云心手相師勢轉奇詭形怪狀翻合宜人人欲問此中妙懷素自言初不知語疾速則有竇御史冀云粉壁長廊數十

間興來小豁胷中氣忽然絶叫三五聲滿壁縱橫千萬字戴公又云馳豪驟墨列奔駟滿座失身看不及目愚劣則有從父司勳員外郎吳興錢起詩云遠錫無前侶孤雲寄太虛狂來輕世界醉裏得真如皆辭旨激切理識元奧固非虛蕩之所敢當徒增愧畏耳時大曆丁巳冬十月廿有八日

按釋懷素自叙以草書見知於當代名公歲在丁巳為代宗大曆十二年懷素長沙人後人得其墨蹟摹刻於零陵今所傳綠天菴草書自叙帖也顏魯公懷素上人草書歌序見本集是刻吏部侍郎集作吏部尚書觀其筆力之觀集作覩引以遊處

之以集作共殆乎之殆集作迨楷精法詳集作楷法精詳激昂集作激勸迄以集作迄用亟挹集作亟揖聊書此句集無此字

懷素諸帖在西安碑林者宋元祐年所刻此近人以西安本重摹耳湖南通志所載曾為歌詩下多一故字楷精法詳上有模字陸增祥志

修吳季子廟碑

高六尺七寸廣四尺四寸二十行行三十字行書在江蘇丹徒縣

改修吳延陵季子廟記

前試大理司直張從申書　信都魏清海鐫

有吳之興也泰伯讓以得之有吳之衰也季子讓以失

之為讓之情同而興亡之體異何其泰伯之讓讓以賢
也故周有天下而吳建國焉季子之讓賢以讓也當周
德之衰而吳喪邦焉或曰非所讓而讓之使宗祀泯絶
而不血食豈曰能賢斯可謂知存而不知亡者矣夫治
亂時也興亡運也故至至而不可却終終而不可留黃
河既濁阿膠無以正其色鹽池斯鹹弊𥫗不能去其味
與夫值濁亂之世召力勝之戎讓與爭孰賢乎易曰知
機其神則季子之見可謂知機矣季子之明可謂知進
退存亡而不失其正矣至於聽樂辯列國之興亡審賢
知世數之存沒挂劒示不言之信避國保無欲之貞故
有吳之祀寂寞而延陵之饗如在[玄]風可想至德與歟

美之詞哲人其萎表墓著嗚呼之𥡴向微德仁兩至則
夫子不復虛二歎焉詳其精義披物鈎深致遠之行爲
可究其津涯而窺其牆仞哉是知讓之爲德在於生靈
不獨其子孫明矣國有祀典人懷永思是忝列藩條欽
崇懿範于以加敬嚴乎閟宮别闢壼之内外正衆神之
序位舊以泰伯之廟在於蘇臺季子之祠像設東面非
由典禮諒無取焉必也正名於是乎在祈報旁贊贄幣
宜列於軒廂春秋禮薦俎豆當陳於正寢俾觀像者識
賢人之遺風可律審度者知經德之禮秩無差末學陋
詞不足頌其休烈寒來暑往敢用同於紀年時大唐大
曆十四年歲已未八月戊戌朔廿七日甲子正議大夫

使持節潤州諸軍事守潤州刺史上柱國賜紫金魚袋新拜尚書戶部侍郎蘭陵蕭定字梅臣記

記云舊以泰伯之廟在於蘇臺季子之祠像設東面云云似有改作而不詳其處今橫山越溪之閒臺與祠廟皆不可問閶門內僅有泰伯廟不聞有季子祠碑亦無攷記曰泰伯之讓讓以賢季子之讓賢以讓論議甚精用字未醒如曰讓於賢賢而讓不待申說而豁然矣從申正書大類李北海當時藉甚而集古錄云得其所書之碑輒棄去何也金石後錄

按大曆十四年改修吳延陵季子廟記蕭定撰張從申書蕭定判潤州為治行第一立祠記名亦與

廢鑾墜之一端張從申工書當時與顏徐並重大歷中李華所撰之淮南節度使崔圓頌德碑法慎律師碑柳識元靖先生碑獨孤及鏡智禪師碑楊綰王師乾碑樊晃怪石銘建中元年李翰漢黃公碣並見金石錄又大歷五年許登潤州上元縣銅并鎮福興寺碑見復齋碑錄今存皆從申書蕭定此記見唐文粹石本泐處審下為賢微德下為仁津涯下為而人懷下為永之序下為位俾下為觀頌其下為休可據文粹補正文粹弊蔽作弊簞旁奠作獻奠不復下無虛二二字蘇臺下有而制二字則當以碑為正也

金石續編卷第八終

金石文獻叢刊

金石續編

二

【清】陸耀遹 撰

上海古籍出版社

金石續編卷第九

武進陸耀遹纂　　太倉陸增祥校訂

唐六

舜廟碑

高一丈四尺廣六尺二寸十八行行四十字隸書額題舜廟碑三字篆書在廣西臨桂縣虞山摩崖

舜廟碑并序

□議磨缺七字郎中上柱國韋雲卿撰

□議磨缺七字府長史武陵縣開國男翰林□□□詔韓秀實書

京兆磨缺七字水篆額

帝舜有虞氏姚姓諱重華帝顓磨缺七字瞽叟之子廿以孝

闓卅堯□□□□授堯之禪丁酉法堯禪禹在位五十
年南巡狩崩（磨缺七字）一百一十有二筭聖德垂□□□靈
覜遊乎蕪方南人懷慁立祠禱祭歷夏殷周秦拒（磨缺七字）
事奠不替

大歷十一年

隰横隴西縣男兼御史中丞昌（磨缺七字）地虞柾統命肅韻
神寺□□□□圮陝隘朽陋不足延降聖靈迎致恭恪
醻服祭罷不（磨缺七字）邀福慶禮有里巷蠻夷□□□□於
州佐縣尹曰上有陽虛陰實下有泂濟泬漻風雲（磨缺七字）
之伏處□乎僊觴蔭庥□□□□□□邃神將遐舉
因以俸錢增新繕故崇垣峻宇（磨缺七字）慶興□□成以時

昭享□□□來□□□□號慎恂懼肅然無不加敬牲
□既設巫祝（磨缺七字）然□□□誠肅馥既□俎豆□□神
□人悅懷然如受其福是歲寇賊殲□年穀登稔（磨缺七字）
祉官□長老顯刋琢表識以詠謠列□辭曰
惟虞禪夏夏德斯淪夏殷歷周（磨缺七字）尊帝□莫嘗祀典
空守祀禮□闐於□　皇宗躔美虞唐萬生（闕下）
（凡缺十四字當是原空三格實缺十一字）俾□穆穆宗臣祗慎肅馥廣履增
□展禮竭忠人神胥會風雨晦蒙三千年□禮將賛通
西原寇平南畝有年祀事報功皇靈降臻德化□□□攻
戰自剋叟叟農耜我勤乃□日用遊焉惡知　帝
力天之同□□存影曾誠感昭通眉□室□□□播美

垂億千載　大唐建中元年□□□□□月景寅朔

二日丁卯下缺

按唐大歷十一年李昌巙脩舜廟韓雲卿撰碑韓秀實隸書李陽冰篆額建中元年三月二日立石歐趙陳三家皆未著錄王象之輿地碑目靜江府有虞帝廟碑唐李陽冰篆而不載撰書人姓名于弈正金石志韓雲卿撰而不及書篆者　國朝孫星衍訪碑錄載二韓撰書而不及陽冰篆額錢大昕潛研堂金石文跋尾攷据加詳但未審修廟之為李昌巙也碑文五百餘字石泐七十餘字中央為明嘉靖間楊銓刻詩磨毀十三行每行七字全

可辨者尚三百數十字辭凡十九韻三十八句萬
生圖下至俾□缺十四字以韻句合之止缺十一
字其三字乃原空格也碑前二韓撰書姓名具在
篆額上水字亦未損大歷十一年皇族隴西縣男
兼御史中丞昌下闕平鑾頌隴西縣男昌巎與此
碑合則此碑昌下闕者即巎字也宗室世系表昌
巎荆南節度使檢校工部尚書從後官階也元至
正二十三年劉傑所撰舜廟碑云巎修于唐觀察
使李公昌夔誤以巎為夏也又云文之者禮部郎
中韓雲卿則知此碑韓雲卿結銜郎中上為禮部
也碑末書大唐建中元年字缺五月景寅朔二日丁

卯通鑑唐德宗建中元年庚申正月丁卯朔二月丙申朔四月乙未朔則三月朔為丙寅元年下所缺蓋歲次庚申三凡五字也道光五年冬暗老友臨海洪州判顧燈於廣州得此拓本以贈

大岯山銘碑在浚縣

登于大岯禽肅所經過頂凸坤儀根壓洪河天生忠良濟揔宏多山靈河神俾環海戢戈　唐建中元年四月廿六日勅魏博成德幽州靜□□□□□□□道黜陟使諫議大夫洪經綸題

趙氏金石録弟一千五百五十六有唐聰明山銘亦洪經綸撰張沔八分書建中元年六月立蓋同時所

為也 金石記 筠清館

獨秀山石室記

石高二尺廣三尺二十六行行十三字正書在廣西臨桂獨秀山讀書巖

獨秀山新開石室記

監察御史裏行鄭叔齊

城之西北維有山曰獨秀宋顏延年嘗守茲郡賦詩云未若獨秀者峩峩郛邑間嘉名之得蓋肇於此不籍不倚不騫不崩臨百雉而特立扶重霄而直上仙挹石髓結而為膏神鑿嵌竇呀而為室䴢滓可遠幽偏自新勝槩岑寂人無知者大曆中御史中丞 隴西公保鄭南服三年政成迺考宣尼廟於山下設東西庠以居胄

子備俎豆儀以親擇菓雖峻阯可尋而蕪薄未剪
公乃自常徑以上□指荒榛而授事爲力無幾得茲宂
焉闕而外廡臨以傍達立則艮其背行則蹟其腓於是
申請左右朋進畚鍤壞之可跐者布以增逕石之可轉
者積而就階景未移表則致塵生白矣豈非天賦其質
智詳其用乎何暑往寒襲前人之略也亦由士君子韜
迹獨善懿文遊藝不遇知己蒙明則蓬蒿向晦畢命淪
悟鹽車無所伸其駿和氏不得成其寶矣篆刻非寵庶
貽後賢建中元年八月廿八日記

按建中元年鄭叔齊撰獨秀山新開石室記記稱
隴西公者李昌巎也大歷十二年昌巎以隴西縣

男領桂州都督兼御史中丞迄建中改元閱七年矣獨秀山之名肇於顔詩宋書本傳顔延之字延年少帝時出為始安太守領軍將軍謝瞻謂延之曰昔荀勗忌阮咸斥為始平郡今卿又為始安可謂二始記云嘗守茲郡始安郡也始安郡三國吳置晉宋因之宋明帝改郡為國曰始建齊復置桂州唐為桂州始安郡即今桂林府

涇王妃韋氏墓志

石縱橫各一尺三寸十八行行二十二字至二十四字不等正書在南海吳氏

大唐涇王故妃韋氏墓誌銘序

給事郎行河南府洛陽縣丞翰林學士賜緋魚袋臣

張周撰

夫必有婦其尚矣先務德禮次求容功兼而有之方謂盡善不尔則不足以侍執巾櫛宜其室家故詩稱好逑傳著嘉偶非必獲是孰媲 名王妃姓韋氏蓋京兆長安人祖湜

皇朝中散大夫潁王府司馬贈光祿卿父昭訓

皇朝中散大夫太子僕贈衛尉卿皆公望自遠吏才兼優來以何暮見歌去以不留興詠妃即淮陽府君之第四女也自漢及今門為望族男不鄉士女則嬪嬙蟬冕魚軒与時間出牖光簡謀昭晰紛綸妃惠以為心馨其如蘭詞懿而宮服純而衷位則千乘小君行則

一人猶毋雖貴無壽命也如何嗚呼享年四十八以建
中二年十二月己酉薨于傻以三年二月庚申葬于原
禮也存不育男孕女没無主祀孰喪有足悲夫銘曰
關右著姓　海内名家　氣与蘭馥　顔如蕣華
宜乎作嬪　于王之室　如何不淑　中路先畢
松檟交植　塋域共來　一晝朝露　千秋夜臺
目覩原野　心傷圹　日既光沉　人亦薰歇
中無可欲　焉慮發掘　但恨長緯　獨歸城闕
右墓志首尾共十八行參差不齊首行廿二字正書
字徑五分文為張周撰攷涇王名侹肅宗之子本紀
載至德二載十二月封子東陽郡王侹為涇王亦見

宗室世系表韋氏祖湜父昭訓並見宰相世系表乃勛王房之後表載湜齊州刺史昭訓太子僕墓志叙湜為中散大夫潁王府司馬贈光祿卿與表異而昭訓為贈衛尉卿表亦弗之及自當以墓志為正德宗本紀載涇王卒於興元元年五月則妃薨時涇王尚在也志不書所葬之郡縣此刻向來金石家皆未著錄恐係新出土者予得之吳門碑估處察其紙墨似是關中拓手恐在陝西 古泉山館金石文編

按唐書涇王侹肅宗子始王東陽至德二載進王涇史思明陷河洛詔充隴右節度大使興元元年薨子追延德郡王妃韋氏鄖公房祖湜父昭訓並

見宰相世系表湜齊州刺史昭訓太子僕與志詳
略互異元和姓纂鴻生昭訓誤湜為鴻可以此正
之漢丞相韋賢自鄒徙杜陵至唐時定著九房宰
相十四人太宗妃生紀王慎肅宗妃生兗王僴者
皆韋氏又開元二十四年為壽王瑁聘韋昭訓女
即妃姊見元宗貴妃楊氏傳按通鑑二十五年十二月武惠
妃薨乃令壽王妃楊氏為女官號太真更為壽王
娶左衛郎將韋昭訓女潛内太真宫中天寶四載
七月冊昭訓女為壽王妃八月冊太真為貴妃志
所謂自漢及今門為望族男不鄉士女則嬪嫱也
類王璥元宗子百官志正五品上曰中散大夫王

府司馬從四品下光祿寺卿從三品太子僕從四
品上衛尉寺卿從三品建中二年妃年四十八則
知生於開元二十二年其薨先涇王三年志云存
不育男孕女則知追非妃出也張周見韋執誼翰
林院故事建中已後周自洛陽尉改河南縣丞又
改兵曹又改虢州司馬皆充翰林學士丁居晦重
修承旨學士壁記張周大曆十四年自洛陽縣尉
充建中二年改河南府兵曹參軍興元二年除虢
州司馬依前充今結銜作河南府洛陽縣丞與執
誼居晦所記可以互證給事郎正八品上此石嘉
慶二十五年春始見於長安市上以萬錢得之貽

南海吳兵倫 榮光

景昭法師碑

碑高八尺二寸廣四尺一寸二十五行行五十六字正書篆額失搨在江蘇句容縣茅山

華陽三洞景昭大法師碑并序

朝議大夫撿挍國子司業兼御史中丞吳縣開國男

陸長源撰

朝議大夫撿校尚書兵部郎中兼侍御史上柱國賓

泉書并篆額

夫載宇宙懸日月提萬象而首出者其唯道乎夫通聖

神該品彙冠百靈而獨立者其唯人乎道所以包渾元

經始萬象者也人所以稟□粹司會百靈者也故人因

道而集祉道因人而稱休不宰之功地乎造物無言之
德洽乎生民然後蕭散乎汗漫之間冲融乎希夷之表
與天籟而吹萬並谷神而長存者矣紫陽真人大法師
諱景昭字懷寶本丹楊延陵人也其先系自□□大彭
之後在虞爲陶唐氏在夏爲御龍氏在商爲豕韋氏因
國命氏□□□延以至于裔孫孟孟爲楚太傅賢爲漢
丞相昭□吴爲侍中昭兄慎爲司空法師即吴司空之
十六代孫也司空薨葬于延陵子孫因而家焉祖道會
父思葳皆㔶園養素道高跡隱載于列仙之籍法師方
□禀異自幼表奇孕元和之粹靈體太𢆯之妙質初以
素書發跡配度于延陵之尋仙觀後以丹臺著稱綠居

于長安之肅明觀屬玄宗廣成問道姑射
願神放心於凝寂之場垂於穆清之上法師因得羽儀
金籙頡頏玉繩藉藉京師垂廿載爰辭 上國思
還故鄉重登茅山之太平觀天寶中與玄静先生奉詔
修功德造紫陽觀因而居焉遂於口丹院傳黃素之方
修齋醮之法祥雲瑞鶴飛舞於壇場甘露神芝降生於
庭院初法師師事大法師包士榮榮師事崇玄觀道士
包法整整師事上士包方廣廣師事華陽觀道士王軌
軌師事昇玄先生王遠知知師事華陽隱居陶弘景自
道源錫派玄教傳宗玉堂銀闕之人羽蓋毛旌之客府
無虛籍代有其徒法師至行稀乎玄化通識合于靈造

與其有也萬物不得而不有與其無也萬物不得而不
無得豈以春秋為死生盈虛以天地為旦暮雲外虎頭
之佩雪中鶴氅之裘孩季通而樵子玄師仇公而祖黃
太教戒示乎傳授服餌見乎延長侍杖屨者跡徧于江
湖傳經籙者事同乎洙泗一居山觀三紀于茲還神契
乎時來𡨋魄同乎物故以貞元元年十一月癸卯委蛻
于紫陽之道場顏色怡悅屈伸如常春秋九十有二以
其月已酉遷神于雷平山之西原玄靖先生壽宮之左
傳授蘇州龍興觀道士皐洞虛得沖虛之妙用躡上真
之玄蹤梁市之客負來華陽之人閒出矣道士韋崇珣
主修齋醮祭俯仰節度道士朱惠明掌法籙科書修真

祕訣法師上編仙籙傍契道樞神含渾元德與諄粹誘
進摯動感通衆靈邈然非寰宇之間超然在風雲之表
至如身纏世故跡混俗塵發忠孝以飾躬續信義而旌
行蓋隨時而不器豈常道之可師歟浙江東西節度支
度判官揄揚尚書兵部郎中兼侍御史扶風竇公曰泉
布武區中棲心象外與法師聲同道韻理契德源追往
想琴高之祠傳神著務光之傳見微副墨用琢他山其
詞曰
惟道之大提功混茫惟人殆庶與道迴翔素韻凝寂玄
功靈長肇形無跡啓迪逾光矯矯法師錫羡華陽夲族
命氏在虞系唐御龍事夏豕韋居商嶷然靈表自幼而

彰理冠容成質倖夏黄尋仙蹤跡肅明始揚肖禮金殿
晨朝　　玉皇丹臺道侶白雲帝鄉楚山萬里故國
丹楊醮宮鳴磬齋室焚香芝生庭院鶴舞壇場耈君祕
洞葛氏真方来時去順齊彭泊殤化鱗風翥委蛻雲驤
峯巒邐迤松桂蒼蒼塵生杖屨苔染巾箱龍銜彩毦虎
綴盤囊閬風[玄]圃瑶軒玉堂追存如在頌德不亡孤石
巋然萬古連岡
太平觀道士徐元治道士許長久徐則内行克修外通
儒學許則宿推公幹虔奉真宗
貞元三年歲春正月上元之辰建造
清河張伯倫刻字

按景昭法師碑陸長源撰竇臮正書道家碑題多
書俗姓此碑但題華陽三洞景昭大法師碑而序
中則云商為豕韋因國命氏湖其先世曰孟曰贇
曰昭曰慎則法師乃韋姓也長源撰碑贊美竇臮
而臮即自書亦所罕見長源結銜撿校國子司業
吳縣開國男兩唐書皆不載竇臮扶風人撰述書
賦元和姓纂扶風竇氏魏晉以後史傳無聞得此
皆足補其未備

韋夫人王氏墓誌

石縱横各一尺二寸五分二十三行行二十四字正書在陝西長安縣

大唐華州下邽縣丞京兆韋公夫人墓誌銘并序

哀子前鄉貢進士縝謹撰并書

維唐大歷十三年三月廿五日韋公夫人遘疾終于長安親仁里之私第夏四月　遷殯萬年縣加川鄉西原時無良禮不備故也貞元庚午歲二月廿三日卜叶禮其返葬洪固鄉東之舊壇祔　皇姑也享年卌九孝子之戚倍焉　夫人姓王氏其先太原晉陽人也　九代祖亮後魏比部尚書西河郡公尚書令中山郡王　叡之弟也　曾祖真行　有唐汝州葉縣令　祖怡河南尹東都留守初為御史正憚姦息　父毗京兆府奉先縣丞　夫人少喪怙恃終鮮昆弟年十七歸于　下邽公公　五代祖孝寬周為大司空隋為雍州牧其後登

三台列八座焜煌　國史此不具舉　夫人惠和懿柔
禀之自然故韋□門大族茂能卑以自約祗上接下而
八無閒言事　姑惟勤□夫以敬踰廿載　婦道睦如
也訓子均育免懷訖傳親賢慈□母儀溫如也華靡不
改欲榮耀不汩志安貧臣之尚貧知□□之未遇敬孟
齊□梁鴻比德君子謂之無媿餘宜乎鍾壽毋□□何
先露早廿時□彼蒼仁者之蔑嗚呼哀哉有子五人曰
縝曰潔曰系曰縮曰紓免三年之喪茹終身之痛恭守
儉薄爰卜　安兆封樹將立日月有時攀輦而莫及
軨泉扃以罔極恩盡窀泉悲長霜露是用祗述　景行
式揚幽窆銘曰

行備德充反殲其　躬哀子泣盡　良人室空辞　痛還鄉　魂安孝終松櫝有折　慕思無窮

貞元六年二月十九日書

右墓志首尾共廿三行行廿四字正書字徑三分志為其子前鄉貢進士縝撰書文頗簡明而語氣直與他人撰文無別夫人王氏卒於大曆十三年三月至貞元庚午二月始葬其時韋公當在志前題哀子及銘中云哀子泣盡與後代母歿稱哀之例同矣然攷儀禮禮記以哀子為親喪通稱而王制言少而無父謂之孤孟子云幼而無父曰孤則必少幼而無父者方合稱孤之意詩云哀哀父母生我劬勞此父母

皆稱哀之義又雜記言祭稱孝子孝孫喪稱哀子哀
孫儀禮士虞禮稱哀子卒哭乃稱孝子外舅恒言錄
引後漢書靈帝紀市賈民爲宣陵孝子者數十人蔡
邕傳令虚偽小人本非骨肉而羣聚山陵假名稱孝
桓思皇后祖載之時東郡有盜人妻者亡在孝中則
漢時已以孝爲喪服之通稱此志於反葬文敘語下
云孝子之感倍篤後銘中又有魂安孝終之句可見
習俗相沿已昧孝之本義故其子亦不以自美爲嫌
則知後代如宋人之夫亡稱孝妻妻亡亦稱孝夫之
類有自來也志敘夫人九代祖亮後魏比部尚書西
河郡公於史無攷下云尚書令中山郡王叡之弟也

王叡終於隋見北史恩幸傳其遷尚書令進爵中山王則在魏之太和四年也傳言其先居武威姑臧叡既貴乃言家本太原晉陽遂移屬焉故其兄弟封爵多以并州郡縣此志言亮封西河郡公攷魏書地形志有兩西河郡一屬晉州云舊汾州西河民孝昌二年為胡賊所破遂居平陽界還置郡一屬汾州云漢武帝置晉亂罷太和十二年置并州又在後為孝昌中置蓋當王叡貴時尚在太和十二年前西河郡亦隸并州也志又叙韋公五代祖孝寬周為大司空隋為雍州牧見周書及北史韋孝寬傳傳言名叔裕字孝寬以字行唐書宰相世系表載其為鄭公房旭之

次子下邽縣丞韋公者予曩時先得有韋公元堂志名端者即其人也端後又官陽翟縣丞及國子監主簿而致仕其卒葬在元和十五年後於夫人王氏卅年據元堂志叙夫人曾祖諱子真皇襄州錄事參軍考毗昭應縣尉皆與此不合彼稱嗣子縝系練紓絢此作縝絜系綰紓有絜綰而無練絢序次亦復不同豈後又更定者乎端志不詳王氏之卒之年月日云貞元六年奉安宅兆與此志合端志又稱五代祖孝寬後周大司空勛襄公攷史傳孝寬在周歷官尚書右僕射拜大司空發於隋文帝輔政之後贈雍州牧故此志稱隋雍州牧而宰相世系表乃稱隋尚書令

非也此志文後有一行題貞元六年二月十九日書
攷史中言貞元庚午即六年也蓋葬以二月廿三日
書刻則在其前故於文後特記所書之日亦他刻所
罕見續所書頗古雅惟後半君子謂之無媿辭句脫
去子字添刻於旁据此志與端志言葬萬年縣則當
在陝西而自來金石家惟未言及之畢尚書關中金
石記亦不載道光壬午長沙友人黄孝廉本驥客關
中搜集隋唐石刻七十四種以補畢尚書所遺而亦
無此志豈又近年始出土者耶拓本亦已丑六月所
得萬年縣加川鄉爲長安志所遺親仁里當即在親
仁坊長安志謂在朱雀街東第三街即呈城東之第

□街也古泉山館金石文編

按下邽縣丞韋公夫人王氏墓誌銘子縝撰書而韋公之名不著以元和十五年韋端元堂誌證之則下邽縣丞韋公者即韋端夫人乃韋端之配此誌與元堂誌皆道光初同時出土考詳元堂志後夫人以元和十三年追贈臨汾縣太君見元堂志

長豐令李丕墓志

裵本高廣無考二十行行二十一字行書

故莫州長豐縣令李君墓誌銘并序

唐貞元三祀五月故長豐宰李君丕卒於幽州潞縣嗚呼逝水古今悲夫　公隴西人也世襲軒裳地清才幹

曾祖知禮宣州司功叅軍　祖懷辟汴州陳留縣丞
考才許州陽陵縣令　公洒然深心抱義耆德士林
咸器重之乃昌言薦於元戎遂徵辟為潞縣丞佐理高
標令名遠著後盟綬長豐化百里之風樂四人之業俄
改任莫州司法叅軍穢息萌隸鈐鍵訐譎凡登仕踐位
時議茂宰良掾也每處其厚不居其華果行溫良發言
砥厲豈期餘慶罔祐而禍兮有階故鵩鳥作孽二竪為
祟沉疾於故林私弟即代之日春秋六十有三無嗣夫
人元氏書哭靈悵恨無三從傷肝膈之瘵慣痛終身之
慎獨長女適河東柳氏名峴試太常寺奉禮郎感深仁
之厚恩盡半子之禮節力窆棺櫬手植松□狀塗車封

馬鬣輿三年建子月葬于衿縣之南三里潞水之右託一片之瑰㻍記平生之徽　俾山谿之變風烈有遺而爲銘曰

屹然孤墳長城之東死生永隔天地不同于嗟奚靈窮泉之中悄悄原野旦暮悲風

按太平寰宇記莫州漢鄚縣唐景雲二年分瀛州屬邑鄚州割瀛州鄚任丘文安清苑幽州之歸義等五縣屬焉開元十三年以鄚字類鄭改爲莫字天寶元年改文安郡乾元元年復爲莫州長豐縣本秦漢之利豐縣高齊廢唐開元十年於文安南三十里復立利豐縣又以縣北有長豐渠遂改名

長豐析文安任邱二縣以實之幽州唐天寶元年改爲范陽郡乾元元年復爲幽州潞縣本漢舊縣屬漁陽郡唐貞觀元年以潞歸幽州長豐在今順天府文安縣境潞縣爲今通州誌石蓋出於此

清河張夫人墓誌

縱横各一尺五寸十九行行十九字正書在陝西長安縣

大唐故清河張夫人墓誌銘并序

外孫子聲彭城劉釗書

弘農楊暄撰

夫人号威德清河之族積善承家祖考諱返昌二女也不乏廿賢閨林隱跡夫人既笄之後嬪于閻氏婉順和睦克柔毋儀淋慎於家聲聞於里況乎先覺早悟色空

齋戒在目持念開目奈何善不增壽命也自來染疾月旬歲過不減貞元八年二月廿八日終於京長安縣義寧里之私第春秋六十有九即以其年五月十八日擇兆吉辰葬於長安城西龍首原之禮也嗣子庭萼右龍武軍宿衛忠孝之道號絕過禮次子庭珎右羽林軍宿衛邠州節度尚書張獻甫　奏赴行營遂忠於國孝不並行報哀之情昊天何極嗚呼痛哉又足悲也一女四嫡於白氏半子之分禮以恭仁縈慕痛深將刻斯石其銘曰

清河夫人　嫡於閻氏　二男一女　忠孝誰理其一

公之獨守　痛傷靈机　四時定省　賴之半子其二

𨑛挽送終　柒疾一闔　死生命也　念之何求　其三

孤墳寂寂　松柏颼颼　泉門永掩　萬古千秋　其四

外孫太清刻字

按張夫人嬀閭氏適從女作嬀唐時沿習見於萃編及古刻叢鈔者不可枚舉閭氏本齊大夫閭邱嬰之後或單姓閭氏其見於唐時者元和姓纂衢州司馬閭邱珣上元中准制改姓閭氏生雲彙倉部郎中文有左補闕閭知微宋長安志朱雀街西第五街即皇城西第三街從北第一修真坊次南普寧坊次南義寧坊即此義寧里也外孫子聟之稱始見於此

懷素東陵聖母帖

石高二尺寬四尺上下兩截草
書首尾計五十行行字不等

聖母闕□主□□疾□釋遂奉上清之教旋登列聖之
位仙階崇者靈感遠豐功邁者神應速乃有真人劉君
擁節乘麟降于庭内劉君名綱貫真也以聖母道應寶
籙才合上仙授之秘府餌以珍藥遂神儀爽變膚骼纖
妍脱異俗流鄙遠塵愛杜氏初怒責我婦禮聖母儵然
不經聽慮久之生訟至于幽圄拘同羑里俟□霓裳仙
鶴降空鄉雲臨户顧召二女蹤虚同升旭日初照聳身
直上旌幢彩煥輝耀莫倫異樂殊音□空方□康帝以
為中興之瑞詔於其所置仙宫觀慶殊祥也因號曰東

陵聖母家于廣陵仙于東土曰東陵焉二女從升曰聖
母焉遂宇既崇真儀麗□遠近歸赴傾市江淮水旱札
瘥無不禱請神貺昭答入用太康姦盜之徒或未弘告
則有鳥禽翔其廬上靈徵既降罪必斯獲閭井之間無
隱慝焉自昔暨隋年將三百都鄙精奉車徒奔赴及煬
帝東遷運終多忌苛禁道侶元元　九聖丕承纂揚至
道真官祕府罔不□建況靈縱可□道化在人雖蕪辭
荒頽而莫禱崇集棟宇未復耆艾銜悲誰其興之粤因
碩德從叔父淮南節度觀察使禮部尚書監軍使太原
郡公道冠方隅勲崇南服淮沂既□□作而不朽存乎
頌聲貞元九年歲在癸酉己月

貞元九年釋懷素草書宋元祐戊辰歲三年刻在
西安府學聖母晉康帝時人其得建號為東陵聖
母者以其主食江淮故也禹貢導江過九江至於
東陵漢書地理志廬江郡金蘭西北有東陵鄉者
是也王松年仙苑編珠曰聖母杜氏妻也學劉綱
術坐在立亡杜氏不信誣以姦淫告官付獄即從
囱中飛出入雲中而去與帖所云正合聖母自晉
迄隋無不崇奉至唐則尤甚此帖書於德宗時文
稱從叔父淮南節度觀察使禮部尚書太原郡公
而不書名蓋指建立祠宇之人紊其文義當在廣
陵郡地帖叢宋時以墨本摹刻者後有柳槃柳乗

裴休同登題名

王仲堪墓誌銘

縱横各二尺四寸二十二行行三十四字至三十七字不等正書在順天府大興縣徐氏

唐故監察御史裏行太原王公墓誌銘 并序

族弟盧龍節度掌書記監察御史林平述

公諱仲堪字仲堪其先太原人也弈廿珪鼎紛綸葳蕤國史家譜詳之備矣十九代祖西晉京陵公渾位燕台司功格帝室胄[肴]枝散遍於九州五代祖冲徙居幽州安次縣子孫家焉令則又為邑人也為郡右族繼生才賢曾祖揆王父幹儒墨傳家以孝悌自任故時君不得而官之矣皇考令仙蘊孫吳之術好立奇功累以勲伐

稍遷大理評事公即評事 府君之元子生而岐嶷體
倫劉柔越在髫年便志於學逮乎弱冠乃為燕趙閭人
經史該通詞藻艷發本道廉察使賢而薦之自鄉賦西
遊太學羣公卿士聆其聲而交之所居結轍名動京邑
大歷七年進士擢第稽古之力自致青雲所謂拔乎其
萃為山九仞者也解褐授太原府參軍事居無何丁太
夫人憂服闋本道節使奏授幽州大都督府户曹參軍
以能轉兵曹參軍事雍容府寮名掄摽舉局無留事庭
宇生風節使嘉之俟其碩畫乃奏充節度參謀拜監察
御史盧諶本郡未足稱榮買臣居鄉豈云顯達我
相國彭城王方任以參佐弘贊 廟謀略邁韓彭慕繼

表伏矣以為諸侯聘問歳惟其常妙選行人以通兩君之好十二年冬十一月公奉使於蒲春二月旋車自蒲經途遥遥旅次雲郜以貞元十三年二月三日不幸暴殂於鋆巖之傳舍享年六十有四嗚呼哀哉自古有死人誰不終公有厚德而壽不永公有全材而位不高則梁竦悲乎州縣滯唐老於郎署可以言命矣以貞元十三年二月十七日殯於薊東之別墅從權也以其年四月六日遷神於薊縣燕夏鄉甘棠原禮也不祔舊塋從先志也次弟仲垧季弟僧法源等悲摧鴈序痛折連枝嗣子存炎子較方在幼童茹戚過禮子壻前鄉貢明經清河張存義感於情眷深國士慮絕故老永遺志業刊

石紀德銘而旌之所謂沒而不朽者矣銘曰 易水
湯湯兮燕山崇崇有斐君子兮穆如清風簪筆搢裾兮自
佐 我上公直哉惟清兮允執厥中奉使于蒲兮
西徂東天胡不仁兮如何道終丹旐戾止兮督茲玄宮
青松森列兮永翳我宗悲壯圖兮已矣惟芳名兮不窮
按此石嘉慶中京都土人得於外城東隅旋歸大
興徐編修松今藏其家誌序云相國彭城郡王者
謂幽州節度使劉濟也奉使於蒲者河中節度使
渾瑊也薊本漢舊縣寰宇記二十二鄉燕夏其一
也

大樂山修楞伽寺碑

壽陽縣大樂山重修古楞伽寺碑記

碑高四尺四寸廣二尺四寸十行行三十五字正書在山西壽陽

楞伽寺自古有之元和中僧道明遂見此寺破衆人所請為國崇修及諸功德并造神碑一所以記之切維

大唐之治天下也紹堯舜之風重釋迦之教皇風

被於萬國佛法垂於三千其有敬之者福生修之者果滿何以知其由也覽異記云周昭王表瑞之年至聖降生西域漢明帝攀帝之歲法海東流道明所恨生逢於佛後沉淪於苦口錫巡於五臺清涼聖境朝禮鬉鬉之處神光百变夜覩葩煌之聖火艷于燈雖不見大真身頂沐慈光從茲有頭晏坐林間得邑中信士王龍張琎

等於厤八之歲禮請留住此山乃登毗雲林俯瞰幽谷
固侈奇狀殊異衆峯其山也磈硿磅礴接五　之兩崇
前巍巑巒倚九天之一柱朝霧暮靄丁達善緣是以理
與心明素非仁智之流豈能皈向如來而重修此寺哉
寺名古楞伽者金園界畔而明也東至峯神廟西至礄
石山南臨上馬平北拋默峪澗此寺之四至也發金之
地猶徧以廣其規斬崔嵬之山砌石為堦旬日乃成然
以樑架長空屋成平地疊軒廊以口巖壘層坡以崇峩
丹柱熖艷兮光映朝霞寺虚清極兮晶含夜月四衆回
向三縣歸依敬礼三世諸佛及諸功德尊堂口等蓋法
無生滅位列生人自屋自居此山此向俗年八十有七

成斯功德以彰不朽之名所有造碑功德宜勒於石上祝

聖壽遐昌唐王永火握乾風以鞏萬邦來驛貢以胡萬國仙觀神山永鎮無疆故記

大唐元和六年歲次辛卯六月甲子朔太原府壽陽縣大樂山古楞伽寺住持道明□立

按碑在壽陽縣東北四十里大樂山縣志未載乎定州志壽陽大樂山在縣東北四十里楞伽寺在縣東太平村蓋未見此碑也碑以元和六年僧道明立撰書人皆不著四至分明峯神廟磧石山上馬平獃峪㶊唐時山川故蹟尚可考證足補方志

之遺道光元年四月予偕沈平定琮訪碑於壽陽吾鄉藎嵋亭繩武得此拓寄蕘疑蕘省視疑覘誤鷹未詳

沁河枋口等記

碑高三尺三寸廣二尺三寸十九行行二十七字正書在河内濟源縣

沁河枋口廣濟渠天城山蘭若等記　敬□□□□□

□撰并書

二儀始分山河已顯豈伊造化寔自然此沁水者出自沁州沁土山初出泉涌已堪賞翫數里之外便作洪流坪万仞之山闢千重之嶺虵盤龍勢虎卧鳳翔或東澍而跳波或西傾而箭激或南流而繩縵或北寫而若

飛屈曲縈迴七百餘里奇峯恠石匪可名言有若佛形
或如仙狀翔鸞蹲鳳異獸神人邐迤相望至于谷口中
間潭洞清瀨亦數百餘龍鼉黿鮫螭莫知其數峭壁万仞
聳出深潭人迹無由鳥飛方度危險崖隥匪可書窮浩
浩雄流輒不可犯届茲枋口寔曰巨河以下枋口記水像枋
形出山俗謂之枋口以下開渠記有檡子堅公者稟天地之
氣承造化之英懷濟物之心有開河之志承　恩銜命
　勑使監臨觀天下地形可開處便鬬飛輪至此巨
致殊功抬契噲之徒名五丁之類駈崪峴之石立拂雲
之梢堰洪口巨流鈌東南之岸分流一派溉數百万頃
之田荷鍤興雲鈌塓降雨黃泥五斗秔稻一石每畝一

鍾寔爲廣濟由是河内之人無飢年之憂磚堰殘水尚為大河千里澄澄東流入海若以下蘭此枋只㕎彎環緑水狀若盤龍周迴翠屏削成万仞中間有地數頃夷若平川金門雄山引頭直入數峯巉巉勢若聯珠余因遊焉結茅禪室目之四面号曰天城時人因稱天城山聯珠峯蘭若既居勝境安敢匿詞智短山長略述其狀元和四年赤奮歲春三月朔此蘭若六年單閼歲冬十一月刻此記焉　濟源縣令李朝陽　烝口宏　溥李勛　尉王士端同立

按沁河枋口廣濟渠天城山蘭若等記石刻在濟源縣石完整惟撰書人姓名剥蝕難辨隋書地理

志河内郡濟源縣舊有沁水縣後齊廢入唐書河北道孟州濟源縣有枋口堰大和五年節度使温造浚古渠溉濟源河内温武陟田五千頃明一統志枋口在濟源縣東北三十里兩山間沁水經焉舊以枋木為門故名枋口晉司馬孚累石為之又名沁口唐韓愈詩平沙綠浪榜枋口白居易詩危磴上懸泉澄灣轉枋口宋文彦博詩下馬入枋口濛船沿碧溪隋盧賁唐温造俱於此開渠灌田名廣濟渠又河陽節度使温造奏復懷州古秦渠枋口堰溉諸縣田是廣濟渠即古秦渠渠堰由來皆久非始於元和時也記以水像枋形謂之枋口説

殊不經其金門山天城山聯珠峯及令丞游尉司
補濟源志乘所未備方彥聞拓贈

石壁寺甘露義壇碑

碑高六尺廣四尺二十七行行五十二字正書在山西交城縣

唐石壁禪寺甘露義壇碑

尚書司封員外郎賜緋魚袋李逢吉撰

唐有天下　仁聖奕葉文武重光憲章於古損益以叵革去雜霸媥揚寧風於二皇三代有全德於周公孔父無違命獨□□□□□□慈裨衿人紀考之經義則不悖施之帝典而可大式克惇尚許其踐修於是人知崇奉家有清信空法匝於寰區眞經倬於□□□□□

□列郡而我三壇角於三都在西都曰靈感壇在東都
曰會善壇在北都曰甘露壇洪惟適道之通軌歸心之
真宅甘露壇在府□□□□□慎微稽謀之初欽若
佛言門將漸位地是緊禁戒惟厥授受必資壇場不嚴
直何以肅凡心不精頑罔克元聖鑑不弘闕曷足□□
□□且欲以齊二京之宏觀補是邦之闕典乃銳其勤
力誓之以死斷于高貲邸彼崇信入貨者波委就役者
子來掘及九泉實以香土□□□水之勝極金木之工
功費鉅萬瓌奇莫二自貞元癸酉歲暨丁丑歲而能事
畢是歲有事于靈壇凡數郡之內碩學舊德顓門之師
大□□齋志去家之徒駿奔走自四月八日至廿四日

而法會羅俾夫來者宿殖遷生聚積汙穢清滌恒性鎮有守㛐見寢不作至靈加之易外境交感凡聖忽其用接懽聲喜氣被於山谷休譽令儀播于宇宙其大哉茲至道妙賾之無量無邊其覩見於事者可略而紀昔應身示滅像□□趍之不一而旌別道俗攝持身口莫疾於尸羅近世之弊去者有經費求者必執費既叨濫而有交利之患顧息慢而無與進之心則中途□□大化斯蠹矧或師未善教而法禁廢弛事鮮成命而去取淆淆懿夫弘濟為心周給於衆則人以勸廷辯其能詳定其要則事有倫五載而□□萬衆而無擾使人趣之也謂東漢感夢以還釋流傳授未有盛於此者故自興作

每多符應巨功方半景甚清露甘露垂珠於草樹者三
日□□觀大衆日集時屬旱暵靈泉湧溜於山間者數
所以辦禮食賓主咸賴由是節度觀察使禮部尚書李
公以文武忠肅休勳懿行而志尚常道□□寬仁長材
曠度而性惟與善相與叶心同德表請錫名曰甘露無
礙義壇且又降之素書用加褒美出其清俸以爲賜予
斯足以駭見聞而□□□設教得其人而後行前志又
云天時不如地利禪師本姓齊氏蒯人也姜水舊族漁
陽德門累襲軒冕夙彰行義脫屣代祿奉身高騫初隸
□□□脩多之藏究毗尼之樂演律爲輿主傳戒爲常
師了法之無住游方而至止因感　文德先后聆梵鍾

棡仁祠之勅嘉道緯大士精修禪覩□□□鑿翠巒林泉詭異擐金爵之右壤而興　王之舊京宜作聖域以嚴　佛刹焉既經始于焉肆勤綱維及寺之耆艾上首等率能奉法以慎□□□克佐佑誕臻厥成則又知清行勝槩之若此雖欲勿坦為宏圖而莫可已於是緇流後賢譜紳諸儒洎清信士女百千人俱議欲刻石以存□□□兵經之餘雅脩無生而亦竊龍宮之秘故得以盛朝君臣之至化空門聖賢之妙道合而為頌以簡于後其辭曰

釋氏之宗泊乎無為生殖光大嵌妙攸依道跚無涯羯不得知誕設烱戒揭其洪規亦既潤色為之羽儀乃睠

後賢與代如期將伊之士若□□□為依元龜克正端
潔宜作之師在法末流輿制浸隳忘味媛寢指志興衰
乃經斯壇究蹤瑰奇埏者如市來其如歸靈泉川流膏
露□□□□□□□□□□□□□嗣穆穆　聖君虞虞同時端
拱思道而人畢隨京邑有三壇乎如之越有大賢鎮安
朔陲請錫嘉名用光于兹既賜予矣寵□□□
□允都政貞清道機蘊有千年燁洪燿子斯
元和八年三月十九日
大元至順三年歲次壬申三月初有三日重建
中奉大夫陝西等處行中書省
特賜龍翔特賜龍祥護國永寧方丈圓中禪寺

按唐石壁寺甘露義壇碑元和八年三月李逢吉撰元至順三年三月重建三都三壇此其一也元和郡縣志武德元年置太原郡為并州總管七年改大都督天授元年罷都督府置北都神龍元年依舊為并州大都督府開元十一年以王業所興又建為北都改并州為太原府天寶元年改北都為北京此碑在天寶以後而仍云北都者三都之稱已久從其舊也三都三壇今此交城甘露為北都之壇外惟東都之會善戒壇在登封西都靈感無可攷矣李逢吉太宗時文學館學士李元道之曾孫也元和十一年二月以中書舍人為門下侍

郎同平章事十二年九月罷為東川節度使長慶
二年六月以兵部尚書為門下侍郎同平章事寶
曆二年十一月充山南東道節度使事見兩唐書
本傳

李術墓誌銘

石縱横各一尺二寸十五行行十五字正書

唐故叔氏墓誌并序

元和九年歳直甲午正月十九日丁卯浙東道觀察判
官將仕郎試大理評事攝監察御史李翶奉其叔氏之
喪葬于兹叔氏諱術生子曰王老遠在京師翶實主其
事銘曰

翱生始言叔氏棄沒爰殯于野年周四甲豈無諸親生故或迫亦有息子柩官京國臣墳孰封松櫝未列殯宇零毀狐狸所穴中夜遠思酸悽心骨是以乞假公府言未筵宅追念延陵喪子嬴博葬不歸吴于禮其合唯叔平生游居是邑天謝于此靈幽其託女姪之西仲兄之北兆昭何異可用居息孰為故鄉乃樹松柏

按李術墓志銘見李文公本集術為諸父而曰叔氏叔父之尊而擬之延陵嬴博尤為不倫翱以浙東觀察判官乞假筮宅銘云唯叔平生游居是邑卒莫知所葬何地李翱此文本不可為典要後人就集本上石詭為出土書刻并劣集本題叔氏墓

誌銘石本加唐故二字旅宦之旅作依靈幽之幽
作幽淺人涉筆一二字已見其陋錄而摘之以懲
贗託

宣功叅軍魏邈墓誌

石縱橫各一尺六寸三十行行
三十字行書在陝西咸寧縣

大唐故宣州司功叅軍魏府君墓誌銘并序

息孤子迬賛自撰兼書

大人諱邈字仲方其先鉅鹿人寄居于京兆府咸陽縣
積代矣頃因祿山暴逆鑾輿南征畿甸士庶皆爲俘馘
由是圖籍毀致舊業烟燼不可復知　先人之事也此
無以述曽祖賓皇任隴州長史祖母王氏祖朝隱鄜𨛬

浮名高尚其仕祖母栢氏伯父遜試左衛率府兵曹參軍皆不幸短命先歸黄壚且　大人少履文字貞元初以鄉舉射策上省者五六以賄援無竟不登苐然當時稱屈者衆矣其後為河陽節度使所辟隨逐戎幕處事詳明奏懷州參軍丁祖母憂不上後參選拜果州司户參軍未上為度支山南租庸使所厚抑志勾留共理鹽鹵官滿不舍其後懼以覆餗親辤所榮租庸使達公不勝其辤由是獲免既而四海無業一家若浮蓬携老幼而入關閫中無投足之地賃居于萬年縣之勝業里顯然無託食於親知者首尾五杞出無車輿坐寡糧粮妻孥有含菽飲水之患無衣無褐之虞而我父不為

恥不隕越者以其知止知足達於至理者也元和四年
夏四月　相府裴公因人而知其善補　待制官掌
握絲綸庶慎益著地居　近密不發私書朋舊睚親
由斯咸怨人雖欲遺之口佈斗衆曾不我容焉所謂踊
火不熱履霜堅氷其此之由乎拜婺州司功參軍轉宣
州司功參軍未滿今年復有　詔令之本官以其年十
月十三日終于宣州宣城縣之公館佳贇親侍　靈舁
以明年歲次乙未四月八日已酉葬于京兆府萬年縣
之畢原禮也於戲　大人履善道踐吉事亦已久矣
而不曾極耳目之所觀聽娛心意之所愛樂一生蹇蹇
終日捿捿而死之日餘俸不足以葬藏一身兒女無歌

矣之地其不痛矣然則痛非偷極乎　孃趙氏試鑿
州別駕昇之女自櫂　疊咎泣血終日加以孤幼纏繞
䍩羸殆深生男女六人女三人長曰綦綦嫁李氏仲曰
季風嫁侯氏季曰季雅猶未從人兒三人長即侄贇仲
曰文質皆三衛出身季曰齊賁拜兗州都督府參軍丁
此　憂不上並生遭不造少集荼毒酷裂煩冤無所
逮及蒼天蒼天噫　大人積德累仁如此竭忠盡孝
如此宜乎天地孔昭神明大鑒享年有永降福穰穰者
焉如何朝陽露晞珪璋粲殞倉天倉天匡贇所不以斯
文託於人以其情地甫迫奠其紀事之明也雖讚　父
之德則為寵親而内舉不避且旌善人其辭曰

沖和降氣　誕生忠良　和順内積　英華外揚
靡縻于弱　無淩於彊　天胡不惠　流毒禍殃
精魂倏殞　聲續弥彰　千齡萬代　其譽遺芳

匡贊為父誌墓乃用行書上石篇末云内舉不避且旌善人此豈贊父之詞耶其云以鄉舉射策上省五六賄援兼無竟不登第唐代制科人材輻輳其不盡出于公郎此可見匡贊書父諱缺末筆其云圖籍致毀致當作棄高尚其仕當作事曰終于宣州之公館今人以官游所寓曰公館始見於顏魯公殷君夫人碑云卒於成已尉氏之公館此其再見也古誌石華

誌叙年月多未明晰曰元和四年為相府裴公所知

又曰拜婺州司功參軍轉宣州司功參軍未滿今年
復有詔令之本官所謂今年者不知指何年也又云
以其年十月十三日終於宣州宣城縣之公館所謂
其年者又不知指何年也又云以明年歲次乙未四
月八日己酉葬於京兆府萬年縣之畢原所謂明年
者以歲次乙未證之始知為元和十年自四年至十
年凡隔六載乃以今年其年明年串敘何耶趙夫趙
氏誌云遐以元和九年十一月十三日不祿於任即
此誌謂今年其年也趙氏誌作十一月此誌作十月
亦互異矣金石記 筠清館

右墓誌首尾共三十行行三十字行草書字徑三四

分志敘魏府君歷官事蹟貞元初以鄉舉不第繼為
河陽節度使辟置戎幕奏授懷州參軍丁祖母憂不
上後選果州司户參軍亦未上是雖授職而皆未之
官也後又為度支山南租庸使所厚留其共理鹽鹵
復懼覆餗懇辭獲免至元和四年為相府裴公所知
補為待制官則又皆勤事幕中也及拜婺州司功參
軍轉宣州司功參軍未滿而云今年復有詔令之本
官以其年十月終於宣州宣城縣之公館則其官婺
州轉宣州初亦皆未嘗到任及到宣州任之年未幾
即沒矣志述其鄉舉射策上省者五六以賄援蕪無
竟不登第其辭山南租庸使而歸也云四海無業一

家若浮移老幼入關中無投足之地置居萬年縣食于親知者五年出無車輿坐無糧糗妻孥有含菽飲水之患無衣無褐之虞遠為裴公待制官掌握絲綸廉慎益著地居近密不發私書朋舊昵親由是咸絕又云不曾極耳目之所觀聽娛心意之所愛樂一生蹇蹇終日棲棲死之日餘俸不足以葬藏一身兒女無歌哭之地則魏君之清心寡欲淡於仕進而又能守正矯俗雖至飢寒困苦而不畏其亦可以風世者矣以史攷之所謂相府裴公者當是裴垍也唐書宰相表元和三年九月户部侍郎裴垍守中書侍郎同中書門下平章事五年十月罷為兵部尚書而本傳

言垍為學士時引李絳崔羣與同列及相又擢韋貫之裴度知誥李夷簡御史中丞皆踵躡為輔相号名臣自它選任罔不精明人無異言故元和之朝百度修舉稱朝無幸人然則魏君既為裴公所知而辟補幕僚可知志文所言皆得其實矣文為其子匡質撰書以了志父母唐人往往有之且直書其名諱而不忌異於後代之以他人填諱矣文中稱母為孃自稱為兒語歸質實可別於他人作述之體且云不以斯文託於人以其情崩迫冀其紀事之明也惟下云雖讚父之德則為寵親而内舉不避且旌善人則未免揩詞比擬皆失其當反覺畫蛇添足矣唐時官制有

十六衛又有五府二衛之名並詳史志云武德七年以親衛曰一府勲衛翊衛曰二府謂之三府衛諸衛翊衛及率府親勲衛亦曰三衛即匡贊所言與其弟文質皆三衛出身是也其言伯父遜試左衛率府兵曹參軍亦即三衛之官也書法頗佳似深於二王及顔清臣者予先年得邈妻趙氏墓志乃王儔撰先叙魏氏得姓家世較此為詳父祖名及官與邈之歷官皆合云卒於元和九年十月十三日壽年五十有五十年四月歸窆京兆萬年縣洪固鄉北韋村北原此志脱書其卒年及壽年之數然云明年歲次乙未四月八日己酉葬乙未即元和十年正與此合其書葬

之鄉邨地名則此但稱畢原為小異另攷於後惟据
禮記孟子孤乃年少無父之稱此志季子齊貢已官
都督參軍而長子匡贊撰書自稱孤子蓋亦沿俗例
父死皆稱孤也長安志載勝業坊在朱雀街東第四
街即皇城之東第二街蓋即此所謂勝業里也趙氏
志為外人所撰其所述邈之事實甚畧此為其子所
作情文固當質直詳盡趙氏卒葬會昌五年後於此
卅年其書子匡贊前任歙州司安縣主簿文質任壁
州永泰縣令齊貢前任延州豐林縣令與此皆不合
固無足怪乃以齊貢為長匡贊為次文質為幼序次
迥異此志既為匡贊自撰宜無錯悞則其誤應在王

儁惟趙氏卒時如匡贊等皆在亦當為之更正豈此於匡贊齊賁之官上皆加前任二字已先卒耶然文賁上獨無前任字又不可解彼志亦先女而後男而云有女四人長適皇甫氏次適李氏次適房氏幼適王氏此志止記三人無適皇甫氏者且即數嫁李氏者為長又與彼不合皆不可解志亦當在陝西而此與趙氏墓志前人皆未著錄關中金石志及黄孝廉所補亦皆無之恐亦近斯出土者亦己丑六月獲之吳門書友漢碑每以倉為蒼此文書蒼天為倉天可見二字唐人猶知通用也毛詩秦風終南何有有紀有堂毛詩舉道平如堂也箋云畢終南山之道名邊

如堂之墻然䍐本爾雅釋[丘]畢堂墻之文也春秋左氏傳公廿四年傳畢原酆郇文之昭也杜注畢國在長安縣西北尚書序周公薨成王葬於畢漢書劉向傳文武周公葬于畢師古注畢陌在長安西四十里三輔故事云文王武王周公皆葬畢陌南北史記正義引括地志云武王墓在雍州萬年縣西南二十八里畢原上元和郡縣志同又於咸陽縣下云畢原即縣所理原南北數十里東西二三百里無山川陂湖井深五十丈亦謂之畢陌漢朝諸陵並在其上下長安志即本之於萬年咸陽二縣皆載之中溶攷終南山東有藍田界西入萬年長安二縣界東西長四十

里則所謂畢原者即在終南山之下而後人因其地長而大又無山川陂湖間隔故又謂之畢陌也古泉山館金石文編

按宣州司功參軍魏邈墓誌銘子匡贊撰書子銘父墓唐人多有之此誌文無紀律立言亦殊失體云今年其年不知何歲以明年歲次乙未考之乙未爲憲宗元和十年則所稱今年其年者乃元和九年也相府裴公謂裴垍也元和三年九月以户部侍郎裴垍爲中書侍郎同平章事四年四月正垍爲相之時史稱垍器局峻整人不能干以私

十哲讚碑

裘本高廣不計正書額題十哲
贊碑四字篆書在浙江山陰縣

先師顏回字子淵　制贈兖公　御製

杏壇槐市儒術三千回也亞聖某也稱賢四科之首百
行之先秀而不實得慟焉

閔損字子騫　制贈費侯　銀青光祿大夫守侍
中源乾曜

惟頌亞聖惟閔比德讓宰善辭安親順色動靜無間中
正是則非經即禮至孝之極

言偃字子游　制贈吳侯　太中大夫守中書侍
郎上柱國盧從愿

文學高口絃歌政聲動則不徑廬乃先口立言宏遠埶

禮專精升堂入室寘凛猶生
端木賜字子貢　制贈黎侯　黄門侍郎無鴻臚
卿韋抗
聞一知二□□□□討就吳滅言行曾□□□□□
□□□□□□□□□□□
冉子字子我　制贈齊侯　右散騎常侍元行沖
臨緇辯□學以致祿懲彼不勤見嗤朽木激兹忠孝貽
毁新殺政事登科而不庇族
冉雍字仲弓　制贈薛侯　銀青光祿大夫守中
書令上柱國張嘉貞
諸侯為邦雍也可使道在於政政期於理用刑者何居

敬則己況禮況德闡之夫子
冉求字子有　制贈徐侯　開府儀同三司上柱
國廣平郡開國公宋璟
文之禮樂適可成人目以政事方為具臣豈才不足稱
道斯屯其謂國老眇然清塵
仲由字子路　制贈衛侯　右散騎常侍上柱國
陸餘慶
偉歟英士既列且忠宿言無諾□□□□□□□□
山氣雄燔臺□□□□□
冉耕字伯牛　制贈鄆侯　開府儀同三司上柱
國梁國公姚元崇

顔門隷業人室推賢名惟科首行則士先是爲上昌壓
同及肩亡之命矣懐之喟然
曾参字子輿　制贈成伯　禮部尚書許國公穪
邈
百行之極□□以教聖人叙經曾氏知孝全謂手足動
稱容貌事親事君是則是效
卜商字子夏　制贈魏侯　同書左丞上柱國裴
灌
孔門好學文章粲然言詩屬傳師聖齊賢德不喻法人
何怨天見疑夫子離羣久焉
唐元和十年十二月三日浙東觀察使越州刺史

兼御史中丞孟簡置

第一千七百二十六唐孔子弟子贊明皇與宋璟等撰元和十年十二月孟簡置金石錄

湞陽東嶺洞谷銘

高三尺四寸廣五尺二寸三十六行行二十五字登仙至巖辭一行二十七字正書在廣東韶州府英德縣摩崖

唐湞陽果業寺開東嶺洞谷銘并序

河南元傑字長夫撰

陰陽精氣結為山嶽者則為勝為異為奧為閟故萬嶺交峙而嵩華辨其方羣岳効靈而瀛壺拔其類是知仙居靈宅其必有叢乎嗚絃北趾果業之東岸高不百仞

廣纔千畝層巖石室幽谷靈洞殊境異觀秀絶奇偉雖
瀑流之下鑪峰懸磴之躋丹嶠路遠莫覿余不知其倫
擬焉案寺記云昔有方士居於是山鍊金變形羽服登
仙故石座丹竈至今存焉觀其東嶺削成石瑩如玉崗
巒峭竦巖壁重複捫蘿而昇如造雲根縹眇嬋娟似霞
衣之可攀真氣朕而塵累捐五蓋破而清機開蕩然放
懷如羽翼之已生赤城之可接噫境變志遷若符契之
協從也下臨長川澄波吐瀾煙霞夕收飛鳥不喧杳渺
透迤流注無間西直巨峪連嶂如屏林靄朝翠巖光晝
青篠篙蔵輝杉松下冥虚廓寂寞涵風有聲緣嶺未極
劃開洞門籠容崝嶸詭狀輪囷疑伏龍恠鎮含煙雲又

有古木倒倚絶壁盤根網結掛絡空碧崩崖傍傾猨遥下仄羽人幽會此焉瑶席搏翠壁而直上軋崎嶇於紫氛雙巖屹以中斷奔屏壁而成室涵孕精爽澄凝氣源信列仙之攸居豈塵俗之所止哉嗚呼鶴駕一去鳳簫響絶荆榛蔽路危磴敗滅跡留人境而舉世莫知地聯精刹而群遊莫至吁可惜乎其晦藏也元和丙申歲秋八月余以縢葛之困廡居精舍　再從兄昭肅時假兹邑政便於人務亦多暇與當寺僧皆捷日探道源捷亦好古饕奇之士也因語故實緬思羽客之元風以為靈跡神蹤精誠必復乃搽刃持畚履險通幽梯絶棧而歷巉嵒排蒙蘢而登杳藹時不更稔而神居秘躅粲然皆

睹嗟乎芝田懸圃邃遠乎哉天之與人氣通則合容有
顧谷而諗予者或應之曰天之運否泰相濟故善利稱
德有下民賢哲人之道行藏有數故秝律蓬累時惟膺
揚靈物必通道在斯著不然何荒阻千祀勃焉而興歟
乃為銘曰
鑿石遊遨兮援木枝仰攀洞口兮踐攲危奔龍伏虎兮
勢狀奇楙攢峰倚兮蟠雲螭下臨陰谷兮神以慄嵌巖
二兮洞無極老松蕭瑟兮生遠風興雲霈霈兮煙霧黒
懸巖排空兮色噴黛堅根網絡兮增霄外披霓觧帶兮
羽翼生下眺遐江兮入青靄世道紛綸兮何足謂朝為
榮華兮夕顚頓不如幽谷兮閱仙經冀接浮丘兮餐煙

巒我窺丹竈兮坐山腹眾峰參差兮隱雲族乃鑿仙嶺兮望瑶臺朝霞照海兮錦綺開信赤松之所昇降王喬之所往來道或用晦子靈物斯潛斂道未昌子說築傳巖紛予感此兮勒銘雲根山既不朽兮與銘長存

元和十一年十二月十九日刻寺下缺十數字石鈸在焉

元傑湞陽果業寺開東嶺洞谷銘在英德南山輿地碑目兩載之一在南雄州題云開東嶺洞谷銘一在英德府題云果業寺開洞谷記今考之實一碑耳又唐詩紀事云元傑有湞陽果業寺開東嶺洞谷銘并序按湞陽郡慶元三年升英德府果業寺即南山聖

壽寺與此刻正同可證王象之載入南雄州之誤矣至其文與文粹所載稍有異同蓋版本輾轉傳刊脫誤當以石刻爲正廣東通志

按湞陽即今韶州府英德縣元和郡縣志嶺南道廣州管縣十三湞陽本漢舊縣屬桂林郡在湞水之陽因名焉吳屬始興郡開皇十年改爲貞陽屬循州十九年改屬廣州武德元年復改爲湞陽太平寰宇記南漢乾和五年於湞陽縣置英州宋史地理志英州屬廣南東道宣和二年賜郡名曰湞陽慶元三年升英德府元史至元十五年置英德路後降爲州省湞陽含洭二縣入之直隷廣東道

明史洪武二年降為縣改屬韶州府　國朝因之
此湞陽英德古今沿革大略也元傑因從兄昭肅
官湞陽同遊果業寺寓居精舍乃與寺僧智攎開
此洞谷勒銘石壁其歲為元和十一年丙申開洞
於八月勒銘於十二月故云時不更稔輿地紀勝
南巖在州南鳴絃峯之前景德三年郡守王仲遠
於石壁間得元傑所刻開洞谷銘及涵暉谷等字
涵暉令不可考此銘前題傑撰而書者無徵南山
絕壁尚有元傑所題飛霞嶺三字及衆樂亭外傑
與昭肅智攎等題名則此銘即傑自書寺當鳴絃
峯下序所稱鳴絃北趾果業之東阜是矣銘序又

見於寶刻叢編廣東通志金石略亦載之前刻河南元傑字長夫撰一行末刻一行已剝蝕寺起石詖在焉四字止尚可辨志皆失載是本平陽儀墨農明經克中所贈乃道光初墨農為阮宮保採訪嶺南金石手拓得之凡泐五字据唐文粹補

辛秘中岳題記

在少林寺靈運禪師碑側菩薩像下五行行六字正書左行

元和十二年閏五月廿九日河南尹辛秘奉

勅祭　中岳散齋于此寺

按辛秘唐書本傳以河南尹進拜昭義軍節度贈尚書左僕射謚肅懿金石錄有昭義軍節度使辛

秘碑牛僧孺撰陳諫正書通鑑作辛秘

金石續編卷第九終

金石續編卷第十

武進陸耀遹纂　太倉陸增祥校訂

唐七

尼韋契義墓志

石縱横各一尺八寸二十五行行二十四字正書在陝西咸寧縣

唐故龍花寺内外臨壇大德韋和尚墓誌銘并叙

從父弟鄉貢進士同翊撰

大德姓韋氏法号契義京兆杜陵人也元和戊戌歲四月庚辰恬然化滅報年六十六僧夏四十五粤以七月乙酉遷神於萬年縣洪固鄉之畢原遺命不墳不墖積土爲壇植尊勝幢其前亦浮圖教也曾王父諱安石

皇尚書左僕射中書令大父諱斌　皇中書舍人
臨汝郡太守烈考諱衮　皇司門郎中眉州判史家
承鄉相德勲之盛族為關内士林之河始　先妣范
陽盧夫人以賢德宜家蓄其子姓故同氣八人而行居
其次在女列則長焉自始孩蘊靜端介絜之性及成人
鄙鉛華靡麗之飾啓冥心於清淨教親戚制奪其持愈
堅年十九得請而剃落焉大厤六年　制隸龍花寺
受具戒於照空和尚居然法身本於天性嚴護律度擇
氏高之　國家崇其善教樂於度人勑東西街置大
德十員發内外壇場俾後學依歸傳諸佛心要既膺是
選其道益光門人宗師信士嚮仰如水走下匪我求蒙

持一心之修繕佛宇兼四輩之施捨金幣高閣山聳長廊鳥跂象設既固律儀甚嚴率徒宣經與衆均福故聞者敬而覩者信如來之教知所慕焉嘗從容鄉里指於北原而告其諸弟曰此吾之所息也為其識之嗚呼生歸於佛歿歸於鄉至哉其孝乎所以報生育劬勞之恩脩矣窆安之制咸所遵承弟子比丘尼如壹等服勤有年鑽奉遺教杖而會葬者數百千人極釋氏之哀榮難乎如此迺沉礎而志于墓云

迷方之人嬰聚之身日月下臨苦海無津我得度門性□□□亦既落髮於焉報　親孝乎終始歸于故里

石幢□□□□□南趾

尼契義殁後門弟子爲作經幢見前錄此誌云杖而
會葬者數百千人唐世僕佛成風往往如此故嘗空
和尚塔志云弟子與俗侶白衣會葬服縗者千人焉
元奘法師塔誌云葬於滻東京畿五百里内送者百
萬餘人淨業法師塔誌云葬之日道俗闐湊號惋盈
衢不可制止者億百千矣噫送而縗焉猶可也至杖
而會葬必無之事也彼操筆爲文者極言弔客之衆
多不計杖制之輕重其荒謬乃至如此筠清館金石記
右墓志二十五行行二十四字正書字徑四五分此
志首標大德韋和尚文又云俗夐四十五而中言其
行居次在女列則長後又云弟子比邱尼如意等則

明是女尼而亦稱僧與和尚也與孟法師碑稱女道士為法師同意志敘其曾祖安石尚書左僕射中書令祖斌中書舍人臨汝郡太守父袞司門郎中眉州刺史以唐書宰相世系表攷之安石乃韋氏勛公房之後歷相武后及中宗睿宗斌乃安石第三子而表誤臨汝郡太守為臨安太守斌子袞下不言其為司門郎中眉州刺史而云駕部員外郎南監本明補駕誤為馬皆嘗以墓志正之又言袞有三子其弟逢之子同翊字啟之即此撰志文之從父弟同翊也志言先妣盧夫人以賢德宜家蕃其子姓其所稱先妣盋即韋和尚之母也

按契義韋氏女為尼者其從祖弟同元撰經幢記稱比丘尼大德諱契義俗姓韋氏此誌則從父弟同翊撰題云韋和尚墓志銘所罕見也曾王父安石大父斌考袞並見唐書安石斌俱有傳宰相世系表斌臨安大守袞駕部員外郎同翊斌孫逢之子字啟之並與誌合臨汝作臨安乃表誤刻斌本傳亦作臨汝元和戊戌憲宗十三年

宮闈令西門珍墓誌銘

石縱横各二尺二寸三十二行行三十二字至三十六字不等正書在咸寧縣裴氏

大唐故朝議郎行宮闈令充威遠軍監軍上柱國賜紫金魚袋西門大夫墓誌銘 并序

從姪鄉貢進士元佐上
公諱琢京兆雲陽人也曾祖　祖彭並藴異才不苟榮
禄孝悌雖形於家室聲考已口於遠迩父進朝議郎行
内給事賜緋魚袋立性恭寬執心忠亮入侍閨扆出撫
軍師歷事四朝竟無敗累故中外貴不咸遵厥行　公
器局宏邈見解殊倫幹於理劇果於從政志存大略不
忌小節恒人譏其傲睨高賢許其豁達至徳之初釋褐
從仕大曆之末擢居宣徽建中四年王室多故涇原叛
卒晝入犯門　鑾輿西巡以避封豕艱虞之際尤尚
通才除内府局丞充鳳翔隴右節度監軍判官時懷光
不臣潛与泚合畢華於是更一　宰梁洋節使楚林果有

貳公鈎於衙府輒肆直言諭其將士徼以禍福
國家靡㳺隴之憂州縣免誅夷之弊微公之力殆不及
此　德宗聞而異之俾充荆襄沔鄂洪府　宣慰使
興元元年遂除洪府判官監先鋒兵馬使伊慎下安黄
等州貞元元年來　獻俘馘　上旌公功拜内僕令
赴本道其年季秋改充豪壽觀察監軍判官尋除張建
封尚書爲徐泗節度　詔公獨監送上職名如故其
年　朝覲還荆南監軍　上以公習於戎事欲將任
重　聖心未決久而不遣至八年充劒南三川　宣
慰使其六月監淄青行營兵馬三千餘人戍于岐山西
扞荒服　上以公臨口不私撫軍有術凡積星歲踰

十瓜時十三年入奏　上嘉其勲錫以朱紱昆戎自
從會盟懸負恩信知我有脩未嘗犯邊　上以閑東
甲士遠從勞役恚令罷鎮却歸本管三軍別公援攣揮
泣如訣父母豈勝道哉既歸　闕庭復任高品暨
德宗昇遐　順宗嗣位爰選耆德以輔　儲皇轉爲
少陽院五品永貞元年屬　今上龍飛公以密近翼
戴之績賜紫金魚袋充會仙院使元和元年改充十王
宅使歷事　六朝公智足以周身謀足以鮮難事上不
逼接下不侮自束髮委質銜　命撫軍宣慈則蒸庶
再撫討叛則兇渠授戮動有流譽人無謗言若非淑慎
曷能臻此公身居祿位志不驕矜克遵象外之談不諱

生前之事遂於長安縣龍首原西距阿城東建塋域高岡雖枕夏屋未封君子聞之命曰知命　夫人馬氏驥之女也内脩四德外諧六姻豈睦允嶋於書風折旋不虧於戴禮不幸先公而歿有子四人長曰季常次曰季平季華季暉或名黍　密侍或職列禁軍咸蘊椅堂之姿俱是保家之主以元佐性無飾偽文好直詞爰命紀能庶旌實錄其詞曰

洪河孕氣兮嵩岳粹精　聖君當馭兮哲人乃生

才調不羈兮智略縱橫　器宇復深兮量包滄瀛

結髮從宦兮捐私徇公　弱冠受命兮臨人撫戎

入侍丹陛兮三接明寵　出宣青塞兮九譯潛通

功成位高兮鏘金拖紫　居安慮危兮先人後已
去健羨師老氏之玄言　齊死生宗大仙之至理
自昔有生兮孰能不亡　考彼龜筮兮兆此龍崗
或掊或築兮高墳深穴　爰栽爰植兮青松白楊
上以公恪勤事　主密慎左右至七年遷監威遠軍使
晝巡夜警衛士畏威敷奏　闕庭衆稱其美謂保貞吉
以享百齡逝川不留奄隨朝露以元和十二年七月一
日遘疾終于脩德里之私第春秋七十有四以明年七
月廿日遷窆於長安縣承平鄉先修之塋從其治命也
是誌卒葬年月另敘於銘詞之後前序及銘係珍作
生壙時命從子元佐預為撰刻銘後三行則葬時補

敘也古誌石華

右墓志首尾共三十二行正書字徑五分許志言珍京兆雲陽人曾祖名空而不書祖彭父進朝議郎行內給事賜緋魚袋珍至德初釋褐從仕大曆末擢居宣徽後除內府局丞充鳳翔隴右節度監軍判官德宗俾充荊襄沔鄂洪府宣慰使興元元年除洪府判官監先鋒貞元元年拜內僕令改豪壽觀察監軍判官又遷荊南監軍八年充劍南三川宣慰使又監淄青行營十三年歸闕復任高品順宗嗣位選爲少陽院五品永貞元年賜金魚袋充會仙院使元和元年改充十王宅使七年充威遠軍使元和十二年卒年

七十四其云建中四年王室多故涇源叛卒晝入犯門鑾輿西巡以避封家攷新唐書德宗紀是年十月涇源節度使姚令言反犯京師帝如奉天志又云鳳翔隴右節度監軍判官時懷光不臣潛與泚合孳華於是更章梁洋節使楚林果有疑貳公每於衙府輙肆直言諭其將士儆以禍福國家靡洴隴之憂州縣免誅夷之戮微公之力殆不及此德宗聞而異之俾充荆襄沔鄂洪府宣慰使興元元年遂除洪府判官監先鋒攷本紀是時鳳翔節度朱泚亦繼反張鎰代為節度其後營將李楚琳殺之自稱留後朱泚犯奉天禁軍敗興元元年二月李懷光為太尉反丁夘帝

如梁州三月壬辰次梁州五月李晟等屢敗朱泚復
京師六月姚令言朱泚皆伏誅改梁州為興元府給
復二年又給復洋州一年此其事也蓋珍即為張鎰
監軍判官正與楚琳同事然張鎰傳言營將李楚琳
嘗事朱泚得其心軍司馬齊映等曰楚琳必為亂乃
遣屯隴州楚琳知之稽故未行鎰以帝在外心憂惑
謂已亟去不為備楚琳夜率其黨作亂齊映自竇出
齊抗託傭皆免鎰縋城走不及遠與二子為候騎所
執楚琳殺之絕無一言及珍又韋皐傳言德宗狩奉
天李楚琳殺張鎰叛歸朱泚隴州刺史郝通奔降
楚琳則楚琳後仍與朱泚為亂珍有何功而志乃云

國家靡洴隴之憂州縣免誅夷之弊微公之力殆不
及此毋乃失之誣矣楚琳作楚林志與史異似當以
志爲正洋州本析梁州置境壤相連攷本紀言給復
洋州一年而韋臯傳亦云帝在梁洋還則當時德宗
必曾至洋州本紀既云二月丁卯如梁州不當於三
月壬辰又言次梁州疑梁州之梁乃洋字之譌攷藩
鎮表開元五年置隴右節度又上元元年置興鳳隴
西節度建中四年賜號保義節度後吐蕃陷隴右貞
元初置行秦州以刺史兼隴右經畧使以鳳翔節度
使領隴右支度營田觀察使志作於元和時故有鳳
翔隴右節度之稱本紀又云建中四年九月舒王謨

為荊襄江西沔鄂洪府宣慰使及除洪府判官監先
鋒蓋為晉王時開官也地理志洪州豫章郡上都督
府蓋晉王之從府於洪州故稱洪府又云兵馬使伊
慎下安黄等州貞元元年來獻俘馘攷本紀貞元十
五年十一月安黄節度使伊慎敗吳少誠於鍾山十
六年七月伊慎及吳少誠戰於申州敗之而其先克
復獻俘事遺而未載志又云其年秋改充豪壽觀察
監軍判官尋除張建封尚書為徐泗節度詔公獨監
送上職名如故者攷張建封傳建封為壽州刺史李
希烈僭天子位淮南節度使陳少游陰附之約破壽
州以趨江都建封堅壁据之賊不能東遷團練使帝

還自梁少游憂死進御史大夫濠壽廬觀察使緒隍
治兵希烈使驍帥悍卒來戰建封皆沮衂之賊平進
封階又任一子正員官貞元四年拜御史大夫徐泗
濠節度使則珍為豪壽觀察監軍判官即為張建封
之屬官也前但云濠壽而無廬後但云徐泗而無濠
濠字又作豪皆與史異攷唐書地理志云濠州濠字
初作豪元和三年改從濠此志刻於元和十三年而
猶作豪者蓋西門君於元和元年後既營生壙即屬
王元佐撰刻此志及卒後但續刻卒葬之事而未及
追改豪為濠也廣韻豪下云州名古鍾離國隋改為
州又大[歷]九年顔魯公干禄字書及韓昌黎集徐泗

濠三州節度掌書記廳石記皆作豪州而通典謂隋改豩州曰濠州因濠水為名唐初因之元和郡縣志亦云武德五年杜伏威附改濠州濠字中間誤去水元和三年又加水吳曾能改齋漫錄据杜氏之言駁洪慶善攷正韓集作濠之誤皆非是惟志又云遷荆南監軍未知其詳志又云八年充劍南西川節度使本紀貞元五年九月丙午劍南西川節度使韋皐敗吐蕃於臺登北谷克嶲州又攷劍南節度於至德二載分西川東川是時西川而志作三川恐三乃西之誤岐山為鳳翔府屬縣縣有岐山乃京畿近地珍所歷之官以百官志攷之内侍省有六局一曰内府局

有令二人丞二人掌中寶藏貨賄給納之數及供燈
燭湯沐張設凡朝會五品以上及有功將士蕃酋辭
還皆賜於庭一曰內僕局亦有令丞各二人掌中宮
車乘皇后出則令居左丞居右夾引又內侍省有高
品一千六百九十六人品官白身二千九百二十一
人又宮闈局亦內侍省六局之一有令丞各二人掌
侍宮闈出入管籥又內給事十人掌承旨勞問分判
省事凡元日冬至百官賀皇后則出入宣傳等然則
珍係內侍省之宦官其父之官為內給事亦係內侍
之流矣少陽院會仙院皆不見於百官志而云順宗
嗣位爰選耆德以輔儲皇轉為少陽五品則知其為

東宫之官也十王宅者據長安志云改元先天之後
皇子幼則居内東封後以年漸成長乃於安國寺東
附苑城同為大宅分院之名為十王宅令中官押之
於夾城中起居每日家令進膳十王謂慶忠棣鄂榮
光儀潁永濟也志言内常侍正五品下内給事從五
品下而太子有内方局令二人亦從五品下此云少
陽院五品者葢東宫官之大者也惟其初官云擢居
宣徽考宋時有宣徽南院使北院使掌總領内諸司
及三班内侍之籍而於唐志未見豈史之漏乎節度
使有判官一人而所謂監軍宣慰使者屢見本紀及
列傳亦不載於百官志葢皆行事時差遣權置之名

無定職也据志珍乃於生前建塋域猶後人所云生壙也而文銘詞後續題其遷監威遠軍使及卒葬年月則此志實作於建域之時并即於其時先爲勒石者故其首行官銜有磨改迹蓋以充威遠軍監軍六字添入文後有子四人四係三字磨改而其名季華季煜四字亦有磨改跡蓋少子亦係刻文後所生故以其名補入耳惟此文題鄉貢進士王元佐上並非珍之同姓而稱從姪爲他刻所未見不可解也威遠軍亦不見於藩鎮表俟再攷之此墓志前輩皆未見恐係近來出土亦關中之物文云龍首原西距阿城東建營域攷長安志秦阿房宫一名阿城在長安縣

西二十里後又云遷塋於長安縣承平鄉先修之塋長安志無承平鄉其所稱修德里蓋即修德坊也長安志言在朱雀街之第三街即皇城西之第一街第一坊也古泉山館金石文編

按唐中官西門珍誌石嘉慶二十五年出土為咸寧帖賈裴修甫所得考誌序建塋紀石皆在生時而記卒葬於銘後元佐銘詞不書撰而書上皆創見也西門受氏始於春秋元和姓纂鄭大夫居西門因氏焉列子有西門子魏文侯時西門豹為鄴令漢王莽時有道士西門思洞仙傳有西門惠按漢書王莽傳道士西門君惠無名思者惟唐宦官

有西門思恭珍蠡其族也唐雲陽縣為今涇陽淳
化地括地志雲陽城在雍州雲陽縣西八十里元
和郡縣志故城在雲陽縣西北八十里長安志本
漢縣昭帝置屬左馮翊古有雲陽宮因以為名唐
武德元年析雲陽縣置石門縣貞觀元年改石門
縣為雲陽縣改雲陽縣為池陽縣屬雍州省雲陽
以其地入池陽而改曰雲陽天授二年以雲陽置
鼎州領雲陽三原涇陽醴泉四縣大足元年州廢
縣隸京兆府西南至府一百二十里以今地考之
當在涇陽淳化境也充十王宅使者唐制自先天
以來皇子幼居內長居十王宅以中官押之珍釋

禍於至德之初終於元和之末事肅宗代宗德宗順宗憲宗凡五主而云歷事六朝者以生於天寶五年當元宗之世計珍始入禁近纔十數齡耳朱泚李懷光李楚林之叛伊慎之下安黃張建封之鎮徐泗並與正史合惟楚林唐書作楚琳小異陸宣公集亦作楚琳阿城即阿房宮故址長安志漢書云阿城秦阿房宮也以其牆壁崇廣俗呼為阿城唐張賁然撰忠武將軍茹義忠神道碑葬於長安縣永平鄉阿房殿之墟此誌以阿城屬承平鄉承永字近則承平鄉之阿城即永平鄉之阿房殿也今長安縣西二十里王寺廠有村名東阿房宮西阿房宮

蓋即其地脩德里亦見長安志皇城西第一街街西從北第一脩德坊本貞安坊武后改

太子洗馬崔載墓誌

石縱横一尺三寸二十一行行二十四字至二十八字不等正書在順天府

唐故太子洗馬博陵崔府君墓誌銘并序

承務郎試蜀王府參軍成表微撰

王有遊藝據德斧藻言行不形喜慍不談是非者則聞之于　府君焉　府君諱載字載其先齊太公之後食采于崔而因氏焉洪源茂根世有名士至于貂蟬映時金紫奕代竹帛繁盛不復書矣王父謙　皇易州脩政府折衝列考季試恒王府司馬府君則　司馬之第

二子也伯仲五人皆美鬚髯麗容貌各身長六尺二寸
俱懷文武之用儲爲豪盛之家長曰徵隴州汧陽縣尉
令弟鉷長武城使兼御史大夫令弟晟文林郎太子通
事舍人令弟成大理寺主簿　府君植性廉潔執心沖
和邃若陷道見義必止豈謂德優齡促奄隨尺波享年
五十有九以元和十四年五月廿三日遘疾終于幽州
薊縣招聖里之私弟也　夫人彭城劉氏晃晃威容悄
悄閫壼齋潔奉事敬逾古　昔有子五人男二人女三人
長曰公事試左武衛兵曹參軍侍疾有黃香之譽居喪
繼柴也之哀次曰公淑善諷詩禮名義戎郎昆弟等皆
善居喪絕漿茹荼泣血哀慟隣里哀之也女子等皆以

孩提生知璘蘂可哀也哉粤以其年十一月十六日窆
于幽州幽都縣保大鄉杜村北一里之原祔于　先塋
禮也表嶽寄接　府君之餘論沐　府君之清
風學淺詞荒敘事有闕緘之心府有媿幽黙銘曰
保大之鄉　桒乾之湄　泉扃長夜　潜翳英姿　逝
于中齡　孰不懐其　崔氏之先　世有英賢　既盛
簪筆　亦耀貂蟬　太公之封　千古昭然　孀妻茹
荼　令子泣血　隣無相舂　親有嗚噎　志諸貞石
用旌賢哲
按唐太子洗馬崔載終於幽州薊縣招聖里窆於
幽都縣保大鄉杜村　唐書地理志河北道幽州領

縣九蓟州所治幽都管郭下西界與蓟分理

韋端玄堂誌

石縱横各一尺六寸二十七行行二十五字正書在陝西咸寧縣

唐故朝散大夫秘書省著作郎致仕京兆韋公玄堂誌
第四子前山南西道節度判官將仕郎試大理司直
兼殿中侍御史紓謹撰并書
唐元和十四年三月廿三日　公棄背于長安新昌
里私第享壽八十有三嗣子縝洎系練紓絢哀號于天
毀未敢死乃遵先王卜兆之義以明年五月一日奉遷
靈座祔于萬年縣洪固鄉畢原　先太夫人太
原王氏之塋焉鎮寺咸以　公潛耀道德不求顯著他

人論譔未能盡美盍自志之　公諱端字正禮　五代
祖孝寬後周大司空鄖襄公　高祖津隋民部尚書
曾祖琬皇成州刺史贈禮部尚書　祖季弼太僕寺主
簿　烈考廉尚書庫部郎中自　鄖襄公以盛業洪伐
延耀後嗣以至于　郎中茂纘其德口官壽不至士大
夫到于今嗟稱之　公即　郎中第二子也體苞元精
天付全德孝友忠信莫匪生知以古之賢達有保身遺
名不降其志不辱其身之道莫不洞與心契歸於一揆
故常以恬曠自適怡攝為宗是以家人忘貧位不稱德
官歷率更寺主簿下邽縣主簿下邽陽翟二縣丞國子
監主簿凡五仕三為色養二為孤幼皆非　公之志也

自是之後蕭然杜門淮夷削平之明年
皇帝在宥天下方宏　孝理詔百辟父母存有顯擢歿
有褒贈時縝為工部郎中由是拜　公朝散大夫秘書
省著作郎致仕　先太夫人追贈臨汾縣太君時謂
公之義方縝之纘揚斯為至矣　太夫人曾祖諱
子真　皇襄州錄事參軍祖怡河南尹東都留守考毗
昭應縣尉　太夫人生令族德門稟柔明淵懿循睦
婦道栽成母訓輔佐　君子踰廿年所以敬養　先姑
無違尤慈幼惠下無怨悔縝等不孝祿養未及　禍罰
已鍾而外族淪替靡所依倚是以霜露怵惕有加罔極
之痛焉以貞元六年奉安宅兆至是羨祔嗚呼蒼天縝

工部郎中系陽翟縣尉練鄉貢進士紓兼殿中侍御史絢前　太廟齋郎紓頑闇不類哀敬不文泣血書石以寘泉隧

右唐韋端玄堂志首尾共二十七行每行二十五字首二行攙而不勻正書字徑五分許文爲端之子紓撰書其敘五代祖孝寬後周大司空鄖襄公高祖津隋民部尚書曾祖琬皇成州刺史贈禮部尚書祖季弼太僕寺主簿考廉尚書庫部郎中端爲廉之第二子以新唐書宰相世系表攷之韋氏鄖公房叔裕字孝寬隋尚書令鄖襄公生六子陵州刺史壽光縣男津爲叔裕第五子津第二子成州刺史琬琬第六子

季弼季弼子雁考功員外郎端為雁之第二子端生二子鎮紓表載津廉官階皆與志不合自當以志為正表又誤廉之名為雁而以尚書庫部郎中為考功員外郎并闕端之官又端有五子止載鎮紓而遺系練絢且據志言鎮工部郎中系陽翟縣尉練鄉貢進士紓兼殿中侍御史絢前太廟齋郎而表皆無之孝寛周書及北史皆有傳傳言韋叔裕字孝寛京兆杜陵人少以字行以戰功歷官尚書右僕射拜大司空天和五年進爵鄖國公周宣帝崩隋文帝輔政發關中兵以孝寛為元帥東伐關東悉平凱還京師薨年七十二贈十二州諸軍事雍州牧謚曰襄有六子總

書齊律知名据傳所言則孝寬之為尚書令鄖襄公皆當在後周時與志所言合表屬之隋失其實矣此志不稱墓而稱玄堂為自来墓志所未見宣化閣帖唐高宗敕亦有使至知玄堂已成之語想當時稱墓為玄堂猶滕公[illegible]石之言佳城也或因其子所作不忍言墓故改稱為玄堂耳志後言以貞元六年孝安宅兆至是蓋祔貞元六年在元和十五年前三十年乃謂葬其母王氏之年也志云淮夷削平之明年皇帝在宥天下方宏孝理詔百辟父母存有顯擢殁有褒贈時縝為工部郎中由是拜公朝散大夫秘書省著作郎致仕以史攷之當是元和十二年十一月吳

元濟伏誅之後也唐時恩例以子官而父存者雖已
去官尚得遷轉超擢仍聽其致仕似較後代僅得以
子之官封贈者為更優志文簡質無華書法亦秀雅
前人未見著録當亦近年出土者長安志載洪固鄉
在萬年縣南一十五里管鄉四十八古泉山館金石文編

按韋端玄堂誌第四子紓撰書端五仕不出丞簿
而題稱朝散大夫秘書省著作郎致仕者元和十
三年淮西既平有詔推恩百官父母故端得拜顯
揚之典端先世著於唐書宰相世系表鄖公房與
誌畧同元和姓纂鄖國公裕字孝寬周大司徒尚
書令生津隋隴州刺史黄門侍郎吏部尚書唐諫

議大夫太僕少卿壽光男津生琬職方員外成州刺史琬生季弼季弼生廉考功員外廉生端端生縝紓與誌互異据誌元和十四年己亥端壽八十有三則生於開元二十五年丁丑卒之明年葬萬年縣洪固鄉畢原夫人王氏之塋以子縝所撰夫人王氏墓志合之大曆十三年戊午夫人年三十九則生於開元二十七年己卯十七于歸當天寶十四載乙未凡二十四年而歿故曰輔佐君子踰廿年也越十二年為貞元六年庚午葬祔於姑又越三十年而端與夫人同穴蓋端長於夫人二年後夫人四十二年而卒夫人志稱曾祖眞行有唐

汝州葉縣令父毗京兆府奉天縣丞此志則稱夫人曾祖諱子真皇襄州錄事參軍考毗昭應縣尉惟祖怡官爵二誌皆同又夫人誌子五人曰縝曰潔曰系曰綰曰緝端誌子縝系練紓絢亦五人縝系見前誌餘名不同意端嘗有子八人追元和庚子誌墓之時僅存其五或潔爲前卒而綰緝更名皆未審也此可補唐書宰相世系之闕林寶姓纂撰於元和七年則在此誌之前矣唐時子撰父碑者始於令狐德棻之撰令狐熙碑子書父碑者始於于立政之書于志寧碑其以墓誌爲玄堂誌則此爲創見玄堂墓宅也閣帖唐高宗書云使至知

玄堂已成既得早了深以為慰陵初料高一百一十尺今闓高一百三十尺不知此事虛實是以陵寢為玄堂蓋唐時玄堂之稱貴賤同之

南海廣利王廟碑

碑高七尺五寸廣三尺六寸二十四行行五十字正書額高一尺四寸廣二尺五寸題南海神廣利王廟碑八字篆書在廣東廣州府南海廟

南海神廣利王廟碑

使持節袁州諸軍事守袁州刺史韓愈撰

使持節循州諸軍事守循州刺史陳諫書并篆額

海於天地間為物最鉅自三代聖王莫不祀事考於傳記而南海神次最貴在北東西三神河伯之上號為祝

融天寶中
天子以為古爵莫貴於公侯故海岳之祀犧幣之數放
而依之所以致崇極於大神今王亦爵也而禮海嶽尚
循公侯之事虛王儀而不用非致崇極之意也由是冊
尊南海神為廣利王祝號祭式與次俱昇因其故廟易
而新之在今廣州治之東南海道八十里扶胥之口黃
木之灣常以立夏氣至命廣州刺史行事祠下事訖驛
聞而刺史常節度五嶺諸軍仍觀察其郡邑於
南方事無所不統地大以遠故常選用重人既貴而富
且不習海事又當祀時海常多大風將往皆憂戚既進
觀顧怖悸故常以疾為解而委事於其副其來已久故

明宮齋廬上雨旁風無所蓋鄣牲酒瘠酸取具臨時水陸之品狠籍籩豆薦祼興俯不中儀式吏滋不供神不顧享盲風怪雨發作無節人蒙其害元和十二年始詔用前尚書右丞國子祭酒　魯國孔公為廣州刺史兼御史大夫以殿南服公正直方嚴中心樂易祗慎所職治人以明事神以誠內外畢盡不為表襮至州之明年將夏祝冊自京師至吏以時告公齋祓視冊指署有司曰冊有

上所自署其文曰

皇帝名乃

嗣天子某謹遣官某敬祭其恭且嚴如是敢有不承明日吾將宿廟下以供晨事明日吏以風雨白不聽於是

州府文武吏士凡百數交謁更諫皆揖而退公遂陞府
風雨少弛櫂夫奏功雲陰解駮日光穿漏波伏不興省
牲之夕載陽載陰將事之夜天地開除月星明概五鼓
既作牽牛正中　公乃盛服執笏以入即事文武賓屬
俯首聽位各執其職牲肥酒香罇爵靜絜降登有數神
具醉飽海之百靈祕恠慌惚畢出蜿蜿虵虵來享飲食
闔廟旋艫祥飆送驅旗纛旄麾飛揚晻藹鐃鼓嘲轟高
管噭譟武夫奮棹工師唱和穹龜長魚踴躍後先乾端
坤倪軒豁呈露祝之之歲風災熄滅人厭魚蟹五穀胥
熟明年祀歸又廣廟宮而大之治其廷壇改作東西兩
序齋庖之房百用具脩明年其時公又固往不懈益虔

歲仍大和耋艾謌詠始公之至盡除他名之稅罷衣食於官之可去者四方之使不以資交以身為䟦燕享有時賞與以節公藏私蓄上下與足於是免屬州負逋之緡錢廿有四萬米三萬二千斛賦金之州耗金一歲八百困不能償皆以丏之加西南守長之俸誅其尤無良不聽令者由是皆自重慎法人士之落南不能歸者與流徙之冑百廿八族用其才良而廪其無告者其女子可嫁與之錢財令無失時刑德並流方地數千里不識盜賊山行海宿不擇處所事神治人其可謂備至耳矣咸願刻廟石以著厥美而繫以詩乃作詩曰

南海陰墟祝融之宅即祀于旁 帝命南伯

吏惰不躬正自今公明用享錫右　我家邦惟
明天子惟慎厥使我公在官神人致喜海嶺之陬既足
既濡胡不均弘俾執事樞公行勿遲公無還歸匪我私
公神人具依
元和十五年十月一日建　□字人李附齋

按南海神廟碑王氏萃編就殘缺裒本錄入以集
本足之不詳碑式行字道光六年廣東巡撫伊爾
根覺羅公成格親祀祠下得拓全碑并碑陰及兩
側題記以贈因補錄如右碑中天子皇帝明天子
皆平出與六典合上所自署之上帝命南作之帝
皆空五字事訖驛聞之聞及詔用我邦家皆空三

字魯國孔公空一字今王亦爵王字接寫萃編謂集本明宮齋廬之宮碑作言其恭且嚴之其碑作某今碑正作宮作其與集本無異王氏裝本不清誤讀耳趙氏金石錄南海神廟以集本校之皆同惟集本蜿蜿蜒蜒碑為蜿蜿虵虵以碑為正又新唐書孔戣兒屬州逋負十八萬緡米八萬斛而碑云緡錢廿有四萬米三萬二千斛與傳不合要亦以碑為正也餘詳萃編

韓退之書白鸚鵡賦

石高二尺二寸廣三丈許四十八行行四五六字不等草書後翁方綱釋文正書在廣東潮州府韓文公廟

白鸚鵡賦

若夫名依西域族今南海同朱喙之清音變綠衣於素采唯茲鳥之可貴諒其嫩之斯在爾其入玩於人見珍奇質狎蘭房之妖女去桂林之雲日易喬枝以羅袖代危巢以瓊室慕侶方遠依人永畢託言語而雖通顧形影而非匹經過珠細出入金鋪單鳴無應隻影長孤偶白鷳於池側對皓鶴於庭隅愁混色而難辨願知名而自呼明心有識懷思無極芳樹絕想雕梁撫翼時嗛花而不言每投人而方息慧性孤稟雅容非飾含火德之明輝被金方之正色至如海燕呈瑞有玉筐之可依山雞學舞向寶鏡而知歸皆羽毛之偉麗奉日月之光輝

豈憐茲鳥地遠形微色淩紈質彩奪繒衣深籠久閉喬木長違儻見惜其羽翼與遷鶯而共飛 退之

按王維白鸚鵡賦見唐文粹文苑英華此草書字徑四五寸末行有退之二字相傳謂韓昌黎刺潮州時所書雍正十二年渝州龍爲霖知潮州事摹勒於韓祠東壁乾隆三十六年大興翁方綱附刻釋文茲從釋文錄入以文粹英華本校之其不同者如族今南海文粹英華並作族本南海唯茲鳥之可貴英華作茲禽易喬枝以雜袖代危巢以瓊室兩以字英華俱作於顧形影而非匹文粹而作之願知名而自呼英華願作每懷恩無極英華作

何極有玉篚之可依文粹作玉篚英華作玉筒寶
鏡英華作瑶鏡羽毛英華作毛羽與遷鶯而共飛
英華作於飛皆以是刻為正

司馬宗夫人孫氏墓誌

石縱橫各一尺三寸十九行行十九字正書在陝西長安縣

唐朝議郎行鳳州司倉參軍上柱國司馬君夫人新安
孫氏墓誌銘并序

前翼王府參軍賈中立撰

夫人字堅靜建業人也　曾王父瑜睦司馬即吴之洪
遺矣祖從朗録事父愿皇尉望江咸襲繁祉吾裕後昆
夫人婉娩令淑挺然生知及笄年適于司馬司倉宗

窈窕閑雅謙和優柔行合規矩言堪典模恭理柔穆調暢琴瑟義光中饋孝顯家風絅衣無華舉案有則訓女四德示男六經親族娣姒肅然心伏凡在閨閫莫不書紳性止恬淡情忘嗜慾洞了生滅俄而謝世元和十五年五月十六日微疾因瘵終于長安頒政里第也享年五十三以其年十一月廿二日將遷於國西河城南原礼也嗚呼生事畢矣二女早逝有子長裕泣血哀號抑情就礼痛雍穆之風泯然斯絶刊石紀德庶幾不朽巾立舊館之賓睹其家道不揆為銘未充名實銘曰

婉娩積善　不享遐齡　貞操符礼　柔和合經
尺波一謝　寸晷罔停　愛其芳烈　刻石存銘

右墓志文共十九行行十九字正書極秀媚字徑五六分攷長安志頒政坊在皇城之西即墓志所云頒政甲第也又史記正義引括地志及元和郡縣志云阿城在長安縣西北十四里長安志云秦阿房宮一曰阿城在縣西二十里據此云將遷于國西阿城南原則長安志是也古泉山館金石文編

按司馬宗夫人孫氏墓誌銘實中立撰宗與中立史皆未著孫氏託始東吳先世亦無可攷元和郡縣志睦州江南道浙西觀察使管望江縣淮南道揚州之屬夫人終於長安頒政里長安志圖唐京城朱雀街西第三街即皇城西第一街當安福門

小為頒政坊遷於國西阿城南原阿城乃秦阿房遺址漢書東方朔傳今長安縣西北王寺村有名東阿房宮西阿房宮者即此阿城之地宋游師雄謂慕容沖因殿基築城民間目為阿城豈未讀漢書耶考詳元祐八年游師雄阿房宮賦後序石刻

七星巖李紳題名

摩崖高二尺廣尺四寸五行李紳二字為一行其四行行七八字不等正書左行在廣東高要縣

李紳

長慶四年二月自戶部侍郎貶官至此寶曆元年二月

十四日將家累遊

郭功父石室遊篇云攷二李之勁筆謂北海石室記

及此刻也唐書本傳敬宗立李逢吉眾間言紳不利於陛下請逐之帝初即位不能辨乃貶紳爲端州司馬攷敬宗以長慶四年正月即位二月辛巳始聽政紳貶官正在此時其明年改元寶曆矣潛研堂金石跋尾

王化清石室記

摩崖高三尺五寸廣四尺記十三行行十七字至二十二字不等正書左行在廣東高要縣七星巖

遊石室新記

高要郡北十五里有石室詭佐萬狀崆峒其中發揮靈跡盤薄厚地皆神仙之窟宅爲區奧之勝槩或有巨石皆似蹲獸反顧疊花仰空的皪瓊脂色如截肪矣旁引危竅竅爲洞門橫聳石床方次仙座西廂峭壁之下有

瀑泉泓澄鏡色味輕瑶漿東西倚山之陽二十餘里西
通于上武林東拒于零羊峽時開元十五年正月二十
五日右遷陳州刺史北海李邕述石室記列于蒼壁爾
乎寶歷元年秋九月二十日攝經略巡官試大理評事
權知軍州務賜緋魚袋博陵崔公領賓屬及將吏遊于
兹室探討奇跡異乎幽賾盡日躋攀不盡高意化清時
官守司馬得倍盛遊輙叙鄙詞紀于前事
攝經略巡官朝議郎試大理評事知軍州事賜緋魚
袋崔獻直　文林郎守司馬王化清　守録事參軍
楊全質　守司倉參軍陳係　守司户參軍李參
守高要縣令張仲修　守主簿陳行敏　攝尉李□

押衙知衙事褚曾　□衙温靖

按遊石室新記王化清撰曰新記者因前有李北海端州石室記故題新記以别之不著書者姓名或即化清自書也廣東通志金石略云與李紳題名筆蹟相類疑即紳書又云寶曆元年四月量移紳江州長史豈端州僻在嶺海紳遊石室書記時赦文尚未至耶予攷唐書李紳本傳長慶四年正月敬宗即位因李逢吉閒言貶紳端州司馬踰年改元寶曆夏四月上尊號赦左降官與量移紳為江州長史本傳作刺史誤今據通鑑遊石室新記作於九月時紳已去端州化清之守司馬即代紳也記後書名

自經略巡官下至押衙等凡十一人

（右列小注：番禺曾溫靖通志失載）

紳果九月復遊石室且為書記無不署名之理其非紳書無疑得陪盛遊陪作倍借字唐端州高要郡屬嶺南道理高要縣元和郡縣志本秦南海郡地漢武置蒼梧郡則為蒼梧郡之高要縣梁大同中于此立高要郡隋開皇十一年置端州大業三年罷為信安郡唐武德五年重置端州州當西江入廣州之要口西江即鬱水也太平寰宇記天寶元年改高要郡乾元元年復為端州餘與元和志略同惟以高要郡為陳時始置則誤此記石刻首稱高要郡郡字甚顯新志訛作高要縣亦失校也

李渤南溪詩刻

裴本高廣行字不計八分書字徑一寸八分在廣西桂林府南溪元巖

南溪詩序　成紀縣子李渤

桂水過灕山右匯陽江又里餘得南溪口溪左屏列崖巘鬬麗爭高其孕翠曳煙邐迤如畫右連幽墅園田雞犬疑非人間泝流數百步至元巖巖下有污壤沮洳因導爲新泉山有二洞九室西南曰白龍洞橫透巽維蜺骨如玉西北曰元巖洞曲通坎嶠晴眺灕水元巖之上曰丹室白龍之右曰夕室巽維北梯嶮至仙窟仙窟北又有石室參差呀豁延景宿雲其洞空竝乳溜凝化詭勢奇狀仰而察之如傘如蓋如欒櫨支撐如蓮蔓藻井

左睨右瞰似簾似幃似松偃竹裊似海蕩雲驚其玉池元井嵐窗颸戶迴還交錯迷不可　從夕室梁溪鄉郭四里而近去松衢二百步而遇余獲之自賀若獲荆璆與虵珠焉亦疑夫大舜遊此而忘歸矣遂命發濬敞深隥危宅勝既興之以亭榭又韻之以松竹似謚方丈如昇瑶臺麗如也暢如也以溪在郡南因目爲南溪兼賦詩十韻以志之寶曆二年三月七日叙全唐詩作寶曆三年

元巖麗南溪新泉發幽色巖泉孕靈秀雲煙紛崖壁斜峯信天插奇洞固神劈窈窕去未窮還迴勢難極玉池似無水元井昏不測仙戶掩復開乳膏凝復滴丹爐有遺址石逕無留跡南眺蒼梧雲北望洞庭客蕭條風煙

外爽朗形神寂若值浮邱翁從此謝塵役

李渤字濬之嘗為桂州刺史充桂管都防禦觀察使新舊唐書皆有傳

李渉元巖銘

裝本高廣行字不計八分書字徑寸八分在廣西桂林府南溪元巖

南溪元巖銘并序　青溪子李渉

桂為郡也巖其先之有井室人民百千祀矣居是邦者匪哲則豪何四三里之内而巖不載於前籍為巖將廁於古而合仰於今哉為人未知其巖巖俟人以時哉青溪子昧而未詳也予之仲曰渤受天雅性生不雜玩少習讀高士傳列仙經遊衡霍幽遐之境巢嵩廬水石之

與凡俗所覩必皆礱磨大璞翦鬄遺病意適而制井主
於名寶𡵾矧自給事中出藩於桂一之年始鄉野之病
二之載搜郢郭之遺得隱山元巖冥契素尚余因謫去
又海途由桂林巖之勝再遂其賞勒銘洞口表遂跡於
他年銘曰
桂之有山嶠靈僊年拔地騰霄戟列刀攢巖之有洞窈
窕鬱盤虎挂龍懸形狀萬端㼸馳杳冥仰沓巉玩玉落
礊墜幽聲晝寒巴陵地道小有洞天文籍之聞吾何有
焉酒一巵兮琴一曲嵁巖之下可以窮年

唐詩紀事李涉勃之兄織人也早從陳許辟憲宗
時為太子通事舍人投匭言吐突承璀冤狀孔戣

表其奸逐為峽州司倉參軍大和中為太學博士
復流康州自號青溪子廣西金石畧云渉有奉和
九弟渤見寄絶句知渤行次第九序云予之仲曰
渤仲為弟之通稱不定屈次劉玉麐謂渤為仲弟
新書不得稱渉為仲兄非也又敬宗紀寶曆元年
正月七日改元大赦壬申以給事中李渤為桂州
刺史舊史稱渤寶曆中轉給事中誠誤至渉來桂
林當在大和間謫康州時渉有譴謫康州先寄弟
渤言其將至桂也此序亦云謫去炎海途由桂林
康州今肇慶府故曰炎海且必取道桂林玉麐謂
是謫武陵時事亦非其以夷陵為武陵又踵唐詩

遺響之誤

坐忘論

大和三年七月道士張玄明書

兵曹鄭準墓誌銘

石高一尺三寸五分廣一尺三寸二十行行二十字正書

故右内率府兵曹鄭君墓誌銘 并序

潁川陳齊之撰

昔鄭桓公為王卿士始受鄭於周因封命氏漢魏以降其族滋大有唐以來口華口軌君其裔也曾王父瑨河南少尹王父溥尚書右部郎中歷青邢相衛兗幽懷七州刺史入為左庶子皇考華膳部郎中吉州刺史仕濟

其美時與其能君即吉州之少子也隱不違止顯而成
晦於所與以義於所入以口以遨遊江湖而無所為累
也君諱準字口道其先滎陽人有隱也之負無口口之
貴人之於此皆不堪其憂君之於此未嘗滑其口口口
口為知命也大和四年正月二日遘疾終于蘇州華亭
縣白砂鄉徐浦場之官舍享年六十有三有子五人嗣
曰宗儒次曰宗魏次曰宗慶次曰宗遜皆銜恤茹哀克
奉先訓又一子奉釋氏教端莊清淨脩無生忍名曰迴
直嗟乎伯仲叔季於執喪之禮皆得順變即以其年秋
八月廿五日權葬于義興縣洞庭鄉震澤里下朱村原
從宜也有女三人皆在沖幼五子以余有往年之舊請

余於文銘曰其生也天其死也天死生皆天兮何適非
然嗚呼苟不達於此哀何勝焉

是誌陶氏載入古刻叢鈔其石見存鄭準滎陽人為
蘇州兵曹參軍卒於華亭官舍權葬於義興縣之震
澤里唐義興今宜興縣也誌末請余於文於當作為
或作請文於余亦可唐書宰相世系表鄭璿官河南
少尹溥官左庶子華官太常博士華官雖與誌異其
為準之三代無疑然表載溥華父子在璿右一行不
系於本行之下以誌證之知其誤矣古誌石華

按準曾王父璿王父溥父華並見宰相世系表璿
河南少尹溥左庶子與此誌合惟華官為太常博

士溥弟平乃吉州長史以誌證之疑表互錯尚書
右部郎中百官志尚書省尚書令一人左右丞各
一人吏部戶部禮部左丞總焉兵部刑部工部右
丞總焉郎中各一人從五品掌右丞所總之部故
曰右部郎中自華以下世系無考別有準官楊子
丞者房不同難以牽合又唐末詩人鄭準字不欺
乾寧進士荆南節度成汭推官爲汭所害有渚宮
集一卷則唐固有二鄭準矣右內率府兵曹東宮
官屬六典太子左右內率府其屬兵曹參軍事正
九品下掌文武官及千牛備身之簿書及其勛階
考課假使祿俸之事準爲右內率府兵曹而疾終

於華亭徐浦場官舍唐制關津令尉亦有他官奉勑監者準嘗為徐浦場津令耶或遊於華亭而終於監津之舍耶地理志蘇州吳郡華亭縣常州晉陵郡義興縣並江南道因近權葬幸以片石流傳至今猶知鄭準誌銘為潁川陳齊之撰書者不著筆法蒼秀似為趙孟頫先導矣拓本得之蘇州未知石藏何處明陶宗儀古刻叢鈔已載之今拓本華充真三字缺據叢鈔增入

銘內死生皆天兮原本作真黃氏據古刻叢鈔作天譜審拓本似是壽字姑錄作天而識之古刻叢鈔也無善本兩家所見各異也至古誌石

華所載有憲也之貧憲作回爲知命也知作之其年秋脫一秋字何適非然適作爾皆誤陸增祥志

譽空和上塔銘

高一尺四寸廣二尺一寸三十一行行二十一字正書在陜西咸甯縣杜城關帝廟

唐故内供奉翻經義解論律論法師譽空和上塔銘并序

正議大夫守秘書監上柱國瑯瑘縣開國公食邑一千五百戸賜紫金魚袋王申伯撰

天地之德至大非風雷日月之用不能贊其化育而發生乎萬物釋氏之教至精非聰達惠覺之士不能揚其妙道而化度乎群疑天生法師克契斯義用安一世以

每化後云法師諱曇空姓任氏弱而神清幼而不群年八歲心已繫佛誠請既行緣愛自去遂授經于惠雲率學覽鑄耳所一聞亦既懸解目所一覽又若夙習䟦陳精奧師皆歎異知□其法非天縱之孰能如斯法師常謂弟子曰我靜觀衆生或聵或聾嗷嗷嗤嗤溺於狂妄若智者不能扶仁者不之慈雖獨揭厲于清源則大聖之教又將安施於是張善惡報應驅僻邪於中正導眞如之理解拘縛之勞發高抗音化所不化倚

代宗則聲仁王之文言發而歸于大中理貫而合於至正故君闡而仁臣闡而忠推而廣之夙化斯變

詔法師与天竺三藏譯六波羅蜜経功畢　上獻

天子感歎錫賴有加雖異方之奉斯學者知有所本矣
由是大教揚溢于海內惠風漸漬于人心　朝廷再
衣刑措于下其或有助乎嗚呼時將不幸人其無依以
貞元十年正月十五日告行于興唐寺報年六十一弟
子忠兒等与俗侣白衣會葬服縗者千人囗以其年三
月四日弟子智誠等共起　塔于畢原高陽既相与號
慕不逮曰諮鄙人刊銘于石述其妙道用慰永懷銘曰
佛有妙法使皆清淨世界穿闇色塵皆盡其一心逐于妄
情乱于性肩為頹風蕩然莫止其二大哉　我師降厭
慈悲開示寂樂破摧昏疑其三法相既圓色空自離千萬
大衆歎泣而隨其四大教既揚威德亦光除彼煩囗化為

清涼其五功成身去自契自藏銘于塔石与天俱極□□

大和七年歲在癸丑八月十五日比丘智亮等建

從一　法源　超秀　惟則　惟安　惟永　智謙

日榮　海印　惟曉　惟旭　自謙　善惠　少游

京兆田復書

按習空和上塔銘王申伯撰田復書申伯結銜正議大夫正四品上文散官秘書監從三品職事官上柱國正二品勳官瑯琊縣開國公從二品爵唐書宰相世系表瑯琊王氏有申伯不著官爵可據此補之習空之習同辨玉篇俗辯字輿唐寺本名罔極寺唐神龍元年太平公主為則天皇后建開

元二十六年改名興唐見通鑑注及本寺碑記

司兵參軍杜行方墓誌銘

石縱横各二尺一寸五分二十四行行二十四字正書在陝西咸寧縣

唐故同州司兵參軍上柱國京兆杜府君墓誌銘并序

姨弟尚書吏部侍郎鄭瀚撰

嗚呼士君子表於代而列於薦紳靡問言由己之仁義是以而又繼性於和體道於仁道坦衢泳天爵獨稟貞厚與令名相終始雖位壽或外人且許之為達矣

公諱行方字友直京兆杜陵人也　曾祖諱元志杭州刺史　王父諱黎讃陝州司倉贈禮部郎中　烈考諱倫文術政事為時龜玉與時選部第

書判 明廷策賢良皆登甲科價懸公論歷扈閤郎
名而後出分符竹 公即澧州府君之長子病祔
進國庠以經明擢第釋褐任右司禦率府胄曹參軍以
之從調換同州澄城縣丞三改扶至左馮翊司兵掾以
大和七年秋七月十二日啓手足于上都昇平里之私
第享齡六十問於龜策得十一月甲寅吉乃卜窆于萬
年縣龍首鄉龍首原 夫人滎陽鄭氏祔
夫人試秘書省校書郎稱之第二女操順淑朗先
公十年而殁有子五人碩顒頎其幼小字曰老老
女子子二人皆榮立致毀弔賓為之反抉 公平
生於夵義敢明四方名人洎中外族昆弟其或依食靈

臺求選京師懽然授館改星霜無倦色開探百家之言
賦詩什頗遒麗奄□□□人以命不可說相唁瀄知
公之事烈辞熱雪涕識□□而□之其銘曰
□□夫□□貽令圖險隮難詰兮或隆或汙精金不試
兮退玉不沽清風可挹兮白日幽徂野哭七兮龍輴無
永哭潛森兮國城東隅
堂弟前同州夏陽縣尉述甫書

宰相世系表襄陽杜氏有元志者功郎中杭州刺史
其子参謨陝州司倉參軍即行方之曾祖及祖也表
載参謨三子寅瀹嶠瀹水部郎中澧州刺史即行方
之父誤倫爲瀹行方及其五子之名皆表所未及撰

文之鄭澣乃德宗時宰相餘慶之子大和七年十一月癸丑朔葵日以甲寅月之二日也[illegible]

右志二十四行行二十四字正書字徑七八分墓志敘杜公諱行力字友直京兆杜陵人曾祖諱元志杭州刺史王父諱黍謨陝州司倉贈禮部郎中烈考諱倫選部第書判明經策賢良皆登甲科懸覽閣郎署而後出分符竹公即澧州府君之長子弱冠遊國庠以經明擢第釋褐任右司禦率府胄曹參軍從調換同州澄城縣丞三改𠉀至左馮翊司兵掾李有[illegible]人碩顯頵頎老老孜唐書宰相世系表元志考功郎中杭州刺史第七子參謨陝州司倉參軍與志大略

相同惟下列次于倫水部郎中澧州刺史避以此書行力澧州長子及歷憲闈郎署而後出分符竹之語則倫乃倫之誤無疑而倫以下子孫皆缺非此志得傳於世則行力與其子名及官幾湮沒矣且表載杜氏支派有京兆襄陽洹水濮陽四郡之别表以元志等系襄陽杜氏而此稱京兆杜陵人墓志本其子孫譜牒必不致誤然則表於宗支等尚有舛錯何况他耶唐制取士别科有賢良方正等目隨人主臨時所欲而定名又即謂之制舉所以待非常之才者又選官擇人法有四一曰身者體貌豐偉二曰言者言辭辨正三曰書者楷法遒美四曰判者文理優長四事

皆可取則先德行德均以才才均以勞得者為留不
得者為放五品以上不試上其名中書門下六品以
下始集而試觀其書判以中選然後奏受凡試判登
科謂之入等選未滿試文三篇謂之宏詞試判三條
謂之拔萃中者即授官具詳唐書選舉志故此文有
選部第書判明廷策賢良之語又唐制學生有六皆
隸於國子監歲舉取士之科有秀才明經等目而明
經之別有五經三經二經一經及三經禮三傳史科
等亦詳見選舉志即此文謂行力弱冠入國庠以經
明擢第者是也然則行力與其父兩世皆由科第授
官者矣文為鄭澣所撰攷澣為宰相鄭餘慶之子見

唐書本傳傳敘其第進士歷官右補闕起居舍人考功員外郎餘慶為僕射避除國子博士史館修撰文宗入翰林為侍講學士賜金紫服尚書左丞出為山南西道節度使以户部尚書召未拜卒贈尚書右僕射謚曰宣而獨未及此尚書吏部侍郎一官非史有誤即脫漏也而寳刻類編金石錄目載鄭澣開成二年陰符經序栁公權正書載其官河南尹有正書翰林學士院新樓記在京兆乃大和元年十二月又髙瑜神道碑在孟州乃大和八年立則澣在當時蓋有書名者又澣自稱為姨弟他碑則未曾見錢塘縣丞殷君夫人碑文内有此稱也攷晉書王廙傳廙丞相

尊從弟而元帝姨弟又北史魏收傳父子建性存重愼不雜交遊唯與尚書盧義僖姨弟涇州刺史盧道裕相親暱魏書房景遠傳劉郁稱景遠是我姨兄世說新語謝公謂王堪乃阮千里姨兄弟雖晉之王氏數世為外戚而元帝之后未詳是王氏其餘所稱姨弟姨兄及姨兄弟皆不可考志謂杜府君夫人滎陽鄭氏與滌同姓則疑是妻黨之稱然鄭夫人為試秘書省校書郎稱之女非餘慶之女也稱之名又不見於世系表且攷王廙之弟彬亦有傳新語注引王彬別傳亦云與元帝姨兄弟則知姨弟之稱非謂妻黨仍是母族之親耳杜氏通典載晉表準論云從母時

俗所謂姨母也姊妹相謂之姨子其母謂之姨母然則姨母即爾雅言母之姊妹為從母與今人之稱謂同姨母已見漢書霍光傳傳言本名涵避文宗故名改而宰相世系表涵作㴒恐表之譌也上都即京兆府萬年縣唐之京師也天寶元年稱西京至德二載稱中京上元二年復稱後京後乃改稱上都云長安志言昇平坊在皇城東第二街葢即此所云昇平里也志於操順淑朗句書刻脫去順字後乃補添於此行末操字之下古泉山館金石文編

按杜行方墓誌銘其姨弟鄭澣撰堂弟述甫書行方官同州司兵參軍同州為漢左馮翊唐治馮翊

縣敔誌稱左馮翊司兵掾也行方先世以元和姓纂證之並合姓纂元志考功郎中杭州刺史生祭謨陝州司倉生倫水部郎中澧州刺史誌云歷憲闈郎署而後出分符竹即指倫以水部郎中出刺澧州行方以下姓纂未及撰書誌銘即出中外族昆弟之手感深友睦足以想見生平

杜行方瞿氏作行力所得拓本未携至湘無由校其孰是 陸增祥志

楚兵參軍劉瑩墓誌

裴本高廣行字不計 正書在陝西長安縣

唐故楚州兵曹參軍劉府君墓誌銘 并序

進士景炎撰
公諱崟字子嵩望美彭城家寄京邑曾　祖祢德行咸
高仕位佳政屬干戈乱動告牒失遺略而不言　公青
春懷橘白面凌雲出事公卿奏成品秩解褐任洵陽縣
丞才繼陸安政敷五德次任寧國縣丞上司勤留下士
遠慕雖不親臨百姓□亦播顯多能三任楚州兵曹位
亞題輿道益熊軾館驛事集戎旅獲安　公累任清肅
上考成高□□□有殊何壽年不永大和八年七月一
日逝懷德私第享年六十有二仁兄悲切痛失鴒原哲
弟浦陽縣尉兼列職度支不復同衾郷堪異卿夫人趙
氏頃罷鼓瑟晝哭悴容德繼敬姜聲齊孟母嗣子歡郎

年未志學時歎少孤上維嬌天未能主奠女三人長適楊族次居内年季在襁褓非惟親戚悽愴實亦行路悲傷子壻楊氏願報泰山之恩逝送逝川之落宅人泣血難報罔極□立誌石圖農意焉以大和八年十一月廿六日葬于長安縣□□鄉窀穸礼也恐陵谷遷變乃刻石為銘辞曰永壽

楚楚劉君刀筆凌雲友于難繼耆政易聞兩資大邑一椽理君身殁名揚不朽蘭芬棣萼斷腸孀妻晝哭雅合更奠如何不禄墳起曠野殯毀華屋天然隆尚長埋片玉長女佳壻祖奠潸然下淚即日露恩早年安魂紀德万古稱傳

近人尺牘稱仁兄哲弟又俗謂婦翁為泰山觀此誌

則自唐人已然不獨丈人峯之說見於宋人載記矣石紐禹事也上缺三字不知何以牽合及此標題處墓誤作暮志中室又泣血當是室女之譌古誌石華

黃氏所載祖祢上一字作皇亦擠顯上一字作才有殊上三字作弟應遷年未志學未作才上維號天上維作擗踊逝送之逝作淚室人人作又玄農玄作紐誤蒸列職度次居內年頒報奏山之恩□立誌石黃氏缺蒸字內字頒字立誌二字雅合更棐棐當是縈之俗陸增祥志

鄭覃進石經狀

碑破缺存五石正書行數字數皆無考

國子監
准大和七年十二月五日　勑於國子監缺九經并孝
經論語爾雅共壹伯伍拾缺字樣肆卷　石經圖壹
軸
右伏准　勑旨創缺鐫刻已畢伏以
陛下敦修教義崇缺儞刊貞石遂使究尋不缺者秘奥
盡列于缺儒風大闡自漢魏以後淪缺修當
聖明缺廣大悉儞臣亻　缺忝司成詳觀不朽之功實賀
無疆缺本并圖一軸謹差專知官朝缺守國子毛詩博
士上柱國章師道隨缺本進謹進
缺年十月十三日銀青光祿大夫守尚書右僕射兼

門下侍郎國子祭酒同中缺事　太清宮使監修國史上柱國滎陽郡開國公食邑二千戶　臣覃狀進

按此刻於石經後書石校勘諸臣題名之左壹伯伍拾下當是捌卷二字專知官朝下當是議郎二字同中下當是書門下平章五字石經之刻始於大和七年十二月成於開成二年九月越四年而竣即以其年十月奏進年上缺字當即開成二年也

趙夫人夏侯氏墓誌

石縱橫各一尺五寸二十五行行二十六字在湖北襄陽縣鹿門書院正書

唐山南東道節度揔管充涇原防秋馬步都虞候正議

大夫撿挍太子賓客上柱國趙公　亡夫人譙郡夏侯
氏墓誌銘并□
鄉貢進士唐正辭撰
夫人之先譙郡人後移貫深州樂壽縣昔武王尅商封
夏禹之後於杞列爵為侯伯厥後因為夏侯氏漢有滕
公諱嬰佐高祖定天下子孫益熾冠冕弥盛國史家傳
粲然可觀曾祖諱載滄州長史　祖諱璀試太子詹事
滄景節度都押衙考諱尊試太常卿充冀州南宮鎮遏
兵馬使皆宏材茂器移孝為忠夫人紹餘慶於千年傳
遺芳於三代備謙柔之行禀純淑之姿舉不違仁動皆
合禮既笄年之歲歸于趙氏克叶關雎之興允諧鳴鳳

之求　趙公以文武全才述職戎府公家之事不遑厎
空　夫人内睦姻親外承賓客輔佐君子清風穆然斯
不謂之賢哲之行歟期天降鑒介以眉壽魚軒象服夫
貴妻榮爲龍爲光焜燿閨壼何啚年始知命奄歸下泉
積善無徵吁可痛也以開成五年六月廿六日遘疾終
於襄陽縣明義里之私第享年五十　趙公惣戎泾上
式過西蕃　王事靡盬爪時未至　夫人瞑目之際不
及撫床之哀宅安之辰莫展臨棺之慟人之知者孰不
爲之傷嘆焉以其年十一月癸酉朔廿四日甲申龜兆
叶吉葬于襄州鄧城縣支湖村之東崑禮也長子宗立
當軍鄣度散將次曰宗本鄉貢明經次曰宗元次曰宗

式咸稟慈訓且服教義宗立宗元侍從防遏宗本宗式躬護喪事必誠必信禮無悔焉爰以夫人德行來請銘誌篆于貞石庶千載之後徽猷不忘恭副孝思乃爲銘曰

猗歟夫人　植操無隣　孝由天性　義冠人倫
德行聿脩　徽猷日新　如何不吊　奄謝芳塵
展矣良夫　護塞從軍　窀穸有期　歸路無因
樊城之陰　漢水之濱　卜得鮮原　崛起孤墳
秋草萋萋　逝波沄沄　德存于石　磨而不磷

按趙公夫人夏侯氏墓誌銘唐正辭撰題列趙公官職而不著其名開成五年回鶻款塞防秋正聲

趙公惣戎涇上式遏西蕃卽是時也舊唐書地理志深州樂壽漢樂城縣後魏改爲樂壽隋屬河閒郡永泰中屬深州又襄州治襄陽鄧城漢鄧縣屬南陽郡古樊城也宋故安養縣天寶元年改臨漢貞元二十一年改鄧城代宗三年改元永泰貞元二十一年爲德宗末年夫人當文宗開成五年年五十則生於貞元六年時樂壽已屬深州而終於臨漢改鄧城之後碑誌與史悉合

癸酉朔則廿四是丙申甲申乃十二日廿四日甲申則朔日當值辛酉碑有誤陸增祥志

薛贇墓志

開成五年十一月薛胸撰在鳳臺

金石續編卷第十終

金石續編卷第十一 唐

武進陸耀遹纂　太倉陸增祥校訂

唐八

僧文鑒等經幢

幢高三尺六寸八面每面廣七寸五分三行行十五字正書在江蘇蘇州府洞庭包山

佛頂尊勝陁羅尼　內有舍利二七粒

罽賓沙門佛陁波利奉　詔譯

納謨薄伽跋帝一啼隸盧迦夜二藥可反下同波羅帝三毗失瑟吒曳四勃陁曳五薄伽跋帝六怛姪他七以上第一面唵八毗輸陁曳九毗輸陁夜十娑磨三曼多十一縛婆娑十二颯頗羅拏揭底十三伽訶那十四娑縛婆伐輸提十五阿鞞詵柘

曷十六蘇揭多十七伐折羅阿以上第二面寠栗多十八毗囇雞十九
阿訶羅阿訶羅廿阿瑜珊陁羅尼廿一輪陁曳輪陁夜廿二
薩婆揭摩波羅羿你弥盧婆羅廿三伽伽那毗輪提廿四烏
瑟膩以上第三面沙毗社夜輪提廿五莎訶娑羅遏羅濕弥珊
珠姪底廿六薩婆怛他揭多地瑟咤那廿七寀地瑟耻底慕
姪梨廿八伐折羅迦夜僧訶怛那以上第四面輪提廿九薩婆伐
羅羿毗輪提卅般羅底你伐怛夜阿瑜輪提卅一薩摩羅
寀地瑟帝卅二麼尼麼尼摩訶末尼卅三怛闥多部多俱知
般唎以上第五面輪提卅四毗薩怖吒勃地輪提卅五社曳社曳
毗社夜薩磨羅薩磨羅勃馱寀地瑟耻多輪提卅六伐折
梨伐折羅揭韠卅七伐折藍婆伐以上第六面堵卅八麼麼某甲薩

婆𤚥喃迦寫夜毗比輸提卌九薩婆揭底般梨輸提卌 薩婆
怛他迦多颯磨濕嚩娑案地瑟恥帝卌一勃茶勃茶卌二步
陁曳七以上第七面步陁曳毗蒲提三身多般梨輸提薩婆怛
他迦多地瑟咤那卌四案地瑟恥帝卌五慕婭梨卌六娑嚩訶
卌七

如來法身偈

諸法從緣生　如來說是因
是法從緣滅　是大沙門說

奉為　四恩三有及法界生靈敬造此幢咸願同登
覺路

唐會昌二年壬戌九月八日寺僧文鑒等同建

沙門契元書

同建幢前試右武衛長史陸榮　大匠吳郡陸永

司馬弨鐫以上第八面

按此幢咒文款識並正書書者為沙門契元筆法高渾妍媚拜都布政繼昌贈余拓本石兵備蘊玉跋指沙門契元卽楚金禪師碑所稱表妹萬善寺上座契元以為僧尼善書之證楚金碑建于貞元二十一年此幢建于會昌二年相距三十餘載晚年所作容或有之顧幢在今吳縣洞庭包山故鐫幢大匠皆吳郡人兩京新記萬善尼寺在皇城第三街西休祥坊東南隅契元以萬善寺老尼書幢

于三千里外殊不可信叚成式撰安國寺寂照和
上碑有門人契元者或即其人不得指爲萬善寺
尼也萃編從彚本錄入缺諸法從緣生偈語蓋所
見非足本也今爲補入其咒文句讀與他幢互異
故并錄之白居易蘇州重𤣥寺法華院石壁經碑
八種經共十二部合一十一萬六千八百五十七
言唐長慶二年作大和三年成寺僧契元捨藝而
書之其時相及地亦相近書包山經幢之沙門契
元即書石壁經之重𤣥寺僧契元無疑河南新野
尊勝陀羅尼幢亦會昌二年九月建僧契元正書
蓋契元工書且好書陀羅尼經咒

柰幢第一面下有助緣僧口上座都維小字四行第二面下有助緣施主小字兩行恐拓本尚未全也此本失錄陸增祥志

楚州使院石柱題名

柱高五尺三寸八方每方六寸有奇正書各六行行字不計在江蘇淮安府山陽縣學

使口口堂石柱記　河南房罌卿書

缺其缺公待賓既以盡禮吾會奉缺雄其命介請自

天朝各一缺有三口之繁夥二監之關口似缺以簡易

化俗以缺　以上第一方石多剝落撰者無徵記僅存下方三十七字

使起復缺

團練判官缺　以上第二方前四行不可辨第五行存三字六行存四

字
使朝缺
使朝請缺以上第三方惟第二行二字五行三字可辨
營田判官
使朝議郎檢校□□□常侍
團練判官長孫方逵
營田判官張廣
使朝散大夫使持節楚州諸軍
團練判官　以上第四方
營田判官司馬□□
使朝散大夫使持節楚州諸軍事守楚州刺史充本州

團練使淮南營田副使驍騎尉郭行餘
團練判官韋埴大和三年□月十二日　判官□
鄜　營田判官崔郾大和四年　判官李敬方
巡官郭元載大和三年　巡官范茂孫攝大和三年四
月
使太中大夫使持節楚州諸軍事守楚州刺史充本州
團練使淮南營田副使上柱國襄超國公食邑三千戶
賜紫金魚袋李德脩大和五年四月十九日授
營田判官顧元之充大和六年三月九日自　巡官
盧處約大和六年六月□日自前□□州□城縣
丞請
以上第五方　刺史李德脩下無團練判官

使胡議大夫使持節楚州諸軍事守楚州刺史兼御史中丞充本州團練使淮南營田副使上柱國滎陽縣開國男食邑三百户賜紫金魚袋鄭復 大和七年

團練判官袁亞 大和七年十一月十一日自守太子校書奏授試太常寺協律郎充

營田判官崔郾 大和八年正月七日自楚州疏城縣丞奏授試大理評事充巡官

請播

巡官皇甫鉟 大和九年四月七日自前鄉貢進士奏授試太子正字充

使朝散大夫使持節楚州諸軍事守楚州刺史兼御史中丞充本州團練使淮南營田副使上柱國賜紫金魚袋嚴譽 大和九年七月廿六日授

團練判官韋中立 大和九年十二月廿五日自前京兆府藍田縣尉奏授監察御

史裴行

營田判官郭宗元大和九年十二月廿五日自前大理寺丞奏授檢校□省祕書郎

巡官辛仲邕 以上第六方鄭復題名金魚下原無袋字辛仲邕名今缺從舊拓本補

使朝議郎使持節楚州諸軍事守楚州刺史兼御史中丞充本州缺三百户賜紫金魚袋蕭俶

團練判官張□夫開成二年九月七日自前河陽監察御史裏行□三年十二月

巡官鄭途

營田判官楊東之開成二年十月廿日自太子校晉充

巡官盧仲和開成二年絳州

使朝請大夫使持節楚州諸軍事守楚州刺史缺紫金
魚袋李師稷開成四年三月廿四日
團練判官崔鄯開成四年七月廿九日自前營田奏授御史裏行
巡官王卯
營田判官王較開成四年六月廿二日自□□□□守奉禮郎充　以上
第七方蕭叔鄭途王冠並從舊拓本補
使朝議郎使持節楚州諸軍事守楚州刺史缺金魚袋
李拭會昌
團練判官權富會昌二年四月廿八日自監察御史裏行充
營田判官蕭賓會昌二年四月廿八日自授至會昌年十月廿日
使朝請大夫使持節楚州諸軍事守楚州刺史缺金魚

發盧弼上 會昌三年六月十三日自吏部郎中拜 □□□□四日遷給事中

團練判官鄭碣 會昌三年七月八日自秘 字奏授試秘書

營田判官韋潛 會昌三年九月四日

方 盧弼上蕭錄 作盛知止

以上第八

按唐楚州使院石柱題名剝蝕殆半撰記之人與立石之歲月皆不可考其可辨者自文宗大和三年至武宗會昌三年十五年中刺史八人郭行餘李德脩鄭復嚴譽蕭俶李師稷李拭盧弼上團練判官九人長孫方逵韋墳□郗袁亞章巾立張□夫崔鄉權富鄭碣營田判官十一人張庾司馬□□崔郗李敬方顧元之崔鄉郭宗元楊東之王蘇

蕭賛章潛巡官八人郭元載范茂孫盧虔約皇甫
銋辛仲邕鄭逄盧仲和王弼并書石之房鎣卿為
三十七人崔邸再見凡三十六人著錄如右李德
脩吉甫之子德裕之兄唐書附傳稱其有志操以
膳部員外郎出為舒湖楚三州刺史吉甫封趙國
公故題名為襲趙國公也宰相世系表李氏西祖
房德脩楚州刺史又李氏江夏房有師稷有拭蕭
氏齊梁房有俶韋氏彭城房有中立拭起居舍人
師稷俶中立皆不著官可以題名補世系表之闕
郭行餘曾授徐州營田判官見使院石幢題名後
以大理卿為邠寧節度使未赴鎮大和九年十一

月死于甘露之變餘人俟攷通典楚州理山陽縣

春秋時屬吳戰國時屬楚秦屬九江郡漢屬臨淮

郡後漢屬廣陵郡下邳國晉屬臨淮廣陵二郡地

東晉為重鎮安帝立山陽郡宋因之齊僑立兖州

郡因以兖州為重鎮梁初得之後入後魏隋初廢

山陽郡後置楚州煬帝初廢入江都郡唐武德四

年為東楚八年改楚州或為淮陰郡領縣五山陽

漢射陽地元和郡縣志淮南道缺太平御覽所引

與通典畧同唐楚州為淮南道治山陽故楚州刺

史皆充淮南營田副使石柱令在山陽亦其證也

唐時官屬題名多以石幢石柱者如元和十二年

徐州使院石幢記開成會昌間司直廳石幢記大中十二年郎官石柱題名皆非碑刻此柱金石家皆未著錄惟吳山夫（玉搢）山陽志遺載之清河蕭子敬（文業）寄示拓本因與皙兒子壽（令裕）取新舊唐書考其結銜官資高下並合史文且有史家所未及者子壽跋云舊書職官志武德改郡為州州置刺史天寶改州為郡置太守乾元元年改郡為州置刺史漢代奉使者皆持節故刺史臨部持節至魏晉刺史任重者為使持節都督輕者為持節後魏北齊總管刺史則加使持節諸軍事以此為常隋開皇三年罷郡以州統縣刺史名存而職廢

而於刺史太守官位中不落持節之名故楚州刺史悉有使持節楚州諸軍事也新書云武德元年改太守曰刺史加使持節未詳其所出新書百官志凡文官九品有正有從自正四品以下有上下為三十等凡文散階二十九從四品上曰太中大夫正五品下曰朝議大夫從五品上曰朝請大夫從五品下曰朝散大夫正六品上曰朝議郎凡爵九等三曰國公食邑三千户從一品九曰開國縣男食邑三百户從五品上凡勲級十有二轉為上柱國視正二品四轉驍騎尉視正六品凡勲官無職任者番上於兵部視遠近為十二番上柱國以下番上四年驍騎尉以下番

上五年簡於兵部授散官故楚州刺史有太中大
夫朝議大夫朝請大夫朝散大夫朝議郎者其散
階也有國公有開國男上柱國驍騎尉者其勳官
也楚州刺史則職任官也又舊書至德後中原置
節度使大郡要害之地置防禦使以治軍事刺史
兼之不賜旌節上元復改防禦使為團練守捉使
又與團練兼置防禦使名新書諸軍各置使一人
五千人以上有副使一人萬人以上有營田副使
一人刺史領使則置副使故使持節楚州諸軍事
楚州刺史悉充本州團練淮南營田副使也刺史
領使宜置副使今以刺史充之足補唐書之闕舊

書凡注官階高擬卑曰行階卑擬高曰守其有歷職清要考第頗深者得隔品授之不然即否長編載元豐四年詔自今除授職事官並以寄祿官品高下為法高一品者為行下一品者為守二品以下為試品同者不用行守試元豐授官正法唐制唐制户滿四萬以上為上州二萬以上為中州不滿二萬為下州楚州天寶時領縣五户二萬六千六十二為中州中州刺史正四品上朝議郎則正六品上即太中大夫亦從四品下資非授於隔品官全擬於卑階故郭行餘等八人皆曰守楚州刺史也舊書職官志禮部郎中員外郎之職掌舉其儀制而辨其名數凡授都督刺史階未入五品者並聽著緋佩魚離任則停

白氏長慶集謂除尚書郎脫刺史緋也唐制五品始得著緋佩魚刺史階未入五品亦聽著緋佩魚故楚州刺史多賜紫金魚袋也新書百官志團練使副使判官推官巡官衙推各一人節度使兼度支營田招討經略使則有副使判官各一人故楚州刺史其屬有團練判官營田判官巡官也舊書謂副使判官皆天寶後置未見品秩今考團練判官袁亞自太常寺協律郎充為正八品上營田判官崔鄰大理評事充巡官請攝大理評事為從八品下巡官皇甫鉟自試太子正字充為從九品上營田判官楊東之自太子校書充為正九品下是判官巡官之秩不

過八品九品可據此題名以補唐志也崔鄉以巡官攝營田判官復自營田判官奏授御史裏行充團練判官團練判官權富亦自監察御史裏行充貞觀初馬周以布衣進用太宗令於監察御史裏行自此因置裏行之名龍朔元年以王立本為監察裏行舊唐書監察御史正八品上崔鄉權富均以裏行充判官團練判官韋中立自京兆府藍田縣尉奏授監察御史裏行唐時以殿中侍御史掌左右巡尋以務劇選用京畿縣尉新唐書京畿縣尉從八品下中立自縣尉奏授裏行復充團練判官益信判官巡官之秩為正從八九品也大抵唐初選

舉必三銓三注三唱而後擬官主者受旨奉行謂
之奏授武后長安三年引見風俗使舉人悉授試
官試官之名始此又有檢校勅攝判知之官見選
舉志今考題名中分注者亞崔鄴皇甫鉟韋中立
蕭寘鄭碣皆奏授也除韋中立蕭寘餘人又皆試
官而郭宗元則檢校也方其盛時官不歷州縣擬
臺閣故題名中崔鄴自鹽城縣丞奏授試大理評
事韋中立自藍田縣尉奏授監察御史裏行資雖
縣佐望繫朝除內外兼歷職事脩舉唐之銓法茲
為盡善然元宗時張九齡上書已言縣令刺史陛
下所與共理尤親於民者也今京官出外乃反為

斥逐非少重其選不可及於肅代州刺史同奉至
千緡方鎮所取無藝而京官祿薄自方鎮入八座
至謂罷權辭邕由左丞貶欽州刺史家人恨降之
晚崔祐甫佐吏部員外求為洪州別駕使府賓佐
有所忤者薦為郎官其當遷臺閣者皆以不赴取
罷去（從兒李傳）蓋不數十年而外重內輕之勢成矣

魏夫人趙氏墓誌

石縱橫各一尺八寸二十八行每行二十二字至二十八字不等正書在陝西咸寧縣

唐故宣州參軍鉅鹿魏君夫人趙氏墓誌銘并序

前延州防禦衙推文林郎試左驍衛兵曹參軍王儔撰

公諱邈字仲方世本云秦改魏為鉅鹿郡也後徙家于
山南今則洋州興道人也昔周建侯王是稱盤石 國
命良相謚曰文貞公洎枝派初分導自洪源之注蘭蓀
並振時為銓藻之芳祖賓父朝隱皆敦儒術諒識宏深
高樂園林自求野逸公孝達參閱學茂游夏窮志孤貞
絜行端操頃因入仕多為台鼎廉察之知累以德藝精
粹聞於 天庭始奏授懷州參軍次選授果州司户參
軍次任婺州司功參軍次任宣州司功參軍（次任下凡十六字原脫旁注）
凡歷四郡皆以直道佐理惠洽優人官賴其能已
受其福以茲樹善既至必獲神休豈謂天喪貞良倏延
荒瘵乃針石靡効寘齡苟乖奄忽俄然盡為松櫝是則

逝波湮沒而不還風燭泯光於殘夜以元和九年十月
十三日不祿于任壽年五十有五即十年四月護歸京
兆笅于萬年縣洪固鄉北韋村北原也　夫人天水趙
氏考皐任壁州長史昇之仲女也少習師保內則素彰
懿淑茂儀柔順芳婉而乃失翼凌虛亡舟涉濟孟毋彼
美敬姜謂歟以會昌四年冬偶嬰微疾殆踰累旬冬筭
氷魚日無不至十一月十五日遂歿于延州豐林縣之
私第享年七十有五今以五年十一月廿三日護喪祔
于萬年縣洪固鄉北韋村北原禮也有女四人　長適
皇甫氏　次適李氏　次適侯氏　幼適王氏並早閑
保傅克就柔儀□德婦功怡聲婉娩或浙川不返或婦

言益嘉雖女史無口亦家謀自顯有子三人　長曰齊
賁前任延州豊林縣令　次曰匡贊前任鄜州普安縣
主簿　幼曰文質任梓州永泰縣令俱以簪紱宦途學
行清敏政則洽已惠乃周物自棘口欒良泣血絶漿號
護墙翣毁瘠終制及靈舁南邁哀戀北堂禘嘗之儀晝
蘋增潔竊以鴈行式序祈請永年土木非剛刋石為事
傳每愧孱薄沖讓未獲辱命涂翰為詞頗難銘曰
黑水之西　終山之北　厥土上上　人惟温克
鄜謂之先　秦風是則　籍紛所繼　其儀不忒
洲慎佳美　咸曰貞廉　婦禮弥著　母德式瞻
家以議徳　子以道謙　未獲榮養　奄弃恩嚴

豈曰盛衰　抑奪人慾　千載之後　悲此山曲

魏邈墓其子匡贊已誌之矣此誌爲其趙氏祔葬而作題魏君夫人墓誌而前幅叙邈官履甚詳則仍爲合葬誌也匡贊誌云授懷果二州參軍皆未上而此云凡歷四郡皆直道佐理所載已失其實又匡贊誌載子三人長即匡贊仲曰文質季曰齊貢而此誌則稱長曰齊貢次曰匡贊幼曰文質兄弟之序顛倒至此作者偶誤其家人亦不更正何也匡贊誌云女三人而此誌則曰有女四人長適皇甫氏又爲匡贊所遺一家之事二石互異考據家欲據衆手共成之史辨論千古得失不亦難哉誌首所稱文貞公乃唐初

相國徵也誌中振作㧫儒作𠎝粹作粋寘作寔剛作
剛號避虎字諱作彪世字以避太宗諱缺筆古刻石葉
右墓志首尾共廿八行行廿九字餘多參差不
等行書字徑四五分文爲王儔撰道光戊子三月予
自吳門碑帖估處購得文中次任婺州司功參軍次
任宣州司功參軍十六字脫而補刻於旁攷魏姓本
周武王弟畢功高之後畢萬仕晉封於魏因以爲氏
廣韻云出鉅鹿任城二望今此志引世本秦改魏爲
鉅鹿郡又云徙家於山南今則洋州興道人是魏邈
之望出於鉅鹿也又云國命良相謚曰文貞公者即
太宗時相魏徵也志首題云宣功參軍者即宣州司

功參軍之官也遡於元和九年十月卒宣州司功參
軍之任於元和十年十月歸葬萬年縣洪固鄉北韋
村後至會昌四年十一月其妻趙氏歿於延州豐林
縣於五年十一月祔葬北韋村王傳始為作志銘志
叙其四女於三子之前或因女皆先生長於其子也
而又讚美其女至三四十言之多可謂冗蕪無識殊
失行文之體矣志文不足取而字頗渾厚圓勁惜無
書人姓名此刻世本之世及二民字皆避諱闕筆參
閔之參與參軍之參皆作叅是唐人讀曾子之名與
參軍同矣此與元和十五年韋端志皆云葬萬年縣
洪固鄉而前人未有著録者蓋皆近日土人發掘得

之始傳於世也長安志載萬年縣洪固鄉管郵四十八此北韋郵蓋其一也石泉山館金石文編

按魏邈夫人趙氏墓誌銘王儔撰邈葬時子匡贊自撰誌銘所稱今年其年明年不詳何年前跋為元和十年者以歲次乙未推之證以此志更為明著二誌中有互異者邈誌云不復知先人之事此誌上溯良相文貞公則託於鄭國公魏徵之後邈誌寄居京兆咸陽縣此云徙家山南洋州興道邈誌葬萬年縣畢原此云萬年洪固鄉北韋村北原邈誌趙氏試璧州別駕昇之女此云璧州長史昇之仲女其尤所不解者邈誌女三人長素恭嫁李

氏仲季風嫁侯氏季季雅猶未從人兒三人長即
匡贊仲曰文質季曰齊賁此誌則云女四人長適
皇甫氏次適李氏次適侯氏幼適王氏子三人長
齊賁次匡贊幼文質女適王氏者當即季雅而長
適皇甫者何不見於前誌且列齊賁於匡贊之前
以季子為長長子為次次子為幼隱序悉紊又何
說也元和郡縣志宣州江南道宣歙觀察使管洋
州領興道縣山南西道節度使管褒州河北道河
陽三城懷州節度使管果州璧州並山南道婺州
江南道浙東觀察使管延州領豐林縣關內道鄜
坊節度使管劒州普安縣梓州永泰縣並劒南道

東川節度使管

温佶神道碑　在河南安陽縣篆額正書

唐故太常丞贈諫議大夫温府君神道碑并序　淮南節度副大使知節度事管内營田觀察處置等使金紫光禄大夫檢校尚書右僕射同中書門下平章事兼揚州大都督府長史上柱國奇章郡開國公食邑一千户賜紫金魚袋牛僧孺撰　正議大夫守左散騎常侍充集賢殿學士判院事上柱國河東縣開國伯食邑七百户賜紫金魚袋裴潾書　朝散大夫守尚書虞部郎中缺篆額姓名

㬎氏裔顓頊為己姓其後有平佐夏滅窮厥用祚土子
孫因□其邑而仍其侯侯廿六代至入邑于周別封于
鄀□□□□□□□□□□□□□□□□□□□以
續以起曰序而忠曰恢而智美良嶠武□高□□下咽
㙻攢張彎必大樂□□□□□□□□□□□□□□
□□□□□□□□□□□□□□無隱□祖之德爆
聞于時馨烈藁炙焱熾而大□州生范陽令簪冲范陽
生右金吾□□□□□□□□□□□□□□□□□
□□□□公諱佶字輔國即南鄭公之長子也敏中
方外韜蘊不窮纂經窮元法為時師元闕埤闔□□□
□□□□□□□□□□□□□□□□□□□□□

□□□□□閒曾郡公真卿守平原公杖策往謁雲
風類隨忠氣合發當是時二顏揖起膺唉咽斷□□
愁幾至□□□□□□□□□□□□□□□□□
□□賓緊公之助也乾元至德間太尉臨淮王以智力
自高少為士屈待公如神不□□□□□□□□□
□□□□□□□□□□□□□□乞以爵縻因授
太常丞公行藏有素訖謝而去華奢閒顯益不意愛摘
神減□□□□□□□□□□□□□□□□□□
□□□□□□□□人而已以建中元年卒于鄴郡之
成安里□□□□□□□□□□□□□□□□□
□□□□□□□□□□□□□□□□□□□□

□□□□穆宗文宗□□□□□□□□□□□□
□□□□□□□□□□□□□□□□□□□□
□□□□□□□□□□□□□□□人夫天□□
□□□也子男五人曰適曰邈曰造曰□曰遜□□□
□□□□□□□□□□□□□□□□□□□□
□□□□□□□者氣實一□□□□早廿具
於仲兄令尚書公誌墓文邈於長慶大和間累以拾遺
補闕□□□詔□□故徐州□僕射飛章□為□□
朝□□□起為百里□□□□昔荀淑陳仲弓父子
兄弟以貞名高行為時師每歲安車蒲輪玉帛贄幣填
羣門萋代光榮之令温門一廿幣軸徵書不絕於道□

□□□□□□□□□歎天將稱其德而世其家而今
河陽三城節度使撿校户部尚書公出爲尚書名造郎
諫議公之第三子潛武經文□□□□□□□
□□平生之行具於故禮部郎中知制誥唐君次誌諫
議公墓文唐蹲蛟蟠卅始動五臺百□爭以狀□累官
至尚書右丞屬與元軍亂節度使李公爲兵亂所殺朝
廷憂之宰相泣於上曰李絳反不□□□而令而後□
天下之爲鎮者孰敢□出頭了辦是役惟溫造可責其
亂文宗亦以爲能授山南西道節度使公單車去舉止
如書生入之日自旦及午擁叛卒會飲殺八百餘人復
梟其首亂者百廿人祭李公之柩於是朝之大□□□

□□□□若溫公者吾其可名乎微溫公吾其能保
其任而完其生乎當是時若事或不幸即四方之佼佼
者側目而蝟起其可量哉識者以為公之□□□□
□而截天下之流不撗矣其後由台階而贊大化福萬
品而光祖先斯人之望可指而待嗟乎諫議之烈不泯
而尚書之德復昌溫之世澤其有窮乎唐制位三品者
父祖得以刻石紀神道僧孺於尚書為□□□日月為
多時門風祖烈闡之悉文其石何敢讓於銘銘曰
先生之先在廿多才曰博宏將三英彥聯黎公瀛州行
□而羶華實難弁系廿復卑位不稱德□□□□厥有
先生先生□□□□入神扶顏遏安批裂兩河飢鯨駭

僁幾死壖竄兵革之間笑言委音威遲不有其庸孰利於
名名從而□□　□□人思德望生必有子尚書之□
□□□晦當大明功曝而貴嘻其先生亦已不死誰
其刻詩楊郡長史
碑無年月温佶卒于建中元年撰文之牛僧孺為文
宗宰相碑中有穆宗文宗等字其時文宗已稱廟號
則碑當立於武宗會昌間矣温氏之先唐書宰相世
系表有二說一謂姬姓唐叔虞之後封于温一謂郄
至食采於温碑叙姓源主後說謂温為顓頊後已姓
在夏封於温至周之郄至別封於郄碑云曰序而忠
曰恢而智謂後漢護羌校尉序魏揚州刺史恢也羨

良嶠武謂魏濟南太守恭之子羨及晉河東太守㦤
之子嶠也銘云曰博宏將謂佶之高祖禮部尚書大
雅字彥宏及其弟彥博彥將也黎公瀛州未詳所指
皆温之先世也世系表佶之曾祖及祖皆闕其名父
南鄭令景倩碑叙高曾祖父適當𣿰處僅存無隱二
字据表無隱大雅之子佶之從曾祖也又云口州生
范陽令晉沖口州當是佶曾祖之官范陽令晉沖則
佶之祖也表載佶子邈造遜三人造字簡輿河陽節
度使祁縣子新書附大雅傳佶子之最有名者據碑
邈有兄遘遜有兄𣿰其名則佶實五子也皆可補世
系表之闕　唐書佶附四世祖大雅傳載其往平原

見顏真卿事即碑所謂魯郡太守顏真卿守平原公策杖往謁也又云李光弼厚遇之即所謂太尉臨淮王待公如神也又載其居鄴爲薛嵩所荐授太常丞碑僅存乞以爵磨四字即嵩奏中語也碑後叙佶子造平興元軍亂事據唐書造傳補其闕文筠清館金石錄

三天洞蘇道淙題記

石高二尺四寸廣一尺三寸四行行七字正書左行在江蘇蘇州府

宣歙池等州監軍使蘇道淙大中元年□月廿七日遊三天洞回而題記

王宰記石

高二尺九寸廣四尺五寸二十九行行十八字正書在山西靈石縣

河東節度觀察等使光祿大夫撿挍司徒兼太原尹北
都留守御史大夫上柱國太原郡開國公食邑二千户
王宰
開成五年自隴州防御使拜工部尚書節制邠寧至會
昌三年蒙　恩換許昌節至九月自許昌統當軍驍卒
洎河陽義成宣武浙西宣歙等軍兵馬充攻討使誅除
蠹闗寇嗣至四年八月十日梟逆首獻　闕下蒙
恩奬寵除左僕射至九月將歸許昌軍次温縣　天使
持節至又授　寵詔遷鎮北門十月過此至會昌六年
上登　寶位蒙　恩加司空至大中元年奏以雪蔚朔
三州之腹為賊喉要故戍倩封多所廢斁潛寇奔突撫

所限礙又相厥土濃壤可出軍□遂疏其利宜請立耕
戰三城募卒六千任其事務農習戰永斥邊慾克富軍
儲至二年九月秋成境肅　上録其功　詔就拜司徒
宰以叨乖微効迺寄北都及令五稔日懼幸悔靡遑非
據遂瀝誠拜章乞覲　明庭既蒙　恩下允誠懇至
十二月十二日遂得迺　詔擁節趍闕赴正
朝躬之禮至明年正月十一日又蒙
聖旨奬加光祿大夫依前撿校司徒却歸本鎮至二月
五日過此因覽其重巒復疊積樹参差汾水迴環而瀉
溪天險敵抱而崇固可壯夫　覇啚　皇業万代之基
駐旆闕亭吟睇移景又覩　中令河東公及相國　令

狐公左揆　狄公相國　崔公来罷之題列遂輙紀其
轉歷及徃復所自云
從弟節度判官殿中侍御史内供奉賜緋魚袋坤
男前□司禦録事參軍嗣宗並從行
按此河東節度王宰以大中三年二月自京師還
鎮道經靈石追憶會昌四年遷鎮過此因刻石紀
行且彰功伐也唐書本傳王智興懷州温人子晏
宰後去晏獨名宰累擢邠寧慶節度使（方鎮表大曆十四年）
復置回鶻平從忠武軍（貞元三年置陳許節度使治許州十年賜號忠武軍節度）
討劉稹也詔宰出魏博趨磁州以兵五千椎鋒兼
統河陽行營進取天井關（晋城縣南）攻陵川（晋城陵川並屬澤州）

高平郡破賊石會關進攻澤州其將郭誼殺稹降宰傳稹首京師遂節度太原武宗本紀會昌三年四月詔義軍節度劉從諫卒子稹自稱留後九月忠武軍節度使王宰爲河陽行營攻討使十二月克天井關四年八月昭義軍將郭誼殺稹降宣宗初入朝結權幸求相周墀劾之乃還軍吐蕃引黨項回鶻寇河西詔統代北諸軍進擊以疾不任事徙河陽罷爲太子少保分司東都進少傅卒子晏實智興自養之故名與諸父齒終天雄軍節度使此記與唐書悉合惟方鎮表大中五年以隴州置防禦使據此則在開成之初不自大中始矣許昌屬許州潁川郡忠武節度治許州故曰許昌節河陽義成宣武浙西宣歙諸軍並見

方鎮表河陽三城節度使建中二年置以東畿觀察兼之貞元十二年復置河陽懷節度使治河陽元和九年增領汝州徙治義成軍本滑衛節度治滑州上元二年置廣德元年更號滑亳節度大曆七年賜為永平軍節度貞元元年更號義成軍宣武軍即亳宋潁節度治宋州建中元年置尋號宣武軍興元初徙治汴州浙西宣歙軍乾元元年置浙江西道節度兼江寧軍領昇潤宣歙饒江蘇常杭湖十州治杭州上元元年徙治宣州時宰以忠武節度充攻討使兼統河北河南浙西江西諸節度軍也曰壺關寇嗣者以劉稹為從諫嗣子昭義

軍節度治潞州上黨郡屬有壺關縣漢書地理志壺口關天井關並上黨郡曰移鎮北門者李自忠武移節河東為京師北鎮方鎮表開元十一年更天兵軍節度為太原府以北諸軍州節度河東道度支營田使兼北都留守領太原以及遼石嵐汾代忻朔蔚雲九州治太原十八年更太原以北諸軍州節度為河東節度會昌三年以雲蔚朔三州置大同都團練使治雲州四年升大同都防禦使李於大中初疏奏三城耕戰之備上錄其功是大同防禦仍受制於節度也唐蘊石隸汾州西河郡南有陰地關又有長寧關所云駐旆關亭是也中

令諸公題列多不可考從行者爲宰從弟坤男嗣宗嗣宗藝晏實弟傳所未及書唐時王宰有四晏宰而外見於唐書者宰相世系表琅琊王宰國子司業鄭子儀傳將光祿卿王宰又名畫錄蜀人王宰善畫山水樹石見杜甫詩惟李白詩王宰夜相邀乃指漢陽邑宰故望漢陽柳色寄王宰詩云寄謝絃歌宰宰非名不得附會也是刻爲今冀圖道華州王公志瀸宰瘞石時拓寄亦金石家未著錄者

内侍王守琦墓誌

石縱横各一尺六寸二十二行行二十二字正書出於陝西咸甯縣南鄉今在江蘇陽湖董氏

唐故正議大夫行内侍省内府局丞員外置同正員上柱國太原縣開國男食邑三百户賜緋魚袋王公墓誌銘 并序

將仕郎試右監門率府録事參軍劉景夫述

公諱守琦，父皇任朝散大夫充内酒坊使諱意通之第九子也。公早朝 禁掖，旋授 恩配賢。父天寵遇慈昊，訓以文藝，韋以詩書，教以温常，誠以廉克，仁德播於流聲，特選名於肘掖。恪恪奉 主，孜孜在家，貞清絕邁於古賢，硎聽全逾於往栢，斯可為天之祐也。故得嘗居 寵袟，朱紱銀宂握，恩不謝於先宗，燦彩實暉於後嗣。貞元十二祀入仕，大中三載退歸私第，因寢疾崩

於歲十二月十五日緣久居崇裱先塋稍隘爰於爵
墳西南隅㭊建斯塋也伏以先墳高豎碑秀峨峨族裔
具書此不列之公先夫人張氏早亡附在大塋嗣子四
人長曰從祐遘而往逝亦附大塋今夫人謝氏追念
前恩慈嗟㷀後哀慟過於斑家調訓同於孟母令至孝
男允貢次曰從盈又次曰從泰等㗖㗖血瀝逾甚高柴
昏侍晨夕殊邁曾晳生事已㒷葬事將塋宅兆吉辰向
剋大中四季正月廿三日禮葬鄉曰崇義村号南姚土
事銘詞因斯建也　銘曰
形形王公　穆穆和恭　侍親以孝　事君以忠
四科畢備　書劍全功　能章禮樂　能揚國風

少承光寵　暮乃將退　居上共宗　居下共愛
身殁名彰　魂消譽在　釼鏡人仁　孰不欽賚

誌中兩用㣧字一云煥彩賁暉於㣧嗣當作後一云怨嗟焭㣧則又當作獨銘詞中兩用釼字一云書釼全功一云釼鏡人仁字書釼音日鈍也與此文義不合當是釼字別寫天子曰崩諸侯曰薨位高者尚可通用此誌書卒曰崩則妄甚矣文内掖授攡括握揚凡从才之字皆作才握恩不㩉㩉應從言此亦作才彜事將塋塋當作瑩吉晨用刻晨當作辰用字缺筆與僧思恒志同古誌石華

按内侍王守琦墓銘劉晏夫述舊唐書職官志掖

庭宮闈局丞從八品下階守琦以貞元十二年入仕大和三年退歸蓋仕於德宗在位之十七年歷順宗憲宗穆宗敬宗而退歸於文宗嗣位之三年凡在禁掖三十三年矣崇鄉在萬年縣南劉遵禮墓崇義鄉有滻川西原南姚村在崇義鄉與滻川相近蓋即今咸寧縣南鄉大兆社之南兆寨也此碑出土在修咸寧縣志之後故金石鄉村凡未及錄入

肘腋作掖古通 陸增祥志

岳林寺塔記

石缺左方高二尺許廣存八寸許七行行十八字正書在浙江奉化縣

岳林寺塔記　　僧君長述并書

自金輔氏應跡迦維大漢教流諸夏尊舍利於支提儼靈相於寶殿誠知殿塔之位闕而不可茲寺二所即文弟子傅氏二娘之建也傅氏娘于朱室三紀不幸而所天早喪愛子又夭惸然霜質而恪勤檀度時大中五載朔口口殿堂乍焉闕者唯塔傅氏發言曰生下缺

按晉研堂金石文跋尾奉化縣岳林寺有東西二小塔東塔嵌石一片乃大中五載僧君長述記文稱女弟子傅氏二娘後半殘缺西塔佛像下有龕西李柔撰銘首云大中七年歲在口子口月乙巳朔廿日甲子亦為施主傅二娘而作文尤剝落

閻氏萬夫人墓志

石縱廣徑尺十一行行十二三字不等蓋題萬氏夫人墓誌六字並正書在江蘇儀徵汪氏

故萬夫人墓誌

有唐大中六年龍集壬申十二月十三日豫章郡萬夫人終於揚州江都來鳳之里年卅九爰自笄年歸于閻氏之室育三男一女長子公慶次曰公閔幼曰公閏卜其宅兆即以當月廿四日窆於揚子縣界江濱鄉白社村其地東西十丈南北十五丈刻字于墓庶乎後迷乃古千秋永為後記

是誌僅百餘字記卒日葬地甚詳在唐誌中最為簡潔庶乎之乎當作無揚子縣即今儀徵縣古誌石華

按閻氏之室萬夫人墓誌誌云終於江都窆於揚子縣界舊唐書地理志淮南道揚州大都督府舊領縣四天寶領縣七皆以江都為治所揚子永淳二年分江都置來鳳里江濱鄉白社村足補縣志

賜白雲先生書詩並禁山勑碑

碑約高三尺有餘今前半存一尺四寸後半存一尺六七寸不等廣二尺三寸三行行四十五字下截缺今存行存二十三四五六字不等正書字徑四分額高七寸廣六寸七分四行行六字八分書題曰睿宗大聖皇帝開元神武皇帝賜白雲先生書詩並禁山勑碑二十四字在河南濟源縣王屋山

睿宗大皇帝書

敬問天台山司馬練師惟彼天合凌於地軸與四明而藏日均八洞而藏雲珠闕玲瓏琪樹璀璨九芝含秀八

任紓芳赤城之域斯存青溪之人攸處司馬鍊師德超
河上道邈浮丘高遊碧落之庭獨步青圜之境朕初臨
寶位久藉徽猷雖堯帝披圖翹心鬍缺軒皇御曆締想
崆峒緬惟彼懷圜妙此顧夏景漸熱妙履抑和思乾真
言用彼紫霄朝欽夕佇跡滯心飛欲遣使者專迎或慮
驚懼故令兒往願與同來披叙不遥先此無恙故勅
鍊師道貫徽明德惟虛寂凌姑射之遐軌激具茨
之絕風自任鍊藥名山祈真洞室攀地脈之紅壁坐天
台之白雲廣成以來一人而已見可發揮仙圖徽藻元
闕海嶽為之增輝風霞由其動色弟子繆懷河上側佇
顯幽鶴馭方來鳳京爰降對安期之爲問稷丘之琴順

風訪道諒在茲日昕進明鏡規制幽奇隨至道之精令太易之象藏諸寶匣銘佩良深故勅先生道風獨峻真氣孤標餐霞赤城之表馭風紫霄之上遁俗無悶逢時有待超詞蓬萊之府將還桐柏之巖鴻寶少留鳳裝難駐閑居三月方味廣成之言別塗萬里空懷子陵之意然行藏異跡聚散恒理今之別也亦何恨扶白雲悠悠杳若天際去德方遠有勞夙心敬遺代懷指不多及

開元神武皇帝書并詩

勅司馬鍊師以吐納餘暇琴書自娛瀟灑白雲超馳元圃高懸可重豈遂蘿薜之情雅志難留敬順喬松之意

音塵一問俄歸葛氏之天台道術斯成塡縮長房之地
脈善自珍愛以保童顏志之所之略陳鄙什既敘前離
之意仍懷別後之資故遣此書指不多及
勑 十五日
紫府求賢士
五言送司馬承禎還天台
清溪祖逸人江湖與城闕異跡且殊倫閒有幽棲者居
然厭俗塵林泉先得性松桂欲離神地逍遙滿天台
鎮海濱晉徵從此聞萬古一芳春 陽臺觀 天尊殿內
壁畫高壹丈陸尺長玖拾伍尺下缺二十字迴貳伯尺畫神
仙靈鶴雲氣 右畫王屋山下缺二十五字依按經傳創
意作圖撿校莊嚴今至成畢於是海區下缺二十五字壽福

聖躬道祐延長神　得久又以開圖幽（下缺二十五字）
靈山景觀法徒不勝忻荷所有畫匠手功及買彩色等
（下缺二十四字）陛下本命紫綫及　酬還訖承禎比加
不獲（下缺二十四字）事跡題目二卷上進謹錄狀以聞題奏
開元二十三年（下缺二十四字）省來狀知道觀畫諸仙之象
甚者想休暢也山水之（下缺二十二字）增勤用修彼禪留
當觸緒　厥　滿　何獨當之惠人（下缺二十二字）地既
託雲洞戒諸清淨图宗降得　斯慎　自蒙命
（下缺二十一字）供觀什物亦買得四百疋充　所官　二司付
家人　司（下缺二十一字）先生緣慶觀清　期取八月五日
秋熱尊師　妙尊書指不（下缺二十一字）洞靈觀五嶽名山

先生　置　王屋山置仙臺　臺下缺二十一字同

馬冲和　請禁山廟遊　樵採奉　勅宜依

御賜白雲先生寫在　恐年深

謹錄刊於下缺　大中八年太歲甲戌四月乙卯二十

一日乙下缺　陽臺觀　曰泰下缺

右睿宗元宗賜白雲先生書詩并禁山勅碑方彥聞訪得拓本見貽碑刻睿宗勅三通元宗勅一通五言送別詩一首司馬承禎陽臺觀內壁畫事跡題目二卷狀一首批答一首禁山勅一首碑下段磨滅無字以　全唐文　全唐詩補錄其全文旁書小字以別之其書壁記以下無從補綴按唐書司馬承禎傳景

雲二年睿宗令其兄承禕就天台山追之至京此勑之所謂故令兄往願與同來也傳又云開元九年元宗又遣使迎入京十年承禎又請還天台山元宗賦詩以遣之即所刻五言送司馬承禎還天台也核天台桐柏觀碑云鍊師名承禎一名子微號曰天台白雲故此稱白雲先生而白雲之號兩唐書及廟碣俱失載又按此碑諸家均未著錄惟寶叢編引歐陽文忠公集古錄目有之云大中八年王屋主簿韓抗書以刻石今碑下段雖磨滅而上段大中八年四月一行俱存定為即韓抗所書之碑也綺清館金石記

百巖寺修法堂記

百巖寺奉勅再修重建法堂記

碑高一尺四寸廣二尺二寸三十五行行三十一二三字不等字徑四分正書左行在陝西修武縣

孫遇空門智本述

磨之勝氣壯懷川之佳景者太行山焉其山東連白鹿西接□迴南眺盟津北暨燕岱中有山曰天門岌然巨峯藏矣攢帶上插雲漢下□溟壑瀑布懸界噴浪騰空靈泉涌沙分流散谷窄𥦗礶縈盤石崢嶸□□千尋磅礴□丈古松偃蹇點翠屏以如妝嵐氣氤氲金碧岫而若冠孫登臺□時聞虎嘯之聲王烈泉邊每聽鶴鳴之響劉靈縱酒三年偃處猶存嵇康鍛□千載遺蹤尚在

齊代長老禤公宴息茲□以立基築至于周末神僧談絃巖窟聽徒每之飯自天來香從空降時因百家

逃難隐竄玆巖猶此寺題号百巖矣寺之所致四百餘
秋更替摧殘三口興廢及我唐貞元歲有章敬大師師
自清凉下幽薊登徂崍居玆寺翫林藪以暢虛心賜巖
宮口道味扌蠢三霜門禅四序凡厥所止道俗如市
後　憲宗皇帝遠謂德風徵還至京以致國師之禮口
繼其蹤有范陽大師師亦章敬之倫肩也聞巖寺之勝
曦太行之絕口徒五百道示一乘卜寄玆山禅樓口載
後處劉公遵欽至道邀口遠赴重以師資之敬口後名
德繼踵如燈續燈法眼相承明明不墜即余之先師師
諱神悟紹國師之後兩度登攀襲章敬之風三秋宴坐
屬　先皇釐革毀廢伽藍佛像摧頹僧尸口道明　勑

既口莫不遵行官吏須宣敢不從命于時會昌五年夏
五月十八日其寺廢矣傷夫巍巍大厦翻為瓦礫之堆
口口金容變作泥沙之聚仰天何訴撫地何依謂言永
滯口風豈知再覩遺像至六年夏四月　武宗昇霞今
上御口糸　登寶位便啓洪恩創治萬機更宣進口古蹤
靈跡口口修崇州府伽藍口口舊額轟轟天下浩浩四
方咸仰聖恩率歸王化　會昌七年春三月革号大中
口居四年秋九月有百姓丁像董口口口口景安通性
等覩靈山之舊跡感　聖上之新恩乃投欵於宰主杜
公啓誠言而欲再造杜公乃圓解申口將聞郡主主左
庶子李公口覽詞擲筆詳而許之至其年十月十三日

存命下縣便令修建於是剪荆榛□蓺□竪立尊容安施僧室紀綱楚楚典□兟兟皆戮力同心□志霜操者也時余因遊舊山躬登陟見山門興廢悲歎爰集爲僧衆□留戚荷銘□再言未諾及有同學弟智宗懇志精誠願造法堂請余允受乃與之言曰堂成決契宗弟敷□□教□契心源不言而化任道而行撫于平陰遇隴西李公諱讓言□欸□□之於言李公乃特達丈夫英明哲士一言道合決□□□便捨珍帛貨往□□未適句月李公倉卒齎盲在躬奄忽而終已去塵世嗚呼有匪石之志無終饋之堅□□□構泉綿綿宗公出乎孀妻醫平而娙□男景宇果終□願更持賄賂便以興工

於是命侄亻□匠碩剪材截梓運鋸飛金□紀未盈巨
功告畢其堂□□中巖之壯□□一寺之□儀□□臨
巨壑之顛岌岌聳□□之勢四角□□嘗日相□鎮□
□之前後踞南山而才□□禅□妙通昏接晝万古□
□□功罕究命余為文琢珉為記刼石齊堅永永不墜

童子□峯　州

李言弟全　姪男景

大中八年十月五日記

法隆寺經幢

幢高六尺八面廣各一尺每面九行行各六十字正書在浙江金華府法隆寺俗名金錢寺

佛頂尊勝陁羅尼經序　十三行不錄

佛頂尊勝陁羅尼經五十四行不錄

一中十一年十一月十五日樹　刺史李蠙　錄事參

軍衛約　金華縣令余從周　京大興善寺苾蒭大惘

僧圖鑒　寺主僧義寰　上座僧志謙

都維那僧良遂　都勾當僧請溢

慕緣大功德主許成　都料陳政劉簡

于知仁書　沈咸鐫

按幢為于知仁書書極端秀惜無可考幢後題名者惟刺史李蠙見全唐詩幢座八面刻捨錢金華縣錄事劉傳賢等男女三百餘人失搨兩浙金石志從烏程陳廣文焯所錄補入

藥師像讚

碑高二尺七寸廣一尺九寸五分碑分三列上列三列刻序贊中列刻供養人名下列刻施主人名上列三十行行十三字至十七字不等中列二十一行行六字至十字不等下列九行正書字多磨泐在河南河内縣

藥師像讚并序

粤有東方去此佛刹恒河沙彼國大師厥号藥師琉璃光如來經云以白銀琉璃為地宮殿樓閣悉口七寶亦如西方无量壽國无有口也此藥師琉璃光本所修行菩口道時發心自誓行十二褫妙上口令一切衆生所求皆得慈如是㤙等 思火宅之難想無依倚遂說諭鄉人恃憑内典塡惛迷津逸相誘化至誠結願方會無上

之因各以捨財不恡與道齊通迴心堅貞奔馳於此立
石良工彫磨斯像使信士等日加精勤時無懈怠用功
計日脩夬莊嚴具相真如恩布之容禮者福利無壃念
者禍灾永滅自兹懇願國祚永泜朝賢無缺元戎布德
澤潤生靈牧宰常安人民鼓腹龍神居稷濟佐人天風
調雨順國泰聯綿施主邑人等生生值佛世往往唯聞
解脫齊德垂後裔令望古今乃祖乃父世篤忠貞子子
孫孫引無極也復願幽冥先亡早離三塗內外姻親咸
登法會時屬咸通貳載歲臨辛巳九月壬申十五日丙
戌用表成功以明著矣洞徹空宗志謂斯文　巍巍堂
堂光振遐方恩霑草芥蠢動含康賴者必剐魔弃邪蔬

自兹永泰萬國咸昌一其善𢦔善𢦔禍去福來英人哲人
捨食捨財以懷多福法門常開願生彼國長處蓮臺二其
維那撰蕙書
奉粹教演化維那郭崧
虔奉聖旨結邑供養者貳拾有壹人内五人寄莊河内
處士韋敬　路虔　李德　前滑州白馬縣主簿張
鄉貢明經郭崧　郭宏慶　張實　李文素　已
潘
上三人住複背村　宋惟雅　吳雅　彭宗禮　楊緒
揚文齊　李君和　已上六人住期城村　潘恭
□□□　王卅慶　李壽　缺邑名　尋季缺　已上
四人住潘村　董師諫　王宗逸　已上二人住王村

都□□、同鐫□□ 同□□匠張□ 裝畫崔元
□□
助修功德施主 前韶州衙推崔綽 試協律郎范邕
施主李從周 施主范從政 施李缺 施缺 施
缺

維郡撰無書而不著其名氏中列有演化維郡郭崧又稱鄉貢明經郭崧而文中有崧□云云當即崧撰并書也文中民字缺筆廣書世字不缺筆何耶書法頗有北魏遺意河內縣志

長史程修巳墓志

縱橫各尺五寸三十行行三十字正書蓋題唐故廣平程府君墓銘九字篆書在陝西蔵鄠縣

唐故集賢直院官榮王府長史程公墓誌銘并叙

鄉貢進士溫憲撰　男進思書　男再思篆蓋

程氏之先出自伯休甫其後程嬰春秋時存趙孤以節義稱故㒳世有令聞　公諱脩己字景立曾祖仁福左金吾衛將軍祖鳳婺州文學父儀蘇州醫博士　公幼而重固通左氏春秋舉孝廉來京師遊公卿名人間能言齊梁故實而於六法特姿稟天錫自顧陸以來復絕獨出唯　公一人而已大和中　陳丞相言公於昭獻因授浮梁尉賜緋魚袋直集賢殿累遷至太子中舍凡七為王府長史趙郡李弘慶有盛名嘗有鬬鷄擊其對傷首異日　公圖其勝者而其對因壞籠怒出擊

傷其畫李撫掌大駭　昭獻常所幸大名蕭兒一旦
有奬善之歎　上命　公圖其形宮中敢犬見者皆
俯伏　上寵禮特厚留於秘院凡九年問民間事
公拑口不對惟取内府法書名畫日夕指擿利病
上又令作竹障數十幅既成因自為詩命翰林學士陳
堯行莘和之盛傳於世　公於草隸亦精　章陵王
冊及懿安太后謚冊皆　公之書也丞相　衛國公聞
有客藏右軍書帖三幅　衛公購以千金因持以示
公公曰此終已紿彼而為非真也因以水濡紙抉起果
有　公之姓字其為枇杏百卉蜂蝶蟬雀造物者不能
爭其妙於其際仍備畫法則筆不妄下世人有得　公

片迹者其緘賓毗翫千万古昔　公嘗云周係傷其峻
周昉張口口其澹張大府壹畫之其唯韓平又日吴惟逸玄迺
陳象似幽悲揚若痿人強起光庭許若市中鬻食[illegible]性夷
雅疎澹白皙美風姿趙郡李遠見之以為沈約謝朓之
流大中初詞人李商隱每從　公遊以為清言玄味可
雪緇垢慮　嚴君有盛名於世亦朝夕与　公申
莫逆之契高遊勝引非　公不得預其伍　公又為
口口盡毛詩䟽圖藏於内府以咸通四年二月一日
遘疾殁于京國里第享年口十九先娶葉氏有子三人
長曰進思鄜州甘泉主簿次曰退思詩歌尤高妙与
公迹殆相乱又其次曰再思於小學靡不通工篆擂其

爲狀潛古遒健後娶石氏有女二人長適滑州韋城縣尉貴紹一女幼石氏亦先公而亡以其年四月十七日葬於京北府萬年縣姜尹村憲嘗爲詠蛺蝶詩公稱其句因作竹暎杏花畫三蝶相從以寫其思其孤以憲辱公之㫖遂泣血請銘銘曰

五曜垂晶　孳山降靈　鍾兹間氣　瑞我昌庭
邁物生象　乘機肖形　情通肸蠁　思入微冥
顧陸遺蹤　賁張徽轍　芳塵寂寞　妙迹無絶
故筆空存　神毫永輟　千齡万祀　慘澹夷滅

修已爲畫苑名家而圖畫見聞志圖繪寶鑑諸書皆闕而不載惟杜荀鶴松窗雜記載開元中有程修已

者善畫元宗問牡丹詩誰為首出對以中書舍人李正封詩曰國色朝酣酒天香夜染衣上嗟賞移時誌載修已卒於咸通四年上距開元末年凡一百二十二年杜記時代亦似未確修已事蹟見朱景元唐朝名畫錄修已冀州人此誌未載其鄉貫名畫錄云祖大曆中仕越州醫博士父伯儀誌云祖鳳婺州文學父儀蘇州醫博士所載互異以誌為確名畫錄云周昉任越州長史修已師事之凡二十年盡得其妙應明經擢第誌僅載其舉孝廉來京師以待詔畫院得官則非以科第進也名畫錄云大和中文宗好古重道以晉明帝朝衛協畫毛詩圖草木鳥獸古賢君臣

之像不得其真遂召修已圖之皆據經定名任意採
掇由是冠冕之製生植之姿遠無不詳幽無不顯又
嘗畫竹障於文思殿文皇有歌云良工運精思巧極
似有神臨窗時乍覩繁陰合再明（一作臨窗忽覩繁陰合再盼真假
未分）當時在朝學士等皆奉詔繼和二事與誌同不及
名畫錄之詳撰誌者為詩人溫庭筠子憲誌云大和
中陳丞相謂陳夷行也陳夷行之相在開成三四年
非大和中夷行及李商隱唐書皆有傳李遠字求古
大中建州刺史新書藝文志有集一卷昭獻文宗廟
號章陵文宗陵名懿安太后憲宗后郭氏也丞相衛
國公武宗時宰相李德裕也修已所評諸畫家周昉

張萱韓幹皆長安人昉萱以人物勝幹以畫馬名吳道子善畫鬼神楊庭光與道子齊名善寫仙佛像許琨開元中以畫人物名皆見歷代名畫記誌中世字凡三見皆不缺筆惟蝶葉二字仍改某作枽是誌磨泐過甚幾不可讀今細為審識所缺者才數字耳昔人云思誤書亦是一適錄畢爲暢然者久之古誌石華

按程修已畫名盛著以陳夷行薦受知於文宗歷文武宣懿四朝凡三十餘年開成四年八月葬文宗元聖昭獻孝皇帝於章陵大中二年十一月葬懿安太皇太后郭氏於景陵皆奉詔書冊工草隸筆跡幾與右軍相亂又與李商隱溫庭筠交遊時

有沈約謝朓之目則固善書能詩藝兼三絶不獨
擅長六法已也朱景玄唐朝名畫錄稱修已列妙
品第四冀州入祖大原中仕越州醫博士父伯儀
少有文學畫東封圖為時所寶修已兼工寫真人
物鞍馬花木草木鳥獸古賢士女真仙佛像山水
竹石與誌詳畧互異又名賢畫錄唐大和中文宗
好古重道以晉明帝朝衛協畫毛詩圖草木鳥獸
古賢君臣之像不得其真召修已圖之皆據經定
名任意採掇由是冠冕之製生植之姿遠無不詳
幽無不顯誌所謂畫毛詩疏圖藏於內府是也刓
泐處當即昭憲二字全唐詩文宗題程修已竹障

注云修巳冀州人學周昉書嘗畫竹障於文思殿
帝賜以詩朝士皆奉詔繼和與此誌並合惟修巳
評畫於周張楊許皆有微詞後人以爲學昉殆非
所願耳又唐詩紀事全唐詩話並載文皇好詩大
和中賞牡丹上謂修巳曰今京邑人傳牡丹詩誰
爲首出對曰中書舍人李正封詩天香夜染衣國
色朝酣酒時楊妃侍上曰粧臺前宜飲以紫金盞
酒則正封之詩見矣今紀事文皇誤作明皇詩話
程修巳誤作陳修巳皆可据此正之集賢直院官
唐六典集賢殿書院有書直書直官爲直院開元
十九年奏定太子春坊中舍人正五品上職擬中

書侍郎親王府長史從四品上掌統理府寮紀綱職務誌云七為王府長史題以榮王府者從最後書之餘不可考唐書宗室世系憲宗二十子榮王憒嗣王令平誌詳程氏先世而不及里居篆蓋題廣平程府君文宗詩注及名畫錄皆云冀州人廣平郡在唐乾元後為洺州與冀州並屬河北道程修已當是洺州人本其舊望故稱廣平因屬禹貢冀州域故亦曰冀州修已卒於京師未歸葬誌歿於□國里國上刓一字宋敏求長安志朱雀街東第三街南有昭國坊即此里也杜荀鶴松窗雜記載開元中有程修已善畫為元宗誦牡丹詩開元

當是開成之誤元宗當是文宗之誤溫憲庭筠子登進士第光啟中為山南從事古誌石華所載與此多異字彥立彥作景幼而重固重固作英敏姿稟天錫作天賜擊其對擊作為撫掌大駭作愕然大駭圖其形宮中作圖形於宮中因自為詩自作別畫毛詩上作昭憲二字此缺寶張舊轍賁作李妙迹蕪絕絕作沒又書帖三幅筠清館本無帖字寶張舊轍寶作曹陸增祥志

功曹叅軍劉仕俌墓誌

石縱橫各一尺九寸二十行行二十一字至十九字不等正書在陝西咸甯縣

唐故朝議郎守徐州功曹參軍上柱國劉公墓誌銘
御食使登事郎上柱國賜緋魚袋張悉撰并書
公諱仕倩字玄同彭城人也　祖諱光奇開府知內侍
省事父皇諱英閏特進　太夫人楊氏　妻張氏先終
公有二女長適田氏次適張氏二男曰壽郎先逝次曰
齊宴年十二公氣含清韻獨異貞姿業廣藝深事皆天
假孤標狀鶴松之拔眾林朗質若秋蟾之懸碧落溫恭
克己節儉修身順協于家忠貞于國公寶歷二年六月
五日奏授出身累叅選序數授令丞後任徐州功曹叅
軍公紀綱一郡掾理六聯清貧而吏靡忍欺單步而人
懷其惠操心政理美譽溢彰枳棘非鸞鳳之所棲百里

豈大賢之所任公性親㐫與志慕雲霞朝披黄老之書暮覽南華之要請齋每獸（餌）餌既歸元身既離於俗塵名之著於紫府公咸通七年十二月一日終於輔興里春秋八十矣八年正月廿五日葬于長安縣龍首鄉祁村嗚呼寒暑忽侵纏綿數載針藥無瘳百齡斯泯嗟夫盛衰生死實可痛哉乃爲銘　波瀾不息　逝水孱孱浩浩悲風　摧□何遄　千生永訣　一往無還

咸通八年正月廿五日

誌敘仕備之父曰皇諱英閏特進皇字當是衍文特進乃其官階太宗昭陵陪葬諸碑内豆盧寬碑額曰唐故特進芮定公之碑不敘其由某階特進某階亦

此例也又撰書此誌之張元夘署銜曰登事郎唐制
初入仕版者由將仕郎進授登仕郎後劉遵禮誌所
云開成五年授將仕郎會昌元年授登仕郎是也此
云登事郎疑是筆誤誌中宴作宴聯作聮侵作侵公
寶歷二年公紀綱一郡公性親元與三公字皆可刪
公咸通七年此公字當作以古誌石華
按劉仕備墓志銘嘉慶中出於長安張冡撰書字
書無冡當即冢字變體作冡省文作冡也上柱國
正二品勳官朝議郎正六品上上州諸參軍從七
品下御食使即正九品之尚食唐職官志正八品
上有給事郎正八品下有徵事郎正九品下有登

仕郎而張家散官結銜作登事者或避仕俌諱故改仕為事耶並帶上柱國勳高職卑殆即舊書所云以門蔭結品參差不定者歟輔興里即輔興坊在唐城朱雀街西第三街修德坊之南頒政坊之北見長安志龍首鄉在今咸寧縣南龍首原上仕俌咸通七年年八十蓋生於德宗貞元三年冢古誌石誤作元勿二字殊誤又入懷其惠操心政理二句缺其惠操三字名定者於紫府句缺者字可据此補之陸增祥志

盧夫人崔氏墓誌

石高二尺九寸廣二尺七寸三十五行行三十六字正書在河南洛陽縣

唐故太子司議郎分司東都范陽盧府公夫人清河崔氏祔葬墓誌銘并序

外甥鄉貢進士李邃撰

有唐大中景子歲建巳月廿一日太子司議郎分司東都范陽盧府公諱約遘疾歸全於東都依仁里之私第享年六十其年十月十五日窆於河南府河南縣伊洛鄉解賈村　先塋之側禮也外甥太原王疑已書德業官序于前誌詳之矣　夫人清河人也　曾祖著皇河南府士曹叅軍　祖褒　皇河中府戶曹叅軍顯考丕　皇虢州湖城縣令　顯妣范陽盧氏　父璀皇河中口尹山東士族例以脩持門閥比校姻媾為

光大如　夫人之內外若仰昊穹而望烏兎俯軒檻而
聽笙鏞有耳有目者皆知其明麗清響不可得而侔矣
夫人禀性和柔志惟口順詩書刀尺皆臻奧囩年十
八歸于　我伯舅時　伯舅方著芙稱較藝春闈　外
王母在堂　夫人奉温清籩豆之儀主逢迎酒食之費
孜孜不怠禮無遺事親戚到者輻湊如歸洎　先姑捐
館司議府公終制之後以塵甑縈慮遂捨志業從知於
故相國盧公鈞辟居版圖帨首畫閫三府賔席　夫人
皆能輔佐嘉謀以彰　令範既而　司議府公同自漢
南赴辟山北途經洛汭獲覲　慈親然以　先夫人
穟居暮年惸獨無託終鮮在念更切晨昏因捨行車就

家伊北遂與　李氏伯姊同奉甘滑朝夕承　顏無違
勝息旋屬　司議府公修聘淮海道中疾謝職還家退
休林口而　夫人憂切之心履形於色故衣不重綵食
不兼味內以節儉自持外以溫和順適甆僮玩具以
奉藥餌辛勤積年未嘗以嬴之分意以故　司議府公
雖抱沉疴獲安頤養事無撓志慮不及家貲　夫人明
敏賢行之所致也遄以禍及移天釁鍾所恃未期而
李氏伯姊繼掩夜泉　夫人抆血號天形神靡託因
茲冤憤沉頓成疾永懷　先舅姑龜兆未從尚寄秦隴
司議府公違裕之晨寄託所重外甥玉凝其聆哀懇
同為主辦並感遺言　夫人扶疾親臨遽忘疼苦既竭

精志禮物遂周遠奉　奄歹來歸　故望婦道斯顯孝
德備矣六親欽矚舉族師資宜乎福善無窮慶流遐世
豈謂竟以舊疾所縈終徵要毉秦毉莫效天道杳冥以
咸通六年乙酉歲十二月六日奄鍾易簀之歎於東都
集賢里第享年五十六至丁亥歲二月二日龜筮告叶
遂遵於防之禮　夫人秉坤順之富謙光之義孝行仁
淑四德克備未列魚軒之貴攀居石窌之封長縈疾瘵
以至數窮豈天命耶　夫人兩女皆孚　二子嗣岫各
讀書爲吾力務追脩於公之門期有以待旋值背烏時
遍庶事未周寢苦絕漿泣血惶惑乃相顧言曰我外兄
王凝方金章紫綬剖符列郡外兄李遂弱經亂史樓志

林泉不若丐□翁於□輔徽銘誌於長水翊日遂遣僮僕星馳雨地　王公果脫驂以賻之遂跪捧哀詞□孫竟夕乃自思曰況困名場垂二十載無路遷鶯終隨退鷁矧方覺懸磬既無機杼之贈又仲弟叨忝吏接榛栗之榮因追　渭陽之恩慈感朗陵之荒懇遂齋戒沐浴泣石銘曰　懿行崇高兮淑德無比　秦晉好合兮山東具美　未臻榮貴兮家道屢空　不享遐齡兮悲風西起　昔諧琴瑟兮積善所履　令並松楸兮聖賢遺旨　佳城再掩兮永永年祀　唯有音徽兮騰芳不弭

姪男鄉貢進士嵩書

按盧約夫人崔氏祔葬墓誌銘甥李邃撰姪男嵩

書嵩名而不氏未知崔盧誰屬以名義推之與嶠岫相從嵩為盧嵩即約之從子也夫人先世清河崔氏唐書宰相世系清河小房岐州刺史秀秀子耆耆子褒褒子丕並與誌合盧公之葬以大中景子十月為宣宗十年夫人祔葬以咸通丁亥二月為懿宗八年相距凡十二年也

高壁鎮通濟橋記

石高三尺二寸廣六尺七寸記三十二行行二十字至二十五字不等題名十九行行字不等並行書在山西霍州靈石縣

河東節度高壁鎮新建通濟橋記

蘭陵蕭珙撰

粤兹雄鎮實河東軍之要津封接蒲城當舜夏墟口[illegible]地有關曰陰地有亭曰鴈歸因晉川之一隅通汾水之千派金流洶湧林麓森沉東控介巒西連白壁峯巔方仞壁峭千尋足食足兵有威有固則代郡鴈門何越之有至若駟騎星馳華軒雲湊往返駢闐者皆

中朝名士悉憇駕於鴈歸亭未嘗不題藻句紀年代也西南崧門洞豁逕通千里巖巘隱映口輸礬者居焉口瞚遺運者衆混流箭激不可渡之雖有葉舟過者懷趑或覆溺豁人或駐滯遊子凡經渡者咸有咨憤之詞伏

會

兵馬使清河張公領是鎮初有闕城居人百姓等偕詣

柳營請剏建長橋以導達津阻

公挺雋人表導全禮樂器兼經濟才爲時生深惻隱運

良籌允所陳而名節級僉曰吾北離

旌㮣南過斯軍致舟車不便衆有暨容胡爲闕河宇人

矣遂請嘗鎮咸通觀音院主法大德普安□勸□葺結

聚青凫兼自減月俸以咸通九年戊子歲五月九日興

良工政綱條畢能乘時遂便自利出材勉爲甘言賞勵

短匠不日畢成是橋長一百尺闊一丈五尺下去水四

十尺搬置門屋立鏁鑰安華表柱俾閽者潔嚴掌鎋署

其名曰通濟其南有古之曾氏石橋雖名揚寰海而

通濟之義莫大兹也由是自華亭闢虹梁飛鵲脚架雲

棧迴朱檻化螮蝀於洪波騰華鶴於朱户炳煥方面蓋
以壯
皇家天外北門之咽扼耳曩者亭際中流有恠石蹙浪
聲砰轟若雷霆震而不息兩堤人口辯其言音狀有蛟
螭潛處其下居者嘗虞罕覩其禎咎
公以建橋之日奠觴酒祝之其聲頓止是口口覩凨振
俗垲應昭彰故得磊落妖聲潛弥水府以表
我公之勲業巍巍乎愚才非敏達得不紀口殊績載綴
斯文用刋貞石是十三年壬辰四月十五日紀
節度衙前兵馬使勾當關鎮務銀青光禄大夫撿校太
子賓客上柱國張諗

儒林郎守靈石縣令路誨
承務郎行靈石縣主簿裴口
軍判官宣德郎試汾州長史馬瞻
十將雲麾將軍試殿中監梁季真
權副將陳之戩
勾押官齊順
押衙李公成　康少千　秦元貞　范君政　馬士
虞候許敬立　常宗約　秦行和　趙存實　張元茂
將虞侯任琳亮
押官盖公茂　曹琳顏　田伩
庫官趙文晟

印官安季駈

使官楊元信　范元操　王憲文　王宗禮　辟懷茂

蔡全

權押官張從佐　薛□□　衛義深

檟巡張公素　儀季穆

稅木官儀季程

粮料官高弘

行間官季公亮

直頭康少晟　王國忠

行官蔡全真　王太敢　□義宗　元君集　温行初

秦君立　賈宗慶　衛元實　張重實　任行恭

張敬武　李君雅　王文亮　盖從諫　封建忠　韓

公亮　張元順　秦士和　邊慶

城局鄒行深　邢懷寶

小巡李文緒　霍元政

橋門子劉行周　王太和　孫恵

應諸火山施主筭孔　李武　張楚　表季用　張從諫

張從亮　唐元迪　武元晟　瞿建　王忠順　張

閭江　王忠政　陳約　王慶　李弁　武憲　張政

王弁　儀和　李愜之　順闞宗　梁晟　范元真

許賀　郭維則　李宗　許義　張文則　郭亮

傅懷亮　牛楚　劉亮　蔡璽　蔡斌　蔡恭　蔡宗

秦行方　靡弁　秦訦　任□　任恭　秦迴　籍
榮　張公緒　張岌
造橋邑長前石州押衙□□録事范楚
邑人范隣　李再亮　張茂貞
都勾當造橋法學沙門普安　禮經僧應堅
都料匠王恭
老人賈公亮　李元晟　李公緯　衙李武　藍慶
鐫字人缺下
按河東高壁鎮通濟橋記蕭珙撰行書書人不著
在山西霍州靈石縣令龔陘道華州王公志謝宰
靈石時拓寄靈石唐屬汾州霍州唐霍邑屬晉州

唐時河東道河中節度使理河中府蒲州改置管
州五晉州屬焉河東節度使理太原府太原晉陽
二縣郭下管州十一汾州代州皆屬焉晉水出晉
陽西南東南過其城注汾水西南至汾州一百七
十里汾州靈石縣北至州百二十里汾河在縣北
介山在縣東白壁嶺在太谷縣境而當此高壁鎮
之西記稱河東要津封接蒲城管川一隅汾水干
派東控介巒西連白壁以兩唐書及元和郡縣志
分證之可以得其形勝代郡鴈門北方之險有盧
龍飛狐勾注天下之阻所以分別內外記言高壁
之險固何越鴈門蓋亦當時雄鎮矣記又云松門

巖巚輸礬者居焉則是鎮西南爲産礬之所惜當
時諸史未得其徵嘗見元豐九域志晉州城南有
煉礬務慶歷元年置西北七十里有礬山霍爲晉
屬靈石又與霍近當是毗連數邑皆有礬山此記
既及輸礬則唐時已開礬務不始於宋仁宗之世
也兵馬使清河張公即張諗節度衙前兵馬使勾
當關鎮務與軍判官當由節度所辟未詳官品舊
唐書職官志銀青光祿大夫從三品文散官太子
賓客正三品文職事官上柱國正二品勳官宣德
郎正七品下承務郎從八品下儒林郎正九品上
並文散官州長史正六品下諸州上縣令從六品

上主簿正九品下十將雲麾將軍者十將軍散號內有雲麾武散官殿中監職事官並從三品副將者當即鎮將之副上中下鎮將皆有鎮副上鎮副正七品下中鎮副從七品上下鎮副從七品下曰高壁鎮曰通濟橋曰陰地關明一統志縣南二十里汾水西曰鴈蕩亭曰松門曰魯氏石橋曰咸通觀音院皆足備輿地之勝張諗諸人亦志職官者所必録也

録事趙虔章墓誌

石縱橫各一尺二寸二十三行行二十字正書在陜西咸寧縣

唐故前河南府録事天水趙公墓誌銘

樂安孫溶撰　吳興姚紃書

嗟夫瑞雲將布俄散彩於晴空皓月正圓忽摧輪於天上即知吉氣難駐祥光易虧非唯動息之所贍實㸃神靈之所歎何殊俊造奄及泉臺將紀嘉猷難申執筆公諱虔章字敬龔京兆長安人也昆仲四人歡侍左右公異才也量崇大節不愧小慈禮樂生知敏擬天受視扶空之蠕棟不足崢嶸觀截海之螭梁未為硉兀鳳鶴寫雍容之質氷壺灑洞澈之風纔及弱冠之年寵授糺冑之貴莫不清兼洛水秀合嵩雲譽滿東畿名傳西闕必謂壽菩五千之仞榮稱百万斯年何期清史而猶未摽竒黄泉而已為歸路嗚呼天虧一柱嶽折高峯

斬虵之劒刃剛摧射猿之雕弓絃断並雲銷於瞬息方
月鞅於逡巡比逝賢良未足為痛以乹符三年九月六
日告終于平康里私第而丹旐言旋蓍龜告吉擇用其
月廿日葬于萬年縣[寧]安鄉三趙村祖之塋側也今
則泉路永塞逝水不還慮陵變遷略紀貞石其銘曰

肅肅令德　雍雍至仁　玉質纔成　氷霜始新
謹孝無比　忠貞絶倫　於家克儉　於邦克勤
詎料花發　風起清晨　來飄蘂謝　紅香浸塵
龍城之側　灞滻之濱　一葬其中　三趙為隣
風悲雨泣　慘骨傷神　泉門永固　千春万春

元和八年馬廿三娘誌云恐陵變遷乃紀銘云大和

四年吳蹇誌云金石靡刊孰紀陵之變此誌云虛陵變遷略紀貞石三誌刻不同時陵下皆脫谷字而唐代國諱無避谷字嫌名者不知三誌何以同脫此字

古誌石華

按趙虔章墓誌銘題云唐故前河南府錄事天水趙公宰相世系表天水趙氏代王嘉子趙王公輔之後世居隴西天水後徙京兆表不載虔章無由悉其先代百官志西都東都北都皆有牧府尹少尹其屬有司錄參軍事錄事錄事四人從九品上掌正違失涖符印誌稱寵授糺曹之貴即指河南府錄事故云譽洽東畿其職掌正違失故云糺曹

亂即紀也萬年縣豐安鄉三趙村即今咸寧縣南十五里三兆社趙兆音近而訛杜有鳳棲原韻新爵公撰鎮勒滂碑豐安鄉鳳棲原亦其地也此石道光中出土及門頤小雲精拓米所時拓者來訪碑錄未載采之譌補縣志

金石續編卷第十一終

金石續編卷第十二　唐　五代　十國

武進陸耀遹纂　太倉陸增祥校訂

唐九

開元寺隴西公經幢讚

幢高四尺八面四正面各廣六寸五分六行四隅各四寸五分四行行三十八九字不等正書在直隸易州

當州市老奉為

太守隴西公政理衆造　尊勝陁羅尼石幢讚并叙

軍事衙推文林郎前守滿城縣令王悚撰

上谷郡扼燕趙之中樞標河山之壯觀俗惟獷得兵本

驍雄苟非正人孰董斯任洎

天子憂邊乃心北眷爰命
隴西公付之是理　公承榮鼎族積慶　庭闈　勳功
倚天寵賢蓋代莫不銀黃照路棨戟盈□（以上第一面六行）列
藩翰以推才非由叢援繼軒裳而受　命盡出忠貞惟
公器能迥拔乎萃實為世濟其美□不乏賢昔荀氏
九公大誇晉室楊門五組獨耀漢朝方之寵榮諒有慙
德況　公玄才憪識應物知機洞教化之根源導生靈
之骨髓內足以關提聲教翊贊　謨猷扶　社稷之洪
基外足以戡定戎夷恢張土宇壯　皇王之大業
始者褰帷問俗露冕觀時須政事於六條績綱盡舉播
威（以上第二面四行）聲於十郡異化斯彰且楊震懷金徒為克

傎胡威賜絹未曰清貧弃無益以功成賤易物而㞐足刑期不濫劉寛何貸於蒲鞭信及無私郭伋詎慙於竹馬由是西臨朔塞北拒胡塵或刁斗晝驚或烽煙口起雖軍兵示勇壁壘爭雄而烽燧難防犬羊易擾　公乃增崇雉堞克濬池隍須月俸以具口粮伺農隙而興畚築覺功命曰廣事庀徒楚令尹以立沂城方之未重趙宣子之臨晉國比此攸輕而又創脩馬軍營別立防城院當講武論兵之地實曰訓齊在夸戎耀狄之秋何妨致脩沉機內設妙畫斯彰矗脩廡以連雲敞橫軒而對日文楹乎映藻井交分既大壯於軍威亦允陳其師律至若武賁鼂屓鐵騎夜翹森皴棘以霜攢

剩　右上六行　三面

□轓而岳立精而養銳習以程功連營懷□□□□
□□射鵰之勇頊以苗蟆作厲萊騰興灾致比户以流
離當數年之耗竭加以横征重斂冈□□□□□須
何嘗曠日　公乃大敷仁愛深軫疲羸一年而俗阜時
康再歲而家給人足自然□□□□□雨知期隴多合
穗之祥川有還珠之媚市無易賈農不遷業將畏愛以
兼行在恩威而畢□以上四行第四面　高樓□□□貨貴而如
山廣陌長衢沸歌鐘而若市既庶且富樵樂無荒昔為
獷戾之邦今作繁□之地部父杜母□自前聞羊字賈
名仰為虛稱市老□謂曰夫百姓不能以自治是立
君以治之　明君不能獨治是為臣以佐之□

公之賢其孰能繼誠歎詠之不足述賛呼以無窮口口
口口口阤羅尼幢立在 開元寺上以光昭 懿績次
以顯答 休思是宜刻石傳功懸文著美將依妙法式
賛 嘉猷且釋氏廣慈敬之門開緣果之路慧燈長照
法海前流三十三天共結青蓮之會百千万 佛咸
覩白馬之經況妙盡雕鐫功窮篆籀藝 以上六行第五面 鳳
㠗似倒龍宮鳥跡垂文如窺貝葉晴峯迥映便同靈鷲
之山曉木傍臨宛是祇陁之樹莫不金龍護助寶刹莊
嚴增壽劫於恒河布福田於淨域天長地久將垂不朽
之切万古千秋永保無疆之慶讚曰
巍巍 我皇 膺圖受命 挺生間傑 生時翊聖

百氏丹青　九流龜鏡　四岳惟頼　六條斯正
理若砥平　心如口静　對以觸邪　亘不容佞以上四行
第六面　人惟愷樂　境絶紛争　獷戾懷柔　惇婆遂
性　禰袴興謡　倉箱起詠　爰崇妙法　用荅良因
奇功既就　衆願斯申　規模盡妙　彩飾如神
千花卞映　七寶交陳　慈雲布雨　慧草留春　祥
煙八座　瑞鳥迎人　童女歡呼而塞路　齋壇戒潔
以清塵　将垂　懿範　永勒貞珉　唐廣明二祀
孟夏月九日記　開元寺沙門修一書　鐫人梁清閏劉居秦
以上六行第七面
銀青光祿大夫檢校國子祭酒使持節易州諸軍事

守易州判史兼御史中丞充高陽軍使上柱國李綖

攝高陽軍副使銀青光祿大夫撿校太子賓客榮

王府司馬兼御史中丞上柱國張建時

軍事判官攝易州長史將仕郎試太常協律郎

郭鈞

都押衙兼馬步都虞候石彥脁

討擊副使充軍城都虞候張罟言

左廂兵馬使吳棠

都勾當脩功德主衙城都虞候兼右廂兵馬

使王景芳以上四行第八面

按易州開元寺石幢讚乃易州市老為太守隴西

公造尊勝陁羅尼石幢於開元寺軍事衙推前守
滿城令王悚撰讚并叙寺僧修一書太守隴西公
者即幢後所書之使持節易州諸軍事易州刺史
充高陽軍使李繼也搨本八面備具無尊勝陁羅
尼蓋別刻一幢或同一幢而分上下兩截遂失搨
耳易州以易水名即上谷郡元和郡縣志易州禹
貢冀州之域周為并州地春秋屬燕晉戰國屬燕
趙秦為上谷郡漢分置涿郡今州則涿郡故安縣
之地隋開皇元年改易州大業初為上谷郡武德
四年又改為易州高陽軍在城內開元二十年置
管縣六滿城縣東北至州百四里僖宗廣明二年

七月改元中和此幢立於四月故猶稱廣明二祀通鑑僖宗乾符中王仙芝陷定州震驚河朔時連歲旱蝗耕桑半廢叙所謂蜂蠆難防犬羊易擾苗螟為厲桒臧興灾比户流離數年耗竭是也黄巢僭亂帝幸成都朔方數州尚為安堵故市老立幢以讚隴西政理讚叙為屬僚王悚所撰而沙門修一法書之美足與有唐一代智永普昌懷仁洪滿行滿從謙翹微大雅知祥温古靈迅懷素元應欽造無可齊操建初契元詞浩諸名僧並傳金石家從未著錄何也

董昌生祠記

摩崖高下大小隨崖書刻字大者徑尺小者三五寸不等正書在浙江山陰蕺山天王寺後

唐景第一行福元年第二行歲在壬子准第三行上闕節

度第四行上闕國隴西第五行上闕生祠堂第六行二月十

六第七行下闕山建立第八行下闕遍山栽第九行下闕口柳

第十行下闕

按唐書逆臣傳董昌杭州臨安人籍土團軍以功擢累石鏡鎮將率兵自領州事鎮海節度表為刺史進義勝軍節度使檢校尚書右僕射兼諸道採訪圖籍使累拜檢校太尉同中書門下平章事爵隴西郡王託神以詭衆立生祠刻香木為軀內金玉紈素為肺府冕而坐會稽錄董昌末僭時有王

守真者俗謂之王百藝生祠彫刻形像塑續官屬及設兵衛狀若鬼神皆百藝所為妖偽之際悉其幻惑吳越備史乾甯二年二月威勝軍節度使董昌僭稱皇帝建元順天國號羅平王表其事詔王討昌有云因憑生祠假陳妖異又云欲就蘐祠妄舉狐鳴之兆皆即指此昌立生祠唐書不詳何時何地觀此記則知以景福元年立於越州時昌已移鎮浙東以杭州授錢鏐也唐書義勝軍吳越備史作威勝軍攷五代史記吳越世家唐升越州威勝軍以董昌為節度使昌死改威勝軍為鎮東軍與備史合當以威勝為正摩崖剝蝕準下别行當

為勅建立等字節度上爲威勝軍國隴西上下闕

字則上柱國隴西郡王也

山居洞杜鵑詩刻

石高二尺廣二尺六寸二十行行十三字至十五字不等正書在廣西臨桂縣龍隱巖下

山居洞前得杜鵑花走筆偶成以□

桂帥僕射兼寄呈

廣州僕射劉公河間張濬

桂中籌策知無暇洞裏□花別有珍獨酌高吟問山水

到頭山景屬何人

伏蒙

僕射相公□□□攀和杜鵑花詩請□石□以□□

本乏□□別□絶唱復荷　發揚之□□□唐突□

愛特□　廷□□□□謹次□□兼寄呈

桂府僕射

前嶺南東道節度使下不可辨

碧□紅□合　洪鈞桂樹林前□獨珍莫戀花時好風

景

磻溪不是釣魚人

乾寧元年三月廿七日將仕郎前守監察御史

張巖書

唐張濬及嶺南節度使劉崇龜唱和杜鵑花詩二首

前監察御史張巖書乾寧元年刻寶刻叢編

右刻在臨桂龍隱巖下為水衝擊字僅彷彿可識案濬崇龜史皆有傳濬貶連州繡州均未至屋華州依韓建乾寧元年正依建時也崇龜為嶺南東道節度使亦未至濬詩當是寄桂帥轉寄崇龜者崇龜和章見全唐詩題云寄桂帥玩其詞意實飛答濬者廣西通志

金石略

按詩刻漶漫難辨廣西通志誤釋者不下四十餘字悉為更正

韋君靖建永昌寨記

高六尺廣丈二尺五十三行行二十九字正書在行在四川重慶府大足縣北山摩崖

金紫光祿大夫檢校司空使持節都督昌州諸軍事守

昌州判史充昌普渝合四州都指揮静南軍使兼御史
大夫上柱國扶風縣開國男食邑三百户韋君靖建
　軍事判官將仕郎前守静南縣令胡密撰
□□象緯降靈河嶽孕粹必能挺生人傑卓立功名爲
當世之　元勳作□□之巨屏苟非鑒識洞達機變
玄微孰能刱製奇功抑揚大節不有紀述□□□來
　我太守司空京兆公陶唐氏之遠裔漢丞相之後
昆裔組相繼□□□別　國史詳備家譜具存布在簡
書畧不覼縷公少藴大志長負□□□刻鵠之工徵恥
雕虫之技薄相時而動臨事不疑懷
貫日之精誠蔚淩雲之氣宇語　仁智則摽里罷説較

威猛則烏獲休扛鬭□□□心若子牟之戀　主從
軍立績同馬援之征蠻滅竈得孫臏之謀授筋秘留侯
之策揮劍即蛟螭潛伏彎弓而猿猱啼號加以月角衝
衢犀文戴頂視　意氣堂堂罕匹靚　神彩赳赳無雙
實命世之　宏材為一時之　英俊者也頃以乾符之
際天下騷然蝗旱相仍兵戈四起　公覩茲遐僻人不
聊生遂合集義軍招安户口抑强撫弱務織勸農足食
足兵以煞去煞泊黄巢侵陷京闕
鑾駕出幸成都四海波騰三川鼎沸韓秀昇勃亂黔峽
侵軼巴渝　公乃統率義軍討除逆黨值秀昇盡拋舟
檝圍逼郡城　公乃詳度機宜上下攔截依山排陳背

水布兵兩面夾攻齊心剪撲賊勢大敗我武益揚渝牧
田公備錄奏聞口忠節檢校御史大夫除拜普州刺史
適值川帥効逆　將臣專征　公乃收復合州絕其枝
蔓　恩旨加右散騎常侍除拜合州刺史洎鄭
君雄口口失律廣漢山行章尚書攻圍當川　故府
主太尉丞相顧公累降命旨頻招起應　公統領精銳
二万餘人虔告蓍龜中令士卒併破二十七寨煞戮万
餘口人大振　威聲　上聞
特授工部尚書拜當州刺史充昌普渝合四州都指揮
靜南軍使累加刑部尚書左僕射　公以臨郡歲久迺
思退居上表陳情

口口口口　詔旨褒奬特許量加金紫光祿大夫檢校
左僕射扶風縣開國男食邑三百户　公累銜
詔命口口兼衍政茂穎川　化光河内邑有倉箱之詠
俗多襦袴之謠求瘼之念彌堅除害之心尤切其於鰥
馭英傑取捨權豪重仁義如丘山輕金帛如泥〻憐孤
恤老濟弱扶危逆旅如歸遠奏鄭庄之驛遊人若市叅
登漢相之門其捄綴四方乃如此也每遇良辰美景月
夕花朝張絃管以追歡啓盤筵而名侶周旋有禮揖讓
無譁觴酒不空座客常滿王衍之氷壺轉瑩稽康之玉
岫彌頹其禮讓又如此也至若立功立事為　國為家
或坐運玄符或親提黑槊口掃凶徒謀必十全舉無遺

策其剛毅果敢又如此也當其賞功罰□□□□□甄
奬公勤黜弃私黨三軍感　德乃衆歸心其　恩威刑
賞又如此也□以江濤未息雲陣猶橫常厚斯脅左綿
戴寶奔衝遂府　使脒呼遁避檄征行然則士馬雖精
其如城柵未固思大易習坎之義徵王公設險之文乃
於景福王子歲春正月卜築當鎮西北維龍崿山建永
昌寨茲山也上掩霄霧下抗郊原矗倡長雲崒如斷岸
崖巘重疊磴道崎嶇一夫荷戈万人莫上芟薙草木相
度地形人力子來畚鍤雲至連甍比屋万户千門高亢
□□深□溝洫煙籠粉堞霞捧朱樓龍吟笳角之聲雷
動鼓鼙之響而又良工削墨大匠設規築城墻二千餘

間建敵樓一百餘所遐瞻天際非遍形之可同高倚雲
間豈屢樓之可擬其上即飛泉迸出深沼旁流崢嶸一
十二峰周圍二十八里盖造化之凝結豈金湯之比倫
况乎糧貯十年兵屯數萬遐邇臻休軍民胥慶耕織無
妨徭役不闕可謂一勞永逸有備無虞　公又於寨內
西□□□□□□□翠壁鑿出金仙現千手眼之威神具
八千種之相好施□□錢舍迴祿俸以造淨圖聆鐘磬
於朝昏喧讚唄於遠近所謂歸依妙門□□□□者焉
其軍中節級將校等深達機略博識古今皆是　公同
志弟兄異姓骨肉一心報　國勠力從軍咸奉
遲恩皆霑爵賞或官崇題劍或位列專城或榮授金貂

或職兼看憲雅符際會允屬　休明請列署名銜庶不
墜勳業密叨依　門館累戴　恩光學淺文荒紀
□□其未盡神愚智拙錄　美事而猶疎輒將鄙俚之
詞聊述□□之績將欲煥乎不朽傳之無窮遂藏斯文
乃鐫貞石大唐乾寧二年歲次乙卯十二月癸未朔十
九日辛丑記

下截

節度十將充千□□□義軍將盧井勝
節度衙前虞侯充□□□義軍將李思儒
節度衙前總管充□□□義軍將杜元倩
節度十將充龍□□□□□將唐叔儀

節度十將充□□鎮遏將檢校國子祭酒兼御史大夫
上柱國羅行舒
節度衙前總管充□□灘鎮將梁德昌
節度先鋒將充□□義軍將袁南澣
軍事押衙充□□義軍鎮遏將趙沛
節度十將充□□義軍鎮遏將趙公武
節度十將充□□義軍鎮遏將檢校太子賓客兼侍御
史上柱國袁義遊
節度十將充安溪義軍將檢校太子賓客兼侍御史上
柱國袁公會
節度衙前虞候充賴甘斜崖義軍將廖居璠

節度先鋒兵馬使充甘泉義軍將檢校國子祭酒兼侍
御史上柱國杜元立
節度先鋒兵馬使充來鳳義軍遏使檢校國子祭酒兼
御史中丞上柱國韋君芝
節度押衙充□□義雷鎮遏使檢校國子祭酒兼御史
大夫上柱國何榮　王彦昌
節度討擊使充歷山義軍鎮遏將檢校太子賓客兼侍
御史上柱國楊思及
節度摠管□□□□各義軍鎮遏將檢校國子祭酒兼
御史中丞上柱國韋君球
節度散□□使充龍歸義軍將檢校國子祭酒兼御史

中丞上柱國何膊
節度副兵馬使充防城將兼來蘓鎮檢校國子祭酒兼
御史中丞上柱國高孟球
節度副兵馬使充安溪鎮副將檢校國子祭酒兼侍御
史上柱國王公進
節度副兵馬使充進雲寨鎮義軍都虞候銀青光祿大
夫國子祭酒兼侍御史上柱國羅從順　韋義豐
節度副兵馬使充進雲鎮判官銀青光祿大夫國子祭
酒兼侍御史中丞上柱國毋從政　趙乾渷
節度先鋒充進雲鎮副兵馬使銀青光祿大夫檢校左
監門衛□□兼御史大夫上柱國韋君意

節度先鋒兵馬使充昌元縣界遊奕義勇使檢校國子
祭酒兼御史大夫上柱國羅元直
節度押衙充靜南軍先鋒都知兵馬使兼三州捕盜使
檢校左散騎常侍兼御史大夫上柱國韋君政
節度押衙充葛仙寨義軍使前陵榮州捕盜感化軍使
檢校左散騎常侍守左驍衛將軍兼御史大夫上柱
國李行瑄
節度押衙充龍水義軍鎮遏使檢校國子祭酒兼御史
大夫上柱國羅宗權
節度押衙充柳溪義軍鎮遏使檢校國子祭酒兼御史
大夫上柱國梁公璨

節度押衙充南峰義軍鎮遏使檢校國子祭酒兼御史
大夫上柱國王元朓
節度押衙充東流義軍鎮遏使檢校國子祭酒兼御史
大夫上柱國龍著
節度押衙充董市義軍鎮遏使檢校右散騎常侍兼御
史大夫上柱國伏芝進
節度押衙充永川界義軍鎮遏使檢校國子祭酒兼御
史大夫上柱國梁文備
節度押衙攝永川縣令充義軍使檢校國子祭酒兼御
史大夫上柱國杜元立
節度押衙充淩雲寨義軍鎮遏使檢校右散騎常侍兼

御史大夫上柱國牟省立
節度押衙充雲門寨義軍鎮遏使檢校國子祭酒兼御
史大夫上柱國張雅
節度押衙充四州指揮都虞侯進雲寨都團練義勇鎮
遏使檢校右散騎常侍兼御史大夫上柱國韋君遷
節度左押衙充四州都指揮副兵馬使安溪鎮遏使檢
校左散騎常侍兼御史大夫上柱國賈文潔
應管諸鎮寨節級
當州軍府官節級
節度左押衙充四州軍副押銀青光祿大夫檢校國子
祭酒兼御史大夫上柱國馮義箇

節度押衙充軍府都勾官銀青光祿大夫檢校國子祭
酒兼御史大夫上柱國王□□
節度押衙充左廂衙隊使銀青光祿大夫檢校左散騎
常侍兼御史大夫上柱國梁贇儼
節度押衙充右廂衙隊斬斫等使銀青光祿大夫檢校
右衛武將兼御史大夫上柱國李志
節度押衙充左後院隨身衙隊使銀青光祿大夫檢校
左散騎常侍兼御史大夫上柱國韋和銖
節度先鋒兵馬使充軍州都押衙銀青光祿大夫檢校
國子祭酒兼御史大夫上柱國韋壽
節度押衙攝昌元縣令充牢城使銀青光祿大夫檢校

國子祭酒兼御史大夫上柱國韋賓
節度押衙充左廂將銀青光禄大夫檢校國子祭酒兼
御史大夫上柱國□士章
節度押衙充右廂將銀青光禄大夫檢校國子祭酒兼
御史大夫上柱國□□德
節度押衙充左親近將銀青光禄大夫檢校國子祭酒
兼御史大夫缺下
節度先鋒兵馬使右親近將銀青光禄大夫檢校國子
祭酒兼御史大夫□□□□君幸
節度押衙充宴設將兼主兵十將銀青光禄大夫檢校
國子祭酒兼御史大夫□伯銖

節度先鋒兵馬使充後首將銀青光祿大夫檢校國子
祭酒兼御史中丞上柱國韋銖
節度先鋒兵馬使銀青光祿大夫檢校國子祭酒兼御
史中丞上柱國下缺
節度押衙充左元隨都押衙銀青光祿大夫檢校左散
騎常侍□□□□上柱國韋益銖
節度押衙充右元隨都押衙銀青光祿大夫檢校國子
祭酒□□□□上柱國趙師恪
節度先鋒兵馬使充義軍將銀青光祿大夫檢校國子
祭酒□□□□上柱國何璠
節度先鋒兵馬使充龍水鎮將銀青光祿大夫檢校國

子祭酒□□□□上柱國王伯章
節度先鋒兵馬使銀青光祿大夫檢校國子祭酒御史
中丞上柱國王伯格
節度先鋒兵馬使銀青光祿大夫檢校國子祭酒兼御
史中丞上柱國潘延矩
節度先鋒兵馬使充左元隨副將銀青光祿大夫檢校
國子祭酒兼御史中丞上柱國韋寶銖
節度先鋒兵馬使充右後院隨身將銀青光祿大夫檢
校國子祭酒兼御史中丞上柱國謝公彥
節度先鋒兵馬使充內院隨身副將銀青光祿大夫檢
校太子賓客兼侍御史上柱國韋公銖

節度押衙充義軍使銀青光禄大夫檢校國子祭酒兼
御史大夫上柱國韋君□　王彦芝
節度先鋒兵馬使充右後院副將銀青光禄大夫檢校
國子祭酒兼御史中丞上柱國韋宗銖
節度先鋒兵馬使充脩造將銀青光禄大夫檢校太子
賓客侍御史上柱國王□□　□□□　韋廸銖
韋彦銖　韋君貞　何彦曾　韋建銖　王伯球
譙珙　楊曾章
節度先鋒兵馬使充客將銀青光禄大夫檢校國子祭
酒兼御史中丞上柱國王彦昌　王彦□
節度押衙充主兵十將銀青光禄大夫檢校國子祭酒

兼御史大夫上柱國任缺下
節度押衙充主兵十將銀青光祿大夫檢校國子祭酒
兼御史大夫上柱國趙文　何□□　趙元進
節度先鋒將充主兵十將銀青光祿大夫檢校太子賓
客兼殿中侍御史上柱國□伯仙　梁廣
節度散兵馬充橫衝將銀青光祿大夫檢校太子賓客
侍御史上柱國何德　韋君要
節度先鋒兵馬使充左廂兵馬虞候銀青光祿大夫檢
校太子賓客兼殿中侍御史上柱國呂演
節度先鋒兵馬使充右廂兵馬虞候銀青光祿大夫檢
校太子賓客兼殿中侍御史上柱國杜文選

節度先鋒兵馬使充牢城都虞侯銀青光祿大夫檢校
國子祭酒兼御史上柱國吳士倫
節度先鋒兵馬使充壕寨將銀青光祿大夫檢校太子
賓客兼侍御史上柱國任公約
節度先鋒兵馬使充知市將銀青光祿大夫檢校太子
賓客兼侍御史上柱國□□□ 袁貞懋
節度先鋒兵馬使州補軍事押衙充通判官楊義貞
崔孟餘
節度十將充擁陣將銀青光祿大夫檢校太子賓客兼
侍御史上柱國馬三連 □公立
節度十將充都城局銀青光祿大夫檢校太子賓客兼

侍御史上柱國張□□　□□□　李文禮　楊南
照　王才順　韋延　鮮道仙　韋太仙　羅公舉
盧　□□□　□王士
司節度副使兼軍事押衙充左右兩廂都虞候牢城判
官蘇家□　李卓□　李德周
節度衙前虞候充兩廂都衙官杜審言　欽文勝
節度散兵馬使充右廂隊副將檢校太子賓客兼殿中
侍御史上柱國李□□　蔣文和
節度散兵馬使充左廂衙隊副將檢校國子祭酒兼御
史左丞上柱國楊思慶　□□義　董□
節度散兵馬使　右親近副將檢校太子賓客兼殿中

侍御史上柱國韋君□
節度散兵馬使充左親近副將檢校太子賓客兼殿中
侍御史上柱國韋公□　胡全
四廂散副將虞侯　陳忠武　陳敬釗　趙鑒　王文
縱　羅守雅　□□□　□□□　□□□　□□
□□□□　□□□　□□□　羅貴方　李琛
趙全　曹居藝
軍曹司孔目院
節度散兵馬使充廳頭開拆書狀孔目官豐瑄
節度散兵馬使充書狀孔目官李延祚　杜岡休
節度散兵馬使充廳頭開拆孔目官潘延嗣

節度散兵馬使兼軍事押衙專知迴易務郭宗
節度衙前摠管充驅使官闔行謚　劉珪　文獻直
賈較
縣官
軍事判官將仕郎前守静南令胡密
軍事判官攝録事參軍儒林郎前守録事參軍裴鎮
軍事衙推文林郎試大常寺協律郎前攝録事參軍文廓
軍事前推文林郎試左武衛兵曹參軍趙虔謙
按唐昌州刺史韋君靖建永昌寨紀功碑記静南
令胡密撰正書左行凡一千五百餘字前記君靖
勲伐後記建寨建浮圖並胡密自述紀撰之由也

唐書中和二年涪州刺史韓秀昇亂峽中與屈行
從斷峽路陳敬瑄遣兵討之為所敗敬瑄奏以高
仁厚為行軍司馬將兵三千討之仁厚聞賊儲械
子女皆在屯乃以銳兵泝江伐木積水礙舟道負
岸而陳使游軍逼賊夜以千卒持短刀彊弩薄營
火而譟之秀昇師州兵救火仁厚遣人鶩没鑿舟
皆沉衆懼執秀昇以降與此碑記情事符合蓋君
靖與仁厚犄角以破秀昇所謂依山置陣臨水布
兵兩面夾攻齊心翦撲殆指此也渝牧田公者渝
州刺史田洄也舊唐書稱洄平劇賊誠信廉能蓋
嘗以君靖戰功奏聞得授晉州刺史也川帥劾逆

將臣專征者楊師立叛高仁厚拒之君靖為之應援以禦師立也唐書中和四年東川節度使楊師立聞陳敬瑄以高仁厚代己怒移檄言敬瑄十罪殺監軍田繪屯涪城遣兵攻綿州檄劍州刺史姚卓支攻成都仁厚至德楊師立遣其將鄭君雄據鹿頭關以拒仁厚列柵圍之後師立投池中君雄斬其首以降為遂州刺史光啟二年仁厚據梓州絕敬瑄君雄亦隨漢州敬瑄使步將逆戰君雄死即所云失律廣漢也碑記鄭君雄下缺二字當是君雄官名山行章見十國春秋前蜀本傳山行章一名章陳敬瑄之亂行章拒高祖於新繁師敗復

為高祖破於廣都後降隸帳下有戰績乾寧四年授都押牙出鎮黎州即其人也故府太尉丞相顧公者顧彥暉也唐書乾寧二年昭宗在石門督顧彥暉王建赴行在建率兵二萬次綿州劾彥暉扱輜運回襲之彥暉不敢出但遣人塞建舟路建遂擊取巴閬蓬渠通果龍利八州李茂貞使子與元節度使繼密引軍救彥暉以擬東川蓋當時彥暉告急於君請為之出師所云統領精鋭併破二十七寨是也追乾寧四年華洪率衆五萬攻彥暉彥暉手殺妻子自刎而君靖所統之渝普昌三州皆為華洪所取矣君靖官閥甚顯而名不見於正史

此碑足補新舊書之略也景福元年壬子建寨乾寧二年乙卯勒石相距四年龍崗山在大足縣西北十里碑記以北山為龍崗山舊志則以西山為龍崗山城牆二千餘間敵樓一百餘所今無遺迹矣翠壁金仙即今之諸佛像是也所建浮圖即今白塔是也碑記又云軍中節級將校等皆公同志兄弟異姓骨肉列署名銜不墜勲業即碑下題名之百六十餘人內韋氏二十二人故云兄弟也靜南令胡密譔記名銜書前復署於縣官之列從官次也是碑歐趙皆未著錄惟王象之蜀碑記昌州榮昌縣唐韋君碑在北山乾寧二年靜南令胡密

撰韋名君靖象之誤以為韋君名靖故云韋君碑靜南作靖南亦與碑異大足縣志乾隆十五年知縣李德脩北山唐刺史韋靖於此置城脫去君字亦疑韋君名靖與象之同誤四川通志云乾符初韋君靖為榮昌令未知何據今通志以此碑入榮昌縣金石志中乃沿王象之輿地碑目之舊未嘗親歷碑下定為大足境内也嘉慶間武威張介侯進士澍署大足縣知縣訪得此碑長歌記其事二十五年夏過燿過於西安以拓本見贈因與往復考證亟著錄之

肇慶府乾圖鐘欵

鐘式未詳款陰文正書凡五行已多剥蝕惟二行尚有可辨高廣字數不計在肇慶府譙樓上

維乾寧肆年大歲丁巳玖月乙丑朔拾下不可辨

奉口行尚書六字不辨軍上柱國賜紫金魚袋此行通志未載

通鑑是年九月癸酉朔此鐘款云乙丑朔差凡八日考唐書昭宗紀乾寧四年五月乙亥朔七月甲戌朔以法推之九月不得有乙丑朔疑當時廣州端州有盧琚譚宏玘之亂唐之正朔已不行矣廣東通志金石略

佛遺教經殘字

殘石半方不及尺許二字至十字凡九行共五十九字正書藏江蘇陽湖董氏

可畏　不辨是　壞其善心　得也當念無常　乃可

安眠不出而　猒無相異也汝等比　其不能歡喜忍

受惡罵　過瞋恚白衣受欲非行道　以乞自活自見
如是若起

唐遺教經國初盛傳為王右軍書惟歐陽公識其非是余家藏石刻二千卷獨此經最為舊物蓋先公為進士時所蓄爾金石錄又唐貞元八年八月沙門法昭行書無量壽經在遺教經陰此石嘉慶中得於長安市上購而藏之南海吳荷政榮光見拓本愛其遒逸定為歐趙所錄就余索之時已為董生方立祐誠攜至京師余客閩中十六年紙搨之外盛藏石碣方立同好臨別固求余將南歸亦苦其縈重惟乞裹兩隋碑及唐鄭溫球志石餘任及門攜取方立於遺教外又得薛綱王

守掎女端三志石就其兄子詵農部基誌於京師不意其壽無石固也幸子詵善為藏庋其孤亦能讀父書棖觸前塵以悲以慰

裴行純造像銘

碑存上半截縱橫一尺六寸隸書二十行每行存十九字以銘詞四韻韻八字計之每行當三十八字在陝西西安府

唐净住寺釋迦文賢刧像銘 并序

朝下缺

蓋聞坤軸僊居爍熊光而西峙瀛環秘宇影鼇抃下缺物有變於阽危豈若地接王城門通鼎室黃山下缺下缺竅韻銀宮照日絢堯景而分爍理會真空規符化下缺顯報爰有河東裴行純冑啟膏腴姻連下空棣華而掘思承顏靡

託冈極之戀逾深同氣無依下缺門遽虧隣社故知毀形
涖滅未釋塵勞屨孝歸誠下缺釋迦牟尼像一龕并賢刼
千佛即於淨住寺供養下缺工鎣玉琱珉俯藍田而洞彩
千光萬字照京地而下缺乏鷲頭巳對難陁之室薰樓菌
閣還開末利之居下缺空終令欲火含清惠川澄映頂禮
歸其影説種相下缺林遊厨寘而可期瞻羅衛而非遠有
道成灑師者下缺清象極鑒虛體包觀露紐桀門之落搆
激俗諦之下缺難名玉豪韜聖覽聲塵而可紀况周王神
鯵尚勤下缺地之初故可史擂垂文用寫四禪之妙其銘
曰
惟波儛宗詞標有相豈如正覺義歸無量惠炬開下缺似

香爐神超緊衆妙極規模花關勝跡月寫真圖缺下照臨
八解疏池瞻顏頌德顯相標奇多寶非遙千缺下與覺樹
含芬禪河引泌義踰得一情期不二其四菩缺下重昏克明
方超苦岸永濟香城其五　文林缺下

按釋迦牟尼賢劫千佛象並河東裴行純造於淨住寺供養僧道成邊師所奉碑缺下截造象歲月與撰銘書碑之人皆無可考首行末存朝字末行末存文林二字當是撰書人結銜殘字前題唐淨住寺釋迦文賢劫像銘并序十三字畢氏關中金石記以淨住為淨慈孫氏寰宇訪碑錄以文賢劫為普賢劫皆誤淨住寺兩京新記長安志皆未載

不詳何地賢刧千佛即水經注引釋氏西域記言放弓仗塔國王有千子世所稱千佛是也

案余所得碑版有淨住寺千佛碑額題唐淨柱寺賢刧功德碑九字下鑴佛象廿列每列廿五區未詳所在疑即此碑之陰失拓下五列也柱住古字通 陸增祥志

千佛寺殘碑

在山西鳳臺縣廨

後梁

清泉禪院鐘款

鐘式未詳款六行行十九字至二十四字不等正書陰文在廣東廣州府元妙觀

弟子節度左押衙充府墻池內外副指揮使并都教練使銀青光祿大夫檢校尚書右僕射使持節端州諸軍事守端州刺史御史大夫上柱國利郃去天復二年十一月廿三日鑄造洪鐘壹口重壹阡斤於　清泉禪院供養永乞爵位高遷家眷興謐此時設齋慶讚託久未得題号今專差匠人周匡往鐫字開平五年六月三日

重記

鐘在廣州元妙觀梁端州刺史利郃去所鑄漢紀有利幾郃去豈其後歟結銜府牆池即城池曾南豐集韓公井䟦云楚故城今謂之故牆城改為牆者由梁太祖父烈祖名誠當時避之此云府牆池內外副指

撝使蓋司城隍之官是時梁進封劉隱為南海王依舊清海軍節度使清海軍為大府端州實隸之故郤去以州刺史而乞是官史稱開平五年五月改元乾化鐘鑄字在六月猶稱開平詒書未至端州耳廣東通志金石略

按朱梁避誠嫌名改城為牆考詳萃編開平二年鎮東軍牆隍廟記通志以利郤去為姓名予疑利姓郤名去字處下殆即去歲之義猶言往者曩者耳姑記之以俟考訖即訖字

檢校太子賓客王彥回墓誌

石高一尺五寸廣一尺七寸二十四行前題三十六字為一行餘行十九字至二十四字不等正書在浙

江鄭縣

梁故明州軍事押衙充勾管官銀青光祿大夫檢校太子賓客兼殿中侍御史王府君墓誌銘

羅浮山布衣蔣鑒囦撰

曾祖諱論　祖諱伯儀　父諱權皆任性傲世怡怡於雲水間能稟天爵不拘浮華之態鄉黨之美著于家諜

府君諱彥回字仲顏其先瑯琊人也

府君少則有明慧之稱長則有幹濟之術爰自歷職郡署勵繁任劇靡不洞達其理佐佑之績甚顯矣一旦俄遘沉痼奄歸厚夜噫乎生為強有殁兮奈無雖□□以如斯測常情則不尔私室且□公權仍重尔旻以得心

緬惟窀穸又焉無眷戀
府君以乹化四年十二月廿二日即世享年五十有五
以乹化五年閏二月二十九日歸葬於鄞縣盂巖鄉金
泉里禮也
府君娶東海徐氏乃句章之華族和鳴之道柔順愛敬
為親戚之所規仰育男五人長子充軍事驅使官兼衙
前十將廷規琳瑯其器孝行徹副之善尤可嘉矣娶激
海吴氏第二子充衙前虞候廷帆娶廬江何氏第三子
廷暉第四子廷裕第五子廷璿育女二人長女一適胡
氏一適楊氏孫二人翁兒婆子女孫錢婆嗚呼榮落之
期開彼定分平生之事瞬息而已松楸植如此蔽于佳

城永安陵谷之變幽冥之幸也銘曰

名利之競　孰能灰心　一此一彼

以古以今　奈何不可移者脩短　不可戀者光陰

悲乎人事　倏然昇沉　蕭蕭丘壠

猿鳥歸吟

誌中族作旋戚作慼世字凡兩見皆缺筆作廿譜牒

之牒通作諜又避世作謀此時距唐亡已九年矣舊

令猶遵足見人心尚有思唐者石華古誌

按王彥回墓志銘彥回明州人歷職郡署卒葬明

之鄞縣後梁時明州為吳越之地錢氏臣梁雖私

有天寶之號而國人皆從梁紀年乾化本梁太祖

朱温年號子友貞以二年即位仍稱乾化三年至
五年十一月改元貞明其年閏二月尚未改元故
稱乾化五年也鄞漢縣屬會稽郡魏晉六朝因之
隋省入句章唐武德四年析句章置鄞州八年州
發置鄮縣隸越州開元二十六年於縣置明州梁
開平二年更名鄮縣為鄞縣此當乾化之末改名
鄞縣已及八年彥回年五十有五則生於唐懿宗
咸通二年辛巳也任性傲世傲誤作傚諫即牒旋
即族猇即亂闞即闞澈海未詳十國春秋望海縣
吳越武肅王奏置後改定海吳越備史又作靜海
縣豈靜海復為澂海澂澂形似而訛耶石藏鄞縣

王師竹博士日井家黃支山孝熙桐孫拓贈父諱權黃氏吳氏皆作瓘儆世黃作儆世殆以文義改也歷職黃作庶職仍重黃作嵒重得忌黃缺忌字五十有五黃脫有字十將黃吳均作一將非徼海黃作渤海當不訛惟不宜改碑字耳榮落黃作樂熟能黃作孰號吟黃作號鳴陸增祥志

修南溪沚亭及九龍廟碑并陰

貞明三年三月在大荔

後唐

少林寺行鈞塔銘

裝本高廣行數不計
正書在河南登封縣

唐嵩山少林寺故寺主法華鈞大德塔銘并序

京左街敬愛寺講維摩經沙門賜紫處受撰

夫真如不變假澄湛以彰名俗諦有遷因去来而立号考真俗而雖異詢性相而何殊是知生滅之途古今恒式若夫性本神咨道維天與者即嵩山少林寺故鈞大德之謂也大德法諱行鈞俗姓閻氏鄭州陽武人也始自髫齓便鄙諠譁年十有四捐俗慕法依止嵩山會善寺西塔院法華禪師為和尚執持瓶缽日暮焚修誦法華經勵堅固志三度寒暑一部終畢其師深器之遂與落髮迨至年滿受具於本寺瑠璃壇自後遵講肆習毗

尼屢易炎涼奚然志在諷誦蓮經六千部遂卜居石城
山檀越信士欽承道德崇重行蔵於廣明庚子歳請住
少林寺乃曰末法住持無先衆設由是召募有緣脩
大殿首尾三載締構悉成而遇釋門澄汰遂從毀廢後
值口開佛法重勵身心復立殿堂兼塑佛事矧以一自
住寺罔輟諷經供養衆僧星霜四紀與慈拯物臨壇度
人咸德馨香道風遐覔士庶萬葵藿之敬僧尼傾歸仰
之心能事既周化緣又畢於同光三年七月廿日示滅
春秋七十八僧臘五十九本僧門人等依西國法荼毗
之薪盡火滅收其灰骨起塔於寺之東北隅禮也落髮
弟子宏省不遠百里命余叙其懿行辭避不已乃作銘

云　真如不變兮世諦推遷迷滯流轉兮達悟幽元釋宗碩德兮幼慕金仙住持嵩嶽兮載誕圃田兩脩佛殿兮不移平他長諷蓮經兮如一其志供僧臨壇兮聲譽遠被化終示滅兮今昔同致崇寶塔兮寺之隅播芳塵兮期罔墜

嵩縣弟子伯數人等

寺主宏泰　勾當脩塔宏省　典座宏緒　宏幽

宏起　宏昉　宏皐　宏超　宏遇　宏惠　宏悟

宏深　奉明　宏亭　宏宣　宏釗　宏遷　宏

讓　宏志　宏雅　宏鑒　宏受　法孫欽緣書已

上同建塔

同光四年歲次丙戌三月壬辰朔十六日壬申建

博士侯建鐫字　造塔博士郝温

壬辰朔則十六日值丁未是月亦不得有壬申誤甚陸增祥志

潁州開元寺鐘銘

鍾高六尺圍丈二尺八十一行行八字至十二字不等上截題勅大唐潁州開元寺鑄鐘一口重伍阡斤十六字並正書在壽州

大唐潁州開元寺新鐘并序銘

竭忠建策興復功臣金紫光祿大夫撿校太保使持節潁州諸軍事守潁州刺史充本州團練使兼御史大夫上柱國清河縣開國男食邑三百戶張廷蘊

鄉貢進士李璨撰

夫鐘爲聚器金曰從革懸于樂府可以諧八音施之檡門可以福群動凡立龍象例發鯨撞汝陰郡開元寺昔以兵草肆凌

本朝中否梵宇器具恒有闕焉未経刼火之次早曠應霜之韻忽有頭陁可詢𪍿蓬以至振錫而來言曰具願鑄鐘必斯境也

遂次弟行乞于里巷　郡守　上言降

勑俞允迨於碁載勿庸舟功是僧衆未孚其器執弗具郡主太保清河公稟維嶽氣槩授轂城兵書劒彩雄稜夜射星辰之色陂澄大量秋呑㶚滙之波以德禦姧

以刑静究民如子養道若砥平莅政之餘益敬方外欲
盛鎊
佛廟壯觀軍城仍利修崇央在鼓鑄因自為化首乃募
得居士丁仲欽者金分義路玉營情田出愛復于坦途
指迷津於覺道能令曲俗皆務聖回遂啓其謀特揆其
事設法誘勸閭群黎元賦入有差踰時畢集愚者怯於
謨始賢者勇于樂成聚銅僅百七十鈞與主過千万數
衆遠届睢水名諸倕工有匠人羅彦瓌博研其精先利
其器歲在無默律中黄鍾撰盈□之辰揮鑪冶之□士
民雲萃□　梵沸騰良金合土以告功洪鏞垂簴而待
扣不宼不撼截鏗戴鏘海魚奮形蟠蛟震吼昔夏王為

山林不若率九牧以成鼎今　穎侯樹因果有利賦一
境以建鍾般開于外則而民知启禁福覃於遠則其罪
停苦酸所貴乎
皇極之道克降生聚之安大頼偉哉懿軌無得而銘
立功立事　惟英惟賢　華鍾既闕　瀏器匪全
為我蒸民　寇彼良牧　爰募哲人　克崇景福
名乎晃氏　格乎佛宫　天地為鑪　万物為銅
鯨鯢歎浪　□□□聲　樓臺砰磔　金奏嘈吰
昏明有序　塗炭停酸　鏗鏘獲利　銘鏤永觀
長興三祀歲次壬辰十一月己卯朔十日戊子鑄
教化頭陁僧可詢

計度都維那丁仲欽
維那吳景
鑄鍾都料羅彥瓌
習維摩經僧元璿書
鐫字人史知溫李迟韜

鐫清館載有此碑怯於謨始謨作謀鑪冶之□□作耩良金合土土作采華鍾既鬬華作業銘鐫永觀觀作鐫非陸增祥志

父母恩重經碑刻正碑及兩側正書在山東圖陽縣

父母恩重經文不錄

大漢國兖州襲丘縣万歲鄉剛城村孤子孟知進□□
願□□三代先亡及父母造石碑及妻李氏同意發願
令得□□ 此行在經目之下
乾祐三年建立 此行在碑首之右
孤子孟進□疏記 此行在碑首之左

錢辛楣少詹云唐人好刻尊勝經名山古刹所在多有不若此經足動人慈孝之心也 山左金石志

後周

大雲寺修壁龕記

高一尺七寸廣二尺一寸二十七行行二十一字至二十二十五字不等行書在山東益都縣

雲門山大雲寺重粧修壁龕功德記

講經沙門眞峻述并書

伏自玉毫掩相求瞻覩以無由金像遺蹤藉修崇之可託且我佛住世莫久像教是依了達者位證三乘漸次者道隆五福伏以雲門山大雲寺者未可知其始建之時也因覽古碑云開皇年中曾有修建但以寺居峻嶺地枕長郊覩聖像之凌夷見精藍之荒廢近則雖興新構必知未稱崇基唯有壁龕弥多石像依俙相與隱映儀形風雨交侵頗損彫鏤之質歲華綿邈全無彩繪之蹤蓋事有廢興理關舒慘豈期今日獲遇信心　清門弟子彭仁福本貫浙江寓居海岱因安賜履未返三吳唯以夙懷善因早敦至信知修崇之可託明幻惑之不

堅是以廣造良因於諸蘭若此則因參遂寺獲覩古容遂乃慎選良工精求彩筆果得入神之妙再瞻如在之儀重新兩龕□□嚴飾雖遥柰□何異□峯一郡蒸黎盡起欲降之想四乘士庶頓生共敬之心諒此殊因必獲多福更有同會良友亦是鄉知各欲齊心助成勝事仍雕琴國以紀芳猷庶使万古千秋不泯增修之狀陵遷谷變常開化導之門如貞峻者跡忝緇衣辭慚黄絹常復斯言之戒敢述刊石之文益猥付非才而堅令叙録既難遑讓可免詣尤謹題

時大周廣順三年歲次癸丑十月戊申朔十八日

乙丑記

功德主吳越國前攝金吾衛引駕長史彭仁福
女弟子駱氏　長女大師姑　少女小師姑
同會弟子吳越國近恩院隊將銀青光祿大夫檢校
國子祭酒兼御史大夫上柱國湯仁厚
吳越國大程院隊將銀青光祿大夫檢校國子祭
酒兼御史大夫上柱國李□□
吳越國入五臺山送供吳會　布衣習碁張　崇
丈

按雲門山在青州府益都縣南宋趙居貞詩晚登
雲門山直上一千尺記所云寺居峻嶺也訪碑錄
載雲門山造像十四種開皇間刻記引古碑亦云

開皇中修建蓋即壁龕石像是也彭仁福本貫浙江移家海岱同會湯仁厚等皆其鄉知故皆書吳越國周太祖廣順三年癸丑時吳越爲錢忠懿王弘俶近縣院隊將大程院隊將其吳越職官與大師姑小師姑及布衣皆書之稱他碑所未見者

勑留啓母廟記

碑高四尺五寸廣三尺二十六行行五十字至五十三字不等額題啓母少姨中天大王行宮之廟十二字三行並正書在河南偃師縣

緱氏縣唐興鄉皇甫村

勑留啓母少姨廟記

鄉貢進士許宰撰　沙門比丘僧[illegible]書

宗周嗣位之二葉也
命授神宗
德符昊穹纘彼武功復乎淳風
皇教於是遐通車書以之混同異域咸賓遂〔邇〕格白環
之贄嘉祥自坐阿閣巢丹穴之禽焉覆燾之
洪均致烝黎之雍穆古由今也不其偉歟時有
縣尹外郎彭城劉公名煥字廣澤　故丞相譙國公
之元子也鼎鼐名家　公台令族奇姿碩德為時所稱
莫不〔弘〕其學以闡之高其才以文之崇其禮以飾之敦
其信以成之卧錦為
郎立事於

文昌宮裏握蘭就列馳芳於
建禮門中泊以清白不容權政所忌賈誼賢而見謫屈
平忠而自疉諒州縣之徒勞寔銅墨之非貴有以見拘
驥騄之足淹
社稷之才也先莅伊陽次　宰斯邑未嘗不督力任以
資賦庚數德惠以董遒逃除暴慢以恤惸黎亦好惡以
平獄訟下車而民受其賜莅事而吏伏其明三年之政
化大行百里之煩苛盡去屬
我皇帝翼翼萬機孜孜庶政為下民之草煢竈昏屬之
作災用止訛風乃須　明詔日當聰明正直以福及
人者則可以廟息宗禋或妖囬魑魅以禍苛人者則可

以持加剪伐式絕淫祀永作恒規粤是邑阜甫村有古
祠者即
啓母少姨之神也夫勝事𢡟猷神通靈應脩於嵩少二
室夲廟碑表載之也斯不復書又有
濟瀆神宇一所祔之爲誠彩仗之行宮復雷駕之別館
欒櫨穹崇而特起丹艧照灼以相鮮沓巡虹梁聳若龍
驤之状徘徊雉堞高倖矢立之形風來而蕙帳香生雨
霽而晴軒翠藹藹然妙繢遹跨神皐輪焉奐焉不可得
而論也廟貌嚴肅明靈暗通望之者敬由是興祈之者
福由是集稻粱黍稷春秋而遂布時羞絲竹陶匏庭砌
而遼陳商角是得歲時序風雨順生植暢田疇開人擭

國阜之豐里有謳謠之韻以作景福以助　太和人
之禱既如斯　神之應又如此於是下以利之事達
於上上以留之義
令於下斑基且廊廟壞弗加等靈光之獨存同甘泉之
但闕獲永薦奠得壯祠宫絜以祈恩馳特牲而可進固
夫磨掄任造景以頻移邑人牛敬鑽等欲示後生宜刊
貞石乃為見託俾述斯文中孚學不逮於古人詞莫窮
於前事徒抽馬卿之思强濡王粲之毫豈敢繁言庶存
實錄
時顯德伍年歲在戊午柒月拾貳日記　鐫字鄭科林贊

按後周紀世宗顯德二年廢諸寺無勅額者三萬

餘區此廟不在所廢故題勑留記稱慮脅爲作災
用止訛風乃頒明詔聰明正直以福及人者廢息
宗禋是也唐楊炯少室山少姨廟碑云少姨廟者
漢書地理志嵩高少室之廟其神爲婦人像故老
相傳啓母塗山之妹即記所云勝事芳猷神通靈
應備於嵩少二室本廟碑表嵩少二室爲少姨本
廟故以臯南村祠爲行宮別館而額題中天大王
豈當時勑額如此抑從世俗稱所未詳矣太平寰
宇記緱氏縣啟母少姨廟在縣東門外偃師縣啟
母少姨行廟在縣西南二十五里後周高祖以廣
順三年得風疾明年改元顯德世宗判内外兵馬

旋郎位故云嗣位二葉命授神宗

栖巖寺修舍利殿記

碑高五尺一寸廣二尺九寸有奇二十一行行三十六字行書在陝西蒲州

栖巖寺新修舍利塔殿經藏記

節度掌書記將仕郎試大理司直李瑩撰　張譪書

蒲城東南十五里抵中條山登山復五里屆栖巖寺隋武元皇帝藏舍利之塔廟也迩來因時因事或廢或興具諸僧史此不復載

我國家以聖繼聖武功成文德修恒思馭天下蒼生於富壽間其術在於擇長吏而已丙辰秋八月詔　今府主大尉移北庭節度鎮於蒲蓋北庭之能政聞于天而

逋之疲民渴于理也一之歲省案牘有節目不利於政
者咸去之二之歲訪井邑有風俗無益於民者盡革之
三之歲千里之地遠者近者公者私者熙熙閑閑各遂
其所屢欲揭碑表於九達之衢以揚　府主之化理
府主極詞以止之然方有暇於宴遊出處用示其成政
也己未春發中條憩栖巖山水形勝盡於歷覽顧謂賓
佐曰今之化人能令終夕之間佩服道德者甚為難事
佛之垂教使死豈刼出生死海登菩提岸較其功德實
懸天地而或縱其湮沒其如何哉嗟乎佛之像皃去世
逾遠其所遺者有舍利在今塔廟圮毁訖為平地我將
表餝之佛之言行著于經文今依山架龕嵐氣腐潤匪

朝伊夕磨滅無時我將嚴護之於是搜材索匠揆日僝
工始則搆高楹闢大宇乃壯乃麗軒如翼如所以覆舍
利也中則斲楩柟布龕室乃金乃碧輪焉奐焉所以藏
經文也觀其宏敞之狀固密之功雖歷永刼無虧崩之
憂次使衆生有歸敬之地論者曰佛之大教熾于正人
事立則民敬民敬則福生福生則清凈之緣結矣　今
府主以是福力興斯善緣復聞以少香少花一句一偈
者猶獲福无量而此覆舍利藏經文之功諒百千刼中
永為供養豈不以是法力助　府主之福歷百千刼亦
復如是者故瑩幸預賔階實聞時議况承　嚴命因敢
直書時大周顯德六年歲次己未九月癸卯朔九日辛

多磨首𨕖記

輸忠保節功臣河中護國軍節度管內觀察處置等

使光祿大夫撿校太尉行河中尹兼御史大夫上柱

國清河郡開國伯食邑一千户張鐸建

按此即首山之栖巖道場也史五帝紀舜耕歷山

注蒲州河東縣雷首山一名中條山亦名歷山此

山西起雷首山東至吳坂凡十一名隨州縣分之

吳

尋陽長公主墓誌

石高二尺二寸廣二尺四寸三十七行行四

十字至四十九字不等正書在揚州江都縣

有吳太僕卿撿校尚書左僕射舒州刺史彭城劉公

夫人故尋陽長公主墓誌銘 并序

将仕郎前福州閩縣丞危德興撰

夫甘露降醴泉生則知顯 國祚讖 明朝使四方服

我聖君度其時甘醴應瑞叶祥乃 長公主焉公主

則匹農楊氏 大吴太祖之令女 國家閨室之長也

太祖以劒斷楚虵手揮秦鹿建吴龍之宫闕復隋氏

之山河 功蓋鴻業變家為 國編史載籍其可盡乎

是知玉樹盤根鍾金枝而繁茂銀河通漢寫天派以靈

長將存碩大之詩必誕肅雍之德 太后王氏坤儀毓

秀麟趾歆才既諧與慶之祥乃産英奇之女即 尋陽

長公主也 公主遂匹降顯桂影騈華稚齒而聰惠出

踰笄年而才名穎衆既明且哲早聞柳絮之詩以孝蕭
蘊夙著梅花之頌　國家詳觀令儷用偶賢良敦求
閥閱之門須慕裴王之族　我彭城大御代承勲業世
茂英雄　先君首佳社稷於　吳朝尋擁麾幢於江夏
蹤是王孫鵠鷺迴出品流衞玠神仙果符僉議蓋標奇
於秤象遂應坦於牽牛潛膺坦腹之姿妙契東床之選
我公王輜軿降于天漢鸞鳳集於閨門在內也則班
誠曹箴克修女範配室也則如賓舉按罔愆婦儀奉蘋
藻以恭勤佩蓮蘭而栥馥常遜言而撫育每恪謹以事
親寬恕則僕綠不鞭娣姒則仁明是敘星霜歸換慈愛
無渝助　君子之宜家實諸侯之令室皆　公主之賢

達也而況敦睦氏族泛愛宗親不以宮闈之貴驕人不
以奢華之容傲物既而榮光內外道合鸞凰感吉夢於
熊羆肇芳華於桃李育男六育女六長子曰匡祚受鎮
南軍節度討擊使撫州軍事押衙銀青光祿大夫檢校
国子祭酒兼侍御史上柱國貌方冠玉才蘊鏗金雅承
慶於鯉庭叶好逑於虎帳乃娉于撫州都指揮使司空
太原王公之愛女也王氏以綵閣襲美蘭閨傳馨克奉
孝慈肅恭禮敬次曰匡業試祕書省校書郎光融氣秀
瑜潤德清纔親祕閣之風益顯　俠門之美聘　雄武
統軍潁川侍中之愛女郎陳氏爲雖通四德之規未展
二儀之禮次曰匡遠匡禹匡舜嚴老並幼而岐嶷志之

堅剛蘭牙即侯於國香驥子佇追於駿足長女年當有
字容謂無雙娉婷融薛槿之英姚孌叶絲蘿之詠適
柯氏柯氏受右軍討擊使詩書立性禮樂繚身鄧戈畫
營必[泂]遠大劉琨夜舞之建殊功次女納鍾氏禮鍾氏
器重珪璋材親廊廟入仕縷遙於宦路發軔必履於朝
庭任洪州南昌縣主簿喜氣雜通於銀漢雲車未會於
鵲橋次女四並天資柔惠神授冲和瑞彩瑤萼之華慶
稟瓊枝之秀爲非　公主義方垂訓秉範整儀峻清問
於　聖朝著聲光於　玉闕則以順義六年中春　太
僕卿自洪井副車祑滿　皇恩降命除郡臨川隼旟方
耀於章江熊軾俄臨於汝水入境已聞於靜理下車頃

肅於山川四郊而禳負逐鄉万井而飛蝗出境豈止懸
魚著詠佩犢推名可以與杜邵齊肩共龔黄並轡　公
主同監編轂內助　政經佐寀雖露冕之功賓察佁撫
巳之化或發言善諫則蕙馥蘭芳或靜慮深機則珠圓
月皎僻遷鬱將士皆欽如毋之瑤比屋黎巳咸戴二天
之惠豈料霜凋瓊樹月墜幽泉祥雲易散於長空彩鳳
難留於碧落嗚呼綠鬢方盛蕣顏未央俄夢蝶於庄生
忽貽災於彭殤爰從寢疾遂致膏肓賸理難明欻歸冥
寞何期天道曾不慭遺以順義七年七月廿六日薨于
臨川郡城公署享年三十八歲寘窆二十二春悲乎自
有古今不無生死奈其修短禍福難裁何神理之微茫

爲榮枯之倏忽　我太僕卿以鸞介隻影翩躚孤鳴痛
哽襟靈韻悲琴瑟自是　政行千里聲徹九重別擁
旌旄去迎　綸綍奉　親王之傳印　寵亞前朝
承　聖上之優恩榮超太古　公主權叢福地傍
揖魏壇而　大卿亟赴名邦　正臨瀛嶽諸子以情鍾
陟岵恨切茹荼哀號而泣血崩心踊擗而柴身骨立吁
嗟遐逐駭嘆人倫里巷爲之輟春士民爲之罷社則以
乾貞三年二月二日苻護　靈柩以其年三月廿四日
窆于　都城江都縣興寧鄉東表墅村建義里莊西北
源式遵封樹禮也舉　朝祭奠傾郭途芻送終之禮越
常厚葬之儀罕及所謂乎　我彭城公代著八元家傳

五鼎榮駈貔虎坐擁纛鞬㨿康樂之城池撫廉公之孺
袴則何以名光傳粉譽振傳香偶良匹於龍宮見甚家
於韜印不有謠戚昌光令猷所謂類以相從合為具美
者也德興識學兢兢躬承　皇命直旌　厥德焉敢讓
陳乃為銘曰

赫赫太祖　聖曆符祥　厥生令女　貴異殊常
二儀合運　四德賢良　金枝玉葉　蕙秀蘭芳
降于侯門　彭城劉君　褰瑤圃玉　過至山雲
宜家慶國　襲美番藁　尋陽公主　中外咸聞
鸞鳳雙儀　邊愴分飛　人間永別　冥路旋歸
陰雲颯颯　夜雨霏霏　泉扃一閉　無復闓闢

誌為楊行密之女適劉氏者而作行密子溥僭位封為尋陽公主其卒以溥順義七年乃唐明宗天成二年丁亥歲葬以溥乾貞三年乃天成四年己丑歲也誌一僭王之姊乃鋪張至此諛墓之濫以是為極鄧艾畫譬畫當作晝如母之瑤瑤當作謠遽致高肓當作膏肓皆筆誤也民字作𡰥避唐諱古誌石華

楊氏之夫誌不載其名字籍貫以五代史楊行密傳攷之當為江西劉信之子信為行密之將行密子隆演僭號武義時拜信為征南大將軍碑標題及誌首兩夫字皆缺末筆避行密父怤嫌名也容齋三筆載鄂州興唐寺鐘款曰金紫光祿大撿校尚書左僕射

兼御史大陳知新銀青光祿大撿校尚書右僕射兼
御史大楊琮大字下皆去夫字時為唐天祐二年行
㝍破杜洪於鄂故將佐為諱其父名又鄱陽浮州寺
有吳武義二年鍾安國寺有順義三年鍾題銜皆曰
光祿大卿撿校太保兼御史大卿刺史呂師造改大
夫為大卿亦避行㝍父諱也筠清館金石記
按吳太僕卿檢校尚書左僕射舒州刺史彭城劉
公夫人尋陽長公主楊氏吳太祖之女母為太后
王氏下嫁彭城劉公育男女皆六長子匡祚次匡
業皆已仕次匡遂匡禹匡舜嚴老公主以義順七
年七月薨於臨川郡城公署年三十八其篇二十

二春乾貞三年三月窆於江都縣歐陽五代史記吳世家楊行密唐中和三年拜廬州刺史天復二年封吳王天祐二年卒謚武忠子渥立五年徐溫殺渥渥弟隆演即吳王位如天子之制改天祐十六年為武義元年追尊行密孝武王廟號太祖隆演僭號二年卒弟溥立明年改元順義七年即皇帝位改元乾貞追尊行密武皇帝誌所稱大吳太祖是也誌云建吳㦯之宮闕復隋氏之山河行密以吳王節度淮南都楊州自以與隋同姓託承隋後耳行密夫人朱氏為行密所出唐封朱氏燕國夫人見文苑英華出嫁蘄州刺史石膳見九國志又渥母史氏並見歐史而不及

王氏行密以女妻李神福子承鼎見九國志以女
妻錢鏐子元璙見五代史補而尋陽彭城及匡祚
兄弟無攷皆可據誌以補史家未備楊氏諸臣見於世家者有劉威劉存劉信天祐二年存攻鄂州新社洪以功授鄂岳部團練使故史稱鄂州劉存誌序劉之先君首匡祚稷於吳朝尋擁麾幢於江夏則彭城大卿者或即劉存之子其名不傳未可强定叙
及子婦女壻之家乘為後來諛墓之濫觴殊無足
取吳王溥順義七年十一月稱帝改元乾貞當後
唐明宗天成二年丁亥是年公主年三十八則生
於唐昭宗大順元年庚戌時行密為寧國節度使
誌云箕箒二十二春則公主歸劉時年十八為唐
昭宣帝天祐四年丁卯梁太祖代唐改元開平行

溍已卒子渥嗣立之三年也誌中民作㞡仍唐諱夫作夫諱行溍父嫌名齊東野語行溍父名怤與夫同音改文散大夫為大卿御史大夫為御史大卿容齋三筆鄂州興唐寺鐘題唐天祐二年鑄勒官階姓名者二人一曰金紫光祿大檢校尚書左僕射兼御史大陳知新一曰銀青光祿大檢校尚書右僕射御史大楊琮大字下皆當有夫字而悉削去觀者莫曉劉道源十國紀年載楊行溍之父名怤與夫同音行溍據淮南方破杜洪于鄂而有其地將佐為諱之故此誌夫字皆缺筆而以銀青光祿大夫為大卿也室作窒關作闢換作撥娉騁

作娉聘簿作𢹂隻作隻咸作感靈作霊懿作諮巫作至皆別體椄誤按鬢誤鬢幢誤憧膏肓誤高肓

南漢

黃蓮山鐘款

鐘式未詳款前四行行二十五字至三十字不等末行奉勅以下十三字字體欹斜非一時所刻並正書陰文在廣東韶州府文昌廟

粵維大寶二年太歲己未七月甲辰十九日壬戌樂昌黃蓮山寶林禪院住持長老明徽大師賜紫沙門義初召衆緣鑄造銅鐘壹口重肆伯斤勸首弟子給事郎守内侍省内府局令都監樂昌防遏諸都并監樂昌縣事賜紫金魚袋鄭敬贇以七月廿八日設齋慶讚永充供

養奉物餙題黃蓮山銅鍾壹口官力十三字從阮志錄入

開宴石山記表本正書字徑寸高廣行字不計在廣西鬱林州博白縣頓穀堡宴石山

新開宴石山記

□□□容州管内都製置鹽鐵發運等務並白州永

貲院點檢義勝等都承務郎賜紫金魚袋劉崇遠

蕭關住非聲而去非色無滅無生視不見而聽不聞有

物有像故三空俄顯　一德爰彰善念必通勤行可

學明明宗旨歷歷程途實有路以地躋詎無門而可入

自是心源不透智殺未征達彼岸以何由湊　玄關而

莫追崇遠自親　禁掖原忝　渥恩凡睹　靈蹤

悉虔佮志冀精勤於一善上報答於　九重宴石山
者在白州博白縣之西鄉與馬門灘伏波公之祠隣近
圖經云昔有神人稱陳越王今有古宮基址見在廣州
合浦縣界王曾宴於此山故以為名焉其山也西枕清
波南連翠嶂曉則輕雲蔟白晝則遠樹攢青石罅泉噴
點〻而斜飛皓雪潤邊花秀叢〻而密綴紅霞左綺右
廻前龜後鶴詵足果足松寒竹寒昔曾有人臨水鑿石
作　佛像約高五丈餘未窮其年代者矣口有王向石
室一所唐咸通中高相座諱駢統十道兵師禦八蠻疆境
經行之際於此室塑造佛像今尚存焉崇遂因監製運
遂切經營乃命良工闢為精舍一山迴薦兩室相隣縣

是以黑金鑄釋迦瑞像設于東室又鑄釋迦牟尼佛一座兼別鑄五百阿羅漢十八羅漢設于西室其次有石引廊齋堂僧房等在于室外請僧師肇道志惟敏惟忠住持焚修詩則飛章　聞奏　皇澤爰須賜額號於鷲峰今為覺果之禪院所謂覺乃大覺之路果乃勝果之門覺與果齊果因覺集　皇明無外　天鑒洞臨致口石嵐永為勝地又別有東峯石山一座中有東西南北四室崑巽若畫礧磈如鐫直疑乎造化剜開又恐是神仙斲出多景多致唯煙唯霞亦以黑金鑄

玉皇　道君　老君　天地水三官並塑左玄右玄真人玉童玉文左右龍虎君　玄中大法師設於室內

卓尔威儀森然侍衛請道士廖德崇劉守淸盧守和等
別建道院住持焚修以　和十五年丁巳歲八月二十
三日起建迄于大寶元年戊午歲十二月二十七日畢
功建置道場設齋慶讚訖莫不　青蓮金柱如　切
利以初來　錦舌蒼肝似　蘂珠而乍降繇是命乎緇
侶掐彼羽人金鑪曉炷以馚馧銀炬宵然而炫燿用全
因果上贊　休明咸來四海之朝　宗盡類衆星
之拱　極功既畢矣願且周焉可以齊嵩華之堅可以
竝江河之永　靈基　滕跡萬古千秋時大漢大寶
二年太歲己未九月癸卯朔二十四日丙寅記
晨輝殿使知白州軍州事都管勾容州管內都製置

監鐵發運等務朝請郎檢校尚書工部員外郎柱國
賜緋魚袋樊匡嗣榮兼郡荷同崇　滕祉
左靜波指撝使南面缺都部領將金紫光祿大夫左
領口將軍檢校刑部尚書兼御史大夫上柱國蔡彥
宏
寧遠軍節度衙前兵馬使充製置務表狀孔目官口
昭書　製置務客司軍將李道員鐫
按南漢劉崇遠開宴石山記記稱白州博白縣之
西鄉與馬門灘伏波祠隣近有壬向石室唐咸通
時佛像崇遠闢為精舍兩室相隣別有東峰石山
四室僧房道院咸切經營其精舍賜額覺果禪院

而蔡絛鐵圍山叢談云遊博白之宴石山普光禪得僞漢時寺記則知僞漢之覺果即宋之普光蔡引記中蔬足果足松寒竹寒誤竹為水未審諦也周世宗顯德四年丁巳為南漢劉晟乾和十五年明年晟卒子鋹立改元大寶唐白州南昌郡博白縣屬嶺南道隋為南昌縣屬合浦郡武德四年改名為州治又置大都縣屬廉州貞觀六年更屬白州十二年省入博白蓋與廉州合浦為近五代屬南漢宋屬廣南西道南渡後州廢縣屬鬱林州今為鬱林州博白縣

致口石嵐石上一字全蔣文作去筠清館作致

此名嵐殆誤陸增祥志

吳越

錢武肅王開慈雲嶺記

高二尺八寸廣三尺六寸篆書八行行六字第七行七字在杭州西湖慈雲嶺石壁

梁單閼之歲興建龍山至涒灘之季開慈雲嶺便建西關城宇臺殿水閣令勒貞珉用紀年月甲申歲六月十五日吳越國王記

按梁單閼之歲乃梁末帝貞明五年己卯涒灘之年即甲申歲後唐莊宗同光二年吳越武肅王寶大元年今臨安海會寺經幢書寶大元年歲次甲申可證考詳竅正三年投龍簡文便建西關城宇

臺殿水閣兩浙金石志釋偭作使誤

投告太湖龍簡文

簡白金重一鎰高八寸廣五寸二分上雲下水周以龍文中鐫正書十行每行二十字至二十二字不等順治元年出於太湖包山下今佚此從溯潭周子堅詒樸藏本錄入

大道弟子天下都元帥尚父守中書令吳越國王

錢鏐年七十七歲二月十六日生自統制山河主臨

吳越民安俗阜道泰時康市物和平遐爾清宴仰自

蒼昊降祐大道垂恩今則特詣洞府名山遍投龍簡恭

陳醮謝上荅

玄恩伏願合具告祈兼乞鏐壬申行年四時履歷壽齡

遐遠眼目光明家國興隆子孫繁盛志祈玄祝允協

投誠謹詣太湖水府金龍驛傳於吳越國蘇州府吳
縣洞庭鄉東皐里太湖水府告文
寶正三年歲在戊子三月丁未朔二十六日壬申投
按錢武肅王投龍簡凡一百七十九字順治元年
出於包山之麓蓋即吳縣洞庭鄉東皐里當時所
云水府文稱洞府名山遍投龍簡出於太湖者乃
其一耳簡經鎔爍已及百年拓本流傳甚少近復
以摹刻亂之是本湘潭周子堅詒樸所藏 國初
原搨子堅為戶部侍郎石芳師季子雅好金石予
嘗為之跋尾世稱投龍之刻始見於金石錄唐天
寶中北海太守趙居貞雲門山投龍詩序言天寶

元黓歲下元日居貞投龍璟璧於此山天寶元年壬午十一載壬辰皆為元黓而顔魯公撫州麻姑山仙壇記元宗天寶五載投龍於瀑布石池中唐岱嶽觀碑自顯慶六年至貞元十四年六帝一后勑使章醮投龍二十餘度其分遣道士往五岳四瀆投龍大作功德武后時尤盛又西湖龍井有赤烏銀牌咸淳臨安志載漢元封三年剏宮壇於大滌洞前為投龍祈福之所則投龍祈福仿於漢武而吳主踵行之自唐以來遂為道家故事簡稱大道弟子大道垂恩者岱岳觀碑道士郭行真馬元貞等投龍薦璧並稱行道碑側題名有書大道

弟子鄭仙芝者崇奉道教故有是稱武肅天柱觀記所云遵行大道大道真科亦即此義攷晉書王凝之傳世事張氏五斗米道孫恩之亂凝之禱於靖室謂有大道鬼兵相助大道之號固屬不經然其來久矣寶正三年歲在戊子為後唐明宗天成三年新舊五代史皆不載吳越建元通鑑紀後唐天成元年吳越王鏐以中國朝命不通改元寶正而閩自若唐末汎聞錄以寶正為保正余公緯閩王事迹林仁志王氏啓運圖皆繫寶正於癸未甲申之間溫公考異俱已正其差繆此簡大書寶正三年戊子合之武康山雲德廟記寶正六年為重

光華閼其改元紀歲悉與通鑑同符益信金石遺文足資史證　錢武肅改元玉海載有天寶寶大寶正廣初四號薛氏甲子會紀天寶建於戊辰唐天祐五年朱梁之開平二年也寶大改於甲申後唐同光二年寶正改於丙戌天成元年也武肅卒於後唐長興三年壬辰之歲改元廣初未詳何年也

北漢

中郎將石暎墓志

石蓋橫各一尺七寸五分二十二行行二十字至二十二字不等行書蓋題大漢故石府君墓志銘九字篆書在陝西長安縣

故左武衛中郎將石府君墓誌銘并序

前太子通事舍人朱仲武撰并書

公諱暎字先進其先樂安人後世家於京兆今則京兆人也晉將軍苞之慶胄衛純臣碏之靈苗祖　考守珍皆公矦繼業鍾鼎傳門載籍昭彰其來自遠公策名委質夙著令聞孝以承家忠以奉國故得鄉黨稱悌朋友稱義焉可謂不忮不悇有典有則者也頃以方事之殷爝火不息而能率先義勇克集茂勳累遷至左武衛中郎將前胡賞有功也　公志懷敦素性守謙冲不以榮顯介情但欲優游晦跡而已所冀神降其福天之齡何啚圯夢泣瓊藏舟奔壑哀哉以歲次

十四日遘疾終于私第春秋六十有八夫人孫氏夙稟
坤儀素傳內則鼓琴瑟而有節主蘋蘩而知禮嗚呼彼
花早凋瓊枝遽折天不憖遺先公數稔而亡令以茂次
甲子四月庚午葬公于長安龍首原夫人祔焉禮也嗣
子清士寵岳嵩湊岫秀等蓼莪在疚棘其形泣血於
苴麻竭力於窀穸恐時遷陵谷事或幽封爰命揮毫敬
刊貞石詞曰
性質溫溫神儀洸洸職柔　禁衛位列中郎流芳後代
秉義前王冀保永終曷其云亡卜兆吉辰素車薄葬塋
遷嘉偶及此同壙魄散泉扃神遊繐帳後背重岡前臨
壟嶂聊紀世載式昭問望

誌無年號蓋有大漢二字誌曰前朝賞有功也銘曰秉義前王書合葬之期曰歲次甲子蓋暎在後漢時爲中郎將至宋初而卒其葬則以大祖乾德二年甲子歲也於蓋書大漢於卒年缺其甲子以示暎非宋臣之意古誌石華

右石暎墓志并蓋二石嘉慶二十二年出土卒年缺葬書甲子而不書國號年號閲題蓋篆書乃知仕於北漢者按北漢高祖劉知遠以丁未歲稱帝都汴仍稱天福本後晉高祖年號子隱帝承祐乾祐三年爲周所篡辛亥知遠弟崇稱帝於晉陽仍稱乾祐崇卒子承鈞嗣丁巳改元天會戊辰承鈞卒子繼

恩立被弒弟繼元立改元廣運宋太宗太平興國四年親征太原繼元降北漢前二主四年後四主二十八年凡三十二年歲次甲子北漢天會八年實宋太祖乾德二年暎爲劉氏舊臣故葢題大漢宋既受命故稱前朝不書天會亦不書乾德猶陶靖節於晉宋之際但以甲子紀年也歐陽五代史謂亂世搢紳無復廉恥所傳一行僅四五人若暎之敦素晦跡與朱仲武之書法不苟不尚可道歟京兆在北漢爲永興軍宋初則爲陜西路旋置永興軍路其云率先義勇克集茂勲或即指隱帝二年平趙思綰之亂也六典左右武衛中郎將各一

入正四品掌領其府校尉旅帥翊衛中屬以宿衛
而總其府事太子通事舍人正七品下掌導引東
宮諸臣辭見之禮及承令勞問之事
性質溫溫黄氏作性柔誤又黄氏編列宋初綦
是時宋雖已受命尚是北漢天會八年葢題大
漢列於北漢為得實也陸增祥志

金石續編卷第十二終

金石續編卷第十三 宋

武進陸耀遹纂　　　　太倉陸增祥校訂

宋一

同州修文宣王廟碑

高二尺四寸廣三尺六寸二十六行行二十字至二十四字不等行書在陝西大荔縣

重修文宣王廟□

節度掌書記朝議大夫撿校尚書水部員外郎兼監察御史梁勗撰

夫有唐失馭華域幅裂清野皆延敵之塲黄髮笑□衣之子殊不知隨其延促聖教浮沉是以時雨致豐農夫喜給耒之利川流可濟舟人誇鷁首之功繇是

王之祠宇天下圮毀者宜哉今伏遇
聖主扆居黎獻憬集炳
文明於中宇散聲教於萬方東壁右更有斕番于上由
儀華黍有識詠于下文軌一變溥率雍熙
明天子以關輔之地爲雄望之首勳德之外求鎮撫之
才
公於是秦
堯咨兮漢節四稔于兹矣群司肅而庶務理徒歌起而
政聲遠時以衢之南路之左
宣聖祠廟棟撓垣壞
公喟然歎曰自姬周幽厲之後禮樂崩墜夫七觀五經

四始十翼三極彝訓也徵聖人之述作譩伊余嵩得而
聞乎於是即日鳩工蒇事自仲商之始律管纔遷功已
告畢堂宇塈畫斨斧拐墁雖因而藻飾實物而增修昔
故瀛王出將也搆于前今
公殿邦也興于後上則裨
聖主光被之化次則感徹侯鳥弈之風於是尋煙染芬
闕觀者勉而礱礪柔木緡絲□□者樂然輝暎由是論
之右德禮賢崇儒尚古稟
□□守藩條孜孜爲赫赫焉誠可知矣訪謬司載筆藉
瞻遺像奉□□□直而不文時乾德二年歲次甲子九
月甲戌朔十八日辛卯

夢英十八體篆書并贈詩

高四尺一寸廣二尺五寸行字不計在陝西西安府學碑林

南岳宣義大師夢英十八體書

篆書十八體係書惠休五古一首連款共一百八十字每五字為一體每體各以隸書紀其名并其緣起具錄於左

沙門惠休書古文　古文者黃帝史蒼頡之所作頡首有四目通於神明仰觀奎星圓曲之勢俯察龜文鳥跡之象采衆美合而為字故曰古文孝經援神契云奎主文章蒼頡倣象是也自秦用小篆焚燒先典古文絕矣武帝時魯恭王壞孔子宅壁得古文尚書自後隱世變易

已成數體矣隸書

西北秋風至大篆　大篆者周宣王太史史籀之所作始變古文或同或異謂之爲篆篆者傳也傳其物理施之無窮甄酆定六書三曰篆書八體書法一曰大篆又漢書藝文志史籀十五篇並此也以史官製之用以教授謂之史書凡九千字漢元帝王遵嚴延年並工史書是也隸書

楚客心悠哉籀文　籀文者亦史籀之所作與古文大篆小異後人以名稱書謂之籀文七略曰史籀者周時史官教學童書也與孔氏壁中古文體異其跡有石鼓文存焉蓋諷周宣畋獵之所作今在陳倉少人攻學隸書

日暮碧雲合迴鸞篆 迴鸞篆者史佚之所作粤在文代
赤雀集庭降及武朝丹烏流室今之此法顯寫二祥其
草木鳥獸山川虫魚飛走動隱而成其字自後年世湮
謝聖哲淪往唯史氏研精功爭造化矣隸書
佳人殊未來柳葉篆 柳葉篆者衛瓘之所作衛氏三世
攻書善乎數體温故求新又為此法其跡類薤葉而不
直筆勢明勁莫能傳學衛氏與索靖竝師張芝索靖得
張芝之肉衛瓘得張芝之觔故号一臺二妙隸書
露彩方泛艷垂雲篆 垂雲篆者衛恒之所作軒轅之代
慶雲常現其體郁郁紛紛為書紀職文字之興取諸為
象書品云衛恒書如揷華美女舞笑鏡臺筆動君飛字

張如雲莫能傳學衛氏即垂雲之祖(隸書)

月華始徘徊(雕虫篆) 雕虫篆者魯秋胡妻之所作秋胡隨牒遠仕荏苒三年鳴埕有懷春居多思桑時閒翫集為此書亦云戰筆書其體遒健垂畫纖長旋繞屈曲有若虫形其為狀則圖鳥優游落花散漫矣(隸書)

賁書為君掩(小篆) 小篆者秦相李斯之所作增損大篆異同籀文謂之小篆亦曰秦篆畫如鐵石字若飛動作楷隸之祖為不易之法其名題鐘鼎及作符印至今用焉受命于天既壽永昌等即李斯之小篆也(隸書)

瑤瑟詎肯開(填篆) 填篆者周之媒氏以仲春之月判會男女則以此書表信往來及魏明帝使京兆韋仲將題

定芳林苑中樓觀王廙王隱皆云字間滿密故云塡篆亦曰方塡書至今圖書印記竝用此書隸書

相思巫山渚飛白書　飛白書者後漢蔡邕之所作漢靈帝嘉平年詔蔡邕作聖皇篇篇成詣鴻都門進時方修飾鴻都門見役人以堊帚成字心有悅焉歸而為飛白書漢末魏初竝以題署宮闕其體有二創法於八分窮微於小篆蕭子雲飛白論云王次仲飛而不白蔡伯喈白而不飛隸書

悵望雲陽臺芝英篆　芝英篆者漢陳遵之所作陳氏每書一坐皆驚時人謂之陳驚坐昔六國各以異體之書潛為符信則芝英興焉秦焚𡇢典其文熸滅在漢中葉

武帝臨朝發有靈芝三本植於殿前既歌芝房之曲又
述芝英之書焉陳氏即芝英之祖隸書
齊鏞絕沈燎剪刀篆 剪刀篆者韋誕之所作亦曰金錯
書本古之錢名周之泉府厥跡不存降茲以還其文可
覩若漢之銖兩新之刀布今具存焉其為體狀若麗匣
盤龍新臺舞鳳後史游深造其極焉隸書
綺席生浮埃薤葉篆 薤葉篆者僊人務光之所作務光
辭湯之禪去往清泠之陂植薤而食輕風時至見其精
葉交偃則而為書以寫紫真經三卷見行於世其為狀
也若搶風遠望衆雲片飛世絕人學矣隸書
挂水日千里龍爪篆 龍爪篆者晉右將軍王羲之所作

羲之曾遊天台還至會稽值風月清照夕止桐亭毫詠
之末翹柱作一飛字有龍爪之形焉因之遂稱龍爪書
其勢若龍威虎振拔劍張弩隸書
因之平生懷科斗篆科斗篆者其流出於古文尚書序
晉氏注云書有二十法科斗書是其一也以其小尾伏
頭似蝦蟇子故謂之科斗晉魯恭王懷孔子宅以廣宮
室得科斗尚書及禮記論語凡數十篇皆科斗文字隸書
乾德五年於瓔珞篆瓔珞篆者後漢劉德昇之所作也
因夜觀星宿而為此法特乃存古之梗槩變隸之規蹤
體類科斗而不直勢同迴鸞而宏逸天假其法非學之
功雖諸家之法悉殊而此書最為首出後漢儒生竟皆

攻學（隸書）

長安書宣義（懸針篆）懸針篆者漢章帝郎中扶風曹喜之所作也用題五經篇目纖抽其勢有若針之懸鋒也故曰懸針河洛遺誥云懸針之書亦出曹喜小篆為質垂露為紀題署五經印其三史以為揩則傳芳千祀懸針即曹君為主（隸書）

大師夢英集（垂露篆）垂露篆者漢章帝郎中扶風曹喜之所作以書章表奏事謂其點綴如輕露之垂條累垂欲落之象故云垂露漢章帝嘗重此書懸之帳內謂言曹喜之書如金盤瀉珠風雲雜雨八法元妙一字千□

（隸書）

贈宣義大師歌　朝請大夫侍御史知雜事馬去非上
伏犧氏作文籍生古文一變爲大篆小篆成李斯既往
誰得名有唐還有李陽冰冰没後誰復生　宋有僧曰
夢英吾師吾師能前此好古之人雙眼明
紀贈南岳宣義大師夢英篆書歌前進士宋白上
衡山神秀瀟湘清精靈濟發奇人生金僊才子稱夢英
玉筯篆書天下名隸外攻真又攻柳辛更行體熙而有
別得張顛草聖才筆頭爍爛龍蛇走八分飛白皆精練
長安粉壁狂題遍功□□讓狸骨帖聲價爲於鐵門限
皇唐偏說懷素師善草不□□副之近代譬僧小歐跡
謹楷醖釀無多奇鶚師宿世曾勞□□紙骨筆血爲墨

受佛付囑寫微言今生所以書無敵我□□奇滿天下
多見名書與名畫雖向煙霄未稱心待取珊瑚爲筆架
從兹懶愛吳箋碑新歌重贈撲凸奇

贈英公大師　翰林學士尚書司封郎中知制誥賈黄
中

㑹仙子便是師師高道圖容世網飄浩浩情田龍可擾
飄飄行止鶴應知塵機擺落超三界古篆沉研冠一時
莫怪伊余苦珍重自邀香社有心期

紀英公大師篆書詩三絕　太華希夷先生陳摶

□□南來別九華少年師号紫袈裟驚天動地懷何藝
古□□爲十八家又上帝曰成鳥跡蹤又於玉筋別□

□如今朴散浮華筆珍重吾師紹古風
夢英上人　樞密直學士朝請大夫上柱國賜紫金魚
袋趙逢
幾年攻學埜之江濱十八家書妙入神莫怪老夫偏愛惜
李陽冰後更無人
贈英公大師　太常博士李頌
篆舃神品秀爽天骨敬搆機先談深理窮濬極蒼源元
臻籥闗玉無瑕瑕車有輗軏達識圓明靈襟洞豁粹稟
飛呉胷掛流月大飲陶陶閑逰兀兀肯如常人名利乾
沒
送英公大師歸終南　太子中舍賈岳

擬息遊方與蘿龕近嶨徵幾程勞夜夢一錫向秋歸月
彩籠清磬嵐光潤紫衣重尋溪上路楓葉□巖扃

贈英公大師　著作佐郎許道寧上

業就携筇別五湖御簾香燒幾曾趍精搜象外吟情逸
元遠禪中惠性殊江塢秋忍霜樹美雲房高寄海峯孤
白蓮共結他年約還放蹤慵入社無

闕英上人十九簾前賜紫　閤廐副使何承矩

遠聞貢藝趍丹闕萬乘稱奇賞少年玉筋纔書金殿榜
皇恩旋降翠簾前行齊支遁喧三楚學富陽冰振九天
近見來僧頻有說賜衣猶帶御爐烟

送英公大師歸終南　太常丞呂端

衡岳煙蘿紫閣雲名高湖外晚遊秦清詞古學儒生業
圓笠方袍釋子身竹杖桂歸山裏寺篆書留與世間人
我疑欝組成為縛空仰吾師去路塵
贈英公大師　韭茶賜紫永牙上
吾宗何事獨稱雄今昔名高繼古風王右軍書傳得永
李陽氷篆付英公墨研天電煤㲖絶硯琢端溪石欲空
珎重真蹤千載後誰来三日看無窮
贈英公大師　文暢大師賜紫元寶上
□愛王家草聖蹤獨於小篆苦留功何人會得師高意
欲把時風變古風　鄉貢進士袁允忠書歌詩以上敘正書
丁外年於長安集　前攝鎮國軍節度巡官安文璨刊

元　小師元序　白文贊共建　安懷玉　僧勍信

秘　元穹　元之勾當　刻字　行書　上碑

紫塞雲高皇朝路遠每捧報瑶之翰如窺連璧之姿忠

恕自落朝班累承詔命已得林泉之味堅辭名利之塲

鶴髪半生猨心久死與師金蘭敦義香火修因飛杯容

許於醉狂結社不□□□乱共得陽冰筆法同傳史籀

書蹤常痛屋壁遺文汲塜舊簡年代浸遠謬誤滋多賴

與吾師同心正古近覽真翰轉見工夫蔵勢遇峯方上

圓下可以方古教人也晉宋而下通篆籀者寡唯碑碣

印記時□□□傳授者未克研精何妨撿討盗聽者耻

於好問加之穿鑿齋中序云小篆散而八分生八分破

而隸書出隸書悖而行書弊行書狂而草書出自隸已
下吾不欲觀之矣見寄偏旁五百四十一字按說文字
原推有五百四十部子字合於子部今目録妄有更改
之□□解中誤收□部在注中今點檢偏旁少晶惢至
龜弦五字故知林氏虚誕誤於後進者小説見宜焚之
聊以親書達心俟以万劫䟽頽何人知之英公知之不
宣遷客郭忠恕書達英公大師□□十二月二十五日

以上右邊正書

沙門惠休詩在文選中西北秋風至楚客心悠哉日暮碧雲
合佳人殊未來露彩方泛艶月華始徘徊寶書為君掩
瑶瑟詎肯開相思巫山渚悵望雲陽臺膏鑪絶沉燎綺

席生浮埃桂水日千里因之平生懷（以上左邊正書）贈詩共十二人馬去非宋白賈黃中陳摶趙逢李須儼岳許道寧何承矩呂端僧永牙元寶咸平元年刻者惟賈黃中呂端二詩相同此題端為太常丞當是太祖定國初所贈然則咸平刻云特進太子太保致仕者為追録無疑也米芾書史曰夢英諸家篆皆非古失實一時又從而贈詩使人愧笑（關中金石記）

修周康王廟碑

高五尺六寸廣二尺九寸二十五行字不計行書額題大宋新修周康王廟碑九字正書在陝西咸陽縣

大宋新修周康王廟碑（并序）

朝□郎□宗正丞□□寺廟事臣黃遜淳奉　勅撰

翰林待詔中散大夫行太僕寺丞柱國臣孫崇望奉

勑書

臣嘗覽聖哲之□□□□□之□□唐□□□□□
□□□□□□□□□□□越周室周室之盛可得
而言文王則大統未集武王則天下初定成王則管蔡
流言其能安於□□□□□仁□□□□□□□□
□□□□矣王名釗即文王之曾孫武王之孫成王之
元子也在位二十六年布政和平撫民安樂故謚曰康
若乃肇自后稷降及古公相九土而教三農播百穀而
利万世源派貫於天地功名□於日月故□得此□□
也□□□□□□□□三后天下已安誠能安不忘危

遂有報諸侯之誥其辭則尊烈祖之訓畏上天之威口
先公之口使心在王室於是舉公口口口方無虞洎嗣
聖一紀海内大治復能治不忘亂故作畢公之命其旨
則保成周之衆殄商俗之口口世祿之家俾人興禮義
於口逍洽政治澤潤生民所以三十口口口口口口景
祚口口措刑不用垂拱仰成者惟王為盛矣嗚呼口世
之下令德口存陵廟口口祭祀絶矣不遂　大聖孰主
至神　我應天厲運聖文神武明道至德仁孝皇帝口
口下之十四載聖政日新睿謀天賛口武功則威加四
海敷文德則化洽萬邦書軌由是混同蠻戎以之率服
千古之闕文盡補百王之墜典咸修口德及於三靈仁

化洽於萬彙一日　上曰朕自撫興運思致太平既時
和年豐遠安邇肅□□□降祐故三陳告□□□□
□□□社垂休故每遵□□陟□之禮所以五嶽四海
名山大川並□靈祠用答元貺唯□□明王聖帝俱有
異德殊功□皆□廟荒殘祭饗乏絶□神道設教有感
則通法施於人無德不報若禹湯共祭紂齊泯則治乱
□興亡無分將何以綖□化□焉□□□於是勑彼郡
縣委其□宰官給資用民無煩勞廟貌有圖授成規而
各令倣建□□有數沿禮□而並使增修此廟告成乃
□曲盡規其廟殿穹崇而嶽立□□回繞而霞連繡闥
文楣始盡丹青之飾虹梁鴛瓦□□□氣之成□□之

羽衛增嚴□□之明靈有託於是□庭既設祀事□□
□□之用咸臻巨麗之容畢備祑禮文而四時有奉□□
□典而万代無窮□□□□□□□□□□□若奚將
侍不行□勒貞珉下臣幸立□庭□□　睿旨徒辭直
書之筆莫昭盛□□□□□曰　大哉后稷德合無疆
播□□□濟□□□□□茂源遠流長文猶事紂武
乃克商流譽祭成道災祥周室之盛莫越康王嗣□
□□□民治國□□□□□修一德誥令諸侯化安九
域畢命既行商風自息不宰之功莫知其極百□□□
□□□□□□□□□道越伊周咸昭盡善文質僾僾
□万乘德服諸侯明靈昭薦廟貌增修□□□□□

□□□□□永安□□

開寶六年歲次癸酉二月辛巳朔十五日乙未建

文有云我應天廣運聖文神武明道至德仁孝皇帝

宋太祖紀乾德元年十一月百官上尊號曰應天廣

運仁聖文武至德皇帝開寶元年十一月上尊號曰

應天廣運大聖神武明道至德仁孝皇帝與此碑文

者異關中金石記

宋史太祖紀開寶三年九月甲辰詔所在有司周文

武成康秦始皇漢高文景元成哀後魏孝文西魏文

帝後周太祖唐高祖太宗中肅代德順文武宣懿僖

昭諸帝凡二十七陵案所列凡二十八帝嘗被盜發者備法服

常服各一襲具棺槨重葬長吏致祭增守陵戶各二
未及勑修各廟事據萃編所載有新建商中宗周武
王漢光武唐高祖太宗五廟碑今復得女媧周康王
後周太祖三碑皆建於開寶六年商中宗碑云粤以
開寶辛未歲經始以壬申歲畢功則脩廟之詔當下
於開寶四年宋史禮志云太祖平廣南命李昉盧多
遜王祐扈蒙等分撰嶽瀆祠及歷代帝王碑遣翰林
待詔孫崇望等分詣諸廟書於石未著其年月平廣
南乃開寶四年正月事修廟立碑即其時也此碑書
者爲孫崇望萃編載周武王漢光武唐太宗三碑皆
崇望奉勑書此碑崇望銜缺十一字據萃編所載補

注於旁撰文者黃遜淳名不見於傳記銜缺四字無可補矣筠清館金石記

重修龍池石塊記

高四尺廣二尺二寸十一行行十九字行書在河南濟源縣

重書

龍池石塊記

大漢通容元年太歲甲辰其年大旱有懷州河內縣界溝村百姓李繼安為商泛湖迴至君山廟祭奠炎忽見一人衣朱衣形儀有異將書一封稱達至懷州西七十里濟源縣縣西北約三里有一龍池前有石一塊但擊此石必有人出其形羌異但勿驚畏此書

玉皇勑下瀆神行雨子至彼當得賞錢一百貫李繼安以書扣石事悉皆驗

大宋開寶六年四月念一日重書此記

按宋開寶六年重書龍池石䃂記記稱大漢通容元年太歲甲辰其年大旱改甲辰為後晉出帝改元開運之歲後漢高祖以開運四年二月即位仍稱天福十二年六月改國號曰漢明年正月改元乾祐隱帝嗣位二年而亡未改年號歲在甲辰時漢未建國終漢二世亦無以通容紀年者通鑑新舊五代史五代會要五代春秋皆無異說但溯開寶六年癸酉上距甲辰纔三十年重書原記得之

目見耳聞事堪徵信況諸史自天福八年至開運三年皆旱蝗洊饑元年征契丹制所謂乘我歉歲也甲辰大旱正與史合史稱晉天福七年六月高祖殂馮道舍子重睿立兄子齊王重貴遺旨名河東節度使劉知遠輔政齊王寢之知遠由是怨齊王契丹入寇知遠仍兵不至出帝亦疑太原必有異圖開運三年契丹入汴明年正月出帝北遷二月河東節度使北面行營都統中書令北平王劉知遠即皇帝位自言不忍忘晉又惡開運之名更稱天福十二年國號曰漢豈知遠以重貴非晉高之子因有不臣之心故薄開運之初自號漢迺容

開運既終仍稱天福以示愍齊王非背晉王耶歐
陽史論曰晉高祖抱其子重睿置馮道懷中而託
之出帝豈得立又曰漢高祖建國黜出帝開運四
年復稱天福十二年者以愛憎之私時居太原府
憤憤下視晉及即位改元而黜開運之號蓋於出
帝無君臣之義其素志也徐無黨五代漢紀注天
福晉高帝年號天福止八年改元開運四年矣漢
建國稱晉年號捨開運而追續天福為十二年初
無義理王應麟玉海律圖亦云漢黜開運最為無
謂是五代晉漢之際諸家不能無疑但無明據故
慎於所疑爾歐史徐注以此石刻所記推之乃知漢黜

開運直黜於出帝之初立非黜於出帝之既亡也
特通容之號史家未及之耳
此刻原書原記者不詳何人重書者亦不著人
開寶六年上距甲辰幾三十年何以已須重書
其事亦怪誕不足信殊無可取諸史無通容年
號謂知遠於開運之初自號漢通容過信石刻
矣漢高即歷齊王自應仍稱天福其後建國曰
漢稱天福十二年則知出帝初立知遠必不自
號通容出帝未亡知遠實未自稱漢也陸增祥志

修唐憲宗廟碑

高四尺五寸廣四尺三寸二十七行行六十
二三字字徑一寸四分正書在陝西蒲城縣

大宋新修唐憲宗皇帝廟碑銘 并序

朝散郎守宗丞權知寺廟事臣 趙團奉 勅撰

翰林待詔朝議大夫太子洗馬同正臣 張仁愿奉

勅書

臣聞有唐自武德起義至元和改元歷十一聖垂二百年其間開元之初□□勤儉納諫任賢所以帝運興而能守其故自內難之危而致治定矣天寶之末縱欲肆奢啓奸用佞於是皇風衰而衆心離故從太平之□而生亂□矣是知安危倚伏非天道之自然治亂興衰繫時君之作用也若夫去奢從儉無彼俗之弊任賢遠佞有知人之明剪亂夷兇而不黷武安時致治而不伐功

體至聖之謨為中興之主者其維
憲宗皇帝之詔乎帝諱純順帝之元子金莖瑣募出震
立於本枝日燭天璜明離繼於寶位且存有功及於世
殄行法施於人者則必遇帝代之君而旌表之自唐拒
宋綰革五朝梁則干戈日尋晉則獫狁口熾漢
因居戮而覆周乃功烈未伸維我應天曆運聖
文神武明道至德仁孝皇帝德服萬邦威加四海舉偏
師而下西蜀不假金牛用裨將以復隋荒圍標銅柱嘉
禾瑞麥感和氣而集豐年合璧連珠璧蒼穹而昭
聖代是以安民富國已隆萬世之基事天禮神
更盛百王之制一日

上謂侍臣曰旌賢勸善化民之大綱也自古忠臣孝子尚與旌其里閭崇德報功有國之令典也在昔聖帝明王豈宜廢其陵廟乃勅諭天下郡縣封内有陵寢者爾其條奏之予當精葺之 寧宗陵在同州蒲城縣廟貌圮毀基地蕪没於是援命有司而不勞民力須圖□□而創立靈祠其始也雲插雷杵崇基峻堵風斤電揮上棟下宇其成也廣殿迴廊嶽主覽張瑶階□□寶座當陽巍巍塑衮冕之容烈烈繪旌旗之狀 神有依而人有奉矣厨庫咸敞犧幣畢臻籩豆有常笙鏞在列斯則時饗豐而禮文備矣稽 帝之功業焕乎簡編下臣奉

命譔論直書梗槩若乃自疏封而登鼎乘由前星而臨
四海寢門問豎尊親□合於周文時覲厥刑睦族□□
於虞舜以要道化下以至德奉先其孝治也如此又若
本□治之道尋其躅而勤行鑒名亂之由知其弊而盡
去開直言之路則啓沃獻替通群下之情廣進善之門
則文武忠賢竭奉上之力却妓樂鷹鸇之貢戒縱逸以
蕩心絶畋漁弋獵之□慮發狂而傷性鑒興亡於前代
集訓誡於群書列忠□之事於畫屏銘箴規之言於王
座興天下之殘除人□之害去華務實採納以之詳明
旰食宵衣聽斷於□精慎其勤政也如此先自禄山首
亂乘輿播遷大盜連衡強侯專□兩河負□而職貢不

人五聖含容而弔伐未下缺
帝乃睿略風馳英威霆發戮劉闢而定蜀誅李錡而平
眞弥惠琳而全夏州縛從史而安上党茂昭以易定至
田正以魏博來元濟擒而淮蔡平師道滅而緇青□擢
權以滄景歸闕承宗以德棣輸誠自頑大邪名藩為寇
境者六十餘載至是□□□後王土者三十一州歸
覲到而四海清干戈戢而中原靜其神武也如此又若
勸農務穡減賦均徭止游惰而絕侵漁察災傷而給賑
貸於是民心感而邦本固矣又若恤刑議獄□濫申冤
禁苛虐而尚温良遏豪強而撫孤弱此所以天時順而
國綱正矣其王道也如此夫以神武定亂勤政致治可

謂功及一世矣以孝治興化至道垂裕可謂法施於人矣宜乎迺我王登三邁五爲希世王建廟刊碑流芳千古其銘曰

伊昔有唐　元和聖帝　明於進賢　敏於去弊
進賢者何　惟口康濟　去弊者何　不務奢麗
遠佞退私　如日除翳　納言招諫　若金用礪
四方歸仁　万方感志　救衰亂時　成治平世
中興明王　廟號憲宗　聖文立德　神武立功
兩河五紀　地據寇戎　四郊一旦　民復皇風
戢兵禁暴　務穡勸農　國有賑貸　時無困容
恤刑議獄　去濫推公　孝治其始　王道其終

我宋撫運兮功冠百王　禮神為民兮化安万方
旌帝德業兮刊碑建廟　福我羣靈兮地久天長
開寶六年歲次癸酉五月甲寅朔十二日乙丑建

勑修南海廟碑并陰

高一丈一尺廣五尺五寸三十二行行六十字正書在廣東廣州府南海廟

大宋新修南海廣利王廟碑銘并序

山南西道節度掌書記將仕郎守右補闕柱國賜緋魚袋臣裴麗澤奉　勑撰

朝議郎行監察御史權知端州軍州事臣韓溥奉

勑書

臣聞海所以能為百谷王者以其善下故也能善其下

故百川委輸歸往焉亦猶山不自高衆塵由是歸矣海不自大衆水所以宗焉是知不積衆塵無以崇其萬刃不積衆水何以成於四溟溟則海也以四夷分而言之謂之四海以大瀛總而言之謂之裨海其實一也炎荒之極南海在望洪濤瀾漫萬里無際風潮洶湧雲島相運浴日浮天仁合乍散珊瑚生於波底蘭桂蘩於洲上其或天吳息浪靈胥退濤彼俗乃鴐象牽犀捸金拾翠入千重之水繫纍貫珠披萬頃之沙往往見寶自古交阯七郡貢獻上國皆自海泝于江達于淮逾于洛至于南河故礪砥砮丹羽毛齒革底貢無虛歲矣唐天寶十載封為廣利王被之袞服享以牢醴每歲春秋致奠略

無閼焉自有唐將季也中朝多故戎馬生郊竊號假名憑深恃險五嶺外郡遂爲劉氏所據殆七十年故園繚璣組包匭茅菁闕供於王祭矣何暇禱祀嶽瀆耶嗚乎物不終否否極必泰故

我今皇帝受上元之命底下土之民協和萬邦光被四表率土之民無遠弗届金狄十二鄙奉帝威於四夷黃龍一雙約賓入來於萬里故望雲馳奏向日傾心納貢蒙銜者日有所至史不絕書蠢茲炎陬獨迷聲教閡絕我琛賮剗剝我生民恣爲淫刑濫行不道遂致人怨神怒眾叛親離民懷傒后之心俗有後予之怨是則軒黃神聖猶亟戰於阪泉帝堯聰明尚有征於丹浦弔民問

罪可得行之遂乃冝社出兵鑿門命將王師纔舉如時
雨之降若大鵬之征徧海岱而曾匪崇朝渡南溟而止
期一息圓月未再馳騆繼至則曰韶廣之壘今已平矣
溟魁之屬悉以擒矣下郡百餘所拓土千万里沿海舊
地盡為我有未逮日廣南道行營招討都部署潘美陳
露布偽廣主與官屬獻於
闕下夫高屋建瓴下坂走丸飛鴻之縱順風商飈之隕
槁蘖寞如是之易也若非
我應天廣運聖文神武明道至德仁孝皇帝聖謨睿略
之感應曷能平盪矣豈直標其銅柱俾馬援分於漢疆
未若走以長纓羈尉他獻於魏闕既而海外有截天下

為公由是降
德音覃霈澤繫囚未釋者悔其辠矣流入不歸者咸使
歸之汚俗濁而自清亂法邪而復正化獷士爲王士變
黎民作堯民衆人濈濈沐
皇風如飲醇醴睹
聖政若享太牢
上曰彼民既穌彼俗既化
廣利王之廟自阻隔已來寂寞莫睹今既復其土地可
使視其廟貌俾重崇嵩焉乃命中使往蕆其事告
帝王之旨敘克復之意蘋藻在焉蕭篿具陳酒一奠而
海若瀹淪祥風襲人嶽舞山轉若來朝於百神樂肖奏

而大壑溟涬炎精不覺浪息波恬如恭聽於
明命似律召呂疑谷應聲影象相傳肹蠁如在林麓以
之森聳山川謂之清明嗚乎皇天無親惟德是輔陰靈
不昧有感必通詎非濬哲之君孰口靈長之德豈直揚
清激濁粢簡文止迷於賦詞乖靈爾夷謝惠連空陳於
讃詠式揚巨德宜樹豐碑虔奉
綸音謹爲銘曰

無臯東峙　朱陵南望　極覽滄嶼
渺觀洪浪　鳳麟鎮其西　炎長洲其上
迴伏萬里　堆疊千嶂　滉滉漾漾
汪汪洋洋　源流地派　派引天瀆

限六鑾於外服　通七郡以來王　仁惟利涉
道乃盡長
我后眷聖　載服洪荒　惟神正直
克饗馨香　靈胥之濤匪怒　陽侯之波弗颺
普下其德　既濟其航　千年萬祺
永享蒸嘗
開寶六年太歲癸酉十月九日己丑書建
碑陰
左方題當時諸臣銜名五人五行行字
數不等正書尚有題名三段另編於後
推誠宣力同德翊戴功臣山南東道節度襄均房復等
州觀察處置兼三司水路發運橋道等使南面行營兵

馬部署廣南諸州計度轉運使權知廣州軍府事市舶
使金紫光禄大夫檢校太保使持節襄州諸軍事襄州
刺史兼御史大夫上柱國滎陽郡開國侯食邑二千戸
食實封二百戸潘美
推誠翊戴宣力功臣金紫光禄大夫檢校太保使持節
復州諸軍事復州刺史本州防禦使南面行營兵馬都
監兼御史大夫上柱國沛郡開國公食邑二千五百戸
朱憲
推誠翊戴功臣起復正議大夫秘省少監使持節韶州
諸軍事韶州刺史廣南諸州轉運副使柱國瑯琊縣開
國男食邑三百戸賜紫金魚袋王明

都大提舉修廟中散大夫行尚書駕部員外郎通判廣
州軍府事兼市舶判官柱國謝處玭
奉勑監修廟文林郎守廣州録事參軍事林洵美
宋史禮志太祖平廣南命李昉等分撰嶽瀆祠碑遣
翰林待詔孫崇望等分詣諸廟書於石攷太祖本紀
開寶四年癸丑潘美等兵薄廣州巳丑克之俘劉鋹
廣南平六月癸酉遣使祀南海修廟立碑即其時也
萃編載有新修嵩岳廟碑亦同時奉勑所立筠清館金石記
按宋太祖開寶六年勑修南海神廣利王廟碑裴
麗澤撰韓溥書碑序潘美下廣南俘劉鋹因推本
太祖功德修廟建碑碑陰列潘美朱憲王明皆平

定廣南功臣謝處玭林洵美則董司修廟官也裴麗澤事蹟罕見係銜為山南西道節度掌書記宋史職官志節度掌書記觀察支使俱從八品文獻通考乾德二年詔歷任有文學者許兩使留後奏充掌書記太平興國六年詔諸節度州依舊置觀察支使一員凡書記支使不得並置有出身者曰書記無出身者曰支使位在判官之下推官之上麗澤以右補闕充節度幕僚是有出身者曰書記也史稱韓溥博學善筆札其權知端州軍州事史所未載碑稱太祖尊號與宋朝事實東都事略並合而宋史本紀誤以聖文為大聖當以碑正之碑

陰題名潘美字仲詢王明字如晦皆大名人事具宋史本傳開寶三年征嶺南美為行營諸軍都部署明為隨軍轉運使進克富川攻賀州急取之下昭桂連三州西江諸州以次降美以功移南面都部署進次韶州拔之四年二月劉鋹窮蹙乞降美因諭以上意以為彼能戰則與之戰不能戰則勸之守不能守則諭之降不能降則死不能死則亡非此五者他不得受美率厲士卒倍道趨柵頭距廣州百二十里鋹兵十五萬堅壁待戰美與明等以火攻柵鋹衆驚擾來犯因逆擊之長驅至廣州鋹以城降擒送京師露布以聞即日命美與尹崇

珂同知廣州兼市舶使五月拜山南東道節度使
五年兼嶺南道轉運使明為本道轉運使以功擢
秘書少監領韶州刺史充轉運使俄以潘美尹崇
珂為嶺南轉運使明為副使此碑係銜並與史合
惟潘美銜有襄州刺史兼御史大夫本傳未及王
明為韶州轉運使廣南諸州轉運副使東都事略
稱廣南轉運使亦未審也朱憲係銜推誠翊戴功
臣宋文鑑擒劉鋹露布都監朱憲列尹崇珂下則
亦平廣之功臣宋史紀傳世家並闕載又文獻通
考開寶四年下廣南以同知廣州潘美尹崇珂為
市舶使通判謝處玭兼市舶判官宋史職官志舊

制五岳四瀆東海南海諸廟各置令丞掌葺治修飾之事此以通判提舉錄事參軍監修益奉特勅不在常例謝處玭林洵美廣東通志職官失載

倉公碑

開寶八年十二月韓從訓譔韓文正行書有陰并碑額碑側在陝西白水倉頡廟

案潛研堂金石目錄云韓元正書正書間雜行艸開寶八年大呂月碑陰字與碑相似此作韓文正關中金石記亦作文未得搨本不知誰氏之誤碑陰列孔子弟子姓名畢氏云然陸增祥志

法門寺浴室院靈異記

法門寺浴室院暴雨衝注唯浴鑊器獨不漂沒靈異記

石縱撗各二尺二寸十二行行二十八
九字石等正書在陝西扶風縣本寺

古者諸侯亦有史大事書之於策小事簡牘而已尚采
野史以廣所聞蓋欲明好惡示懲勸以資治本亦為政
之方也今所書者則府城之東岐山之陽有釋迦如來
真身寶塔因塔置寺寺号法門隨時廢興垂百千祀入
天恭敬龍神守護不思議事豈可殫論寺之東南隅有
浴室院或供會口湊緇侶雲集凡聖混同日浴千數洎
百年已邈迄于今日檀鄉相繼未嘗廢墜早者歲在乙
亥月孫林鍾二十日夜戌亥之際飄風忽作驟雨如傾
電火雷車驚魂駭目洪波浩浩莫見涯涘首慞惶但

其勢溺洎乎風雨初霽川原始分水注之地悉無完堵唯浴室鑊器獨不濡濕其水跡上高數尺踰簷而過觀者靡不驚歎又至丁丑歲秋七月十有八日口丑衆雨復作驚飆四吹漂溺有情傷害苗稼盈川注壑壞屋頹垣愈甚於前其浴室器用一無霑污亦復如初噫尚慮反道販德越禮違謙者不悛龍神振怒未能悛心而致於是不然者迅雷烈風何以栫臨於聖境儆誕之輩宜改往以從來懷道之士可加功而用行斯則覺風靈雨不期而至矣浴室往長王重順与社衆等早植善根將成法器期生內院猶假外緣於此精懃多歷年所覩茲靈應不可闕書遂請前節度推官毛文恪文而識李詰之

欲令千古已降斯言不泯咸得聞知時大宋太平興國三年歲次戊寅四月　記

常年結緣社衆具姓名列之於後

揚延昭　張鐸　李仁義　曹知温　謝知遠

趙延昌　王思　董延美　趙景順　李敬順

張思順　李思義　蘭仁美　郭景□　馬延水

宋廷訓　宗君武　胡思義　皇甫覔　張温

曹彦温　康筠　雷進　趙思順　路從遇

揚知權　李□□　鮮卑筠　張保珣　馬知信

房□□　劉延厚　輔□□　孟□□　馬知讜

劉□□

按太平三年四月法門寺浴室院靈異記云前節度推官毛文恪文而識之是記爲文恪所撰特未知書者何人耳孫氏訪碑録不著撰人畢氏關中金石記槩云無撰書人姓名殊皆疎漏

嚴慈禪院修瑞象記

裝本高廣行數不計正書篆額題嚴慈禪院新修瑞象記九字在陝西咸寧縣

京兆府廣慈禪院新修瑞象記

華山希夷先生陳摶撰

前鄉貢進士楊從义書丹篆額

夫以立瑞像者重其本也崇訓誥者演其教也像非其貌故不可以盡文經非了義故不可以復思其謂常心

有兹歸向若亥覩像如在看經不㞐乃響接以必然即因緣之傳矣其瑞像者即經藏王僧義省新修也焰輪金灼儀相月圓自假相以裝嚴且託真而教導其諸瞻礼即香燭以載陳其又信心乃夢魂而常在暨乎釋捨中正柔麗大和成六年戰野之功超十地得朋之操因空得性無相成真尚從馴致之能方證圓明之果出諸體化離以言名有賴是從無響不應毫珠電轉心印星羅隨造化以有切莫窮其始育圖黄而在後冈測其終任草木以榮枯吾非大覺在陰陽之隱顯吾不自知洎一氣分元三才乎用龍馬口闢於上下烏兎分照於東西運變形名陶甄物類剖柔著矣大小數焉將及指名

罔窮元造旋乎性也其何言哉且翕斂於四時復含章
於萬物如來也融光五蘊馳化六虛不可以發色所言
不可以智慧所議既受我命復生我神惟命與神可大
可久不化而化不言而言乃謂神極而必通感誠而後
應其法相也言與其聲教也自行妙不可表於人寰至
不可言乎沙界乃因瑞像略以明辭辭不可盡乎聖理
像不可述乎聖容善自有情饗於福壽者也讚曰　我
丞三昧無終善始我丞大極得通普至履和盡妙感誠
無思惟真日忌惟法是利匪我神通神通自致匪我法
輪法輪自熾偉哉像設教流大地大梵淵與雲施雨行
大梵圓朗電激雷驚或出或處萬物含英且易且簡萬

物生成至極至變非色非聲至感至應不滅不生我法
非法我名非名誰著誰沮自枯自榮噫共瑞像歸於物
情大樂無聲且鼓且舞大權無名且默且語我味天供
匪衆匪暑我聲天樂惟律惟呂為世慈悲百靈相與
大宋雍熙二年歲次乙酉三月戊辰朔十八日壬戌
僧義省述　武威郡安文遂并弟文璨鐫字
院主賜紫沙門師忠維那惠英大師賜紫師政供養
主僧義全典座僧義能　鄉貢學究拓拔說施碑石
觀察支使中散大夫檢校尚書刑部員外郎柱國賜
紫金魚袋劉□□　朝散大夫行左拾遺通判永興
軍府事柱國韓□□　觀察推官登仕郎試大理評

事張曜　節度推官儒林郎試大理評事解汾　撰
直永興軍華耀商乾等州同巡檢謝融

重修北嶽廟碑
裝本高廣行字不計額失
碑在直隸曲陽縣廟內

大宋重修北嶽安天王廟碑銘并序
承奉郎守左司諫知　制誥柱國賜紫金魚袋臣王
禹偁奉　勅撰
翰林待　詔將仕郎守少府監主簿　御書院祗候
賜緋魚袋臣黃仲英奉　勅書
翰林書直將仕郎守高州樂原縣主簿　御書祗候
臣邑　滿奉　勅題額

臣聞元氣肧渾結而為山嶽幽靈肸蠁降而為神祇紛
乎地屬陰方位居水德于八卦在坎于四時為冬固陰
冱寒萬物之所蔵伏早生晩熟五穀之所蕃滋帝堯開
唐國之封大禹奠冀州之域厥有巨鎮茲惟恒山却鴈
塞以標椎壓龍荒而挺秀天官畫野勢當昴畢之星易
象流形名叶雷風之兆下幹坤軸高摩斗魁土俗粹靈
登神仙者七十戸歳時祈禱豈侍祝者九十八蔵簡子
之寶符産昌容之蓬累足東長城之扉影連大漠之墟
積厚窮陰出雲見怪雪霜風雨潛施及物之功泰華嵩
衡共揭參天之勢寔是陰陽攸稟主張洪惟　嶽神受
命　上帝代南趙北我實主之福善禍淫人皆仰止名

載乎祀典德加乎生民視秩于公遵周制也列爵為王肇唐室也既奉時祀亦禳天災凡水旱癘疫之祓與玉帛牲牷之事必有昭報誕符至誠歷代奉之其來尚矣

我法天崇道皇帝之撫運也天祚　明德民懷有仁括禹畫於無垠化堯封於比屋雕題儋耳駢羅入正會之圖俱休兆離沸渭雜宮懸之曲文德麗星辰之象武功彰雷電之威宋文帝之讀書則七行俱下周武王之振旅則一戎大定然猶焦勞剋己宵旰臨民每戰〻兢〻念元〻本〻師虞舜之無怠法文王之猶勤至若掖廷椒房儉約中度離宮別館行幸殊稀隆冬御裘則念高年之無褐于是乎有絹帛之賜當暑操扇則軫

下獄之非辜于是乎有縲紲之恩非蒐苗獮狩之時無
馳騁畋獵之事非朝會讌饗之日無金石絲竹之音歲
出御題親考貢藉拔造士之秀也日坐便殿躬覽庶政
達窮民之情也向者恒文告差御端門而引咎故一夕
而孛彗沉宋景之退熒惑也大旱作洊貶常膳而責躬
故崇朝而霖雨降湯王之禱桑林也哲后之罪己也既
如彼上圖之祐善也又如此易所謂聖人久于其道而
天下化成語所謂如有王者必世而後仁其是之謂乎
不然何寅畏天命艱難王業若斯之甚邪于是庶政交
修百神蠲潔歲祭祀而為人祈福行教令而先天弗違
非飲食而厚牲醪天神地祇享至誠之薦卑宮室而崇

廟貌名山大川昔必有之祠豈比夫禋于六宗未洽禮
神之義祀于五時但萌徼福之心竊典無文我能具舉
刻兹陰獄固有徽章華袞珠旒受王者之冊禮太牢秬
鬯命守臣而行事下邇圖寘之宅旁隣畀帝之居因道
武之基爲禰推宏壯韞慕容之珪璧紊彰靈貺祠祀之
盛莫之與京然而運有汙隆時有興廢雖无方之體奚
往不通而有象之軀未逃其數先是匈奴之犯塞也来
諸祠宇卜其吉凶不從猾夏之心遂縱燎原之火殊不
知天惟輔德神實依人乏祀虐民自作敗亡之計彼曲
我直坐觀盪覆之期聖上猶示含容更期柔服戢天威
而自守蓋民力之是寬單于之火照甘泉豈傷文帝頡

利之兵陳渭水未毀太宗亟命有司惟新大壯烏臺御史持節而庀徒黃門貴人鳩工而蒇事梗柟杞梓以雲集纆墨斧斤而子來五材寔繁百堵皆作乃復堂殿于以儼像設之睟容乃興廊廡于以列徒御之繪事門闕有翼階陛斯隆繡栭雲楣耳曜煙霞之色琁題藻井交含日月之光旌旗衣服昭其文簠簋豆籩陳其數能事畢矣神功煥然不愆揆日之期再聳凌雲之勢于是戒尸祝命使臣我將落之神用至止原享惟馨之奠永安不測之靈三獻具而禮成八音和而神降溪雲拂檻如絳節以翻空山溜垂簷誤鳴珂之振響介爾繁祉庇吾遼民況獷俗之未平異陰兵而助順或示之禍福革彼

豺狼之心或鼓以雷霆動其犬羊之類然後雨我禾黍潔爾粢盛鑄農器而毀戈鋋荐興多稼排邊田而飽士卒永樂豐年況今將相叶謀人神共怒覺使韓昌張猛刑白馬而登東山將令去病衛青取金人而喻北海何往不利何謀不臧尚恩魏絳之言更鑒王惲之策安民和衆契天地以為心含垢匿瑕諒神明之降鑒佇靈臺之偃栢備法駕以銜方千年南面之尊永知高枕十月北巡之禮巒舉奏章輯五瑞於公侯問百年之耆艾燔柴奠玉如西嶽之禮容陳詩觀風察北方之哀樂聲明文物以咸備律度量衡而必同丱中于絕巘之前肆覲于重巒之下起白雲而表瑞何止岱宗呼萬歲以効靈

豈惟嵩嶽而已哉夫如是則封狼居而禪姑衍但恃窮兵臨瀚海而勒燕然未為神武者也臣沐浴　皇澤優遊縈垣請終軍之纓非無壯節投班超之筆尚負　明時慙非擲地之才有玷它山之石謹為銘曰

鬱彼恒山　峻極于天　崛起萬仞　生乎一拳　壓穹憂漢　控趙排燕　人皆仰止　神或凴焉　明明嶽神　上帝所授　不騫不崩　可大可久　其誰祭之　皇宋拓后　其誰尸之　中山郡守　秩視公兮爵為王　金其几兮玉其床　何以贈之兮赤紱斯皇　何以處之兮峻宇雕墻　諒聰明兮無得喪　維廟貌兮有輿巨　嗟睟容兮盪毀　遇醜虜兮猖狂　物

成敗兮有數　神杳冥兮無方　雖像許兮云瘞　于
精靈兮靡傷　詔新斯廟表匈奴之不道　詔祠爾神
彰皇家之至仁　天輔德兮我有慶　鬼害盈兮胡無
人　絕代馬之南牧　揚和鑾兮北巡　有効靈之雲
物　無出塞之祆氛　齊泰山兮等梁甫　並享〻兮
接云云　飛英聲兮騰茂實　握乾符兮闡坤珎　垂
千齡兮萬祀　永昭德于　吾君
淳化二年歲次辛卯八月丁卯朔九日乙亥建
忠果雄勇宣力功臣定武軍節度定州管內觀察處
置北平軍等使金紫光祿大夫檢校太保使持節定
州諸軍定州刺史兼御史大夫上柱國兼駐泊馬步

軍都部署清河郡開國公食邑四千二百戶食實封

陸伯戶張　訓

按小畜集有此文以石刻校正凡十餘字集本恒山作常山恒文作星文乃避真宗諱追改非誤也宋制諸州置知軍事一人無刺史之稱節度使但爲加銜未有授本鎮者張訓以定武軍節度持節定州刺史猶沿唐五代之舊潛研堂金石文跋尾

廣慈禪院莊地碑

裝本高廣行字不計額題本院東北兩莊地土之碑十字均正書在陝西咸寧縣

守忠督守忠於永興軍萬年縣春明門有莊壹所并磑貳所涇陽縣界臨涇有莊壹所令將兩處田土莊舍並

捨与廣慈院内永充常住每年齋供僧資薦父母所有庄下舍屋間架桑樹并諸雜樹木兼逐年所收課利諸般數目並在口内一口子細開說到日請院主大師伶勾當人張崇吉手中逐件分明點檢收管永充寘院常住即将逐年所收課利據數合齋供得多數每年見示功德疏一道並将資薦先亡父母口條即乞口院添修及置供養香燭之屬所有庄貳所天福六年賜到口賜宣頭一道省牒一道並書後連粘印押将去請永遠為據謹修状諮聞伏惟照察謹状

淳化二年四月　日瀛州防禦使檢校太保知雄州軍州事兼馬步軍步　安守忠守忠二字上有瀛州防禦使印一顆

晉昌軍節度使安審琦奏臣近於庄宅管田務請射到萬年縣春明門陳知溫庄壹所涇陽臨涇教坊庄孫藏用庄王思讓庄三所管田依例輸納夏秋省租逐庄元不管園林桑棗樹木牛具只有公庄舊管田土一切見係庄宅司管屬欲割歸縣久遠承佃供輸兩稅伏候指揮

右件庄可賜安審琦充為永業宜令安審琦收管依例供輸差務仍下三司指揮交割付安審琦准

此天福六年八月廿五日（廿五二字上有御□之印一顆）

戶部牒晉昌軍節度使准

宣頭晉昌軍節度使安審琦奏臣近於庄宅管田務請

射到萬年縣春明門陳知温荘壹所涇陽臨涇教坊荘孫藏用王思讓三所管田依例輸納夏秋省租其逐荘元不管園林桑棗樹木牛具只有縁舊管田土縁見係荘宅司管屬欲乞割歸州縣永遠承佃供輸兩稅伏候指揮者前件荘可賜安審琦充為永業宜令安審琦收管依例供輸差稅仍下三司指揮交割付三司准此者牒具如前已牒管昌軍荘宅務仰切詳宣命指揮使交割與本道節度使訖具逐荘所管荒熟頃畝數目交割月日分拆申上所有未割日已前合納課租即仰務司擬數管係徵納口絶訖申其隨荘合着係縣正稅亦仰具狀牒与本縣管徵無令漏落事須牒晉昌軍節度亦

請老人交割收管充為永業依例供輸老稅者謹牒

天福六年八月二十七日牒七日二字上有三司使□□□一顆

度支推官權判將仕郎試大理司直兼殿中侍御史

許 押

度寺判官權判朝議大夫尚書金部郎中上柱國賜

紫金魚袋薛 押

副使檢校司空右監門衛將軍董 押

宣徽北院使判三司檢校司徒右監門衛大將軍劉

押

廣慈禪院主賜紫師忠

右師忠當院昨於去歲中蒙瀛州安太傅捨到永興

里萬年縣春明門庄壹所涇陽縣臨涇教坊庄壹所
設僧供資薦先王尋給得捨狀及元賜宣頭并户部
牒共三本文書近者再蒙安太傅尊旨令將前件三
宗文字書呈監稅司徒侍御伏乞尊慈特免當司納
稅畢情無任惶懼激切之至謹具狀告聞謹錄狀上
牒狀如前謹牒
淳化三年正月　日廣慈禪院主賜紫師忠狀
九日
本院東西兩庄地土下項
一東庄一所水磑二所南畔東西長一百六十三步
半東闊六十步西闊一百三十步北長同南計一頃

四畝三分東自西自南口口岸口
一莊西一段南長五百五十九步北長五百五十步東闊七十三步西闊一百二十七步計二頃四十二畝六分東自西古城南自北河岸
一沉香亭墻東道南堀地南北長二百一十六步南北各闊一百六十八步計一頃五十一畝二分東自西九龍池南古墻北自
一連段往東堀地南北古墻端長三百四十三步南北各闊六十步二尺五寸計八十六畝四分八厘東自西自南廧北自
一連往東堀地南北長四百五步各闊二十七步半

計四十六畝四分東自西自南至西高塚南二十口
步半北自
一連段往東長四百四十三步各闊三百六十四步
計七頃二畝二分東自西自南小道南高岸北自
一炎東連段南北畔西長四百一十一步南闊二百
六十七步東長二百三十四步北闊二百八十四步
計三頃六十一畝八分東至東塚東四十步為界西
自南至西塚南一十一步為界北自
一河南直尖角東長八十步西南闊十八步計五畝
東小撿西南小撿北河
一河北尖角長六十步西闊一十五步計一畝九分

東尖西自南河北小塄
一疰東長一百一十步東西各闊六十步計三十七畝五分東西南自北小塄
一疰西北上河北塄下計一畝五分東小塄西尖南
河北岸
一尖西河口塄上尖斜南闊六十八步北闊六十步
東尖西闊四十步計五畝四分口厘東河西塄南自
北河
已上東疰共計地一十七頃三十四畝二分
一北疰臨涇疰一所
一口槐斗二十六段共計三頃四十六畝

一小劉斗一十八段共計四頃六畝
一甯村斗三十四段共計一十六頃三十四畝
一店西斗二十七段共計七頃五十二畝
一店東斗二十段共計七頃七十二畝
一李相公斗八段共計四頃七畝
一□安寺東二段共計一頃一十九畝
已上北莊共計四十頃三十六畝
淳化三年六月　日廣慈禪院主賜紫師忠立石
巡撫使吕文仲殿直崔承業題名
淳化四年正月十一月並正書在陝西碑林刻大
智禪師碑陰

案關中金石記所載呂文仲題名在鄠縣刻定慧禪師碑陰其刻大智禪師碑陰者為崇業與此不同潛研堂金石目録亦作崔崔字當不誤也呂文仲一刻潛研堂亦云在大智禪師碑陰然畢氏久於秦中所載當不誤兩題名應分列之誤合為一大智禪師碑陰拓本世所恒有而題名往往失搨陸增祥志

修彌勒像閣記

至道三年九月李德用譔楊覇文行書在陝西武功

說文偏旁字源并序及郭忠恕答書

高六尺四寸廣三尺隸書十行篆書十七行行三十三字正書十一行字不等在陝西西安府學碑林

篆書目録偏旁字源五百四十部其建首立一爲端畢終於亥

南嶽臥雲叟宣義大師賜紫夢英書兼自序　安文

篆録字以上碑首隸書一行

一　上　示　三　王　玉　玨

气　士　丨　屮　艸　蓐　茻

小　八　釆白覓　半　牛　犛陌包　告

口　凵口犯　吅火元　哭　走作尚　止　癶音撥

步　此　正　是□□　辵　彳丑亦　廴戈忍

延　行　齒　牙　足　疋山品　品

龠　只　競　共　力的史　啓　普下日　筆倫莣錄

冊　句　音　異　力伏支　示朱教丶已具習　羊

品　巴洲芊　口口爪　女涉所扎下　居　羽　武延

舌　古　北角臼　居逆以逆市于　用　上尹隹　已具

干　十　方木晨　丁條畫　寸　爻　白　先隹上牛

巨灼先合巨恭七乱又　大戴皮　燚　蒲革胡宮才迹

向　言　滿班革　祖可　臤　人宄大劣鼻　工瓦鳥

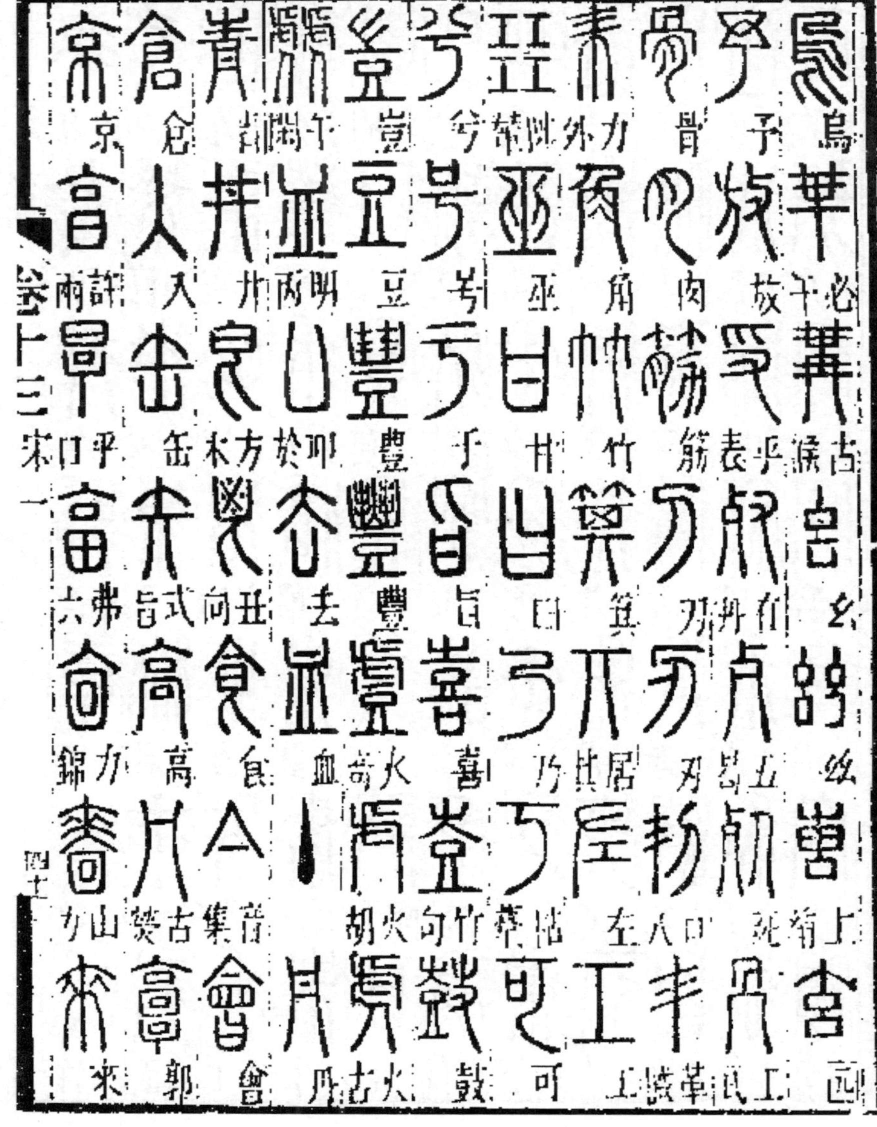

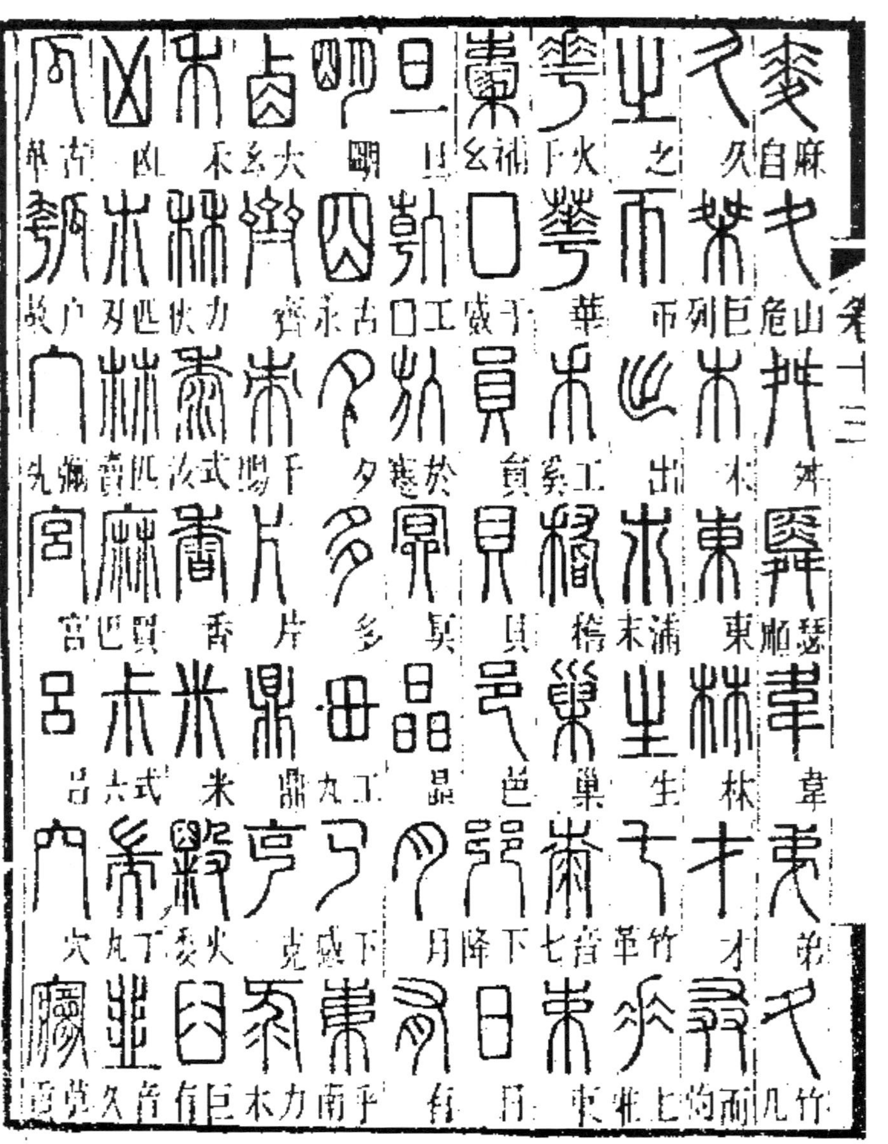

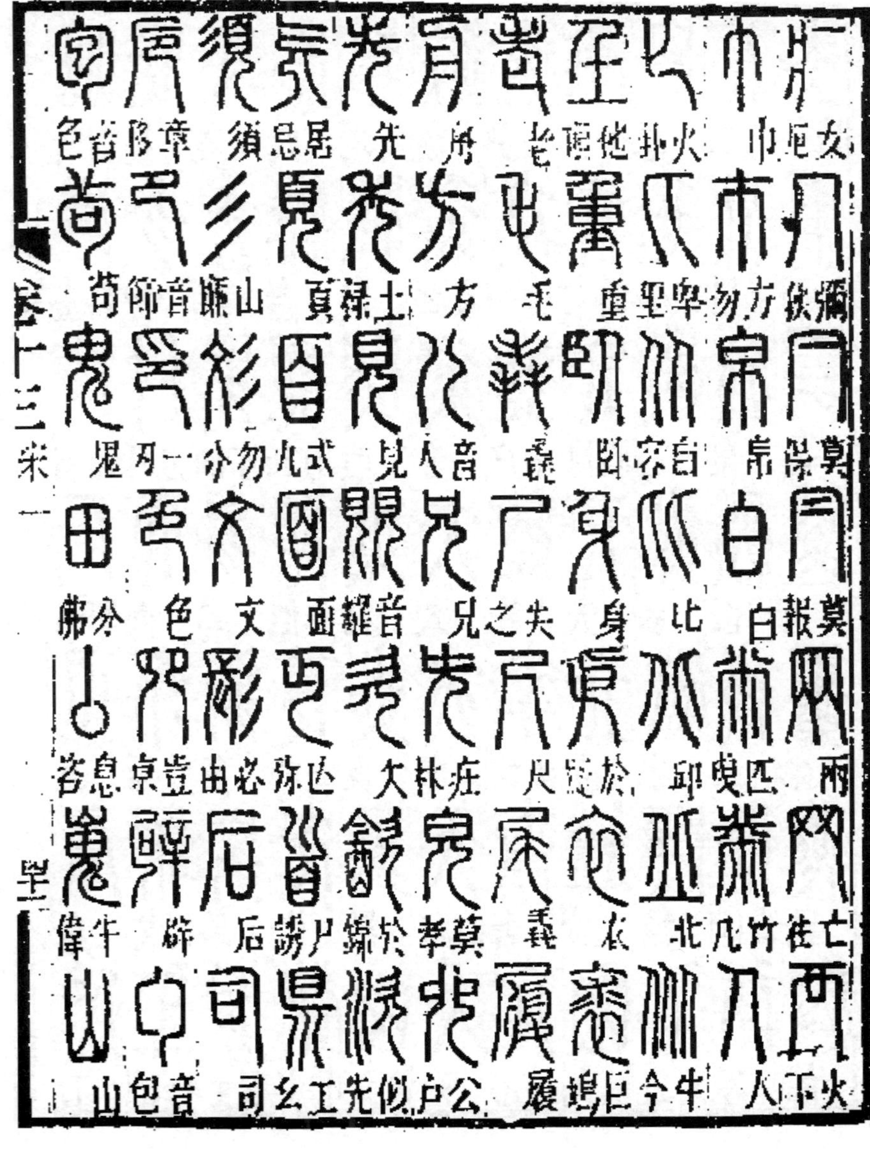

陵 筆 外 公 思 刃 他 交 叕 汲 式 庇 昆 徒 長 四 所

雨 川 心 道 公 黄 一 夜 之 能 [illegible] 豸 勿 曷 五

雲 泉 [illegible] 頹 他 姑 户 赤 熊 約 丑 捽 詞 占 耳 澈 音

魚 均 似 木 夫 吉 於 大 火 故 他 易 雨 筝 音

於 牛 永 水 之 立 步 女 亦 炎 官 胡 象 豕 丸

燕 蕢 匹 頻 竝 奢 肉 俎 黑 犬 馬 例 艾 危

龍 谷 犬 古 燧 火 亢 天 江 义 巾 牛 買 丈 例 巳 石

軒乳工 田 田占箕 奉 弓 鷟乙 氏 乖 鹵 飛

雷下 匀 良居 管力 虫炎 巨 亡 氐 安古门 非

香浮 几 黄 二 門古 弦 絮匕 戈 母 户 進匆

辭似 且 男 上忠直 訂下 方音 戌 民 門 遊於

志力 斤 力 消魚 風依冀 曲 我小於 耳 不

四 斗 類掛 芮何訊 紫 由克 月巨 制门之弋 至

与大族葉 金 里 龜 絳 瓦 系之弋 扌 西

加劣　亞乙鐊　五　六　七　九　亥九

火又　甲　乙　丙　丁　戊　巳

巴　龜古　辛　皮兌　壬　癸　子

了　亦春　去　丑　寅　茅䘮　辰

巳　午　未　申　酉　酉　戌

亥　咸平二年六月十五日建此行隸書

昔秦相李斯變蒼頡史籀之文謂之小篆其摹勒方圓之狀則曲盡其妙然於點畫簡略為之時以法令滋章簿書委積故程邈又省小篆為隸書趣便捷之用也是以篆籀之法鮮為世珍至炎漢中興復置小學許叔重乃集籀篆古文數家之學以隸書訓釋為說文三十卷

學者從之自漢而下無稽之作迭相贜竊故六書之法蕩而無守焉至唐則李監陽冰力扶墜不下筆反古有若神授時好事者獲其真蹟櫝器而藏之謂之[illegible]寶則懸黎夜光比之瓴甋焉自陽冰之後篆書之法世絕人工唯汾陽郭忠恕共余繼李監之美於夏之日冬之夜未嘗不揮毫染素乃至千百幅反正無下筆之所方可捨諸及手肘胼胝了無倦色考三代之文窮六書之法俱落筆無滯從橫得宜大者縮其勢而漏其白小者均其勢而引其畫伸而無倚撓而無折其鳥獸草木之象山川蟲魚之形者如飛走動植於竹帛之上矣蓋言象形字也今依刊定說文重書偏旁字源目錄五百四十

郡貞石於長安故都文宣王廟使千載之後知余振古
風明籀篆引工學者取法於茲也夢英自序 正書
汾陽郭忠恕致書荅英公大師 書已見十八體篆書碑惟結社不嫌於心亂句雖於心三字時用數字句用數字三字又集解中誤收去部在注中句又集二字去字英公大師座前句座前二字十八體碑均泐此碑全
太原郡元守全立 瑯琊王審亮同 武威郡安懷
玉勾當建立
推忠宣力翊戴功臣建武軍節度觀察留後知永興
軍府事兼都提轄永興軍華耀乾商兵甲捉賊公事
光祿大夫檢挍太傅兼御史大夫上柱國彭城郡開
國公食邑四千五百戸實封七百戸劉知信

推誠宣力翊戴功臣鎮國軍節度澶州管内觀察處
置河堤等使金紫光禄大夫檢校太傅使持節澶州
諸軍事行澶州刺史兼御史大夫知涇州軍州事兼
管界都巡檢使上柱國平陽郡開國公食邑四千二
百户食實封一千户柴禹錫

英書多謬體如[illegible]字作[illegible]字作[illegible]字作[illegible]字作[illegible]字作[illegible]字作[illegible]字作[illegible]皆不合於六書之正者也英公書法與郭忠恕如出一手故每相標榜恕答英公書亦頗稱之而自序直云自李監之後惟洛陽郭忠恕共余深得其妙未免太自詡矣　字原於每字下各

著一音皆自為音切不本前人所製合之紐弄之例猶無所誤其最謬者如音皀為方木反攷皀字古有兩音一音香一音皮及反從無方木之音音犛為陌包反犛字从牛𠩺聲氂字从犛省毛聲是誤以犛為氂字音甾為方九反說文曰楚東名缶為甾本音側詞反又誤以甾為缶字是英公非但不識字亦並不識音關中金石記

夢英所書偏旁五百四十部以說文校之多一孑部少一丶部又部序先後間有小異郭忠恕答英公書云見寄偏旁五百三十九字按說文字源唯有五百四十部孑字合收在子部今攷說文孑字却在了部

非在字部亦不可曉碑後題劉知信柴禹錫二人銜名宋史柴禹錫傳至道初制授鎮國軍節度知涇州入謝上詔曰由宣徽罷者不過防禦使爾今委鄉雄節兼之重鎮可謂優異矣然則宋時節鎮雖祇空銜亦未嘗輕予也功臣之號惟中書樞密得賜推忠字知信以庶僚得之蓋殊數也職官志稱京兆府兼安撫使馬步軍都總管知信之銜惟帶提轄兵甲捉賊公事不兼安撫蓋官制沿革非一史家不能盡書也潛研堂金石文跋尾

法性寺鐘款

四行行十六七字不等行書又四行行二十字至二十二字不等兩截分刻正書在廣東廣州府光孝寺

弟子韓季遷同慈母李氏二十一娘□□郎婆□婆珠
等敬鑄造鴻鍾壹口重銅叁伯斤奉為亡室周氏八娘
追薦去識生界以設齋慶讃訖捨沙門義明永充供養
謹題
臨壇化㘝義明捨銅鍾一口重三百斤於廣州法性寺
大佛殿内懸挂永充常住二時聲擊時大宋咸平四年
歲次辛丑九月一日己巳朔七日乙亥殿主表白傳律
臨壇宋志大師普亮記

鐘在廣州光孝寺款一行書一正書筆意可觀曝書
亭集與𥳑龍觀鐘並稱所謂法性寺鐘銘即此是也
舊志云法性寺宋太祖改名乾明禪院據此鐘刻於

真宗咸平猶稱法性則舊志傳聞之誤（廣東通志金石略）

卧龍寺鍾款

皇帝萬歲文武千秋（陽文）

□□□主薄鄭舜卿

咸平六年二月二十四日　社人杜儼　社人王母

獨辦施主王妣禑（妣字陰文）　丞務郎守□平縣令鄭思齊

將仕郎施主張宿　將仕郎守縣尉李昭玘　三班

奉職巡鹽王守文　酒務劉　臣式　酒場官李仁美

稅務蘊諭　鑛主錢文王璠（陽文）

鑛文上二段惟社人杜儼王母二姓名可辨餘俱剝

蝕（筠清館金石記）

重真寺田莊記

碑高三尺八寸廣二尺二寸記八行行四十二字在□十六字不等田莊數五行僧名三行上件計錢行年月一行字數不計並行書額題買田地莊圖記六字二行正書在陝西扶風縣法門寺

重真寺真身塔主兼都修□主賜紫大德□□遺留記
□□□易曦方信田稹之感彼舟雖守誠哉莊叟之
言都思寢戢闔可□循環趣石光遠下無刻字空石不刻
□□□□賢日月□□四代各歸寒暑運而不還遂使
以恩無益臺不喟然志謙家本邠州俗姓楊氏昔蔡□
□母□勞於冬溫夏凉□事先師□□於晨參暮省□
□□先師掩化余□住持六時匪闕焚修八薷不斷供
養自明□□五十餘秋一□□□信□七十二矣遂□

期倦□誨□第一勿昧　檀那第二無辜
息花識心達本背冥求真□車須害□□□□終諧靈
止四息莫弃三友常存羔羊尚立尊卑鴻鴈猶分炎弟
余与師兄志永師弟志元般那衣鉢去寺北門置買土
田四頃有餘又於西南五里已来有水磨一所及松栗
田地一則用供僧　佛一則永滋法□所述誠勗各仰
留心餘有事端具列□□所有土田段數如後
寺南槐衙東邊地二十畝　寺後東北上地一
段計八十一畝　東北上地一段計四十五畝
東北上地一段計五十五畝　東北上地一
段計三十畝　東北上地一段計四十五畝

正北上地一段計二十五畝　正北上地一段
計七畝　西北上地一段計五十畝　西北上
地一段計三十五畝　西北上地一段計二十
畝
莊子一所內有舍八間牛三具車一乘碌碡大
小五顆稅名小師法遂法滿
師姪法口　師姪法遇　小師法淨　小師法岸
小師法因　小師法顯　小師法輪　師姪法
洺　師姪法義　小師法口　口口法口　小師
法口　小師法口　小師法海　小師法宗　小
師法泰　小師法全　小師法氳　口口口口

□□□□　小師法□　□□□□　□□□□
小師法勝　小師法月　小師法演
右上件田地及水磨車牛□計錢□百九十七貫五
百文足陌
時大宋咸平六年歲次癸卯□月已□□日□子記
按重真寺田莊記碑碑前上方漶漫題首字不甚
顯諦視似爲聖真寺而畢氏孫氏皆作重真故仍
其舊碑在今鳳翔府扶風縣法門寺即無憂王寺
也據唐大曆十三年張彧無憂王寺真身寶塔碑
文寺在隋時爲誠實道場唐高祖武德中改爲法
門寺中宗景龍四年旌爲聖朝無憂王寺題舍利

塔爲大聖真身寳塔塔藏舍利真身三十年一開
太宗貞觀五年高宗顯慶五年天后長安四年與
中宗即景龍四年 肅宗碑缺年 皆嘗起發皆在代宗大曆
之前其後則舊書德宗紀貞元六年岐州無憂王
寺有佛指骨寸餘取來禁中供養二月詔還本寺
憲宗紀元和十三年十二月迎佛骨於鳳翔韓愈
傳鳳翔法門寺護國真身塔内有釋迦文佛指骨
憲宗迎入禁中王氏萃編謂元和所迎之佛骨非
即大曆建碑之佛骨豈以真身有二故復稱重真
寺耶張彧法門寺碑記云元和十四年詔改爲法
雲寺勑張仲素撰碑仲素大聖舍利塔銘見金石録而重真之名

不詳所自志謙此記碑刻甚明畢氏孫氏皆失載

金石續編卷第十三終

金石續編卷第十四　宋

武進陸耀遹纂　太倉陸增祥校訂

宋二

亭亭山廟勑并祭告文

行書在山東泰安縣

勑亭亭山廟惟彼靈祠載於祀典導長源而善利承峻

缺上封禮崇咸秩俾疏榮於侯爵用介祉於烝民可封

廣缺

維大中祥符元年歲次戊申十一月戊午朔四日辛缺

皇帝遣秘書丞直史館姜嶼致祭于　慶禪侯朕奉

若　元符升中　喬嶽惟神受職幽贊成功特加封

爵之美稱用荅儲祥之休應仍令致奠以達深□尚饗

承天觀碑

高五尺七寸廣二尺三寸三十行行七十二字行書額失撰在甘肅正寧縣

大宋寧州眞寧縣承天觀碑銘并序

朝散大夫行尚書兵部員外郎知制誥上護軍賜紫金魚袋臣李維奉勑撰

翰林待詔朝奉郎守秘書丞同正騎都尉賜緋魚袋臣尹熙古奉勑書并篆額

臣聞無象之象生乎二儀之先強名之名居乎四大之一杳冥怳惚固不見而不聞陶甄孕育遂成形而成器三才以之資始萬物由其紏紛王者得之而垂拱之化

光百姓用之而厚生之理遂尊之無際其體也孰揆其高深感而必通其用也曷窮其神變非夫聖人之至賾一切之極尊其孰能與於此乎及夫醇醨朴散失德後仁户有孝慈家興禮讓真風蕩而不返至治缺而莫敷玄珠既遺非象罔而孰得混沌始鑿諒倏忽之可尤然而文籍本結繩而生大輅由椎輪而作無欲之源既窒有為之迹漸萌於是軒轅師廣成於前夏禹尊子高於後尹喜望氣伯陽演非常之言會桑相齊蓋公著清淨之說述宣教父聿假於言詮啓迪真宗漸崇於象物若夫稽玉晨之秘纂考玄圃之隱書絳闕琳房虛皇之攸館蓬萊方丈列真之宮都蓋陰隱於含生實顧懷於明

德故歷代而下繼天之君莫不結念於沖虛宅心於汗
漫或陳甲乙之帳望絳節之來或崇文翊之壇候靈符
之應自茲厥後祠宇相望[空]州真[靈]縣承天觀者本唐
開元中所建也按輿地之圖究經始之自蓋[玄]宗嘗於
中夕夢彼羣仙儼氷雪之容疑來於姑射馭飆欻之駕
若會於武夷惟至誠之所通非有道而不至且指樂土
是爲珠庭既寤而命使訪之遂於其地得石象二十七
軀乃夢中之所覩也即命營搆真宇仍以通聖爲名茲
縣據羅川之上游實彭原之屬邑氣象葱蔚原隰隱轔
人敦忠義之風俗勤稼穡之事軒[臣]在望乃有能得道
之鄉幽土書疆本公劉積德之地真靈之所翔集禎祺

之所保綏洎世道屯夷年祀寖遠蕭條檜井但渫於寒
泉瀰迤芝田僅成於茂草諒隨時而升降爰與道而汚
隆將復靈基允屬休運崇文廣武聖明仁孝皇帝之御
大寶也應千年之嘉會嗣　二聖之丕基宅
純粹之精執神明之度端冕嚴廊之上游心象繫之表
惟神不測用其道而設教惟天為大體其仁而育物三
升泰時豐昭事之誠再駕寶車揚不殺之武舉撥上
陵之典以慰時思遵省方展義之文載均慶賜屢下
寬大之詔聿開疏闊之網德洋恩溥仁洽道豐遠無
不懷邇無不肅動植咸遂神人以和故得協氣旁達以
氤氳靈心昭答於肸蠁乾符荐委地寶畢臻巍乎治平

諒不可得而名也方且棲心妙鍵玩志玄律守慈儉之
格言味希夷之奧旨永惟民極斯實教先眷是靈場獨
存遺址修弊起癈深軫於　天心即舊謀新奠崇其雲
構即日降綸綍之命遣軒墀之臣授以成謀彼蕆厥事
其始也觀乎天象當定星之中察彼民時乃農務之隙
既灼龜以諫日復置臬而度地規易之大壯取詩之勿
亟子來之民斯集藝成之匠畢臻採隴坂之材是樸是
斲聳他山之石以磨以礲或施王爾之鉤繩或用傅巖
之版築覓致功而程巧畢獻力以忘勞尔其繚以周垣
掛之嶢關秘殿翬飛而中起脩廊繩直而四注雕欒縷
楶燦文綠以交輝曼宇疎楹含雲霞而半暎桂柱櫛其

電烻梅梁亘以虹申藻井揚芳紛敷乎菡萏銀釭絢彩照爛乎列錢砌坦其砥平瑤壇瑩其水凈清虚肅穆杳隔於氛昏許孫亘深殆殊其氣候若乃金床玉几儼若三尊之御玄冠翠綬穆然衆聖之容既從以靈官遼位其列宿莽咸斯辨若朝元之會仗衛截列疑馭氣之游真玄聖之下都而坤靈之絕境也逮茲集事亟用上言爰是錫以華題俾爛於棟宇延諸上士式謹其修崇徵三元八會之文探十善四極之旨椒漿蘭藉嚴其奠饌之儀空歌洞章閒以虚徐之韻宜乎雲軿羽蓋徘徊而下臨紫氣素煙紛郁而相屬既而觀齒鮐背戴白之叟相与嘆曰至哉

吾君之德俟其發而作為舊宮焜燿乎百里延集丕祉
保祐乎黔黎誕揚玄默之風坐躋仁壽之域何力於我
允叶堯民之歌惟幾成務與符羲易之象是宜求典故
乘時能　升中于天追九八之迹無為而治茂三五之
規福祿萬年子孫百世如斯而已矣恭維　帝皇
之作所以揚鴻輝金石之刻所以傳不朽茲事體大庸
乎英才而臣識昧研幾學非足用掌仙書之籍令莫考
發揮述大道之指歸尤慙闕略祇膺　詔旨避讓靡遑
拜手齋心謹為銘曰
猗矣至道包乎混玄惟恍惟忽匪亡匪存尋之無迹用
之不煩萬物之母衆妙之　一生乎二德與天地惟民

寂寥惟君司契塞兌開聦抱樸弄智神而化之事乎無
事上德既衰醇源益醨坐縣殊致質文異宜遺珠赤水
訪道具茨玄言著矣青牛遠而清徵之天虛皇攸治珠
闕重深紫房豐麗財成元化陰隲羣類在感斯通無遠
不至後聖緬慕發乎清衷帳開蘭殿蓋設濯龍以徼繁
祉以暢玄風暨聿增華壇館斯崇惟唐之興仙李鍾慶
惟教之設開元光盛精意潛感殊休屢應懿札列真聿
彰元聖集臺之地實曰羅川風俗淳厚原隰連延靈東
斯啓形彩相鮮年祀寖遠餘基巋然帝宋膺期惟天所
授瑞叶赤書功凝紫宙鬼神致恭蒸黎在宥藹然大和
洽於仁壽穆穆我皇三葉重光席圖握紀御辟當陽凝

神妙鍵精思靈壋修弊起㢮爰申舊章翹翹使車言董
其役民以子來時惟農隙之星方中靈臺勿亟林麓効
材閶闔獻力彤彤邃宇藹藹殊庭窅崇碑䆀黼黻丹青
矞雲垂蔭瑞日揚明始疑神運終謂天成旌蓋紛披壇
場覽寂雲璈發音飆駕來格福被蒼黔慶流宗祏翠琰
垂芳永永無極　　時大中祥符二年歲次
己酉二月十五日建　　御書院沈慶并侯令欽趙譓
刻石
右班殿直兵馬監押兼在城巡檢臣元守英　　朝
請大夫尚書虞部郎中知[illegible]州軍州兼管內勸農事
護軍賜紫金魚袋臣[illegible]于廣

按碑在甘肅慶陽府正寧縣羅水在縣南西南由寧州界入涇水隋曰羅川縣屬北地郡唐屬寧州天寶初獲玉真人像改曰真寧縣見地理志西魏廢帝二年改豳州曰寧州隋大業初復曰豳州尋改為北地郡唐武德初復曰寧州天寶初改彭原郡乾元初復曰寧州元豐九域志寧州彭原郡軍事治定安縣真寧縣州東南七十里有子午山羅川水碑所謂羅川上游彭原屬邑是也董史皇宋書錄尹熙古工篆學類苑云古撥鐙法待詔尹熙古得之所書為一時之絕

忠國師多心經序

高二尺四寸廣一尺七寸十二行行十五字正
書隷額題多心經序四字横列在陜西咸寧縣

般若心經序

唐南陽忠國師述

夫法性無邊豈藉心之所測真如非相詎假言之所詮是故衆生浩渺無窮法海汪洋何極若也廣尋文義猶如鏡裏求形更乃息念觀空又似日中逃影茲經喻如大地何物不從地之所生諸法惟指一心何法不因心之所立但了心地故號摠持悟法無生名為妙覺一念超越豈在繁論者尔　時大中祥符二年四月一日

賜紫僧澄遠建　九華山僧省言書　安璨刻字

賜汾陰后土廟號泰寧宮牒

大中祥符四年三月正書在陝西渭南

[玄]聖文宣王賛并加號詔

大中祥符元年御製五年八月立石在陝西耀州

文見萃編所載曲阜碑此其在耀州者當亦無

異據潛研堂目録南雄縣學亦有此碑蓋當時

所在有之也陸增祥志

西京白馬寺牒

天禧五年在河南洛陽

龍門山丁裕等題名

在河南洛陽縣

西京龍門山大像龕題名

三班借職監伊河竹木務兼本鎮煙火修甃石佛石道
公事丁裕同弟祜并仲子觀東鄉友□吏顏翰安之胡
沆同至此　大宋天聖四年丙寅三月二十六日裕書
鐫字李邁

三班借職監伊河竹木務兼本鎮煙火修甃龍門山石
佛公事丁裕与弟祜仲子觀東河南府助教白利用洛
陽□□鄉友貢士顏翰清河張居□安□□□同至此
皇宋天聖四年丙寅□□二十□□□□□裕題文俱左行

七星巖題名九段起天聖訖嘉熙在臨桂縣肇慶府

賈守文題名三行行七字字徑二寸正書

天聖戊辰歲二月二日將家累□遊知郡事賈守文記

按戊辰天聖六年

周湛等題名三行行十字字徑寸正書

提點刑獄周湛同提點刑獄錢聿知郡事包拯同至慶曆二年三月初九日題

按宋史職官志提點刑獄公事淳化二年置以朝臣充後罷歸轉運司景德中復置增武臣爲副以閤門祗候以上充是刻稱同提點刑獄豈即史所謂副耶周湛字文淵鄧州穰人宋史有傳不載提點刑獄包拯字希仁廬州合肥人天聖五年進士知天長縣徙知端州遷殿中丞端土産硯前守緣

貢悉取數十倍以遺權貴拯命製者才足貢數不持一硯歸事其宋史本傳通志職官表康定元年拯知端州軍州事合朱顯之題名考之其遷殿中丞即在慶曆二年也

朱顯之等題名 四行行十四五字不等字徑三寸許正書左行

慶曆壬午歲臘日郡守將朱顯之同監軍麥仲珣獄掾楊仲卿攝管梁揆鄉秀崔宗周合浦貢士梁立本游茲勝境顯之謹題男諷捧硯詢詠侍立

按壬午慶曆二年臘即臘

馬尋等題名 八行行七八字不等字徑二寸五分正書

轉運使尚書郎馬尋子正慶曆三年癸未歲二月二十

二日游斯滕槩春官吏知端州朱顯之從晦新賀州幕
杜偉士遜新建昌邑佐許奇彥伯參陪　顯之謹題
按馬尋字子正須城人宋史附陳太素傳太平寰
宇記賀州臨賀郡理臨賀縣屬嶺南道杜偉通志
誤作杜傳
榮諲等題名徑三寸隸書六行行五字
轉運使祠部郎中榮諲知州事太常博士翁彥升游此
嘉祐庚子正月五日題
按宋史榮諲本傳諲字仲思濟州任城人舉進士
為廣東轉運使廣有板步古河路絕險林箐瘴毒
諲開真陽峽至洸口古徑作棧道七十間抵清遠

趍廣州遂為夷塗後以集賢殿修撰知洪州廣東通志職官表榮諲嘉祐四年任轉運使翁彥升莆田人進士嘉祐庚子年知端州軍州事庚子嘉祐五年也

皇甫宗憲等題名（七行行四字字徑三寸正書）

治平乙巳仲春中旬知郡事皇甫宗憲率荆延年趙宏曾公覿遊此勝槩

按宗憲終殿中丞見萬姓統譜乙巳治平二年

康衛等題名（二十行行六字字徑五分正書）

提點刑獄尚書郎康衛寶臣同提點刑獄文思副使王成服叔平熙寧二年己酉歲三月初六日同遊郊社齋

郎康聿侍　　郡牧守殿中丞陳懌題勒上石

按康衛陳懌見是年是月十八日倡和詩勒於石室王咸服題銜同提點刑獄蓋副也文思副使武階而宋史職官志稱神宗謂武臣罕習吏文不足以舉察所部故熙寧專用文臣據此則熙寧初猶兼用武臣也

向勉之題名　六行行三字字徑五寸正書

紹興辛亥清明日向勉之挈家來游五子侍行

按是刻諸家未錄通志亦失載辛亥紹興元年

章鑑等題名　四行行七字字徑五寸正書

嘉熙丁酉臨江章鑑重試秋闈後同考官合沙劉漢英

清源徐雷開來游

按是刻諸家未錄通志亦失載丁酉嘉熙元年

七星巖唐人遊記詩刻未入萃編者既為補錄其宋人題名不下數十茲就所得拓本錄之

原書目錄云三十五段編中所錄僅只九段茲就未錄諸刻列目於左其元至正年楊庭璧破巖題記一刻則刪之編中不收元碑仍萃編之例也陸增補志

景德四年陳総劉起等題名

乾興元年趙勝等題名

慶曆六年張肅題名

皇祐元年宋克隆等題名

皇祐二年王逢題名

熙寧二年周子題名後有淳祐壬子呂中等續題

元豐四年王洎等題名

元豐八年劉靜叔等題名

元豐六年許珏題名

崇寧元年鄭敦義題名

崇寧四年張漸等題名

政和八年古葦等題名

紹興五年韓敏求等題名

紹興五年朱文中題名

紹興二十八年鄭安恭題名

乹道五年陶定題名

淳熙十五年趙善擇等題名

淳熙十五年十月黃執矩題名

嘉定八年陳光祖等題名

嘉定十一年徐龜年等題名

又後二日趙汝龔等題名

寶慶元年鄭起沃等題名

又三年題景福洞

嘉熙二年區永年等題名

綵陳總劉靜林張漸朱文中陶定黃執矩六刻

皆通志所未見鄭敦義一刻義作文疑石刻本
作义也陸增洋志
蕭參白水縣齋十詠
行書篆額在陝西白水縣
同州白水縣齋十詠并序
同州白水縣齋十詠并序　括蒼鄉貢進士吳郁書并
篆額
邑大夫揔理之庭民版圖系𥟖之地苟壯麗弗取則威
儀匪脩況乎宅天井之上腴據坤岡之水勢左右官署
簿尉廨悉在衙內前後閈閎足崇仡仡之墉曷際眈眈之宇然
墮模之夙備亦雅制之未臻是以遵陸抗之繕完祛晏

塽之湫隘或因其爽塏或即其便宜率循去故之規是成永逸之度徙龜趺於外堞蘗彼前脩聳嚴氣於重闉昭其懿範兼濟提東門之作御公偉上館之稱至於曦藹青箱寄藏於層構崔嵬畫堋峻列於前亭當其體而或微且非禮而勿動斤斸惟約髹彤靡加而又衡樹交陰蘚石絢彩茂軨軒之逸趣敷階戺之素輝我諧不轉之姿爰是可卷之狀欝為玲珽載於宄蘩故其覽景無遺懷賢有緒將恪居而未墜誠退食之多同導乎惟樂之口玩以至幽之勝王仲宣之暇日孰紹能聲庾元規之秋宵豈忘覃思姑自強而不息惟靡常於厥居曾無擊缽之音但愧燃萁之敏得非踑踔演韻口潰成文因

撫實於縣齋式緣情於十詠隨題注釋与物繽紛俾原始而要終庶采葑而采菲然而非公家之能事抑亦思作者之彝章翼惟匿瑕在我同志附于翠刻庶幾末光云爾時天聖六年仲冬十有二日邑佐權民長胥參自序

思齊樓在署之門也上錄四極將闔地雙因之輪奐亟成小樓臨而發蔵之南旁獲翠琬若封兩聯宛具妙鋒乃太極中張子奇位於是邑德政之績也故置其下故以目之

高閑營層構翬飛勢自伸己闇能賦客空懷帶星人影檻凭秋迥朱扉敞漢新龜趺清刻在誰共繼芳塵

永益池縣閣之西偏臨街宇古於遼之所也二亭中圮傳名吏隱乃元和中自行簡刻石在焉遺琢理游寢而靡興究絕壑往來綴於扱引民思一于人亦為政之闕也參因歸頹岸是命其題天擇既藉一邑斯齊

唐賢遺勝地天澤引初深未起朝宗勢先資濟衆心
淨惟涵寶利微或鄙蹄涔爽氣何偏早羣蛙一夜沉
惟勤閣（尉廳東隅廣袤倍尋聽政之所也）自責思前古徒名是永懷
（黃霸為潁川守百姓有過閉閤自責然小大不仵希權莅鋼章亟追其倫邑民好訟得無思之）善聲黠
優室幽興類蕭齋未報投虛及空防肆毒材恪居知有
地僻俛競相諧
藏書閣（尉居南屋中聳起二椽中著書籍也）洞闢前軒峻危梯趣若何
綠苔生未遍緗帙聚還多曉幌吞清旭秋欄拂靜柯猶
憐松筆在公外獨頻過
習射亭（宰晉東西隅尉同校閱之地也）危亭當旅進飛鏑共星鳴才
奏頻驚節空聞霹靂聲擇官期竝勝相圖備借行敏手

無虛發由來已鵠平

古植槐尉廳西南署墻垣之內　誰知深固久根惟蟄龍形自著

三冬市空懷八命庭餘清蟬□□茂綠雨初經未便慙

羣木猶憐桂有馨

□榮桐尉署小廳前也　幾年惟悴質一日類生稊玉縈青□

滿銀床□□□雅□□□□高稱□□□□有□□□

□□副剪圭

小庭松居尉之廨次　挺質依雕檻盤根似倚峯美材高並接

強幹直相容度夕寒聲細凌秋翠影重當軒可□□應

只待秦封

波紋石尉□□之中　何必觀春渚他山質自奇危層分蕩

漾峭碧認遙迤禁陛宜相接星機好共支高空如有闕一補未爲遲

石席置之於惟勑閣結粹從天匠周方出墨[illegible][塈]知磨琢易須信卷舒離角枕清同置黎床雅並觀公餘聊偃息空覺病曆寒　廣平集有成鐫字

修白水縣獄記　隸書篆額在陝西白水縣

重修同州白水縣獄記

將仕郎守縣尉兼主簿權知縣事甯衆撰　鄉貢進士吳郁書並篆額

夫圖土之設肇襲於至非拘棘之興允閑於不矩故峻

哲中嚴之所廻纖人思過之地大則儀巘而可察小則
欵辯而惟明仁惻攸先寬簡必永矧乎去聖逾邈澆風
寖行維新冠而可施在扉履而易泯況惟此邑□比殊
封當長安之上游□百城之善士而又□□□□山
複湖□□交敵之□□□劉曜僭雄之堡版圖斯大
生齒實繁播時者歲計而咸登鬻食者日中而自樂加
以簪紳夙寓綽綽而有芳縞紵素游誾誾而自固其或
鋒矮莫戢憤惋未平昧其理則虞芮之交興失其心則
藿蒲而亦聚是以絲棼之喻徒極於聯綿雀角之端罕
闢於遷格紛紜成市蒙塞如雲然纍繫有歸且抵肩斯
泉或置之别字或盈其晋□心力俱殫提振莫假俄傳

稽綏之口屢興遭失之虞蓋其舊制匪完永圖未克隘
同圭竇胥媿于廷疎壞比剝廬幾懷于陋泐當其歒蒸
肆酷臧蔑厲嚴在搖犀之徒居黑㙊之下但撇風而沐
雨彌茹苦而含辛余則不然莫戎邉扆幸以忝從一命
權莅銅章字人之先軫思爲大乃亟閧於 良牧而
欲改於故規允遷 鉅仁聿諧其請繇是闢環堵之
陋審燥濕之由董葫匠以構基暮公臧而卜築勿翦勿
伐豈煩嵩谷之材輪奐爲詎撓編甿之力用之不匱
觀者悅隨敢侔片言之能式隆象斗之用軒光洞達廣
袤攸新伸卜商之惟勤資叔孫之必葺不愆于素曆月
而成敞猶金玉之堂邃若芝蘭之室三木無仰天之歎

五典□▪霜之威至若舉案有□□□□□□宜乎男女
異處聊　於別區輕重殊塗永符於欽恤況　國家
廼懷浹寓方切含生昭平青□□□以□□□□□
之□□□□氣感於羣心故得景緯垂休貫索有稀明
之象靈禽獸瑞棘庭多喜巢之巢叶　聖治於和平
贊　丕辰於熙盛然而人斯得獄豈非獄惟在人恭
我　聰明於侯來者故語曰必也可使無訟乎則斯
獄之不暇爾時天聖六年龍集執徐仲冬二十有二日
記　廣平焦有成刊字

重刻中書令張九齡碑

高一丈一尺廣五尺六寸四十行行五十六字正
書篆額題曰尚書右丞相中書令張公碑十二字在

唐故金紫光祿大夫□□令集□□□學士□院事膺（廣東曲江縣）
□□尚書右□□荆州大都督上（下不可辨）
銀青光祿大夫廣州刺史□□□□□□□□節充嶺
南節度支度營田五府經略觀察□□□□□□□
□□□□國公徐□□
有□既（缺十六字）魏衛公□格于皇天在　高宗時有以
（碑文第一行不可辨下）復宗社存　□宗時有若□□□□□
□燕□始興□□張□興□王業夫以天柱將傾□□
□□□振綱目再闢皇猷□□公□之□□□□（第二行）
壽一名□□□□□陽方□□□□□□□□氏良□□

□□□稱□□或相韓五葉或□□□□□有大賢時

稱盛族四代祖□守禮隨□□□第三行□曽□□□□

□皇□韶□□□□□□□□□□□□□□冑□

州剡縣令列考□□□□縣丞贈太常卿廣州□

督皆□□光力□□□第四行積高而□□□□□作

霖□□□□□□□□□□□歲□□太常府君

憂柴毀□□□□□樹數株連理王公方慶□□年

十□□□第五行左燕公過嶺□□章並深提□□□

□□□□□□□□□□郎□□期尤所激揚□□□□

□有下等謗議上聞中書令李公□代詞宗□令□□

第六行再拔其萃擢秘書省校書郎應道□□□□□

□□□□□□□直言不協□□□□□拂衣告歸
太夫人在堂承順□□□之至□里化焉始第七行興
北嶺峭□巉絶大庾南谷坦然平□□□□□□□
□□□□時行可方□□□□禮部司勳二員外
郎加□□大夫超中書舍人封曲第八行江縣男轉□常
少卿出冀州刺史□□□□□洪州□□□□
州都督□□□□嶺南按察兼選補使黜免貪吏引
□□任良登能亮賢□第九行事澤被膏雨令行祥風厲
燕公蹇落斯□□□□□□□賢□□副知院事
□□□□相排根窮栖歲餘深不得意渤海□□□
□我王命第十行思絶其詞中書奏章不愜　上意命

□□□□□□　上甚嘉焉即拜尚書□□□郎□
知　制誥扈從北巡便祠　□□撰赦□第十一行御
為文凡十三紙初無槀草　上曰比□□□□
□□□□佐之才今日□□□□經術濟朕累乞歸養
上深勉焉□□九皐九章官近州第十二行里伏臘賜
告給驛歸國遷中書侍郎丁內憂□□慰□□□□
□南訃祔葬□塋□□圖生嗌不容粒白雀黃犬號噪
庭塋素□□芝巢植□隴□□第十三行至者將有感乎既
卒哭復遣中使□□本官同中□□□□□□□□許
為辭□□　命號咷使者逼迫及至闕下懇請□□
手詔曰不有第十四行至孝誰□盡忠罌□□□□

□之望□在□□□□□□□□□□□□表賜□第
一區　御馬一尋遷中書令集賢□令知□事□□
□□第十五行公作相也奏□擇元戎皆取良吏不許入□
龍賞戰功減諸軍兵省年支賜臣□□□□□明年公
奏籍□□耕□□加□□□祿大夫□□□□第十六行伯
每天長節□□□□□□□□□□□三卷述常□□
袞□爲鑒□□□□鯁詞有死無貳彰善癉惡見義下不
可辨第十七行上極震怒謂其□□□□□□□□□□其罪
嘗管□□□本□□　上因涕泣遂寢其奏武貴妃
離□儲君將立其子使中使□私□□□□□第十八行廢
也必將與賢□□□□□□□□□□輒□御史□□

□□□□□裴伷先不禮中官皆忤　上旨必□□
□公全度焉□□節度張公□□□第十九行降兩番斬屈
突干□□□□□□□客以□軍□□拜□□翻
麟國争競不奉　詔平盧將安祿山入朝奏事見於廟
□以□必亂中原國□第二十行上曰卿以王衍知□□□
□□□□□□爲虜所敗□□□請按軍令中留不行
公狀諫曰穰苴出軍必□莊賈孫子行令□斬宮□珪
所奏□□□□□第廿一行不當免死再三懇□　上□不
從□□□嘉運等上策□□□□襲平西戎公以爲不
可妄舉結後代讎□皇王之化也　上又不納及羯
胡亂□□□第廿二行逆命　玄宗追歎曰自□□□□

□□□讜言發中使至□□弔祭其先見之明有□此
者學究精義文參微旨或有興託或存諷諫後之作者
□□□□第廿三行上表論事事多樞密入皆□□□□
常以致　君堯舜□衛管樂行之在我何必古人由是
去循資□置採訪使收拔幽滯引進□言野無遺賢□
□第廿四行闕政百揆時序庶工允釐□□□□潛捧
罷公為尚書右丞相初不介意居之坦然執憲者素公
所用□奏權臣豕冠得罪借以為累貶荊州□□□第廿
五行歲為相萬邦底□而善惡太□背憎者衆虞機密發
投杼生疑百犬吠聲衆狙皆怒每讀韓非孤憤涕泣盡
□開元二十八年春請□□歸五月□□□□第廿六行薨

於韶州曲江之私第享年六十三　皇上震悼贈荊
州大都督有司謚行曰文獻公粵来歲孟冬葬於洪義
里武臨原近□□塋□□□□□□□第廿七行譚氏
循州司馬府君誨之子也淑慎宜家齋莊形國珮環有
節纂組皆工幼作女儀長為內則太夫人樂在南國不
欲北轅克勤□□□□□□□□□□□第廿八行月六日
終於私第春秋七十七晝哭闈門日月□□同塋異穴
下兆從宜公仲弟九皐宋襄廣三州刺史採訪節度經
畧等使殿□□□□□□□□等州第廿九行刺史鴻臚
卿□金拕紫三虎為榮立德□□□□□□□□拯□壽
以孝聞立身以行著陥在寇逆不受偽官及收復兩京

特□□□□□□□□□□□第三十行善大夫孫蔵器河
南府壽安尉□保先□□□□□□□□侍御史抗文
吏雅□清公賢操以兄拯早世姪藏器幼孤未□□□
□□□□□□□□□□□□三十一行揚世父之美浩義深
知已眷以□章禮□□□□□□□□德無愧其詞銘
日三十二行
鳳生丹穴鵬翥南溟天乘粹氣地發□□□□□□□
□□庭甫稱降神說表綺星學究經術文高宗匠再掌
司□□□□□□□□□□□□□三十三行□綱允釐帝
來惟寬退居右揆出守南□□□□□□□□□□瞋
猶視雖歿如生昭昭令名千古作程三十四行

長慶□□歲次□□七□癸丑朔□□□□□□□
□□節度判官監察御史裏行仲舉建立　曾孫承
奉郎虔州（下不可辨）
墳塋□□□北去（下缺七字）十復同勾□立　玄孫□□進
士□新　玄孫鄉貢進士（下不可辨）
承務郎試秘書省校書郎□韶州曲江縣□□□□
篆額　韶□□□□□上□試□□省校書郎
（下不可辨）
□奉郎尚書屯田員外郎知韶州軍州兼管内勸農
□□□□□□□□□淂重建　皇宋天□□□□
□立石於曲江（下不可辨）

唐中書令張九齡碑廣州刺史嶺南節度使徐浩撰并書九齡字子壽一字博物韶州曲江人開元中官至中書令罷爲尚書右丞相貶荆州長史謚曰文獻碑以大曆中書撰長慶三年刻石集古錄目

右張九齡碑按唐書列傳所載大節多同而時時小異傳云壽六十八碑云六十三傳自左補闕改司勲員外郎碑云遷禮部傳言張說卒召爲秘書少監集賢院學士知院事碑云副知至後作相遷中書令始知院事其載張守珪請誅安祿山事傳云九齡判守珪狀碑云守珪所請留中不行而公以狀諫然其爲語則略同碑長慶中立公薨在開元二十八年至長

慶三年實八十四年所傳或有同異至於年壽官爵其子孫當不謬當以碑為是也集古錄跋尾

第一千五百六十三唐張九齡碑上第一千五百六十四唐張九齡碑下徐浩撰并正書大歷中書撰長慶中刻石　歐陽公集古錄云云今攷之浩撰碑時為嶺南節度使在大歷閒距曲江之卒未遠至長慶中其家始刻石耳劉禹錫讀曲江集詩序以為曲江燕翼無似終為餒魂而碑載公嗣子拯孫藏器碑後又載曾孫敦慶玄孫景新景重然則曲江為有後矣不知禹錫何所據乎又云公一名博物而史不載金石錄　案唐書宰相世系表載曲江之子拯右贊善大夫孫藏器長水丞曾孫敦慶袁州司倉參軍元孫景

新未載其官景重洪州都督府參軍來孫以下見於表者尚存八十一人其元孫以上皆與碑合然則夢得綴還之說誠不足信矣

右中書令張九齡碑大曆中文獻之猶子抗為殿中侍御史請徐季海製文書之距文獻沒已世餘年至長慶三年抗之從子仲舉始立石今所存者宋天聖八年知韶州刁湜重刻本也以術推之癸丑朔乃長慶癸卯之七月湜昇州人兵部郎中衎之子登進士第官屯田員外郎史不載其韶州事潛研堂金石文跋尾

碑立於天聖八年在歐陽公集古録之前不知歐趙二家所見者唐刻耶宋刻耶朱長文墨池編云中書張九齡碑徐浩撰并書長慶三年立則固唐碑矣而

此碑不著書人姓氏字雖出摹勒字法頗與徐似則亦粵東古刻矣粵東金石略

碑在曲江縣所載祿山入奏九齡以為必亂中原云云與涑水通鑑不合通鑑據舊唐書作祿山敗績執送京師時語攷元宗實錄守珪奏祿山失律請依軍法決斬許之祿山臨刑抗聲言曰兩蕃未和忍殺壯士豈為大夫謀也守珪以祿山當捷於擒生闘其言捨之以闘是實錄不謂執送京師也曲江集敕守珪云宜且停舊官令白衣將領卿更審量本狀隨事處之是遇敕守珪處分之辭若既執送京師而後捨之則敕當云停舊官放還白衣將領何以敕不言放還而言卿更審量耶据

此則祿山未嘗執送京師九齡見之當從碑在入奏時為實通鑑不從者蓋未見拓本第因祿山事迹九齡語裴光庭之誤考異祿山事迹云二十一年守珪令祿山奏事中書令張九齡見之謂裴光庭曰亂幽州者此胡也按光庭二十一年卒是冬九齡為相公與光庭語誤也遂并入奏事删之耳碑云五月薨而通鑑云二月是未見碑本之證也廣東通志金石略

逍遥棲禪寺水磨記

在陝西鄠縣

大宋京兆府鄠縣逍遥棲禪寺新修水磨記

地肺山沙門志陸撰并書　武威安晟刊石

夫關市農田之賦邦國所以備於年儲疏流變磨之功

人世所以資于日用矧茲匠妙俾自輪行實濟物之殊功乃厨須之要務長安鄠邑有逍遥精舍焉即後秦三藏法師什公譯經之地也此寺名標勝槩面對終南况草木以靈竒背高僧而間出（秦洎隋唐皆高僧譯經之地也）境稱絶異其畝豐碑（此不復序）寺之東南隅三里已來案圖經曰高觀之谷其谷口有隙地先是尚行温之地乃前寺主宗恩端拱年中以金帛易之從始迄今皆以荒墟曾未田種今寺主法普始一日与同志曰此處地墒潤口水會澴流欲樹建於磨亳似不煩於巨力既陳厥議咸以悦隨遂乃剪伐蓁蕪鑿開峻岸方興功力會乏資財有信士張㐮實施以青蚨百繩助充營建是以掄材聚墼選匠

鳩工徘徊盡合於規模巧拙皆依於制度是以危樓崛起疑嶝吐而雲成駭浪奔輪若虬蟠而轉影且觀其源也危峯巘岫狀怪形奇下之水也瑩碧澄潭深沉無底人而過者莫敢而窺故九夏絶於炎殃則可滋于稼穡一方既於畦壠則拒之弗窮其磨亭已座五間都成七架西開客館東敞僧房俾来者洗以塵 醒乎耳目望還天而空濶夜月良多覩雨霽於秋光屏觀疊嶂闃然世外杜絶喧繁囂豈止獨利於禅林抑亦務資於閭里約費羨錢三百餘緡歲月未周土木功畢是知地之興也故有其時物之盛衰良因其主今守主法首与供養主法明並以精勤無怠道行有聞皆繼踵於真宗為鄉

閭之所仰也哉非積於勤儉安以樹於勝因者孰乃以
厥事既周震遷陵谷志陸猥承見託固讓弗遑輒述蕪
辭誌於翠琰時天聖八年八月二十五日記
住持寺主法普　法珍　□□行寶　行感　當寺
監寺法全　供養主法明　磨主行遷　典座行素
廣惠禪院主惠安　前寺主師榮樹石　維那行
□　其磨地東至高硯澗南至澗西至坡堎上頭
堎頭通入過往北至草堂寺已上四至

草堂寺石刻三段 起景祐訖政和 在陝西鄠縣

陳堯叟詩刻　景祐二年六月僧悟正書刻王聖俞
後

孫竦等題名　建中靖國元年九月正書

張智周題名　政和元年十一月刻孫龍詩後

其元符年王正臣題名一段錄有全文仍以時代次之（陸增祥志）

云亭里石氏墓表

碑去額高五尺廣二尺五寸三十五行行六十六字至七十二字不等正書篆額失目在山東泰安府

石氏墓志　介誤

石氏之先出於衛康叔之後康叔文王之子周公之母弟然則石姬姓矣按本記云衛靜伯生公叔公叔生顯伯顯伯孫摯生何為石氏春秋左氏傳隱三年有石碏碏子厚莊十三年石祁子成四年有石稷襄十七年十

九年有石買二十七年二十八年有石惡鎭二十八年
哀十七年有石圃哀十三年有石曼姑哀十五年有石
乞十七年有石䰪禮記檀弓注有石駘仲莊八年又有
齊小臣石之紛如十九年又有周士石速僖三十年又
有鄭大夫石甲父文十七年有石楚成十年有石首襄
二十一年十三年有太宰石㚟昭三十二年周又有石張
定十四年又有天子之士石尚定十年又有宋卿石彄
六國時有石申楚國漢有萬石君父子晉有石苞
石統石喬石崇石樸又有石鑒唐有石抱忠則天朝爲
天官侍郎石雄爲將石殯芳著忠義口六世祖自滄州
樂陵縣遷爲今爲兗州人也，吾祖初遷而南得邑曰

乾封後改奉符鄉曰梁甫里曰云亭村曰商王負泰山挾徂
來有二大山之鎮且汶水注其後經其西遂築居焉仁
者樂山智者樂水　吾祖其近仁智者歟　吾祖之初
來既鮮兄弟亦無族姻有田百畝專以農爲業久之始
生　高祖遠　高祖乃生　曾祖七人石氏於是遂蕃
長曾祖性嚴毅善治家□□晨起令諸子弟畢先趨
田畝群子弟無敢後者故石氏富於粟且當五代兵寇
之時中原用武諸祖又皆俶行材力皆戢尚勇騎射格
鬬豪於鄉里趙將軍者鉅盜也衆數千人張旗鳴鼓攻
掠郡縣其鋒甚盛嘗過吾里中不敢爲力遣使乞具一
飫諸祖諸之行人更其辭賊憤乃來戰遂陣於南門之

外我不素備猶殺賊數百人方戰時遇力疲則憩於門
内蘇而復戰賊勢已抑□□者未得尚酣戰　□曾祖
鞋係斷投門門內有姦開門不納遂敗是以　長曾祖
七曾祖　大祖父　二祖父　四祖父　七祖父皆
没於陣　三曾祖普戰既敗賊入門廾堂階又斬賊□
□□□□頸□乃攀堂檐□□出里餘息於栗林西數十步渴
就溝水飲眼背血出滴水上苦戰如此竟免嗚呼石氏
之遷其當唐季乎餞之歲在晉開運三年也後五年慕
容氏反兖州即周太祖廣順四年也賊後□□年石氏
乃分曾祖第一房無嗣與第五房合為一院凡六院後
第四房嗣亦絕為五院今第一院分六院第二院分三

院第五院分四院第七院分二院合十五院然皆出於
七曾祖口叙其略　第一院曾祖諱路堅娶顔張單氏
生　大祖父　二祖父大祖父娶秦氏無子女二人長
適西王張氏次適南頓張丁讓二祖父娶侯村鄭氏生
長伯父明二伯父静長伯父娶陽闕朱氏無嗣一女適
劉氏淵鈞其甥也伯父口盡術鄉黙名通傳二伯父娶淳于桑氏生
六男曰用曰誠曰元吉曰政曰峯曰宣三女長適舊縣
陳隱次適下村張氏次適下村趙氏　用二男曰鑾曰
禧一女適聶氏福生口鑾生先得哥先生大眼　誠一
男曰璪三女適寇氏郝氏韓氏璪生翁兒　元吉一男
曰潤一女適夏氏潤生王兒　政一男曰簡二女適同

氏□氏備生　峯三男曰友諒曰友直曰友□二女曾

適張氏　宣三男曰全曰師恭曰師讓二女長適富氏

次在室　第二院曾祖諱路釗娶劉氏生四祖父洪十

一祖父瓖一女適李□　□□□□□□□伯父□

□伯父娶李氏二男曰坦曰榮一女適□氏　坦生師

睦師和師厚一女適晏氏師睦生課兒　榮生師哲師

敏（四祖父嘗爲桑令公歷□□敏舞人呼□龍）　十一祖父娶□張戴氏生

四伯父勻二女適劉氏張氏四伯父娶神氏生寬寬生

修已黑牛一女適成氏修已生揚仳　第三院曾祖

諱路寶娶亂封黄氏生九祖父文杲十四祖父九祖父

娶屈溝□氏生八叔父謙二女適耿氏葛氏八叔父娶

下村馬氏一男曰亨二女適丁氏劉九皐十四祖父無
子　第四院曾祖諱路嚴娶趙氏事安太口師趙侍中
慕容相公素太保天福七年補衙前子弟九年補獵務
口口三年補中府獵射務都頭乾祐三年廣順三年爲
討擊副使無嗣一女適戚澄　第五院曾祖諱路具娶
栢子趙氏生十二祖父欽一女適太子中舍劉賜　十
二祖父娶西王王氏生我　烈考及　仲父諱　仲父
晟　季父居化二女適西朱劉氏百子趙氏我　曾祖
篤勤農樂田野終身不游市郭然樸衣冠嘗囑我　烈
考於鄉先生願授以經因語人曰吾不敢口吾口金紫
口鄉黨以儒名吾家吾老死足矣　烈考果登第列東

官如其志先是鄉人以曾祖行呼吾家　祖父鄉里稱長者鄉
人之必貸之果知其不能償即取券焚之善懲鄉黨恂
恂口口競仝吾院視他院稍益二祖之德也我　烈
考諱丙　娶郭夫人馬夫人　劉夫人楊夫人後劉夫人
專三家春秋學大中祥符五年
真宗章聖皇帝御前擢第仕至太子中舍生我　兄慎
齊及介企會合　與吾姊吾姊適舉子孫周吾兄生師
愚師通師易師晦師黙生女三人長適進士姜潜次適
進士高口口在室介生彭哥川哥徠哥女二人俱幼企
生師廉女三人俱未嫁會與合未娶師愚生鼎孫女一
人方四歲　二仲父娶口謝氏生口懷玉懷德女

一人適舉子郭師顔呂三女懷玉生師恪師賢一女懷
德生師杲師毅師□伯惜二女　三叔父娶陽翟薛氏
女二人長適申村美文次適進士盧淑美甥銘鐸錫社
哥女二人一適進士孫廓一在室二婿擅文辭甥皆學
不爲無後　四叔父娶申村美氏　高唐氏生僉女
二人長適王氏次適任氏　第六院曾祖諱□娶楊
氏無嗣女二人長適西張𧑒乂次適大吳劉乂　第
七院曾祖諱□娶戚氏生　八祖父文寄　十祖父文
秀　十三祖父女二人長適石固王氏次適顔謝商氏
八祖父娶□氏生五伯父遂九叔父慶十二叔父十三
叔父十四叔父五伯父娶乾封寇氏□□□□□四女

適王氏楊氏馮氏杜氏九叔父娶大吳吳氏生士元十
二叔父娶劉氏二女適張氏王氏　高祖之五女
長適顏張許氏次適乾封口張氏次適上高郭氏次適
侯村口氏次適臨口翁氏石氏　始祖一人　高祖一
人　曾祖七人　王父十人　諸考十四人吾輩二十
一人自我而下謊謊未見其止也君作厥室　始祖基
之　高祖堂之　曾祖構之　王父口丹之　諸考落
成之吾輩歌於下飲食於下于于如也然不敢怠逸謹
保　堂構而已吾諸子若孫既材而孝其必能大石氏
基斯厚矣堂斯峻矣構斯崇矣石氏斯傳萬世矣嗚呼
石氏食此田百有五十年矣葬此地九十有年矣自始

祖至圭八世能不失故田能奉祭祀　今舉　曾王父
而降爲三十二墳用康定二年辛巳八月丁丑八日甲
申歸于大塋以附
□祖　高祖□□歲時則與十六院大合祭焉詩曰孝
子不匱又曰無忝爾祖語曰死葬之以禮祭之以禮石
氏子孫其庶幾矣乎塋域南北長四百八尺東西廣三
百六十尺合合一十七　畝大　□□□□□株　樹
一千七百五十株合一千八百八十株石氏子孫賢也
塋闕問焉宅兆安焉祭祀時焉苟不肖也何所不至戒
哉
□□□□□□□□德郎守大理寺丞新授通判通州

軍州兼管內勸農事借緋士建仲書　承奉郎

待制作監主簿口彥輔篆額　孫湛刻

右石氏世表石介譔士建仲書歐陽公撰介墓表稱父丙官太常博士而此表云仕至太子中舍與歐表異歐表介有子師訥此云介生彭哥川哥徠哥蓋各舉其小字未審誰為師訥也孫明復寄范天章書曰今有大名府魏縣校書郎士建中南京留守推官石介二人者其能知舜禹文武周公孔子之道者也非止知之又能揭而行之者也執事若上言於天子次言於執政必能恢張舜禹文武周公孔子之道以左右執事教育國子丕變於今之世矣建中學行與介

齊名嘗亦奇士而學於明復者仕至兵部員外郎史不為立傳後世無述焉驗其書法亦自不俗潛研堂金石文跋尾

石介字守道天聖八年進士及第初授嘉州判官後以直集賢院出通判濮州事具宋史本傳介嘗躬耕徂徠山下人以徂徠先生稱之有徂徠集二十卷宋孔平仲談苑稱石介文章學術天下宗師著宋頌十篇猗那清廟無以加也慶歷三年天下所謂賢士大夫必用於兩府侍從臺諫之官宋之用人於茲為盛介作慶歷聖德詩　四庫全書徂徠集提要王偁東都事略記仁宗時罷呂夷簡夏

竦而進章得象晏殊賈昌朝杜衍范仲淹韓琦富弼王素歐陽修余靖諸人介時為國子直講因作慶曆聖德詩以褒貶忠佞其詩今載集中仿唐愈元和聖德詩體唐憲宗削平淮蔡愈仿雅頌以紀功是其職也至賢姦黜陟權在朝廷非儒官所應議雖當時以此詩得名而實不可以訓誠至論也談苑之說猶近標榜歟明一統志濟南府人物石介兖州奉符人師事孫復固窮苦學進士及第歷鄆州推官嘉州判官居憂躬耕徂徠山下葬五世之未葬者七十喪以易教授魯人號徂徠先生服除為國子監直講進慶曆聖德頌出判濮州葬旅

丧立墓表疑在一時皆篤行也

封洪聖廣利王牒

高七尺六寸廣二尺六寸篆額題勑南海洪聖廣利王八字下分二層上層牒十三行行十八字下層廣州官屬七行年月一行字數不計正書在廣東廣州府南海廟

中書門下牒　廣州

南海廣利王

牒奉

勑四瀆淵流歷代常祀物均蒙於善利禮未峻於徽稱

敕考國章式崇王爵四瀆並褒封為王其四海仍增崇

懿號宜封為洪聖廣利王及令本處限勑命到差官精

虔致祭牒至准

勑故牒
康定二年十一月　日牒
右諫議大夫參知政事王
右諫議大夫參知政事晁
户部侍郎平章事章
右僕射兼門下侍郎平章事
以上刻上層
承奉郎權知觀察下缺
節度推官承奉郎下缺
宣德郎試秘書省校書郎權節度掌書記章
朝奉郎尚書都官員外郎通判軍州兼勾當市
舶司及管内勸農事上騎都尉借緋謝

朝奉郎尚書都官員外郎通判軍州兼勾當市
舶司及管內勸農事輕車都尉賜緋魚袋□
廣南東路諸州水陸計度轉運使提點市舶司本
路勸農使朝奉郎守尚書主客郎中兼發遣軍州
事護軍賜紫金魚袋馬
慶曆二年二月十七日上石
承務郎守錄事參軍陸貢書并篆額　僧義
榮鐫　以上刻下層

按宋史禮志康定元年詔封南海爲洪聖廣利王與
碑稱康定二年十一月不合攷皇祐五年牒稱康定
中慶元四年牒稱康定二年並不云元年則史誤也

史康定僅一年而碑稱康定二年十一月者蓋是時仍未改元宋史仁宗紀慶曆元年十一月丙寅祀天地于圜丘大赦改元慶曆牒末署銜據仁宗紀參知政事宋庠康定元年任戶部侍郎平章事章得象寶元元年任門下侍郎平章事呂夷簡亦康定元年任至參知政事王舉正則康定二年始任如增封洪聖王在元年則牒末何得署據此亦足證碑之是而史之非矣碑下方題銜諸人名莫可考惟宋史陳太素附傳及肇慶石刻有轉運使馬尋慶曆年任當即此碑所題轉運使之人呂夷簡不著姓者老學庵筆記云舊制丞相署勅皆著姓官至僕射則去姓是也廣東通志金石略

保寧寺牒并帖

正書在陝西興平縣

中書門中牒京兆府

京兆府奏准勅分拆所管存留有無名額僧尼寺院共陸拾壹所伍拾柒所並合勝任額數内興平縣肆所並無額

一清梵寺

宜賜保寧之寺為額

一西禪院

宜賜淨相禪院為額

一誌公塔院

宣賜多寶之院爲額

一法花院

宣賜惠安之院爲額

牒奉　勑據　扌拆到先存留無名額寺院等宜令本府

係未勝任得額外其諸寺院各依前項名額勘驗掛牒

到准□、

勑故牒

太平興國三年四月三十日牒

中書侍郎平章事盧

右僕射兼門下侍郎平章事

左僕射兼門下侍郎平章事

使帖　興平縣　右准
勑命如前捡會昨准　轉運衙牒奉
勑命指揮仰子細分折逐寺院現在殿宇房廊功德佛
像及僧尼人数仰逐處官員等相度内有合勝任得勑
額寺院定奪別坐聞奏者　使司尋備録帖司録司仰
一依　勑命指揮遍下管内廂界諸縣仰子細分折無
名額存留寺院見在殿宇房廊功德佛像僧尼人數仰
攢族都大文帳申上續據司録司状申據長安等一十
三縣及左右廂司供申到准　勑命存留無名額僧尼
寺院殿宇房廊屋舍佛像及畫壁功徳僧尼人數文帳
使司尋具此繳連申奏申使堂牒轉運衙及申大王乞

今奉　勑命宜令本府除未勝任得額外其餘寺院各
依降到　勑命指揮管界諸寺院速便各勒逐寺製造
額牌依降到名額書謝大字了將赴衙呈過各赴本寺
懸掛兼具知委結罪文狀供申者
太平興國三年六月五日帖
觀察推官范　節度推官閻　右贊善大夫通判軍
府事楊　水部員外郎知軍府事奚
使武功郡王　在京
縣　帖保寧之寺
清梵寺准　使帖奉
勑宜賜保寧之寺為額者今帖縣仰一依降到　勑命

指揮勅本寺製造額牌依降到名額書勒大字了各將
赴衙呈過歸本寺懸掛訖具知委結罪文狀供申者
右准　使帖如前續准　使帖指揮切緣諸縣例是各
有寺院若將牌上府呈過况當時暑又緣去府住覆地
遥仰立便指揮管界寺院依降到名額各令如法書勒
大字了當只仰本寺院便自懸掛不得更將上府申呈
者事須帖本寺一依　勅命指揮降到名額製造額牌
如法書勒大字了便於本寺懸掛仍具知委懸掛月日
結罪文狀申上以憑申使不得有違者太平興國三年
六月二十日帖
守主簿權知縣事彭

大宋天聖四年歲次丙寅五月一日丙子建　當寺
賜紫沙門□□共浴室院主僧善海同建　官表白
僧潛用寺主僧時□尚座僧守勤維那僧趙玉
東京大相國寺僧惠詮書
安文晟刻字
皆大宋慶曆三年歲次癸未五月戊午朔壬日己巳闔
寺衆僧同立
寺主僧寶全尚座僧志堅維那僧務
安元吉立石
此太平興國三年勅賜保寧寺牒刻於天聖四年立
於慶曆三年慶曆三年五月為戊午朔則己巳當是

十二日碑作王者誤筠清館金石記

法門寺修九子母記

高二尺三寸廣二尺五寸二十三行行二十二字行書在陜西扶風縣本寺

法門寺重修九子母記

儒林郎守乾州司理叅軍張奭撰

夫九子母學浮圖氏者言之在異趣矣始則憑負恠力兕戾慈忍洎大雄氏示現感徳攝以正道故力殫氣沮神疲克競而旋能服義畏威降志下體慄然竭順逮夫能仁之教流被震旦嚴祠善刹充滿天下故存其像貌儼列左右蓋録其背邪鄉正之道亦足尊尚矣法門寺東廊下有故像一堂以其子孫衆多耆舊傳云實續乏

後者苟齋禋精禱則身枝皆茂而席其福然年禩浩久堂宇傾圮雖有陳形弊質亦不克副瞻仰者之恭畏也景祐丙子歲里人試匠簿鉅鹿魏德宣與同閈人清河房君有鄰武威奉職安君名相與建啚再議裝緝時屬西夏跋扈邊鄙興師供億煩勞故不果蚤就其志迨今年五月中方畢其事繢塑一新其母則慈柔婉約且麗目淑端然處中視諸子如有撫育之態其子則有裸而携者有襁而負者有因戲而欲啼者有被責而含怒者有迷藏而相失者有覊午象衣而爭恩者二人焉有朕冠服儼而夾侍者二人焉擁戀庭闈天姿騃冶不可得而談悉非施者之心專勤匠氏之工精妙亦不能允臻

其極□□君子之筆意也以家鐘餘慶業茂素封惟兹有後未□兟兟因相為祝寅謦迺衷功未及終咸遂其應噫神道冥昧貽感之績信未可誣爽不佞辱見請文其事讓不獲已因敢聊序其大略云爾時慶曆五年閏五月一日記　進士魏戩書　塑人王澤　畫人任文德

真身塔主兼都修造主正辯大師賜紫法能立石

院主僧廣隨　勾管本殿僧廣嚴　張遵刻字

按法門寺重修九子母記張奭筆甚雅潔魏戩書仿石軍張遵刻石尤為北宋能手如記所狀即王塑任畫亦各精妙惜東廊故像無復舊觀矣記稱

儀修於景祐丙子三年畢事於慶曆五年乙酉相距十稔仁宗景祐初西夏元昊繼立取瓜沙肅州有地萬里僭號入寇故云西夏跋扈邊鄙興師追慶曆中韓范宣撫陝西元昊上表內附秦鳳無事像教觀成即一隅修廢之端可知世故與政治之得失焉魏戡訪碑錄誤作戩

重刻扶風夫子廟記

高二尺八寸廣二尺二寸二十二行行三十字正書在陝西扶風縣學

鳳翔府扶風縣　夫子廟記唐文粹作扶風縣文宣王廟記

唐尚書膳部郎中程浩譔

天地吾知至廣也以其無所不覆載日月吾知爲本有其字

至明也以其毋所不照臨江海　吾知至大也以其無所不容納料廣以寸管測景以尺圭航大以一葦廣不能逃其數明不能私其質大不能匹其險偉哉　夫孚後載地而生知死地之始先天墜而没知天地之終非日非月光之所及者遠不江不海潤之所浸者博式代禮樂吾知其損益百王憲章吾知其消息君臣以位父子以親家國以偽本作用肥鬼神以享衛未可詮亦文粹作其亦字誤有物釋未可證於無生式以貫之　我先師夫欄夫子聖人也帝之聖者曰堯王之聖者曰禹師之聖者曰夫子堯之德有時而息禹之功有時而窮　夫子之道久而弥芳遠而弥光用之者昌捨之者亡營否於周今

泰於縣不然者何被衮而裳登旒而王者哉扶風古縣也在京之西環渭之北𠀤標關輔之首雄歷劇秦之大有尉曰袁弁者學吞漢𦤎賢員伊鼎文則變雅行乃矩物其為政也剛以斷其理身也柔而立迴大君之清問動賢相之情文粹作精選賓文粹作賔奉詔言廟新祠宇廟閭岑立宮牆鳥跂晬 先師於兩楹羅亞聖於十哲砌蘭有主院栢分行徂庭自肅入室加敬陳牲牢而如在問籩豆而先彝兕下大軍之後也時弊而沒禮域中小歲之前也俗媮而迷歸尚儒以戢兵設義而銷戰使人從善遠惡而不自知大哉袁氏之子其用心也至矣邑宰李公才思練達政心和理風聲樹於丕變𣿰頌樂而不知

文粹作文縣丞主簿尉等瑯琊王畿黍稷公器覽容色窺相
公之明鏡磬鬢氣翅相公之龍門雲霄坐馳鳴躍可俟
浩自帝鄉薄逆鳳翔入境而醉鬪佳政告歸而滄文粹作滄
宋允績前尉許贄起予能事春秋之徒如何勿書時大
曆二年丁未歲記　張遵刻丹
文成遂二百二十二季實　炎宋慶曆戊子歲琅耶王
宗元自衛尉丞知縣事駭民靨之論・廟也甚矣迺新
厝刻文牖民為學副　本朝右文之意謹題
按唐大曆二年程浩撰扶風夫子廟記載唐文粹
當時碑刻既佚不知書者何人至俗傳顏魯公書
刻湖州復刻遷州者乃後人集顏書刻爲之無

多錯誤後爲作僞之拙萃編姑錄無足辨也是碑
爲宋慶曆二年知縣事王宗元所立觀後題識蓋
即其書丹而刻丹者爲張遵宗元書法遒逸在褚
遂良殷元祚之間合觀法門寺修塔廟碑陰慶曆
戊子皇祐己丑行書詩刻題名及復唯識廨院記
雖與此碑書體不同而筆蹟實出一手唯識記或
正或草或篆籀八隸有隋曹永洛修陳思王廟
碑之遺此以正書而參嶧山碧落諸體用意相類
爲宗元自書無疑唯識記後有皇祐三年琅邪口
口元書以此碑證之尠處爲王宗又無疑也張遵
精於勒石此碑及唯識記而外如普通塔記法門

寺九子母記封太白山神濟民侯勑皆其鐵筆極一時之能事蒦斯石墨足洗假殘碑之穢矣自宋仁宗慶厤八年戊子上溯唐代宗大厤二年丁未實二百八十二年自大厤丁未越文宗大和元年僖宗光啓三年五代漢高祖天福十二年宋真宗景德四年凡五丁未宗元所記誤短甲子一周故祇云二百二十二年耳記中道未可詮其有物其作亦動賢相之精選精作清毗頌樂而不支支作知皆誤筆宜從文粹

筠清館跋尾附錄於左以備參攷 陸增祥志

此碑共有四本一在華州題為員外郎顏真卿書都

官郎中徐浩題額今存殘石一段計八行七十一字旁刻少華撰花王氏家藏八字一在西安碑林宋僧夢英書題曰駕部郎中程浩撰夢英跋云此記元刻在湖州臨安縣臨安宋屬杭州不屬湖州夢英誤記一在扶風縣大曆二年駕部郎中程浩撰歷曆戊子咸縣令王宗元書刻較夢英本多扶風古縣也以下半篇即此本也一在當塗縣元至正元年太平路總管賈度重刻亦題駕部郎中程浩撰武部員外郎顏眞卿書都官郎中徐浩篆後題天寶十一載建度跋云得之眞寧廟學其文亦無扶風古縣也以下半篇夢英所云臨安縣即今杭州府屬賈度所云眞寧路今為山西太原府

洽此二本今皆未見以顏徐二公官履證之其爲武
部員外郎及都官郎中正在天寶十一年金石萃編跋華州本
云徐浩未嘗爲都官郎中豈未見多寶塔題銜邪又按師學有貞元十五年張式撰浩神道碑云遷金部
員外郎轉都官郎中在天寶時賈刻本載書碑時爲四月廿二日與
魯公所書徐浩題額之多寶塔碑同曰魯公書法各碑不同推華
州殘本與多寶塔碑字體相類其爲同時書可信而扶風此碑題爲大曆二
年記其時去天寶十一載凡十有五年之久魯公已
由陝州別駕改吉州司馬年譜云大曆二年十月事徐浩亦由廬
州長史入爲中書舍人矣張式撰浩神道碑謂代宗踐祚公論勃興故浩得復
用正此時也稽浩官履雖無明證亦不應尚爲駕部郎中
是碑若爲扶風而作不應顏徐二公書篆於前竊疑

此文前半篇係程浩所撰不知為何處廟學而作賈云
得之龔學廟學其說近是曾公為之書丹徐浩為之篆額至大歷
二年扶風建碑遂襲用原文添入扶風古縣也以下
二百九十六字仍託名于浩而書其舊銜故扶風古
縣也以下文氣與前半篇不類而官階年月亦復差
謬若是姚鉉輯唐文粹載扶風夫子廟記亦題為大
歷二年程浩撰蓋據扶風石本採入也賈度所刻即
華州本之未斷者故二本行格悉合夢英本則據臨
安重刻書之故其文微有異同扶風本則託名者所
為故其文多異今以扶風本與諸本合校摘其互異
處另錄於後　天地吾知夢英本賈度本多其字至廣也夢賈無也

字以其無所夢賈無所字不覆載日月吾知華州本及夢賈多其字
至明也夢賈無也字以其毋夢賈作無所夢賈無所字不照臨河夢賈
作江□夢賈作海吾知夢賈多其字至大也夢賈無也字以其無所夢賈
無所字不容納測景夢賈作明以尺圭廣不□夢賈作能逃
其數偉教此二字夢作夫賈作備夫夫学夢賈作子後蒑夢賈作天地而生
知旡夢賈作天地之□華州夢賈作始先天墜華州夢賈作地而没潤
之所浸英同華州賈本作殺者博弍華州夢賈作三代禮樂吾知夢賈
無知字其損益吾知夢賈無知字其消息父子以窺華州
夢賈作親家國以華州夢賈作用肥夢賈作和鬼神以饗夢賈作享衜夢賈作道
末夢賈作不詮夢賈作筌亦夢賈作其有物弌夢賈作一以貫之先
師夫嚮夢賈作子楊慎升庵外集摘載扶風此碑古文凡十字其云子作塙令石內子或作學

或作商無作端者又云啻作帝今碑內並無啻字皆係升庵謬記夫子夢賈無此二字聖人

也帝之聖者夢賈作古之帝聖者曰堯王之聖者夢賈作古之冊君者曰

禹師之聖者曰夫子夢賈無此二字禹之功有昔夢賈作時而

窮遂而弥光夢賈作光用之者夢賈作而昌捨之者夢賈作而亡

爵夢賈作昔否於夢賈作宗多周今泰於夢賈作皇多駁夢賈作忠不然

者夢賈無者字何彼夢賈作擢衮而裳綴夢賈作進旒夢賈作殊而王者

叔夢賈作炙○步賈本皆作此扶風唐文粹作風古縣也剔賢相之

肅文粹作情選賓文粹作負奉詔旨死文粹作大下大軍之後也

使人從諸文粹作善遂寇風文粹作風聲樹於不變毗頌

樂而不知文粹作支蕭逆文粹作遊鳳翔右金石萃編祇

錄華州本於唐夢英本於宋今以此碑錄宋而辨正

之如此筠清館金石記

近見湖北通志嘉慶年修亦載有此本題云襄州孔子廟學記注云皮日休撰在襄陽今已佚後云右碑文見皮子文藪案碑無年月通志亦不言次唐咸通四年後文即此文無扶風古縣也以下半篇與西安本同而字句有異錄以備攷

至廣　至明　至大三至字上均有其字　潤之所浸者博作浸之所及者廣　詮亦有物亦作其　證於無生於作其　用之者　舍之者兩者字均作則　餘與此本悉同惟明旣死墜式覲衎式將谿號十一字不作古文體爲小異耳據此知吳氏謂後半篇係扶風

㴱入文粹即據扶風本採錄者似屬可信顧趙氏金石錄所載襄州孔子廟堂碑係垂拱元年立于敬之撰咸通間並無此碑湖北志殊不足據至以爲皮日休撰者楊升庵已言其誤來氏觀妙齋金石攷略亦謂文藪無此文也再萃編所載係西安本而以爲在扶風縣殊誤并識之陸增祥志

傅求等釋奠題名

皇祐二年正月隸書刻開成石經之後在陝西西安府學

韶州永通監記

韶州新置永通監記

高六尺廣四尺二寸二十六行行三十六字正書篆額失拓在廣東曲江縣光孝寺

古之建國者義以制事財以聚人八政之先曰食與貨即山鼓鑄三代而然禹鑄歷山之金以禦水禍湯造莊山之幣以拯旱虐周以金錫之利分隸虞衡唐以郴桂之郡並建爐冶貨之所產本無定處興造之謀期於便事而已　國家平一諸夏統綏四海開寶興國之際收復江閩因其故區作爲泉布時移歲積地產靡常比年已來冶氏幾廢也

今天子嗣位之二十七年特詔翰林學士葉公淸臣宋公祁經度山澤之禁以資國用乃命作奏曰謹校郡國

產銅和市之數惟韶為多而圜廢殫既由江淮資本錢
以酬其直實為迴遠請宜即韶置監分遣金工以往模
之歲用銅百萬斤可得成幣三巨萬三分其一以上供
餘復市銅幾得一百萬如是則其息無窮矣　詔
下其議於廣東于時轉運使真太史傅公惟（通志糸作幾）知
韶州比部員外郎樂公溫故協恭承　詔以經厥始
郡有故牒號為西州遺址高平宛出郭外乃相厥土畢
則食焉凡棟宇之制管庫之嚴詢于故實斷以心匠模
沙冶金分作有八刀錯水瑩離局為二並立門鑰乎有
堤防當其中扃控以廳事誰何警察目無逃形其鉛錫
之備用薪炭之蕪蓄別藏異室布于兩序出內謹密前

為大閟冶官別署于閟之南羣工屯營于垣之外市材于山市甓于陶雇工于巧凡手指之勤筋力之用率評價而與之金不莢䅘貲不徭民籍而功用成爲屋八百楹凡材木鐵石陶瓴之用凡一百四十萬惟材木六千貲于連山釘十萬出自眞陽餘悉營辦于韶之境而民不知役乃知術良之政識自有體哉以皇祐紀年龍集已丑三月甲午始築其基而飭其材八月辛酉棟宇完鋭鎔備物有區工有居九月己亥大合樂以落之董僚巧募新習勸怠勵勤授以程準日課千緡不愆于素初郡之銅山五歲共市七萬前太守潘公一歲市百萬及欒公繼之乃市三百萬明年又差倍之歲運淡銅

三百萬以贍嶺北諸冶苟非主計者通其財提綱者揚其職守土者宣其力則何以協規劃模成效之速如是哉且韶被山帶海維產五金四方之人弃農亂持兵器慕利而至者不下十萬窮則公剽怒則私鬬輕生抵禁亡所忌憚緩其覊絏則鷹摯而陸梁急其銜勒則獸駭而踶齧故境壤雖狹而獄犴寇抄常倍他境必資威肅惠和兼被于物乃成善政觀此圖功賦事精至詳敏則民之受賜其可知矣初以遠方置監議者不一故

朝廷有以待之明年四月乃下　勑賜名永通時

天子親享明堂之歲十月初三日光禄少卿分司南京余靖記

江夏黄昌齡書并篆額

按碑在廣東曲江與樂昌之游泐溪石室記並余靖譔黄昌齡正書後題天子親享明堂之歲蓋皇祐二年仁宗即位之二十八年韶之置監成於皇祐元年八月二年四月賜名永通十月撰記立石其以元年為冠年他碑所未見也玉海慶曆八年九月韶州置鑄錢監皇祐元年二月以韶州新置監為永通監紹興二十七年七月户部侍郎林覺奏永通監選通判主之宋史食貨志慶曆末韶州天興銅大發歲采銅二十五萬斤詔即其州置永通監令以碑記考之韶州置監之議始於三司使葉清臣宋祁而轉運使傅惟[]知韶州欒温故成

之清臣祁本傳皆未及記又云初郡之銅山五歲共市七萬前太守潘君一歲市百萬欒君繼之市三百萬明年又差倍之歲運羨銅三百萬以贍嶺北諸冶則歲采之數亦不止二十五萬斤矣王象之輿地碑目載余襄公所譔碑在韶州者凡五今惟泐溪石室記猶存則未見此碑也廣東通志歐陽修余襄公神道碑云祀明堂覃恩遷衛尉卿據通鑑覃恩在九月此記十月猶稱光祿少卿者詔未至耳

南海神廟韓碑陰題名四段

碑前已見萃編此分刻碑陰碑額之陰兩方及兩側趙自注說端平在廣東廣州府

祖無擇等題名

皇祐二年孟秋庚寅偕陸仲息子強丁寶臣元珎李楙之休甫王逢會之劉拯子上謁廣利王夕宿廟下祖無擇擇之記

彈琴道士何可從鑴字僧宗淨同行

右祖無擇等題名七行七字何可從宗淨題名三行行五字在碑陰上層字徑四寸按皇祐二年閏十一月惠州羅浮山長壽洞題名稱提點諸州刑獄太常博士范陽祖無擇四年九月連州大雲洞題名結銜稱廣南東路轉運使刑部無擇謁南海廟方任提點刑獄後遷轉運使丁寶臣常州晉陵

入景祐元年進士見歐陽修所撰墓志銘王逢列
宋史文苑傳李䜒之見青箱襍記云李給事䜒之
丁未九月生蓋䜒之終給事官也陸仲息劉球無
攷

向宗道題名

宗道從事於廣并今三拜祠下熙寧壬子三月權發遣
轉運使公事向宗道題

右向宗道題名六行行五字字徑三寸正書在碑
陰中󠄂曆宗道字元伯由尚書職方郎中權發遣廣
南東路轉運使公事見熙寧辛亥三月連州燕喜
亭題名辛亥壬子熙寧四年五年

程師孟禱雨記

熙寧歲次癸丑十二月丙申距甲寅六月辛未

府帥諫議程公凡四謁

南海廣利昭順王蓋將

天子之命求雨於神而雨禱雨謝之獲應頗異前太守

有一至廟下已二十餘年而後寂寥無傳今

公戾止何其偉歟亦足為靈宫一時之盛事資邦人百

年之美談也時獻官黄積趙光弼攝奉禮黎獻臣攝太

祝富臨轍記於退之之碑陰云公之子德叟義叟陪位

右府帥程公禱雨記十六行行九字字徑寸二分

正書刻於碑額之陰程公即師孟時以右諫議大

夫知廣州軍州事兼廣南東路經略安撫使故稱府帥師孟及趙光弼黎獻臣當臨官位並見於是年正月陳之方勅祠南海神記黃積又見是年八月蘇咸南海廟謝雨記亦爲獻官而不詳何職蓋熙寧七年甲寅正月六月十月師孟凡三祀於南海廟也

彭鉉等題名

端平丙申三月清江彭鉉諙　祠蔵祀事登浴日亭訪韓碑誦　坡句摹本而歸刻石碑陰時廬山胡泳與其季泂偕行　豊王叔仁刋

右彭鉉題記八行行六字字徑三寸五分行書刻

碑陰末曆理宗端平三年歲次丙申是年彭鉉知廣州軍州事見廣東通志

南海廟開寶碑陰題名三段

分刻碑陰及碑陰之額起皇祐訖熙寧在廣東廣州府

田瑜等題記

聖宋皇祐辛夘歲三月十九日庚午立夏祗命致享于

洪聖廣利王廟右諫議大夫充天章閣待制知廣州

田瑜都官員外郎前監鹽倉黄鑄虞部員外郎通判朱

顯之謹題　僧宗淨刊

右宋仁宗皇祐三年三月田瑜等題記六行行十

二字字徑五寸正書在潘美等銜名之右宋制有左右諫議大夫左屬門下省右屬中書省此碑田瑜係銜右諫議大夫宋史田瑜傳脱右字當以碑爲實

譚粹等題記

熙寧甲寅仲春十九日府幕譚粹檢季邑簿李穜書碑謁拜祠下

右神宗熙寧七年二月譚粹李穜題名五行行五字字徑五寸正書刻田瑜題記之下譚粹稱府幕蓋都督府之幕職官幕職有簽事判官推官掌書記支使粹但稱府幕何耶李穜係銜檢季邑簿季

邑猶言下縣蓋當時有此語而史傳無之獨見此

碑爾

蘇咸謝雨記

熙寧七年秋八月

上以久旱精禱天下名山大川詔　右諫議大夫知

廣州程公致祠

南海洪聖廣利昭順王已而休應云獲復命　公行賽

謝之禮時黃積趙光弼為獻官黎獻臣譚粹攝奉禮太

祝陳端與　公之子德叟義叟陪位冬十月十八日蘇

咸記李積書

右熙寧七年十月蘇咸南海廟謝雨記十一行行

十字正書刻碑陰之額宋史神宗本紀是年九月
戊戌時雨降即此記所云休應惟八月精禱名山
大川史臣失載碑稱程公不名據救祠碑蓋師孟
也陳端見南豐文集翰林醫官制未知即此人否
並見廣東通志金石略　又嶺南石刻此碑而外
數見譚粹題名熙寧丁巳十年二月連州大雲洞題
名稱郡人譚粹文叔五月太守杜抃題名稱從事
譚粹文叔元祐三年龍川白雲巖題名稱承議郎
知郡事譚粹元祐癸酉八年韶州九成臺移立蔣之
奇武溪深詩刻稱右朝散郎知韶州軍州事譚粹
建中靖國辛巳元年八月英德碧落洞詩十月南山

詩刻並稱朝散大夫知軍州事譚粹又英德南山題名稱湊江譚粹文叔按宋連州連山郡龍川縣循州海豐郡英德縣韶州始興郡湊江在南雄州西北地接韶連故大雲洞題名亦稱郡人也據此則粹字文叔由幕職知循州復知韶州通志職官表失載元祐八年建中靖國元年知韶州軍州事

平蠻三將題名

高一丈三尺廣八尺二十六行行三十六字字徑二寸五分正書篆額題平蠻三將題名六字横列徑尺許在廣西桂林府龍隱巖摩崖

大宋皇祐四年夏蠻賊儂智高寇廣南陷十二郡據邕州其年九月

詔以樞密副使狄公統兵南征號二十萬明年正月己未與賊戰於邕之歸仁大破之翼日復邕州賊之餘黨遁於銅柱之外二月丁亥班師至桂林

詔換河中旌節名還機密凡從行將佐文武官二百三十一員今記將官已下姓名於左

宣徽南院使彰化軍節度使荆湖南北路宣撫使都大提舉廣南經制賊盜事狄青第一將下

左衛將軍荆湖北路兵馬鈐轄王遂　西京左藏庫副使孫節（戰没於陣贈忠武軍節度觀察留後）　如京副使賈逵

西京左藏庫副使竹昺　文思副使時明　管勾機宜太子贊善大夫馮炳　權石州軍事推官

武緯　管勾糧草殿中丞霍建中　走馬承受公
事入內內侍省內西頭供奉官張若水李若訥
樞密直學士右諫議大夫充荊湖南路江南西路安撫
使廣南經制賊盜孫沔
內園使陵州團練使入內內侍省押班充荊湖南路江
南西路安撫副使廣南經制賊盜石全彬第二將
下
莊宅使荊湖南路兵馬鈐轄劉几　文思副使張
憲　六宅副使孫昴　供備庫副使鄧守恭夏元
崇　內殿承制閤門祗候孫宗旦　管勾機宜都
官員外郎鄭紓　勾當公事殿中丞王綱　管勾

糧草効用侍其濬
秘書監知桂州充廣南西路都鈐轄兼經略安撫使廣
南東西路經制賊盜余靖第三將下　供備庫副使
皇城使廣南西路兵馬鈐轄李定　虎翼都虞候呂斌張遠
史青　内殿崇班武防
管勾糧草大理寺丞章詢　經制賊盜司走馬
承受公事入内内侍省内西頭供奉官李宗道
西頭供奉官李逵　管勾機宜守將作監主簿余
仲荀　勾當公事權邕州節度推官黄汾
轉運使管勾隨軍糧草都官員外郎孫抗　轉運判官
都官員外郎宋咸

提點刑獄同計置糧草司門員外郎朱壽隆　又思副

使高惟和

其年二月曲赦廣南東西路甄勞能減租賦其死

事者給棺斂錄子孫溪峒首領不從賊者悉加恩

賞又宣德音荆湖江南訽疾苦蠲賦役雜犯死罪

已下並從慮減四月又

詔以青爲樞密使孫沔授給事中樞密副使余靖

遷工部侍郎石全彬授宣苑使利州觀察使孫抗

授司封員外郎宋咸職方員外郎朱壽隆考功員

外郎高惟和左藏庫副使王遂而下定功爲五等

第一等者轉官五資餘增秩有差

僧寶珍篆額　區華區誠鐫

右平蠻三將題名石刻云皇祐四年儂智高寇廣南陷十二郡據邕州即東都事畧余靖傳稱智高陷邕州乘勝連破嶺南州縣圍廣州還據邕是也云詔以樞密副使狄公統兵南征又書銜云宣徽南院使彰化軍節度使荆湖南北路宣撫使都大提舉廣南經制盜賊事即宋史狄青傳稱青領彰化軍節度使擢副樞密使儂智高反除宣徽南院使宣撫荆湖南北路提舉廣南經制盜賊事是也云明年正月與賊戰於邕之歸仁大破之復邕州賊遁於銅桂之外即宋史紀事本末稱五年正月狄青夜度崑崙關大敗儂

智高於邕州智高走大理及東都事略稱狄青敗賊於歸仁邕州平是也云班師至桂林詔換河中旌節名還樞密末云詔青為樞密使即宋史本傳稱捷聞遷護國節度使河中尹及東都事略云青還朝復為樞密副使遂拜樞密使是也石刻所載與史傳並合又余靖平蠻京觀志云先是命樞密直學士孫沔入內押班石全彬同本路經略使余靖經制盜賊命青以宣徽使大提舉總其節制明年正月已未青師三將兵至邕州其詞似以沔全彬靖為三將而青為總帥者此碑青為第一將以全彬為第二將靖為第三將蓋朝命以全彬副沔故共為一將也廣西通志金石略

嵩臺石室記

高三尺八寸廣二尺八寸十六行行二十一字正書在廣東肇慶府七星巖

書端州嵩臺石室

混元喪精天地均氣融川結山曷嘗私於一物哉而谿

奇毓怪絶與類殊疑得造化之偏者其崧臺石室歟崖

斷穴露呀然而闢闢嵌崆刻巘嶭掀層巔劃巨石頑青

老碧將墜復屹交撐互搘如竦如立龍蛇盤蟄煙雲出

入中敞平地廣畝側環翠壁踰仞滴乳成柱凝嵐作葢

若非神驅鬼役鑿空架虛不棟不榱疇克其壯又不知

列仙移來真宰匠出吁其偉乎圖經謂

帝觴百神之所亦九九小洞天之一也谿泉清冷林鳥

嘲嘒猿跳獸擾藤嬰薜纏春葩夏颯秋菊冬桂皆常常
景物奚足詫尚去夏五月儂冦軼境二廣騷動
朝廷命翼叅掌漕計助餉軍實明年春賊平毎按部西
江停舟下瀨與前郡守曲臺丁寶臣元珍今郡守殿省
江東之唐公乘公之休縱遊為樂窮幽抉勝飫心飽目
因狀厥實用示其來
癸宋皇祐五年癸巳仲夏首吉潯陽陶翼商老文

按太平寰宇記嵩臺在高要縣北五里南越志高
要有石室自生風煙南北二門狀如入巧意者以
為神仙之下都因名嵩臺北海李邕有記鐫石存
焉蓋商老所遊之嵩臺即北海所記之石室也廣

東通志職官表陶翼皇祐四年任轉運副使江東之皇祐五年知端州軍州事而不載前守丁寶臣何也咸淳毗陵志寶臣字元珍晉陵人與兄宗臣同登景祐元年第歷官秘閣校理同知太常禮院守端州時適儂智高入寇以南方備寡被罪尋復召用此云前郡守曲臺丁寶臣曲臺之稱謂知太常禮院也夏五月儂寇軼境二廣騷動以宋史續通鑑參考之皇祐四年五月儂智高陷邕州乘勝掠九郡沿江而下以兵圍廣州自邕寇廣正軼端州之境二廣騷動即謂此時時楊畋曹修經制蠻事師久無功改命孫沔余靖等帝猶以為憂樞密

副使狄青請行以青為宣徽南院使宣撫荆湖南北路提舉廣南經制盜賊事五年正月狄青敗儂智高於歸仁鋪續紀三將平蠻碑即此所云明年春賊平是也叉高要副墨巖下潭深處有皇祐庚寅九月丁瑶臣題名是皇祐二年竇臣已守端州當在朱顯之之後

金石續編卷第十四終

金石文獻叢刊

金石續編

三

【清】陸耀遹 撰

上海古籍出版社

金石續編卷第十五　宋

武進陸耀遹纂　　太倉陸增祥校訂

宋三

惠州野吏亭詩刻

高六尺二寸廣三尺八寸二十行行二十七字正書篆額題惠州野吏亭詩大字在廣東惠州府

惠州野吏亭詩并序

尚書屯田郎中知軍州事黄仲通述

故相國潁川公咸平二年以太常丞典惠陽郡酷愛其四顧谿山景物尤勝創亭于城之上目曰野吏作五言十韻律詩一章天聖十載以給事中入參大政復作五言小詩二章寄題是亭未幾寵加

聖注位正台席時或接賓麺館論及奇勝必以惠州野
吏亭爲稱是見相國眷眷介懷於兹矣與夫谷賢刺宣
城郡架層構於百雉觀疊嶂於四垂其尚奇之心一也
皇祐五年仲通假守兹郡洽亭舊基以前之□章第刊
于石庶乎來者知亭之興自　陳相國始

野吏亭新成作五言十韻律詩一章

太常丞知軍州事陳堯佐

野吏厭公堂開軒出郡墻殘花炎帝國斜日尉他鄉疊
巘分諸粵重江截大荒耕桑鑽聚落煙火漢封疆雲勢
飄蓬島天形壓夜郎扁舟閑得侶嘉樹遠成行海雨千
林暮春風百草香人家浮浩淼鳥道沒青蒼爽塏吟魂

健虛明夏景涼他年重迴首半落愧甘棠

寄題惠州野吏亭五言小詩二章

金紫光禄大夫行給事中叅知政事柱國陳堯佐

羅浮山下郡樓閣枕滄溟誰得閑中意清風野吏亭山好曾留句城高復創亭登臨千萬景誰與畫為屏

仲通藏舊是亭脩紀遺烈因成蕪綴附于末焉

危亭治舊基登覽一何奇萬態羅浮景三章宰輔詩嵐光如畫處霽色乍開時味此休閑趣惟予野吏知

進士黄岳書

楷宗□刋字

至和元年十月三日立

詩刻在惠州府城北堞上序云按相國潁川公咸平二年以太常丞典惠陽郡而宋史王偁東都事略柯

維騏宋史新編皆不載攷廣輿記稱其以潮倅權惠
州豈諸史因其權守故略之耶惠州本名禎州九域
志云因仁宗廟諱天禧五年改名惠州紀志云四年誤不見
惠陽郡之名宋史志寰宇記同惟藝文志稱有黃以圖惠陽志十卷蓋文人之
詞非典也野吏亭詩見宋詩紀事炎帝國作炎帝圍
重江作重城又寄題野吏亭五言小詩二章紀事亦
未載蓋第據圖經所錄而未見石刻也惟石刻云天
聖十載以給事中入參大政考宋史東都事略宋史
新編六一集文惠神道碑皆作七年此云十年蓋撰
勒誤爾黃仲通韶州人見武溪集所作墓志此刻題
銜知軍州事而序又云假守者四朝聞見錄云太祖

罷節度立權發遣與權知之類故士大夫作郡皆自稱假守謂非真節度也蘭谿志

晉祠銘碑陰碑側題名十二段

晉祠碑陰題名八段碑側厚八寸題名四段分四截字大小不等起至和訖政和在山西太原

邢佐臣等題名訪碑錄作余藻題名未辨其左行也

大宋至和三年四月十日邢佐臣余藻同來

盧大雅等題名九行行七字正書在碑陰

熙寧戊申歲秋九月十四日范陽盧大雅君美臨川王安禮和甫清源王本安國同謁　晉祠舍均福堂明日如白雲石甕宿明仙又明日遊甘泉關化而歸本題

王安脩等題名四行行七字正書在碑陰訪碑錄未載

太原王安脩世長廣平程易先之安陽蔣畋渭公熙寧

癸丑孟夏同遊

麗京孫等題名二行行八字正書在碑陰訪碑錄未載

麗京孫同弟公孫男山來元豐三年八月

邢平等餞送題記行書在碑陰四行行十七字

大師王公得請還青社府通判邢平權林陽曲縣令崔

衮規昆從事盧訥仁老高震伯起袁百之必强主簿江

扃餞送元豐七年正月八日記

呂升卿還朝題記碑側第三截六行行十四五字不等行書左行

元豐七年正月予伯兄吉甫帥太原五月升卿被

旨來面授所議事入奏六月十七日還朝過晉祠姪璡

洵及余申李士亨高陟明餞送至此男洞侍行温陵呂
升卿明甫題甥余徹□□

曾布等禱雨題記十二行行八字行書在碑陰訥碑録未載

龍圖閣學士河東經略安撫使曾布提點刑獄朝奉大
夫范子諒躬率寮吏禱雨　祠下通判太原軍府事田
盛高復發書河東節度判官盧訥知陽曲縣馮忱之走
馬承受王演撿法官史辯從行元祐丙寅歲七月十三
日訥謹題　刊者任睨

邵壎題名二行首行八字次行十一字行書在碑陰

丹揚邵壎伯友恭謁　靈祠元祐巳巳仲春二日

曾布告遣題記碑側上截五行行十四字正書

魯郡侯曾布以元祐丙寅歲閏二月庚戌出師河東四月丙辰至太原視事己巳四月丙午易守真定五月卒卯率僚吏告違于　晉祠之神丙申受代而東子壻與國吳則禮書

王脩脩廟題記碑側下截六行行十一字正書訪碑錄未載

紹聖二年四月二十一日

大師左轄王公命王脩永之再新廟宇是年十月初二日國□公度王□元規來按視呂珣溫甫蕭經臣伯隣偕行王良弓餞之晉役同至

陳知存再謁題記五行行七字行書在碑陰

紹聖乙亥嘗恭謁晉祠政和乙未再到六月十二日本

路轉運使陳知存謹題姪銑從行

苗仲淵題名三行行九字十字不等在碑陰

開封苗仲淵師顏自湖南提刑移本路政和五年十月晦祗　祠下男丕侍

按唐太宗晉祠銘碑陰碑側宋至和至政和間題名十二段凡四十餘人王安禮曾布盧訥並再見後稱大師王公者即安禮史言安禮知太原府事故稱大師青社指東都也安禮安石之弟安國之兄曾布曾鞏之弟曾肇之兄吕升卿則惠卿之弟其云伯兄吉甫帥太原即惠卿也事蹟並見宋史曾布子壻吳則禮字子副富川人以父中復蔭入

仕官至直秘閣知號州著有北湖集見陳振孫書
録解題亦閩人也余藻字實夫鴈門人熙寧初廣
南西路提點刑獄見臨桂隱山洞龍隱巖諸題名
案筠清館所載尚有皇祐年口禹口熙寧戊申
王安禮壬戌歲馬仲良等題名三刻陸增祥志

靈巖寺題刻五段起至和訖紹定在陝西略陽

劉巽等題記　至和三年三月劉拱正書

劉忱等題名　元豐元年七月正書

王守中等題記　嘉定乙亥八月

郭公褒等題名　寶慶丁亥六月

重刻鄜閣頌記後　紹定三年五月田克仁記

藥水巖刻石三段在陝西略陽

劉異詩刻

秘書丞監濟衆監權武興郡事劉異上

藥水標題不記年許花深洞舊通仙者舊相傳山上有石乳入此洞中約行半日忽見天色朗徹奇花異木非凡所有為白鹿所觸驚迷而迴後與人再游已有大石塞其門矣其石尚存山廻巨磴常遮日境絶纖埃别是天碧照東西江浩渺綠迷高下竹嬋娟禿欄周覽翛然靜金像香殘一炷煙

至和三年閏三月望日

尚書虞部員外郎知軍事劉拱上石

寺在縣南七里嘉陵江之藥水巖方輿勝覽稱去沔

州城七里南有二石洞洞有泉能療疾者此也今洞
又在乘水巖之上五里云洞口石尚存關中金石記
口欽題刻　紹興廿九年二月口欽題口標年正書
趙彥吶詩刻　嘉定癸未五月男洗夫書
此二刻未載全文即附於此陸陽洋志
封濟民侯牒
高七尺八寸廣三尺九寸二十三行前奏每行四十九字後勑每行三十九字正書隸額封濟民侯之勑六字在陝西鄠縣清秋鎮廟內
中書門下　牒鳳翔府
工部郎中直龍圖閣知鳳翔府李昭遘奏臣聞祭法
曰山林川谷能出雲雨見怪物皆曰神有天下者祭

百神諸侯在其地則祭之亡其地則不祭又漢郊祀志湫淵陳祠天下山川畏曲往往有之臣本府管縣有九郿縣即其一也縣有太白山山在縣南四十里謹按圖經所載辛氏三秦記云太白山在武功縣南去長安三百里不知高幾許俗云武功太白去天三百山下軍行不鳴鼓角鳴則疾風暴雨立至周地圖記云太白山上常積雪無草木半山有橫雲如瀑布則澍雨常以爲候故語云南山瀑布非朝即暮乃知兹山候雨自古而然神靈尸之宜有禱應也山有祠廟不知建置之始唐世祀之正元中詔京兆尹韓皐重修據柳宗元集中有碑具載靈應今録柳碑於前

後唐清泰中復加繕葺國朝祥符三年再遣使修完
春秋邑令致祭列在祀典山巔有湫每遇歲旱府果
及他境必取水禱雨無不即驗朝廷近年累遣内臣
投真龍簡臣到任以來詢訪前後之異其事既出傳
聞不敢寓錄令止具今年春夏已來兩次得雨親驗
耳覩所陳二事非臣獨視道路之人不可誣也伏見
朝廷恤民之意甚厚崇祀之志甚恭前件太白山本
前世欽奉之地靈貺昭晰今古所信靈湫在上顯應
如此其太白湫水欲望聖慈特加封爵臣兼𨳛慶國
七年五月河南府王屋縣析城山聖水泉特封爲淵
德侯其例未遠可舉而行或蒙報賽慰羣願伏候

勑旨

牒奉

勑禮云五嶽視三公四瀆視諸侯非有豐功茂勝上爵

太白山湫名山之下神龍所潛每遇旱暵必伸禱請能

爲霖雨以澤民田守臣有言蒙福甚遠宜降十行之詔

用疏五等之封以荅神休以從人欲宜特封濟民侯仍

令本府差官祭告牒至准

勑故牒

至和二年七月十三日牒

給事中參知政事程

户部侍郎平章事富

兵部侍郎平章事劉
吏部尚書平章事文
嘉祐二季三月一日將仕郎守鳳翔府郿縣令
賈蕃立石　張遵鐫字
按此封太白湫神為濟民侯昭薦舉慶歷七年聖
水泉封潤德侯為例然真宗時已封通泉廟為靈
派侯昭遵祇就仁宗時言之爾皇祐元年五月遣
官祈雨三年三月分遣朝臣詣天下名山大川祠
廟祈雨至和二年四月遣官禱雨故云朝廷近年
累遣內臣投真龍簡碑列給事中參知政事程者
程戡也戶部侍郎平章事富者富弼也兵部侍郎

平章事劉者劉沆也吏部尚書平章事文者文彥博也是年六月陳執中罷彥博再相弼亦同入此為七月十三日牒正與史合通典天寶八載封太白山為神應公故嘉祐六年旱發書鳳翔府判官蘇軾禱神得雨軾代守臣宗選請于朝有云昔公而今侯是為自我而左降乃勅封明應公熙寧八年封福應王奏稱唐世正元中即貞元也禎為上名故兼避貞此牒嘉慶中吾友劉雨田用霖宰郿拓贈

白雲巖陳偁等題名

高四尺廣二尺六寸六行行七字字徑三四寸正書在廣東惠州府龍川縣

嘉祐二年丁酉七月乙酉郡太守陳偁同田曹外郎黃汝礪游白雲巖杜簡陳琪陳偕王宜與焉曾伸書

僧應璣開石

按曾伸書陳偁等題名新修廣東通志未見石刻就翁氏金石略錄之職官表陳偁字君舉沙縣人治平間知惠州軍州事據此題名則陳偁當仁宗嘉祐二年知循州海豐郡龍川即其地也

彥脩書刻題後 詩帖草書跋正書凡二石在西安碑林

肚痛帖　寄邊衣詩　入洛詩俱不錄

乾化中僧彥修善草書筆力遒勁得張旭法惜哉名不振於時遂令摸刻以貽同好嘉祐戊戌歲冬十月九日

司農少卿知解梁郡李丕緒題

寄邊衣詩重重白練明如雪句明如雲全唐詩作如霜雪　陸增祥志

李師中宋頌

高一丈廣六尺十七行行十九字字徑二寸五分第二行二十三字末行二十八字字皆二寸夾註字寸許額題宋頌二大字字徑尺正書在廣西臨桂縣龍隱岩迴穴

宋頌

廣南西路轉運使兼勸農使尚書度支員外郎臣李師中撰

神武頌

太祖也以天下授　太宗永有休功其古之聰明睿智神武而不殺者夫有天下不與子推大公永天命遂定四方其功冠萬世獨出史臣不究其極未足以明　盛德大業故作頌焉

於赫神武不顯其功　天命在躬圖惟厥終不卜不謀付命　太宗惟　帝之心天地之公

文明頌　太宗也煥乎其有典常始作樂告其成功焉本朝承五代之敝稽古典常之事至是備焉故頌以美之

於昭文明繼序其皇既其典常底定四方清廟用章德音不忘

仁功頌　眞宗也能申　上帝之祐以和戎狄以安萬民專用德化致百餘年大定自成康已來未有如此者也仁恩厚矣生息蕃矣繼之以禮樂則萬物其終乎王道其成乎頌之作也蓋有待焉

於穆仁功已任天覆萬民靡不壽懷爾戎狄以及鳥獸于嗟仁功草木潰茂如文王之囿

嘉禾李直自勒字桂州之龍隱巖　前知廉州合浦縣事陳信書

按宋史李師中傳師中字誠之楚邱人提點廣西刑獄歷師事邊人化其德多畫像立祠以祀稱桂州李大夫不敢名之證以留題風洞詩序云師中嘉祐三年九月受命來嶺外七年十一月得請知濟州留詩以志歲月則知師中在桂五年是刻宋頌即去桂之年所撰道光四年春果亭撫部成格自桂林還朝携贈拓本

重刻醉翁亭記 篆書在費縣

滁州琅琊山醉翁亭記 記文不錄

大宋嘉祐七年冬十月庚寅蘇唐卿上石於費之縣齋

鐫者□□

蘇唐卿歐公故人也知費時公已去滁而位相以書請公所作醉翁亭記而篆之立石於費宋嘉祐七年也予以宏治十年春來篆刻土覆徵露其未嘗之磨洗乃知顧謂僚吏者歐名相也蘇名字也佳章善篆沉二百年而金元人未知是可慨也已遂命衆扛竪縣儀門之下庶風雨日之不剥落云伊洛楊惠識

蘇唐卿不見史傳楊惠跋稱其知費時公已去滁而位相以此記請於歐公而立石者山左金石志

吳縣有蘇唐卿篆書竹鶴二大字慶元二年何異跋稱爲武功人蓋仁宗時以篆籀書名者宋詩紀事云

唐鄉官寺丞所篆醉翁亭記後附刻唱和詩此本無
之嘗在碑陰為拓者所遺今補録於後
唐鄉既篆歐公侍郎滁州琅琊山醉翁亭記上石訖
思莫能致之滁上因斧官之隙地聚材堪梁棟者支
其榱桷構堂于廨舍西偏爲三似植記於中楹焉圖
悠久也因成長句五十六字兼寄獻歐公侍郎　醉
翁亭記醉翁堂遠取琅琊即費鄉高世雄文刻翠琬
老山孤幹負虹梁左鄰鰲海三神島西倚儒宮數仞
牆雖愧篆工非翠寶英辭終與借輝光　鄉貢進士
龔敔和滁守南遷記醉狂篆刊移近郡雩鄉嘗年寓
與臨山水今日希風構棟梁吏部褒文辭避府陽冰

閣筆讓循牆東沂從此遺聲迹迴掩桐廬翰墨光范公

希文守桐廬作嚴先生祠堂記郃先生篆以刊石尤絕一時　鄉貢進士郃忱和

歐公頃歲守滁陽題記蒼顏人醉鄉賢宰特將刊古

篆舊碑不免棄山梁舊碑乃陳知明所作軒楹別構如安研筆

札難通似面牆異日智仙來韋去退蒙從此謝聲光

退蒙乃知明字　武昌史辭和昔日歐公鎮永陽構亭直在

水雲鄉醉翁嘯傲曾爲記賢宰風流到架堂老筆從

道刊琬琰晴嵐滴照門牆更吟新咏深堂祕相伴滁

崑山片玉光　登州防禦判官張頌和重惜歐公

記好模刊翠琬費堂新文華起焰衝星斗篆法通靈

動鬼神觀妙每多師道客仰高常有慕賢人琛紙輝

目如辰象不朽宜為萬世珍鈞清館金石記

鈞清館載有滁州一本及新鄭縣明刻之本附錄於後陸增祥志

醉翁亭記

環滁皆山也至醉翁亭也第一石傳提携往來而不絕者至蒼顏白髮頹然乎第四石封劉君季孫自高郵來過滁守河南王君詔請以滁人之意求書於軾軾於先生為門下士不可以辭十一月乙巳第七石

此碑乃大興翁覃溪先生所貽以行格計之凡七石拓本存第一第四第七三紙餘石之存不可知字體之大小幹架與前錄歐陽公自書殘本如出一手蓋坡公書歐文即用歐法作字也又明人刻有草書

此記其題款亦與此同蓋膺本也附録於後以俟知
者審之

歐陽永叔醉翁亭記　環滁皆山也至太守謂誰廬陵
歐陽公也　廬陵先生以慶曆八年三月己未刻石亭
上字畫褊淺恐不能傳遠滁人欲改刻大字久矣元祐
六年軾爲潁州而開封劉君季孫請以滁人之意求書
於軾軾於先生爲門下士不可以辭十一月乙未眉山
蘇軾書此本在河南新鄭縣

此石後有趙文敏宋昌裔吳文定沈石田文三橋高
文襄鄢陵劉琪及其裔漢藜祐等九跋皆以爲坡公
真蹟初爲趙子固高仁卿馮伯田諸家所藏至隆慶

五年高文襄始屬三橋摹勒而命吳應祈刻之於石然坡公既以正書大字應劉君之請矣何以又為草本亦同此月日而絕不言其正草並書之故且自跋謂廬陵原書㔫淺恐不能傳遠滁人欲改刻大字久矣此書不大又何以稱滁人之意其草法之與公書不類更不必置辨也特存其全跋足以補前本之闕文云

李師中龍隱巖詩

嘉祐七年十一月在廣西臨桂

李垂太史公廟詩

高二尺一寸廣三尺四寸十四行行十字正書在陝西韓城縣

司馬大史廟詩二首

太常博士知同州韓城縣事李奎上

生在龍門境葬臨韓弈坡荒祠隣后土孤塚壓黃河漫

水愁聲遠梁山慘色多一言遭顯將奈漢君何

又七言

著書雖已先三史論道如何後六經因雪李陵爲國士

豈期武帝有宮刑叢生荆棘迷墳塚舊畫龍虵照廟庭

爲覽遺文來一奠不知何在子長靈

治平元年閏五月二日記

按李奎司馬大史廟詩治平元年知韓城縣事時

刻石詩有龍門韓弈坡瀵水梁山諸地元豐九域

志同州馮翊郡定國軍節度治馮翊縣領縣六韓城州東北二百里有大梁山崌水攷古雍州之域有二梁山書治梁及岐詩奕奕梁山春秋梁山崩爾雅梁山晉望皆指韓城之梁山即古呂梁龍門之南山也曰大梁山者以別乾州之梁山孟子稱太王去邠所踰之梁山耳澽水在韓城南東南入河當即崌水司馬遷云在韓城南二十里芝川鎮也

伏波巖宋人題名十八段

起治平訖景定
在廣西臨桂縣

余藻題名 高三尺五寸廣四尺八寸六行行字不等年月二行行七字行書左行

知桂州兼經畧安撫陸詵　提點刑獄公事余藻　轉運判官孔延之　兵馬鈐轄白均　徐印　新知鬱林州姚原道　經畧司勾當公事劉恕

治平二年立夏後二日會於此藻題

按宋史陸詵傳詵字介夫餘杭人治平初知桂州

又文苑傳劉恕字道源治平三年司馬光修資治通鑑薦恕爲局僚時恕爲和川令無官廣西事此劉恕蓋别一人非道源也余藻字質夫鴈門人孔延之字長源曾國人姚原道字彦聖吴興人見治平元年龍隱隱山諸題名曾南豐集司封郎中孔君墓誌君諱延之字長源新淦人孔子四十七世

孫東坡孔長源挽詞君勝宜為夫子後林宗不愧
蔡邕碑是也長源居新淦而稱魯國從孔氏舊望
也白均徐印未詳

達夫等題名高一尺二寸廣一尺八寸六行行四字正書徑二寸五分

南陽達夫會稽蔚宗清江志康熙寧壬子八月朔日同
遊東巖

按神宗熙寧五年歲在壬子關杞字蔚宗傳戀字
志康時皆提舉常平達夫無考

潘景純米黻題名高二尺廣一尺五寸題名二行三行月二行行書徑五寸

潘景純　米黻　熙七年五月晦同遊

按宋史米芾傳芾以宣仁后藩邸舊恩補洽光尉

方信孺畫象記言在桂得元章所作僧紹言詩序乃知嘗尉臨桂是刻蓋尉臨桂時所題

曾布等題名高一尺三寸廣三尺二寸十六行行六字正書徑寸八分

起居舍人龍圖閣待制知桂州曾布子宣轉運使尚書度支郎中直集賢院陳倩君美副使殿中丞苗時中子居提點刑獄太常博士劉宗傑唐輔提舉常平秘書丞齊諶子期管勾常平前江山縣丞劉誼宜父元豐二年六月初三日自風洞遊伏波巖

按廣西金石略南豐曾布浦城陳倩或稱建安甬上苗時中或稱符離洛陽劉宗傑或稱永安歷陽齊諶吳興劉誼或稱長興冷水巖龍隱巖疊采山題名不一宋史姦臣

傅布學于兄輩同登第元豐初以龍圖閣待制知桂州茍時中傳其先自壺關徙宿州交人犯邊擢廣西轉運副使粵西文載劉誼元豐初提舉廣西常平乞裁損役錢又請罷買沈香減鹽價四十餘事上稱其論事有陸贄之風王安石銳意新法極諫不便黜歸宋詩紀事劉誼上疏論新法勒停隱茅山誼以論新法去官曾布以贊行新法起官志行不合而誼與布蹤跡親密且作曾公巖記以美之豈和而不同之義耶

陳倩等題名 石高三尺二寸廣二尺五寸五行行六字正書徑三寸

建安陳倩彭次雲歷陽齊諶吳興劉誼元豐三年十一

月廿四日同遊伏波巖

後二日大冢和斌獨遊此行正書徑寸二分 王軾偏左字徑六分

按宋詩紀事彭次雲吉水人元豐中桂林郡僚以雉山題名證之時以奉議郎提點刑獄也和斌字勝之濮州鄄城人狄青南征為前鋒擢文思副使權廣西鈐轄累遷皇城使昭州刺史以鄧州團練使知宜州遷西上閤門使知邕州見宋史本傳廣西金石略彭次雲上增吉水二字王軾下有題字並與原刻不符王軾二小字與前文不屬金石略總題此段為王軾題名亦未審也

譚掞文初題名縱橫各二尺三寸五行行五字正書徑二寸許左行

曲江譚掞弟拱扑湼川蕭汝明同遊紹聖丁丑孟秋二

日文初題

按哲宗紹聖四年丁丑譚掞字文初湟川字甚顯

廣西金石畧誤作湼川

劉鎡等題名石高二尺一寸廣二尺八寸十行行六七字不等行書徑三寸許左行

舉編錄此作伏波巖還珠洞題名兹不復錄

按己亥為宣和元年宣和六年蔡懌為經畧安撫

建炎二年侯晉卿為廉訪並見題名

毛子嘉周彥作題名縱橫各三尺六寸前七行行九十字不等徑三寸後二行徑寸許並行書左行

桂林富有嵓穴而盛署易於來遊者雅東嵓冠之宣和

庚子六月二日三衢毛子嘉率天台周文鼎雎陽張大

原四明林芘民巴陵黃師心三衢徐伯材會飲於此
翌日天台周彥作復携酒與昨日諸公偕來獨支甫伯
材不至而宜陽吳廷既與

庚子宣和二年

蔡懌等題名　高二尺五寸廣二尺三寸八行行十字字徑二寸三分正書

經畧安撫蔡懌同提點刑獄尚用之轉運判官黃鍔轉
運判官曹邁提舉常平王舜舉廉訪使者練山甫早飯
靈隱過曾公嵓棲霞風峒程公嵓烹茶晚會於八桂伏
波嵓抵暮而歸時宣和乙巳季春初十日題

按尚用之字仲明江都人宣和間任提刑後寓桂
水東石佛真教二寺南來士夫樂與之遊喜奬勸

後進卒葬興安子孫占籍于桂見文獻練山甫建安人見題名乙巳宣和七年

呂成之題名高一尺八寸廣五尺八寸十二行行四字字徑三五寸行書左行

曾江呂成之諳　樞府累議紫洲李域建安呂耆長沙李服休都嶠陳覺湘潭吳芾飲餞於伏波巖請康初元季夏四日

鄭子禮題名高一尺廣七寸四行行五字字寸許行書左行

拱轎鄭子禮挈家來遊隆興甲申中秋日

按隆興甲申孝宗嗣位二年也乙酉改元乾道

林得之題名高一尺三寸廣一丈十六行行二字字徑六寸行書

林得之置酒喜豐堂劉子思滕子昭蔡濟忠林穗光張

安國同集乾道元年臘日

劉舜舉題名高二尺二寸廣一尺三行行字不等行書徑二三寸左行

劉舜舉張子容子直子安胡宗周同來庚寅三月中澣

按庚寅爲孝宗乾道六年子直子安胡宗周字刻完好廣西金石略誤作子直子斐胡宗回豈搨本未顯耶

方信孺等題名正書一行字徑寸在陳書題名之右

方信孺楊志李陶祖嘉定六閏十七同遊

按嘉定六閏嘉定六年閏九月也

徐敏子題名高二尺四寸廣二尺八寸七行行七八字不等行書徑三寸左行

黃岡徐敏子銜　命措度南州館穀巗側客四明戴安

長沙韓夢發寶簽周翼星渚焉孫外孫上饒尤日新侍
時寶祐丙午中春下澣

按宋史理宗紀寶祐四年監察御史胡清獻劾淮
西提刑徐敏子三罪詔削兩秩送江州居住五年
三月詔嚴贓吏法仍命有司舉行彭大雅程以廾
吳淇徐敏子納賄三罪當即此人蓋旋罷旋釋也

淳祐六年丙午

劉受祖惠祖題名 高二尺廣一尺二寸四行行七字字徑二寸半行書

淳祐丙午立冬後七日廬陵劉受祖之橫槎惠祖之蒼
梧艤舟伏波巖下

胡德新題 高五尺廣二尺五寸六行行十二字字徑四寸餘正書

長沙胡德新盤叔汎灘歸湘猶子克紹同貨中郭又新居安及鄉人周德明清叔梁口賢口佐鍾嵍子峻鄭益謙遜伯飲餞癸水亭表回巖下哄譚竟日執别煙雨中寶祐乙卯元宵後一日

寶祐三年乙卯

李曾伯題名　縱橫各三尺五寸十一行行十字字徑三寸正書

臣懷李曾伯長孺以寶祐己酉來牧是邦越十年再開制閫屢至此洞每暇責泉瀹茗裴裒竟日令人起清斯濯纓之想不知身在飛鳶跕跕墮水處也蓋篸山帶水勝絶天下而此洞又居篸帶之勝舊有癸水一亭因城築今更為之男杓杞杼孫國華侍景定庚申首夏二日

謹識

按宋史李曾伯傳曾伯前以寶祐九年知靜江府
廣西經略安撫使兼轉運使後爲湖南安撫大使
兼知潭州兼節度廣南移治靜江開慶元年進觀
文殿學士以諫議大夫沈炎等論罷又理宗本紀
景定元年五月李曾伯落職解官考曾伯開慶紀
功摩崖碑及修桂州城圖記知曾伯再開制閫在
寶祐六年戊午景定元年庚申首夏其時尚未解
職也曾伯河內人故稱覃懷　伏波巖南北宋題
名不可勝記今就所得拓本錄之悉附于治平之
後其詩刻仍按時代分編

九曜石宋人題刻廿二段

起治平訖咸淳石高廣不等入石在廣東督學署藥洲池中一石在布政司署後圃

盧士宏等題名 正書五行行五字在藥洲池東石上

士宏子高昌衡平甫元規正叔安道子適丙午仲春十五日題

丙午為治平二年也按宋史盧士宏字子高新鄭人廣東通志治平元年知廣州軍州事其年歲在甲辰三年為丙午時猶近也昌衡有二通志賈昌衡治平三年任轉運使路昌衡元祐六年知廣州軍州事賈與士宏同時路後二十餘年翁覃溪學士方綱九曜石攷云予跋九曜石歌以為路昌衡

誤也職官表有陳安道嘉祐八年轉運判官熙寧二年轉運使皆與治平丙午不遠未知即此子適否元規未詳此刻通志未見

金君卿等題名正書四行行十三字藥洲池西北大石之中

轉運使度支郎中金君卿正叔轉運判官太子中舍許彥先覺之管勾文字殿中丞金材拙翁門人成度公適熙寧癸丑中伏泛舟避暑

按江西通志金君卿浮梁人登慶曆進士累官知臨川權江西提刑入為度支郎中廣東通志熙寧五年轉運判官六年轉運使洪邁夷堅志載君卿讀書浮梁山範高科歷郡守部使者積伐至度支

郎中略如通志曾鞏元豐類稾有衛尉寺丞致仕
金君墓志銘乃為君卿父溫叟而作稱溫叟四子
君著君佐君卿君佑皆舉進士君卿以皇祐二年
官秘書丞五年官太常博士得以褒崇其親又稱
君卿以材自起於貧賤欲以其所為為天下慨然
有志宋史藝文志載金君卿集十卷集中有與文
彥博韓琦范仲淹歐陽修曾鞏張宇酬和視所與
遊其人亦可概見許彥先始與人天聖三年進士
廣東通志攷彥先熙寧十年陽春通真巖其德碧落洞
兩詩刻結銜俱轉運副使通真巖詩有七年馳使
路之句題詩碧落洞乃當被召北歸時則彥先以

熙寧五年至廣南凡七年而去

米黻題詩 行書詩三行行七字者款年月各一行在池中仙掌石巔

碧海出層闌青空起夏雲瑰奇□怪石錯落動乾文

米黻 熙寧六年七月

按米南宮詩刻於僊掌石見陳少錫嘉熙己亥題記石仆池中且為榕根盤結久久湮埋故翁氏粵東金石略及阮氏廣東志皆未著録此本乃翁中允心存拓贈宋史本傳芾以宣仁后藩邸舊恩補浛光尉熙寧六七年正其時也八年以後蹤跡不在嶺南矣

米黻題字 正書左行七字分三行在布政司署後圃

藥洲二字一行縱横各三寸許米黻元章題五字二行縱横約二寸餘

按藥洲題字因與熙寧六年仙掌詩刻同時故不別著年月翁氏米海嶽年譜定為元祐元年誤以左方時仲等丙寅題名為一時未見仙掌詩刻也考熙寧八年十月浯溪詩刻云米黻南宮五年求便養得長沙掾經浯溪是南宮五年以熙寧八年為斷阮志據蕭閭堂記方信孺米公畫象記溫革米帖跋毁令名帖跋淳化帖跋謂元章熙寧八年以後元祐三年以前在長沙江淮閭安有元祐元年復遊廣南題藥洲之理以次熙寧六年仙掌詩刻為疑釋然

程師孟等題名正書八行行三字在池中西北大石右之上

程師孟金君卿李字儀許彥先同遊藥洲熙寧甲寅上元日題

按師孟字公闢吳人治行最東南在廣六年見宋史循吏傳宗儀南康人見樂昌泐溪石室題名熙寧七年師孟知廣州軍州事充廣南東路兵馬都鈐轄兼本路經略安撫使護軍宗儀提點廣南東路刑獄並見勅祠南海神碑記君卿彥先已見

程師孟等題名正書二行行六字在池中破石上

程師孟金君卿李宗儀許彥先

按是刻通志未見不著年月附熙寧甲寅上元同

遊題名之後

許彥先詩刻正書詩四行行七字後款一行十字下方年月左行二行行三字在池西北大石彥先癸丑題名之左

許彥先詩刻

花藥氤氳海上洲水中雲影帶沙流直應路與銀潢接槎客時來犯斗牛　熙寧甲寅上巳

彥先再遊移秘稽稽侍

按南海百詠古蹟記名勝志皆稱劉氏集方士鍊藥於此故以名洲今以許詩證之乃知洲以花藥得名也

曾布等題名行書五行前四行行十四字末行十五字在池西北大石之右

廣東經略安撫使起居舍人龍圖閣待制曾布子宣

轉運副使都官外郎向宗旦公美轉運副使屯田外郎
口口通道濟前廣西轉運判官太常卿口廣聲叔元元
豐元年正月晦日遊

曾子宣為子固之弟風流儒雅煇映一時不幸附和
紹述致宰相史家遂入姦臣之列然雖不為公論所
與而能與章惇蔡京立異亦張天覺之流也天覺既
可列傳子宣獨不可列傳乎若史彌遠姦邪甚於侂
胄而轉不在姦臣之數史家於此未免上下其手讀
史論世者所以不可無識也宋史曾布傳元豐初以
龍圖閣待制知桂州據此則知廣州日已遷待制矣
題稱廣東經略安撫使而不稱知廣州者以使職為

重起居舍人其寄祿官也轉運副使二員其寄祿官一為都官外郎一為屯田外郎稱外郎而去員字他刻所罕見潛研堂金石文跋尾

考李心傳繫年要録紹興八年六月布曾孫右奉議郎惇進布著三朝正論真蹟御史中丞常同言臣聞神宗皇帝切於求治王安石創為新法於時布為腹心其政出於布之謀其法成於布之手故自海州懷仁縣令一年半間十三遷而知制誥安石嘗語人曰終始言新法不便者司馬光也終始言便者曾布也故熙寧之初建新法者王安石始之曾布成之逮紹聖初布與章惇蔡卞同秉大政

元祐之法度委若弁髦元祐之人才棄如斷梗甫内愧於私心外迫於清議乃間出一善言引一善士以求自異於衆故正論之作也雖論元祐人章疏不當編排而一時忠良竄斥無餘未嘗少假雖論瑶華不當加妃號至於掖庭秘獄疑似難明而布未嘗略辨雖以公論為不可廢而以司馬光為詆毁以蘇轍為訕上雖論新法為不可不變而以免役為便於凡所啟迪率皆順從之言紹述之旨而飾小説以文之借異論以申之既欲取高位於當年又欲掠美名於後世馴致建中之事蔡京得以乘間而入貽患邦家而朝廷尚須其書於史館

號曰正論臣竊惑焉願復宣諭史官筆削之際毋惑其說以致亂真庶一代之典足以垂信後世詔付史館据此則曾布首竄兩端盜名欺世誠小人之尤者後儒顧為所惑歟貟外郎唐人已有稱外郎者李玉溪集韓碑詩儀曹外郎可證萬姓通譜向宗旦河內人

時仲等題名 正書題名二行行四字年月二行行五字並左行左布政司署後圖石上米黻

題名之右

時仲公詡積中同遊　元祐丙寅季春初八日題

師節屢遊 正書四字二行左行無年月刻于時仲題名下方稍左字跡相類故附録之

按時仲公詡積中及師節題名皆不著姓以元祐

二年張井卿題名證之公諱為井卿之字則時中積中師節皆稱字而非名也通志孫載字積中昆山人濟研堂金石文跋攷中吳紀聞積中神宗時除廣東路常平哲宗時諸路常平官廢通判陝州遷廣東轉運判官通志亦云元祐初此刻稱積中者載也登治平進士第好汲引士類晚歲以嘗薦元祐黨人乞祠歸而宋史不為立傳茲得其題名因表出之元祐元年歲在丙寅時公諱為轉運使積中為轉運判官時仲師節俟考

李之紀等題名正書六行題名四人各一行年月二行在池中破石上

李之紀仲明吳苟翼道張井卿公諱蔣之奇穎叔　元

祐二年三月十六日會于藥洲觀九曜石

按通志時苟任轉運副使升卿轉運使之奇宜興人知廣州軍州事據碧落洞題名之奇四年罷帥惟李之紀無可攷此刻通志未見

連南夫等題名正書七行行七字在池中破石上

紹興九年歲在已未二月初吉藥洲春水新漲小舟初成連南夫鵬舉口正明甫周利見君遇王勲上達龍公邁伯咎載酒同遊

此刻通志未見按通志連南夫紹興七年知廣州軍州事周利見紹興十年轉運判官王勲提舉市舶龍公邁提舉常平皆紹興八年惟口正字明甫

者無可考　粵大記連南夫湖北德安人高宗時累官廣東轉運使後知廣州兵馬鈐轄金人歸河南地南夫賀表云虞舜之十二州昔皆我有商於之六百里當念爾欺秦檜惡其語罷之　潛研堂金石文跋云直齋書録解題有連寶學奏議二卷寶文閣學士安陸連南夫鵬舉撰和議成南夫上表得罪乃鯁直之士也公邁詠之之子所著歷代紀年十卷今猶有傳本又號傳密居士亦見直齋書録利見官左朝請郎贈金紫光禄大夫即益公必大之世父見渭南文集　繫年要録紹興六年夏海寇鄭慶寇廣州扶胥鎮為官兵所掩遂絶洋

趨南恩州六月甲午詔廣東經略使連南夫疾速措置八月庚戌廣東經略安撫使連南夫言經制盜賊事不可待報者乞許便宜施行　七年八月寶文閣學士知廣州連南夫特進一官仍賜詔獎諭以招捕惠賊曾袞之勞也南夫言水陸別無大寇乞收還便宜指揮　九年正月詔金已遣使通和割還故地官司行移文字不得輒加詆斥連南夫上封事言金素行欺侮使果厭兵正當乘其懈而擊之凡千數百言十二年以寶文閣學士提舉江州太平觀落職

詹文輿等題名 行書八行行六七字不等在池中破石上

武夷詹文舉毗陵袁太初長樂鄭才仲紹興癸亥季秋孟冬兩乘晦沐追眞率高蹤載酒以遊相羊竟日飲闌磨崖聊紀良集

此刻道志未見按通志職官表詹公薦崇安人靖康中提點刑獄紹興十二年提舉常平袁復一紹興十二年提舉市舶英德碧落洞題名紹興乙丑十五年毗陵袁復一解官舶司詹名公薦字文舉袁名復一字太初名字義合鄉貫亦同即其人也職官表紹興十二年有轉運副使鄭鬲未知即才仲否此題長樂蓋嶺南人也

呂少衛等題名 行書左行凡四行前三行行九字末行四字在池中破石上

呂少衛方叔吾南容穎小連會飯藥洲泛舟觀九曜石

紹興壬申二月二十有二日

穎小連等題名正書左行名三行行二字年月二行行四字在池中破石

少連叔吾南容　癸酉清明前一日來

鄔大昕題字正書四行行十字在池中破石上

長樂靈谿之源楚相潁川之裔烏飛于左春灝其旁

有宋乾道歲在丙戌藥洲之濱携笻放逸曜石星羅鑱

之以筆

按是刻不著姓名多作廋語翁氏金石略孫氏訪

碑錄定爲鄔大所書通志職官表鄔大河源人政

和時廣州通判又有鄔大昨者紹興間知昌化軍

事又列傳引明戴璟通志稿鄔大昕字東啟河源人政和二年進士任廣州僉判選舉表同據此則職官表作鄔大乃仍翁氏孫氏之誤且誤僉判為通判也以鳥飛于左春藻其旁二語合之鄔大昕為是大昨或其昆弟耳

鄒非熊等題名隸書四行行十二字在池中西北石上右之下

鄒非熊宗望曹湛之夫步自葛傳洲煮茶景濂掌采蒻菂谷㨫舟九曜石下摩挲前題刻而去淳熙戊申十月丁卯

按通志宦績録非熊宜黃人淳熙中進士官至廣東提刑是刻為淳熙十五年正官提刑時也職官

表列非能提點刑獄於圖祐時恐誤嘗湛字定夫
翁氏誤作之天通志因之乃拓本未顯耳以上三
刻通志皆未見

張釜題記隸書十行行八字在池東石上

慶元乙卯季冬十有三日同提點刑獄趙希仁山甫轉
運判官徐柟彥穌提舉常平劉侯碩翁提舉市舶唐弼
公佐泛舟小酌其下楷題識之湮滅悲歲月之不留弔
古感今三歎而返經略張釜君量題

按通志職官表張釜紹熙五年知廣州趙希仁嘉
泰三年轉運判官徐柟慶元元年廣南東路轉運
使劉侯紹熙五年提舉常平慶元元年轉運判官

二年轉運使唐弼慶元二年提舉常平嘉泰二年轉運副使與是刻互異可據此補正之　張釜號隨齋丹陽人見龍隱巖游山七詠詩刻宋史宰輔表事跡不著學宗紀載慶元四年右諫議大夫張釜請禁僞學五年劾劉光祖附和僞學及請竄治趙汝愚事蓋經略廣南之後召入諫垣嘗與正人為仇者

李元素題名 正書二行在池東石上

肯慶元乙卯臘日建安阜通坊醫士李元素

陳曠題記 隸書五行行十六字在仙掌石上

嘉熙三年巳亥元巳九仙豎傻陳曠少錫泛舟偕湖觀

僊掌石摩抄蘚刻誦米南宮詩奇哉弟炳翁誤同少臨孫成之可大甥林璞藏用侍臨江蕭山則則山東嘉吳偉茂遠翁缺上五字清汶翁誤济趙時瑢躬玉長樂陳子木固叟容也翁缺時瑢下

按陳曄仙掌石題記同遊八人惟成之見通志職官表知長樂縣事肇慶府事而不詳年代餘俟考

黃朴題記正書七行行十一字在池中破石上

嘉熙庚子孟秋長樂黃朴成父約同郡唐璘伯玉莆田劉克莊潛夫泛舟仙湖湖多怪石其二峯尤壯偉乃宅厥中而作亭焉左盤右踞勢若相向而嚴嚴挺立又類乎守道不屈者遂扁以識之

按宋理宗嘉熙四年歲次庚子黄朴時任廣南東路轉運使唐璘知廣州軍州事旋任廣南東路經略安撫使劉克莊轉運判官淳祐間提點刑獄宋史唐璘傳古田人與長樂並屬福安府故稱同郡莆田隸興化軍潛研堂跋云嘗讀後村集譜其歷任歲月蓋嘉熙元年丁酉由侍右郎官免歸主管成都玉局觀二年除知袁州三年改主管華州雲臺觀九月除提舉江西常平十月改除廣東提舉四年庚子春到廣東任權郡事其秋遷廣東漕明年辛丑改元淳祐以言者論列改提舉建康府崇禧觀此刻題庚子孟秋蓋在提舉任尚未得遷運

判□命是歲後村年五十有四

顧禱脩等題名正書三行行七字在仙掌石上

□祐改元孟陬壬辰朏莆田顧禱脩劉行甫明甫同遊

趙祿等題名殘字正書五行字數難辨在池中破石上

趙祿　周月卿言　王　洪唐元齡　仲　日　以咸

□乙丑　仲來遊　使　劉度臣刊

按是刻剥落殆盡咸□乙丑度宗元年以上五刻

通志皆未見

考宋時廣南東路轉運使治在航海門内仙湖街

開寶六年廣南平後置轉運使嘉祐中始定置署

改偽漢南宫為之即今九曜坊之督學署也署有

藥洲洲有九曜石相傳南漢劉龑罰罪人移自太湖靈壁航海而至因鑿仙湖以通藥洲宋熙寧中周濂溪先生提刑廣南嘗居之嘉定中經略陳峴重疏湖水葺劉氏故苑竒石置其旁築堂濬池繞植白蓮士大夫多泛舟觴詠後人爲建書院有愛蓮亭焉而當時與藥洲並傳者曰葛仙洲曰景濂堂曰鈞谷曰劍池皆仙湖勝地摩挲石刻猶想見之明嘉靖間學使魏校改建學署 國初署遷育賢坊康熙五十一年學使張明先始行脩復廣東新語九石高八九尺或丈餘一石獨大合三石爲之殆即黄朴所云宅厥中而作亭者亭久無存石

與沙水相盪激昔人題識漸就銷泐乾隆丙戌正月池水方縮學使大興翁學士方綱命工洗拓著九曜石考二卷附粤東金石略後兹所編錄皆學士披剔而得者後數年復爲淤泥所没雖經錢詹事大昕阮宫保元前後訪搨十未得其四五而米詩之刻於仙掌者更無能發其覆矣越六十年道光丙戌常熟翁中允（心存）大興學士族孫也視學至此亦乘池涸批榕根而出之既得米家詩刻并遍搨諸石遍記題名以贈同好中允之好古好事洵足踵美前賢亟著錄之以補諸家未備時魏布政（元煜）亦以署東九曜之一元符時仲石墨見貽

九點𤇆煙遂成全璧

靈慶祠鄭惟幾等題記

四行行十五字至十二字不等正書刻
鹽池靈慶公碑側下截在山西安邑縣

尚書屯田員外郎同監安邑池鄭惟幾右侍同監安邑池李材同詣靈慶祠伸祈禱右侍禁張赴亦謁治平三年八月二十日

鄧中立修南海廟碑

高九尺廣四尺六寸二十八行行四十九字
正書篆額額失搨在廣東廣州府南海廟

重修南海廟碑

啟避黃廸篆　江都曹隣書　武陵章望之撰

天下之國番夷皆小中國之九州為大然而海最於九

州中國之民受天地中和之氣故其為與禮義同□□
亦智矣□□□□而人窮其數地厚矣而人探其變舶
海之人不一而莫能知其所瀕潮汐之往來有期而改
能究其所發以海外之不□□□□與天地同其生育
而秘異無有端然則其神之所尸威靈豈不盛哉望祀
山川之禮權輿於虞書夏商周悉嚴四望則坎壇而祭
不先日月星辰之位爾宅神莫之與隆及郊上帝大雩
大楷又列享之後之世復即嶽鎮海瀆之所廟而祭之
祇□□□禮纖悉具存凡茲廟制咸有殿堂像其神南
面而坐爵號為王公神之冠服禮如其名今其風流緒
狀有儼然前日之餘□□□□□土以為壇毎歲五郊

迎氣之日前以其方修其時享其為祭之具祭官及在
位者詣冀拜興趨從事於壇户假像而無□□□□用
以古法是供而無降神之樂禮之變豈一邪南海神祠
舊隸廣州之域今在扶胥鎮之西曰東南道水陸之行
里鈞八十號其神曰洪聖廣利昭順王立夏之前
天子前期致祝册文命郡縣官以時謹祀事犧牲器幣
務從法式閒或不恭典刑其臨汝今之守是邦者常節
制一道曰　經略安撫使兼治州焉其馭事大其統
地修　朝廷必擇望人為之位既高往往懈於事神
失虔　上意故海祠久之不葺先時此民與海中蕃
夷四方之商賈雜居焉皇祐中廣源州蠻來為寇民之

被殺之餘流散遠盡後雖歸懷無復昔時之饒□及是
嘉祐七年秋風雨調若五穀豐實人無疫癘海無颶風
九縣旁十有五洲無盜賊之侵民相與語曰茲吾府帥
政□公平所召亦南海大神之賜遂入謁府廷曰海祠
頹敗願輸吾貲新之用以荅神嘉公曰是吾心也不言
吾且有命乃以□之□□□□□之屋三百餘間宜革者
革新之九月興役明年五月事既府命縣曰其以牲酒
告成於神府帥者誰尚書左丞集賢院學士余公也公
生始興尤熟南俗嘗破廣源之寇又嘗為帥桂林又嘗
以安撫使蒞之廣桂一體也其恩德固已浸淫此邦矣
下車之日□自承風故令易孚而和氣易洽至其宅美

其彡非廟所宜及望之引避　朝命南游羅浮山同
公之寬裕宜人知公之虔恪宜神因道廟下嘗若海德
作詩遺南人歌之詩曰伊神孔碩司海于南河伯之元
嶽祇之參誕惟厥靈風雨不□德實孚民民依以贍惟
海洋洋允數無外川谷攸同天地攸賴爽惟時大磬天
爲對育物之無名兮其沖宜爾無盈兮古之天子以時
望祀肇廟其旁越在後世冊以王爵袞冕有儼介珪是
端太牢是犧焉祐名元新宮既續惟斯民之力惟令之
職惟元侯之□惟元侯之德由　大君錫神休其無
數四章章八句　治平四年十月一日立　劉玉刊
屯田員外郎前知番禺縣事中立重修

屯田員外郎前知番禺縣王師元
屯田員外郎知番禺縣事謝伯初
朝奉郎守尚書職方員外郎通判軍州兼管
勾市舶司騎都尉賜緋魚袋孫□先
朝奉郎守尚書都官郎中通判軍州兼管勾
市舶司輕車都尉賜緋魚袋陸□□
龍圖閣直學士朝奉大夫尚書兵部侍郎知廣州廣
南東路兵馬都鈐轄本路經略安撫使上柱國賜紫
金魚袋呂居簡立石

宋史章望之本傳望之字表民以蔭監杭州茶庫移病去歐陽修等薦之除簽書建康軍節度判官不赴

又除烏程縣趣令受命固辭此碑云引避朝命即其事也集賢院學士下闕二字以歐陽修余襄公神道碑考之當爲余靖但史傳不載尚書左丞益元豐未改官制以前左右丞俱寄祿官故史略之爾歆遺黃迪不著里貫攷宋史常秩傳詔郡國以禮歆遣據此則迪必此郡人爲本郡纂廟額不可稱廣州故變文耳廣東通志金石略

按拓本可辨者余公二字而外核之通志所錄尚多二十七字番禺縣鄧中立王師元謝伯初通判軍州兼市舶司孫某陸某可補通志職官之闕鈞從事於壇尸殿僚里鈞八十兩鈞字皆同均詩四

鍭既鈞春秋成六年傳善鈞從眾史記魯世家年

鈞擇賢義鈞則卜是也措蜡字別體

康衛陳倮石室詩刻

高二尺一寸廣三尺五寸二十七行行二十字正書在肇慶府七星巖

再經當遊偶成拙句寄呈

知郡殿丞提點刑獄尚書郎康衛上

峽外煙雲遥邐開入家門戶小樓臺青山淥水應相記

二十年前到此來　右過端州

當時曾此牧黎元屈指光陰二十年別後每思佳景物

再来重覩舊山川因罹兵革成彫弊忽訝閭閻盡改遷

皇祐中經蠻寇蹂踐故吏老民皆白首使君鬚鬢亦皤然

右過康州

懌啓伏蒙

提刑郎中寄示再經舊遊詩二首敢賡嚴韻

拜呈幸異　采㠣殿中丞知端州事陳懌上

舊歷江山眼重開

平戎揺纛賞嵩臺後歷岩古號嵩臺石室公巡按之餘因而至焉晉康假道昔

為守按部今持使節来　右過端州　聽訟棠陰遺舊

民居城柵盡非元惟有江山似昔年　恩威洽

址儂賊作過郡舍焚盡　按行臺旆照晴川重来自喜

別後常嗟歲月遷道側老人曾卧轍拜迎相顧倍怡然

右過康州

熙寧二年三月十八日刊勒于石室懌書

按康衛字寶臣見是年三月六日陳懌七星巖題名詩云二十年前到此又云昔為守今持使節康衛提點刑獄為神宗熙寧二年已酉上溯二十年則其出守端州當在仁宗皇祐二年庚寅年次可考而廣東通志職官表提點刑獄及知端州軍州事皆不載康衛又以陳懌為陳擇並沿舊志之誤

三天洞包廓等題記

高尺五寸廣二尺七行行六字正書在江蘇蘇州府

按田來蘇遂遊三茂洞愛其俯奇良久而去桐廬包廓林度維揚王仲說嚴翁熙寧庚戌九月晦日

孝忠信墓表

高一丈四寸廣四尺二十三行行五十九字正書在山東泰安縣

宋故李公侍郎墓表并序

承奉郎守大理寺丞前知開封府陳留縣事姜潛撰

天子以士大夫之賢孫遁籍於朝之上其先不及以禄養又不得序官列爵於位者借因

國家有事於天地宗廟咸追賜以官又累而上之於高顯

朝逮體士大夫可謂厚矣欲使爲人後者深思先世所以教養之德

天君所以寵錫之命以感激臣子忠孝之心也如此

泰山有篤行君子曰李公焉以其子貴追贈厥官累之
至於尚書兵部侍郎　公之嗣穆具其行諜誌實而求
請於潛曰先子雖以嘉祐丁酉既克葬於奉高有銘已
納於壙中兹見於後世又思得子之言實之以文表顯
於墓道然後爲不朽以穆嘗學經於君之　先大夫知
先子之行宜熟潛聞而嘉之夫士人之孝生而能養志
沒而能盡禮又能徒步起家有位於
朝使其先君獲受美官既已爲之誌而又爲未足以光
昭令德復欲著懿實以表之然則君之事親兹亦至矣
謹按公諱忠信字□□七世之祖嘗家於營邱後之從
仕於兖又爲兖人所居偕以望族稱越三世徙生評評

生　公公實諱確之孫而諱評之子也　公姿制朴茂
標量閎博口口而行絜氣完而節固行已治家動可儀
法通五經尤長於詩禮州郡再貢試於禮部不中遂晦
迹含光耽樂畎畝親執耕耨於泰山之陽有良田百口
歲入豐羨供伏臘外悉以周族人之不能自存與其鄰
里鄉黨之匱乏者至於竭盡曾不之顧鄉人尤以此義
之公既老遂付家事於子孫日惟放意於琴碁杯酒間
怡然得林泉逍遥物外之趣而君子所謂自足者也以
天聖三年七月二十九日感疾終於家享年七十有一
夫人魏氏後公五年而亡生口口子六女女皆得令族
以歸男之長曰程次曰積次曰惟慶季則穆也稍以明

經取高第用材業進所至稱治當世名臣以吏能薦諸
朝者凡四十八人三建使者節四治劇郡令爲尚書司勳
郎中孫十一人文逸文奭宗諒宗詠偕惟慶之子也宿
宏壽師彥公彥啟彥宗彥偕穆之子也宿宏早世宏實
爲試校書郎宏壽前任江陰軍判官師彥公彥爲太廟
齋郎悉用司勳君之世賞也曰子若孫循守　公之法
度孝謹善繼知口以謂李氏之後其未可量也古人有
言曰善惡之報不在其身則在子孫豈　李公之謂邪
公之善慶固知其遠矣姑立表以遲焉乃爲之辭曰
玉之在石兮含華蘊光　木之秀林兮懷材抱良　君
子積行兮不及發揚　身雖弗遇兮後世克昌　有子

承考兮貴而爲郎　孫之衆多兮芝蘭益芳　漏泉之澤兮有德以當　佳城永閟兮千古所藏　貴名之起兮孰可較量　泰山之高兮汶水之長　願言来裔兮繼之勿忘　次詩以實兮表之墓傍

朝奉郎守尚書水部員外郎監在京西染院輕車都尉賜緋魚袋郭衆書

承務郎前行嘉州平羌縣尉兼主簿事趙伯起篆額

大宋熙寧五年歲次壬子八月丁丑朔丙戌日建

按贈尚書兵部侍郎李忠信墓表姜潛撰姜潛字至之以進士入仕石介兄慎齊長女之壻見石氏墓表與東坡遊習嘗以藥名相嘲指爲僵制之者見孔氏談

苑
元豐九域志兖州泰寧軍節度縣七奉符州東北一百八十里即今泰安縣漢曰奉高表稱奉高者從古地也宋仁宗嘉祐二年歲次丁酉神宗熙寧五年歲次壬子葬十六年而表其墓也

祭武襄公狄青文并序

碑二截上截祭文二十行行十七字下截序二十七行行二十八字並正書蘇頌題御製祭文四字

御製武襄公祭文

皇帝特遣入內內侍省內侍押班張若水致奠于故贈中書令燕尚書令狄青之靈

維熙寧元年歲次戊申五月壬申朔二十四日乙未

皇帝特遣昭宣使忠州刺史入內內侍省內侍押班張

若水致奠于故贈中書令兼尚書令狄青之靈惟

天生賢祐我

仁祖况鷙有謀重厚且武昔居校縣功名日盛登壇

帷益奮忠義惟是南荒有盜猖獗陵轢二廣震驚京闕

群公瞻顧莫肯先語惟卿請行萬里跬步旂幟驕將人

振吾旅金節一麾孰敢齟齬遇賊于原親按旗鼓破長

牌槍我利刀斧馬馳于旁搗厥背脅驅攘殲爇如手探

取奏功來朝遂長右府旋升外相均近邦畿如何不淑

早奔盛時逝予緦服弗覩音儀因覽遺略及觀繪事緬

懷風嶽感歎無已遣使臨奠用旌前勞靈而有知當體

茲意尚饗

熙寧元年五月戊寅
上御延和殿西上閤門使狄諮以職事進 上曰
若之先父青有勞於國征南之事亦有遺書存乎宜盡
度其所有以 聞諮即以平蠻記及歸仁鋪戰陣
二圖以進 上覽之於是拊髀而歎息思雲臺之
故將令不復見也乃發乎昭回之光披而為文遣昭宣
使内侍押班張若水齎上尊太官之饌即所居祭之
上又曰圖中見乃父遺像恨不及識之如聞當時
亦有譏之者朕為之愴然諮頓首再拜謝臣謹按公在
仁宗時奮於戎馬間捍西羌連取奇功及為樞密副使
於時峒蠻儂智高出廣源州以寇南徼屢捍名臣以往

訖無成績賊鋒瀰漫繞邕廣數千里民舍無遺堵
天子側席而諮嗟議將臣公即進言小醜猖獗請為陛
下破之　天子歎其忠乃以大將軍鈇鉞出行天
討既就道下令諸將無得妄發兵裨將陳曉輒率所部
出崑崙關與賊戰軍覆公以兵法誅之諸將皆震恐不
敢後遂至邕敗賊于歸仁鋪賊窮奔海而逝進公以樞
密使久之有飛語不復自辯遂請解機軸而去
天子加賜丞相印出莫淮揚明年遂薨公負謗言歿於
地下矣方夷狄之暴横公躬提枹鼓厲三軍於鋒鏑之
間北嚮以報功世皆稱其忠勇及解甲而還邊境無所
事或者起而攻之而世亦未能盡辨也及　上親

為製文以祭之又以一言明其讒則公烈表表愈明自
苴乎無窮而不可磨其平生鬱積之氣負於九泉者亦
已爍然破壞矣於此之時仗鉞之臣冠鶡之夫伏讀而
傳誦之莫不竦首頓足卻立而四顧思為國家揮戈擐
甲爭先以鞭撻四夷足雖未馳而賈勇之氣已衝薄乎
遼海之南而大漠之北矣諸且欲侈　大君之賜
明先臣之烈於是刻之金石表於墓次俾夫來者觀之
不待鐘鼓玉帛之賜而有以知勸矣熙寧二年正月六
日翰林學士尚書兵部員外郎知制誥臣鄭獬謹序六
年十一月二十五日右諫議大夫充集賢院學士史館
修撰宗正寺修玉牒官臣宋敏求謹書并題額

東上閤門使管句客省四方館公事句當　御前忠
佐軍頭引見司兼提舉集禧觀中太一宫公事臣狄
諮立石　太原臣任既摹鐫
按宋仁宗皇祐四年儂智高寇廣南陷十二郡九
月詔狄青討之五年正月狄青夜度崑崙關大敗
賊於邕州之歸仁智高走大理廣南平考平蠻碑
及宋史東都事略並與此合吳曾能改齋漫錄備
載祭文並記青子諮奏事延和殿神宗問青遺書
諮上平蠻記及歸仁鋪戰陣二圖神宗乃自爲文
祭之方是時神宗春秋正富文已如此即本鄭獬
序也漫錄祭文校縣作校聯自熹作自喜豎登作

既登驕將作騎將牌槍作排槍均近作均逸前勞
作前勣以音義考之近之作逸湯錄字誤聯作縣
勣作勞則書石誤也遇予下缺纂服二字從湯錄
補鄭獬字毅夫安陸人皇祐五年進士第一通判
陳州入直集賢院知制誥英宗即位數上疏論事
出知荆南還判三班院神宗初召拜翰林學士權
知開封府以不肯行新法忤王安石出知杭州徙
青州力言青苗之害引疾提舉鴻慶宫卒有郧溪
集三十卷史稱其文章豪偉峭整議論剴切精練
民事宋敏求字次道趙州平棘人參知政事綬之
子進士及第官至史館修撰龍圖閣直學士事具

宋史本傳敏求嘗預修唐書又私撰唐武宗以下實錄一百四十八卷於唐代史事最爲諳悉今存唐大詔令集一百三十卷長安志二十卷此碑熙寧元年五月御製祭文二年正月鄭獬序吳曾疑神宗之文即本獬序非也敏求書石則在六年十一月文序及書可稱三絕任旣摹鐫亦爲當時能事曾布嘗祠題刻即出其手遣祭官張若水嘗從狄公南征即平蠻三將題名第一將下之走馬承受公事入内内侍省内西頭供奉官張若水也

金石續編卷第十五終

金石續編卷第十六宋

武進陸燿遹纂　　太倉陸增祥校訂

宋四

程師孟祠南海神記

記刻於治平四年修南海廟碑陰正書篆額此從裴本錄行數字數不計額失搨在廣東廣州府南海廟

勑祠南海神記

清海軍節度推官承事郎試大理評事知英州浛光縣事權清遠縣事陳之方撰

熙寧皇帝以天久不雨天地百神曁名山大川罔不秪恪惟南海神陰相一方爵號惟貴乃命守臣躬底致祠時右諫議大夫程公分蕣南服使人至止設案具禮北

面拜至再然後敢取勅與祠神之文伏讀三四又再拜退而竊歎曰
皇帝有志憂民辭情懇惻顧菲薄敢不虔奉
上意以致祠于神乃命卜人端筮揆辰前事之四日沐浴齋戒前事之三日乘舟以往牲豐酒醇豆籩潔嚴公冠履劍佩威儀甚偉僚吏濟濟屏息就次禮備登階祝者宣辭
皇帝至誠洞達幽陰磬鼓遞作旌旛颯爽像塑堂堂若醉若飽嗚呼惟天作辟以相民惟辟保民以應天
皇帝即位于今七年應天相民宵旰側席燠暘風雨宜協休應公有德于民神實佑之

皇帝有禱將誠者公神實歆之海陬之人以
皇帝愛閔元元之心欣歡鼓舞之聲萬口一響之方條
數下邑矆聞盛事公命紀歲月敢撫其實為之文又次
之以詩其詩曰
湯湯南溟百川所瀦有赫其靈有嚴其居神宅于幽誠
格者應其應維何
皇帝仁聖幢旄鼓鐃曠徃祇祠揭揭程公神之聽之祀
事之既神明歡喜飆馳龍翔一息萬里衍洄濡焦既啓
既優廟社億秊血食均休
甲寅正月二十三日立石
終獻官供備庫副使廣南東路兵馬都監趙光弼

攝太祝南恩州軍事推官登事郎試秘書省校書郎
管勾經略安撫使司文字穎咸
攝奉禮登仕郎守大理寺丞簽書節度判官廳事宣
臨
宣德郎守大理寺丞知番禺縣兼管勾南海神廟事
黎獻臣
亞獻官提點廣南東路刑獄公事兼本路勸農提舉
河渠常平倉及管勾農田水利差役事朝奉郎守尚
書司封郎中上騎都尉賜緋魚袋借紫李宗儀
朝散大夫右諫議大夫知廣州軍州事兼管内勸農
事市舶使提舉銀銅場公事充廣南東路兵馬都鈐

轄兼本路經略安撫使護軍永安縣開國伯食邑九
百户賜紫金魚袋程師孟
記撰於熙寧七年正月則神宗憂旱分命守臣精禱
不獨八年矣本紀闕載陳之方元豐八年黜校試卷
官見宋史五行志廣東通志金石略

張百藥等題名

熙寧八年乙卯四月正書在陝西略陽

鄭仲賢緱山詩刻

高五尺四寸廣二尺八寸篆書四行行七字額題
鄭仲賢詩并篆六字三行隸書在河南偃師緱

秋風宋寘秋雲輕緱氏山頭月正明帝子西飛僊馭遠
不知何處夜吹笙

杜正獻公題白傳謂劉賓客詩云在在處處嘗有靈物擁護今見榮陽之詩筆斯亦近之

熙寧九年七月十日永慶院主僧文敏立石

潁川張温其模刻　僧文遠　庫頭文新　典座文才

按寰宇訪碑録鄭仲賢詩篆書無年月武虚谷考為南唐人因次於南唐之末偃師金石録鄭仲賢詩在緱氏鎮永慶寺從舊志附於唐刻之後葢皆未見熙寧九年立石數行也

杜子美白水詩刻

在陝西白水縣正書篆額題杜子美詩四字

杜公白水詩碑

前劍南節度參謀宣義郎檢校工部員外郎京兆杜

甫

彭衙行　憶昔避賊初北走經險艱夜深彭衙道月照白水山盡室久徒步逢人多厚顏參差谷鳥吟不見遊子還癡女飢咬我啼畏虎狼聞懷中掩其口反側聲愈嗔小兒強解事故索苦李餐一旬半雷雨泥濘相牽攀既無禦雨備徑滑衣又寒有時經契闊竟日數里間野果充餱糧卑枝成屋椽早行石上水暮宿天邊煙少留周家窪欲出蘆子關故人有孫宰高義薄曾雲延客已曛黑張燈啓重門煖湯濯我足剪紙招我魂從此出妻孥相見涕闌干衆雛爛熳睡喚起沾盤飧誓將與夫子相結爲弟昆遂空所坐堂安居奉我懽誰肯艱難際豁

達露心肝別來歲月周胡羯仍櫬患何當有翅翎飛去
隋爾前

白水縣崔少府十九翁高齋三十韻

客從南縣來浩蕩無與適旅食白日長況當朱炎赫高齋坐林杪信宿遊衍闃清晨陪躋攀傲睨俯峭壁崇岡相枕帶曠野懷咫尺始知賢主人贈此遣愁寂危階根青冥曾冰生淅瀝上有無心雲下有欲落石泉聲聞復息動靜隨所擊鳥呼藏其身有似懼彈射吏隱道情性茲焉其窟宅白水見舅氏諸公乃仙伯杖藜長松陰作尉窮谷僻為我炊彫胡逍遙展良覿坐久風頗愁晚來山更碧相對十丈蛟欻翻盤渦坼何得空裏雷殷殷尋

地脉烟氲鷰崒魍魎森慘戚崑崙崆峒顛回首如不
隔前軒頹反照巉絶華岳赤兵氣浪林巒川光雜鋒鏑
知是相公軍鐵馬雲霧積玉觴淡無味胡羯豈强敵長
歌激屋梁淚下流衽席人生半哀樂天地有順逆慨彼
萬國夫休明備征狄猛將紛塡委廟謀蓄長策東郊何
時開帶甲且未釋欲告清宴罷難拒幽明迫三歎酒食
傍何由似平昔

九日楊奉先會白水崔明府　九日潘懷縣同時陸浚
儀坐開桑落酒來把菊花枝天宇清霜淨公堂宿霧披
晚酬留客舞鳧舄共差池

白水明府舅宅喜雨　吾舅政如此古人誰復過碧山

晴又濕白水雨偏多精禱既不昧歡娛將謂何湯年旱

頗甚今日醉絃歌

後記　唐之詩世以子美專雄未有及之者是其氣語豪邁壯浪淵浩闊達句成筆墨之外而不可追也近世學詩者莫不視杜以為法多得佳句且余材非師杜者以子美嘗遊白水有詩嗜其壯敢刻石以傳前守縣令東平呂昌彥記　熙寧九年九月甲寅朔儒林郎守縣令賈京立石　隴西李憶書并篆額　王順刊

前三詩均見全唐詩錄詩內啼畏虎猛鬥詩錄作虎狠野果充餧糧餧作糇高義薄曾雲曾作層相結為弟昆相作永胡羯仍構患胡作羌泉

聲聞復息息作急吏隱道情性道作適胡羯豈強敵胡作羌九日潞懷縣九作令皆當以碑為正唯虎猛之猛非傳寫即刻工誤也喜雨首

詩錄未載陸增祥志

問答孫韓二真人仙容詩

熙寧九年九月草書在陝西耀州五臺山

廣州天慶觀鐘款

鐘款五行行二十四字至三十五字不等正書兩截分刻在廣東廣州府元妙觀

弟子林英捨錢一十五貫文足買銅一百斤林仲和捨四十斤陳邁捨五十斤陳富捨三十斤劉昇張叙捨二十斤李珉二十斤關惟迥陳亮郭二娘劉榮高保龔相

鄭立新文惟亮各捨十斤譚湜劉昇鄭政張榮李養唐世安元六娘各捨五斤會首陳文遇捨錫二十五斤

廣州天慶觀東嶽行宫住持賜紫道士胡日新鑄造永充聖帝殿内供養元豐二年已未歲二月初六日謹題

匠人張周

鐘在廣州元妙觀李攸宋朝事實載真宗大中祥符二年十月詔令諸路州府軍縣開擇官地建道觀或改舊宫觀名題而崇尊之以奉三清玉皇並以天慶爲額五年閏十月詔增設聖祖殿此鐘款云廣州天慶觀又云聖帝殿即其事也錦繡萬花谷載大中祥符五年十月聖祖降於延恩殿曰吾人皇中九人之

一是汝趙之始祖故自真宗稱之為聖祖自諸路稱之為聖帝又歎云錢一十五貫文足者容齋三筆太平興國二年宋史食貨志作三年始詔民間緡錢定以七十七為百故名省錢此云足蓋不省也其云捨錫二十五斤者考工記攻金之工築氏執下齊冶氏執上齊鄭注多錫為下齊少錫為上齊此鐘用銅二百餘斤用錫僅二十五斤蓋上齊也題名二十四人其二十二人皆無可攷惟林英見李燾通鑑長編云元豐二年為淮南路提點刑獄元祐五年五月衛尉少卿林英提舉集禧觀英以疾自請也陳遘見元豐八年澹山巖題名云朝請大夫郡守未知即此鑄鐘人否廣東通志

金石
器

案鐘用銅三百七十五斤錫二十五斤為四百斤

志稱用銅二百餘斤誤題名兩劉昪盍同姓名

謁太史公冢祠記

正書在陝
西韓城縣

通判同州軍州事文安王㬌脩按田較稅以旱禱雨凡

三至西韓往還謁司馬子長冢祠遐想清風重增感嘆

元豐庚申季春戊子題

知縣事張元賓主簿馬文仲尉史君儀同立石　僧

永秀鐫

醴泉銘碑側名三段

正書在陝西

王璞等題名

王璞弟瑑同來觀九成遺址元豐庚申初夏旦日題

吳覺等題名

府幕吳覺令張覲尉鄭琳拔視民田同觀此時元豐五年歲次壬戌季秋月二十九日張覲題

張図等題名

府從事張図邑佐鄭琳因撿視落河田士同覽九成遺跡元豐癸亥仲冬八日琳誌

天和寺詩刻并記

詩十行記九行行書大小不等在陝西扶風縣

癸卯九月十六日挈家來遊　眉山蘇軾題
遠望若可愛朱欄碧瓦溝聊為一駐足且慰百回頭水
落見山石塵高昏市樓臨風莫長嘯遺響浩難收

天和寺在扶風縣之南山東坡蘇公留詩于廳壁迄
今二十年矣予承乏斯邑因暇日與絳臺田愿子立
洛陽趙卬勝翁同觀愛其真墨之妙慮久而漫滅乃
名方渠閻圭公儀就摸于石時元豐癸亥六月二十
三日終南陳雄武仲題

按蘇軾天和寺詩扶風縣令陳雄題刻癸卯為宋
仁宗嘉祐八年時軾簽書鳳翔府判官越二十年
為神宗元豐六年癸亥

司馬文正公神道碑

元祐二年正月蘇軾譔并書正書

蔣之奇武溪深詩刻

高九尺廣五尺二寸七層第一層額題寶文蔣公武溪深詩八字四行正書字徑六七寸二至四層刻詩每十七行行五字至七字不等五六層刻詩序每二十三行行八字至十字不等末層二十二行行八九字不等前刻望韶石詩後刻李脩跋並行書末行移立題字正書在廣東曲江縣九成臺

武溪深詩一首　宜興蔣之奇穎叔

滔滔武溪一何深鳥飛不渡獸不能臨嗟哉武溪何毒淫已上馬援辭已下余所續飛湍瀑流瀉雲岑砰激百兩雷車音吾聞神漢之初始開闢史君姓周其名燈至今廟在樂昌西砦蘇殘碑僅堪讀武水之源何自出郴州武縣鸕鷀

石南入桂陽三百里浚瀨洪濤互淙射其誰寫此入新
聲一曲馬援門人笛南方耆舊傳此水昌樂之瀧茲乃
是退之昔日貶潮陽曽到瀧頭問瀧吏我今以選來番
禺事與昌黎殊不類未嘗神色輒懞慌何至形容遽憔
悴但憐歲晚毛鬢侵故園一別至于今溪光翟畫清且
淺朱藤覆水成春陰何為去此嬰朝簪翩然疋馬馳駸
駸南踰瘴嶺窮崎嵚梅花初開雪成林韶石仿佛聞舜
琴曹源一滴清人心遠民安堵年穀稔百蠻航海来獻
琛嗟余才薄力不任報君夙夜輸誠忱布宣條教勤官
箴有佳山水亦幽尋樂乎吾樂何有極不信聽歌武溪
深詩刻三層滃滔至南入桂為第二層陽三百里至朱藤覆水為第三層成春陰以下為第四層

李君以神漢桂陽太守周府君功勳紀銘爲示碑尾云大和九年五月重修歐陽永叔集古目録跋云此君檢漢書無之今碑石缺亡其名惜乎遂不見於世也南人紀其所修瀧水即韓文公所謂樂昌瀧是也至今以爲利祠宇甚嚴云余讀韶州圖經云周史君廟在樂昌縣西北一百十八里武溪上舊經云後漢桂陽太守周君光開新瀧故立廟武溪驚湍激石流數百里昔馬援南征其門人爰寄生善吹笛援作歌以和之名曰武溪深滔滔武溪一何深鳥飛不渡獸不能臨嗟哉武溪何毒淫周史君開此溪下合眞水碑在廟中郭蒼文但云府君字君光而已其名訛缺不可辨圖經說周史君亦不

著其名李君嘗往詣碑辨之乃是煜字永叔但得墨本故莫能考也余讀退之瀧吏詩云南行踰六旬始下昌樂瀧獨疑樂昌昌樂之名不同遂移書以問李君答曰樂昌縣五里有昌山有樂石尤高大當是樂昌以縣名昌樂以山名瀧在今縣上五里余乃釋然無疑矣因感馬援之意續而成之為武溪深一章云元祐二年十一月廿日番禺府中書是刻李君以神漢至下合貞水為第五層碑在廟中以下為第六層

書南雄昌樂驛

欲以見驛名亦以昌樂也

城東湞水碧淵洄楊傑樓船向此来我亦編遂今下瀨擬尋韶石上崔嵬此詩刻於第六層序後

望韶石

當日昌黎鑿纜初曾口望闕懋冠裾致君堯舜今誰是
想像口口更起予此詩刻於第七層李跋之前
穎叔先生其才略口口第三行漶漫難辨不施於廊廟而口口
口口口蕃昌口口口口及於十六州之營伍口口妙絶
不潤色典誥而口口口口佛老亭閣口口口之中甚可
惜也口口翁劉口昔嘗為口口尉先生時以口口口口
宣州稅口口口口口口師先生口口口口　元祐三年
戊辰正月晦日眞陽貢士李脩立道因出先口口口口
翁於是乎書
門生廣文館進士李脩題額并立石以上十七行並刻末層望韶石詩後
右朝散郎知韶州軍州事譚粹元祐癸酉季秋六日自

延祥禪院移立武溪亭此行正書刻於中三層之左

碑在韶州九成臺分五層五當作七下層李脩跋後又一行刻門生廣文館進士李脩云云蓋跋與題額立石非一時也額云寶文蔣公武溪深詩據東都事略之奇以討岑探賊功加寶文閣待制黃志事紀岑探賊事在元祐三年二月李脩跋在正月是題在作跋後之証矣桂陽太守名歐陽集古録据劉仲章審定為憬字此碑云名熤劉昌詩蘆浦筆記嘗非之攷詩箋憬遠行也說文憬覺寤也皆與君光不應或因熤形上體近憬仲章遂釋為憬爾金石録云究其點畫憬字近之蓋亦未敢決為憬字也後人安可震於歐陽

之名而以蔣說為非耶廣東通志金石略

白雲巖譚粹等題名

石高三尺六寸廣二尺二寸七行行十四字正書在廣東龍川縣白雲巖

承議郎知郡事譚粹朝奉郎前知潮州海陽縣事畢君鄉承議郎簽書惠州判官廳公事梁立賢同遊右侍禁同巡檢王從政三班奉職新監河源縣鹽稅梁格軍事推官廖蒙錄事參軍張弋龍川縣令吳邈從行大宋元祐三年戊辰歲二月三十日記

按譚粹等題名新修廣東通志未見石刻就翁氏金石略錄之譚粹知郡事知循州軍州事也職官表載畢君鄉熙寧八年知東莞縣而不及潮陽梁

立賢以下表皆失載

白龍洞題記題名二段

在廣西桂林府

關蔚宗題記高二尺廣二尺五寸十一行行九字正書起元祐訖紹聖

白龍山在桂城之東南登山之西而至其洞深廣可數楹石之穹隆隱然若神物化去而留其跡洞之名蓋亦舊矣元祐巳巳二月八日上黨苗子居歷陽高時仲金陵李師正黎陽吉隣幾乘暇以遊愛其佳趣且忘其歸因刻于石以志其來爾會稽關蔚宗題

按元祐四年二月關蔚宗偕苗子居等游白龍洞刻石題記蔚宗名杞熙寧六年提舉廣西常平見

龍隱巖題名熙寧七年正月零陵縣澹山岩題名
則書前提舉廣西常平太常丞關杞蔚宗宋史南
蠻傳元豐三年知邵州關杞請於徽誠州融嶺擇
要地築城砦以絶邊患詔如杞言米芾海嶽名言
載關蔚宗金陵幔山樓題榜又陳繼儒太平清話
關蔚宗景仁弟盧江使君也平生好事多蓄書畫
游宦交廣合徵諸録畧識其人苗子居者苗時中
也宋史本傳苗時中字可居其先自壺關徙宿州
交人犯邊擢廣西轉運副使又臨桂龍隱巖伏波
巖有元豐元年二年轉運副使殿中丞苗時中題
名

盧濳禮等題名高二尺二寸廣三尺七行行五字字徑三四寸正書

上饒盧濳禮濟北叚微之毗陵胡茂方同郡樓元弼武夷葉振卿紹聖乙亥秋九月中澣遊

按紹聖二年九月盧濳禮等遊白龍洞題字濳禮微之皆字而非名也是年初伏冷水巖題名有盧約濳禮胡義修茂方樓禹隣元弼葉世隆振卿七月龍隱巖題名則書朝散郎經略安撫使司勾當公事盧約瀛州防禦推官管勾書寫機宜文字胡義修和州防禦推官權管勾機宜文字樓禹隣澧州録事參軍勾當公事葉世隆五人名位已詳其四叚微之俟考

郭祥正題名並石室遊詩

高四尺五寸廣九尺前刻題名二行首行十一字次行十字後刻石室遊二十四行行十三字字徑二寸五分行楷書在肇慶府七星巖

戊辰三月晦日高要留令孝傑謝公山人郭祥正同遊

題名在石室遊篇之前著録家并爲一事然石室遊篇末云元祐戊辰二月廿有八日當塗郭祥正子功來治州事即明年以其月上書乞骸骨作石室遊一首刻之崖間則刻石室遊在戊辰之明年已已二月與此刻云戊辰三月非一時事明矣廣東通志金石略

端城之北徑五六里有石室兮洞開其上則七山建斗司天之喉舌其下則淵泉不流渟碧一杯口口則肌髮

冰(去聲)酌之則煩心灰四傍則石乳玲瓏中敞圓盎窅窅
万丈莫窮其匡孰納忠兮嗟肺肝之巳露孰止文兮束
兵仗而相挨儼衛士之行列肅庭臣之序排紛披披兮
帶蓊縈擬擬兮條枚安而不可動者為梁為棟奔而不
可止者為虎為豺龜鬪首兮屏息虯奮鱗兮搏雷怪怪
奇奇兮千變萬態愈賾愈久兮惚恍驚猜何人境之俯
近而仙宇之秘異如此者哉蘿卷風兮窈窕春漬芳兮
不同或命佳客或寓幽懷考二李之勁筆(絶)皆一時之
遺才援玉琴以寫詠悵夕陽之易頽方謝事以言返眷
茲室而徘徊雲愀容兮泱漭鳥送音兮悲哀況百年之
将盡邈夫萬里奚復来宋元祐戊辰二月廿有八日當

塗郭祥正子功來治州事卽明年以其日上書乞骸骨作石室遊一首刻之崖間記其姓名與山俱盡

東都事略文藝傳載郭祥正自號謝公山人後知高安郡請老歸按梁天監六年置高要郡唐天寶元年改端州爲高要郡高安安字盖要字之譌宋史郭祥正傳知瑞州棄去隱於青山此瑞字又端字之譌或謂元豐中知端州亦誤粵東金石略

案廣東通志東都事略無此文翁殆誤記黃佐廣東志郭祥正字功父太平州當塗人母夢李白而生少有詩聲梅堯臣見而歎曰天才如此眞太白後身也舉進士熙寧中爲命書保信軍節度判官

奏用王安石安石反誣之遂以殿中丞致仕後復出知端州自謂留心政術以靖蠻方不宜賦詩然時吟一篇世爭傳之民樂其詩書之化尋又棄去隱於縣青山以是刻証之祥正知端州爲元祐三年四年阮志職官列於熙寧年者誤以僉書保信軍節度判官之年爲知端州之年爾此文近賦體王象之輿地紀勝題云石室遊記非也

介神廟詩刻

元祐四年三月張商英譔在山西介休

潭王祠詩并記

正書在山西乾州

李義山題咸陽郡王渾公祠堂

九廟無塵八馬迴奉天城壘長春苔咸陽原上英雄骨
半向君家養馬來

唐朱泚之難德宗蒼皇西幸奉天賊兵晝夜攻圍而侍中渾瑊百計禦敵帝與之日夜對泣流離艱苦之狀可知也竟挫賊鋒終賊之迺保完鑾輿天子得以幸山南賊平還都唐室再造繄公之力公精誠貫日臨危蹈難死生一節可謂不媿前代忠臣義士矣以公有大恩於斯民宜乎百世血食然而廟貌闕如嘗與邑宰錢君語及而歎息君因圃亭葺爲祠堂既圖公之像并刊李商隱詩以附焉元祐四年重陽日武

功游師雄景叔記

宣德郎知奉天縣錢景逢立石

明年仲夏望日馮翊仇伯玉建安黄寔南幽張舜民

謁拜祠下

仇伯玉一行蓋續刻題名也陸增祥志

蘇子瞻懷子由詩

元祐五年秋庚午刻石在陝西鳳翔

過九成宫詩

過九成宫舊址效唐體六言小詩二章　師雄上

正書在陝西麟遊縣

今古市朝已變隋唐樓殿成空惟有山頭明月夜來猶

照荒宫
不見六龍駐蹕空餘五枯陰森當日宫前流水潺湲直
到如今

唐九成宫在麟遊縣之内今皆禾黍之地也好古君
子過者莫不尋訪其遺迹元祐五年十一月二十日
秦鳳路提點刑獄游公巡按至縣路由斯宫遂止行
旌登天台山四顧景象記識古物移時而後行翌日
蒙須示詩二章上功思秘之篋笥孰若刻諸石以傳
之廣遠使深於詩者皆知所師法哉越季月上旬乃
命工刊焉鳳翔府麟游縣令閻上功謹記
元祐五年歲次庚午十二月辛卯朔十五日乙巳立

石

阿育王寺宸奎閣碑

高八尺廣三尺五寸十七行行四十三字正書在浙江鄞縣

皇祐中有詔廬山僧懷璉住京師十方淨因禪院召對化成殿問佛法大意奏對稱旨賜號大覺禪師是時北方之為佛者皆留於名相囿於因果以故士之聰明超逸者皆鄙其言詆為蠻夷下俚之說璉獨指其妙與孔老合者其言文而真其行峻而通故一時士大夫喜從之遊遇休沐日璉未盥漱而戶外之屨滿矣

仁宗以天縱之能不由師傳自然得道與璉問荅親書

頌詩以賜之凡十有七篇至和中上書乞歸老山中
上曰山即如一體也將安歸乎不許治平中再乞堅
甚
英宗留之不可賜詔許自便璉既渡江少留于金山西
湖遂歸老于四明之阿育王山廣利寺四明之人相
與出力建大閣藏所賜頌詩榜之宸奎時京師始建
寶文閣詔取其副本藏焉且命歲度僧一人璉歸山
二十有二年〻八十有三臣出守杭州其徒使來告
曰宸奎閣未有銘君逮事昭陵而與吾師遊最舊其
可以辭臣謹案古之人君號知佛者必曰漢明梁武
其徒蓋常以藉口而繪其像于壁者漢明以察為明

而梁武以弱為仁皆緣名失實去佛遠甚恭惟
仁宗在位四十二年未嘗廣度僧尼崇修寺廟干戈斧
質未嘗有所私貸而廾遐之日天下歸仁爲此所謂
得佛心法者古今一人而已璉雖以出世法度人而
持律嚴甚上嘗賜以龍腦鉢盂璉對使者焚之曰吾
法以壞色衣以瓦鐵食此鉢非法使者歸奏上嘉歎
乆之銘曰巍巍
仁皇體合自然神耀得道非有師傳維道人璉道遥自
在禪律並行不相留礙於穆頌詩我既其文惟佛與
佛乃識其眞容尓東南山君海王時節來朝以謹其
藏

元祐六年正月癸亥龍圖閣學士左朝奉郎知杭州軍州事兼管内勸農使充兩浙西路兵馬鈐轄兼提舉本路兵馬巡檢公事武功縣開國子食邑六百户輕車都尉賜紫金魚袋臣蘇軾撰并書

宸奎燕藏仁宗御書之所此記雖非奉敕經進而言必稱臣昔賢之謹慎如此鈐轄與巡檢皆掌兵之職而各為一司宋史職官志臨安府舊為杭州領浙西兵馬鈐轄不云兼本路兵馬巡檢則失之太略矣唐宋人結銜勳官在封爵之上此獨在爵邑之下與他碑異碑久失傳明萬厯乙酉温陵蔡學易知圖波府訪范侍郎欽得舊搨本雙鈎重刻然范所藏亦是元

時翻本予登天一閣曾寓目焉〈潛研堂金石文跋尾〉

壽陽縣修學記

高七尺五寸廣三尺二寸十八行行四十二字正書在山西壽陽縣學内

太原府壽陽縣新修學記

太原九邑壽陽距府三驛最處山谷間東當井陘常山之路北接定襄鴈門戰國用武之地也更五代之亂爲僭僞所有故其俗勁勇少壯而材者多挾弓矢跨鞍馬習馳射之事自

國朝已來未嘗有鄉舉之士應詔者然地雖瘠狹而民勤於力皆廉儉自足故鬬訟少朴魯而服義故不以氣相陵元祐初張君不渝來宰是邑也下令必以信遇民必以誠不數月人服其化庭無留

訟張君樂其民之淳而病其不道問學狃於舊習思有以革之邑舊有孔子廟歲久圮陋不蔽風雨春秋釋奠惟邑官行禮無學者以相張君顧而歎曰欲刬滌故習而變其俗此其本也始有意闢而新之迺規度其制而患其近市湫隘會邑之士李光國獻其東南隅地遂謀遷焉邑大姓閻是役也相與忻然具良材堅甓及工築之費於是度地中為正殿以安先聖像位顔孟二賢於其左右次列坐十哲為東西廡以繪七十二子講授有堂絃誦有齋藏祭器有庫賓位庖湢皆有所凡為屋四十楹經始於庚午年春而畢功於是年冬既而以禮召邑士之有學行者勉以師位而張君首遣其子入學與

諸生齒自邑民之子稍翹秀而可學與昔之馳騁射獵
為事者悉捐其尨奇短後之服弓矢游戲之具襃衣博
帶從事於筆硯經史之間雍雍如也張君至學而喜廼
以書道其事屬予為記予以為學校不修挑達而在城
闕子衿刺之則在上者之過也鄉校存而游其間以論
執政然明欲毀之則學者之過也今張君為政不拘拘
繩墨惟末是務而以行化易俗教養人材為急可謂知
本矣士之入學游於斯餔於斯講先王之道於斯將見
有大成之材出經行明偉可立朝庭其材之不至猶不
失為善士或以文章決科舉班班見於世皆曰張君興
學之效不亦美乎若群居華屋之下飽食而嬉不務考

古今精道藝凭几聚首言不及義惟邑政之是非是論則恐非張君意而異日非得如子產者為政則茲學之興廢未可知也張君名元閏不渝其字也世以文儒顯而不渝又以政事稱云趙郡李毅記甫陽王可書元祐七年二月初十日建　右通直郎知縣事張元閏立石

按元豐九域志河東路太原府太原郡河東節度縣九壽陽府東一百八十里記云太原九邑壽陽距府三驛今壽陽隸平定州自縣至太原府歷壽陽太安鳴謙三驛云五代為僭偽所有者九域志太原府唐河東節度周初劉崇竊據太平興國四年克復降軍州事并陘常山今屬正定府定襄隸

忻州雁門即代州皆與壽陽毗近

趙懿簡公神道碑

元祐七年五月范祖禹撰蔡京正書在四川

案懿簡公趙瞻也碑文見劉氏三巴孴古志在

大足縣北山石洞陸增祥志

蘇子瞻蜀岡詩刻

裝本字徑三寸許正書在江蘇江都縣

次韻伯固遊蜀岡送叔師奉使嶺表　軾

新苗未沒鶴老葉初翳蟬緑渠浸麻水白板燒松煙笑

竅有紅頰醉卧皆華顛家家機杼鳴樹樹梨棗懸野無

佩犢子府有騎鶴仙觀風嶠南使出相山東賢渡江吊

很石過嶺酌貪泉與君步徙倚望彼脩連娟顧及南枝

謝早隨北鴈翩歸來春酒凍共看山櫻然

按東坡此詩舊刻在江都縣禪智寺壁間此本乃

道光六年錢塘許給諫乃濟分巡嶺西以墨蹟摹

勒者伯固者蘇堅事詳東坡元祐五年重九詩施

註叔師者李孝博事載同時徐仲車積節孝集中

東坡詩集此首編入元祐七年自潁移知楊州之

作集本題作李孝博而手書作叔師則知節孝集

稱孝博字叔廾者乃叔師之誤手書本老葉初翳

蟬歸來春酒凍集本初作方凍作熟院宮保元曰

凍字自勝唐人詩一盃松葉凍玻璃東坡本此

阿房宮賦後序

高四尺二寸廣一尺六寸上横題唐杜牧阿房宮賦七字字徑一寸五分下五層每層十九行行十字正書在西安府學碑林

六王畢四海一蜀山兀阿房出覆壓三百餘里隔離天日驪山北構而西折直走咸陽二川溶溶流入宮牆五步一樓十步一閣廊腰縵迴簷牙高啄各抱地勢鉤心鬭角盤盤焉囷囷焉蜂房水渦矗不知乎幾千萬落長橋卧波未雲何龍複道行空不霽何虹高低冥迷不知東西歌臺暖響春光融融舞殿冷袖風雨淒淒一日之内一宮之間而氣候不齊妃嬪媵嬙王子皇孫辭樓下殿輦來于秦朝歌夜絃為秦宮人明星熒熒開粧鏡也

綠雲擾擾梳曉鬟也渭流漲膩棄脂水也煙斜霧橫焚
椒蘭也雷霆乍驚宫車過也轆轆遠聽杳不知其所之
也一肌一容盡態極妍縵立遠視而望幸焉有不得見
者三十六年燕趙之收藏韓魏之經營齊楚之精英幾
世幾年剽掠其人倚疊如山一旦有不能輸來其間鼎
鐺玉石金塊珠礫棄擲邐迤秦人視之亦不甚惜嗟乎
一人之心千萬人之心也秦愛紛奢人亦念其家奈何
取之盡錙銖用之如泥沙使負棟之柱多於南畝之農
夫架梁之椽多於機上之女工釘頭磷磷多於在庾之
粟粒瓦縫參差多於周身之帛縷直欄橫檻多於九土
之城郭管絃嘔啞多於市人之言語使天下之人不敢

言而敢怒獨夫之心日益驕固戍卒叫函谷舉楚人一炬可憐焦土嗚呼滅六國者六國也非秦也族秦者秦也非天下也嗟乎使六國各愛其人則足以拒秦秦復愛六國之人則遞三世可至萬世而為君誰得而族滅也秦人不暇自哀而後人哀之後人哀之而不鑑之亦使後人而復哀後人也

後序

秦始皇平一海内破六國寫放其宫室作之咸陽北坂上所得諸侯美人鍾鼓以充入之南臨渭東至涇殿屋複道相屬端門四達上法紫宫以象天漢横橋南渡以法牽牛三十五年以咸陽人多先王之宫廷小乃營朝宫於渭南上林苑中先作前殿東西五百步南北五十

丈上可以坐萬人下可以建五丈旗廷中受十萬人車行酒騎行炙千人唱萬人和宫未成以其殿之四阿皆為房故曰阿房北闕累磁石為門以止懷刃者表南山之顛以為闕表渭以為東門表汧以為西門隱宫徒刑七十餘萬人天下為之雲擾蟻動及項羽之西一旦化為灰燼嗚呼文王都豐經始靈臺而庶民子來武王都鎬自西自東無思不服而子孫歷世三十歷年八百秦興阿房乃滅於二世豈非周得以仁而秦失於不仁哉孔子曰以約失之者鮮矣按阿房遺址今在京兆府西三橋渭城館西南七里沙坡店南五里昔慕容冲因殿基築城其上故至今民間目之為阿城殿左右長廊遺

迹隱隱可見北即故磁門西南即周鎬京漢昆明池細柳營之地尚可考焉因取杜牧阿房宮賦刊于渭城館以示行者元祐八年六月二十日左承議郎充集賢校理權發遣陝西路計度轉運副使公事兼勸農使雲騎尉借紫武功游師雄記并立石長安進士安宜之書

按阿房宮賦唐杜牧譔宋游師雄記其後安宜之正書杜賦家絃户誦無不童而習之校以石刻有足正俗本相沿之謬者俗本未雲何龍石刻雲作雩俗本不知西東石刻西東作東西與上冥迷與下淒淒叶韻並爲遂勝惟工女作女工乃安書誤筆也游記多本史記秦始皇本紀三輔黄圖水經

注諸書惟以阿城為因慕容沖築城而名不免強為解事漢書東方朔傳舉籍阿城以南師古曰阿城本秦阿房宫以其牆壁崇廣俗呼為阿城是漢孝武時已有阿城之名不因慕容沖築城明矣括地志雍州郭城西面即阿城東面

重修周公廟賦

元祐八年十二月王□撰并正書在陝西岐山

關中金石記不載此碑近來金石家亦未著録

陸增祥志

蘇子瞻詩賦并帖

高三尺六寸廣二尺凡二石每石凡五截行字不計在四川巴縣

久不作小楷今日忽書此一帋元豐七年十月六日

宜興舟中熙寧九年三月四日東武西齋書行

東坡蘇公帖正書

寄題

与可學士洋州園池三十首　泛表弟蘇軾上

湖橋

朱欄畫柱照湖明白葛烏紗曳履行橋下龜魚晚無數

識

君拄杖過橋聲

横湖

貪看翠蓋擁紅粧不覺湖邊一夜霜卷却天機雲錦段

泛教疋練寫秋光

書軒

雨昏石硯寒雲色，風動牙籤亂葉聲。庭下已生書帶草，
使君疑是鄭康成。

冰池

不嫌冰雪繞池看，誰似詩人巧耐寒。記取羲之洗硯處，
碧琉璃下黑蛟蟠。

吏隱亭

縱横憂患滿人間，頗怪先生日日閑。昨夜清風眠北牖，
朝来爽氣在西山。

霜筠亭

解籜新篁不自持嬋娟已有歲寒姿要看凛〻霜前意
須待秋深粉落時

二樂榭

此間真趣豈容淡談集作二樂并
君已是三仁智更煩訶妄見坐令魯叟作瞿曇

瀟泉亭

問道池亭勝兩川應須爛醉荅雲煙勸君多揀長腰米
消破亭中萬斛泉

竹塢

晚節先生道轉孤歲寒惟有竹相娛麁才杜牧真堪笑
喚作軍中十万夫

荻浦

雨折霜乾不耐秋，白花黄葉使人愁。月明小艇湖邊宿，便是江南鸚鵡洲。

無言亭

殷勤致問（集作借問）維摩詰，不口（集作敢問）如何是法門。彈指未終千偈了，向人還道本無言。

露香亭

亭下佳人錦繡衣，滿身瓔珞綴明璣。晚香消歇無尋處，花已飄零露已晞。

涵虛亭

水軒花榭兩爭妍，秋月春風各自偏。惟有此亭無一物，

溪光亭

決去湖波尚有情却隨初日動簷楹溪光自古無人畫

憑仗

新詩与寫成

過溪亭

身輕似穩去忘歸四柱亭前野彴微忽悟過溪還一笑

水禽驚落翠毛衣

披錦亭

煙江露綠曉風香燕舞鶯啼春日長誰道使君貧且老

繡屏錦帳咽笙簧

禊亭

曲池流水細鱗鱗，高會傳觴似洛濱。紅粉翠娥應不要，畫船來往不須（集作勝於）人。

菡萏軒（集作千葉亭）

日日移床趁下風，清香不盡思何窮。若爲化作龜千歲，巢向田田亂葉中。

蓼嶼

秋歸南浦蟪蛄鳴，霜落橫湖沙水清。臥雨幽花無限思，抱叢寒蝶不勝情。

望雲樓

陰晴朝莫幾回新，已向虛空寄（集作付）此身。出本無心歸

亦好白雲還似望雲人

天漢臺

漾水東流舊見經銀河漑集作左界上通靈此臺試向天文覔閣道中閒箏幾星

待月臺

月与高人本有期挂簷低户映蛾眉只从昨夜十分滿漸覺冰輪出海遲

荼蘼洞

長憶故山寒食夜野荼蘼發暗香来分無素手簪羅髻且折霜蕤浸玉醅

貞當谷

漢川脩竹幾如蓬斤斧何曾赦擇龍料得清貧饞

太守渭濱集作千畝在胷中

寒蘆港

溶溶晴港漾春暉蘆笋生時柳絮飛還有江南風物否

桃花流水鱖魚肥

野人廬

少年辛苦事犁鋤剛厭青山繞故居老覺華堂無意味

却須時到野人廬

此君庵

寄語庵前抱節君與君到處合相親寫真雖是文夫子

我亦眞堪作記人

金集作橙徑

金橙縱復里人知不得鱸魚價自低須是松江煙雨裏

小船燒薤擣香

南園

不種桃天與綠楊使君應欲候農桑春畦雨過羅紈膩

夏壠風來餅餌香

北園

漢水巴山樂有餘一麾泛此首歸途北園草木渺

君問許我他年作主無

中山松醪賦　　軾

始予宵濟於衝漳軍徒涉而夜歸燧松明以記淺散乏
宿於亭皐鬱風中之昏霧若訴予以不遺豈千歲之妙
質而死斤斧於鴻毛效區、之寸明曾何異於東萬爛
文章之糾纏䡾節解而流膏嚌構厦之已遂徇藥石之
可嗇收蓄用於□□□□□□□□□□□□□□
明於盤□□肪澤於烹熬与□燹而皆熱沸春聲之嘈
、味甘餘之□苦　幽姿之獨高知甘酸之易壞笑涼
州之𣿰　似玉池之生肥□内府之烝薰酌以慶□□
紋樽以石□□霜螯曾日飲之□□覺天刑之可逃□
柱杖而起行罷兒□之抑搔望西山之咫尺欲褰裳以
游遨跨超峰之奔鹿接挂壁之飛猱遂從此而入海渺

翻天之雲濤使夫嵇阮之倫与八仙之𡉀□□□□顛
倒白綸巾淋漓宫錦袍追東坡而不可及歸餔歠其醨
糟漱松風於齒牙猶足以賦遠游而續離騷也
元祐九年二月廿三日
中山雪浪齋書　党文寳摸刻以上正書
軾雖已買田陽羨然而未足伏臘禪師前所言下備鄰
庄果如何託得之面議試為經度之及景純家田亦為
議過已面白得之此不詳之也冗事時寳
高懷想
不淚罪也　軾拜拜
吾来陽羨船入荆溪意思豁然如愜平生之欲逰将歸

老殆是前緣王逸少云我卒當以樂死殆非虛言吾性好種植能手自接果木尤好栽橘陽羨在洞庭上柑橘栽至易得當買一小園種柑橘三百本屈原作橘頌吾園若成當作一亭名之曰楚頌

元豐七年十月二日書（以上行書）

詩内石泐處據集本補注於旁其不同者各注於下（陸增祥志）

燿州修州學記

元祐九年三月李注記俞次皋書在陝西燿州

溫泉題名八段

高廣行字不計

在陝西臨潼縣

游師雄等玉女閣題名正書左行

游師雄景叔歐陽成勉仲登玉女閣觀溫湯源元祐九年四月七日

王純臣等題名行書左行

王純臣元忠孫口口祖仁楊仁實擇之薛師雄景揚張堂子木魏口舒景才邵伯鑑子史强回安道邵緘仲恭同游元符口年六月十一日

雍方賢題名正書

雍方賢　甲申三月遊　男垣侍

雍元之題名行書左行

雍元之自鄜歸衛　乙酉二月廿日

雍氏二題紙年號甲申乙酉當是崇寧三四年 錢清鄉金

石記

李德初題名 正書左行

李德初領漕西來安子功正叔同遊於此大觀庚寅正

月初口日

任知幾題名 行書左行

任知幾康漢英梅彥夫同遊政和丙申中元日

師堅題字 分書

師堅

薛俅題名 正書左行

通判府事薛俅肅之巡歩　男口通直郎知縣事昌道

□覽□□太中□□□□埍摧坊□□□推官任偺

□□澧□□□紹興乙亥□夏十五日謹誌孫錞□鐫

鋭鐸鑑鎔侍行

昭仁寺碑陰曹調鼎題記

紹聖元年八月

紹聖元年七月張重題記萃編附載於正碑之

後此其所遺陸增祥志

錢景允祈雨玉華宮記

紹聖二年五月劉從益題八分書在陝西宜君

蘇子瞻雪堂詞刻

正書在湖北黃岡縣

中呂　滿庭芳　歸去來兮，吾歸何處，万里家在岷峨。百年強半，來日苦無多。坐見黃州載閏，兒童盡、楚語吳歌。山中友，鷄豚社飲，相勸老東坡。云何當此際，人生以上一石底事，來往如梭。待閑看秋風，洛水清波。好在堂前細柳，應念我、莫剪柔柯。仍傳語，江南父老，時與曬漁蓑。

元祐六年十月二日眉山蘇軾書以上一石

蘇長公守黃最久，索遺蹟無片石以存。遺翰僅得是刻，正公寓留時作也。刻置雪堂。明嘉靖丁亥知黃州府事大庾嚴鳳像有丙戌進士印

清夜無塵，月色如銀。酒斟時、須滿十分。浮名浮利，休苦勞神。似隙中駒，石中火，夢中身。雖抱文章，開口誰親。且

陶陶樂取天眞幾時歸去作箇閑人背一張琴一壺酒一溪雲　紹聖二年重九日眉山蘇軾書

九十日春都過了貪忙何處追游三分春色一分愁百䶆榆莢陣風轉柳花毬閬苑先生須自責蟠桃動是千秋不知人世苦厭求東皇不拘束肯爲使君留　東坡居士書

案廣東瓊州亦有此刻陸增祥志

永嘉禪師證道歌正書在廣東廣州府六榕寺

聖宋廣口橫勒第一石上重開元嘉第二石上證道詞

君不見絕學無爲閑道人不除妄想不求真無明實性
即佛性幻化空□□□□□□□無一物本源自性
天真佛五陰浮□空去來三□水泡□出没證實□□
人□□□□□鼻業若將妄語誑衆生自招拔舌塵
沙劫□□□如来□□度萬□□□夢裏明明看□□
趣覺後空空無大□無罪□無損益寂滅性中□□
比來塵鏡□須磨□□分明□□□□誰無念誰無生若
實無生無不生喚□□□□人□求佛施功早晚成放
□□□把□寂□性中隨飲啄諸行無常一切空即是
如來大□□□□説表真僧有人不肯□□直□□
源佛所印摘葉尋枝我不能摩尼珠必不識如□□□

口收得六般神用空不空一顆圓光色非色口五眼得
五力口證乃知難可口口口口口口口水中捉月爭
口得常獨行常獨步達者同游涅槃路口口神清風自
高口口口口口不顧躬口口口稱貧實是身貧道不貧
貧即身常披縷褐道即心口無價珍無價珍用無盡利
物應形終不恡三身四智體中圓八解六通心地印上
士一口一切了中下多聞多不信但自懷中解垢衣誰
能向外誇精進從他謗任他非把火燒天口自疲我聞
恰似飲甘露銷融頓入不思議觀惡言是功德此即成
吾善知識不因訕謗起口口何表無生慈忍力宗亦通
說亦通定慧圓明不滯空非但我今以上第一石獨達了恒

沙諸佛體皆同師子吼無畏說百獸聞之皆腦裂香象
奔波失却威天龍寂聽生欣悅遊江海涉山川尋師訪
道為叅禪自從認得曹溪路了知生死不相關行亦禪
坐亦禪語默動靜體安然縱遇鋒刀常坦坦假饒毒藥
也閑閑我師得見然燈佛多刼曾為忍辱仙幾迴生幾
迴死覺後悠悠無定止自從頓悟了無生於諸榮辱何
憂喜入深山住蘭若岑崟幽邃長松下優遊靜坐野僧
家閴寂安居實蕭灑覺即了不施功一切有為法不同
住相□施生天福猶如仰箭射虛空勢力盡箭還墜招
得来生不如意爭似無為實相門一超直□如来地但
得本莫愁末如淨瑠璃含寶月我今解此如意珠自利

利侘終不過江月照松風吹永夜清宵何所為佛性戒
珠心地印霧露雲霞體上衣降龍鉢解虎錫兩鈷金鐶
鳴歷歷不是標形虛事持如来寶杖親蹤跡不求真不
斷妄了知二法空無相無相無空無不空即是如来真
實相心鏡明鑒無礙廓然瑩徹周沙界萬像森羅影現
中一顆圓光非内外□□空撥因果漭漭蕩蕩招殃禍
弃有著空病亦然還如避溺而投火捨妄心取真理取
捨□□成巧僞學人不了用修行深成認賊　為子損
法財滅功徳莫不由斯心意識是以禪門□却心頓入
無生知見力大丈夫秉慧劔般若鋒兮金剛燄非但空
摧外道心早曾□□□□膽震法雷擊法鼓布慈雲兮

灑甘露龍象蹴蹋潤無邊三乘五性皆醒悟雪山□□

□□□二石以上第

原書未録碑文注云通志次於紹聖三年相傳

爲東坡書茲據筠清館補之案粵東金石略云

石裂爲六缺第四然則此搨未全也陸增祥志

資福寺羅漢閣殘碑

記文上下幾缺行字不計額存寺五百大阿羅六字並正書在廣東東莞縣資福寺

缺之也愧是故其人以愧故缺呼神天佛菩薩僧以脱

須缺懼故捨愧懼二法助發善缺老比丘祖堂其名未

嘗缺損銖黍了然覺知堂缺向羅漢

按東莞資福寺羅漢閣碑記并額僅存五十五字

無年月其文見東坡大全集云東莞古邑資福禪寺有老比丘祖堂其名創作五百大阿羅漢嚴淨寶閣壯麗寳冠南粵東坡居士見聞隨喜而說偈言又東坡翰墨尺牘與朱行中按咸淳毗陵志行中吳興人熙寧六年進士廣東通志作朱中行元祐八年知東莞縣云東莞資福長老祖堂者建五百羅漢閣極宏麗營之十年今成矣近為作記公必見之途中為告文安國篆得閣額甚妙今封付去人公若欲觀拆開不妨乞差一小心人賫送祖堂據此則東坡嘗隨喜資福寺因為祖堂作羅漢閣記又為告文安國篆閣額封付朱行中乞差送祖堂蓋在行中知東莞縣事時也王象之

輿地紀勝則云資福寺在東　縣有羅漢閣元符三年比𠁅祖堂建閣成走惠州求記於蘇軾既官保元營辨之以元符三年為紹聖三年之誤集本呼下有號字損下有益字石刻並無之亦疑元作號呼益損後人校刊妄倒耳

草堂寺王正臣等題名

正書在西鄠縣陝

咸陽簿即墨王正臣鄠令黎陽李援元符己卯仲夏十九日同遊

萃編載草堂寺題名凡二十七段獨遺此段此段題在圭峯碑額之陰己卯元符二年也萃編所載有李

援與蘇昞等題名一段是元符三年李援再游所題

筠清館金石記

程懿叔遇雪詩

正書在陝西臨潼縣溫泉

程懿叔自榻唐守就移提舉川陝茶馬至此遇雪偶書

三伏登途徹盛寒客程猶未解征鞍明時用捨皆公道

自是非才進路難

元符三年十月二十八日

期思遺愛廟詩

建中靖國元年九月張孜題戴元正書在河南固

始

案潛研堂目錄載有此碑云在孫叔敖廟陸增祥志

黄魯直青原山詩 正書在江西廬陵縣

次韻周元翁同曹游青原山寺長韻

市聲故在耳一原謝塵埃乳竇響鐘磬翠峯麗昭回□

看行磨蟻車馬□成□水□第一石曹溪味山自思公開

浮圖涌金碧廣廈構壞材蟬蛻三百年至今猿鳴哀祖

印平如水有句非險崖心花照十方初不落梯階我行

暝託宿夜雨滴第二石華檐殘僧四五輩法筵歎塵埋石

頭麟一角道價直九垓廬陵米貴賤傳與後人猜曉躋

上方上秋塍亂其芟蓮子委蕭鏃葵花側金杯寒藤上

右第三石老木龍蛇委蔽骸魯公大字在寓筆勢欲傾摧德人
曩來游頗有嘉客陪憶當擁旌旗□騎相排極且復歌
舞□□竹寫繁哇事如飛鳥去名右第四石與南斗偕松風
吟高師何時更能來回首翠微合於役王事催猿鶴一
日雅重來向排徊　予曩時上七祖山極愛其山川右第
五石故為予友元翁作此詩□□□□之南得古鈞臺嘉遊
世不見其光輝者元翁亦請予賦詩曰公居一師登似
漁非世漁獨尋□嘉□□頌不遺予爵蕨林塘晚絲右第
六石續歲月除安知治□□□□□魚元翁曰青原遺
蹟但有顏公大字當并刻此二詩使來者得觀焉其後
各解官去不果刻海昏　王子駿以生絹來乞書子駿於

予（右第七石）外家有連故書予之能以青石板刻而送之祖
山亦一段奇事南昌黃庭堅書（右第八石）
禮跋署云元豐六年曾直為泰和令謁郡遊青原山
為其友周壽作詩後九年海昏王君得其字刻之當
送之祖山未行而曾直以太史得罪詩遂留王氏及
太史謫還或以王君石上墨本飾僧壁郡守程侯章
監郡章侯清悅好焉於是詩再勒石視作詩蓋十有
八年壽字元翁九江人募石刻者僧居月建中靖國
元年十二月十二日南昌洪炎題彭城劉珏書
按曾直書凡八板前七板皆真蹟後幅獨劣非山谷
筆或當時偶遺數行續以他手遂非全璧余搜山谷

他墨蹟補之又集名書寫洪跋重刻此石庶無憾云
癸卯冬宣城施閏章識以上二跋並刻第八石之後
案青原山魯公大字謂大國二年魯公爲吉州司馬
時所書龍溪二字也池北偶談云字方廣徑丈石壁
如故一字每年輒徙下今離地不一二尺矣蒋清翊金石記
右碑遺筆俊偉惜刻手不嘉有失真處然風神故在
余嘗論涪翁二詩如後首釣魚臺云箭蕨林塘晚絲
緡歲月除綽有唐意但以前篇觀之則用韻既險而
說理又晦率多牽强餖湊欲令人以意解之此所謂
江西派也元續記

金石續編卷第十六終

金石續編卷第十七 宋

武進陸燿遹纂　太倉陸增祥校訂

宋五

龍隱巖石刻十一段

在廣西臨桂縣

米芾等倡和詩 高二尺廣三尺二十一行行字不等行書

詩送

端臣桂林先生兼簡　信絑老兄帥坐　江

湖從事米　芾

驂鸞碧玉林琢句白瓊瑤人間埃壒盡青羅數分毫

程老列仙長磊落粹露膘玉溷發太和得　君同逍遥

刻巖棲烏鵶咔巘透紫霄南風勿賦鵬即是登雲船
建中靖國元年眞州清燕堂東園書
教授推官出示　米元章詩詞翰俱美三四讀不
能休敬書二十八字謝之　鄱陽程節上
萬□□南泮水遥清風來拂瘴烟銷袖中突兀龍蛇出
聊慰天涯久寂寥
崇寧元年三月清明廬陵李彦弼書
龍隱住持仲堪刻石
按程節字信叔李彦弼字端臣時節帥桂管彦弼
為教授推官

陳仲宣等題名高三尺五寸廣四尺二寸七行行六字字徑五寸許正書

陳仲宜道夫唐最夢傳戴安仁質夫陳中復從道趙淵深之唐懋晉德政和辛卯九月十有三日同遊龍隱巖

按政和元年歲在辛卯乃徽宗嗣位之十一年

張田詩刻高五尺二寸廣三尺二寸詩四行行十四字前後各二行行字不等

題龍隱巖

度支郎中知桂州兼本路經略安撫張田

龍隱晦冥時莫考龍驤拏攫跡堪驚孔明久卧養全德老子忽飛歸太清溪上一天常氣勝洞中六月自寒生至神不得無情處甘澤年年灑百城

治平四年六月題後四十七年政和甲午三月孫修武郎光祖重書

按治平四年張田題龍隱岩詩政和甲午孫光祖
重書刻石英宗治平四年丁未正月神宗嗣位越
熙寧元豐元祐紹聖元符建中靖國崇寧大觀而
迄政和四年甲午實四十七年宋史張田傳田字
公載澶淵人登進士第知應天府司録歐陽修薦
其才通判廣信軍歷知蘄州改湖州徙廬州治有
善績移桂州異時蠻使朝貢假道與方伯抗禮田
獨坐堂上使引入拜于庭而犒賄加腆熙寧初加
直龍圖閣知廣州廣舊無外郭田始築東城環七
里賦功五十萬兩旬而成作欽賢堂繪古昔清刺
史像日夕拜之蘇軾嘗讀其書以侔古廉吏張田

子孫史所未載廣西通志金石略又有龍隱洞張壽之題刻云壽之赴官合浦道出桂林遊龍隱巖伏睹先君經略龍圖留題不勝悲感元符二年九月旦日第三男供備庫副使新差廣南西路兵馬都監兼知廉州軍州事張壽之謹記男光祖光嗣光弼光庭侍行經略龍圖留題即指是刻經略為前知桂州兼衛龍圖為終知廣州加衛壽之為田第三男光祖為壽之之子足徵廉吏子孫之盛據壽之題記是張田留題詩刻元符二年尚在豈十六年後其石已佚而光祖重書耶

李景□等題名 高二尺六寸廣三尺六寸六行行五字行書

淳熙丁酉中元日李景亨徐體仁劉景仁來遊龍隱巖樂水石之勝徜徉久之

按淳熙四年丁酉乃孝宗嗣位之十五年

李景下一字粤西金石略作亨補注於旁 陸增祥志

朱希顏詩刻 高二尺一寸廣四尺十四行行八字正書廣西金石畧失録

龍隱洞石壁玉立□門虛明相□江流□貫其中上□□□如印泥然亦異矣暇日携家泛舟來遊紹熙五年重午後十日新安朱希顏□

翠壁崢嶸百仞雄玉龍飛下水晶宮禹門激浪從三級□□□雲從一弓銀闕交輝天不夜金鱗倒影水浮空卷懷霖雨沈潛久會有驚雷□歲豐

梅花詩刻高一尺八寸廣三尺四寸詩二十三行書後五行行字不等並行書

經略煥章朱公千葉白梅詩

假日過龍隱有以千葉白梅獻者輒成鄙句呈　廣文發一笑粲　希顏

素艷重重疊雪輕，先春不怕雪霜凝。人言五嶺地皆熱，誰折一枝寒欲冰。似笑踈花太孤瘦，故教密葉擁千層。湘南別有新春樣，拚醉花前喚不應。

提刑寺丞胡公和

教授出示　經略煥章佳作戲次元韻制西有重萼黃香二種梅頗相類句中因及之因會為呈似　長卿

天憐素質太輕柔不奈西風雪片凝故與紅顏如美玉
尚餘清影似寒冰黃香僅可渲多葉重暈堪憐只兩層
欲問園官分此貼宜樓深遠罐難層
劉教授和
□□□□．經略煥章先生寵示千葉梅佳製似咲
陳花太孤瘦故教密葉攢千層昔人所未經道真絕
唱也褒不揆輒拾餘意申呈仰丐　規削　褒皇
恐拜上
乾葉翁飛蹀躞輕踈枝綽約鬭酥凝正憐驛使來衝雪
却費詩翁巧斷冰天女手高饒剪刻玉環肌滿見稜嶒
何人醉作羅浮夢花杪橫參撼未層

二先生詩文高絶凌跨古作
聖上嘉惠遠民畀節來南嶺表一草一木之微皆被
光寵（闕）方編集撰次與四方學士共之且刻此詩龍
隱以示不朽（闕）也褒陋非敢賡續使後世知有湛董
二先生之餘光也紹熙甲寅長至後五日門生郡文
學建安劉褒書
朱晞顔刻石曼卿書高三尺六寸廣六尺許曼卿書九行行八字正書晞顔記行書已剥蝕行字不計
長城檮光高平希文師古潁川天經太原子融子野陳
留商吏天水元甫子淵滎陽天休清河子思昌黎稚圭
廣平子京河東伯垂錢　南陽道卿出守嘉興于鉅

鹿介之北軒（六十六字 字徑四寸） 明道二年六月十七日曼卿書

（上闕）摩崖子能□是書託以不朽□□子之惠余□曼
卿□畏妙一世□語□□□□□人間者率寶藏過珠
璧此題筆法勁古又所列皆名輩尤士大夫所願見
與世為公□是余心也因報曰諾遂刻于龍隱之石
室時慶元改元正月吉日新安朱晞顏書（字徑一寸二分）

劉玉麐曰東都事略石延年字曼卿宋城人真宗朝
以三舉進士得奉職歷仕仁宗時遷太子中允卒於
京師年四十八宋史以延年為幽州人稱其書法遒
勁體兼顏柳今觀是刻洵然朱晞顏跋語惜前大半

無文字然有此數言可為重刻之證廣西通志金石畧

右長城褋光等題名希文者范文正公也稚圭者韓忠獻公也子京者宋景文祁也天休者鄭文肅戩也子融者王曾之弟皞子思者張知白之嗣子道卿者葉清臣也曼卿者石延年也此刻當在汴都久已不傳慶元初朱晞顔重刻潛研堂金石文跋尾

朱希顔遊壺天觀詩高一尺六寸廣四尺十五行行六字正書

慶元之元至後二日遊壺天觀泛舟過龍隱小酌月上而歸新安朱希顔

浪道湘南是瘴鄉玉壺銀闕四時涼卧龍不逐葭灰動愛日空縈繡線長浮蟻且同佳節醉探梅不作少年狂

暮歸慚愧山頭月照我駸駸兩鬢霜

方信孺書詩境後題字并詩 詩境二字橫刻正書各徑尺中刻陸游書三字字徑寸前後題字四行行九字字徑一寸四分並行書下方詩十五行行十一二三字不等草書

詩境　陸游書

此字始刻于韶之武溪載刻于道之永尊三刻于桂之龍隱巖嘉定七年正月望方信孺孚若

曾傍武夷九曲何如桂嶺七星水石小容螭舫烟雲長帶龍腥

愛山那惜走千回生怕前驅後騎催石上參差鱗甲動眼中在處畫圖開驂鸞未辨乘風去浮鴿何妨載雨來人事百年多變滅祇應題字不塵埃

雨脚初收魚尾霞滿溪流水半溪花尋源曾識武陵洞
泛宅如浮雪水家但得嵌空元有路何妨峭絕不容車
道人辛苦輕塵容成塔從來是聚沙　右一首和韻
右三詩皆爲龍隱作也因併書刻之洞中嘉定丙子秋
方孚若

按詩境二字開禧丁卯（三年）三月放翁年八十三退
居鏡湖時所書信孺方丞蕭山得而寶之後五年
嘉定辛未（四年）九月權發遣韶州軍州事撫刻於九
成臺武溪深碑陰而識之其道州太史樓記云予
以嘉定壬申（五年）春由江拜命來守茲土冬十月經
連山問津而西是信孺抵道州任爲壬申之冬次

年癸酉六年春即巳至桂七年甲戌正月刻詩境於桂之龍隱巖惟宋尊石刻拓本未備計其歲月在壬癸冬春之間而韶而道而桂無不大書深刻矣信孺自號詩境甫其題臨桂之西山中隱山北牖洞皆但書詩境以代姓名又嘗名其集曰好菴游戲詩境集劉克莊序之信孺殆有詩境之癖何其概勒不厭耶嘉定六年春至九年冬信孺題名見於桂林石刻者其結銜或書提點刑獄或書轉運判官確在廣南西路吳獵撰方公崧卿祠堂記言公仲子信孺從宦於桂後二十年復來官提刑兼判漕是也宋史本傳信孺字孚若興化軍人以

父崧卿蔭補番禺縣尉近臣薦可使金自蕭山丞
名赴都命以使事三往返以口舌折强敵後觸韓
侂胄怒奪三秩臨江軍居住侂胄誅召自便尋知
韶州累遷淮東轉運判官兼提刑知真州山東初
内附信孺言宜選重臣將精兵開幕山東以主制
客坐責降三秩稍復官歸營居室岩賓自放於詩
酒獨不及官廣南西路時事史家脱略當以石墨
補

方詩内前驅後騎驅吳作旌多變滅多作倶陸增

方信孺志詳

方信孺五言古詩 高四尺四寸廣二尺四寸十一行行二十二字行書

龍隱巖詩莆田方　信孺孚若父

春波飽微淥斗柄涵空明方舟貫巖腹鵝鸛相酬鳴仰窺穹窿頂宛轉百怪呈僅餘鱗甲碎不見頭角獰下闞清泠淵演迤萬頃澄但同魚鳥參勿遣蛟龍驚抉苔撫奇篆倚棹看題名三將標殊勛自與山不傾誰歟贅小築政恐山靈嗔南洞更幽絕偃佛依崢嶸太虛可為室豈復資欒櫨乳泉助茗椀中有氷雪清何須驂鸞去此即白玉京鼎來不速客抱琴忽逢迎愛此無絃曲崖溜同一聲為君洗塵耳嗔我詩魂醒秖愁白衣至好句亡幾成

李與等巖洞紀游 高四尺廣二尺六寸六行行十字 嘉定七年四月朔刻

八桂巖洞爲天下奇觀同谷李與九華章時發臺椆餘
閑躍馬汎舟仰堯山之高挹諸巖之勝時和歲豐與堯
民共擊壤云咸淳甲戌上巳後十日

按度宗咸淳十年歲在甲戌是年帝㬎嗣位元師
大舉入寇郢州鄂州黄州江州安慶皆叛降元李
與等尚託之臺椆餘閒欲共堯民擊壤眞積薪厝
火而安寢之矣又其年四月臨桂西山題名稱臺
倉九華章時發帥守同谷李與

桂林湘南樓記

高七尺八寸廣四尺八寸二十八行行四十六字正
書篆額額題湘南樓記四字字徑尺在廣西桂林府
東江門城上
逍遙樓碑陰

上登位之明年以直龍圖閣　詔寵桂州經略安撫
程公所以　獎忠勤勵勤閥也　公初以
新天子即　大號未及　陛見仰窺　清光而
遂守藩城迺嬰　嘉命德　上之賜顓首感榮惟
是庶幾夙夜恪共厥職而　公于府事無間巨細咸與
區處邊陲晏休餘齋多暇顧無足以攄胷懷者而　公
默愜遠慮謂桂西南都府所以為襟山帶海用兵遣將
之樞然自皇祐中儂賊噬邊朝廷始大城桂故其隍池
樓櫓之列有環鴻侈麗之勢閱歲滋久城東之門柱欹
綴頽棟桷腐撓卑敝褊迫甚非所以為邊庭壯觀也
公迺因舊奏而鼎之運循城之金衰羨戍之卒搜山度

材以其心匠授内殿承　制兵馬都監和議俾董厥功
惟議精嚴經營贊明巧思初無擾紛土木告辦與于建
中靖國之秋成于崇寧初元之夏下拔峻墉上聳麗譙
翬若雲飛而山峙驤䆗牙以掛斗傍縈欄楯以躍林杪
頳糊丹綺與朝日爭輝高牖疏櫺與游氛襲氣觀者忡
愕謂是功不嘗美　公舉觴屬廬陵李彥弼曰茲樓揭
孽輪囷壓百雉之紆餘爽豁空濛睇千里之超忽平開
七星之秀峰旁搴八桂之遠韻前橫漓江之風漪後湏
口府之雲屋環以羣山疊嶂巘而昂孤驀若神騰而鬼
趣若波駭而龍驚茲亦勝槩之絶倫者矣昔之賦客詩
人咸指桂林為湘水之南嘗試以湘南命焉予其為我

摛藻而碑之思茲樓為不朽可乎彥弼敬復公曰昔李
太白人中僊才而以不識韓荆州為羞韓退之天下文
伯而以不到滕王閣為恨蓋珍夫心賞之難遭也今僕
之來棲碧幢之餘陰颯珠履之後塵時為高明之遊寓
快襟而寓遙矚陽飛動而掞混茫揮毫振英與山川淑
靈相為友朋斯豈尋常之遇哉夫氣象之優嘉此亦造
物之所深惜也然其有所謂神龍之洞淵真僊之窟宅
名山巨川往往出於遐州眇邑之陋幽林哀壑之荒軌
跡不得而絟者此亦氣象之不幸者也今湘南之景駿
騁雄張環輳城郊而雲煙之變化風月之朝昏千態萬
狀惟　公以一樓臨之倚檻轉瞬之頃盡得於眉睫之

間則雖使造物欲韜光匿奇秘藏而惜之烏可得哉
公識量虛明禮賢揚善髦俊之士翔集府下號爲冠蓋
之盛明 公之眷眷于兹樓豈造物者特所以露怪變
之豪而侑觴詠之樂哉因復系之以辭云 偉桂林
之通都兮邏三湘之嶺南控蠻陬而轄海壖兮儼節居
之潭潭鬱昌敎之高篇兮江山羅帶而玉簪緊衛命而
來遊兮若偲登而變驂遇 聖朝之天覆兮烏奔猱
譬而亂哉戢戈甲而蠲氛埃兮曾弗勞於韜鈐嘉 龍
閣之程公兮擁藩旄而笑談疊清威而抗稜子洗蠻饕
而律貪洪五春於蕃宣子承 皇流而澤涵肴樓觀
以壯厥武兮屹飛欞之眈眈壓城椒而四瞰兮森龍景象

而錯寥搏崒壁而攢秀色兮駭造化之剜鑱駟蒼螭而
駕青虬兮歘層穹而仰巉穴来風而嚴隱龍兮悚靈扃
之空嵌羌運拳而歘歔兮恐七星而掎神擔𡼏峻脚以
插紫洲兮運清漪於玉匭捫太虛而梯天兮赳惚恍於
窈凡雅風餐而雲臥兮灑蠛蠓于栱簫羅兵尊而虹吞
兮醺籊椐而醉酣仰　我公之興復不淺兮躡風御而
薄氷蟾娩無倚馬之儂標兮為　公翻墨海而搜潛排
閶闔而掀滞淫兮剖鬱紆於前瞻雖越吟楚奏而忘異
鄉兮仲宣依劉而知恬寄窮通於塵垢之外兮探虛元
曠莫於周　眄嗟景物之戀　賢牧兮邉卹　生人之留
淹望
堯雲於慶霄兮接何時而晝三與　我公之

横翔兮拱　　疑㧱於遼巖風流千載於兹樓兮桂人

志德以無厭

崇寧元年壬午四月辛丑日廬陵李彦弼記華原周

舆書鄱陽程鄰篆額渚宫張灌立石

朝請大夫直龍圖閣權知桂州充廣南西路兵馬都

鈐轄兼經畧安撫上護軍鄱陽程節

桂州龍朴龍浞刻

按程節修桂州城東門樓名曰湘南李彦弼記之

語涉夸張文殊玄𨜟周舆楷法在君謨元章之間

廣南石墨之佳者攷節前後題名紹聖乙亥年二秋

遊龍隱巖冷水巖三年十月遊伏波巖並題朝奉

大夫轉運副使程節信叔元符三年五月遊潛珍洞元風洞但題鄰陽程節信叔其擢經畧安撫在徽宗登位之後登位之明年即改元建中靖國之年也彥弼字端臣冕字公儀灌字通甫見米老詩簡及諸岩題名彥弼冕灌皆節幕僚程鄰節子太觀中廣南西路經畧安撫使侯彭老程公巖記云後數年公之子繼來帥桂其忠義文武為國家扞邊而庇民一如公即謂鄰也節鄰父子皆以邊功自喜賓客多夸大之詞巖熙間括蒼梁安世嘗於屏風山題詩譏之

唐李長者通玄行蹟記

高三尺二寸廣二尺額題華嚴論主顯教妙嚴長者
十字上截刻長者伏虎像下刻行蹟記二十七行行
二十字正書在山西
壽陽縣方山昭化寺

唐李長者皇枝也諱通玄但言滄州人開元七年至太
原盂縣大賢村有高山奴延納安居長者每日唯食棗
十顆柏葉餅子如匕大者一枚自爾不交外人掩室獨
處含毫臨紙曾無虛時如是三稔一日捨山奴南去至
馬家古佛堂自搆土室寓於其側端居晏默于茲十年
後復齎挈經書遵道而去次冠蓋村忽逢一虎馴伏長
者告以吾欲著論釋華嚴經可與吾擇一栖止處言畢
虎起長者徐而撫之遂將所挈經囊掛于虎背於是虎
望神福山原直上二十餘里當一土龕收囊於內龕之

四旁舊無潤泉長者始來之夕風雷暴作拔去一松化
爲一潭懲暘之歲祈求必應長者製論之夕心竅元學
口出白光以代燈燭居山之後忽有二女子容華絶世
皆可笄年倶服布衣恣以白巾幪首姓氏居處一無所
言汲水焚香供給淨饌莫知所止歷于五祀著論將終
遂爾絶跡長者身長七赤二廣眉朗目丹唇紫肥長鬚
美茂脩臂圓直鬚彩紺色毛端右旋殊妙之相靡不具
足首冠樺皮身披麻衣長裙博袖散腰而行居常跣足
放曠人天忽一日出山訪舊止之里適值墅人聚族合
樂長者曰汝等好住吾將欲歸衆乃必謂却還滄州揮
涕懇留長者曰縱在百年會當歸去於是衆送長者却

還龕所復衆曰去住常然汝等可各還家翌日長覺結徒禮候但見姿容端儼已坐化於龕中報齡九十有六時當三月二十八日也

大宋崇寧元年七月十五日比丘宗勝立石施石正助緣蘭宣楊誠楊世榮楊世明趙永□勸緣太原府壽陽縣方山昭化院住持沙門法□王□

按李長者行蹟碑不題撰書人名氏筆迹端秀乃宋人小楷之可法者

昭化寺帖

高二尺廣三尺五寸二十五行行二十五字正書在西壽陽縣方山

太原府　帖壽陽縣方山昭化禪院

准尚書禮部符准崇寧貳年捌月叁日
勅中書省撿會崇寧貳年肆月貳拾壹日　敕書應
先聖賢祠宇舊來有名德僧道爲衆師法未有封賜爵
秩謚號師名廟額仰所屬勘會聞奏特加封賜令勘會
下項捌月貳日三省同奉
聖旨摩騰賜號啓道圓通大法師法蘭賜號開教揔持
大法師傅大士賜號等空紹覺大士李長者賜號顯教
妙嚴長者定應大師賜號定光圓應大師其婺州雙林
寺并太原府壽陽縣方山昭化禪院西京白馬寺汀州
武平縣南安巖均慶禪院今後每遇
聖節各許進奉功德疏内雙林寺回賜度牒貳道餘叁

處各壹道奉
勑如右牒到奉行前批合入祠部格捌月肆日午時付
禮部施行仍開合屬去處數內一項須至符下太原府
壽陽縣方山昭化禪院係李長者造華嚴合論之所
司功案勘同　手分王俊押　馬宣押　張温押
郝口押　元慶押　押司官韓口押　句押官祁年
押　孔目官楊志押　李元押　口孔官侯智押
右帖壽陽縣方山昭化禪院仰詳上項　尚書禮部符
內
勑命指揮施行崇慶貳年玖月初叁日帖
權河東節度推官石差出　權太原府觀察判官鄭押

宣義郎監太原府稅務權節推張 押　承事郎簽書河東節度判官廳事王 押
朝散郎通判太原軍府事蔡 差出　朝奉大夫通判太原軍府事陳 押
龍圖閣學士朝奉大夫知太原軍府事范 押 檢
署河東山南西道節度使守太師開府儀同三司太原牧兼興元牧陳王 在京
將仕郎縣尉劉　將仕郎主簿張　通直郎知縣事
負
方山昭化禪院供養主比丘宗勝　監院比丘宗悟
住持沙門法政立石
缺 張端李震李口馮興張口王齊王方施石

按壽陽志方山下寺有勅賜顯教妙嚴長者碑即指此也錄之以存宋時符牒之式潛研堂跋尾云

陳王蓋徽宗之兄佖封申王者宋時諸王外戚領節度使者不之鎮而府帖猶存其銜此一代典故見於石刻考官制者所宜知也

後補施石一行陸增祥志

石夷吾等樓觀題名

崇寧二年十二月在陝西盩厔

建安王公詩

崇寧五年丙戌三月東長孺行書在陝西咸陽

關中金石記王作黃未見拓本姑仍之陸增祥志

孔聖手植檜贊

草書在山東曲阜縣

孔聖手植檜贊　宋太常博士米口　煒東皐養白目
御元氣昭道一動化機此檜植矯龍𨶑挺雄質二千年
敵金石糺治亂如一口百代下口圭璧
右刻舊在手植檜樹旁歲月既久再罹火災殘缺更
甚乾隆辛未孔中翰繼涑得襄陽墨蹟於華亭張文
敏家結體較小而風神骨格無異因重摹一石移置
石於同文門下　山左金石志

富丞相登大像閣詩
大觀元年正月于巽書并記在陝西耀州

孫敏行等題記
大觀元年丁亥三月任陝西略陽八渡河石壁

顯慶祠董宗師等題記

四行行十一字行書左行刻鹽池
靈慶公碑側上截在山西安邑縣

措置解鹽隱屬掾董宗師甘亨上官革李公衍□佐以池事舉道釋祈晴于　顯慶祠大觀元年歲次丁亥夏四月甲子日書

章吉老墓表

行書在安
徽無為州

無為章吉老墓　承議郎行書學博士飛騎尉賜緋魚袋米芾表

神農有熊氏咸以捄民為道上聖神靈生而知之簡易無文後世聖賢相師效□□若心得其至也雖千年若

合符契故孔氏謂安知来者之不如今又曰聖人有所
不能知夫陰陽儲精神而明之可不妙哉無爲章氏廸
字吉老洞精鍳書而得針剌術於素問内經之間以其
道捄人者壽至七十九莫不見膚透膜䏘針病已華俞
氏不能過也又以其道授子濟濟哲捄三千人因不復
針又以父道付子權吾閬士大夫多道濟權起病如神
遠得守符親所嘗試會濟請吾友周元章撰埋誌不復
多得願表墓道遂直書其事吾不及識君觀其子孫廉
介自守不以藝取人知君隱施夫行符藥除病捄人除
害物□□清有録許氏陽雞犬亦仙去後之人勿替其
志来□□不讀吾文者勉之

大觀元年歲次丁亥重午後丙戌日男濟立石

元章書章吉老墓誌及表表字大於誌然雖不及於誌吉老以醫名於時元章既為書誌又為述表拳拳而不厭其複雖其子之自致亦以吉老為人可稱也覩其志之所述數事蓋亦篤行而隱於醫者今人於親之沒自為誌文刻以示人苟且完事惜費而忘義豈以今之時無米顛耶吾於此深有所感 元章此書筆勢縱於誌銘大都士人作書有乖有合觀者雖不可執此較彼然必求其妙處則於自已臨摹方有資助不則只是鬪張顛善草凡得其敗紙惡札皆謂是以頭濡墨時所書豈不是癡人前說夢 元牘 紀

八行八刑條碑二種

一 在陝西武功縣行書

御製序及奏劄題額各銜名與萃編所載興平碑同不錄錄碑末題銜如左

奉議郎新通判渭州軍州管勾學事權京兆府武功縣事借緋魚袋臣游澄立石

一 在陝西藍田縣高五尺八寸廣二尺九寸三十四行行六十九字正書額失搨

文見王氏萃編不錄錄碑末年月題額如左

大觀元年十二月二十日奉

御筆建

學諭臣支慶嗣

學長臣吳翰

將仕郎京兆府藍田縣尉管句學事臣朱璽

通仕郎行京兆府藍田縣主簿權縣丞管句學事臣劉端

從事郎知京兆府藍田縣事管句學事兼管勸農事臣范松

將仕郎充提舉永興軍等路學事司管句文字臣黃哲

朝散郎權提舉永興軍等路學事雲騎尉賜緋魚袋臣李降

按御製八行八刑條宋史徽宗大觀元年三月立八行取士科八行者取周禮大司徒之六行益以中和謂知君臣之義為忠達義利之分為和也八行中以孝悌忠和為上睦婣為中任恤為下是歲六月令諸州學以御製八行八刑刻石從江東轉

運副使家彬奏請玉海一百六十大觀元年三月
詔士有弟悌睦婣任恤忠和八行貢入太學大司
成考驗取旨釋褐又云書目有御製八行八刑條
一卷刊石立之學官士以其行之多寡視三舍選
而犯八刑者不齒能改過又有二行乃聽入學困
學紀聞云大觀八行因周禮之六行附以六德之
忠和姦臣不學如此蓋碑雖題大觀聖作實出蔡
京之手故王氏直斥爲姦臣不學也金石萃編所
載得於陝西者四種寰宇訪碑錄所載得於江蘇
山東河南陝西者凡九種皆不及此刻此在陝西
西安府藍田縣學爲程邵君琨宰藍田時拓贈元

豐九域志陝西永興軍路京兆府縣一十四藍田
府東南七十里碑載建石各官不知何人所書時
權提舉永興軍等路學事爲李降充提舉永興軍
等路學事爲黃哲其知藍田縣事范柲藍田縣主
簿權縣丞劉湍藍田縣尉朱䕫結銜並帶管句學
事潛研堂金石文字跋尾史載崇寧三年詔諸路
知州通判增入主管學事四字知縣丞尉亦帶管
句學事未審昉於何年案文獻通考載紹興九年
知建昌軍李長民奏宣和以前惟知通令佐階銜
並帶主管學事所云知通者知州通判也令佐者
知縣丞尉也疑令佐帶銜與知通同時增入而史

未之及耳碑稱管句而文獻通攷稱主管者南渡後避思陵嫌名追改之也高宗名構永思陵案筠清館金石記尚有山東之臨朐城武河南之滎陽三種又山東之章邱湖南之常德湖北之興國州均有是碑陸增祥志

運使中奉七星巖詩刻

高二尺二寸廣二尺五寸横額題運使中奉詩五字字三寸詩十行行十二字並正書在廣東肇慶府北星巖

遊七星巖

三四奇峰傍短亭一巖春色冠圖經四時吞吐西江水萬古森羅北斗星日月餘輝通□□□霞微徑上青冥

嶺南惟此　輿王地好與邦人作畫屏

予□歲亭自龍江舍舟入端道由七星巖乃□

詩予石大觀己丑□□月初六日江陵□□□

按詩稱輿王地者徽宗始封端王元符三年正月嗣位十月廾端州為興慶軍重和元年改肇慶府自龍江舍舟通志金石略缺龍字此拓本甚顯大平寰宇記廣州四會縣龍江水在縣東北源出蕭金鄉端州北七里至北山山北即四會縣界自龍江舍舟取山徑入端州正由七星巖也歲己丑大觀三年宋缺三字孫星衍寰宇訪碑錄云宋述撰

崇禎官張杲題名

行書在河南登封縣

權發遣京西轉運使張杲被　旨詣嵩山　崇福宮安

挂　御賜二門牌大觀庚寅十一月二十九日至此

大觀四年十二月一日崇福宮權官主道士王□名

立石

將仕郎縣尉兼主簿丁旻

宣德郎知登封縣事唐慤

思武堂記

高六尺五寸廣三尺五寸二十四行行四十一字行書在山西平定州署内搿雲樓下

□□□記

□□君子澤被於生民者廢必流於後世功存於社稷

者報必厚於子孫故有非常之人然後立非常□□非
常之功然後百世可嵩其樂
□宋授命
□入出圍肇造區夏削平僭偽肇八紘之洪緒一六合
而光宅是生異人以衛社稷感會風雲依日月之□光
於　高武烈王見之矣惟王天胙忠勇神蘋智略
應期佐命文武桓桓以折衝禦侮之才為股肱心膂之
臣氣決浮雲精貫白日乘機應變一舉萬全以建必然
之策展無窮之勲方
太宗之發燕南王從薄伐以平太原克并代至咸平中
契丹舉國內軍而王擁兵拒虜左揮右斥閼氏為之遁

去景德初契丹軍澶州
天子親御六師駐蹕韋城而王扶輦渡河三軍感躍虜
衆大潰風徂霆駭而捷覽鑾於流矢故能張皇神武□
□大聲單于畏懾奉書請盟班師振旅策勳第一封國
胙土以榮耀當世而陰功潛德鍾于
□□□宮源深流長與
□□□
□□□□□□□賜謚典以折衝禦侮曰武安□□□功
曰烈愛
□□□□□□□□□□□之
□□□□□□□□□□□□碑□□□德報功以昭

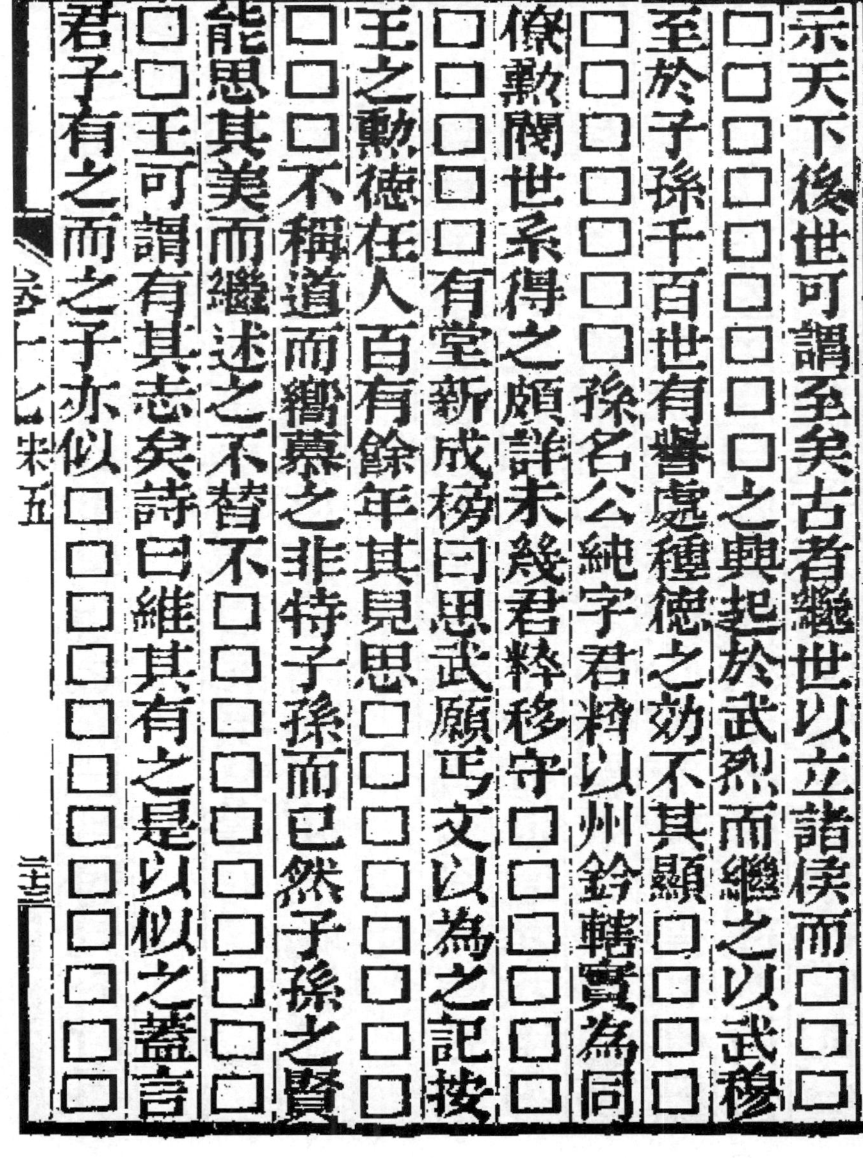

示天下後世可謂至矣古者繼世以立諸侯而□□□
□□□□□□□□□□之興起於武烈而繼之以武穆
至於子孫千百世有譽處種德之効不其顯□□□□□
□□□□□□孫名公純字君粹以州鈐轄實為同
條勲閥世系得之頗詳未幾君粹移守□□□□□□□
□□□□□□有堂新成榜曰思武願丐文以為之記按
王之勲德在人百有餘年其見思□□□□□□□□□
□□□不稱道而嚮慕之非特子孫而已然子孫之賢
能思其美而繼述之不替不□□□□□□□□□□□
□□王可謂有其志矣詩曰維其有之是以似之蓋言
君子有之而之子亦似□□□□□□□□□□□□□

口學樂善有志於事功非特思之而已且將見於行事故樂書之以告來缺下

缺上判趙州軍州事吳興曾百能撰并書

缺上使權發遣平定軍事兼管内勸農使飛騎尉高公純立石

按思武堂記曾百能撰書堂爲高公純所建名曰思武記其先武烈武穆二王勳德也道光元年四月江寧沈禮田琛知平定州州署東北隅有湧雲樓予日與登眺芟薙榛蕪於砌前掘剔得此碑已缺上方左角歲月無徵記稱王之勳德在人百有餘年而高公純以大觀四年知平定軍作堂記石

即此時矣以宋史考之武烈武穆當即高瓊高繼勳父子高瓊本傳瓊燕人太宗即位擢御龍直指揮使從征太原咸平中契丹犯塞其母車帳至狼山大夏上親巡河朔瓊率所部出土門記所云擁兵拒虜關以遁去是也景德中車駕北巡前軍已與敵接或勸南還瓊曰敵師已老陛下宜親往以督其成上即進幸澶淵真宗本紀景德元年十一月車駕北巡駐蹕韋城契丹兵至澶州北直犯前軍其大帥撻覽耀兵出陣俄中伏弩帝次澶州十二月契丹定和以誓書來與此記並合記陰功潛德而下蓋稱繼勳之濟美所云興起於武烈而繼

之以武穆也瓊官檢校太尉忠武軍節度景德三年卒贈侍中封諡不著子繼勳建雄軍節度使知滑州卒贈太尉有威名號神將子遵甫北作坊副使嘉祐八年遵甫女正位皇后神宗即位册皇太后累贈繼勳太師尚書令兼中書令追封康王諡穆武熙寧九年詔宰相王珪爲神道碑御篆碑首日克勤敏功鍾慶之碑史稱澶淵之役高瓊功盛繼勳將業過其父此碑所由以立蓋瓊與繼勳並追封王爵瓊諡武烈繼勳諡武穆史一失載一誤爲穆武也平定州志宋檢校太尉高瓊墓在盂縣兩貴村山西通志高瓊墓在盂縣西七十里公純

史無傳平定州志職官高公紀宋高武穆王孫大觀四年知平定軍兼西染院使又古蹟湧雲樓在州署東北隅創於宋名思武樓大觀四年平定州尉高公純更名湧雲此志凡三誤以公純爲公紀前後互異一誤也公純權發遣平定軍事兼内勸農使飛騎尉志以意割截改作平定州尉二誤也宋史職官志敘遷之次勳十有二其十爲飛騎尉記云有堂新成榜曰思武是思武堂本公純所建志反云宋名思武樓公純更名湧雲三誤也可以此碑正之宋李心傳建炎以來繫年要錄載靖康二年二月南道副總管高公純奉詔勤王頓兵不進元豐九域志河東路

平定軍治平定縣太平興國四年以并州平定縣
置軍河北西路趙州趙郡軍事治平棘縣自界首
至平定軍一百四十里曾百能書法縝密與蔡襄
黄米諸大家並時而不為所掩予所見石刻拓本
此碑而外有政和元年扶風遠愛亭詩正書　繫
年要錄又載紹興六年七月故檢校少保保靜軍
節度使高公繪故集慶軍節度觀察留後高公紀
並追封郡王二人皆士林子也以宣仁聖烈皇后
遺恩自防禦使廾拜留後公紀先卒及免喪公繪
乃除節鉞至是其子世則數以慱卞阻格遺恩為
言故有是命

昭化寺政禪師行狀

高六尺闊三尺十八行行三十七八字不等行書額題政禪師三字在山西壽陽縣方山

宋方山昭化禪院政禪師行狀記

方山昭化禪觀政和尚姓羅氏太原府平晋縣古城北洞子鎮人通華嚴經論熙寧五年壽陽縣父老于方山上西靈松嵓下金剮泉側以石累為龕請師居龕講華嚴經一方士俗崇益趍善共購買度牒請師就本院撫眥落髮出家熙寧五年南遊諸叅至潤州甘露寺依廣照禪師一日辝廣照遊廬山廣照問師此與廬山是同是别師禮拜依位而立廣照然之又謂曰女他日當坐古菩薩道場有肉身大士先已為汝發揚化衆興建也

元祐初至西京大字院看藏經縣郭三社與山前六村
善友仝狀經官陳述請師住持官從之師受請至紹聖
中開墾山田建下庄院一所歲收蒭粟千斛淨侶雲集
鳴魚擊鼓无待於外崇寧二年　張公來觀文在中堂
奏請
勅題并逐年撥放童行一名　勅下之日山前布金色
銀色世界種種化現遠近人心益堅信嚮與五臺等矣
此地舊名神祠山今賜號方山寺稱昭化禪院長者謚
號顯教妙嚴又蒙　蔡公元度樞密親書長者祠堂牌
額師悉覩口於大觀三年鑄洪鍾一口重一萬斤其聲
嚮徹兩縣度門人弟子有宗悟等一十六人并汾之間

士庶無識貧富大小悉心化而誠服政和三年師無疾不食唯飲淨水衆善友柴和趙百祥等數十人聞之皆來集會圍繞師左右請曰欲得師久住世間興隆 佛法願和尚慈悲順我等請師曰時至即行諸佛亦然衆皆不散師問小師宗弁曰日在何時弁應云午時師曰從來道底衆云是什麼師曰清風吹不盡明月照還晶師偃息乃留頌曰天長地久莫之能守涅盤妙心幾人能透擲抹一下卧右脇而終遂收舍利一千粒俗壽七十一僧臘五十三師門弟子宗悟持師行狀千求 相公銘師之塔公曰汝持戒僧也决不妄語可依實而書焉用吾文宗悟奉 命書 朝奉大夫致仕郭瑗書晉

山李永常摸刊

重修五仙祠記

政和四年十月張勱記在廣東廣州府五仙觀

鼓山宋人題刻十五段 在福建福州府起政和訖寶祐

陳紹夫題名 五行行七字字徑五寸正書

陳紹夫邀韓符曾昇許紘遊鼓山姪建嘉會男祖澤姪孫森侍行政和五年三月十一日

按紹夫陳襄子侯官古靈村人襄有古靈集二十五卷紹夫所編李綱序之

俞師直題名 四行行七字字徑六寸五分正書

俞師直邀楊達夫劉應叔瞻禮佛會早饍平遠臺宣和壬寅四月初八日

林槐老等題名五行行六字字徑五寸正書

林槐老賈葳之方端立顧希稷俞馮老方翊之劉戴言紹興辛未重九日同游

王叔濟題名四行行六七字不等字徑六寸正書

趙仲承王則之幼度蔡德輝來遊紹興乙亥仲春中休王叔濟題

王瞻叔題記五行行十一字字徑六寸行書

乾道丁亥暮春廿三日余出郊觀稼勞田夫野老而訪其疾苦遂至鼓山燒香供茶登臨滄亭而返男銖錞鏗

鉛孫淙侍行襄陽王瞻叔書

朱子題記徑五行行十一字字七八寸許行書

淳熙丁未晦翁來謁鼓山嗣公游靈源遂登水雲亭有懷四川子直侍郎同遊者清漳王子合郡人陳膚仲潘謙之黄子方僧端友

曾季本題名四行行十字字徑三寸餘行書

開封曹季本侍　兄公弼同三山李澤卿練塘洪魯卿柯粱釋守如丙辰季冬十七日遊此命子磬書

吳濴等題名五行行八字字徑五寸正書

寀丙辰慶元二年也

吳濴等題名

開禧改元乙丑孟秋中澣十日闗尉延平吳濴奉父吳

元肅同拉晉江石應孫來遊子振侍行石應孫題

趙汝訥題名四行行十字字徑四寸正書

浚儀趙汝訥領客昭武吳信古傳東吳天民黃旂郭應炳端平丙申四月上澣同遊次男崇璪侍

趙希譔等題名七行行十五字字徑三寸正書

同主趙希譔林勉翁王叔安叔恭樊淇□龍輔潘自得陳守謙周從龍王涓彭順黃子俊林驥史自□道士謝顯道期而不至王元恭邢愿方□孫王公煒陳容鄭碩楊士郎潘公泳□怡公潘牥李□祖陳淵同登劣前游

靈源分韻賦詩嘉熙三年□月十一日

俞齋題名六行行九字字徑五寸正書

嚴陵俞齋携子慶孫寓通守眞侯館以淳祐丙午清明後三日偕道士徐泰卅来遊曰遍覽奇勝恭讀西山先生文忠公詩倚暮而歸

趙希裕題名 四行行九字字徑六寸隸書

淳祐丁未孟冬朔止泗趙希袞偕客王復陳士挺来遊子與諫與諱侍住山宗信僧顯輝智燈

方克昌題名 三行行十字字徑五寸正書

皆淳祐戊申上巳之明日莆陽方克昌世蕃来遊姪覺翁子義行義和義明侍

趙與滂題晏國師喝水巖詩 六行行十三字字徑三寸正書

晏國師喝水巖　古塼出唐井豫讖國師名於此坐禪

處鳴回流水聲如何神晏塔移作李綱瑩見說山中石不平空自鳴淳祐已酉閏三月清明閩安鎮官四明趙康境與滂題于白雲亭石

樓治與題名 五行行八字字徑六寸正書

淳祐九年歲在己酉七月庚辰日妹房樓治與客張核何炎大弟濡偕游盡日湧泉亭上月明同載而去

鼓山兩宋石刻不知凡幾今就所得題名詩刻拓本起政和訖淳祐十五段總錄於政和之次

濟瀆廟祖天符告

高五尺廣二尺五寸上刻祖天祀子治水靜職丹命之告篆文六行行二字中刻勅書符篆下刻祖天丹命之告十八行行十二字正書在河南濟源縣

祖天杞子治水靜穢丹命之告　虛元妙理諶法度誠
藹公覺慧孝道悟十七元魁宰九炁昊清化合萬象變
涉五行阿縈隱彰旋斡出入律令無為經營可立丁壬
嬉炎升降呼噏覩全曠盈聆倫沖藪保合庶彙役使衆
霖高明日月徹耀緯經祥雲紫秀瑞氣黃寧感動參極
靜鎮杳冥滌盡垢穢潔皦空色尊靈益恭乾天愈赦仁
慈以勲戎錄乃職久視不忘道德崇力
帝御寶歷丞續金縢澤滋圖足日暉方昇昌晨　德隆
景中興三五法益千萬紀佴　急急如律令
有宋政和六年九月辛卯朔九日己亥謹建

徽宗訓士詔

碑高二尺九寸寬一尺五寸題御筆手詔四字字五
寸上截高二尺八寸寬四尺二寸二十二行行十六
字字寸二三分下截文高五尺七寸寬四尺二寸二
十九行行五十一字字徑寸並正書在山東歷城縣

朕承　祖宗遺休餘烈崇經術設學校與賢能以待天下之士高爵重祿承之廣之以待士之任官者蓋與之修政事理人民以立太平之基致唐虞三代之隆宜有豪傑特立之材忠信志義之人比肩相望焜耀一時為世盛事而比年以來懷僭亂之異謀干誅死之極憲者如趙諗儲倅王寀劉昺之口或賢科異等勳閥世胄或出入禁闥侍從之口袖為搢紳士大夫之大辱閭巷無知愚夫愚婦之所憤疾武夫杲卒未嘗知書者或羞道而喜攻之其故何也豈心勝而義不足以勸之歟抑勸

導率勵之方有所未至歟夫經傳所載君臣之分忠義之訓榮辱禍福之戒豈不深切著明令誦其言而不能効之行事深慮薄俗浸漬士風陵夷失崇養之指害教化之原爲天下後世笑□者師儒之仕以學行致大官其思所以勸勵興起畀知尊君親上之美無復暴戾邪僻之行以居德而善俗以化天下後世稱朕意焉故茲詔示奉行毋怠

李邦彥（下高貫二寸圖章一方內篆刻此爲上截）

政和八年夏六月　上親御翰墨作訓于四方多士以其

詔屬臣邦彥使奉行之秋七月被　旨揭示于太學暨辟廱仍著之石九月　臣以職事進對便朝　上諭

臣日前日詔書學者宜識所以訓迪之意且暴戾邪僻豈士人所爲臣頓首謝曰陛下興學造士澤之入人深矣孰不能患上德而化之聖詔一頒鼓舞丕應咸目喻而心成咨嗟誦詠者不可一二數憤激而勸以義者概然相先也蓋教育之道素明而理義之感人若是其敏願詔儒作記以揚厲休蹟俾天下後世無忘其竟越二日御筆委臣識之而臣疏遜一介擢長師儒寡髮未報宸翰所及奬飾踰分眷任之意不替益專口口以辭取玷上寵俾加序述惟是不腆末學固不足以辱命而載名其下有榮耀焉臣之幸也謹拜手稽首而言曰臣聞三代之學皆所以明人倫

人倫治化之本義命之大戒存焉士之所學學此者也
上之所教教此者也政事之興風俗之醇皆原於此周
監二代禮樂□事備矣而教養之法加詳法象所示雲
漢其章人才之成金玉其質拔奇取異而官使之各正
□□咸懋嘉德故服事其上而下無覬覦羔羊節儉正
直之風有辭于永世知所以尊義而立命故也治降叔
末君臣信義之論策名委贄□□□□□□□□□戕
國之間時以為美談豈餘波遺澤燕及來葉而人倫之
教在人心者未熄耶　上以神明濬懿之資發揮　前
聖光大之烈勵賢崇化一本於學所以風天下而善萬
世者三代不足進也耶謀弗□既□□憲而□□□訓

辭諄切口勉勤于庠序師儒之官口　宸慮所圖至深
且遠矣譬猶慶霄清白日中照有目有趾者待是焉顧
非甚愚孰不知斶寔口蘗心滌慮祗本明德戒懼而不
敢少易也嗚呼士之取重於世者以義命在我物無得
而移之故尊君親上之心常存而不喪逮夫末者義以
利勝樂于時者命以故滅陵夷漸漬始失其常心越乃
誕作狂僭矯誣之口而階之為禍屢校之施金柅之戒
口不在厥口口口口口口口天心仁愛之篤形于詔
諭其為患可勝既耶書曰王言惟作命不言口下罔攸
口今夫以　九重之近幹制四海之遠　德意志慮非
言弗宣稟令之臣所當奉以周旋靡遑夙夜剟　羣章

洛畫□布于上下而又勒諸琛□□□□□敢不
□□續文未工愧無以形容　聖作之萬一然　戒告
之嚴　委寄之重尚俾來者勿怠于成□□□□□□
丕顯休命□億萬斯年之永則是記也豈特侈　上之
賜使後世歆豔其美而已哉冬十月己卯朔十五日癸
巳朝議大夫試大司成同修　國史隴西縣開國子食
邑五百户賜紫金魚袋臣李邦彥奉　御筆記并書
保和殿直學士朝請大夫提舉上清寶籙宫編類　御
筆兼禮制局詳議官校正内經同詳定官汝陽縣開國
子食邑六百户賜紫金魚袋臣□□奉　聖旨題額
奉議郎試辟廱司業臣李□陽　奉議郎試辟廱司業

臣程振

原書所載云在陝西耀州編中未錄碑文關中金石記亦未載茲以歷城本補之年月相同詒記當無不同也原注云蔡脩題額此本題額人名已闕未必是蔡脩手廣東韶州亦有此碑陸增祥志

湯顯謨胡仲文詩刻

政和末在陝西隴州大佛寺

仙樂雲篆記

政和七年御書宣和元年七月刻石在陝西耀州

五臺山

昭化寺李長者龕記

高五尺五寸廣三尺二寸十五行行二十四字正書額題長者龕記四字篆書在山西壽陽縣方山

予元祐戊辰奉使河東行太原壽陽縣詣方山瞻李長者像至則荒茅蔽嶺數十里前後無人煙有古破殿屋三間長者堂三間村僧一名丐食于縣未嘗在山予於破竹經架中得長者修行決疑論四卷十元六相論一卷十二緣生論一卷梵夾如新從此遂頓悟華嚴宗旨邑人以予知其長者也相與勸勉撙集貲領下改建今昭化院予去彼三十年有住持僧宗悟來言方山非昔日方山也松柏林木高大茂盛不植而生皆應古記又於長者造論處發見龕基以磚石甃砌前建軒閣古跡

歷然僧徒粥飫不求於外遊人士庶不絕於道相公開其始悟之先師政成其終願得相公隻字以為法門之光予曰汝持戒人也必不妄語可自紀其實以傳後人

政和戊戌十月望日觀文殿大學士張商英題付宗悟

商英名上加口部公之印一方五字篆書

朝請大夫直祕閣權發遣河東路計度轉運使公事賜[illegible]魚袋陳知質篆額

迪功郎前房州司户曹事園頊居士高[illegible]弁

姘志居士范圓焯施石

宣和庚子歲七月庚申日從政郎前麟州州學教授

權太原府壽陽縣事田孝孫立石

按宋政和中方山僧宗悟〈聲〉〈李〉長者龕張商英題記商英見宋史本傳悟之先師政即政和尚姓羅氏見郭瑗書政禪師碑記戊辰元祐三年戊戌政和八年是年改元重和庚子宣和二年元豐九域志太原府隰州並河東路

方山寺張商英手札

石高尺五寸廣二尺二寸十行行字不等草書在山西壽陽縣方山

商英啓承

書喜

局外

安節緣事周就皆出

才幹世間浮幻無常惟此一事真實亦不枉用心也
甚善甚善冬寒
多愛　　　　　　　商英手啓
仙尉祕校

方山僧法震立石

按張天覺以元祐三年提點河東刑獄至神福山訪唐李長者遺像改建昭化禪院後三十年題長者龕記付住持僧宗悟此書稱仙尉祕校者其即宗悟與録之以附龕記之後

清輝閣題記　行書在陝西韓城縣

建安暨唐裔堯本開封向子山居仁同登清輝閣縱觀二樂之美會食烹茶久而後行宣和辛丑七月二十九日

原書有月無文注云宣和三年辛丑七月唐裔行書在陝西大荔刻褚聖教序碑陰案褚碑陰暨唐裔等題名係宣和壬寅上巳所刻是別一題名也此刻在韓城北寺誤合為一矣暨其姓唐裔其名故字堯本原書作唐裔遺其姓矣攷暨姓音吉三國時有暨艷吳郡人為選曹尚書宋有暨陶字粹夫崇安人長於聲律以賦知名元豐進士第一官至奉議郎登第時臚唱者以

消音呼之迄不應纔須奏嘗識入聲陶果出上曰卿何以知為入聲須曰必三國暨艷之後及問陶鄉貫云建州人上喜曰果吳人也唐衙即陶之子官至中奉大夫萬姓統譜系暨姓於去聲殊誤 陸增祥志

華嚴經藏發願文

宣和三年十月李構記在陝西咸寧

戒石銘并詔

袤本高廣行字不計額題太宗皇帝御製六字篆書銘正書高宗詔諭行書諸臣題後正書在廣西梧州府治

御製戒石銘 爾俸爾祿民膏民脂下民易虐上天難

欺右太宗戒銘刻上截字徑四寸許

近得黃庭堅所書

太宗皇帝御製戒石銘恭味　旨意是使民于令不

厭宋德也因思朕異時所歷郡縣其戒石多置欄檻植

以草花為守令者鮮有知戒石之所謂也可令摹勒

庭堅所書頒降天下非惟刻諸庭石且令置之座右為

晨夕之念豈曰小補之哉右高宗詔諭刻中截字徑寸半

臣等謹按惟

太祖皇帝武定天下而

太宗皇帝文以撫之是時五代之餘遺民赤子新去湯

火哀矜撫綏寄在守令乃發

大訓垂諸庭石如
雲漢在天為光昭回其施在下則為露為雨民涵
斯澤豈其有極而吏更歲久或不知誦斯文矣
皇帝撥亂愛民規橅
祖宗乃六月癸巳
詔以黃庭堅所書刻之石將以□本
賜天下使日見而知戒焉嗚呼此
盛德大業之本豈特讀正觀政要而大息哉臣等材駑
不足以佐□□□□□
萬分而知贊且勵蓋不獨郡邑之吏洗然於
玆賜也謹昧死書于左方紹興二年七月癸酉端明殿

學士左朝議大夫簽書樞密院事權參知政事臣權邦彥左通議大夫參知政事福建江南西路荆湖南北路宣撫使臣孟庾左通奉大夫守尚書右僕射同中書門下平章事兼知樞密院事臣秦檜特進尚書右僕射同中書門下平章事兼知樞密院事兼督江淮荆浙諸軍事臣呂頤浩謹題　右諸臣題後刻下截廿七行行十五字字徑七分許正書

爾俸爾祿民膏民脂下民易虐上天難欺太宗皇帝書此以賜郡國立於廳事之南謂之戒石銘按成都人景煥有野人閒話一書乾德三年所作其首篇頌令箴載蜀王孟昶為文頒諸邑云朕念赤子旰食宵衣言之令長撫養惠綏政存三異道在七絲驅雞為

理留犢為規寬猛得所風俗可移無令侵削無使瘡痍下民易虐上天難欺賦輿是切軍國是資朕之賞罰固不踰時爾俸爾祿民膏民脂為民父母莫不仁慈勉爾為戒體朕深思凡二十四句㬌區區愛民之心在五季諸僭偽之君為可稱也但語言皆不工唯經表出者詞簡理盡遂成王言蓋詩家所謂奪胎換骨法也容齋續筆

右碑在梧州府廨一石分上下兩層第一層篆額二層銘詞三層高宗諭四層權邦彥等跋叢載云戒石銘在橫州甬道黃庭堅書金志云舊覆以亭明嘉靖癸巳知州曹儲撤亭移置座右今橫無此碑而梧有

之字畫完好疑為翻刻然筆勢猶髣髴未失真也廣西通志金石畧

按凡書官職自卑而尊此公牒之式石刻多有之是題銜名乃呂頤浩為首秦檜次之孟庾權邦彥又次之通志稱權邦彥等未審其例

案碑尾尚有銜名兩行曼漶難辨僅存管內勸農事借及壽山摹勒上石十二字蓋當時官於梧者以湖南道州亦有此碑大小款式如一蓋梧州本翻刻者筆意微遜而下截較清晰爰據補此本之闕仍偏注以别之貞觀作正避諱也陸增祥志

讀書巖孫覿題記

石高二尺八寸廣三尺九行行九字行書在廣西桂林府讀書巖

孫覿北歸提點刑獄董弅招經畧安撫劉彥適轉運副使陳兖轉運判官趙子巖餞于棠亭飯後登鐵牛寺塔徒步入巖院觀無盡老人畫像初寮道人書榜讀書巖所刻五詠晚集于靜寄紹興四年十月十七日

按孫覿字仲益晉陵人大觀三年進士政和四年中詞科高宗朝仕至戶部尚書提舉鴻慶宮有鴻慶集宋詩紀事紹興元年十月龍圖閣待制知臨安府孫覿提舉江州太平觀覿不為呂頤浩秦檜所喜故引疾而有是命二年閏四月孫覿除名象州羈

管二相免覿上書訴枉四年八月詔象州羈管人孫覿特放令逐便李心傳建炎以來繫年要録 詔下於八月覿以十月奉詔北歸計時正合粤西文載孫覿謫象州寓桂林喜其山水作十詠蓋覿兩年謫寓元風洞冷水巖伏波巖諸勝皆有題名此其刻石之一

撫盡老人張商英號初寮道人王安中號商英神宗時監荆南税安中徽宗時知燕山府遼降將郭藥師同知府事安中不能制藥師叛安中累貶安置象州並見宋史本傳

江陰軍乾明院羅漢尊號石刻

紹興四年十二月正書在江蘇江陰

疊采山題名二段

在廣西臨桂縣
起紹興記圖照

李似渠等題名高三尺二寸廣二尺五寸四行二行六字二行五字篆書左行

侶渠景臨今并少隱公敬同來紹興五年閏二月初十日

按似渠李彌大也宋史本傳李彌大字似渠崇寧三年進士建炎元年知淮寧府帝如杭州命試戶部尚書忤旨奪職歸起知靜江府奏廣西邊防利害入為工部尚書未幾罷去廣西提刑韓璜劾其在靜江日斷強盜死罪引紋入斬貶兩秩觀此題刻與是年三月少隱似渠龍隱巖題名十一月尹

稱撰仙蹟記後署吳郡李彌大書則知似臬知靜江為紹興五年文載作六年蓋未審也同游五人陳景淵董令升趙少隱並見紹興四年十月孫仲益八桂堂題記公弼不知其姓令升之升箓書甚顯廣西通志各題名皆誤作叔可以此本正之

詹儀之等題名摩崖高一尺五寸廣二尺八寸六行行八字正書

淳熙戊戌春分日桐廬詹儀之體仁與僚屬來遊王稌登叟王俊仲瑶周邦弼直卿鄭鄖夢授

詹儀之字體仁桐廬人金志職官淳熙二年知靜江府十二年再任案儀之隱山題名淳熙五年曾為漕司又陳疇水月洞題名儀之後常為桂帥也宋史有

曾體仁字元善浦城人亦官於桂鄭郎乾道間靜江府司法參軍見職官志宋詩紀事鄭郎夢建安人陝西通志載張縯跋其詩云建安先生得句法於石湖早以文章名世當即此人誤以夢字連名稱耳又嶺外代答載淳熙乙未罔兩見於融州鄭隕夢為融教官目見而言之鄭作隕或傳寫之誤而亦連夢字稱去非同時人不應誤備錄俟考廣西通志金石略

王景道妻賈氏墓誌銘

石縱橫各二尺許二十行行十八字隸書在四川犍為縣

王夫人賈氏墓誌銘

夫人賈氏上世居開封徙華州渭南曾祖素康州刺史

祖翊贈建[闕]軍節度使父昌言內殿承制母范氏夫人
明悟柔惠知書謹禮年七十歸王君景道王氏渭南大
姓多田疇第宅甲城中園亭壓渭水上羣從子弟皆好
學登文武科不絕而景道尤[闕]厚孝謹夫人相之益蕃
其家金人亂關中王氏百口皆散夫人同其夫三子永
之立之壽之一女女之夫蘇承祚隱終南山得脫後入
階文女死道路間由劍門入西蜀抵犍為清水溪時河
南邵公謫官居清水溪邵公碩人夫人之妹也夫人曰
吾於此歸老矣邵公起為宣撫使夫人遣其壻執事帳
中獨與夫子依碩人不離溪居邵公名為禮部侍郎過
家視碩人碩人要夫人同出三峽而夫人卒紹興六年

九月壬辰也享年五十六其壻盡力後事以十月辛酉
葬夫人清水溪羅門灘南岸之山邵公與碩人祝窆封
畢涕泗弔其夫子於墓下三祝其明靈而妥之以其辭為
銘銘曰
家秦川葬南犍其萬年安弗遷
誌出犍為縣南二十里清水溪南岸山采入西川通
志誌曰復入階文今階州文皆在甘肅右誌石華
按潛南王景道夫人賈氏避金人之亂依其妹邵
公碩人於蜀卒葬犍為縣之清水溪誌銘誤書皆
有法度而不著姓名廣與記邵康節子伯溫為西
川制置司恭議墓在犍為今誌所云邵公者其亦

康節之後歟抑即伯温或温之後也石於嘉慶辛未出犍爲縣土中犍人知其地爲宋賢夫人之墓搨十數本仍瘞之且爲封土而纂諸邑志有章君紋香者得此本贈吾友李心陔復來予從心陔得之

古誌石華所載後入階文作復譎官後居清水溪邵公碩人十字作溥碩人三字哭弔其夫子於墓下作哭弔焉夫若子於墓下脱訛多矣陸增祥

九斗洞篆書題刻志祥

下元癸亥當是紹興十三年在江蘇宜興善權洞

金石續編卷第十七終

金石續編卷第十八宋

武進陸耀遹纂　太倉陸增祥校訂

宋六

高宗真草孝經

石縱橫各五尺許五截每截五十二行行十字惟紀孝行章致其敬至五者備矣三行皆九字真草書相間各爲一行在廣州府學明倫堂

開宗明義章題闕

上闕之本也教□□□□□□復坐吾語汝身□髮膚至事所厥德

天子章

子曰愛親者不敢惡於人欽經作敬避藝祖諱改下同親者不敢慢

於人愛敬盡於事親 至 蓋天子之孝□□□□□一人有

慶兆民□□

諸侯章 題 以上第一截

上闕 如臨深淵□□□冰

卿大夫章

非先王之法服 至 以事一人

士章

資於事父以事母而愛同資於事父以事君而敬同故

母取其愛而君取其敬兼之者父也故以孝事君則忠

以敬事長則順 至 夙興夜寐無□□所生

庶人章

□□□□分地之利謹身□□□□□□□此庶人之以

上第二截孝也至未之有也

三才章

曾子曰甚哉孝之大也至先之以恭避敬謙經作讓避改諱英宗父嫌

安懿王諱改而民不爭至民具尔瞻

孝治章

子曰昔者明王至故得人之以上第三截歡心以事其

親至四國順之

聖治章

曾子曰敢問聖人之德　聖人因嚴以教欽不欽其

親而欽佗經作他人者至以順則逆民以上第四截上以

臨闕九字之則闕八字教而闕八字君子其□□□

紀孝行章

子曰孝子□□□□□致其欽養□□□□□則致其憂喪則□□□祭則致其嚴五者備矣然後能事親至猶為不孝也

五刑章

子曰五刑之屬三千至此大亂之道也

廣要道章以上第五截

右刻在廣州府學分五層層凡五十二行行十字惟紀孝行章行九字廣要道章以下經文及書刻年月別為石今亡矣曾君釗審為宋高宗書案經中敬讓

並避作欽恭且真草相間與董史書錄張銓金陵新志稱高宗御書孝經之說合其為高宗書無疑朱氏經義攷載諸府御書孝經皆云未見惜其至廣州時未得此石也舊在　大成殿後嚴為井牀嘉慶二十五年七月平陽儀克中搜得之今與鶴山吳應逵嘉應黎應期南海曾釗移置明倫堂東序時道光元年六月十三日也嘉應吳蘭脩記之安張岳崧書

按廣州府學真草孝經石刻五層首層次層左右並上缺末層下右缺吳記嵌於末層缺處經文每行十字紀孝行章內有九字者三行非通章皆九字也李心傳繫年要錄紹興十四年七月詔諸州

以御書孝經刊石賜見任官及係籍學生則是刻當繫於紹興十四年七月之後杭州府學宋高宗御書石經為紹興十三年刻秦檜記作九月甲子繫年錄作十一月丁卯有易書詩左傳中庸論語孟子而無孝經其中避諱敬皆缺筆作敬論語敬事而信孟子用下敬上用上敬下並改敬作欽又如論語溫良恭儉讓孟子無辭讓之心揞克在位則有讓並改讓為遜是刻敬皆作欽先之以敬讓句改敬作恭讓作謙吳記云經中敬讓避作欽恭殊未審也

案湖北通志載高宗御書石刻在興國州學紹興十五年刊真草相間是賜秦檜者檜有跋不

審存否 陸增祥志

六侯事跡記

高四尺七寸寬二尺四寸刻於泉定二年碑竪首題六侯之記四大字橫列下分三截上截二十一行行二十字中截二十一行行二十二字下截四行行四字跋刻記之左方三行行四十四字並行正相間

達奚司空慶厤中阮遵有記云普通菩提達磨由南天竺國與二弟航海而至達奚乃季弟也經過廟款謁王王留共治達奚立化廟門之東元豐秋苦雨太守曾布祈晴於祠下默有禱於神一夕感夢告以所復逾月被命了然不差因而命工修飾祠像以荅靈貺今封

助利侯

杜公司空不知其名父老相傳乃北人也形貌清秀有

才幹明道年中重修廟宇差公監役不日而成既畢工
公遂禱於王曰王威鎮一方利資百粵助國濟民其功
莫測願助王為陰兵部轄之首言訖而化從玆廟內忽
生飛鼠不知其數皇祐中儂賊犯廣猛風飄滯賊船不
進廣人遂得為備又元祐間岑探賊發自新州領衆數
千來泊城下民庶驚擾官吏茫然既倉卒之際州城守
禦器械皆無備枝梧郡官登城遂禱之於神是日晴霽
忽起大風暴雨結為寒沍三晝夜賊徒寒凓不能攻擊
及城入忽見飛鼠遶之樓櫓而賊衆觀其城上甲兵無
數恐懼顛越鳥竄鼠伏當時咸謂　杜公陰兵助
王威德以護官民至今飛鼠集而不散今封

助威侯　以上刻上截第一列

巡海曹將軍不知何時人有海客船過大洋至於無涯之所風浪滂滂驚懼之際船人隱隱見有金甲神人平波伏浪人皆頂仰云巡海將軍也至癸亥歲四月內前監市易務梅贄得替赴惠州博羅縣任十六日船至扶胥海風雨忽作波濤競起船將傾危贄叩

南海王未已隱隱見一金甲神人指呼船獲平濟贄到廟謁謝行至巡海將軍堂前頂仰將軍有如早所見之神贄尋拜謝不知將軍姓氏欲求傳於後至晚下船就寢復夢將軍云吾姓曹助王威久矣人無由知亦不欲顯世間既聞命故當見子贄忽然而覺次日置牌以顯

於後今封

濟應侯

巡海提點使元祐五年五月十三日夜三更時廣帥蔡公卞忽夢神人身長丈餘紫袍金帶容皃堂堂趍走而前似有贄見之禮蔡公云吾授天子命來守此土公何人而輙至此神人曰余姓蒲本廣州人也家有三男余昨辝人世以平生所積隂功稍著

上帝命充廣利王部下巡海提點但未立祠位言訖而沒夢覺但增歸仰次日具述夢由於郡官之前聞者莫不嘆服遂命工委官詣廟致祭綵繪神像并寫立南海

廟牌其神今封
順應侯　以上刻中截第二列
王子一郎封輔甕侯
王子二郎封贊寧侯　以上刻下截第三列
漸紹興辛酉季夏赴倅曲江經途扶胥鎮奠謁　祠下
詢訪　六侯故事無有識者適於壁角間得板六指拭
辨認字老可讀　六侯豐功偉續烜赫照人耳目如此
歲久無記幾絕其傳若板一失必至埋沒矣惜哉漸乙
丑中夏回守程鄉迺以　六侯事跡移刻之石更不易
一字謹存其舊以信來者二十四日莆陽方漸跋
以上刻記之左方稍下

六侯封號他書所未載宋史禮志凡廟祠賜額封號多在熙寧元祐崇寧宣和之間碑所載皆元豐元祐間事然則六侯之封其在元祐以後耶又碑稱元祐間岑探賊發自新州領衆數千來泊城下宋史蔣之奇傳廣州妖人岑深善幻聚黨二千人謀取新興略番禺包據嶺表蠹不逞借之爲虐其勢張甚之奇遣鈐轄楊從先致討生擒之是其事也深碑作探與東都事畧合宋史作深蓋轉刻之譌爾方漸跋紀年乙丑爲紹興十五年孫星衍訪碑録別載一碑爲五年誤也漸莆陽人所至以書自隨爲閣藏之榜曰富文見萬姓統譜

重刻李靖上西嶽書
行書華陰墓刻本萃編已錄此在興西藤縣廨堂

唐相衛國李公上西嶽書真蹟篆額六行行二字字徑二寸四分

文不錄

紹興丙寅秋七月右朝請郎知軍州事施珪重立

按此書刻於藤縣而鄭露赤雅云刻於勾漏又云真蹟用黄絹書上半元時燬於火後餘四十餘字入雲蟬娘家其言多不足据此蓋就崇寧時潞州拓本摹勒在華陰本之前

王佐榜進士題名碑
碑高六尺四寸廣三尺二寸碑首横題宋紹興十八年進士題名記十一字篆書下分六截上截刻詔書制

策下三截分刻知貢舉等銜名五截刻進士題名每行十八人下截刻記並正書在安徽滁州

紹興十七年三月二十四日

御筆手詔

門下朕惟自古聖王之治莫先得士而國家科目之設最為周密往者宇内多故猶不忘三年之舉矧今疆垂日靖學校興行人知鄉方顧不能率厥舊典網羅群才虖可令有司蒐取茂異咸與計偕朕將試之春官親策乎廷庶以好爵幾有益於治道布告天下體朕意焉故兹詔示想宜知悉以上詔書十一行行十一字

紹興十八年四月初三日

御筆第一道

朕觀自古中興之主莫如光武之盛蓋既取諸新室又恢一代宏模巍乎與高祖相望垂統皆二百祀朕甚慕之今子大夫通達國體咸造于廷願聞今日治道何與補可以起晉唐之陵夷何馳騖可以接東漢之軌迹夫既抑戚宦之歛謝西域之質則柔道所理必有品章條貫要兼創業守文之懿視夏康周宣猶有光焉固子大夫之所蓄積也其著于篇朕將親覽以上策問十三行行十一字第一葉

紹興十八年二月十二日鏁院

勑差

知貢舉

宣朝奉郎權尚書吏部侍郎兼權直學士院邊知白

同知貢舉
左朝奉郎權尚書禮部侍郎兼權吏部侍郎周執羔
左奉議郎守右正言兼崇政殿說書巫伋
參詳官
左朝奉大夫鄭鬲
左朝散郎行司農寺丞周莊仲
左朝散郎行國子監丞兼權尚書吏部員外郎沈虛中
左朝散郎周林
左承議郎行秘書省正字兼提舉秘書省編定書籍官兼權尚書禮部員外郎葛立方
左承奉郎充御史臺主簿陳夔

左奉議郎行太常寺主簿兼權秘書省校勘書籍
官林大鼐
左承議郎行宗正寺主簿王祿
點檢試卷官
左朝請大夫監尚書六部門兼權尚書兵部員外郎張頡
左朝請大夫監登聞檢院余仔
左朝奉郎行太常博士蔡宰
左從事郎充詳定一司　勑令所刪定官丁奧明
左承議郎新行國子監丞權監都進奏院李琳
左宣教郎諸王宮大小學教授兼權秘書省校勘
書籍官葉林

左宣教郎皇太后宅教授秦從周
左廸功郎守大理評事蔡塤
左朝奉郎行太府寺主簿余賓興
左承議郎幹辦諸司審計司湯允恭
左承議郎郭彥泰
左承議郎黄汝能
左奉議郎主管官告院章夏
左宣教郎祝閎
左宣教郎錢寗
左宣教郎元益
左宣議郎王悅

左迪功郎臨安府府　教授何溥
左從事郎知臨安府仁和縣事方升之
左迪功郎權臨安府北郭紅亭稅場孫良輔（以上第二甲）
二月十八日十九日二十日引試詩賦論策三場
二月二十二日二十三日二十四日引試經義論策三場
別試
考試官
左朝請郎殿中侍御史兼
崇政殿說書余堯弼
點檢試卷官
左承奉郎樞密院編修官林機

左承議郎幹辦行在諸司糧料院謝邦彦

左奉議郎就差監行在左藏東庫鍾世明

左從事郎監行在雜買場鮑同

二月二十三日引試

御試

勅差

初考官

左朝議大夫權尚書禮部侍郎兼直學士院沈該

左朝散大夫尚書右司員外郎兼玉牒所檢討官吳㮚

左□奉郎守尚書祠部員外郎陳畋之

覆考官

左朝散郎權尚書户部侍郎李朝正
左宣教郎守尚書司封員外郎湯思退
左奉議郎守尚書司勳員外郎沈介
詳定官
左朝奉郎試工部尚書詹大方
左朝奉郎監察御史張杞
左宣教郎太學博士王之望
編排官
左中大夫新除尚書户部侍郎兼權兵部侍郎李椿年
左朝請郎殿中侍御史蕭
崇政殿説書余堯弼

初考點檢試卷官
左從事郎詳定三司
勑令所删定官吳武陵
覆考點檢試卷官
左文林郎秘書省正字兼提舉秘書省編定書籍
官孫仲鼇
續承指揮添差到對讀畢充初覆考同共考校
左朝散郎通判臨安軍府事黃衮
左宣議郎諸王宫大小學教授曹筠
左承議郎幹辦行在諸司粮料院謝邦彦
左奉議郎監行在左藏東庫鍾世明

左從事郎監行在雜賣塲毱同

左從政郎主管尚書刑工部加□閣□□申承家

以上第三甲

紹興十八年同年小録

四月十七日

皇帝御集英殿唱名賜狀元王佐以下及第出身同出身共三百三十人釋褐當月十八日赴期集所

糾彈

江賓王　鍾離松　葛郃

牋表

俞處約　陳豐　陸升之　佘光疑　莫汲

主管題名小録

何騰　何欽承　劉安正　程千里　田興宗

葉謙亨　柴衛　韓彦直　張宗元

掌儀

萬介　徐履

典客

余彦廣　朱登

掌計

蕭肅

掌器

潘觀國

掌膳　張顯
掌酒菓　王允功
監門　方顏　袁富文
四月二十六日依　令賜錢一千七百貫
四月二十九日　朝謝
五月初二日就法藏寺拜　黄甲叙同年
五月初五日赴國子監　謁謝
先聖

先師
鄒國公
五月　立題名石刻于禮部貢院
賜狀元王佐等聞喜宴于禮部貢院以上第四截
第一甲
王佐紹興山陰縣　董德元吉州永豐縣
陳孺撫州臨川縣　莫汲開封開封縣
蕭燧臨江軍新喻縣　王忠彥眉州眉山縣
葛郎開封祥符縣　陳聞遠衢州開化縣
葉謙亨處州麗水縣　何欽承建州浦城縣
第二甲

甘焯 開封祥符縣
沈文 開封祥符縣
劉季裴 開封開封縣
朱熙載 處州縉雲縣
吳㦗 常州無錫縣
劉鎮 溫州樂清縣
王亮功 福州長溪縣
虞育 仙井監仁壽縣
溫鏜 河南新安縣
胡元質 平江長洲縣
章謐 處州麗水縣
柴衢 衢州江山縣
芮曆 湖州烏程縣
林公望 秀州華亭縣
陳豐 興化軍仙遊縣
李彥穎 湖州德清縣
朱變 邛州臨邛縣
張穎 紹興山陰縣
秦淵 揚州高郵縣

第三甲

宋楊蜀州晉原縣　李皦如簡州陽安縣
詹叔善信州玉山縣　吴瓊開封開封縣
洪邦直饒州樂平縣　余童饒州樂平縣
蹇駒潼州鹽亭縣　吳杉嘉州洪雅縣
李承眉州彭山縣　張諾彭州崇寧縣
朱三省湖州安吉縣　田興宗處州麗水縣
徐存婺州蘭溪縣　黎梓潭州醴陵縣
張恪衢州江山縣　楊岳嘉州龍遊縣
毌徽之梁山軍梁山縣　萬介開封祥符縣
潘觀國泗州盱眙縣　朱鶴果州南充縣
張偉秀州華亭縣　馮忠嘉汝州梁縣

何性　州鄭水縣　龔滂信州上饒縣
黄克仁潼川郪縣　黎商老成都廣都縣
王人鑑邵武軍建寧縣　趙不愧宗正寺玉牒所
謝鴻邵武軍邵武縣　趙善岫玉牒所
張商卿建州建安縣　盧彥交興化軍莆田縣
趙像之玉牒所　趙彥文玉牒所
陳大方福州長樂縣　魏思遜建康溧水縣
尤袤常州無錫縣

第四甲
孟致誠順昌汝陰縣　蕭蕭吉州安福縣
曾賁福州閩縣　李蘩蜀州晉原縣

何邦昌 建州崇安縣　王　芾 宣州太平縣
冷世光 平江常熟縣　陳天麟 宣州宣城縣
陸升之 開封陳留縣　黄适中 衢州龍游縣
龔　尹 常州宜興縣　鍾將之 鎮江丹陽縣
蒲堯仁 福州侯官縣　朱伯雄 饒州浮梁縣
程千里 信州玉山縣　王師愈 婺州金華縣
袁　觀 縣州巴西縣　陳經國 開封開封縣
陳　篆 常州無錫縣　陳伯山 興化軍莆田縣
童用賓 衢州龍游縣　江獻可 揚州高郵縣
王康年 湖州烏程縣　何　偲 蓬州伏虞縣
高　選 紹興餘姚縣　陸元之 紹興山陰縣

蒲堯章福州侯官縣
葉翊温州永嘉縣
李用之澧州澧縣
勾龍震成都成都縣
龎守合州石照縣
鮑安行饒州浮梁縣
李進修簡州平泉縣
李清興化軍莆田縣
尚煇湖州烏程縣
梁汝昌福州永福縣
章胡宗臨安臨安縣

韓炳仙井監人壽縣
王昉潼川通承縣泉誤作承
韓大[甯]信州玉山縣
包府饒州浮梁縣
葉翔鳳福州侯官縣
周汝士紹興嵊縣
邵穎婺州金華縣
毛介衢州江山縣
勾龍秀成都成都縣
劉安世吉州安福縣
林次融福州長樂縣

俞光疑臨安錢塘縣　彭邦光臨江軍清江縣

胡百能平江長洲縣　石才孺鄭州管城縣

范仲微開封開封縣　鮑慎履建康上元縣

王賓達州巴渠縣　李開廣德軍廣德縣

何騰開封開封縣　黃文昌建昌軍南豐縣

毛惠直吉州吉水縣　練槩建寧建安縣

史夬眉州青神縣　王宗衡泉州南安縣

鍾離松建康江寧縣　林鎬福建連汀縣

陳德修建昌軍南城縣　雍恩普州安岳縣

鄭之純徽州歙縣　歐陽炎起臨江軍新喻縣

李淵興□□□縣　陳□□□□安仁縣

林大受 潮州揭陽縣
許登 漳州龍溪縣
鄭檇 常州晉陵縣
嚴瑀 衢州江山縣
林清卿 溫州平陽縣
戴振 宣州宣城縣
王堯臣 福州長樂縣
楊獬 臨江軍新喻縣
劉公特 福州侯官縣
張溥 □州□□縣
李杭 合州巴川縣

吳彥夔 興國軍永興縣
方緡 興化軍莆田縣
范仲較 開封祥符縣
李几 晉州安縣 安下脫岳字
周□□ □□□康縣
譚炤 潼川銅山縣
雷行之 鄜州直羅縣
俞彥廣 撫州臨川縣
方顔 饒州德興縣
陳俱 臨安錢塘縣
廉師旦 平江吳縣

王汝嘉忠州墊江縣　向　騤眉州彭山縣
張　穆嘉州夾江縣　趙不悔宗正寺玉牒所
謝　芷泉州晉江縣　周　習温州平陽縣
薛　璪興化軍興化縣　王　滋台州黃巖縣
趙彥恂宗正寺玉牒所　趙彥齡玉　牒　所
周　彥建康溧陽縣　陳思文福州長樂縣
江寶王建康句容縣　王　訢江陰軍江陰縣
梁南一泉州晉江縣　韓彥直延安膚施縣
俞　肇南劍州沙縣　張宗元口州三陽寨
馮公亮常州武進縣　趙公懋宗正寺玉牒所
趙儆之玉　牒　所　趙伯術玉　牒　所

趙不敵 玉牒所
趙善珏 玉牒所

陳秀實 福州永福縣
趙子修 玉牒所

趙公武 開封祥符縣
趙伯茂 玉牒所

趙師孟 玉牒所
趙伯瓔 玉牒所

第五甲

戴幾先 常州無錫縣
楊大全 嘉州龍遊縣

楊篤 河中河東縣
蔡珵 興化軍仙遊縣

王允恭 臨安錢塘縣
王匯 彭州崇寧縣

朱江 蘇州長洲縣
劉棠 冀州棗強縣

胡佑 積石軍西口外
徐日章 常州宜興縣

陳式 潮州海陽縣
任原 威州保寧縣

李升福州閩縣　范時中簡州陽安縣
龔夢良興化軍莆田縣　劉棠吉州安福縣
鈎宏眉州眉山縣　勾龍驤榮州榮山縣
莫沖湖州歸安縣　鮑喬處州龍泉縣
[illegible]有容資州盤石縣　李伊鼎仙井監仁壽縣
王傑福州永福縣　樊實果州南充縣
冷世修平江常熟縣　倪寬建州政和縣
黃璋邵武軍邵武縣　許沐清饒州樂平縣
甌甯建州甌寧縣　俞處約臨江軍新喻縣
劉趡潼州通泉縣　詹亢宗紹興山陰縣
陳亘建州建陽縣　魏憲資州盤石縣

宗昇 南劍劍浦縣
□孟 饒州樂平縣
傘子正 仙井監仁壽縣
石仲集 潮州海陽縣
嚴第 衢州江山縣
甘定中 漢州什邡縣
方簡輿 興化軍莆田縣
胡鎔 處州縉雲縣
譙筌 潼川飛烏縣
張觀國 懷安軍金堂縣
柳□泉 鎮江丹徒縣
沈壽康 紹興山陰縣
吳璹 州無錫縣
楊昴 □州金華縣
潘庭翼 温州永嘉縣
□□ 處州麗水縣
鄭國翰 潮州海陽縣
趙邦 建昌軍南豐縣
陳光 泉州永春縣
王東里 處州麗水縣
劉煥 福州懷安縣
許璹 常州無錫縣

林　杆泉州普江縣　葉元凱饒州德興縣
張　然秀州崇德縣　陸師古通州海門縣
林光祖平江長洲縣　史　純果州西充縣
胡觀國常州武進縣　朱永裔閬州閬中縣
毋　過潼川通泉縣　沈中立明州鄞　縣
王　桶處州麗水縣　余　溥福州侯官縣
吳利見福州福清縣　吳邵年溫州永嘉縣
樊　當眉州眉棱縣　李蕭善吉州廬陵縣
任端彥饒州德興縣　朱　登溫州瑞安縣
詹　輗建州崇安縣　陳舉善台州臨海縣
董大定明州奉化縣　龐　愈合州石照縣

金鼎婺州金華縣　吳特建州政和縣
葉民極建昌軍新城縣　茹驥紹興府嵊縣
陳康嗣福州羅源縣　林思永温州永嘉縣
周穀福州閩縣　施貫之湖州安吉縣
王萬修福州長溪縣　袁交衢州陽安縣
馬炳嘉州龍游縣　朱熹字元晦小名沈郎
小字季延年十九九月十五日生外氏祝　偏侍
下第五一兄弟無人口娶劉氏　曾祖絢故不
仕　祖森故贈承事郎　父松故任左承議郎
貫建州建陽縣群玉鄉三桂里口為戶
陳良弼南建州沙縣　胡師徐建州崇安縣

方師尹信州弋陽縣　左慶延吉州永新縣
楊浚臨安錢塘縣　顧瀚興化軍莆田縣
馮用休遂寧長江縣　洪澤福州懷安縣
張士僊開封開封縣　汪口實饒州樂平縣
蕭南吉州萬安縣　袁富文吉州永新縣
張永年忠州臨江縣　胡權處州縉雲縣
李左常州宜興縣　段友直南劍劍浦縣
唐僅潼川射洪縣　聶端禮饒州樂平縣
謝芘泉州普江縣　張敦仁成都郫縣
卓冠福州古田縣　李時亨婺州大雲縣
喻邦佐仙井畝仁壽縣　張宗沆永康軍道江縣

王　章永興軍長安縣　　何　璵宣州南陵縣
吳良驥溫州瑞安縣　　葉　衡婺州金華縣
陳長源常州無錫縣　　□　□福州侯官縣
張　審合州石照縣　　景黄裳普州安岳縣
楊　靖眉州眉枝縣　　游　壽廣安軍新明縣
蘇　升泉州永春縣　　周光遠衢州江山縣
劉庭楊南安軍南康縣　　譚守約詔州樂昌縣韶原誤詔
黄嗣廉□州□□縣　　□　□□川眉山縣
劉希旦建昌軍新城縣　　周　孚衢州江山縣
陳仲諤福州閩　縣　　□　忠資州盤石縣
李全之福州閩　縣　　俞　華信州玉山縣

鉤昌期 渠州鄰水縣　林　翰 漳州溪龍縣應作龍溪

陳王賔 瀘州□□縣　□　□□州□□縣

賈　潡 潼川郪縣　徐．履 温州瑞安縣

俞舜凱 嶶州歙縣 以上並第五集

予以癸巳春謫滁滁宋歐陽永叔舊時所謫郡也豐樂醉翁瑯琊諸名勝俱在予逐客諸當路者不貢以吏事常以清暇遊□其間考公天聖八年庚午晏元獻主試事第一三月登第十四慶曆乙酉八月謫知滁州十月至郡嘉祐二年丁酉春知禮部貢舉賜御書文儒二字公力挽古文黜浮苗論者謂嘉祐末謫習孔氏號稱多士公之力也以論大道似韓愈論事

似陸贄口事似馬遷詩賦似李白可謂文儒而元獻之知人亦明矣予往來淮泗過大中丞常公台無堂得文公紹興十八年題名錄我文公列第五甲九十名其低且遠矣口室通顯名第生不能媲美永叔夫天聖試錄漫無可考而紹興之錄翻刻詳明家藏者弥之蓋以南宋之元晦猶東周之仲尼也善乎楊方震曰仕止久速仲尼聚伯夷伊尹柳下惠之大成詩書易春秋禮樂所以祖述憲章於堯舜禹湯文武周公者矣然象山之德性南軒之義利東萊之變氣質文公則兼之若太極通書西銘之輯解經世易傳之訂証庸學之表章論孟之尊信於周邵張程口祖

述而意章者焉議在人心大其功以神其德故錄之獨存也況□用顯微淵源於濂洛者聖學之的傳然文與道岐而二之永叔不免為君子所非淺深較然矣以制科而得文公當時猶有知人者列第殊下則不能盡知可見矣亦可稽真儒於制舉不希合時好第之高下以□用舍非所計也語錄云我只作七八篇時文便登第又云我自十五六時知試官無學問又云一箇試官我拜兩拜他□□回兩拜那知理又云我悔當時就舉故伊川不求登第文公吾不得見之□□□□支離詰曲於永叔□□□□也用是刻石於環滁山中□為□世道者所以□□□□何如刻石止存文公世□餘則略石為文公記也

□午夏瑯琊還客張下缺以上刻下缺
右紹興十八年進士題名記第一甲王佐等十人第
二甲甘焯等十九人第三甲索楊等三十七人第四
甲孟致誠等一百廿二人第五甲戴幾先等一百四
十四人案文獻通考是榜進士三百三十人省元徐
履狀元王佐四川進士二十三人今以石刻證之實
三百三十二人宋初南省第一人殿試唱過三名不
及則越衆抗聲自陳必得升等范蜀公避不肯言後
遂以為故事此榜徐履以省元而殿五甲末詳其故
後讀張荃翁貴耳錄稱淳熙間省元徐履因功名之
念太重遂有心恙之疾殿試卷子寫一枝竹題曰畫

竹一竿送上試官朝廷亦優容之以省元身後一官與其子乃知履之殿甲蓋因心疾所致然履乃紹興進士而登翁以為[淳]熙閒則記憶之誤爾又攷新安志是榜徽人登進士者鄭之純汪端彥俞舜凱與朱子凡四人端彥與朱子皆籍婺源今檢此錄朱子貫建州建陽縣端彥貫饒州德興縣蓋宋世士大夫任官而去其鄉當時不以為非而功令亦無寄籍之嫌也舜凱係特奏名第一人今附在第五甲之末宋史[臣]嵩貫建州甌[寧]縣蓋別是一人也宋登科錄今已不傳此榜以朱文公故特存石刻在滁州之歐梅亭明人張明道跋　潛研堂金石文字跋尾

按錢氏潛研堂跋尾引文獻通攷是榜進士三百三十八四川二十三人以石刻證之實三百三十二人予覆核題名每行皆十人惟第五甲第九行止九人其十即朱文公題名別爲一行自戴幾先至徐履五甲進士實百四十二人俞舜凱乃特奏名第一而附錄於末不在同榜三百三十人之數非通考之誤惟云四川二十三人則殊懸絶悉數題名鄉貫屬劍南道者潼川九眉州七嘉州仙井監各五成都簡州各四資州果州普州各三彭州邛州蜀州各二漢州威州綿州閬州瀘州遂寧永康軍懷安軍各一凡五十七人屬山南道者合州

四忠州渠州各二蓬州遂州梁山軍各一凡十一人四川進士實六十八人馬氏徵文考獻綜計名數以見是榜四川之盛若止二十餘人誠何足異當由傳寫者誤耳又是科常州進士吳懤尤袤龔尹陳篆鄒樗馮公亮戴幾先徐日章吳璹許璹胡觀國李左陳長源凡十三人咸淳毗陵科目志並以沈文俞舜凱為十五人蓋沈眞祥符俞貫歙縣亦皆寄籍常州則其上著也石刻記後書名已剝落難辨攷之錢跋知為明人張明道此本滁州馮少梁同年虞東拓贈

李心傳繫年要錄紹興十八年四月庚寅上策試正奏名進士於射殿先是

權吏部侍郎知貢舉邊知白上合格舉人徐履等

上問以欲超晉唐之陵夷接東漢之軌迹及求道

所理當有品章條貫右迪功郎董德元策言晉之

失不在於虛無唐之失不在於詞章皆失於用兵

故耳東漢則無是失也陳[illegible]策言今日中興之盛

內治則大臣法小臣廉百姓遂其衣食萬物蒙其

豐年外治則講信修睦中外交權邊鄙無虞五兵

不試東漢之事未足慕也願申飭邊郡守臣俾兩

相撫輯庶邊隙不生遠人益服此品章條貫之一

助王佐策言王義之言隆中興之業政以道勝寬

和為本蓋譏當時不計息民保國而欲以兵取勝

也杜牧有言上策莫如自治蓋譏當時不計地勢
不審攻守而務為浪戰也陛下今日任用真儒修
明治具足以鋪張對天之宏休揚厲無前之偉績
則光武之治不足深羡權禮部侍郎兼直學士院
沈該初考權户部侍郎李朝正覆考工部尚書詹
大方詳定乃奏德元第一膺次之既而以事故遞
降遂擢佐為首賜佐以下三百三十人及第出身
賜永嘉人德元吉水人佐山陰人也乙巳特奏名
進士俞舜凱等四百五十七人武舉進士柯熙等
七人特奏名一人賜第授官有差於是始以將仕
郎易京府助教舜凱婺源人也

李渤留別南溪詩

高二尺廣三尺四寸十行行六字字徑二寸五分正書在廣西臨桂白龍洞

留別南溪　　桂州刺史兼御史中丞成紀李渤

常歎春泉去不回我今此去更難來欲知別後留情處

手種巖花次第開

大和二年十一月十三日

大宋紹興二十年季夏張仲宇鄧宏重命工刊整住

巖僧如漢慧本

按廣西舊通志載李渤留別南溪詩二章其次章

云如雲不厭蒼梧遠似雁逢春又北歸惟有隱山

溪上月年年相望兩依依今石刻渤詩實祇一首

而泚渤集中並收二詩蓋此為渤作如雲一絕當
是泚詩

玩珠巖任續等詩刻

高三尺八寸廣四尺二寸二十六行行二十字正書在廣西臨桂縣伏波巖

賦玩珠巖　左承直郎新澧州州學教授潼川任續

山林自空閒遊入事幽討岫幌與雲關來跡可堪掃艮
維巋孤峰玉簪倚天杪桂水琉璃碧洄洑下縈繞谽谺
巖穴深虬龍雙夭矯坤倪露幽秘造化殫奇巧勝槩奄
眼無何方覺蓬島悠悠世俗情是非苦膠擾水中蟹何
罪徒勞恒心悄入厄困無妄礫石埋深窈風月幾年恨
山光慘蘿蔦星郎太嶽孫長城隱南表戎旃整且暇高

情恣登眺郊坰擁小隊一見顔色慨舊觀俄頃復洞户天霾曉傷心日月道人世幾番老山川不相似歲久依然好呂嵒標强名往事人能道孟公謾驚座子夏冠非小桃符篆餘慶郊戰城濮兆冥數今乃驗常情定誰考哦詩紀貞石聊侑芳尊醥

右承議郎直秘閣知静江府兼主管廣西經略安撫司公事洛陽呂愿忠和

朝野樂昇平園林窮勝討快雨洗塵埃秋山净如掃游儵聚江灣飢鳥集木杪羣岫鬱崢嶸一水縈繚繞雲頭蒼狗變龍蛇亂天矯巖洞真奇崛造物逞天巧近在堂奥間超然類三島暫捨簿書忙何時脱紛擾静聽黄栗

留一聲還復悄麗譙去咫尺跬步即幽窈斷崖暗蒼蘚
喬木蔽蘿蔦山腹有遺祠隱然見華表筍輿訪崇臺空
曠縱遐眺八桂困樵蘇歎息心爲愀任俠三蜀秀氷壺
湛春曉有藥駐朱顏可以長不老雄篇頃刻成舉坐悉
稱好戛玉副鳴球士夫喜傳道五嶺類觀東一覽衆山
小呂巖何興發事固有前兆新詩刻翠珉異日可稽考
玩珠紀勝遊聊復醉清醥
紹興甲戌孟秋十一日

按玩珠巖任續呂愿忠倡和詩刻歲當甲戌高宗
紹興二十四年也是年愿忠寸静江有題劉仙中
隱讀書清秀諸巖及隱山六洞白龍華景諸洞各

詩刻愿忠字叔恭題名或亦稱字題銜或稱假守鄂守知府事知軍府事不等子大鈞常侍行而予所收拓本惟此宋史秦檜傳靜江有驛名秦城知府吕愿忠率賓僚賦秦城王氣詩以媚檜愿忠由此得名檜死于紹興二十五年愿忠守桂未久任續事無考不知秦城驛詩亦嘗唱和否任吕詩中皆稱吕嵓甲戌春愿忠遊中隱嵓無名洞坐客都陽朱國輔曰洞未有名因公而題名曰吕公嵓愿忠書石有此處得名爰自我要須題作吕公嵓之句即二詩所謂吕巖也

凡十二石高六尺廣三尺二寸每經上下二圖圖各一石分三四五六層每層自一格至十格不等並正書篆額四字徑四寸許在江西廣信府上饒縣學

周易上二十七圖　下三十四圖　共六十一圖
尚書上二十六圖　下二十八圖　共五十四圖
詩經上二十六圖　下十二圖　共三十八圖
周禮上四十五圖　下十九圖　共六十四圖
禮記上二十一圖　下二十一圖　共四十二圖
春秋上二十二圖　下二十一圖　共四十三圖

六經通計凡三百有二圖　續編於左以存目

次文不具録

周易圖上

三變大成圖
八卦司化圖
河圖
數圖
八卦取象圖
六子圖
伏羲八卦圖
日月為易
文王八卦圖
六位圖
洛書數圖
八卦象數圖
四易之易圖
運會曆數圖

先天圖
方圓相生圖
太極貫一圖
先後中天總圖

總象數括說

中天圖
八卦納甲圖
象形一致圖
六十四卦萬物數圖

大衍之數
釋象圖上
釋爻圖
釋象圖下
揲蓍之法

周易圖下

六十四卦反對變圖

運平晝夜

乾坤大父母圖

陰陽君民

乾坤合律圖

陽蕤來禧合律圖

六爻定位

易有太極

五位相合

咸艮取諸身圖

井鼎取諸物圖

復姤小[illegible]圖

陰陽奇偶

六十四卦反對變圖

先甲後甲

八卦因重圖

天地之數圖

仰觀天文圖

姤復臨遯否泰六卦生六十四卦圖

乾坤之策圖

俯察地理圖

八卦相推圖

古占例圖

十三卦取象圖

關子明擬玄洞極經圖

太元準易圖

溫公潛虛擬玄圖

八卦體用圖

參伍以變

邵氏皇極經世圖

皇極經世全圖

參天兩地

序卦圖

雜卦圖

尚書圖上

帝王世次	夏世次	商世次
逸書篇數	五十六篇數	作述離合
周世次	秦世次	晉魯世次
閏餘圖	堯制五服圖	七政圖
五瑞圖	禹弼五服圖	四仲中星圖
四仲日永短圖	明王奉若天道之圖	璣衡圖
禹貢九山名數圖	洪範九疇總圖	禹貢九川名數圖
冬夏風雨圖	重黎羲和源流圖	堯歷象圖
五行屬類圖	召誥土中圖	

尚書圖下

禹貢導山川圖

禹貢九州疆界圖

禹貢外國地名圖

九疇本大衍數圖

洛書本文圖

宗彝圖

圭瓚圖

洛書自然數圖

五聲八音圖

諸侯王帛圖

十二章服圖

禹貢九州譜圖

九韶樂器圖

律度量衡圖

周官三公六鄉圖

文體出書十例圖

周家列爵分土圖

九疇本河圖

彝九族圖

帝王刑罰輕重圖

牧誓兵器圖

費誓兵器圖

周營洛邑圖

律呂隔八相生圖

君牙太常圖

舜舞干羽圖

六年五服朝圖

濟唊滄距川圖

詩經圖上

思無邪圖

七月流火之圖

大東總星之圖

楚丘定之方中之圖

公劉相陰陽圖

四始圖

二南 邶鄘衛

王 鄭 齊

魏 唐 秦

十五國風地理之圖

豳風七月風化之圖

詩有六義三經三緯之圖

陳 檜 曹

豳 二雅 周頌

魯頌 商頌

經緯正變之圖

詩經圖下

冠屨俎豆圭璧之圖 凡四十	靈臺之圖	辟廱之圖	樂器舟車戈矛之圖 凡四十
	泮宮之圖	皐門應門之圖	
	周元戎圖	秦小戎圖	
	公車千乘之圖	出車一乘之圖	

毛詩小序之圖

草木鳥獸之名

周禮圖上

天官	地官	春官	夏官	秋官	冬官				
州圖	宗伯掌禮圖	太宰掌治圖	朝位寢廟	社稷圖	司徒掌教圖	司馬掌政圖	司空掌事圖		
井田之法圖	王國經緯涂軌圖	王畿千里圖	邦國畿服圖	王畿鄉遂采地圖	井邑丘甸縣都圖				
六鄉圖	任地之法	治朝圖	燕朝圖	外朝圖	大射圖	燕射圖	賓射圖	任稅之法	六遂圖
圜丘樂圖	宗廟樂圖	賓興賢能圖	理財之官	理財之法	教養國子圖	律呂相生圖	方丘樂圖		
軍旅之法	民數校比圖	刑灋之圖	廢置誅賞圖	出入要會圖	役灋之圖	救荒之政圖	馬政之源		

周禮圖下

- 六幣圖
- 九旗制圖
- 臣冕服圖 六凡
- 天子冕服制圖 二十凡
- 后服制圖 六凡
- 九旂制圖
- 六節圖
- 射器制圖 二十二凡
- 圭璧璋瓚繅藉制圖 凡三十六
- 樂器制圖 二十二凡
- 禮器圖上 十一凡
- 墨車制圖
- 天子玉輅制圖
- 重翟制圖
- 禮器圖下 十二凡
- 六尊圖
- 金聲圖 六凡
- 舞器圖 六凡
- 六彝圖

禮記圖上

明堂大饗帝圖

禮運總論禮[illegible]圖

四十九篇數

禮器總論禮圖

宗廟大饗圖

五等禮文圖

昏旦考中星圖

月令總圖

律呂還為宮圖

四代之制圖

養老圖

深衣圖

當禘之禮

內心之禮

冠服圖

鄉飲圖

禮不忘初圖

周公明堂圖

五宗圖

月令明堂圖

禮必祭先圖

禮記圖下

冕服制圖

郊祭圖

麾用制圖

王制九命圖

天子賜鬯郊圖

王制開方圖

天子居五戎圖

天神之祀

人鬼之享

地示之祭

天子諸侯禘祫時祭圖

天子大射圖

禮以義起

非古之禮

非禮之禮

名數圖

諸侯相朝大饗圖

投壺圖

鄉爵位

士爵位

燕禮圖

諸侯遣臣相聘圖

春秋圖上

周王族諸氏

魯公族諸氏上

齊公族諸氏上

鄭公族諸氏上

蔡氏族

春秋年譜上

隱 僖 襄

桓 文 昭

諸國世次

春秋會盟

齊盟 五霸 與盟

尊周之盟 衣裳之會 兵車之會 之會 外楚之盟

及之國

春秋總例一

春秋總例三

春秋之始

宋公族諸氏

魯公族諸氏下

齊公族諸氏下

鄭公族諸氏下

小國氏族

陳公族諸氏

諸國氏族

春秋總例二

春秋總例四

春秋之終

春秋圖下

晉公族諸氏一

春秋年譜下
莊　宣　定
閔　成　哀

晉公族諸氏二

晉公族諸氏三

秦氏族

衛公族諸氏

楚公族諸氏上

諸國爵姓興廢

楚公族諸氏下

吳越氏族

諸國屬地一

諸國所都地理

諸國屬地二

諸國屬地三

諸國今所屬圖

諸國屬地四

諸國屬地五

八音八風圖

十六相四凶圖

歲星之圖

諸國屬地六

附錄五經圖原序

五經圖易書詩春秋周禮禮記各八篇無作者姓名廬江盧侍御仕江右信州得石本歸以遺其邑令章章甫章甫更爲木本攻其工易就而其傳易廣云蓋河出圖洛出書聖人則之文字於是乎興是時書亦圖也圖書猶經緯相錯而成文古之學者左圖右書索象於圖索理於書得其理而舉其象如以左契合右契也故圖書并重以秦之焚書阬儒也而蕭何入咸陽收圖書漢因以具知天下阸塞户口多少强弱處民所疾苦圖之可經世用大較如此任宏校兵書書五十三家尚有圖四十三卷則他可知劉更生父

子緫括羣書為七畧有書無圖自是秇文之目遞相沿襲而圖卒缺畧不講然王儉七志六書一圖阮孝緒七錄内篇圖七百七十卷外篇圖百卷即不必盡出三代以前猶幸存十一于千百而今且盡矣辭章之學既於圖無所取裁而性理之學且以書為糟粕為筌蹏安問圖哉道聽塗說見名不見物猝然當與革之會制度文為靡所措手猶且侈然曰其數易陳也其義難知也知其難何有于易此與夫畫鬼魅何異易有之形而上者謂之道形而下者謂之器禮有之禮器是故大備大備盛德也圖者載道之器也無圖則無器無器則道何以形禮何以備而盛德何以

見乎朱子深惜樂記說理精而度數節奏無可施用又病說易者脫畧卦象然則是圖惡可已也官筆軍服器用之類圖法象稍詳其有圖而非象若書而實圖者曰譜曰表一展閱而綱目原委燦然指掌與圖同情而異情同功而一體若大衍之數揲蓍之法六年五服之朝四始六義之說諸國爵氏世次之別六官分掌之職民數荒政神祇人鬼祭祀之式與譜與表形殊而義皆仿于圖總而名之曰圖以此國家頒五經大全學宮皆有圖此圖業已具載易則兼收楊氏太元關氏洞極司馬氏潛虛邵氏皇極經世論三禮者以儀禮周禮為經禮記為傳今有周禮禮記而

無儀禮作者去取之旨不審云何或有未竟之識耶抑所授受僅此耶考馬貴與所記有朱子發易圖鄭東卿易卦疑難圖程大昌禹貢論圖歐陽修補鄭氏詩譜張傑春秋圖瀛繼元春秋名號歸一圖夏休周禮井田譜聶崇義三禮圖陸佃禮象又不知名氏者有演左氏傳諡族圖帝王譜紀譜春秋世譜春秋宗族名諡譜春秋二十國年表今其本不盡傳未知與此圖合否諸家書各有穿鑿附會悖謬經訓而圖則非口談臆決實與經相發明兩公意在窮經博古猶溝猶瞀儒之耳目而一新之嘉惠深矣余欲敘寶簡之民也僭題其端以就正於大雅君子萬曆甲寅春

月京山李維禎撰

六經圖六卷宋楊甲撰毛邦翰補甲字鼎卿昌州人乾道二年進士成都文類載其數詩而不詳其仕履其書成於紹興中邦翰不知何許人嘗官撫州教授其書成於乾道中據王象之輿地記勝碑目昌州碑勒碑昌州郡學今未見拓本無由考其原目陳振孫書錄解題引館閣書目載邦翰所補之本易七十圖書五十有五圖詩四十有七圖周禮六十有五圖禮記四十有三圖春秋二十有九圖合為三百有九圖此本惟易書二經圖與館閣書目數相合詩則四十有五禮記四十有一皆較原數少二周禮六十有八

較原數多三春秋四十有三較原數多十四不知何人所更定考書錄解題載有東嘉葉仲堪字思文重編毛氏之書定為易圖一百三十書圖六十三周禮圖六十一禮記圖六十三春秋圖七十二惟詩圖無所增損其卷則增為七亦與此本不符然則亦非仲堪書蓋明人刊刻舊本無不臆為竄亂者其損益之原委無從究詰以其本出楊毛二家姑從始事之例題甲及邦翰名云爾四庫全書提要經部五經總義類

按廣信府學石刻六經圖撰書摹勒人皆不著惟周易下序卦圖後尚書下律度量衡圖後並有思可錄三字思可何人無由悉其姓氏爵里時代考

宋王象之輿地紀勝昌州碑記載有六經圖碑舊志在郡學郡人楊甲鼎卿著（宋昌州昌元郡今重慶府榮昌縣）不詳目次篇數陳振孫書錄解題則載毛邦翰補楊甲之本凡三百有九圖又載葉仲堪重編邦翰之本凡四百三十六圖皆與此圖篇目不合意此圖乃楊甲昌州石本之舊也明一統志江西廣信府名宦載元盧天祥至元中守信州興學校崇詩書刻六經圖於石立兩廡下則知今廣信府六經圖石刻即元至元中盧天祥所立蓋本昌州六經圖碑宋紹興中楊甲所著者其圖有表有譜統名曰圖易首參同日月之義兼列楊子太元關氏洞極

司馬溫公潛虛邵子皇極經世諸說說經三禮並重圖有周禮禮記而無儀禮不審去取何義豈圖猶未竟而所傳僅此耶嘗見萬曆間盧江盧侍御刊本題曰五經圖京山李維楨序云五經圖易書詩春秋周禮禮記各八篇以信州石本更為木本蓋合二禮為一經故總題五經而寔仍六經之數各為八篇又 國朝乾隆初潮陽鄭之僑宰鉛山刊於鵝湖書院叙云原圖編序配合疏密相間幾若天設建於信州學宮寧化雷鋐叙曰廣信學宮原有六經圖石刻以難於展閱易以梨棗是盧氏鄭氏板本皆即此圖重刊盧本刪併鄭刻劂精工

凡三百四十四圖分增不少名皆沿信州石本而原次移矣道光十二年訪碑嶺外元和劉小岩經歷昱以裘本巨冊持贈更假番禺段級秋秀才佩蘭舊藏十二軸拓本校正次第因仿廬天祥刻石之式録之以存楊甲原圖之意次於紹興乾道之間

劉仲遠像贊

高三尺五寸廣一尺九寸凡三層上層左右角缺首列口林劉真口口六字橫刻次贊十行行五字中層圖像下層記二十行行八字並正書在廣西臨桂縣

河目甚口須髯怒張入狽而天者耶其骨已朽其人不死與天地齊年者耶山高谷深變化成空一炁相從惟

我與公　張孝祥贊

經略紫微張公邃□主也分閫爻方坐清雅俗公餘嘗
爲山水游豈快目於玉簪羅帶之奇殆將倘徉物表邈
乘飛鸞舉相從一笑間尔乾道改元九月適訪南溪山
劉仲遠隱真巖見劉圖像書此以遺劉即桂林人也元
豐間尸鮮久矣今復山谷增輝則斯嵓之顯固若有待
噫嘻神仙不世出仙才不常有　紫微以仙才而爲劉
仙贊斯巖又以仙名之勝□□□耑□偶也二□□□
□□□中榕闕下

陳豐南海廟記碑

縱横皆四尺八寸三十六行行四十字正書左方
題識二行行書篆額失拓在廣東廣州府南海廟

南海廣利洪聖昭順威顯王記

左朝奉郎權發遣南恩州軍主管學事兼管内勸農事借紫陳豐撰

右朝奉大夫提舉廣南路鹽事廣東常平茶事賜紫金魚袋詹彦弓書

左承議郎權發遣廣南東路轉運判官兼提舉學事芮煇篆額

南海王有功德於民威靈昭著傳記所載與故老傳聞歷歷可考自唐以來褒封崇極隆名徽稱累增而未已天寶中册尊為廣利王牲幣祭式與爵命俱升元和十二年詔前尚書右丞孔公戣為刺史有惠政事神不懈

益慶神所顧歆風災熄滅仍歲大熟韓昌黎為之記爛
然與日月爭光神之靈迹益著
聖宗開基
太祖皇帝遣中使修葺故宮而新之冊祝唯謹
仁宗康定改元之明年增封四海而王加號洪聖皇佑
壬寅蠻獠猾二廣梟桀三水中流颶風作閉闗渴飲而
降而足變恠驚異賊覺然若加兵頸上一夕遁去有司
以狀聞　上心感歎詔增昭順之號加冕旒簪導以
答靈休元祐間妖巫竊發新昌領衆數千來薄城下官
吏登城望神而禱是日晴霽忽大晦冥震風凌雨衆為
氷沍羣盜戰慄至不能立足望城上甲兵無數怖畏顛

沛隨即潰散雖八公山草木之助未若是之神速也狀奏下太常擬定所增徽名禮官以為王號加至六字矣疑不可復加

二聖特旨詔工部賜緡錢載新祠宇於以顯神之賜太上皇御圖慨然南顧務極崇奉紹興七年秋申加命秩度越元祐於是有威顯之號龍數便蕃不以為侈第恨無美名徽稱以酬靈貺豈復計八字褒數耶左海遐陬颶風掀簸蛟鰐磨牙祝融司南彈壓百怪庇護南服俾瀕海屈民飽魚蟹厭稻粱舟行萬里僅如枕席上過獲珠排犀象之贏餘歆惠一方厚矣而京師頃年旱暵異常

裕陵遣使懇祈雨雪應不旋踵又何惠澤溥博若是也
黎弓毒矢嘯聚巖谷多檞大棹出沒濤波美兵未旬旋
即撲滅蔭護捍禦而人不知神之力冥漠之中陰賜多
矣至於震風反颷需雨蘓暍見新城於水中出陰兵於
城上飛鼠凝嘶變怪萬狀又何靈異顯著若是也日者
郴寇猖獗侵軼連山　南海牧長樂陳公偕部使者被
檄以請於祠下未幾賊徒膽落折北不支屬城按堵帖
然無犬吠之警公之精誠感神如桴鼓影響之應神之
威靈排難如摧枯拉朽之易皆當大書深刻以詔後人
豐叨乘一障在窮海之濱方託价藩栟幪而竊神庇佑
屁多不敢以蕪纇爲辭謹再拜而書之且系以詩曰

顯顯靈異　百神之英　功德在民　昭若日星
庇佑南服　民無震驚　風雨時叙　百穀用成
夷船往來　百貨豐盈　順流而濟　波伏不興
自唐迄今　務極崴稱　祝典祭式　與次俱升
捍禦劇賊　閒見陰兵　呼吸變化　風雨晦冥
歷難折衝　易如建瓴　奔僨磔岑　羣盜肅清
蠢爾郴寇　嗷嘷橫行　傳聞詾詾　郡邑靡寧
堂堂元侯　賢於長城　邀我星軺　各盡其情
祓齋以請　神鑒惟精　式遏寇攘　神之靈
應如影響　惟元侯之誠　惟部使者　恭同盟
選慎蕆賢　惟

天子之明　神休無斁　何千萬齡

乾道元年十月二十五日右朝請大夫直敷文閣權發遣廣州軍州主管學事兼管內勸農事主管廣南東路經略安撫司公事馬步軍都總管賜紫金魚袋陳曄立石

記成求石於肆得之丁氏高大中度其直二萬鐫已明年夏釁以舟津置俾成官植於廟而成官以趺坐為虛祠祀曰後殿之旁有之棄不用試度其鑿無差又舁碑以夫七十坐如之詎非陰有所徯護而然耶曄奉親陪祀目擊其事謹識左方用以諗來者古靈陳曄

記有曰日者郴寇猖獗侵軼連山未幾賊徒謄落折北不支屬城按堵云云宋史孝宗本紀乾道元年春湖南盜起入廣東焚掠州縣官軍討平之即其事也碑所書陳豐諸人銜名並與郝志合惟名宦傳稱陳曄為古靈先生襄之曾孫攻是碑為陳輝立碑後刻陳曄跋記立石始末云奉親陪祀目擊其事然則曄者輝之子也浙江采遺書目稱宗槩古靈先生集有紹興三十一年孫右朝請大夫直秘閣知贛州軍事輝題署云四世從祖密學公文二十五卷頗有舛譌竊有志於校正因仍未遑竭來章貢屬僚士參校因命仲子曄推次年譜并鋟諸本則輝乃襄之四世從

孫𨤲乃褒之五世族孫也郝志何所据而以爲襄之曾孫耶名宦傳文稱芮奕字國器一字仲蒙見老學菴筆記爲廣東提刑董斯張吳興備志稱奕官左從政郎仁和縣尉嘗和沈長卿牡丹詩秦檜惡之坐竄化州檜死始召還皆不載廣東路轉運判官又史載廣利王封號不及紹興七年加命威顯則石刻之傳所以證史志是非而訂其漏略者不少矣陳豐字宜仲仙遊人紹興中進士李宗正以循吏薦見萬姓統譜廣東通志金石略

按李心傳繫年要錄紹興七年九月加封南海神爲洪聖廣利昭順威顯王李氏所錄詳于宋史與

碑正合蓮州燕喜亭有紹熙二年五月知軍州事
長樂陳曄日華父題名英德南山有慶元四年十
月提點刑獄陳曄題名福建通志人物陳□字日
華長樂人慶元初知汀州與弟映同郡陳粹稱晉
安三賢陳氏世居古靈村村當在侯官長樂之間
故襄稱古靈先生曄亦書古靈陳曄

水月洞石刻六段 在廣西臨桂縣 起乾道訖慶元

張孝祥朝陽亭記 高九尺廣六尺二寸十行行 十八字至二十字不等行書

丙戌上巳余與張仲欽朱元順來游水月洞仲欽酷愛
山水之勝至晚不能去僧了元識公意即其上爲亭面

山俯江据登攬之會五月晦余復偕兩賢與郭道深来
水潦方張朝日在牖下凌到景凉風四集仲欽欣然舉
酒屬余曰兹亭由我而發盍以名之余與仲欽頃同官
建康蓋嘗名其亭曰朝陽而為之詩非獨以承晨曦之
光惟仲欽之學業足以鳳鳴於
天朝也今亭適東鄉敢獻亭之名亦以朝陽而巖曰朝
陽之巖洞曰朝陽之洞元順道深合辭稱善即書巖石
記其所以張孝祥記

按丙戌宋孝宗乾道二年宋史張孝祥字安國歷
陽烏江人知靜江府廣南西路經略安撫使治行
聲績又文載云孝祥乾道元年以集賢殿修撰知

靜江府廣西經畧安撫使有聲績尤以文翰為嘗
世歆羡至不敢名但稱紫微云時有張維字仲欽
延平人考祥知靜江維為提刑相得驩甚及維代
孝祥知靜江改玩珠洞為還珠題中隱為張公洞
以致戀別孝祥之意於元順臨桂人隱居清秀山
下自號清岩元順道號皆字也

范成大復水月洞銘 高廣行字不計正書徑二寸五分

復水月洞銘并序

水月洞剜瀡山之麓梁空踞江春水時至滿流貫之石
門正圓如滿月溺光景穿映望之皎然名實其實舊矣
近歲或以一時燕私更其號曰朝陽邦人弗從且隱山

東洞既曰朝陽矣不靡相重乾道九年秋九月初吉吴
人范成大莆田人林光朝攷古揆宜俾復其舊成大又
爲之銘百世之後尚無改也銘曰
有谺孱顔中淙漲湍水清石寒闃䰟在上終古茀爽如
月斯望灕山之英灕江之靈嫭其嘉名范子作頌勒于
龍挖水月之洞

按范成大林光朝偕遊水月洞成大復洞舊銘而
銘之時乾道九年九月宋史本傳成大字致能吴
郡人中書舍人掌内制留張説領樞詞頭不下出
知静江府光朝字謙之莆田人國子司業因不往
賀樞密張説出爲廣西提點刑獄張説傳説娶壽

聖皇后女弟乾道七年三月除簽書樞密院事命下朝論不平中書舍人范成大不草詞罷為安遠軍節度使宋湖北路德安府為安遠軍節度治說傳又云九年拜同知樞密院事七年張栻諫罷九年復拜光朝不賀說是光朝之按刑廣西為乾道九年成大或始奉安遠之命旋改靜江據驂鸞錄成大以乾道八年十二月發吳郡入廣西九年三月入城交府事是成大於乾道七年後自行在還與光朝並以乾道九年至桂並以牴牾外戚遠官同方水月盟心宜其莫逆追陪熙乙未歲首赴成都計成大在桂林二載棲霞洞屏風山七星山壺天觀中隱山伏波巖碧虛亭諸

勝並有題名或書經略安撫使范成大或書大守范成大或書吳人范成大至能或書范成大范至能至能之至史作致當從石刻作至其自書也銘序水月洞名舊矣近歲或以一時燕私更號朝陽謂張孝祥張維也

張敬夫題記 高五尺廣三尺六行行十字行書

淳熙乙未歲中秋日廣漢張敬夫約長樂鄭少融玉[illegible]趙蕃民同游水東諸巖薄暮自松關放舟泊水月洞天宇清曠月色佳甚因書崖壁以紀勝槩

按南軒以淳熙二年乙未帥桂故有中秋水月之游宋史本傳淳熙二年栻知靜江府經略安撫使

南西路朱子靜江府虞帝廟碑亦稱淳熙二年春
二月令直秘閣張侯栻始行府事南軒冷水巖題
名則云淳熙五年廣漢張栻將以閏六月朔旦北
歸湖湘南軒乙未二月帥桂戊戌閏夏去桂以石
刻證史適相符也鄭少融者廣南西路提點刑獄
鄭丙趙養民者轉運判官趙善政屢見於范成大
桂林壺天觀碧虛亭中隱山諸題名劉玉麐曰范
石湖有與鄭少融趙養民訪古訾家洲歸松關詩
南軒承石湖之後復與鄭趙同游皆極一時之盛
鄭長樂人趙籍玉囯石刻正作囯字音義未詳乾
道己丑二月富川碧雲巖有古汴趙善政養民題

名

玉下一字鈞清館作牒陸增祥志 高七尺五寸廣五尺八行行十三字字徑五六寸行書

詹儀之題

桐廬詹儀之以淳熙戊申四月辛巳同臨賀別駕徐四友新欽陽守陳昭嗣前桂林郡文學陳邕泛舟訪水月洞登嘗家洲時亭榭一新江山改觀懷古攬勝觴詠忘歸後一月辛酉約幕屬陳邕唐庭堅雷霆憲屬陳東漕屬黄奕余稱劉三錫來尋盟

按淳熙十五年戊申其曰憲屬者宋人稱提刑為憲或曰憲臺其幕僚曰憲幕屬僚曰憲屬陳邕長沙人見南軒書論語石刻題後雷霆字復之建安

入見隱山題名

吳宗旦等題名高四尺二寸廣二尺八寸六行行十字正書

延陵吳宗旦宣之新安朱晞顏子囦冒雨泛舟遊朝陽硐以訪水月水色正碧硐月宛然無異望氷輪于雲岑缺處舉盃酹月迺還紹熙改元授衣假

按吳宗旦紹興三十年見毗陵志紹熙初提點廣西刑獄見廣西通志職官表朱晞顏紹熙之前已將漕來南見所跋龍圖梅公瘴說其紹熙五年甲寅白梅倡和詩刻稱經略煥章朱公刻龍隱巖宋詩紀事謂晞顏慶元中廣西漕使殊未審也晞顏亦作希顏凡錄並如石刻

杜思恭刻陸放翁書拓本四紙當是四層分刻石高廣未詳行字俱後詩札並草書杜跋行書

正月廿四日游頓首再拜復書

敬叔法曹學士友兄執事即日春寒伏惟

尊候神相萬福前歲冬初聞

從者西征適卧病沉緜無由追路一道珍重語既

謁首阿遂而游僻居澤中不與人接例不能通四方書

問惟有念吾

至交之心朝暮不置耳忽有遠使到門出

誨帖諄〻累紙相與之意加於

在傍邑時不以老病為可絕不以疏怠為可罪此古人

事今於
左右見之幸甚過望
錄示近詩超勝帖妥𧗠兩得之人之所難
敬叔何獨得之易也大抵此業在道途則愈工雖前輩
負大名者往〻如此願舟楫鞍馬間加意勿輟它日
絕塵邁往之作必得之此時為多
益公今龍門又喜接晚進
敬叔得所歸矣且久
乘馹造　朝又當過廬陵必復從容於天香堂上游與
益公四十年舊交窮達雖殊情好不替如一日輒有一
緘告為附達又有　楊廷秀待制書亦煩送之不罪千

扣
諭及拙藁見託二三友人編緝未成㕥第若可出自當
以一帙歸之
敬叔令更當督之矣手鈔近詩却如
來教寫得數篇封納臂力弱不能多寫負
見索之勤積媿如山矣相望天末臨書悵悵惟幾爲
臺家倍加
保輔即膺
殿名不宣游頓首再拜書三十五行行廿四字至十六字字徑七八分
自警
人生非金石壽夭不自知一日復一日亦或至耄期方

其未死間早夜勿自欺嗟彼陷溺者太山起豪釐努力戒惰偷堯舜可庶幾我今齒髮弊強健復幾時一寸學古心自視猶可為雞鳴推枕起為善亦孳孳天定終勝人吾世或未究素業果有傳三復吾此詩

□李泌事有感

華滑當年已誤來商山芝老更堪哀人生若要□□事

□□□□□□□

太古

太古安知慮與堯茹毛飲血自消搖不須追借為書契初結繩時俗已澆

舟中戲書

平生萬事付之天百折猶下闕

閒趣

堅閉門来又過冬一裘且復擁龍鍾不辭陋巷如漿冷

酷愛新醅似粥醲迎婦橋邊燈煜〻賽神林外鼓鼕〻

競惟自得閒中趣要遣兒孫世作農

白首

白首原無一事成朝来大笑絶冠纓花飛早已知春減

漏盡寧容更夜行蕭散且為無算飲猖狂未免不平鳴

玉闕下闕

春

短褐枯筇老病身龍鍾也復喜新春已知不鮮多年佳

且作都無一事入鶯角烏聲呼醉夢□中花氣襲衣襟

朝來更有欣然□□煮山蔬勝八珍

□友杜敬叔自嶠南寄書來索手録□□七十三翁豈復能□□筆硯欹斜跌宕□讀之自不能識敬叔以意求之可也慶元丁巳正月廿四日笠澤陸游務觀書詩七首刻分二層上層詩四首下層詩三首並跋草書字徑一寸二分許

余在鄉曲每從放翁陸先生游得其書疏詩文幾數十軸皆襲藏于家將為傳世之寶兩年來犇走無定止比至桂林纔獲一通寔溫問又辱惠以近作十餘紙語精而墨妙灑然如見其人寘諸篋笥常隱之有金石敲因思王榮老欲渡

江傾所蓄珍異禱于神而風不休及取
山谷先生所書蘇章州石本如此當是韋蘇州之誤詩獻之始得安
流以濟
放翁先生文章翰墨凌跨前輩為一世標準頃余方僕
二中得此奇玩安知不為幽靈之所覬覦耶用是不敢
秘命工刻于堅石與世人共之慶元三年四月既望會
稽杜思恭書思恭跋二十三行行八字至十字不等行書寸許
朱子謂務觀筆札精妙意致高遠游亦自命草書學
張顛行書學楊風視此信然文彭嘗跋其手簡云放
翁在當時不以書名而遒嚴若此真所謂人品既高
下筆自不同者也清河書畫舫載放翁自書詩一卷

共計七首字畫遒勁可愛後有山陰杜思恭跋原本恭誤允今在吳縣黃氏是此刻墨蹟尚在人間也思恭事跡無攷游有送子龍赴吉州掾詩云敬叔乃鄉里豈惟能文章實亦堅拯履可以想見其人矣廣西通志金石畧

南華寺方響款識

高廣未詳題識處高一尺四寸廣七寸兩面刊行行八字至十五字不等背一行九字並正書在廣東韶州府署

晉乾道三年歲次丁亥壬子月初一日乙丑勅差住持傳法賜紫正覺了悟大師奉靈謹題面刻

隆興府都料將智文造背刻並陽文

按韶州南華寺有乾道三年奉國鑄鍾並銅鐃款識此方響當亦南華寺物不知何時移置府廨隆興府屬江西宋志本洪州都督府豫章郡隆興二年以孝宗潛邸升府

金石續編卷第十八終

金石續編卷第十九

武進陸耀遹纂　　太倉陸增祥校訂

宋七

桂林鹿鳴燕詩

高四尺二寸廣三尺二寸十行前題二行詩四行行十六字後記四行行十八九字不等並行書在廣西桂林府伏波巖

淳熙元年秋九月桂林鹿鳴燕太守范成大賦詩以勸駕云

維吾南國最多儒聳觀招〻赴隴書竹實秋風辭穴鳳桃花春浪脫淵魚月宮移種新栽桂江水朝宗舊繫渠況有龍頭坊井在明年應表第三閭

郡人曹業桂詩云我向月中收得種爲君移向故
園栽今年用故事移桂正夏進德二瑩又復朝宗
渠水以符文章應舉之記趙觀文王世則兩人皆
魁天下今狀元坊存焉故拙句中悉及之
門生鄉貢進士周□□劉□上石

棲霞洞范成大題記二段在廣西桂林府

范成大碧虛亭銘高八尺六寸廣六尺十二行行十四字正書額題碧虛銘三大字八分書

唐鄭冠卿遇日華月華君於栖霞之洞與之笛不能成
聲傾壺酒飲之㕓得滴瀝獨記其贈詩一篇出門見二
樵者問曰洞中樂乎跬步亦失所在吳人范成大小築

其處以識幽討按詩李章云不緣過去行方便那得今
朝會碧虛即以遍榜且銘之巖壁
空洞維石中涵碧虛誰歟知津有翹負芻我來扣門兩
翁在否雖不能留能醉君酒為君作亭表巖之扁名翁
所命而我銘之按銘之依韻當作之銘書刻時誤倒
有宋淳熙改元嘉平日剞

碧虛題名高四尺廣三尺五行行七八字不等行書
范至能赴成都率祝元將王仲顯游子明林行甫周直
夫諸葛叔時酌別碧虛淳熙乙未廿八日

修虞帝廟碑
高一丈四尺廣六尺二寸二十三行行三十五字隸書篆額題有宋靜江府新修虞帝廟碑十一字在廣

西臨
桂縣

靜江府故有
虞帝祠距城東北五里而近虞山之下皇澤之灣蓋莫
詳其始所自立而有唐古刻辭在焉有宋淳熙二年春
二月今直秘閣張侯栻始行府事奉奠進謁仰視棟宇
傾墊弗支圖像錯然口曰淫厲則疎然曰 帝德在人
其神在天威靈所加無有遠邇降祠茲土粤有故常而
回陋蹟訛旨至于今弗圖弗葺栻則懼焉已事則卻撤
而新之時又方按 國典毀諸所祀不如灋者因悉致
其美材文石以奉茲役作治逮時訖事以告門觀顯嚴
庬雜遠屏外朝內寢惟 帝及二妃之神恭已南面儼

祇臨之秋七月癸未侯率其屬奉承牢醴俯伏灌薦曰
癸 皇靈肹蠁既通拜手言曰天降生民厥有常性仁
義禮智父子君臣爰及昆弟夫婦朋友是曰天叙民所
秉彝去之毫分胥壞易處惟 帝躬聖誠明自然慈孝
于家仁敬于邦友弟刑妻取人與善從容鉅細各極其
極如規之員如矩之方使凡天下後世之為人倫者莫
不取則髙明博厚化育並流孰是遐陬敢私其施惟耆
梧墅謂 帝所藏寅緣此邦擭恭明祀兹率羣吏釁于
新宮彖若威神不仁者遠□不再拜稽首惟 帝之神
寶臨照之於是三獻成禮神人浹和民吏駿奔詠歎興
起合辭懇請願著石章伻來謁辭以詔無極熹竊惟

帝之所以配天立極法施無窮者既非文字形容所及
而傳記所稱南巡不反遂葬蒼梧者又非經言無所攷
信則皆罔敢知惟是天理人倫之際　帝之所以幸教
後世者蓋嘗與侯講而志之於侯之意庶幾識其所以
然者乃敬篆而顯詩之俾歸刻焉其詩曰
虞山之土灕水之滸誰修　虞祀九歌招舞有翼張侯
收此南州懷　帝之仁若其祜休載瞻祠宇頽剥支拄
明靈弗蠲淫傲駢伍乃教綱紀乃夷乃攻乃堂乃基峻
宇崇墉　帝降不遲□門鉌鉌侯渠其成來饋來祝惟
帝之德規員矩方即物而則大倫曰光爰自側微動
植潛被恭已當天雲行雨施惠于來世億萬斯年穹天

博地峙嶽流川溯是南荒舊惟群教愀然見之興起則
傚子隆于孝臣力其忠謨拜稽首惟 帝之功
宣教郎主管台州崇道觀朱熹撰承議郎判江州軍
州事呂勝己書進士方士繇篆額
淳熙三年四月丙子建
按宋淳熙二年二月新廟七月告成三年四月建
碑元至正中劉傑撰帝舜廟碑所稱宋經略使張
宣公載新之齊國朱文公碑與虞山爭高即謂此
也此碑云惟蒼梧野謂帝所藏又云傳記所稱南
巡不反遂葬蒼梧者非經無所取致信案禮檀弓
舜葬于蒼梧之野注舜征有苗而死因留葬焉書

說舜曰陟方乃死蒼梧于周爲南越之地今爲郡
正義曰鄭案淮南子云舜征三苗遂死蒼梧史記
云舜踐帝位三十九年南巡守崩于蒼梧之野葬
于九疑山是爲零陵又帝王世紀南征崩于鳴條
以瓦棺葬于蒼梧九疑山之陽是爲零陵謂之紀
市皇覽舜冢在零陵營浦縣其山九谿皆相似故
曰九疑山海經蒼梧之山帝舜葬于陽帝丹朱葬
于陰又曰赤水之中有蒼梧之野舜與叔均之所
葬也墨子舜西教乎七戎道死葬南已之市呂氏
春秋舜葬于紀市不變其肆述異記會稽山有虞
舜巡狩臺臺下有望陵祠帝舜南巡葬于九疑民

思之立祠曰鑒陵記傳所稱大略如是朱子不敢徵信亦見臨文之慎也果亭中丞成格開府桂林拓此以贈

周孝侯廟斬蛟射虎碑

淳熙丁酉四年六月裴相士篆書道士蔣善怡立

石在江蘇宜興

張敬夫招隱題記

二石一高一尺八寸廣三尺刻招隱二大字正書一高一尺四寸廣四尺二寸記十七行行五六字不等行書在廣西桂林府隱山招隱洞

招隱字徑一尺二寸　張敬夫書字徑一寸五分

淳熙戊戌歲六月丙戌廖重能置酒約詹體仁張敬夫

登千山觀泛舟西湖荷花雖未盛開水光清淨自足銷暑視北牖洞之前有勝地體仁欲為小亭名以招隱敬夫北歸有日不及觀斯亭之經始獨預書招隱二字以貽之 字徑二寸許

按張敬夫於廖重能酒間題招隱二字以貽詹體仁且記其事非廖重能手筆廣西通志以為廖重能題名非也是年閏月上潮招隱亭成詹體仁約廖重能飲酒落之回視題扁與石間留字有懷張敬夫以所書招隱二字鑱石時敬夫去桂尚未踰月體仁題刻亦在隱山前多殘缺通志以桂勝補之廖重能作繼能殆沿桂勝之誤

儀制令石刻摩崖高一尺八寸廣一尺二寸正書在陝西略陽縣靈巖

儀制令三字縱橫各四寸賤避貴少避長輕避重去避來十二字四行分書每字徑二寸許

淳熙辛丑邑令王□立石十字一行書後

按此令為宋律舊文榜諸要害通衢始設木牌後因刻石詳見武博山億授堂金石文字跋跋曰東都事略太宗紀太平興國八年詔曰傳云能以禮讓為國乎何有宜令開封府及諸州於衢要處設榜刻儀制令如律宋史孔承恭傳嘗疏請令州縣長吏詢訪耆老求知民間疾苦吏治得失及舉令

賤避貴少避長輕避重去避來請詔京兆並諸州于要害處設木牌刻其字上皆行之然則此制始于宋初太宗之詔因承恭疏請也予見唐六典禮部載凡行路之間賤避貴少避老輕避重去避來宋制實仿於此武氏未之攷耳淳熙八年歲在辛丑為孝宗嗣位之十九年武跋作度宗八年乃傳寫之誤

宗室不診墓志

淳熙九年二月楊興宗撰正書

廣州贍學田記并陰

高八尺六寸廣三尺四寸十四行行三十字行書額題廣州增置贍學田記八字四行隸書在廣東廣州

府學

田之人於學者有籍籍之司其入者有人人與籍之吏先後歲率不常故吏得以其情出入凡疕於籍者名數多寡率嘗詭遺為是者皆曰其官新舊之交棄其參稽之不謹也時郡以圖熙九年冬至官詰其故籍則曰六年七年者亡也非吏之責歟則曰某年某人之為也非有所授歟則曰某籍某人之受也毀其舊而新是存則有田而無籍可也有籍而無田可也有田而無籍者遺其名有籍而無田者詭其名縣令賑前田之失于籍者十四縣後賑今租之入于學者□□也吁是獨毋以為歟迺請于府

經畧龍圖大監鞏公愀然曰有是哉今尚可爲後將何以示遠他日嚁時舉□□之曰子前以學禀不繼則官有沒入之田若干畫歸于學以補今之闕□□□學遠謀則子盍以今與□之田總其名數盡栞于石以待後之□□□□□□退而告于學之諸生曰　公之仁遠哉有田以爲今有石以爲後□□□□□不告□　公之仁遠哉下缺十一字一年正月□日迪功下缺十二字陳德銘謀書□□□學正簡□直下缺

碑陰二十三行行三十六字正書

府學

今具增置田段畝步下項

經畧　大監撥下陳紹祖沒官田壹拾捌號
第壹等計壹頃伍拾肆畝零肆拾玖步
第貳等壹頃伍拾捌畝貳角伍拾柒步
第參等貳拾陸畝參角伍拾貳步
都共參頃參拾玖畝參角參拾捌步是李諤
請佃從拾壹年内給據當年納錢參拾貫文
省至拾貳年起頭每年納錢貳伯貳拾貫文
省
經畧　大監續撥下羅餘首出陳宋英不入砧基
獬沒官田肆號計陸拾伍畝參角參拾貳
步羅餘請佃每年納錢貳拾貳貫文省自

淳熙拾貳年正月壹日為頭

張賓首出李貳拾伍户絶□捌號

第壹等計叁拾玖畝叁角

第貳等計叁拾畝伍拾叁步

第叁等伍拾玖畝叁角伍拾柒步

都共壹頃貳拾玖畝叁角伍拾步張賓請佃

每年納錢貳拾伍貫文足自淳熙拾貳年正

月壹日為頭送納

王觀光首出南海縣歸仁里禄步村廿子湖田計

壹拾叁頃

東至路抵謝万頃及何聚田計貳伯肆拾捌丈

西至何宗朝田計壹伯貳拾陸丈
南至路并丁十二何文集賀用三田計肆伯肆拾
丈
北至何宗昱灑田計叁伯陸拾丈
右頁在前
淳熙十一年正月日記
碑在廣州府學泮池北之西記後半多泐不見撰人
及立碑年月然有云嘷時舉而告之則記爲時舉撰
但不知其姓爾記前有淳熙九年後又有一年正月
一年上泐文爲淳熙十一年與碑陰年月同也記末
學正字尚可辨宋史選舉志内外學官元豐九年始

立試法上等爲博士下等爲正録正録蓋即學正而職官志無其文闕也碑陰記經略大監即前記所稱鞏公蓋鞏湘也淳熙七年任廣東通志

按此記爲時舉撰陳德銘書皆可觀南宋石墨之僅見者學官之有正録非即學正也觀鞏嶠修學廳記有正録黄應龍黄況可見又李心傳繫年要録載紹興二十九年八月詔臨安府學正録二人並免解一次

彈子巖石刻三段　在廣西臨桂縣

張了書于張問從政章　高七尺廣一丈三尺十五行行十三字字徑六七寸正書

論語文不録

右論語問政一章廣漢張公栻嘗大書于桂林郡之治事聽桐廡詹公儀之欲其僚之賢也命鑱諸巖石俾臨民者皆得目擊心存力行無倦庶不負聖人之訓淳熙甲辰冬長至日郡文學長沙陳邕謹題

按張宣公南軒先生大書論語一百九十字詹儀之鑱石後陳邕題記二行凡七十八字淳熙十一年歲在甲辰南軒以淳熙二年知静江府經畧安撫廣南西路見宋史及朱子虞帝廟碑五年閏六月去桂見今水岩題名此去桂後六年所刻吾友趙湖州學輸得拓本裝四軸以贈

李滋篆聯石刻 石各高三尺五寸廣一尺聯句字上下各一行八分書

安分身无辱　知幾心自閑 字徑六寸

淳熙乙巳晉安李滋長卿爲 上聯身字以下之右
鄉人林可宗元之書于復齋 下聯心字以下之左

陳讜遊巖洞題記 高五尺廣三尺八寸十一行行十五字行書

莆陽陳讜正仲自三城辟守褒擇就銓計臺仲子璉侍
行臺府賓佐移尊水東艤薄松關歷覽曾公棲霞彈子
諸巖洞同游者十二人北嶽王宗孟景醇泉山趙庚叔
初林子蒙亨仲歐平子李正夫順老廬陵董世儀子羽建
安鄭繼勳少周劉褒伯寵臨川楊汝明伯藻西安徐誦
叔虞金華宋甡茂叔新安朱權聖与長沙李魯玉伯温

時進雨旨霽寒氣亦斂呈物呈露榛雕乃踊慶元改元

冬十一月二十有六日

太平州瑞麻贊

太歲在酉當是淳熙十六年己酉也洪邁譔正書

在安徽太平府學

朱晞顔還珠洞詩刻

高四尺濶二尺五寸八行行十四字正書在廣西之臨桂縣

還珠洞下臨灕江無一點塵俗氣上有眞人蹟在焉

蓋神仙窟宅也攜家來游抵莫而歸紹熙五年重午

後廿日新安朱晞顔

天斵神劍不記年洞中風景異塵寰江波蕩漾青羅帶

巖石虛明碧玉環地接三山眞蹟在天連合浦寶珠還
重來悅似乘槎到慙愧雲門夜不關

朱希顔石本詩刻

高一尺三寸廣三尺七八行序每行九
字詩每行十字正書在廣西臨桂縣

口底石間得枯木一株花葉咸無焉而枝榦峭拔如
峴山晉柏蓋石之精英凝結而成光澤瑩潔不減氷
玉抑之其聲鏗然珊瑚不足道以是知海物惟錯其
中何所不有但世人未之見耳因成鄙句刻之八桂
堂下巖石間以識歲月云慶元改元小春吉日新安
朱希顔
天敎海若效珍祥不與千林春競芳擲地遺音清戛玉

凌雲直幹凛凝霜誰浮鯨海星槎到猶帶蟾宮月桂香

冶葉浮花掃除盡堅高直欲共天長

石門章卿等題名

正書在陝西褒城縣

韓卿李琶魏拱之張應卿章升之趙文張復之以慶元二年立夏前一日來邑令張寅尉李師章載酒相從

南海英護廟額牒

高四尺五寸廣二尺六寸前鈔尚書省牒四字後刻牒敕及署銜二十九字字三五寸或寸許不等行書中刻狀奏十二行字徑四五分正書在廣東廣州府南海廟

尚書省牒

禮部狀准都省批送下中奉大夫充秘閣修撰知廣

州主管廣南東路經略安撫司公事錢之望狀奏竊見

南海洪聖廣利昭順威顯王廟食廣州大咤兹土有禱必應如響斯荅臣領事之始大奚小醜阻兵陸梁既廹逐延祥官兵怙衆索戰復焚蕩本山室廬出海行刼臣即為文以告于神願借檣風助順討逆俘獻俘祠下明正典刑毋使竄逸以稽天誅然後分遣摧鋒水軍前去會合神誘其衷既出佛堂門外洋復回舟送死直欲趨州城拾月貳拾叁日至東南道扶胥口東廟前海中肆拾餘艘銜尾而進與官兵遇軍士争先奮擊呼王之號以乞靈戰鬥數合因風縱火以

焚其舟潮汎陡落徐紹夔所乘大舶膠于沙磧之上
首被擒獲餘悉奔潰暨諸軍深入大洋招捕餘黨如
東嶴㟮門諸山素號險惡或遇颶風廝發不容艤舟
人皆危之既至其處波伏不興及至羅致首惡長風
送颿巨浪如屋武夫奮棹且喜且愕益仰王之威靈
凡臣所禱無一不酬將士間為臣言此非人之力也
凱旋之日闔境士民以手加額歸功于王乞申加廟
號合辭以請臣參訂輿言具有其實除已先出帑錢
千緡崇飾廟貌外用敢冒昧
上聞臣考之圖經惟王有功於民著自古昔載在祀
典神次寂貴唐天寶十載始封為廣利王

國朝康定貳年增號洪聖廣祐伍年以陰擊儂賊詔
錫昭順紹興柒年復加威顯所以致崇極于神者其
來尚矣旌應表異正在今日欲望
睿慈特降指揮申命攸司討論典禮優加命數昭示
襃寵以荅神休以從民欲伏候
勑旨後批送部勘當申尚書省尋行下太常寺勘當
去後據申照得上件神祠係是五嶽四海四瀆之神
兼上件靈應並是助國護民蕩除兇寇比尋常神祠
靈應不同所有陳乞廟額本部尋再行下太常寺擬
封去後據申今將南海洪聖廣利昭順威顯王廟合
擬賜廟額降敕伏乞省部備申朝廷取

旨施行伏候

指揮

牒奉

勅宜賜英護廟爲額牒至準

勅 故牒 慶元四年五月 尚書省印 日牒

叅知政事何押 叅知政事謝押 右丞相押

宋史寧宗紀慶元三年夏廣東提舉茶鹽徐安國遣人捕私鹽於大奚山島民遂作亂秋八月辛卯知廣州錢之望遣兵入大奚山盡殺島民輿碑稱拾月貳拾叁日不同蓋碑紀戰勝之時史據遣兵之日但遣兵與盡殺島民自是兩時史臣敘事欲簡而無法遂

致紀載失實爾又碑稱紹興七年復加威顯慶元四
年始賜英護廟爲額皆史禮志所未詳並當據此以
補正之碑末署銜參知政事何者名澹參知政事謝
者名深甫右丞相者京鏜見學宗紀右丞相不著
姓者宋僞制丞相署勅者姓僕射去姓元豐新制以
僕射爲相故皆不著姓見老退菴筆記廣東通志金石畧

修廣福寺記

高七尺二寸廣三尺六寸十七行行三十八字額題
重修智者廣福禪寺記九字並正書在浙江金華府

婺州金華山智者廣福禪寺浮屠氏所謂叢林約法師
道場
國朝開寶九年始爲禪寺自淨悟禪師全肯傳三十七

代二百餘年至慶元之五年而仲玘實來方是時事廢不舉地弊不葺棟撓柱腐垣斷甃缺若不可復為者玘植杖四顧曰智者之為寺天造地設者至矣而人事不能充焉故寖壞至于此天其使我興此地歟乃諏諸為地理學者則其言與玘略合蓋寺在金華山之麓峰巒屹立林岫閉出日月映蔽風雲吞吐而前之形勢無以閎之如王公大人南嚮坐帷幄中宜其前有列鼎大牲之養盛禮備樂之奉賓客進趨擯相從翼將吏武士執撾孰何然後為稱今乃巍然獨坐而侍衛者皆奔趨而去則其威重無乃少損乎於是始議鑿大池瀦水於門外其上達于大路而增門之址高於舊三之二異時所

謂奔趨而去者皆肅然就列恪然就事則王公大人之
尊於是始全則其施置建立號令賞罰亦何可少訾耶
方議之初或謂門有大木數十必盡去乃可興池役而
木所從來久以是未決忽有一夕大風木盡拔若有鬼
神相其役者其亦異矣玘之來自役皆作脩廊傑閣虛
堂廣殿至於棲衆養老之室庖湢彌庾之所繚為垣墻
引為道路莫不美於觀而便於事後雖有能者無以加
焉玘有道行為其徒所宗而才智器局又卓然不凡如
此故薦紳多喜道之予又與有夙昔且嘗記其嚴州南
山興造之盛故玘今又從予求習者興造記而予友人
國遠軍節度使提舉佑神觀姜公邦傑復以手書助之

請末及屬槀而邦傑歿于九感焉雖耄不敢辭也今茲
之役迺爲大故書之特詳嘉泰三年十月甲子太中大
夫寳謨閣待　制提舉江州太平興國宫山陰縣開
國子食邑五百户賜紫金魚袋陸游撰并書保靜軍節
度使知婺州軍州兼管内勸農使齊安郡開國侯食邑
一千一百户食實封二百户吳璘題額
　按放翁撰書金華山廣福禪寺記爲寧宗嘉泰三
　年惟時翁年已七十有九記之緻密書之遒逸並
　徵文力彊健非少壯所及也考紹熙二年翁爲王
　信撰紹興府學記結銜爲中奉大夫提舉建寧府
　武夷山冲佑觀記云老病不獲奉俎以從公後意

其時已致仕案宋史本傳嘉泰二年以孝宗光宗兩朝實録三朝國史未就詔權同修國史實録院同修撰蓋自奉祠致仕閱十二載而後應修史之召則嘉泰三年正當同修國史實録而結銜不及何也吳璘紹興十八年黃佐榜進士與朱子同年見滁州歐梅亭題名刻及咸淳毗陵志石此碑兩浙金石志未録惟孫氏訪碑録載之並載碑陰寄玘公八札茲失拓石刻缺十字據渭南集補其有紹熙四年嚴州重修南山報恩光孝寺記從仲玘請即所云嚴州南山興造之盛也十月甲子集作十月二十九日

廣州學額管田數地基碑

高八尺六寸廣三尺八寸正書三十七行字數不計在廣東廣州府學內

今具州學額管田

一係南海縣管凡五段田數四至不録

一係番禺縣管凡十二段田數四至不録

一額管房廊地基凡十二處地名四至不録

廣南東路經畧安撫使陳中書峴照古

朝省□□□田地及在東南西北內外周圍地脚經界

入學永遠充修造養士公用諸人無得侵占　嘉定

二年三月吉日記

按陳峴當時必有碑記而書額管田數地基於碑

陰逌元至元中完顔正叔重修廣州學時磨去陳峴碑記而刻尹聖任文其碑陰辛未去也宋時紀事陳峴字壽南粵大記云字山甫温州平陽人[淳]熙十四年中博學宏辭科賜進士出身官中書舍人直學士院而不言經略按撫使此碑土地門亭寺廟諸名皆足補方志之闕

太守安丙題名二段

一石門一玉盆嘉定二年閏月在陝西褒城

韶音洞方信孺詩刻

高二尺廣一丈二寸七行行五字行書在廣西臨桂縣盧山

古相思曲

西風攬桂樹落日明楓林游子懷歸期餘悲渺登臨虞山一何高湘水一何深英皇僅枯冢寂寞薰兮琹我欲奏古曲俗耳便迕淫古器不可見聊作相思吟相思長相思相思無古今一歌衆鳥聽再歌萬籟喑推手君勿歌有酒且孤斟落落此時意寥寥千載心五絃無肅絕四海誰知音

嘉定八年二月朔莆田方信孺書刻于韶音洞

石堂歌

石縱橫各五尺二十行行二十六字行楷書在廣西臨桂縣華景洞

石堂歌

吾斲石堂無變怪土缶瓦鼓閑遊戲一钁相隨萬事空

十二時中牢捉緊牢捉緊不在二間前後際拍將兩手
笑呵呵這箇消息不容易不容易拈起石頭拈不住放
下石頭放不去去與住認取石堂門前路不開窗不閑
户塞破世界無覓處煖則乘風涼則眠烟霞雲外朝還
暮朝還暮不負榮不貪富不戀妻孥及兒女隨緣自在
度時光看著古今都錯誤皇天屋土莫相瞞翻來覆去
能幾許前賢後聖說多般千經萬論從頭注渠不省渠
不悟一任從渠失故步我自知我自頭富貴渾如草頭
露人與我愛與妬對境不生無喜怒清涼世界乃吾臺
是非海裏終不覷不向君王殿上行不入豪家問尊貴
紅妝艷粉任安排誇逞從他鬬能會英雄彌弱只一般

嘍囉巧拙說甚彩少年才子謾風流絕代佳人臭囊袋一息不來何所尋萬兩黃金不容帶都是空必竟收唇鎗舌劍遞相欺縱使金印如斗大儘數收拾滿倉箱不知前面能幾歲一著錯分明輸却無贏落聚散還同浮水漚頃刻之間難捉摸不向根基上乘尋个个思後抱佛脚早悟解早悟解不如石堂一大塊石堂壞時從他壞這一大塊元自在堅且耐風霜雪雨摧不碎祁寒隆暑没遮攔春去秋來任摧殘四方八面透玲瓏石堂裏面快活睡覺後還將恁麽時撒手便行無布擺　元在菴主人淳熙辛亥歲作嘉定乙亥二月刻于桂林華景洞崖石

按南宋孝宗淳熙六年己亥八年辛丑十六年中
無辛亥歲也惟光宗紹熙二年乃辛亥耳此蓋書
刻之誤寧宗嘉定八年歲在乙亥

米芾畫像贊

高四尺廣一尺五寸三層上贊四行行八字行書中像一尺三寸陽文右有書跋一行下記二十行行二十九字正書在廣西桂林府伏波岩

襄陽米芾　得名能書　六朝翰墨　漁獵無餘
胷與氣勁　妙逐神俱　風姿亦然　縱覽起予

右贊四韻每韻一行高宗御製御書右角有乾卦圓璽左下方璽三紹興二字連珠文各徑五分一璽寸許御書二字

先南宫戲自作此小像真跡今歸于　御府友仁書在像

右

右米友仁行書一行

在畫像前側廊外

寶晉米公畫像記

寶晉米公世居太原後徙襄陽自公始定居潤州以
宣仁后恩補祕書省校書郎浛光尉□□入淮南幕改
宣德郎知雍丘縣□監中嶽廟授漣水軍使發運司勾
當公事□□檄發入爲奉常博士知常州不赴管勾洞
霄宫知無爲軍復召爲書畫院博士擢禮部員外郎□
知淮陽軍卒生于首謝事不許卒于官□□□弁□□
歲丹徒長山下倍儒頃過浛光訪公遺跡得北山養
疾篇及□□□□□□□洎米桂林復得僧紹言詩序

及伏波巖與潛景純同遊石刻□□公嘗尉臨桂秩滿
寓居西山資慶寺頗與紹言遊故有此作其他蹤跡則
缺如也至于序中云嘗于桂林□室令亦失所在豈謫
尉治耶公作畫史□□始□官桂林而是時文章爾墨
已足已高跨千古然蔡天啟誌公墓書洽光不及臨桂
豈所謂□□□□□□中耶抑先臨桂後洽光天啟
所書偶略之耶公之孫□□公遺文如北山養疾篇紹
言詩序等作皆逸焉豈□時□次偶未見□□□耶公
□碑皆書熙寧七季今去此且一百二十餘載□其聲
名與天壤相終始□□□□□游桂林者或未必知
其詳信孺將漕于桂公之曾孫國秀實為靜江府□□

支使臧公自作小像有小米題字意其游山時衣冠□

□此□刻之伏波巖公題名之左且以

高宗御製碑本像贊冠焉併□公卒□□□於下方□

□□公嘗游使來者尚可以想像其凌雲御風之高致

云嘉定八年八月旦朝奉郎廣南西路轉運判官莆田

方信孺記

右記漶漫多缺字旁注者據粵西文載補之按海

岳遺事云米公自寫真世有數本一本服古衣冠

曾入紹興内府有其子友仁審定贊跋即此本也

嘗尉臨桂僅見信孺此記　高宗贊風姿亦然言

風姿如其翰墨字正作亦粵西金石略改作奕失

其義矣

蘇子瞻浴日亭詩刻

高五尺二寸廣二尺八寸詩五行行十四字正書詩後留題跋四行詩題下白口題字四行並行書在廣州南海神廟前亭內

南海浴日亭詩

劒氣崢嶸夜插天瑞光明滅到黃灣坐看暘谷浮金暈
遥想錢塘湧雪山已覺滄涼蘇病骨更煩沆瀣洗衰顏
忽驚鳥動行人起飛上千峰紫翠間

右紹聖初元　東坡先生謫惠州過浴日所作也辟間今存小刻乃後人所書□纖有舛異筠竊得此真蹟於湘中嘉定辛巳立夏祇峯

皇帝祝釐来謁　祠下因出以壽諸石□補斯亭之闕
蓋斯亭觀覽之偉固自足以雄視海天而此詩詞翰之
神尤足以彈壓千古是可私其□□□無傳也哉清源
留筠端父書石本過浴山無亭字通志作過浴日亭
余河東南□南第一行以下不雜字數下同
題句□□□筆勢端行第二
置城□行祠以便往来士□□覽所以行第三
至元十八年十月一日□□上将軍都元帥廣東行第四

按詩刻下半微泐後跋清源留筠端父書廣東舊志職官提點刑獄留筠正之次子端平年任考宋史留正傳但云子恭丙端皆尚書郎不知舊志何

據也翁覃溪學士粵東金石略南海浴日亭題下小字四行云至元十八年十月一日餘不可辨細視其尾似云都元帥廣東□□使白□書廣州志至元中有宣慰使白佐定其入蠍令碑字較翁拓時益多漫滅即使白□書數字亦無從復辨矣

休寧脩縣學碑

碑四石並高六尺六寸廣二尺二寸每石七行行二十四字字徑二寸許正書在安徽休寧縣學

休寧修縣學記

從政郎建康府府學教授程珌譔

朝請郎監行在都進奏院金蔡書

紹興中錫山先生陳公之茂來尉休寧遷學于南門之

左今六十八年屋漫壞邑大夫毗陵張侯扑修之不異
新官尉吳門吳侯大淵克涖是役書三來詭以紀事珌
邑民也不學是懼安能紀併不獲輒誦昔聞古者自六
歲學數與方至十五入大學如擊石火如導谷泉不擊
不導火泉固存擊之導之火泉迺出人有成性道體具
備學問一施德業日崇非昔無今有也至若過時廼學
則已跳躍逐物奚揉之維之刻之琢之俾還性初廼順
帝則夫時而學與過時而學皆可達諸聖賢神道顯德
垣然無斁嗚呼先王為是設學不可一日緩已
國家昭德恢儒今二百五十年叡容文明匹休三代自
移蹕吳會新安在甸服三百里教化所漸益近

目先故休寧百年来比屋詩書衣冠鼎盛上之□學致
身者踵武相屬嗚呼錫山建學明道所以期惠吾邑人
者獨致身云哉今大夫以廳敏稱知先教後政首加意
嗚上之義冠民履入于其間俯仰以思曰吾之學知一
性之本原者乎學而仕者曰吾之仕知名誼風節如吾
邦之先達者乎學者不徒記問詞章而思其本原仕者
不徒簿書期會而思所謂大節使吾邑隱然為多士鄉
此錫山意也亦邑大夫意也璆無狀庶與吾邑人日新
厥闕旛舊不解且系以歌用昭無忘松蘿茗蕘兮屏其
靈東溪紆餘兮帶其□有學宮兮屋渠渠戟新冠兮衣
裾裾春薄莫兮風舞雩秋雨□兮涼生壚服仁食義兮

力萬鈞圜規方矩兮行瓊琚霭霭閒□兮論雲衢名節
崔嵬兮昭
史書于勉于于勉于玉此詩歌堅不渝
嘉定癸未七月戊辰日門生宣教郎知徽州休寧縣
主管勸農營田公事任良鄉立石
按休寧脩縣學記程珌撰金葵書任良鄉立石程
珌字懷古休寧人紹熙四年進士理宗朝累官禮
部尚書翰林學士知制誥以端明殿學士致仕事
具宋史本傳著有洺水集六十卷見書錄解題今
存三十卷　四庫全書提要稱其論疏剴切利病
井然蓋以經濟自任者其撰記時官建康府學教

授宋仁宗陞昇州爲江寧府建康軍節度高宗改爲建康府建行都即今江寧府也碑立於嘉□癸未七月寧宗嘉定十六年歲在癸未則嘉□即嘉定上溯六十八年爲高宗紹興二十六年丙子乃陳之茂尉休寧遷學之年也咸淳毗陵志之茂字卓卿無錫人紹興二年與張九成同登第之茂廷對忤權相以襍犯黜之九成舉第一叩頭殿階曰臣學不如陳之茂臣不當獎之茂能言人所不敢言宜獎不宜黜高宗覽對怵然曰忠言也賜同進士出身調休寧尉以經學爲諸儒倡張魏公薦于朝仕至吏部尚書是之茂登第二十餘年尚尉林

寧休寧縣隋屬婺州後屬歙州唐置歙州總管管
歙睦衢三州宋改徽州乃在宣和中方臘陷歙州
之後元豐九域志歙州新安郡軍事縣六休寧州
西六十六里嘉定時雖改徽州而新安郡如故故
云新安在甸服三百里也金葵張抃吳大淵任良
弼俟考記云書三來詭以紀事說文詭責也孔融
薦禰衡表苜貫誼求試屬國詭係單于文選注自
責必係單于也漢書曰況自詭滅賊義同許說

曾鞏南海廟記碑

高七尺六寸廣三尺八寸十九行行三十三字正書在廣東廣州府南海廟

南海神祠位號之尊貴祀典之嚴重廟貌之規恢景響

之昭荅唐昌黎公目深意健筆發揮鋪張詞華而事覈
不可加矣至我
皇朝上之禮神益謹於唐神之報上有加於昔皇祐五
年儂冦環攻州城若有所覩震慄引去州以無恙慶元
四年大奚嘯聚遣將剿捕遇于廟前賊舟則膠坐受俘
馘禦菑捍患之功俊偉章灼既聞于上今爵為
洪聖廣利昭順威顯王表其廟曰英護前據大海吐納
潮汐來往祠下者微若一葦大踰萬斛必祇謁忱禱乃
敢揚帆鼓楫涉重溟而不懼人之所以恃神者亦重矣
廟之舊規宏大歲久頹壞印漏頎窓雖牲醴之奠不闕
恐未必顧歆也臨以嘉定十六年承乏將漕乃謀之意

屬撤而新之委主管帳司李宏宗董其事重門㢠廡前
殿後堂巨而楹棟細而桷桶壞者易之缺者補之上瓦
下甓環堵列楹既葺既治中外一新丹堊之飾繪畫之
事稱功競巧精至纖縟前列呵衛旁羅騶導凡海靈之
有職位者後庭之供娛侍者彪炳森列非復昔日摧剝
垢漫之比鳩工於甲申之仲冬告備於乙酉之季夏縻
金錢六百萬有奇皆出於漕計供餉之贏一毫不以及
州縣實體
朝廷崇禮神之意肅副粵人依恃為命之心非曰為
美觀也詩云神之格思不可度思矧可射思南海最大
外通蠻夷何啻百十國神之威靈亦遠矣今廟食于扶

胥之口其格其否固不可度其可射耶繼自今週壞必葺有隆無替毋但以歲旹牲幣工祝致告為敬必思有曰妥神之居神依人而行將與艳人相為終始寶慶元年七月十五日朝議大夫廣南東路轉運判官義溪曾噩記奉議郎充廣南東路經略安撫司主管機宜文字清源留元崇書　劉漢臣刻

曾噩係術轉運判官而薾志職官載入轉運使誤也

留元崇端之子見萬姓統譜 廣東通志 金石畧

虞剛簡詩刻

寶慶二年正月正書在陝西略陽

修天慶觀碑

高六尺五寸廣四尺二寸三十五行行五十
四字正書篆額失搨在江蘇蘇州府元妙觀

重修天慶觀記

朝請郎主管華州雲臺觀臣高之問撰
奉直大夫福建路轉運判官臣王松書
朝議大夫主管紹興府千秋鴻禧觀臣趙盛篆□
大中祥符二年秋七月
制詔天下並建道觀名曰天慶殿中侍御史張士遜請
以舊宮觀改為毋或擾民從之吳郡即唐之開元宮祇
順
謨訓地當一郡之中面勢端夷神靈所宅既
□□神御而良田沃衍

神化寶牌次弟推錫
榮光下燭有
累朝之奎畫在口如漢原廟如周兮器以對天休以教
民順德至渥也
六飛南御吴會實視陪京厥紹興初乃
命守臣嗾肇即初基崇奠秘宇而
三清大殿至淳熙丙申
内出金錢合凡上大司農錢無慮十餘萬緡守臣峴提
黠刑獄伯驌既專主給趣就功役
復占殿大書六字曰金闕寥陽寶殿以賜扁先是郡有
異人草衣雕盱凡聖莫測俗既傾嚮或以爲德

詔築庵於觀之東北隅使之棲託扁曰通神亦
宸筆也庵成弗居爰
命左街道録主太一宫事李若濟居之蓋嘗奉
神詳建殿若庵者也若濟自見其弟子吕知常即　賜
冠褐久之為佑聖觀高上知常之徒曰朱善仁復　賜
冠褐皆令□若濟之事以次相傳蓋若濟知常以其學
善仁以竪其彼遇始末皆非苟然者然丙申至今又五
十年觀日以益弊而善仁之竪日闇遠近□湊貲謝遜
歸於營繕自嘉定初元以接于寶慶凡
□□三清　真武殿三門兩廡厨庫齋堂畱擁甃甓
一撤而新之別建鍾樓拱辰殿且及藏殿然後檩棟榱

題名嶤□□□碧勳罕暉彩交暎累萬之費施纔十二
而不聞其有所求於人也夫道一而今老釋之教與吾
儒並列為三道家者流推本老子以自達於黃帝亦惟
曰清靜無為而已矣誠究其説則不言之教無功之功
不德之德非所謂行其所無事者耶世降俗末符籙禳
禬紛揭並進而其去道遠矣天啓
鉅□
聖神在宥未嘗作也而萬物莫不並生未嘗息也而萬
物莫不皆成臣誠愚不肖不足以窺觀
天地之大竊嘗自淳熙之盛而上及於紹興自紹興之
盛而推之於祥符天禧之際其治巍巍不可及也而公

卿大夫亦不可及焉公卿大夫不可及也而方外之士
亦不可及焉其受天元符為民請命非必陰祈秘祝也
招延寿士物色至人非必求僊採藥□□其□固已超
軼秦漢而駸駸太古矣而遺風餘烈臣於若濟知常尚
或一二見之臣不識若濟雅與知常遊頗自謂不及其
師然其於老氏列禦寇莊休之書以至于道藏釋藏山
經地志稗官小說無所不通而要歸至理混入無間求
嘗許博涉挾數術也其為高士居處白齋凡□□餘年
孝宗移御重華始以老子入侍一傳而為善仁其所建
立尚卓絕如此世言寺觀之興衰以為釋氏書以其說
取人使從而□□非人□好尚則不能以有所成獨未

見善仁之事耶蓋

祖宗之於方士〻〻之所以自修習合於黄帝老子之所謂清靜無為者臣故得以私著焉天慶二年三月

望缺下

管内副都道正副知天慶觀事臣陳天一

管内都道正知□□觀事兼管轄缺下

按王偁東都事略眞宗大中祥符元年十一月詔以正月三日為天慶節二年冬十月詔天下置天慶觀李攸宋朝事實載大中祥符二年十月詔曰朕欽崇至道誕受元符庶敷清淨之風永洽熙熙之化式營仙觀以介民禧宜令諸路州府軍縣關

擇官地建道觀或改舊宮觀名題而崇奉之以奉三清玉皇並以天慶爲額詔建天慶觀諸史皆云十月碑作秋七月與史小異碑中天慶字皆經鑱鑿元郭昇客杭日記至大元年十月遊元妙觀老道士云吳越時已有之晉爲紫極宮前朝碑石有天慶觀字皆鑿去不存朝代更改勅額曰元妙則吳郡杭郡之元妙觀皆即宋時天慶觀鑱鑿碑字即在元時矣陸游入蜀記七月七日遊天慶觀在冶城山之麓則建康之天慶觀也八月四日遊天慶觀李太白詩所謂潯陽紫極宮則江州之天慶觀也十二月二十日出巫峯門過天慶觀則歸州

之天慶觀也

忠清粹德碑

元祐戊辰哲宗御製并篆書題司馬光神道碑銘

定三年三月田克忞上石在陝西略陽

建安社稷壇記

正書在福建建安縣

缺建社稷壇記

缺嚴邑風物阜盛惟社稷壇並民廬歲□侵削𨌲缺具

臨眎紹定四年秋永嘉陳侯昉來宰斯邑喟然歎曰□

□足缺各四東社西稷□□雷□附焉壇三成壝四門

其方崇之度各有敘缺畢備繚以垣甃以甓植以松柏

合其地從一十有五丈衡十有五丈昊缺揭閎偉巖邃
□都所無也侯去之六年忽以書屬埜曰始余之築斯
壇缺山先生真公登而喜焉曰吾爲子記之及先生守
泉貽昉書曰記將成矣缺今也令㞐請□□□無以應
同門之士莫若子子其爲我述先生之缺社稷者多矣
未易□語必得一大議論以發之所謂大議論者缺埜
聞命瞿然曰悲夫先生之言大矣侯之志勤矣埜愚陋
何足以知之雖然缺之祇也而□□□配焉稷則專爲
原隰之祇能生五穀者而周缺唐典其制甚備孟子曰
民爲貴社稷次之君爲輕又曰犧牲既成粢缺稷蓋國
以民爲本社稷則□□□□□人非土不□非穀缺流

行於覆載之間以育萬物而□□□□□□此也缺責也
然必先盡其在我之誠而後可以望乎缺王之利國家
之興所以治人而事神者為何如缺則皇〻於妖滛之
祠僕〻於緇黃之言風俗日缺先生之所謂大議論者
雖不可得而聞而候缺也尚禮教明政刑深得聖門學
道愛人之缺也壇之建治材役人悉價□直不傷於経
缺視有徹皆書以諭後人俾勿壞缺建寧軍府兼管内
勸缺燠缺
壇建於紹定四年記作於邑令陳昉去之六年盍
嘉熙改元之歳

中隱山題刻二段

鍾春伯等題名 高三尺五寸廣二尺八寸四行行六字字徑四五寸書後一行十七字字徑五分並正書 在廣西臨桂縣

長沙鍾春伯豫章范旂叟端平丙申歲十月既望再三日同游

後十六年敬爲　先清敏拂塵埒得與拜手書

按理宗端平三年丙申十月范旂叟與鍾春伯紀游越十六年子得輿書後則當淳祐十二年壬子

宋史列傳范應鈴字旂叟豐城人開禧元年進士知吉州贛叛卒朱先賊殺主帥應旂密遣牒捕之部使者劾其輕發鐫一官閒居六年起廣西提點

刑獄力辭踰年乃拜命終直煥章閣大理少卿其
謚清敏及子得輿史皆不載粵西文載作應谿又
云開禧間提點廣西刑獄皆誤應銓舉開禧元年
進士一二年間何遽通顯况又閒居六年耶鍾春
伯名震見嘉熙戊戌顏頤仲湘南樓題名

羅愚呂公巖題記（高四尺八寸廣三尺七行行十一字正書）

臨川羅愚寳祐辛丑中伏日約曹伯虎聶世用梁价魏
牧楊義仲趙時頌陳噲汪知幾趙崇樞觀稼西郊至呂
公巖泛舟覽湖山之勝觀石湖南軒諸賢題字時雨初
霽涼風兆秋穡事可期因志其意

按理宗寳祐元年歲在辛丑羅愚字季能見是年

六月棲霞洞題名

肇慶增修學廨記

碑兩旁及下截皆殘缺現存連額高六尺五寸廣三尺五寸記存十三行行二十五六字行書篆額題肇公牒修學檄之記八字在廣東肇州府學

車□□□□□□□□官富而棄賦詩□□□□□
□□□□此下斷缺伯暨子若孫須遺愛者飯必祝人欲天
從善積家慶嘉熙丁酉□
帝奉彝訓命朝郎公嶠持常平茶鹽節斗建丑旂鑾戾
泮三城老稚下缺余敢不以先公舊治為念龜滌蠹剔舉
剌核條教孚未幾漁師漕兵下缺拂碑陰龍圖公所撥頃
數成在有年利而廢輟以閒尸根其逋歸學下缺言圜熙

逮嘉熙甲子將周如公父子司南其勤其殷得未曾有
心篆下缺於士以廣
朝廷育材之仁朝郎公加惠於今亦非求德於士以充
家庭繼志之下缺不匱永錫爾類朝郎公得之仁孝同源
詩禮種學好事如髮記胡能下缺願民物之理於胸中異
時發身軼魁軌襲相履踪貢闈堅刻當旨下缺生從事郎
廣州州學教授合沙劉漢英撰文林郎前特差潭州監
下缺嵩學生貢士正錄黃應龍黃祝貢士直學陳容龜曾
壽卿等立石下缺□□□文煥教諭陳惠孫司膳林顯祖
鄭時中監刊學諭李子鯉掌下缺

按肇公增修學廩記劉漢英撰黃應龍等立石其

皆石及篆盖人姓名漫漶惟上存結銜之半下存篆盖二字餘皆不可悉矣聲公名嶠經略龍圖大監翟湘之子廣東通志職官表翟湘圖熙七年廣南東路經略安撫使翟嶠嘉熙元年提舉常平圖熙庚子至嘉熙丁酉凡五十七年記所云甲子將周父子司南是也以圖熙十一年廣州贍學田碑記幷碑陰撥田頃數與此證之尤為明晰

還珠洞曾宏正等詩刻

高六尺四寸廣九尺十六行前詩每行八字後詩每行七字並行書徑五六寸許蕭詩二首各四行字徑一寸正書在廣西臨桂縣伏波岩

還珠洞

俍指重來二十春繫船猶記舊篙痕飛鴻踏雪空留跡
暗水浮萍那有根摸索交游半為鬼尋思往事黯消魂
天涯老泪空横臆只欲歸歟事灌園　次孚若韻
危亭倚巖隈嘉名叶地讖畸浮桂籍香永絶爻甲祿敗
栁昊煙絲枯荷立鶴枋呼龍理吳榭月夕欲乘興

題癸水亭　曾宏正

廬陵蕭桂林次前後二韻

標柱征南不記春不應追感淚流痕岩虛生白灰心地
波湫澄清瑞耳根壯士於斯留顯跡大夫非此賦招魂
江山今古人何在戰馬嘶風憶故園刻還珠洞三字之下左行
□□□古碑□□□行識履暑備濕夷坐石存精禮拂

劍過珠光乘槎棹桐枋颯清明月懷雲隱高山興刻癸水亭

詩末

按曾宏正五言七言律詩各一首不題年月廣西通志金石略載臨江曾宏正元岩隱山詩詩刻水月洞詞刻皆書圖祐癸卯詞刻後有元至正二年曾孫臨桂縣尹天驥跋云先曾祖自宋提點湖南刑獄圖祐癸卯調廣西運使龍隱岩刻忠節曾公三聘臨江新淦人神道碑後有嗣子朝奉大夫直秘閣廣南西路轉運判官兼提舉鹽事提舉學事提舉綱馬驛程公事專一提領措置椿管軍糧借紫宏正謹書宏正任運判而非運使當以自書結銜為據

理宗寶祐三年癸卯宏止詩刻嘗即其時其還珠洞詩次韻田方信孺孚若韻孚若嘉定七年再至桂林爲本路運判詩刻伏波岩云字缺十岩舊展痕插水峭崖猶有路垂天怪石本無根金華仙伯真知己意泣將軍足斷魂安得北山公可作倩渠移取國家園後書孚若二字即宏正所次之原韻是刻廣西志失載故備錄之藉桂林俟考

府判廳石刻

寶祐三年九月在山西鳳臺縣廨

諭朱廣用勑并表記

高八尺四寸廣五尺八寸三層上刻開慶己未獎諭勑書八字二行八分書陽文中刻勑書十三行行十

四五字不等草書下刻謝表三十三行行十八字末
記六行行十六字並正書在廣西桂林府華景洞

勑廣用蠢彼蠻戎敢干王略肆猘狂之侵軼乘邊塞以
驛騷□躪蜀淮窺闚襄廣翹萌芽傲霜雹自速天誅陳
師旅如霆雷維揚我武賴閫臣之指授暨守將之扞防
張貔虎之威厲熊羆之士聯首尾而相應一心力而有
勲凱奏屢馳狡謀莫逞然焦穫尚爲整居之計幕南未
聞遠遁之期欲底肅清正嚴備禦斥候望烽燧不得卧
將吏被介冑不得休暴露郊原蒙犯矢石屬此冱凝之
候可勝勞苦之情霏雪來思深念采薇之戍多寒拊勉
庶同挾纊之温夫推恩施惠則人忘其勞均食同服則
士奮其勇咨爾統戎之任體予富饋之懷勤務撫循俾

皆豫附各效摧鋒之力益肩敵□之忠蕩滌腥氛靖安
疆埸停戰多之來上迪懋賞以報功故茲撫諭想宜知
悉汝比好否遣書指不多及　十三日　勑廣用
□□□貳月初叁日恭準
□書以□□西備禦沍凝撫諭者臣戍饋服勤自媿寸
功之乏沍寒在候遽蒙
奎翰之敬拜
聖語之丁寧撫恩衷而震惕臣惶懼惶懼頓首頓首伏
念臣奮自田野何有勞能奔走邊陲備經繁使遭逢
昭代濫被
寵榮凡七領於戎旃已兩叨於郡紱允爲逾分每切怵

懷方䟽列統建鄰之師忽被
旨有江陵之命中聞虜警亟解襄圍適斡腹之謀騑鎮
而南面之憂正切爰易藏戍來駐桂州舉鋪成雲首急
城池之役枕戈待旦益嚴壁壘之防
竟歷當屆朔之辰楚師有多寒之慮
九重加憫
一札肆頒聽其悚於
敬綸温恐如於挾纊茲蓋恭遇
皇帝陛下萬里見普
一視仁同雖嶺若在
輦轂間

志尤篤遠
纛食敢忘鉅鹿下
日切憂邊
天筆昭回雲屯懽動臣敢不仰遵
訓諭俯竭忠勤飲食勞苦之惟均常與士卒以同體城
郭封疆之効守勉為
國家之報圖臣無任感
天荷
聖激切屏營之至謹奉表稱
謝以
聞臣惶懼惶懼頓首頓首謹言

開慶元年貳月　日　結銜字細漫漶難辨朱□□上表

戊午秋日□戍桂是冬誤蒙
聖恩賜以奬諭欲於已未春首
宸奎天翰雲日昭回對揚
王休感深至骨已奉表稱
謝載刻之桂山華景洞石以永其傳開慶已未仲春
既望□□□□□謹書

按宋史理宗紀寶祐六年十二月詔李曾伯城築
關隘訓練民兵峒丁申嚴防遏廣用以是年戍桂
茲勅云屬此迈凝之候當是同時別勅廣用者又
開慶元年九月李曾伯紀功磨崖碑云寳祐戊午

朝廷合二廣創制閫命曾伯再牧防南鄙也尋調
建康都統制朱廣用領軍來戍諸道戍兵並委之
總統即廣用謝表所稱自建鄴來駐桂州也廣用
浮光人

劉仙巖任忠益等題記

高三尺六寸廣二尺二寸八行行十三字正書在廣西桂林府劉仙巖

景定初南山朱公師粵閫中任忠益居山朱景行安溪
楊巳千番易舒文英河南王公及邵武黄必泰皆從遊
館于湘南道院暇日屢登劉仙巖五年忠益攝昭潭景
行添遣九江巳千赴班文英必泰試南宮慨然雲萍刻
石以識公之子亶甥羅景宏同來

按朱公朱禩孫也龍隱巖題記閫中朱禩孫以景定庚申年元帥嶺右咸淳初元春歸云云據此則禩孫知靜江在景定元年益李曾伯以是年五月落職禩孫即代之宋史理宗紀景定五年六月加授朱禩孫右文殿修撰知靜江府廣西經畧使益五年加授右文殿修撰而知靜江經畧廣西如故也

七星巖蘇良詩刻

高二尺廣一尺三寸八行行十四字正書在廣東肇慶府

咸淳乙丑良月番禺蘇良同張彭二寅契來游因以紀勝杖屨追隨入翠蓬玲瓏一竅徹心胸山羅斗宿英靈萃地鎮龍潛氣勢雄碑蘚猶涵周子澤澗松仍有老包

風歲寒共約吾三友要把清規踵二翁

再詠星岩

曾聞媧氏補天漏也記春秋石隕星卻訝端岩星錯落何時漂墜数拳青

按咸淳乙丑度宗元年地鎮龍潛謂徽宗以端王嗣位見運使中奉詩跋包孝肅慶曆二年知端州軍州事周元公熙寧二年任廣東轉運判官並有題名刻七星巖故段詩及之

大鑒禪師殿記

高五尺二寸廣三尺十九行行二十五字上題六祖大鑒禪師殿記八字四行並正書在廣東廣州府光孝寺

廣州光孝寺大鑒禪師殿記

大鑒禪師顯跡於唐至　我宋嵗昌今光孝寺菩提樹是師落髮處風幡堂是師說法處遺跡如在故釋子因為祖師殿以妥厥靈嵗久蠹生重以嶔攲為變遂成荒趾嵗在己巳住持僧祖中重新起造既成而請記于余余因謂禪師以四句偈傳衣正以菩提無樹明鏡非臺今為之殿宇而加像設焉得無惹塵埃乎師又謂心不着法道即通流心若着法乃成自縛晨香夕燈之奉為着法乎為不着法乎請者未有以對余語之曰道無古今佛無去来謂師為存而不沒乎自唐迄今幾七百年世界如寒暑遷人生如花葉擾逝水何可挽也謂師為

没而不存乎庭前之木榦𢹂根存堂中之僧貌殊性一
聾瞻列跪何見而恭敬口誦心惟何慕而歸依飲水知
源自覺自悟師豈遠乎哉惟番禺大都會也禪師大道
場也地大則衆雜而俗厖道大則教行而類應師初出
遠遊而終返于是豈無說邪以寐服法解炎氛毒然則
僧家為嚴以崇之吾握筆為汝記之皆善緣也咸淳五
年十一月初七日華文閣直學士通奉大夫廣南東路
經略安撫使馬步軍都總管兼知廣州軍州事兼管内
勸農使陳宗禮記朝散大夫提舉廣南東路常平義倉
茶鹽公事兼權運判冷應澂題蓋宣教郎知廣州南海
縣主管勸農公事兼弓手寨兵軍正王應麟書

。建安陳士可刻

右廣州光孝寺大鑒禪師殿記陳宗禮記令應薇題益王應麟書書頗有法嶺南人以為王伯厚筆也伯厚以寶祐元年登進士寶祐四年中博學宏詞科至度宗時名位已高無緣出為縣令宋史本傳亦不云知南海縣疑別是一人與伯厚同姓名者爾後讀宋潛溪集有封承事郎給事中王公穀墓版文其祖應麟知南海縣事碑即此人所書乃泉州晉江人非浚儀王氏也宗禮字立之應薇字公定宋史皆有傳潛研堂金石文跋

金石續編卷第十九終

金石續編卷第廿 遼 西夏 金

武進陸耀遹纂　　太倉陸增祥校訂

遼

憫忠寺劉贇經幢記

應曆七年六月劉贇迷王進思正書在大興遼主

環應曆七年為後周顯德四年

憫忠寺紫褐師德大衆等捐施題名

無年月在大興

西夏

重修感通塔碑

正書在甘肅武威縣

缺大抵與五常之教多有相似其實人人□□令智愚
心服歸向信重汪洋廣缺起八万四千寶塔奉安舍利
報　佛恩重令武威郡塔即其數也自周至晉千有餘
載中間興廢經典莫記張軌稱制缺中載□□□天錫
異其事時有人謂天錫曰昔阿育王奉　佛舍利起塔
遍世界中今之宮乃塔之故基之一也天錫遂舍其宮
缺投類□輸者來治其事心計神妙準繩特異材用質
簡斤蹤斧迹極其踈畧視之如容易可及然歷代工巧
營心役思終不度其規矩茲塔之建迄今缺一千餘年
矣　大夏開國奄有西土涼為輔郡亦已百載塔之感
應不可殫紀然聽聞詳熟質之不謬者云嘗有欵仄每

欲薦整至夕皆風雨大作四隣但聞斧鑿聲質明塔已
正矣缺□者再　先后之朝西羌梗邊寇乎涼土是夕
亦大雷電於冥晦中上現瑞燈憝人觀之駭異而退頃
為南國失和乘輿再駕躬行薄伐申命王□□□潛禱
故天兵累捷蓋缺前年冬涼州地大震因又欹仄守臣
露章具列厥事　詔命鳩工未集還復自正今
二聖臨御述繼先烈文昭武肅內外大治天地禋祀必
莊必敬宗廟祭享以時以缺釋教尤所崇奉近自畿甸
遠及荒要山林磎谷村落坊聚　佛宗遺址隻椽片瓦
但彷彿有存者無不必葺況名迹□歟古今不泯者乎
故將是塔旌乎前後靈應遂命增飾於缺率□百工效

技朽者續者是璟是飾丹雘具設金碧相間輝耀日月
煥然如新麗矣壯矣莫能名狀況武威當四衝地車轍
馬迹輻湊交會日有千數故憧憧之人無不瞻礼隨缺
信也玆我　二聖發菩提心大作　佛事與無邊勝利
接引醫日有饒益巍巍堂堂真所謂慈航巨照者矣
異哉　佛之去世歲月寖遠其教散處宗尚各異然奉
之者無不尊重缺嘆雖兇狠庸愚亦大敬信況宿習
慧者哉所以七寶莊嚴為塔為廟者有矣木石瓴甓為
塔為廟者有矣鎔塑彩繢泥工沙礫無不為之故浮圖
梵刹遍滿天下然靈應昭然如是神異者未之聞也豈
佛之威力獨厚於此耶豈神靈擁祐有所偏耶不然則

我大夏植福深厚　二聖誠德誠感之所致也營飾之
事起癸酉歲六月至甲戌歲正月厥功告畢又十五日
詔命慶讚於是用鳴法鼓廣集有緣兼啟法筵普利
郡品仍飾僧一大會度僧三十八人曲赦殊死罪五十
四人乃旌能吏特賜黃金一十五兩白金五十兩衣著
羅帛十段錦雜幡七千對錢一千緡用爲　佛常住又
賜錢千緡穀千斛官作四戶充番漢僧常住俾晨昏□
□者有所資焉二時齋宿者有所取焉至如殿宇廊廡
僧坊禪窟支頌□□一物之用者無不仰給焉故所須
不匱而福亦無量也乃　詔辭臣俾述梗槩臣等奉
詔辭不獲讓抽毫抒思謹爲之銘其詞曰

巍巍寶塔　肇基阿育　以因緣故　興無量福　奉
安舍利　莊嚴具足　歷載逾千　廢置莫錄　西涼
稱制　王曰張軌　營治宮室　適當遺址　天錫嗣
世　靈瑞數起　應感既彰　塔復宮毀　大夏開國
奄有涼土　塔之祥異　不可悉數　嘗聞欹仄
神助風雨　每自正焉　得未曾覩　先后臨朝　羌
犯涼□　亦有雷電　暴作昏瞑　燈現煌煌・炳靈
彰聖　忿戎駭異　□迹潛屏　南服不□　粟輿再
討　前命星使　恭有祈禱　我武既揚　果鬪捷報
盖資冥祚　助乎有道　况屬前冬　壬申歲直
武威地震　塔又震仄　凌雲勢撓　欲治□□　龍

天護持　何假人力　二聖欽崇　再詔營□　朽者
續者　冈有不備　五彩復煥　金碧增麗　藉物性
新　所謂勝利　我后我皇　累葉重光　虔恭竺典
必恭必莊　誠因內積　勝果外彰　覺皇妙□
萬壽無疆

天祐民安五年歲次甲戌正月甲戌朔十五日戊子建
書㫖碑旌□典集冷□渾嵬名遇　供鴐南北□表張
政思書弁篆額　石匠人員帛移移崖　任遇子康猶
慶寺都大勾當銘賽正褭挨黎臣梁行春乜　慶寺都
大勾當卧則羅正義項直羅外母羅正律□賜緋僧卧
屈皆　慶寺監修都大勾當五司正右廂孽祖𠃍介貝

理□皆　慶寺監修都大勾當行宮五司正兼聖容寺
感通塔兩衆提擧律晶賜緋僧藥□永詮□寺准□吳
□行宮五司正湊銘臣吳浚兇　修塔寺小監行宮五
司臣粟銘臣劉屈粟崖　修塔小監崇聖寺僧□□僧
□介成庬護國寺感通塔番漢回衆提擧賜緋僧□□
□□□□□諸匠夫監感通塔漢衆僧正賜緋僧酒智
□　修寺塔監石碑感通塔漢衆僧副賜緋僧□□□
修塔寺缺劉獨兒石匠缺三缺都缺孫□都缺兒孫
缺

碑陰番書不錄

西夏自李繼遷之孫元昊建國三傳而至乾順乾順

立於宋元祐二年丁卯改元天儀治平又三年庚午改元天祐民安此碑建於天祐民安五年甲戌之正月實為宋之元祐九年即乾順立之八年也其年四月宋始改元紹聖　碑陰番書不可讀據前漢字碑末題名曰書番碑旌□典集令□渾嵬名遇知即前碑以存彼國書體也武清館金石記

據武清館金石記補入原書目錄標題云大雲寺舍利塔銘即此碑也陸增祥志

金

仙遊觀永陽園詩記

高四尺廣二尺七寸分二截上截刻詩并序二十二行行二十五字上横刻仙遊觀永陽園記七字徑二

寸五分下截刻靈寶經會姓氏二十三行並正書篆額失拓在陜西麟游縣

題永陽園詩序

奉　五嶶赴凡闡化壇於童山崔祠之側往復於九成

顯道天尊之所率徒相聚以淑人心於時裏外居民咸

修善事心疾令悔身病藥痊有欲死而復瘳有重患而

陡瘥休粮點化遠近雖殊頓食尚由難㢘何況歲月忘

食官民悉謹老幼皆矜祠堂成施者之心像倂就禱恩

之意置園于後號曰永陽椿澤一子督功餘生皆羽毛

相助武水龜之雅望士庶遊興長春亭之幽觀凡　聖

同登儒者俯臨孰不成詠徧覩名篇因訓少句云

歲久仙遊觀　園新五年過　基惟吳生施　買地

費家貲　栽帷王子勤　花木逾萬箇　共勝永陽
名　千古無令破　又添長春亭　不暇興遊邏
瞰臨砂空濶　綠淨不可唾　竟憐如蘿錦　堆綉
最堪播　瑞口龍蛇活　怪石虎狼卧　夜風一河
喧　晨鐘兩崖和　人生誰無幾　事往悲豈那
欲厭市囂囂　且來取静坐　願書粱上牌　勿使
塵涅涴
太歲甲子正月癸丑朔十二日甲子　蘆道臣元道書
立石
道士藺世書丹并篆額
道士衛可遹茹翎趙絜

知仙遊觀道士耿旲
高上神霄法籙典者耿廈
進士口禴耿介耿產郝植
進義校尉麟遊縣尉羅友
承信郎號縣主簿權麟遊縣事郭　篆

下截

靈寶經會
趙知和　簡道一　趙道亨　董道成　郭道辛　吳
道澤　李道銳　李道舒　李道餘　曹道仙　元道
主　程道玉　樊道琮　王道椿　景道應　趙道瀛
李道衍　樊道欽　孫道霖　庚道堅　劉道志

趙道詵　張道觀　李道端　馬道彦　吳道超　關
道清　党道明　巨道儞　巨道希　樊道昇　王道
妥　李公齡
崇真弟子　李道洪　段守彦　馮守懃　王守中
陳守希　范守冲　姚守一　尹守仙　南守順
竹守存　靈守清　曹守堅　張守仙
鄉郭信士　王守卞　王真　曹言　曹佖　楊玘
劉衍　成章　蘇甫　劉資　趙璋　楊辛　王道
杜千　小王清　杜閏　王吉　張清　王知微
駱知暉古邠南全刊
拨道士藺世一正書仙遊觀永陽園詩并序甲子

正月立畢氏關中金石記孫氏寰宇訪碑錄並次於金末金建號於宋徽宗政和五年乙未亡於宋理宗端平元年甲午凡百二十年中更二甲子一為熙宗皇統四年一為章宗泰和四年未知孰是案潛研目錄注云題云太歲甲子正月癸丑朔不著年號以術推之蓋金皇統四年也關中金石記附金末 陸增祥志

重刻朗然子詩

高三尺三寸寬二尺一寸分五截上截刻序計廿二行行七字下四截刻詩每截四十行行十二字並正書在河南洛陽縣

朗然子詩并序

羽衣劉希岳字秀峯述

余乃生居潭水業本豪家幼習儒風曾叨鄉貢嗟浮世速如激箭傷時光急若瀑流未免退跡玄門棲心冠褐外丹達恍惚杳冥之旨內氣明泝流胎息之源功勤未及於旬年人驚不老壽筭已踰於五紀自覺如新有此靈通故難緘默謹吟三十首号曰朗然子詩是同道望迴心聖意非遥人自疑惑時大宋端拱戊子歲季冬住京通玄觀內偶口述之以上第一截

口魂洪盃數十年朝朝恣性日高眠尾閭適得泥丸穴丹竈能分造化權只此雲霄應有路筭來人命豈由天莫言大道人難會自是禎夫不學仙

南北經遊口甘春潛行玄理暗修真不求世上無窮物
只向寰中覓箇人外藥已知消息火内丹常運洊流津
假饒千載重相見也口如今自轉新
京洛幽閑寂寞中住居古觀古壕東俗情亦染心無染
塵事雖同道不同煉藥豈辭千日苦運精常遣四肢通
世間口貴真堪重除却人身揔是空
求仙之士乱紛紛涉歷山川走似雲揔學長生尋外物
靜來至道未嘗聞身中自有昇天路口上誰無出世紋
堪嘆凡夫全不悟盡甘荒野作丘墳
豈貴榮華豈重財堪怜身向此中口丹田自種留年藥
鼎府常燃不死灰髓實已無寒暑近道成豈怕曉昏催

傷哉世俗孜孜□逐利争名性轉蹬
九九陶陶是事休花開花謝任春秋金章紫綬由他貴
布素衬裒幸自由壽命須同天地永身心閑共水雲儔
堪疑太上玄元祖何故人間早白頭
一居京洛十餘春未肯閑趨富貴門攝養不教元氣散
修行常遣谷神存飢飡舌下津還飽寒發丹田火便溫
取性自怡兼自樂且無慚色感人恩
今生不悟望來生遽算來生甚□明争似便修天上路
何須更入地中坑陽魂若壯非千壽陰魄如強必致斃
百草經霜皆盡死□□□□□長榮以上第二截
□親儒墨擬求官忽悟幽玄道不難陰氣若消終未死

陽精如在自然安身中每運無窮藥鼎内常燒續命丹
堪嘆慕財貪色輩煎熬終日有多般
世間萬事不堪論唯有身形與氣存金鼎會燒延命藥
丹田解種駐顔根每承大道乘麻蔭肯受常人取次恩
已絶榮枯無玷累却愁白日出乾坤
小隱居嵓大隱口立身偏愛鬧中閑心澄瑩若天邊月
意穩安如海上山常遣眼前無慾色自然臉上有童顔
更能通得泥丸穴何必駐駐煉九還
自說玄元旨趣深何曾解問自家心三田氣若相通貫
二竅循流口不禁泛海經年搜命藥求仙觸處走山林
爭如向己身中覓便見希夷天道易尋

僻居古觀勝山居門掩荒苔馬跡疎靜室忙吞千口液
幽窗閑却一牀書是非少為交知少貪愛無時榮辱無
九九逐時隨分過任他人喚作愚夫

鑄煉元精却返淳万般為了始歸真若教愚者皆成道
口口神仙是與人報効全由功滿日希夷不離自家身
但能勤運沖和氣便覺容顏轉轉新

少年苦節近文儒荏苒光陰六十餘得遇志人教學道
便將性命託虛無髮因運氣蒼還黑臉為存精皺復舒
大要欲陪卿相位分中無了謾驅馳

逆流直上至泥丸闕節總通便駐顏悟戲如同觀返掌
迷時似隔數重山口明神識千般擾達了心田万事閑

口要長生兼出世□□□□□□間以上第三截
學道何須學執迷無為之理總須為氣吞根柢非呼氣
肌却心腸不忍飢存得元精無老耄去除情慾似嬰兒
更能曉得衝天穴定有逍遥出世期
求仙皆學採陰丹甚處交精去復還未及年餘多卧疾
正當少壯改容顔陽魂漸滅終無悟性命將來似寄閑
若要延齡身住世存精保氣守窠間
紫衣師号苦貪求養氣燒丹總不修未及中年身已老
正當強壯騁先秋惺惺知有長生路九九甘隨逝水流
本挂冠裳緑口事争名競利等閑休
自住凡塵數十秋縱然觀色恰如雛常行元氣滋容顔

每論丹砂問道流一種利名心不美万般榮辱眼前休
有錢多買盃中酒無慮無憂有底愁
螢窓十載望求名兩上春闈事不成有志無緣千寸祿
到頭有分學長生選官豈及選仙士慕色爭如慕道情
但得容顔常悅澤昇騰必定在前程
聲名何在振寰瀛爭似潛修出世程強強燒丹終九轉
勤勤運氣徹三清藥成自有飛騰路功滿須歸物外行
莫愛榮華兼富貴自身堅固最為精
世人慕色及貪財亡命亡軀自此來幾風咽身還怕痛
陽魂去體不疑猜一朝染疾醫無效万種求神道自灾
若會運精兼保氣長生豈更掩泉臺

浮榮休羨舉三茅周易通來盡易抄因悟道情親至理
便疎人事絕知交陽精每運無窮數玉液常飡不暫拋
只候一朝功滿足會同玄鶴離凡巢 以上第四截
盡求點化要肥家忘却形枯改歲華梟色將身為弃物
貪財輕命比泥抄口中鮮說修仙道意內元來似夜叉
此輩頑愚終不悟達人休要為傷嗟
礼拜焚香求避盡爭如努力自修行勤吞津液過千口
長記存神聽五更莫失常規頻道引更須子細運元精
雖然未得昇天去應有神仙錄姓名
休讀九經三史書與身到了不相於爭如保息元和炁
未似窮親大藥爐存得陽精終濟老燒成金質定冲虛

分明有箇長生路，其奈凡夫性轉愚。
求貴貪財無盡期，高官富極又何為。爭如心静忘機慮，未勝身閑絶口疑。欲枕任從春日永，運精不遣鬢毛衰。他年物外相逢處，元是神仙別有期。
真鉛真汞不難尋，自是凡夫錯用心。月魄日魂明甚易，木精火俠理還深。苦辛運藥須三載，變化通靈點五金。出世只消飡一粒，蓬瀛崑島盡知音。
夾脊雙關至頂門，修行徑路此為根。華池玉液頻須嚥，紫府元君遣上奔。常使氣衝關節透，自然精滿谷神存。一朝得到長生地，須感當初指教人。
朗然子者，昔唐通玄觀主也。事跡靈異，修煉非凡，隠世百載至宋端拱年於桃花坊白日昇天矣勑改名集真觀有遺詩三十首於世至政和元年觀主道士張道言小師周抱真立石後改名萬壽胡元宫值兵火損壞碑跡於天德二年正月初五日本宫道士趙隱微尋獲元將碑一本道士張道沖重刻石

葆光道人王燦書 以上第五截

朗然子者即劉希岳字望嵩章水縣人棄儒入道今觀其序及詩甚劣而所說甚奇異將道士造作其事衒世者耶予覽金石之例凡為道家作志銘於其卒也必曰白日昇天或曰蛻去猶為釋氏立祠曰圓寂曰湼盤之類後世不鮮讀其碑則以為仙也 中州金石志

王爍二字據潛研堂目補注於旁 陸增祥志

義井寺崇遠塔銘

縱橫各二尺二寸十九行行三十一字正書在陝西長安咸寧二縣南境神禾原

故義井寺住持遠公和尚塔銘并序

太白山釋普明撰　法孫僧了性書丹

信佛言而解佛理者實難其人解佛理而行佛事者尤為難矣若乃深信其言善解其理能行其事果有所證者其唯遠公和尚矣　師諱崇遠姓荆氏京兆萬年人也曾高之下家世業農積善傳芳代為著姓師居家庭正閭里稱賢不喜喧嘩未嘗戲笑其性渾厚其言簡直居一日喟然歎曰塵勞愛網無有出期生死大事如何

為儀遂乃頓捐俗累決志出家建中靖國之初依牛頭山福昌寺傳大乘戒律德沙門惟肖為師稟教落髮進具之後三業無瑕梵行既嚴仁風外著崇寧乙酉歲有大檀越故贈武義大夫韋公宗禮率衆具禮請住神禾原義井寺仍施田三百畝以助供僧之用師應緣而往隨力經營三二年間安衆所須無不嚴備韋公又施大藏經五百函師每焚香披覽目照心印三復其文雖酷暑祁寒而手不釋卷寺務之外閱周三遍得非信佛言而解佛理者乎師安衆住持二十餘年興修殿宇九十餘間供佛延僧年無虛日鑄大鍾一頂起重閣以安之至於名花甘木森然行列每有高道之士多居師席四

事供承無不周足度門人子秀子潤子澤子璋子昱子才子昌子嚴等八人師孫宗覺宗正宗寶宗定宗義等五人師功德兼濟利及自他清淨之風聞于遐迩得非解佛理而行佛事者乎以靖康丙午歲六月示疾二十三日昧旦召門人子璋集衆念誦師即跏趺端坐合掌正念於佛聲磬韻之中寂然入滅停經四日顏貌如初仍有異香騰于庭宇嗚呼唯師末後一著特奇過人得非果有所證乎師享壽七十三僧臘二十六即於其月二十六日門人奉全身葬于寺西起塼塔以表之是日也有雲如蓋蔽日清涼葬事既周㝠銷日出其感應又如此嗚呼師以正信出家以正見行道以正智而興

禧以正念而歸寂於吾佛之門豈爲小補哉今講經律
論臨壇戒師瑋公即師門白眉者也持師行狀來乞其
銘普明素欽高行義不可辭但媿非文直書其實銘曰
至哉佛子性蘊仁賢頓裂愛網俄登法筵戒珠內瑩德
響遐宣副彼檀越興于禧緣闢斯曠土刱此金田願力
攸濟殊功自圓三披大藏久造深淵照了心地光輝義
天一生事畢端坐歸全白業隆矣清香藹然靈飛大頂
水瀉樊川冥水無盡真風永傳

自統癸亥求得其文至貞元乙亥歲有長安縣信士
邵宣就寺薦親筵僧供講遂施刊石

傳法師孫永淵普遵德瑱祖學廣淵普來祖月學教

文璨　師姪監寺僧子皐　師孫住持僧宗實　孫
荆璧　小師前京兆府管内僧正講經律論臨壇傳
戒沙門子璋

貞元三年六月十日建　孫文爽刊

按僧崇遠塔銘金貞元三年六月建道光初始見
拓本神禾原在西安府城南三十五里子午谷之
北義井寺當與香積寺相近今并鐘閣塼塔皆無
考矣牛頭山在城南二十里福昌寺即牛頭寺也
宋太平興國中改爲福昌寺徽宗崇寧四年乙酉
欽宗靖康元年丙午時陝西州郡皆陷于金金主
亶皇統三年癸亥爲宋高宗紹興十三年金主亮

貞元三年乙亥爲紹興二十五年銘後記自紇癸亥乃皇統之誤

碑後刋石一行筠清館作皇統癸亥永淵得其文未得拓本姑仍其舊陸增祥志

通惠院彥戒師塔銘

正隆三年十月樂說譔金汝礪書

重立悉𤣥宫碑

正隆四年十月喬逢辰撰王仲成正書後有元至正十三年王璞記在陝西渭南南門外

壽禪師修明月山清風庵記

大定二年五月

王雷謁無盡居士祠堂詩

高二尺廣二尺六寸九行行八九字不等行書後二行正書在山西壽陽縣方山

依然繪象募山之妙□〔空〕分異與同洙泗舊□眞自得
雲曹別派復何窮市朝誰識生前趣名字猶存身後功
若問先生無盡意春風已過又秋風

奉謁無盡居士祠堂因題以記其來癸未仲秋王雷

孟山宋壽摸刊

方山昭化禪院住持講經論沙門普玄立石

按癸未爲宋孝宗隆興元年金世宗大定三年張
商英字天覺號無盡居士王雷祁人詩陽縣志載
其遊方山詩云車輪馬足徧人間豈意窮荒逢此

山便欲棲遲成地隱始知空濶破天慳松聲萬壑

秋風急石徑千盤暮雨斑為報草堂真碧眼莫教

辜負箇中閒亦癸未仲秋所題而未錄此首

開法寺永重壽塔銘

大定四年七月宋壽隆譔正書在陝西咸寧開元

寺

蓮峰真逸題名

甲申七月正書在西安府學刻多寶塔感應碑側

甲申為大定四年蓮峰真逸喬扆號也

脩昭化院記

縱横各二尺三寸二十行行十九二十字不等行書在山西壽陽縣方山

壽陽東北三十五里曰神福山峯巒秀拔林木欝茂有唐開元間顯教妙嚴長者李氏揭來此山卜土室而居研精覃思以著華嚴論為業神物佑助不召而至越十有九載文成示寂飛走哀號環山之民莫不感激相與建寺於其所然而廊宇隘陋僧徒鮮少經五百歲前宋元祐戊辰本路提刑張天覺學士按行犂邑自謂有緣於長者崇像礼之即勸率檀信改造令兆化禪院特奏口口僧一員以供祠祀及居政府崇信愈謹於是乎長者之教興矣　本朝已來寺雖仍舊歷一甲子頹廢輙多殆無完所歲在癸酉行縣廣威公始下車口民以惠御史以嚴未幾政理因尚勸農事道過祠下瞻仰

者火之忽見天覺寫真而悅曰此賢相□余為宗姓十
世之上肅知非同□邪丞相之志可不申明遷命寺僧
□□□□數月之間弊者斯新仆者斯起公諱忠□字
德裕□州人世為遼東著□少承從伯父太傅中書令
□蔭補官其見賢思齊樂與人為善率皆此類僧宗廣
荐德公甚厚思有以傳褒讚稱述略不去口太原王草
聞而錄之以為重脩祠記云時貞元乙亥十二月十日
書
□信校尉權令張景祥　大定五年六月日住持僧山
中立石嵩山宋慶刊
按此碑太原王草撰書記宋元祐戊辰張天覺為

唐李長者造昭化禪院金貞元癸酉張德裕重修
天覺商英字也記作於貞元乙亥立石於大定五
年按宋高宗紹興二十五年乙亥金主亮貞元三
年孝宗乾道元年乙酉金主雍大定五年

僧德誠塔銘
正書篆額在
陝西興平縣

故戒師誠公塔銘
大金故辯才大師誠公戒師塔銘　德順僧師僃撰
古雖講僧有脾題額
詳夫經史載事碑碣紀人事無妄而可以晉人有實而
可以紀安可莊德於珉弄文作錦徒駭視聽矣其唯純

粹者孰歟故有我師諱德誠字信之世嗣乾州武功縣田氏之子幼日聚沙戲之而猶爲佛塔長季慕道辭親而願入僧門遂於京兆府興平縣寶林院泌懃善江之庭侍而不厭勞而不怨磨而不磷涅而不緇十九歲中方逢落髮即元祐四年冬月也□□乃□質好音志宏性直不學守株待兎便乃訪法擔簦歷二京師參多士麄而往則實可歸德以□則名可大隴州潛和尚亦吾家龍象也知師間望仰戒與之政和四年閏丞相种公許師許古衣□紫□師子辯才大師于後教風大扇佛日增輝法輪遍轉闕中學士爭延座下□□□□薦領百人□□□識因明箒□季不虛□僅三十季矣每

於講暇口誦遺經維乃詞鋒□□法印□□□功不休
□□不□□智凝學海色括非一丈二丈吼石輸金激
問有千義萬義廣場之中多有成名□□拔萃不羣如
□□芳□由師而起陝右講匠僧傑大半皆師登門客
也於法門寺塔四十季中□□□□建百師會二□
師爲檀首二□樞密趙公請住明因院改故重新育實
相院禱基前臨官道後□□□□東馬□繁思□
□□□清趣書遷臨寺全上高岡南對南山眼觀渭水
構屋立像□□天成偶□赴請□界道過武功郊□□
□□□□□誤落一牙主人收惜覆帛藏之後取瞻
玩牙生感應□□傍一粲豆上□如麻與玉爭明縞白

歎異俗壽七十七僧臘五十八度門弟子六人曰法潤
法雲法□法遠法培傳戒小師十一人曰意清惠通廣
教法□道溥清意海洪法然書學圓幾天德二季秋夜
□□□臥驚失□出户過閣小徑徘徊東有懸崖約高
二丈飛身誤墜下坐儼然語笑清冷襟帶完結儻非神
物護衛安能毫髮無危是季三月初三日忽入寂滅之
界曆示少疾之因觀心無常絶食□粥半粒觀身不淨
唯飲清水十朝至十二日索沐浴湯著鮮潔服曲肱而
卧掩目而終當折腳墮指之時有肌膚柔軟之異面□
桃紅色還若壯季時停喪七日吊客盈門巾冠緫角之
流摩肩叠足之墍縞緇迅集悲喜交并愁則異其人喜

則興其事將臨宅地預請諸師建壇演尸羅之文靈閣
萬象隔棺傳德口之戒口後一人夜宿累月二何頂現
白光二道自靈堂幕下而來至佛事場中而住人人皆
覩漸〻潛消翌日舉棺葬于寺右壙深二丈土起一口
庶俗哀號口乎感應掬土在手尋得戒珠一人喜躍騰
聲四遠欣然響應以口以口口口爭尋成坎成坑培築
復隔晝即臨風攤土目下煙生夜即背月撓塊手中光
出其戒珠也若大若小五色鮮明其得人也有少有多
四方不等墳壠初起之夜行人驛落之中望見紅紫數
段曲遶幾盤口口塵空口然成口煥赫如晝口作大明
驚怪喧呼聲震村落寢人攬衣離闔與客同瞰神毫間

之曰奚爲下奚爲尔口泣相告喪我戒師菩薩矣衆耳
既聞同音稱善自後聯綿百夜示現不同現其燈則作
金作銀現其光則如旛如旒有從塋起來入寺中有自
寺升去歸塋内或断或續還同繖繡縫花或高或低遲
似舒霞展錦異事非一採略言之子孫思慕眞風議乃
圖形建口斯可見有實事而無纖塵莊德排諦語而絶
點墨加文不盡發揚聊賦銘曰
秦中法將　慈斂倚天　蕩除妖孽　口輔全僊
教風浩〃　佛道平〃　如何不世　失我巨賢
月沉碧落　珠没清淵　山原骨宅　竹扇名編
陵移谷變　嘉譽長傳

大定五年八月十日小師僧法遂立石　管勾助緣僧
惟信口
中叙塔頂放光一節襲用嚴挺之大智禪師塔銘弟
子神奇其師每有此等異說不足信也關中金石志

開元寺觀音院記
正書在陝西隴州

觀音院記

汧州開元寺觀音院記　中順大夫前充隴州防禦判
官上騎都尉太原縣開國子食邑五百戶賜紫金魚袋
王從簡題額　鄉貢進士州學正李居仁書丹
百萬和尚名口口俗姓蔡其先同州朝邑人也崇奉佛

法蓋自天性非勉強求名者之所能比也涇州龍翔寺
賜紫明教□□□□頴皃魁偉博極經論聲聞播陽盈
益人耳即公之師也公凡有興修誠心一出不遠千里
車載人負錢盈百萬故時人以百萬称之皇統壬戌平
京重修佛塔是歲旱魃爲虐野有餓莩公懇意諭衆雖
救死不贍而人樂輸財數月之間厥功告成汧州開元
寺自天會庚戌師旅之後盡爲[丘]墟僧徒以廊廡諸院
因其故基度材締搆髣髴如故唯是無垢淨先佛塔所
費鉅萬非□□可辦戊辰千僧院僧正子文謂衆曰塔
廢久矣何以復建僉曰非蔡百萬莫能與也衆議公名
請者再三公如其約既至□□遠近皆□百歸依經營

之始聖燈屢見於林表塔影昭顯於目中又因鮮木而得佛像容止可觀繼丹青妙華無以加此由是人皆歆信遂致金帛泉湧材木山峙施工□者不可勝數分命梓匠各有條度不踰年而能事畢矣公不告主者振衣而去人懷其德先是鳳翔鳩工修塔不得其人中道以廢府尹張特進遣僧俗延請公辭不獲已惠然而來闔者輻凑爭獻用度不待□勞如期而畢公徒步至隴復觀□跡有講經僧惠俊見公之來喜動於色乃集下生

院主僧懿邇西講院主僧善從地藏院主僧□□□□□

院主僧□□□西院主僧道常羅漢院主僧崇惠千僧

院主僧覺信天王院主僧□□文殊院主僧覺仙彌勒

院主僧文志東講院主僧惠□□玉院主僧□□維摩
院主僧法禧等十有三人曰故觀音院蝴為荆棘可捨
百萬以酬其施衆皆曰可里人李居仁陳錫劉汝楫賛
成其事公不欲重違群議曲意從之遂高起大屋廣種
松竹真得空門之趣公素有其願暫歸故鄉鏤板印施
大般若經數千卷於先人墓側䕶□僧衆欲報昊天罔
極之德也公當擾攘之際其於修建未嘗須臾廢於心
同州城内有官田三拾餘畝公請於郡守修為官刹堂
宇壯麗舉中其度　勅賜名額謂之太平院公與法
眷智覺洎法嗣法真同居是院覚詢趙泰王儀郡之吏
長也皆出家資以助勝緣同州井□□□汲水頗以為

勞公於院庭鑿井有二而味甘如醴良由神物護持故
感應如此公受業於回山龍翔寺有法嗣二人曰大知
大見良原勝果山僧子俠與公皆敏悟大師之宗派也
以公爲叔有法嗣三人曰有利有益有璋同爲住持大
紆應公行事傳之不久因叙觀音院所得建立之由著
其功德之大略爾大定丙戌九月日涇州大像寺講経
論沙門師姪大紆紀其實閤川李□□命撰　本院化
寺僧有利　住持院主僧□□　承德郎充隴州防禦
判官飛騎尉賜緋魚袋李次典　□衛將軍同知隴州
防禦使兼權州事驍騎尉王準　修院維那首般若會
里行張明王周等立

廣濟寺牒

大定三年十一月牒七年八月立石正書在陝西醴泉

修白馬寺舍利塔記

高七尺八寸廣四尺二十行行四十四字正書在河南洛陽縣

大金國重修河南府左街東白馬寺釋迦舍利塔記

河南府學正李中孚撰　男鄉貢進士燮書

浮圖氏之教大矣哉本西方聖人之設教出追乎東漢明帝時則有若三藏曰摩騰竺法蘭以白馬䭾經四十二章始流傳教法至於中州是時迺卜府皇城之東二十餘里建精舍度僧徒創曰白馬寺中州之人奉釋氏

者此自始焱後敬供香火相傳魏晉隋唐而下迄千有
餘歲不絕洎五代之後粤有　莊武李王施已淨財於
寺東又建精藍一區亦號曰東白馬寺并造木浮圖九
層高五百餘尺塔之東南隅有舊碑云功既落成　太
祖覩王之樂善賜以相輪王之三子又施宅房廊畏角
龜頭等僅百間毎遇　先大王夫人遠忌等日逐季齋
僧一千五百人以崇追薦又一百五十餘季至丙午歲
之末遭劫火一炬寺與浮圖俱廢惟留餘址鞠為瓦子
堆茂草場者今五十載矣往來者視之孰不咨嗟嘆息
焉噫天壤之間古今而來事之廢與何代無之莫不係
時與數而使之然爾又奚足怪物極必反無何果　嘗

大士自濁河之北底此覩是名刹荒榛區墟徬徨不忍
去一夕遽發踴躍特達心迺媲工食遣饋緣行如流四
方雲會不勞餘力而所費辦集因塔之舊基剪除荒埋
重建塼浮圖一十三層高一百六十尺徘徊界宇洞并
龜頭一十五所護塔墻垣三重甘露井又立古碑五通
左右焚經臺兩所杈子并塔門九座下掀脩屋宇二十
八間門牕大小三十七座其餘不可具紀不踰年而恐
就所願恭以臨濟之宗無畏之增謹持六齋幸遇　明
天子在上太守百里賢士大夫在位抑之天時物數若
合符節焉可見非我　棲巖霧乘時一舉手孰能廢嗣
興致魏巍之功德能如是乎於告成之明日丐李中孚

以記其事中孚于　莊武王係六代孫祖知其要義不
當辭是可書也皆大定十五季五月初八日子是乎書
文林郎河南府洛陽縣主簿馮　煥　武義將軍行
河南府洛陽縣尉驍騎尉孫　翊　宣威將軍行河
南府洛陽縣令上騎都尉廣陵郡開國子食邑五伯
户高師旦　定遠大將軍河南府判官輕車都尉漆
水郡開國伯食邑乙伯户耶律重哥　金吾衞上將
軍河南尹上護軍彭城郡開國侯食邑壹仟户食實
封壹伯户唐括烏也建　修塔會首忠顯公口忠顯
口心忠翊口岳　立石　本寺主募化緣僧天順
本寺尊宿沙門廣雲

洪濟禪院牒

大定三年七月牒十五年六月立石正書在陝西

富平

大明禪院碑

正書篆額在河南河內縣

明月山大明禪院記

尚書禮部牒蓋尚書禮部之長印　大明禪院蓋同前印　尚書禮部

牒　懷州河內縣北道宮村住庵僧廣壽狀告本庵自

來別無名額已納訖合着錢數乞立院名勘會是實須

合給賜者　牒奉　勑可特賜大明禪院牒至准

勑故牒

大定二年九月十四日令史向昇押　主事押　中議
大夫行員外郎李押　郎中　鎮國上將軍行侍郎阿
典　正奉大夫禮部尚書兼翰林學士承旨王
懷州明月山大明禪院　空相禪師自覺述　小師妙
先書
靈山初始插草爲標植建梵宮久而爲矣我爲佛子依
先聖之跡也乃説行由山僧自正隆三年九月十一日
離南京東明縣報恩禪院渡水穿雲到覃懷之郡海衆
象雲集禮請山僧住同義之寺於彼修方丈一座立碑
一通後遊此山至此觀看遠遠望之朗然無滯清淨明
白号爲明月之山□四下方景□前看銀江二道正對

祖師名越之山少室嵩峯青龍亦帯至西洛龍門又以名川地平如掌冬夏有長青之竹花林似錦浩浩入炯薗内往来便是神仙之隊仗又有羅紋之水遍地交流響響潺潺似歌音之樂要知明月在沁南軍内兩鎮其間後靠太行碧水青蓮東有靈巖古寺西有丹水喧喧中有一座龍盤鳳繞虎勢巍峩峻嶺前横青松後顯峯巒秀異東嶺猿啼西溪洞府向當陽峯下翠雲峯前逍遥林内湧出甘露之泉徹骨清涼又顯觀音聖水奇異奇希白玉路中天然丈室紅輪正曜不落於二邊心懷喜悦此乃歎言堪為聖地大定二年幸遇 皇王賜額始乃留心開山寂賞方能建立種栢千株遶在碧溪

嵓畔於清風谷内修一所精藍大小屋舍一百餘間一
十四年功將了畢永為聖跡將作選佛之場口前文之
景乃是眼前之浮口別有宗乘願悟無生法忍從上諸
佛惟傳頓教直指人心了然見性離相超凡同悟湼槃
成無上道證等菩提釋迦廣宣普佈令人見性悟理成
佛歸於不二法門我聞燃燈授記實無一法與人各有
明珠本來具足靈山親付迦葉片聞始悟一乘到波羅
之岸維摩無語深至湼槃文殊讚歎各悟心珠曹溪葉
子特賜是人自從六代傳衣至今花生蒲地紅炉片雪
無相明珠悟耿這般道息若是識得金燈步步登長安
之道見不生不滅之真若不錯用身心隨處證解脫三

昧處處逢菩薩道場向無相光不妨輕快幾人會意好
飡雲門餬餅渴飲趙州之茶解悶消愁向無憂國裏明
月輝輝掃蕩烟塵到於净土無根樹子永劫長存瑞草
花開長年不謝騎着陝府鐵牛架着新羅鷂子向孤峯
頂上橫筲鐵笛一任歌謡道泰所言得處山僧續嗣少
林和公禪師印證類契一乘了悟真空實無有法師乃
知之以手摩掌撫拍分付信衣師又付言汝名空相授
得空王寶印今於此處却舉光揚向明月峯前分花布
彩鐵笛橫吹虎笑龍吟歌唱無為妙曲說清淨解脫之
門一顆明珠不落徧圓之鏡紅炉瑞雪鎮海明珠不謝
底遶華拈出誰人趣向山童撫掌和者全稀願聽雷音

光揚四海一片瑞光与虛空不二阿僧祇外刼壞非災
逵磨覓傳還君看耿金光晃耀瑞氣輝輝滿目光生如
似清霄之月遶片光明是誰人之境界風光瑞彩幾箇
知音轉大法輪超於聖位人人有分悟取菩提性等虛
空明彰大事月印寒潭波光自現如大日輪無一點相
貌耀古通今普明法界人之不識可惜一片金光翠耀
底紅輪便是長生之月願都會意識取金剛寶山片玉
無瑕深悟菩提之性明顯此理達本還源清淨法身不
拘文字人能若識見性成佛是最上一乘稀有之法不
拘内外亦非中間朗耀光輝如似團圓之月逍遥自在
獨處無爲體若虛空一輪孤照參羅萬像悉現其中如

似太虛不礙烟色真空佛性蕩蕩然實普越超發願一切解悟神通妙用顯出無相真如清淨明珠在千輪之外凡聖之餘朗耀輝輝那尋蹤跡羚羊掛角氣息不聞無相無爲此是毗耶妙理空王寶印深悟涅槃入海泥牛那留影相如是悟者是名清淨靈光獨耀孤月輝輝巻得成佛名爲得道十方海衆共唱太平之歌三世同宣從上諸佛西天二十八祖六代普傳遍於天下人之不識今復重言明顯此理令人悟入見性成佛悉願有情同登彼岸

後頌

朗耀輝輝不帶塵一輪孤照大虛真紅輪孝耀金光現月照長空處處明這朶瑞蓮人不識今將玉藥賜君呈

達磨來開花五葉至今天下縈枝生一片閑雲靄青寒
或居天上應人間從來不落情塵位獨顯明珠照大千
朗耀一輪清霄月如似虛空體一般不拘內外還君看
悉願人人伴月蘭　大金　大定丙申歲九月　日
開山剏業住持傳法沙門空相禪師立石記　本州栢
山村石匠馮立　懷州清化鎮刊石人張鏞

丙申大定十六年陸增祥志

崑崙山白骨圖詩并記

大定癸卯二十三年譚處端撰程發正書石刻[二]

面在河南洛陽

張仲偉墓表

大定二十六年三月

案關中金石記載有棲閑居士張仲偉墓表一碑係明昌改元立石在鄠縣北大[曆]寺東南當即此碑陸增祥志

龍泉寺政言塔銘

石幢高三尺二寸六方每方廣七寸七行行三十七至三十九字不等字刻五方共六三十二行正書在直隸薊州

中都潭柘山龍泉禪寺言禪師塔銘

皇子曹王次子　皇孫祖敬撰　雲峯比[丘]

□□書丹

如來以心法付大迦葉不由語言直指見性自迦葉二

十八傳至達磨大師以心印東遊震旦爲第一祖六代至大鑒禪師支分一源百派競注李唐以來師資之間目擊悟道俯爲凡夫仰爲菩薩者不可勝數是以名山勝地大都通邑外薄海隅禪刹徧滿而　中都潭柘山龍泉寺實叢林之甲乙故爲之宗主者皆天下選而

言公禪師又其翹楚者焉師諱政言許州長杜人姓王氏九歲出家詣里中資福禪院師事主僧淨良祝髮受具戒侍師不去左右十餘年一日告師欲遊學講席許之時浩公僧錄居南京講唯識論師徑謁之摳衣請益決擇性相造理深至浩公知師偉器居無幾何命師主席義學雲集疑難鋒起師應荅如流入人心

服闡所未聞於是師甫年二十一諸方聆風景仰競詣
横經決入之疑過於卜筵初講唯識因明論又取上生
經交相發明兼傳大乘戒凡十有二年一旦思惟入海
筭沙自困何益乃留心祖道置文字抽衣盂飛錫遊方
飄然雲徃始居嵩山龍潭禪寂歲久後結茅於汝州之
紫雲峰是時香山　慈照禪師叢林大振聞師清擦
招延相見旋請師為首座嘗與□□□□□□□
□□□□□諸如來師於言下有省即說偈曰諸緣不
壞了性無憾雲散長□□□天白月　慈照可之遂
為龍象之冠乃命師遊方至　中都參竹林以上第二方廣
慧通理禪師又參聖□　圓通禪師皆為□□□□

之東遊青社連師捧疏請師出世住仰天山未幾又請
住益□□義安禪院頃之告退還鄉後復徇衆請住鄭
州普照洎河南府法雲禪寺既而潭柘專介馳□

梁國大長公主

□□□□□□
□□□大宗正府事曹王疏請師住龍泉禪寺閱三歲
舉揚游刃製頌古拈古各百篇注禪說金剛□□歌
又著金臺錄真心真說修行十法門□□□皆行於世
所至崇□□鑑要令完具其後嗣□□□□□□□□□
□□□□□□□□□□□□□□□□□□□□
□去不曾去箇裏分

以上第三方

□□□□住一點□□□

□□□□□□□□□□□□□□□□□□□□
□十五門弟子三十□□闕法小師法慶住嵩山法王
禪寺重請住靈巖師安住羅漢行修守走□塹後三人
授師遺付□□出世共六人俗弟子幾千人師之去亡
畢白悲愴思慕無已相與闍維収靈骨塔于汝州香山
之南慈照浮圖之側又分其頂骨葬於潭柘山以銘紀
師之道銘曰

世尊說法　四十九年　哀憫鈍根　執著於言
臨終拈花　示以廓然　□證無盡　祖祖相傳
猗歟潭柘　上承臨濟　入門即喝　家風不墜
遝發檢機　譽容□議　能所貢高　落膽喪氣

勉從衆欲　五主叢林　龍泉告老　歸瀛之濵

發眞遺遐另字　衎衲棻髮　箕山高潔　復見於今

歲在龍蛇　偈終坐滅　緇素悲淒　如渡立機

爰有法嗣　狀師行業　勒銘豐記　永表靈塔

大定二十八年歲次戊申六月丙寅朔　燕山王

玉刊

休休道者祖深建

京兆府提學所帖

明昌五年四月正書在西安碑林刻宋大中祥符

元年文宣王贊碑陰

謁唐太宗廟記

明昌五年十月薛嗣昌撰草書在醴泉

謁唐昭陵詩

明昌五年十月劉仲游撰草書在醴泉

太白山鍾款

明昌五年僧法洪等鑄在郿縣

脩魏徵廟碑

碑高廣行數未詳正書篆額題改脩唐相鄭國文貞魏公廟記十二字在陝西澄城縣

澄城縣改脩唐相鄭國文貞魏公廟記

有不世之君必能用不世之臣用不世之臣必能建不世之功昔鄭國文貞公者其可謂不世之臣歟公以不世之臣而遇太宗不世之君眞千載之嘉會也夫值千

載一遇之世將行千載一隆之道豈但期會簿書聽訟
獄而已哉公亦自以為不世之遇而能展盡底蘊無所
隱太宗和顏從之如不及是以貞觀間斗米三錢外户
不閉兵寢刑措庶幾唐虞之隆□□□□□□□□□
□□□望之□也公姓魏名徵字元成本魏之曲城人
新舊二史載其致君澤民行□□□如丹□□□□□
□而後見也其祠舊在縣之西門外始也□□□□門
□東壁遠宋宣和間縣令張綱別立祠□塑為貌像□
歲月滋久堂宇頹圮神像剥缺加之其地荒僻殆不副
忠臣賢輔所居吁可怪歎　今主上踐阼之明年
勅修天下忠臣義士廟宇有司以公祠　聞於胡然

久不報時縣令艾侯憫其荒□乃□卜地□□垣於南
郊外三十餘步輸已俸以還焉於是公之孫與闔境士
民貧助而成之不勞民不費財經始於十月斷手於十
二月其堂三間五架中塑公像又其孫□責彷侍立於
左東西廊廡十間各二架廟門一所使歲時祠謁者如
事其生公之在唐先有賜莊在縣北曰修善村其子孫
家焉因命鎮曰良相驛曰賢相皆以公故也公之家世
蒙給復下逮五季宋初亦然及韓魏王琦西帥也□官
其十五世孫道嚴至大觀政和間賜銀六百兩絹五十
端以彰賢臣之後　本朝定國軍節度使傅□帥諸
朝亦贈其十七世孫可祥守其先塋益令德之後也因

并紀其實以告將來不惟使後人之繼業者不墜其家
聲抑將使為人臣者以道事君措天下如貞觀之治顧
不偉歟侯字良卿屢宰劇邑所在 聲澄人畏而愛
之其德政此不悉載異時秩滿代 縣人指此祠為甘
棠之茇舍云承安三祀冬十二月晦日將 仕郎 同州教
授孫鎮謹記 進士王嘉猷篆額 修造 缺 嘉言同修
造孫璣紹祖紹先彥直彥真彥□進昇 石匠党温刊
商酒同監高安國 缺 李公弼 昭信 缺 飛騎尉石
抹守道 將仕郎同州澄城縣主簿牛顯祖書丹 徵
仕郎同州澄城縣丞劉伯仁 定遠大將軍行同州澄
城縣□□□□□□□□□伯食邑七百戶艾元老

立石

重陽子無夢令詞

高廣未考草書後款正書在陝西盩厔縣

無夢令

大道長生門户弍惺惺覺悟鈆汞緊收藏方始澄神絶

慮心慕心慕便趨蓬萊仙路　重陽子書

承安五年歲次庚申重陽日終南山祖庭靈虚觀主呂

道安畢知常立石

道士王喆自號重陽子終南山重陽祖師仙蹟

碑云師咸陽人姓王名喆字知明重陽其號又

有王重陽玉花䟽一碑在盩厔王重陽太清宮

詩刻在鹿邑陸增祥志

老君菴宋雄飛詩刻

泰和元年二月行書在陝西鄠縣觀村

京兆府學教授題名記

泰和六年三月孫通祥撰王世英正書在西安府學刻宋元祐移石經記碑陰

圭峰草堂詩行書在陝西鄠縣

遊圭峯草堂　雪岩老人

竹外谿山總是泉馬蹄無處避蒼烟圭峯面目真如在何必林間去學禪

再過草堂險難殊不見山因題詩於壁　洹山史弈
一春風土暗商顏隨牒東口我自頑今日圭峯塵障口
山靈應恠未歸山　大安改元春六十日
因陪　子晉先生泊　諸友過草堂而宿于山堂偶成
二絶　東原田𡺳
縈紆一徑繞山根野草閑花種種新要識我來林下意
不教虛負草堂春　飛花狼藉送春忙乘興來遊古道
場擬把塵心頓祛釋會須今夜宿山堂
大安元年二月初十日草堂寺主僧了琢上石　孤雲
野釋普定書　樊世忠刊
燿州寶鑑記

大安元年八月高垣撰男惟忠書在陝西鄜州五臺山

法門寺真身寶塔詩

大安二年七月僧師偉撰朱景祐正書在陝西扶風

趙秉文法語刻

石高五尺廣三尺六行行八字正書在山西平定州天寧寺

圭峰法語　趙秉文書

作有義事是醒悟心作無義事是散亂心散亂隨情轉臨行被業牽醒悟不由情臨終能轉業

大安二年十月上休日王師雄張雲卿同立石

古靈瀍語
靈光獨耀迥脫根塵體露真常不拘文字心性無染本
是圓成但離妄緣即如如佛
爲　政公長老書於榆　方丈張宣刊
按趙秉文泰和中爲平定刺史

老君庵孔朝散詩 行書在陝西郃縣
飲中用昌尙韻　天監　右峯附右後巒前如弟如兄
翠接肩償我多年憶山願此行信是不徒然　右詩積
石太守孔朝散題庵主李守一命工刻石　皇祐二年
七夕日

鄠曲社修水記

正書篆額題鄠曲重修水記六字在陝西鄠縣

鄠曲社重修食水記

惠不於心者其益大作有乎利者其行久蓋君子之心目民之害者相與除其害苟可以利人者必務興其利故其本心之惠利物之作非止加於一時使百世之下永賴其功而稱頌之雖欲湮淪無彰而其可得乎鄠之東南有村曰鄠曲右高阜左平野清渭經其北太白當其南厥田沃壤物產蕃茂則富庶甲於境内者也然土厚而泉清人龢於井汲頼有流水繚於藩籬門庭之間爲斯民之大便僉云此齊相甯戚所導之水也相之故

宅遺址猶有存者焉名之窰曲者自此始矣又村之東
北有二塚曰相之塚也歲時祭祀故俗相傳禮無少衰
蓋思其德而敬其塚猶人慕羊公之德而涙峴山之碑
也或曰初相嘗從於南山下中道遇汲者問之知其艱
於獲水乃惻然作意彤隰畎原順夫地勢渠而浚之决
赤谷之水北過於亮伏暨李義村又北過於吴家村以
至於窰曲又析水之數分入留香千童延其水之所行
及所流之多寡二者有常無相爭奪使上下居民均得
食用不假於遠負而深汲逸其所勞而易其所難噫賢
者之舉其利溥哉降及後世古道寖湮浮風殄滅衆暴
寡强陵弱溺於上流者盜夫其水甫於已而遺於衆使

夫居末流者嘗嘗曾不得洎滴以相濡構怨連禍訟於有司者積年不絕然則始之所以養人者今適足以害人是豈前賢導水之意哉夫智者創物則能者述焉明者作法則愚者守焉後之人當修廢革弊納民於軌度以利其心志以息其忿陵均水利於室家不亦懿乎儒生劉支秀者乃甯曲士人也世号富家目擊其事慨然有澄清兼善之志遂裒衆具牒請有司以請曰夫民之用水固有定制自下而上躐不得陵弱富不得兼貧苟其次序周而復始重其罰以防於姦邪明其禁以示於弗逾然後水之利可均民之訟可息不惟發揚賢相便民之餘休却亦副　國家張官所以爲民之意也時

治鄗者皆賢深然其辞判而授之一日劉與鄉友於寂
命以爲記寂曰夫述一事紀一功當在於後才傑士其
淺識寡學者將何益哉牢讓數日竟不見察褒寵居於
教坊常往來於衛曲素辱諸公之厚貽辞不獲已於是
退而援毫以書其故老之所云尔二曲高褒記　隴東
進士康節篆額　而金進士張待舉書丹　郃陽馮善
刊　武節將軍行恒州鄗縣尉張住哥　武義將軍行
恒州鄗縣簿謝恩　宣武將軍行恒州鄗縣丞驍騎都尉
周元　輔國上將軍行鳳翔路恒州鄗縣令口口　院
軍民都彈壓金源郡護國軍開國侯食邑一千户食實
封一百户完顏九住　興定五年冬下元日張通薾德

趙勝徐忠段濟張新蕭吉蕭林姚珪張維李儀江張宏
李彬本院主僧法斌道士岳欽禮閆真同立石

碑陰圖

當村擬興食水之圖　爰自上祖鄉老傳至子孫以貽
後代繼悉不絶食用至今　蕭松　蕭機　劉忠　張
再成　張挽　蕭彦　蕭聰　張進　張達　韋方
韓全　劉儀　劉濱　劉進　万俟輝
雪凝九夏凍霜寒俯壓摩口地口寬窖相央渠千古潤
物華豐美自長安　凡願食用水者碑有名不願者無
名　本社同立石人姓名于後　蕭全　張海　張端
張玉　万俟口　吕義　姫平　于存　韋進　張

房　劉玘　張從　孫千　郭政　趙口　青德　趙

唯　成直　劉安　蕭口　張溫　張祐　蕭安　魏

堅　張口　張昇　張茂　劉玉　木張平　趙口

齊　躋　成全　蕭再立　魏全　汪口　趙斌　劉仲

張直　劉潤　張口　索堅　邢辛　劉口顯　李

平　王口　宋海　劉通　王通　董德　貢口　董

立　李端　楊政　劉直　口口　董平　李蘭　張

平　張用　劉口　口口　郭真

甯曲水即金渠之上流自赤谷來者自甯曲以上為居民食水以下則灌田為金渠蓋因其地多砂不能盤井故引山水以資用迄今猶然碑稱為齊相甯戚

所開無所依据不足信也關中金石志

重刻枋口白樂天詩

高三尺八寸廣二尺二寸上題白樂天詩四字字徑四寸二行正書詩九行行十七字前後署款凡四行並行書在河南濟源縣

白樂天詩

河南尹白居易

濟源山水好老尹知之久常日聽人言今秋入吾手孔山刀劒立沁水龍蛇走危磴上懸泉澄灣轉枋口虛明見深底淨綠無纖垢仙棹浪悠揚塵纓風抖擻巖寒松柏短石古苔莓厚錦坐疊高低翠屏張左右雖無安石妓不乏文舉酒談笑逐身來管絃隨事有時逢杖錫客

或值垂綸叟相與濟忘歸自辰將及酉公門欲返鄭溪
路猶迴首早晚重來游心期罷官後

大和五年九月二十六日

大金元光元年九月一日遥授昌武軍節度判官闕

獻臣重録　前王屋縣主簿邢可大立石　匠張堯刊

按樂天枋口詩作於唐文宗大和五年當時正謂

石刻附刻馮宿詩金石録目唐白居易遊濟源詩

是也後三百九十二年重録立石馮宿詩無考矣

金主珣以河南為中京濟源枋口在其境内改元

元光之歲即宋寧宗嘉定十五年也白香山集列

此首於後集格詩題云遊坊口懸泉偶題石上并

詩中澄灣轉枋口皆作坊口錦坐疊高低句疊字

作纓亟誤

印公開堂疏　行書在陝西鄠縣草堂寺

陝西東路京兆府謹請印公堂頭作本寺山主住持爲

國開堂祝延

聖壽者　伏以法有無邊之義均度

有情佛開不二之門動歸真諦故能仁以有爲闡教達

磨以直指明心未法以來開士稀有麗行阿師笑禪爲

窐䆿猾頭黍客謗教爲恩惟干戈交持户牖自闘餅口

斂釧舉称異金酥酪醍醐各誇一味聖維時遠道待人

弘微惟印公堂頭幼歷講筵長黍性理其饒益足以資

後學其談辨足以應無窮鄉里之所歸依天龍之所回
向而况逍遥古刹宇宙福田本羅什講經之場寔定慧
談空之境口溢衆欲或墜家風眷圭峯一帶林泉竟往
爲主而曹溪千載衣鉢忍使絶傳願振一音俯矜再請
謹疏　元光二年二月中有京兆府印一方日疏　朝列大夫京
兆府判傅差出　少中大夫逼授鄜州刺史兼京兆府
治中裴滿差出　同知缺　内族昭武大將軍宣權統
軍使兼知府事完顏

碑末所書内族昭武大將軍宣權統軍使兼知府事
完顏者完顏阿打也關中金石志

辨正大師奥公僧錄銘

元光二年十二月僧方亨撰義金篆額徐乂正書

在鄠縣草堂寺

唐太宗贊三藏羅什詩 正書在陝西鄠縣

草堂詩　唐太宗皇帝贊姚秦三藏羅什法師

秦朝朗現聖人星遠表吾師德至靈十万流沙來振錫

三千弟子共翻經文舍金玉知無朽舌似蘭蓀尚有馨

堪嘆逍遙園裏事空餘明月草青青　維那僧定瑞

副寺僧祖璿　祖聆　監寺僧祖口　祖曦　正大乙

酉歲仲冬望日主持傳法沙門義金重録立石　長安

樊世亨刊

草堂寺趙閑閑詩

行書在陝西鄠縣

遊草堂

幾家籬落掩柴關盡在淨嵐擁翠間稻壠明邊通白水竹稍缺處補青山 下馬來尋題壁字拂塵先讀草堂碑平生最愛圭峯老惟有裴公無愧辭 逍遥園後紫羅木曾見春秋幾變更落葉蕭蕭風雨後却疑當日譯經聲 南山深鎖翠微空寺在南山十里東祇恠來衣袖濕不知身在翠微中 南山常讀退之詩未說煙雲潤色之要看山光如潑黛更須留待雨晴時 閑閑趙禮部

先生辭翰爭煇躍騰天下孰不仰之以謂極

盡美矣然此特窺一斑則未覩其全也　先生以道學發其本源涵泳既久妙入聖人之心法及乎得志思與天下共之遂取前賢箋注有力於聖教者以清俸刊行之俾雕章繪句之流知所歸宿庶乎士風曾變薄俗復厚此　先生之望也正大乙酉季冬奉使夏臺迴游草堂題詩七章咸陽懷古二章寺主義金係諸貞石用傳不朽姑此惡語以紀其實使觀詩者因一得三又知先生深造於道兼善於人也丙戌仲夏中伏鑑山方亨謹跋　正大三年立秋日住持沙門義金上石

閑閑詩行書清嬌惟詩云南山常讀退之詩不及烟雲潤色之余謂橫雲詩平凝黕黕露點岫案韓詩云

點點露遠岫青蘩記韓公固常道及閑閑或偶未審耳金石後錄

閑閑居士趙秉文自號也秉文字周臣滏陽人登大定二十五年進士官至禮部尚書金史有傳劉祁歸潛志云秉文詩與書皆法子端後更學太白東坡筠清館金石記

金石續編卷二十終

金石續編卷第二十一

武進陸耀遹纂　太倉陸增祥校訂

高麗

劉仁願紀功碑

正書在朝鮮國忠清道扶餘縣

□龍御天必藉風雲之力聖人膺運亦待將帥之功方石□□於□□□東馳聲於强其能繼□□□詠者惟有劉將軍乎君名仁願字士元雕陰大斌人也十士開家□□建旟於東國介茅錫壤王孫杖節於北疆三楚盛其衣襟六郡稱其軒冕介枝布葉可略而言高祖□□□常侍□□□遂將軍徐州大中正彭城穆公屬魏室

尔朱陵虐東京□喪□□西遷陪奉鑾輿從居關内尋
除鎮北大將軍持節都督河北諸軍事綏州刺史因官
食□仍□居□□鼓□□□□□北州之望曾祖平鎮
北大將軍朔方郡守綏州刺史上開府儀同三司襲爵
彭城郡開國公祖懿周驃騎大將軍儀同三司使持節
綏州諸軍事綏州總管□州刺史彭城郡開國公父大
俱　皇朝使持節同綏二州總管兼四州諸軍事綏
州刺史尋遷都督左武衛將軍右驍衛大將軍勝夏二
州道行軍總管冠軍大將軍領軍大將軍上柱國別封
□城郡開國公並桂馥蘭芬金貞玉朗名高大樹譽著
詞林珪璋閥閱見於斯矣公□□河□資靈嶽瀆牆字

嶷峻孝敬日躋命偶昌期逢時遇主欽明啟運光宅普
天　文皇乃聖乃神乃文乃武并吞六合席卷八荒
旁訪群材用康大夏英髦特達幽顯必臻君以地藉膏
腴門承勳業令聞之譽僉議攸歸起家為宏文館學士
□□□衛□□□□□□旅力□健膽氣過人嘗
從出遊手格猛獸□□□□□□□　太宗深歎異
之特加賞賜即降殊恩詔入仗內供奉貞觀十九年
太宗親馭六軍省方遼碣千乘雷動萬馬雲屯□□邇
□巢下高麗賊臣蓋蘇文獨生攜貳鳩聚亡命招納姦
宄因其君長擧兵稱亂□□□衆敢抗王師　皇赫
斯怒龔行天伐兵鋒初到君次□□其□東蓋牟□□

□一城□□匡□新城安地等三郡虜其大將延壽惠
眞俘其甲卒一十六萬君身預戎旃日奉羈靮前茅後
殿每陣先登摧強陷堅同於拉朽戰勝功定□□□揮
□□□□賜物乘一匹銀□□□□□弓一張大箭
三百隻並是供奉御仗特加褒異遼東□還累□□勳
功加□□□□□□超拜上柱國□□□□□領□
别□黎陽縣開國公擢授右武衛鳳鳴府左果毅都尉
歷領□□□□門長上廿一年任行軍子總管隨英國
公李勣經略延陀並迎接車駕安撫九姓鐵勒行還改
授右□郎將依舊廿二年又任子總管向遼東經略□
事除名其年更授右武衛□□□□□通府果毅廿三

年　太宗宮車晏駕宗廟社稷不可一日無□
儲皇諒闇纂戎繼極 缺 周邦雖舊厥政惟新凡百庶官
勉修其職君以勇略見知材明被用未踰朞月又蒙
今上驅使永徽二年更入鐵勒撫慰行 缺 勑簡折衝
果毅宏明堪統領者隨機處分君受□經略頓度遼東
慈山道行軍子經略隨盧國公程知節討□賀魯還從
幸洛陽顯慶元年遷左驍衛郎將二年應詔舉文武高
第升進三階復命鐵勒安撫四年入吐谷渾及吐祙宣
勞五年授嵎夷道行軍子總隨邢國公蘇定方平破百
濟執其王扶餘義慈並太子隆及佐□□率以下七百
餘人自外酋領古魯郡太泰武進扶餘□生受延尔普

羅等並見機而作立功歸順或入趨　□闕或外□□
□□□合境遺黎安堵如舊設官分職各有司存即以
君為都護蕭知留鎮新羅王春秋亦遣少子□泰同域
固守雖夷夏有殊長幼懸隔君綏和接待恩若弟兄功
業克就蓋由於□然□周武平殷商奄紀叛漢定西域
疏勒被圍餘風未殄人懷草寇鑾貊之俗易動難安況
北方逋冦元来未附既見雕戈東邁錦纜西浮妖孽侏
張仍圖返逆即有偽僧道琛偽將率鬼室福信出自閭
巷為其魁首招集狂狡堡據任存蜂屯猥起弥山滿谷
假名盜□並号將軍聚城破邑漸入□部運井刊木壞
宅焚廬所過殘滅略無遺進凶威既遏人皆脅從布棚

連營攻圍留鎮雲梯俯瞰□□旁通擊石飛□星奔雨
落晝夜連戰朝夕□□□□□□□□□然高枕
不與爭鋒堅甲利兵□□□□□□□其弊賊等曠日
持久力竭氣衰乃陰行間諜際其□卒隕擠下缺

年月缺攷唐書東夷傳當在龍朔麟德之間

吳縣潘氏攷為龍朔元年陸增祥志

新羅國王金法敏碑

正書在朝鮮慶尚道慶州府善德王陵下

新羅文武王陵之碑

上缺後兵殊配天統物畫野經圻積德□□匡時濟難應
神缺靈命缺派鯨津氏映三山之闕東拒開梧之境南

鄰□桂之□□接黃龍駕朱蒙缺承白武仰缺閶盡善
其能名實兩濟德位兼隆地跨八貧勲超三□巍巍蕩
蕩不可得而稱者我新羅缺君靈源自負繼昌基於八
官之后峻構方隆由是克□□枝載生英異秺侯祭天
之胤傳七葉以缺焉　十五代祖星漢王降質圓穹
誕靈仙岳肇臨□□似對玉欄始蔭祥林如觀石紐坐
金輿而缺大王思術深長風姿英拔量同江海威若雷
霆□地□□□方卷跡停烽罷候萬里澄氣克勤開缺
簡□之德內平外成光大之風邇安遠肅□功盛□□
□於將來疊粹凝貞垂裕於後裔缺挹□舍謙乃聖哲
之奇恩以撫人寬以御物□□□□知其際承德者咸

識其鄰聲溢閒河缺峯而疏斡契半千而誕命居得一
以□□照惟幾於丹府義符性與洞精鑒缺恬□輔賢
情源淮〻吞納□□襟□□□□□握話言成範容
止可觀學綜古缺之訓姬室拜橋梓之缺大唐太宗文
武聖皇帝應鴻社缺宮車晏駕遏密在辰以缺舜海而
害有截懸堯景以燭無垠缺著□□□而光九列掌天
府以缺感通天使息其青蘋安然利涉缺近遠鄰好頻
行首鼠之謀外信缺熊津道行軍大總管以君王缺列
陣黄山蝟聚鴟張欲申距缺至賊都元惡泥首轅門佐
吏缺三年而已至龍朔元年缺所寶惟賢為善最樂悠
仁缺朝野懽娛縱以無為無缺睨更與泰伯之基德缺

之風北接挹雟蜂缺詔君王使持節缺軍落於天上旌
缺之謀出如反手巧缺丸山有紀功之將以缺直九合
一匡東征西缺宮前寢時年五十六缺牧哥其上狐兎
完其傷缺燒葬即以其月十日火缺姚天皇大帝缺王
禮也君王扃暈缺國之方勳恤於八政缺歸乃百代之
賢王寔千缺猜徽如士不假三言識駿缺而開拍髮鬚
濠梁延錦石以缺之實聆嘉聲而霧集為是朝多缺即
入昇忘歸射熊莫返太子雜缺冂青洽於麟閣竹帛斁
於芸臺缺餘下拜之碣迺為銘曰
缺侍星精缺域千枝延照三山表色盛德遐傳缺道德
像棲梧缺允武允文多才多藝憂人吞蜂尊缺九伐親

命三軍缺威恩赫奕茫〻沮澱事來充徒蠢缺欽風丹
甑屢出黄　鎮空缺雄赤鳥呈央黄熊表崇俄隨風燭
忽缺命凝真貫道賤身欽味擇　葬以積薪缺滅粉骨
鯨津嗣主允恭因心孝友罔缺鴻名與天長兮地久
唐開耀開立
顧氏之讖云韓訥儒書金□□撰文陸增祥志

泰德寺鍾銘
二十四行行三十字正書陽文在高麗

聖德大王銅鍾之銘
朝散大夫兼太子朝議郎翰林郎金弼奚奉　教撰
夫至道包含於形象之外視之不能見其原大音震動

於天地之間聽之不能聞其響是故憑開假說觀三真之奥載懸舉神鐘悟一乘之圓音夫其鐘也稽之佛生則驗在於罽膩尋之常鄉則始制於鼓延空而能鳴其響不竭重為難轉其體不褰所以

王者元功克銘其上羣生離苦亦在其中也伏惟

聖德大王德共山河而並峻名齊日月而高懸舉忠良而撫俗崇禮樂而觀風野務本農市無濫物時嫌金玉世尚文才不意子虛有心老誠四十餘年臨邦勤政一無干戈驚擾百姓口口四方鄰國萬里歸賓惟有欽風之望未曾飛矢之窺燕秦用人齊晉替覇豈可並輪雙轡而言矣雙樹之期難測千秋之夜易長宴駕已來於

今三十四年也頃者　孝嗣景德大王在世之日
繼守不業監撫庶機早膺　慈規對星霜而起戀
重違　嚴訓臨闕殿而增悲追遠之情轉懷益䰟
之心更切敬捨銅一十二萬斤欲鑄大鍾一口立志未
成奄爲就世今　我聖上行合　祖宗意符
至理殊祥異於千古令德冠於當時六御龍雲蔭洒於
玉階九天雷鼓震響於金闕草木之林離〻乎外境非
煙之色熿〻乎京師此則報兹誕生之日應其臨政之
時也仰惟大君恩若地平化黔黎於仁教心如天鏡奬
人子之孝誠是知朝於元舅之賢夕於忠臣之輔無言
不擇何行有僁乃顧遺言遂成宿意爾其有司辦事工

匠畫模歲次大淵月惟大呂是時日月借暉陰陽調氣風和天靜神器化成狀如嶽立聲若龍吟上徹於有頂之巔潛通於無底之下見之者稱奇聞之者受賜顧茲妙因奉翊　尊靈聽普聞之清響登無說之法筵契三明之勝心居一乘之真境乃至瓔珞之叢共金柯以永茂邦家之業將鐵圍而弥昌有情無識慧海同波咸出塵區並昇覺路臣溺叅文拙無才敢奉　聖詔貸班埏之筆隨陸佐之言述其　明旨銘記於鐘也其詞曰

紫極驂象黃輿啓方山河鎮別區宇分張東海之上衆仙所蔵地居桃竪界接扶桑爰有我國合為一鄉元元

聖德曠代弥新妙〻清化遐迩克臻將恩被遠與物均
霑茂矣千葉安乎萬倫愁雲忽脫慧日無春恭〻孝嗣
繼業於機治俗仍古移風豈違日思嚴訓常慕慈輝更
以修福天鐘為祈偉我我后盛德不輕寶瑞頻出靈符
每生主賢天佐時泰國平追遠惟勤隨所願成乃顧遺
命于斯寫鐘神人奬力珍器形容震威暘谷清韵朔峯
聞見俱信芳缘允鍾能保魔鬼救之魚龍圓空神體方
現聖蹤永是鴻福恒〻轉重

大曆六年歲次辛酉十二月十四日鑄鐘

按大曆六年是辛亥辛酉是建中二年傳寫之
誤抑碑有誤耶陸增祥志

寶林寺普照塔銘

正書在高麗

新羅國武州迦智山寶林寺謚普照禪師靈塔碑銘

朝請郎守定邊府司馬賜緋魚袋金穎撰

闓夫禪境元寂正覺希夷難測難知如空如海故龍樹師子之尊者喻芭蕉於西天宏忍惠能之祖師譚醍醐於震旦蓋歸因果之跡離色相之鄉登大牛之車入罔象之域是以智光遠照惠澤遐流灑法雨於昏衢布慈雲於覺路見空者一息而越彼邪山有為則永劫而滯於黑業矧乎末法之世像教紛紜罕契真空互持偏見如擘水求月搓繩繫風徒有勞於六情豈可得其至理

其於衆生為舍那舍那為衆生衆生不知在舍那法界之中縱横造業舍那亦不知衆生在苞含之内湛然常寂豈非迷耶如此迷者大不迷矣知其迷者惟我禪師乎或謂此說為蔓落之言吁道經云上士聞道崇而奉之中士聞道若存若亡下士聞道撫掌而笑不笑不足以為道也此之謂矣禪師諱體澄宗姓金熊津人也家承令望門襲仁風是以慶自天鍾德從嶽降孝義旌表於鄉里禮樂冠蓋於軒裳者也禪師託體之年尊夫人夢日輪駕空乘光貫腹因之驚悟遂覺有懷及逾朞月不之誕生尊夫人追尋瑞夢誓禱良因膳徹服脩飲斷醪醴胎訓淨戒隨事福田由是克解分尊之憂允叶美

璋之慶禪師貌雄嶽立氣潤河靈輪齒自然金髮特異
閭里聲歎親戚咸驚從繈褓之年宛有出塵之趣登齠
齔之歲永懷捨俗之緣二親知其富貴難留財色莫繫
許其出家遊學策杖尋師投花山勸法師座下聽　為
業摳衣請益夙夜精勤觸目無遺歷耳必記常以　治
麤鄙澡練僧儀積仁順而煩惱蠲除習虛靜而神通妙
用超然出衆卓尔不羣後以大和丁未歲至加良峽山
普願寺受具戒一入壇場七宵行道俄有異雉忽尔馴
飛有稽古者曰昔向陳倉用顯霸王之道今來寶地將
興法主之徵者焉初道儀大師者受心印於西堂後歸
我國說其禪理時人雅尚經教與習觀存神之法未臻

其無為任運之宗以為虛誕不之崇重有若達摩不過梁武也由是知時未集隱於山林付法於廉居禪師居雪山億聖寺傳祖心闡師教我禪師往而事焉淨修一心求出三界以命非命以軀非軀禪師察志氣非偶素累殊常付元珠授法印至開成二年丁巳與同學貞育虛會等路出滄波西入華夏參善知識歷三五州知其法界嗜欲共同性相無異乃曰祖師所說無以為加何勞遠適止足意與五年春二月隨平盧使歸舊國化故鄉於是檀越傾心釋教繼踵百川之朝巨壑羣領之宗鷲山未足為喻也遂次武州黃壑蘭若時大中十三祺龍集於析木之津憲安大王即位之後年也大王聆風

仰道勞於夢魂願闢禪扉請入京轂夏六月教遣長沙
縣副守金彥卿齎茶藥迎之所以處雲巖之安兼勵結
戒之月託淨名之病陳六祖之辭冬十月教又遣道俗
使雲巖郡僧正連訓法師奉宸馮瑄等宣諭綸旨請移
居迦智山寺遂飛金錫遷入山門其山則元表大德之
舊居也表德以法力施於有政是以乾元二年特教植
長生標柱至今存焉宣帝十四年仲春副守金彥卿夙
陳弟子之禮嘗為入室之賓減清俸出私財市鐵二千
五百斤鑄盧舍那佛一軀以莊禪師所居梵宇教下望
水里南等宅共出金一百六十分租二千斛助充裝飾
功德寺隸宣教省咸通辛巳歲以十方施資廣其禪宇

慶畢功日禪師茲焉虹之與蜺貫徹堂內分輝耀室遲
彩燭入此乃堅牢告祥娑迦表瑞出廣明元年三月九
日告諸依止曰吾今生報業盡就六兆成汝等當善護
持無至囑急至孟夏中旬二日雷電一山自酉至戌十
三日子夜上方地震及天曉右脇卧終享齡七十有七
僧臘五十二於是弟子英惠清奐等八百餘人義深考
妣情戚乾坤追慕攀號聲動溪谷以其月十四日葬於
王山松臺壘塔安厝嗚呼禪師名留於此魂魄何之生
離五濁超十八空樂寂滅而不歸遺法林而永秀豈惟
濟生靈於沙界實亦禆聖化於三韓禮云別子為祖康
成注云子若始来在此國者後世以為祖是以達摩為

磨第一祖我國則以儀大師為第一祖居禪師為第二祖我師為第三祖矣中和三年春三月十五日門人義軍等纂集行狀遠詣王居請建碑銘用光佛道聖上慕眞空之理閱嚴師之心教所司定謚曰普照塔号彰聖寺額寶林褒其禪宗禮也翌日又詔微臣修撰碑讚垂裕後人臣兢惶承命直筆為詞但以供奉宸衷敢避文林嗤哂詞曰

禪心不定兮至理歸空如活琉璃兮在有無中神莫通照兮鬼其敢衝守無不足兮施之無窮劫盡恒沙兮妙用靡終其一寂廓含那苞育萬物蠢蠢衆生遑舍那律二既用體復誰是佛迷之又迷道乃斯畢其二大哉禪師生

平海域克鍊菩提精修惠德觀空離空見色非色强稱
為印雖名所得其三有為世界無數因緣境來神動風起
波翻須調意馬勸伏心猿以斯為寶施於後賢其四乘波
若舟涉愛河水彼岸既登惟佛是從牛車已到火宅任
燃法相雖存哲人其萎其五叢林無主山門若空錫放象
虎鉢遺擎龍惟餘香火追想音容刊此貞石祀法將雄
其六

中和四年歲次甲辰季秋九月戊午朔旬有九日丙
子建

按顧氏之讜云金遼書七行以下金彦卿書金
潁文碑在朝鮮長興 陸增祥志

雙谿寺真鑒銘

高八尺六寸廣四尺二寸三十
八行行七十字正書在高麗

有唐新羅國故知異山雙谿寺　教諡真鑒禪師
碑銘并序

前西國都統巡官承務郎侍御史内供奉賜紫金魚
袋崔致遠奉　教撰并書　額

夫道不遠人人無異國是以東人之子為釋為儒口也
西浮大洋重譯從學命寄刻木心懸寶洲虛往實歸先
難後獲亦猶采玉者不憚崐丘之峻採珠者不辭驪壑
之深遂得慧炬則光融五乘嘉肴則味飫六籍競使千
門入善能令一國興仁而學者或謂身毒與闕里之說

教也分流異體圜鑿方枘互相矛楯守滞一隅嘗試論之說詩者不以文害辭不以辭害志禮所謂言豈一端而已夫各有所當故廬峯慧遠著論謂如来之與周孔發致雖殊所歸一揆禮極不兼應者物不能兼受故也沈約有云孔發其端釋窮其致真可謂識其大者始可與言至道矣至若佛語心法㘝之又㘝名不可名說無可說雖云得月指或坐忘終類係風影難行捕然陟遐自邇取譬何傷且尼父謂門弟子曰予欲無言天何言哉則彼淨名之默對文殊善逝之密傳迦葉不勞鼓舌能叶印心言天不言捨此奚適而得遠傳妙道廣燿吾鄉豈異入乎禅師是也禅師法諱慧昭俗姓崔氏其先

漢族冠蓋山東隋師征遼多没驪貊有降志而為遐眊
者爰及　聖唐囊括四郡今為全州金馬人也父
曰昌元在家有出家之行毋顧氏嘗晝假昧夢一梵僧
謂之曰吾願為阿孃之子因以瑠璃甖為寄未幾娠禪
師焉生而不啼廼夙挺銷聲息言之勝芽也既亂從戲
必燒葉為香采花為供或西嚮危坐移晷未嘗動容是
知善本固百千劫前所栽植非可跂而及者自丱口弁
志切反哺跬步不忘而家無斗儲又無尺壤可盜天時
者口腹之養惟力是視乃裨販娵隅為贍滑甘之業手
非勞於結網心已契於忘筌能豐啜菽之資允叶采蘭
之咏暨鍾罅棘負土成墳廼曰鞠育之恩聊將力報荷

微之旨盡以心求吾豈匏瓜壯齡滯跡遂於貞元廿年詣嵗貢使求為㩦人寓足西泛多能事視險如夷揖檝慈航超截苦海及達彼岸告國使曰人各有志請從此辭遂行至滄州謁神鑒大師投體方半大師怡然曰戲別匪遥喜再相遇遽令削染頓受印契若火消爕艾水注卑邃然從中相謂曰東方聖人於此復見禪師形兒黯然衆不名而目為黑頭陁斯則探玄處默真為㴱道人後身豈比夫邑中之黔能慰衆心而已哉永可與赤鬚青眼以色相顯示矣元和五年受具於嵩山少林寺瑠璃壇則瞿善前夢宛若合符既瑩戒珠復歸橫海聞一知十茜絳藍青雖止水澄心而斷雲浪跡寓有鄉

僧道義先訪道於華夏邂逅適願西南得明四遠忝尋
證佛知見義公前歸故國禪師即入終南登萬仞之峯
餌松實而止觀寂寂者三年後出紫閣當四達之道織
芒屩而廣施憧憧者又三年於是苦行既已修他方亦
已遊雖曰觀空豈能忘本乃於大和四年來歸大覺上
乘昭我仁域　興德大王飛鳳筆迎勞曰道義禪師歸
已歸止上人繼至為二菩薩昔聞黑衣之傑今見縷褐
之英弥天慈威舉國欣賴寡人行當以東雞林之境成
吉祥之宅也始憩錫於尚州露岳長柏寺毉門多病來
者如雲方丈雖寬物情自隘遂步至康州知異山有數
於菟哮吼前導避危從坦不殊俞騎從者無所怖畏豢

太如也前與善無畏三藏結夏靈山猛獸前路果入山
穴見牟尼立像死同事跡彼竺曇猷之扣睡虎頭令聽
經亦未專嶽於僧史也因於花開谷故三法和尚蘭若
遺基纂修堂宇儼若化成洎開成三年　慇哀大
王驟登寶位探詆國慈降璽書餽齎貿而別求見願禪
師曰在勤修善政何用頻為使復于　王聞之愧
悟以禪師色空雙泯定慧俱圓降使賜号為慧昭字
避
聖祖廟諱易之也仍貫籍于大皇龍寺徵詣京邑星使
往復者交轡于路而岳立不移其志昔僧稠拒元魏之
三召云在山行道不爽大通棲幽養高異代同趣居數

年請益者稻麻成列殆無雖地遂歷詮奇境得南嶺之
麓契巖居最經始禪廬却倚霞岑俯瞰雲澗清眼界者
隔江遠岳爽耳根者迸石飛湍至如春豁花夏徑松秋
壑月冬嶠雪四時變態萬象交光百籟和唫千巖競秀
嘗遊西土者至止咸愕視為遠公東林移歸海表蓮花
世界非凡想可擬壺中別有天地則信也架竹引流環
階四注始用玉泉為勝屈指法胤則禪師乃曹溪之國
孫是用建六祖影堂彩飾粉墉廣資導誘經所謂為悅
衆生故綺錯繪衆像者也大中四年正月九日詰旦告
門人曰萬法皆空吾將行矣一心為本汝等勉之無以
塔藏形無以銘紀跡言竟坐滅報年七十有七積夏四

十一于時天無纖雲風雲欻起虎狼號咽杉栝變衰俄
而紫雲騰空、中有彈指聲會葬者無不入耳則采史
載褚侍中翔嘗請沙門為母疾祈福聞空中彈指聖感
寔應豈誣也哉凡志於道者寄聲相弔未亡情者銜悲
以泣天人痛悼斷可知矣蠢爾幽隧預使備具弟子法
諒等號奉色身不踰日而窆於東峯之冢遵遺命也禪
師性不散樸言不由機服爕組麤食甘糠麩莘菽雜糅
蔬佐無二貴達時至嘗不異饌門人以椽腹進難則曰
有心至此雖糲何害尊卑耋穉接之如一每有　王
人乘馹傳命遥祈法力則曰凡居　王土而戴佛日
者孰不傾心護念為　君貯福亦何必遠污

綸言於枯木朽株傳乘之飢不得飤渴不得飲吁可念
也或有以胡香為贈者則以瓦載煻灰不為丸而焫之
曰吾不識是何臭虔心而已復有以漢若為供者則以
新甕石瓮不為屑而烹之曰吾不識是何味濡腹而已
守真并俗皆此類也雅善梵唄金玉其音側調飛聲爽
快哀婉能使諸天歡喜永於遠地流傳學者滿堂誨之
不倦至今東國習魚山之妙者競知掩鼻效玉泉餘響
豈非以聲聞度之之化乎禪師泥洹當
僖櫟將寵淨諡及開遺戒
文聖大王之朝上側
愧而寢之越三紀門人以陵谷為慮扣不朽之緣於慕
法弟子內供奉一吉干揚音方崇文臺鄭詢一斷金為

心勒石是請
獻康大王恢弘至化欽仰真宗追謚真鑒禪師大空靈
塔仍許篆刻以永終譽懿乎日出暘谷無幽不燭海岸
種香久而弥芳或曰禪師垂不銘不塔之戒而降及西
河之徒不能確奉先志求之與抑與之與適足為白珪
之玷噫非之者亦非也不近名而名彰蓋定力之餘報
與其灰滅電絶曷若為可為於可為之時使聲振大千
之界而龜未戴石　龍遽昇天　今上繼興塤
箎相應義諧付囑善者從之以隣岳招提有玉泉之號
為名所累衆耳致惑將俾弃同即異則宜捨舊從新使
睠其寺之所枕倚則以門臨複澗為對乃錫題為雙溪

焉申命下臣曰師以行題汝口又進宜為銘致遠拜手
曰唯〻退而思之頃捕名中州嚼腴咀雋於章句間未
能盡醉衢罇唯愧深詮泥藝況法離文字無地措言苟
或言之北轅適郢第以國主之外護門人之大願非文
字不能昭〻乎尋目遂敢身從兩役力效五能雖石武
憑焉可慚可懼而道雖名也何是何非掘筆藏鋒則臣
豈敢重宣前義謹札銘云
杜口禪郡歸心佛隨根熟菩薩因之靡宅猛探禹竊遠
泛之鯨波去傳秘印來化斯羅尋幽選勝卜築嚴磴水月
澄懷雲泉寄興山與性寂谷與梵應觸境無礙息機是
證道贊五朝威摧衆妖黙番慈蔭顯拒嘉抬海自飄蕩

山河動搖無思不服□□□□□□□□□必脩風雨如晦始終一致慧柯方秀法棟俄　洞鑿遼嶺蹔蘿憔悴人亡道存終不可諼□士陳願大君流恩燈傳海裔塔聳雲根天衣佛石永耀□門　僧慶榮刻字

碑字妍秀其上折後半徵缺一角在晉州牧知羅山羅麗琳琅考「當在光啓

趙氏義卿海東金石存云崔致遠入唐求學登乾符二年第光啟中歸國卒謚文昌侯從祀高麗文廟陸增祥志

聖住寺朗慧塔銘

卷二十一

高一丈一尺廣六尺二寸五十
八行行九十六字正書在高麗

有唐新羅國故兩朝國師教諡大朗慧和尚白月葆光
之塔碑銘并序
淮南入本國送國信詔書等使前東面都統巡官承
務郎侍御史內供奉賜紫金魚袋臣崔致遠奉教撰
帝唐揃亂以武功易元以文德之年暢月月〻缺之七日
日蘇咸池時海東兩朝國師禪和尚盥浴已趺坐示滅
國中人如喪左右目矧門下諸弟子乎嗚呼應東身者
八十九春服西戒者六十五夏去世三日倚繩座儼然
面如生門人詢乂等號奉遺骸假殯禪室中上聞之震
悼使駛弔以書賻以穀所以資淨供而贈元福越二年

攻石封眉家聲聞玉京菩薩戒弟子武州都督蘇判鎰
執事侍郎寬柔貝江都護咸雄全州別駕英雄皆王孫
也維城輔君德險道賴師恩何必出家然後入室遂與
門人昭元大德釋通賢四天王寺上座釋愼符議曰師
云亡君為慟奈何吾儕忍灰心木舌歟緣飾在弍之義
乎迺白黑相應請贈謚暨銘塔教曰可旋命王孫夏官
正卿禹珪台桂莚行人侍御史崔致遠至蓬萊宮因得
並琪樹上瑤墀跽俟命珠箔外上曰故聖住大師眞一
佛出世昔文考康王咸師事福國家為日久余始克纘
承顧繼餘先志而天不憗遺益用悼厥心余以有大行
者授大名故追謚曰大朗慧塔曰白月葆光乃脅西省

絲染錦歸顧文考選國子命學之康王視國士禮待之若宜銘國師以報之謝曰主臣殿下恕罪饒浮秕桂飽餘膏俾報德以文固多天幸第大師於有為澆世演無為秘宗小臣以有限麽才紀無限景行弱轅載重短綆汲深其或石有異言黽無善頌決叵使山輝川媚反嬴得林慙澗愧請筆路斯避上曰好讓也蓋吾聞國風善則善已然苟不能是聽用黃金牓為尔勉之遽出書一編大如椽者俾中涓授受乃門弟子所默狀也役口之西學也彼此俱為之而為師者何人為役者何人豈心學者高口學者勞耶故古之君子慎所學抑心學者立德口學者立言則彼德也或憑言而可稱是言也或倚

德而不朽可稱則心能遠示乎來者不朽則口亦無慙
乎昔人為可為於可為之時復爲敵膠讓乎篆刻始繹
如椽狀則見大師西遊東返之歲年稟戒悟禪之因緣
公卿守宰之歸仰像殿影堂之開刱故翰林郎金立之
所撰聖住寺碑叙之詳矣爲佛爲孫之德化為君為師
之聲價鎮俗降魔之威力鵬顯鶴歸之動息贈大傅獻
康大王親製深妙寺碑録之備矣頑腐儒之令作也止
宜標我師就般涅盤之期與吾君崇窣堵婆之号而已
口將手議役將自適其適這有上足苾芻來趣蔡曰語
及斯意則曰立之碑立之久矣尚闕數十年遺芙大傅
王神筆所紀口蓋顯示殊遇云尒吾子口嚼古賢書面

飲令君命耳飫國師行自醉門生狀宜廣記而倘言之
殆貽厥可畏俾原始要終脱西笑者或袖之脱西人笑
則幸甚吾敢求益予無憚煩狂奴態率尔應曰僕編若
者師買采乎遂絆猿心强摇菟翰憶得西漢書留侯仙
口云良所與上從容言天下事甚衆非天下所以存亡
故不著則大師時順間事蹟舉〻者星繁非所以警後
學亦不書自許窺一斑於班史然於是乎管述曰光盛
且實而有暉八紘之質者莫均乎曉日氣和且融而有
孚萬物之功者莫溥乎春風惟俊風與旭日俱東方自
出也則天鍾斯二餘慶嶽降于一靈性俾挺生君子國
特立梵王家者我大師其人也法號無染於圓覺祖師

為十世孫俗姓金氏以武烈大王為八代祖大父周川
品眞骨國有五品曰□兩曰眞骨曰得難言貴姓之難得文賦云或求易而得難從言六頭品數多為
貴猶□命至九四五品不足言與位韓粲高曾出入皆將相戶知之父
範清族降眞骨一等曰得難晚節追蹤趙文業母華氏
魂交覩脩臂天垂受敷花因有娠幾踰時申夢胡道人
自稱法藏授十護充胎教過朞而誕大師阿孩方言僧□與華
無異時行坐必掌合趺對至與羣兒戲畫瓊聚沙必摸樣
像塔而不忍一日違膝下九歲始皷篋目所覽口必誦
人稱曰海東神童跨一星終有臨九流意入道先白母
〻念已前夢泣曰誇方言許諾後謁父〻悔已晚悟喜曰善
遂零染雪山五色石寺□精嘗藥力銳補天有法性禪

師嘗扣驟伽門于中夏者大師師事數年橝索無子遺
性歎曰迅足驟〻後發莿至吾於子驗之吾懊矣無餘
勇可買於〻子矣如子者宜西也大師曰夫夜黽易惑空
縷雖分兩非緣木可求兎非守株可待故師所教已所
悟乎有所長荷珠入斯来則蜣蜣可弃凡志於道者何
常師之有尋逡去問驃訶健挈於浮石山釋燈大德曰
敵三十夫藍菡沮卒色顧竊盃之譬日東面而望不見
西墻彼岸不遥何必懷土遽出山並海覩西泛之緣會
國使歸瑞鄭家魏下任足而西及大洋中風濤欻顛怒
巨艑數人不可復振大師與心友道亮跨隻板恣業風
通星半月餘飄至劒山島杷行之碕上悵然甚久曰魚

腹中幸得脱身龍頷下庶幾攜手我心匪石其退轉乎
洎長慶初朝正王子昕艤舟唐恩浦請寓載許焉既達
之眾山巉顧先難後易土揖海若曰戰風珍重鯨波好
魔行至大興城南山至相寺遇説雜花者猶在浮石時
有一磐頽耆年言提之曰遠欲取諸物孰與認而佛大
師舌底大悟自是置翰墨遊歷佛光寺問道如滿〻佩
江西印為香山白尚書樂天空門友者而應對有慙色
曰吾閲人多矣罕有如是新羅子他日中國失禪將問
之東夷耶去謁麻谷寶徹和尚服勤無所擇人所難已
必易衆目曰禪門庾異行口徹公賢苦節嘗一日告之
曰昔吾師馬和尚訣我曰春蘤繁秋實寡攀道樹者所

悲吒今授君印異日徒中有奇功可封者封之無使刓
復云東流之說蓋出鉤讖則彼日出處善男子根殆熟
矣若〻得東人可目語者畎道之俾惠水亙冒於海隅
為德非淺師言在耳吾善若徠今印焉俾冠禪侯於東
上往欽哉則我當年作江西大兒後世為海東大父其
無慙先師矣乎屆無何口師化去壘巾離首乃曰筏既
捨矣舟何繫焉自尔很遊飄〻然勢不可遏志不可奪
於渡汾水登崞山跡之古必尋僧之眞必詣凡所止舍
遠人烟大要在安其危甘其苦役四體為奴虜奉一心
為君主就是中顓以視蔫瘵恤孤獨為已任至祁寒酷
暑且煩暍或皸瘃侵曾無勸容耳名者不覺遥禮躡作

東方大菩薩其三十餘年行事也其如是會昌五年來
歸帝命也國人相廖曰連城璧復還天實為之地有幸
也自是請益者所至稻麻矣入王城省母杜大歡喜曰
顧吾疇昔夢乃非優曇之一顯耶願度來世吾不復撓
倚門之念也已矣迺北行擬回選終焉之所會王子昕
懸車為山中宰相邂逅適願謂曰師與吾俱祖龍樹乙
粲則師內外為龍樹令孫真瞠若不可及者而滄海外
躡蕭湘故事則親舊緣故不淺有一寺在熊川州坤隅
是吾祖臨海公（祖諱仁問唐醻伐濊貊功封為臨海郡公）受封之所間刦裹
沵曾金田半灰匪慈哲孰能興滅繼絶可強為朽夫住
持乎大師荅曰有緣則住大中初始就居且盻飭之俄

而道大行寺大成繇是四遠問律輩視千里猶跬步其
嚴不億實繁有徒大師猶鍾待扣而鏡忘罷至者靡不
以慧炤導其目法喜娛其腹誘憧憧之躅變雚雚之俗
文聖大王聆其運為莫非裨王化甚恕之飛手教優勞
且多大師答山相之四言易寺牓為聖住仍編錄大興
輪寺大師疇使者曰寺以聖住為名招提固所為榮至
寵庸僧濫吹高籍寔避風斯媲而隱霧可慰矣時意安
大王與檀越季舒發韓魏斯為南北相各居其官從左右往遥展
攝齊禮贄以君辞使無虛月至使名覊東國土流不識
大師門為一世著得禮足者俛必嗜曰面謁倍百乎耳
闈口未出而心已入抑有猴虎而冠者亦熄其戇譁其

旋而僥犇馳善道暨憲王嗣立賜書乞言大師答曰周豐對魯公之語有旨敕書在禮經請銘座側遠贈太師先大王即位欽重如先朝志而日加厚焉最所施為必馳問然後舉咸通十二年秋飛鵠頭書以傳名曰山林何親城邑何陳大師謂生徒曰遽命伯宗深慙遂公然道之將行也時乎不可失念付孎故吾其往矣欲尔至轂下及見先大王冕服拜為師君夫人世子既大弟相國追奉尊謚惠成大王羣公子公孫環仰如一一如古伽藍繢壁面寫出四方諸國長侍勃陁樣式上曰弟子不佞小好屬文嘗覽劉勰文心有語云滞有守無徒銳偏解欲詣真源其般若之絶境則境之絶者或可聞乎大師對曰

境既絕矣理無矣斯印也默行尔上曰寡人固請少進
爰命徒中錚〻者更手撞擊舂容盡聲剖滞祛煩若商
颸之劃陰靄然於是上大喜懊見大師晚曰恭已南面
司南南宗舜何人歟余何人也既出卿相延逕與謀不
暇士庶趍承欲去不能自是國人皆認衣珠隣叟罷窺
無玉焉俄苦樊筱中即亡去上知不可強迺降芝檢以
尚州深妙寺不遠京請禪那別館辭不獲往居之一日
必蕆儼若化城乹符三年春先大王不豫命近侍曰亟
迎我大醫王來使至大師曰山僧足及王門一之謂甚
知我者謂聖住為無住不知我者謂死染為有染乎然
顧與吾君有香火因緣忉利之行有期矣盍就一訣復

步至王屋設藥言施藏戒覺中愈擧國異之既踰月獻
康大王屋㙼室泣命王孫勛榮諭旨曰孤幼遭閔凶未
能知政致君奉佛誧濟海人與獨善其身不同言也舉
大師無遠適所居唯所擇對曰古之師則六籍在今之
輔則三卿在老山僧何為者坐蝗蠹桂玉哉就有三言
庸可留獄囚能官人㙼日挈山裝鳥逝自尓騎置傳訊
影癡巖溪遲人知往抵聖住即皆雀躍叢手易轡處滞
王程尺寸地甶是驕常待倫伍得急宣為輊擧軋待帝
錫命之歲令國內舌杪有可道者貢興利除害榮別用
鑾牋書言荷天寵有所自因番益國之問大師因出何
尚之獻替宋文帝心聲為對太傅王覽謂豸弟南宮相

曰三畏比三歸五常均五戒能踐王道是符佛心大師
之言至矣哉吾與汝宜惓〻中和西狩之年秋上謂侍
人曰國有大寶珠畢世匵而藏之其可耶曰不可不若
時一出俾醒萬戶眼醉四隣心曰我有末尼上珍匱曜
在嵩巖山脫關祕藏宜照透三千界何十二乘是之道
哉我文考懇迎嘗再顯矣昔讚侯譏漢王拜大將召小
兒不能致商於四老人以此令閩天子蒙塵趣令奔問
官守勤王加厚歸佛居先將邀師必叶外議吾豈敢倚
其一惕其二哉乃重其使畢其辭徵之大師云孤雲出
岫（空）有心哉有緣乎大王之風無固乃上士之道遂來
見〻如先朝禮〻之加焯然可屈指者面供饌一也手

傳香二也三禮者三三也秉鵲尾爐締生〻世〻緣四
也加法號曰廣宗五也翌日命振鷺鳷鳳樹鷹列賀六
也教國中磋磨六義者賍送歸之什在家弟子王孫蘇
判鑑榮首唱欽成軸侍讀翰林才子朴邕為引而贈行
七也申命掌次張淨室要叙別八也臨告別求妙詮乃
聊從者舉真要有若詢乂圓藏䖏源元影四禪中得清
淨者緒抽其蕙表纖旨注意無怠返心有餘上甚悅擡
拜曰昔文考為捨瑟之賢今賓人忝避席之子繼體得
崆峒之請服膺開混沌之源則彼渭濱老翁真釣名者
圯上孺子嘉履迹焉雖為王者師徒弄三寸舌也曷若
吾師語寄傳一片心平奉以周旋不敢失墜太傅王雅

善華言金玉音不慮衆咻聒而能出口成儷語如宿構云大師既退且往應王孫蘇判鎰共言數返即歎曰昔人主有〻遠體而無遠神者而吾君倘人臣有〻公才而無公望者而吾全國其庶乎宜好德自恣及歸謝絕於是遣輶軒標放生場界則鳥獸悦紐銀鈎札聖住寺題則龍虵活盛事畢矣昌期忽兮定康大王莅阼兩朝寵遇師而行之使緇素重使迎之辭以老且病太尉大王流恩表海仰德高山嗣位九旬馳訊十返俄聞腎腰之苦遽命國醫往為之至則請苦狀大師微破顏曰老病耳無煩治療殆二時必聞鍾後進其徒憂食力齎陰戒掌枹者陽窰擊乃自牖而命撤將化往命旁侍嘗遺

訓于介衆曰已過中壽難迯大期我儂遠逝尒曹好住
講若晝一守而勿失古之史尚如是今之禪宜勉旃告
說裁罷慭然而化大師性恭謹語不傷和氣禮所云中
退然言呐〻然者乎贊侶必目以禪師接賓容未嘗殊
敬乎尊卑故滿室慈悲忝徒悦随五日為期俾来者觀
毀論生徒則曰心雖是身主身要作心師豈不尒思道
豈遠而設是田舍兒能撒脱塵覊我馳則必馳矣道師
教父罣有種乎又曰彼所啜不濟我渇彼所噉不救我
餒盍怒力自飲且食或謂教禪為無同吾未見其宗語
本夥頭非吾所知大較同弗與異弗非晏坐息機斯近
纔裼被者歟其言顯而順其旨奥而信故能使尋相為

無相道者勤而行之不見有岐中之岐始壯及衰自貶
為基食不異糧衣不均服凡所營葺役先衆人每言祖
師嘗蹈泥吾豈暫安棲至捷水負薪或躬親且曰山為
我為塵安我得安身其剋已勵物皆是類大師少讀儒
家書餘味在脣吻故醻對多韵語門弟子名可名者廛
二千人索居而稱坐道場者曰僧晃曰普慎曰詢又曰
心光諸孫詵詵厥衆齊實可謂馬祖毓龍子東海掩西
河焉論曰麟史不云乎公侯之子孫必復其始則昔武
烈大王為乙粲時為屠獵貊乞師計將真德女君命陛
覲昭陵皇帝面陳願奉正朔易服章天子嘉許庭賜華
裘受位特進一日召諸蕃王子宴大置酒堆寶貨俾恣

滿所欲王乃杯觴則禮以防亂繒綵則賀以獲多衆辭
出文皇目送而歎曰國器及其行也以御製并書溫湯
晉祠二碑暨御撰晉書一部賚之時蓬閣寫是書裁竟
二本上一錫儲君一爲我賜復命華賚官祖道青門外
則寵之優禮之厚設聾盲乎智者亦足駭耳目自玆吾
土一變至於魯八世之後大師西學而東化加一變至
於道則莫之與京捨我誰謂偉矣我先祖乎二敵國俾
入變外飭大師降六魔賊俾人修內德故得千乘主兩
朝拜起四方巨萬里奔趍動必顧使之靜無腹非者庸
詎非應半千而顯大于者歟復其始之說亦何慊乎哉
彼文成侯爲師漢祖大誇封萬户位列侯爲韓相子孫

之極則佛矣假學仙有終始果能白日上昇去於中止得為鸐背上一幻軀尔又焉現我大師拔俗於始躋衆於中潔已於終矣乎美盛德之形容古尚乎頌偈頌類也扣寂為銘其詞曰

可道為常道如穿草上露即佛為真佛如攬水中月道常得佛真海東金上人本枝根聖骨瑞蓮資報身五百年擇地十三歲離塵雜花引鵬路欽木淨鯨津其一觀光堯日下巨筏悉能捨先達皆歎云苦行無及者沙之復汰之東流是天假心珠瑩麻谷目鏡燭桃野其二既得鳳来儀衆翼爭追隨試觀龍變化凡情那測知仁方示方便聖住强住持松門遏掛錫巖徑難容錐其三我非待三

顧我非迎十步時行則且行為緣付囑故二王拜下風
一國滋甘露鶴出洞天秋雲歸海山暮其四來貫乎葉龍
去高乎寞鴻渡水棲巢父入谷趁朗公一一從歸島外三
返遊臺中藝迷澇咸否至極何異同其五是道潛無味然
須强飲食他酌不吾醉他飧不吾飽誠衆黜心何糠名
復粃利勸俗飾身何甲仁復胄義其六汲引無弃遺其實
天人師昔在世閒時舉國成瑠璃自寂滅歸後觸地生
蓁蕪泥洹一何早今古所共悲其七鑿石復刊石藏形且
顯跡鵠塔點青山龜碑撑翠壁是豈向來心徒勞文字
覛欲使後知今猶如今示昔其八君恩千載深師化萬代
欽誰持有柯斧誰倚無弦琴禪境雖没守客塵寧許侵

雞峯待弥勒將在東雞林其九□□□□□□巨筏□□□意

□巳于下缺

從弟朝請大夫前守執事侍郎賜紫金魚袋臣崔仁

渷奉教書

碑無年月原書注云文德元年十月葢據朗慧

卒之年月也案碑文云昔文考康王云追謚曰

大朗慧則立碑之年非即卒之年月可知碑尾

有書人崔仁渷結銜一行原本缺今補案高麗僧行

寂塔銘爲崔仁渷所撰行寂殁於後梁貞明二

年改葬於三年建塔立石當在其時此書碑之

崔仁渷葢即其人國師碑後記云仁渷者辰韓

茂族人也貞明三年丁丑唐乞巳十年距文德元年戊申後二十九年矣此碑結銜云朝請大夫前守執事侍郎彼云翰林學士守兵部侍郎知瑞書院事疑是後來遷轉之官然不可考也諸城劉氏定為大順元年未得其詳朗慧姓金仁滰自稱從弟殊不可解再行寂塔銘共二千三百餘字舉編據言氏本載入附平百濟碑後題云朗空大師塔銘實即行寂塔銘也前缺一千六百餘字後缺一百六十餘字蓋言氏所得非足本也并附識於此陸增祥志

無為岬寺遍光塔碑

晉高麗先覺大師遍光靈塔碑

太相撿校尚書左僕射兼御史大夫上柱國知元鳳省崔彥撝奉教撰　正朝□□評□郎柱國賜丹金魚袋柳勳律奉教書

蓋佛陁出世鷲嶺開利物之門迦葉□□雖足闕歸全之缺四字軋去聖身毒懷仁傷鶴樹之昇遐竢龍華之□□□悵□□□隱其風漸衰豈謂祖祖傳心當具體而微之侶師師接踵有高山仰止之流至於圓覺深仁遠居南海大宏願德曾□□山□□之心諧於郢匠一進啟處六葉重光門徙□上之□□□在雲居之□入能知道保□祖宗惟我大師則其人也大師法諱逈微俗

姓崔氏其先博陵冠蓋雄府棟梁奉使雞林流恩□郡
所以棲心雲水寓跡海壖令為武州□□人□□□權
草閑莊老□愛琴書私□□招隱之蕭寺□空門之
友母金氏魂交之夕忽得休徵見胡僧入房擎玉案為
寄欵焉驚覺尋報藁砧荅云必生懷寶之兒先告美璋
之慶□後□□室□每有燈輝之□□子之□□證定
光之瑞以咸通五年四月十日誕生大師生有殊相幼
無雜交洎乎志學之年潛蘊辝家之念此時忽垂雙淚
慶告二親曰切欲去塵投其□□父母□□□志惟許
甚字五為山莫恒□□遂乃斜登岐路直詣寶林謁體鐙
禪師禪師法胤相承陳田子孫也和尚雖云一見便□

口之口曰昔別稍遥今来何暮許口室口口茲敬
口禪宗缺八字傾油鉢口口於救蟻沙彌勤苦增勞不離
左右至於中和二年受具戒於華嚴寺官壇大師缺六字
安坐白虹之氣来覆法堂口是缺十六字道知在口人戒珠
敢虧草係之心尤保尸羅之律及其夏口往度口山襟
見融堅長口口令口口僧陳缺五字何口上追思北海之
中所以口口論傳中霄口口長缺九字黄口口法盡雲口
披雲藥山采藥老僧恨不隨他西笑問徑上游祖塔於
曹溪缺十二字莎莫以因循時不待人曷維其已門屬遠從
冈象口口珠缺十二字鏡于青匠之畔泊于大順二年春首
忽遇入缺十三字朝使車託足而西蓬于彼岸維舟鏡水指

路鍾□企□□□□道膺大師先佛（缺十字）之兆實訟付囑
之心行道遲、遠經（缺十二字）大師若披皇覺大師謂曰吾
子歸矣早知汝來□□曰升堂□其□□所詣者□□
室家之美□□禪教之宗由是觀與幽扃探匨理窮參
尋（缺二十一字）豈推迦維演阿難之獨步釋門關里設經顏
子之□□□室而已矣哉景福三年鄆州鄆師馬公□
鄆厩副使金公夐聞風欽仰拂霧敬（缺十六字）請□□居其
為時所瞻依皆如此類也洎於天祐二年（缺十字）此時知
州□□王公池本籍承大師纔諧捨筏已抵平津□地
□之攀（缺十三字）慈□每以趨塵如窺慧日常于四事遠假
天廚實展（缺五字）仍以（缺四字）無為岬寺請以住持大師惟

命懸聽從居靈境此寺也林泉缺十九字地然則重修基址
八換星霜來者如雲納之似海缺五字此時缺五字於口口
口年亂甚於閩劉之代上無聖主猶鋪猬聚之徒下口
口事莫口口口之難缺七字如口四海沸騰三韓騷擾至
九年八月前王永平北缺十字舳艫親驅軍駕此時羅歸
命屯軍于浦嶼之旁武府逆鱗動衆於郊畿之缺十字大
王鬪大師近從吳越新到秦韓匿傘尼於海隅藏口口
於缺五字飛丹詔遽屈道竿大師捧到奔波趨風猛浪親
窺虎巖暗縮龍頭僧口口鑄吳口轉明之缺四字無以加
也其後班師之際持請同歸信宿之間臻于彼岸遂缺十
字供給之資出于內庫所恨肇口雖伏衆病莫除唯奉

法以棲眞遁缺六字今□禍者缺四字枉殺無辜而乃遭艱
者塡其雲屯同歸有罪然則□□道□敢悛□□之□
□□仁慈寧止赫連之暴況又永言移國唯喝喫人□
謂多缺四字信以十缺六字日大王驟飛鳳筆令赴龍庭冀
聞絕跡之譚猶□□言之理大師服缺四字主上鶚立當
軒難測端倪失於舉措甞思就日玄高之復□□君無
缺七字遭偽□是□謂業對將至因緣靡逃兼被崔皓懷
紆冠缺八字大師曰吾師人間慈父世上導師何有存非
不無彼此大師方知禍急冈遲危缺七字嬰呂僕之謀仁
者懷恩寧廁商□之惡然而壹言不納遷□以加捨□
之時世□□緣俗年五十有四僧臘三十有五于時川

池忽竭日月無光道俗吞聲人天變色□誨秦原缺七字
之□□漢室龍興當今居尊之際謂群臣曰竊惟故大
師道□□十地德□□□遠出□方来儀樂土寔人早
披瞻仰恭□歸依顧思有得之緣常切亡師之痛仍於
甫泣賁□□□追□□□俾修□□至明年三月日遂
召門弟子閑俊化白等曰□□□之缺五字之□昭□此山
也山岡勝美地脈平安宜為置冢之岴必□尊宗之祐
可師等與□□且□修山寺尋造石塔者至其日月先
起仁祠便成高塔塔成師等號奉身遷葬於所建之冢
詔曰式旌禪德宜賜嘉名賜謚為先覺大師塔名為遍
光靈塔乃賜其寺額勅號太安追遠之榮缺四字之□□

口下臣謬因宦學叨　樞機辭潤色於仙才謝知言於
哲匠先是王室獻賦金牓題名何期降紫泥於華門銘
黃絹于蓮宇所冀强搖柔翰申大君崇法之由聊著鮮
文慰門下送終之懇銘曰
粤哉靈境口口禪口口為口道情是兵即色非色惟
名假名雖云方便祗為衆生爰有僧英口口禪伯能使
魔軍克歸口口雨巾稀麻霜後松柏須拜昌言難歎雅
口動惟佛事翻被人口真衰俗成法弱字缺六命終道光
無口遺跡師舊芳口德于茲傳口口不朽神足傷心缺四
字塔字缺八　刼頻移天長地久八
開運三年歲次丙午五月庚寅朔二十九日戊午立

缺 金汝元崔煥見

案碑在高麗之康津陸增祥志

石南山寺國師碑後記

正書在高麗

唐新羅石南山國師碑後記

門下法孫釋純白述

恭惟我國大師始自出胎終於沒齒生緣眷屬觸事因緣即門生金長老允正所修錄具之門人崔大相仁渷所撰碑述之今日之所記者以大師於唐新羅國景明王之天祐年中化緣畢已明王謚號銘塔仍勅崔仁渷侍郎使撰碑文然以世雜人㳻難為盛事是以年新月

古未立碑文至後高麗國几平四郡鼎正三韓以顯德元年七月十五日樹此豐碑於太子山者良有良緣者爭愛育國師之門神足國主寺之僧頭乾聖院和尚者法諱讓景俗姓金氏字曰舉國為師而或體或心為王而乍耳乍目將恐芳塵風掃美跡雲消黃絹將爛翠珉弗植師恩雀報自立龜碑和尚王父讓元聖王之表來孫愈康王之外口舅清口謡聒于街路忠孝譽酣于尊卑內至執事侍郎外任溟江都護父口禮才兼六藝學貫五經月下風前屬緣情體物之句春花夜月晏撫絃韻竹之聲內至執事含香外赴朔州長史和尚始自華邑終于覺身動止言設行蹤風格可備別錄此略言焉

且國師碑之與錄可記而未記者曰龍潭式照乾聖護
景鷲口惠希宥襟允正清龍普觀需長玄甫石南迥閑
嵩山可言太子本定右九師者國師存日羽翼在外未
覩青雲之際國師殁後角足成體始遊碧海之中師之
在時法席口牛毛之數師之入滅禪座財鐘乳之多人
謂之評曰九乳若鐘贊九方之佛子一面如鏡正一國
之君臣古所謂翼衆詵詵兹焉在焉其允正長老者乾
聖同胎之弟也戒高持者名書有人存終言行門人別
錄其母氏夢任焉之日月入於室娠季之月月入於
密窟果誕乾聖與宥襟也豈翅夢諦阿母夢二物之徵
慧住阿孃獲二果之瑞而已哉其仁澆者辰韓茂族人

也人所謂一代三崔金榜題廻曰崔致遠曰崔仁渷曰崔承祐口中華人也學圍海岳加二車于五車才包風雲除三步於七步實君子國之君子大人鄉之大人是或折桂中花扇香風於上國得多羅域䍜口色於東鄉承大師重席之恩撰大師鴻碑之記白也執尺占天郎終近遠傾盃酌海豈度少多然則言而不當默猶不可後來君子取之捨之而已

顯德元年歲在甲寅七月十五日立

碑在高麗之榮川　陸增祥志

大安寺廣慈禪師碑

正書在高麗

唐高麗大安寺廣慈禪師碑銘

太相□守禮賓令元鳳令兼知制誥上柱國賜紫金魚袋孫紹奉□撰

若夫擎虛發響苟應就悟之能取實藏聲豈是處迷之術門縱淪而不可得進□雖明而雜以獲逾至理在中守株者無定見□真宗□外窺管者莫以缺四字生之法器是以運開一千甲子始遇聖明歷周五萬星霜再逢賢哲或□□□而□出或蘊□以挺生自古既稀至今為貴□全□□即缺七字大師法諱允多字法性京師人也其祖考等皆族盛簪纓以傳孝義家記而□□寵缺四字耳口闔之其妣朴氏受性溫和為人真潔自幼□□

於俗□長□　勤修佛事追其岳降分䟽等閑由孝感
而易為若霜□之□疾是以咸通五年四月五日誕生
大師初放蓬萊之日雙柱絕倫將辞襁褓之年三亭轉
□□遊而□定有方禮度而顛沛無墜扇枕之令譽早
表鄉閭追灰之捷詞鳳馳遐迩春秋材當八歲有志三
歸遽告二親頓別蝸門要投禪教□父母□為□□前
猶足縈紆未能允許大師潸然曰出家修道利□□無
直饒□子之錦衣定□山僧之毳衲哀鳴□□至告再
三踪認盛情固難法□□時一說而□辞步而雲遊四
海□駐惟伴孤影炎涼倏歷數年□□□迴跋涉于遼
東逅邐□後桐裏參覲和尚□顒相面目顧盼形容數

日後侍奉上缺四字古語心專石也穿志切泉俄涌道非
身外即佛在心宿昔智覺于剎那□□之滯在萬刧如
來況諭為精□則再語為□□□略言汝身好看心□
吾缺四字於晝宵綱□心於瞬息不戶不牖是大道不崑
不□□神缺十二字法祖□西堂傳於徹徹傳於先師如如
傳於吾師即西堂曾孫也大師傳法□於西堂却不勞
西缺四字於缺二十五字實際本空學無學□宗□□祇夜師
無師之□必藉□多遂□弄一心者大信一音□九□
者□海水業□多方便為門缺野不忘其故却歸故山
纔經□宵忽有山賊入寺攙刧衣物直到上方大師遻
而無鑒不動禪座被缺大師自□罪缺七字數見此模□

□既思惟知作夢有一戰場入於殿内見勿它邪七□
□座缺是量忍兩字而已睡覺缺四字盟缺八字白日孤疑
□不料清宵蝶夢成古表有言一忍得長缺哉大師因
□此永獲安禪入居僧寺缺八字黄波□如而洞達禪源缺四
字然缺門慕義投仁雲趨霧聚參禪學道虚屈缺梗猿
㹠往□□□于沙門禪□□終無於王缺来□對缺神
聖大王乘時□望主問代明□□安邦撫□之缺恐□
行脚何妨師缺四字九重大師□□僧由成缺即佛心是
如何大師答曰若到□設者不留於佛心缺五字維得必
得缺相今缺答云六祖意不欲□歸道然師語□了道
□慧赤□去也若是戒夫繁托□略缺今祖缺大王成

齊兩曜講□而□道叶乾坤德秀瞳治民而□無□
而又歸依□□□具於缺抑無禪有用於□□義云缺
古缺大師在日黃州院□王旭郎君遥仰□風樂傳尺
牘比為弟子□□猶缺之風每展八行之禮仍為擅越
久受保於各效陳雷允□舊分大師至開運缺分無缺
今焚香略今□淹然而逝俗歲八十二僧臘六十六於
是淄流號慟嘆津梁之已壞□□咨嗟□法□□□永
□至於缺潺湲澗水變作衰□□年悅目之靈鷲山雙
皆成𢡟色感動蠢植毫楮焉周遂以其時缺止論缺伏
乞從許樹豐碑者爰命微臣延揚禪化□才非七步學
昧五車缺敢開士子達眞筌法門杳杳至理元元化符

海外道冠石邊雲歸深洞月落澄淵波瀾□□平等缺十
字雞山缺
光德二年歲次庚戌十月十五日鐫字
按廣慈禪師㤙多生於唐懿宗咸通五年甲申年
八十二當晉出帝重貴開運二年乙巳越五年鐫
碑歲次庚戌為漢隱帝乾祐三年此稱光德二年
不知何代年號五代時東夷君長高麗最為雄盛
乾祐末其國王王武死子王昭立紀年光德豈即
王昭僭號歟
顧氏之譾云當在顯德間附周末陸增祥志

金石續編卷第二十一終